Franco Rol

L'Uomo dell'Impossibile

1978. L'anno critico
Parte 2

VOLUME VIII

Versione *ebook* di questo volume resa disponibile gratuitamente dall'Autore nel marzo 2024.

© 2024 Franco Rol – Tutti i diritti riservati

Marzo 2024

ISBN: 979-8-89292-617-1

Siti e pagine principali dell'Autore:

www.gustavorol.org

facebook.com/Gustavo.A.Rol

facebook.com/FrancoRolAutore

facebook.com/FrancoRolPilota

youtube.com/FrancoRol

Foto di copertina scattata da Gabriele Milani nel 1978 (© Archivio Franco Rol)

Le immagini pubblicate in questo e negli altri volumi, quando non direttamente specificato (per questioni di spazio), sono da intendersi del "© Archivio Franco Rol".

INDICE

1. Gli incontri tra Rol e Piero Angela.................................... 13
2. Testimonianza di Gigi Marsico (2009).............................. 36
3. Chiarimenti sui testimoni degli incontri tra Rol e Piero Angela... 40
4. Interviste di Nevio Boni a Piero Angela........................... 47
5. Come si giunse agli incontri tra Rol e Piero Angela?......... 60
6. Rol non previde che Piero Angela lo avrebbe "tradito"?..... 80
7. *L'opera distruttiva della televisione* (Massimo Inardi)........... 84
8. *L'onnipotente magia dei trucchi* (Ugo Dèttore)................... 91
9. *Le gentili concessioni della RAI* (Massimo Inardi)............. 98
10. *Un'ottima antologia delle critiche: La serie TV e il libro di Piero Angela*... 101
11. *Scrive, disegna e legge a distanza* (Rol)........................... 116
12. *Piero Angela: le ragioni di uno scettico* (Piero Angela)...... 127
13. *Einstein e la parapsicologia* (Giorgio Salvadori)............... 130
14. *La polemica sull'inchiesta nel mondo del paranormale* (Emilio Servadio).. 132
15. *Fenomeni paranormali* (Margherita Hack)........................ 136
16. *I competenti in parapsicologia* (Emilio Servadio).............. 140
17. *La "santa alleanza" TV contro la parapsicologia* (Giorgio Di Simone).. 142
18. *Grazie a «Luce e Ombra»* (Inardi).................................. 145
19. *Viaggio nel paranormale* (Emilio Servadio)...................... 147

20.	Lettera del dott. Alfredo Gaito a Renzo Allegri (1985)..........	149
21.	Lettere e dediche di Mirella Delfini................................	179
22.	*Il mio amico Rol* (Mirella Delfini)................................	211
23.	*I mercanti dell'occulto* (Pier Carpi)................................	224
24.	*Inardi è stanco*..	231
25.	*Gabriele Milani, il reporter del «Corriere della Sera»*............	235
26.	L'incontro con Einstein...	251
27.	La religiosità di Einstein...	291
28.	*Einstein e l'ESP* (Jan Ehrenwald)................................	320
29.	*Albert Einstein e la parapsicologia* (Wilfried Kugel)............	336
30.	Uomo dei Miracoli / Roman Ostoja...........................	345
31.	La resurrezione del corpo nell'Infinito............................	352
32.	*Le bugie di Pierino*..	356
33.	*I miei primi 20 anni di CICAP* (Piero Angela)....................	360
34.	*Le polemiche su Rol* (Piero Angela e Massimo Polidoro).........	380
35.	*Raccontare la scienza* (Piero Angela).............................	386
36.	*Er Pasticciaccio brutto* (Brunilde Cassoli e Paola Righettini)...	388
37.	*Illusionismo e parapsicologia* (Emilio Servadio – 1987).........	392
38.	*Illusionismo e parapsicologia: il parere di Sanlaville* (Emilio Servadio – 1979)...	400
39.	*Risposta di André Sanlaville a Majax e Randi* (André Sanlaville)..	402
40.	*Verso una teoria generale della PSI* (André Sanlaville)..........	408

41. *I prestigiatori e la medianità* (Robert Tocquet).................... 429

42. *I tre volti della parapsicologia* (Emilio Servadio)................. 435

Gli eremiti e i loro discepoli non hanno affatto la mentalità dei medium che, nei paesi occidentali, fanno sedute dietro un compenso e permettono che si esaminino in modo critico i fenomeni prodotti tramite la loro mediazione.
Gli allievi di un gomchen *tibetano si stupirebbero molto se gli si proponesse una cosa del genere. Sento già la risposta: "Mi importa poco che crediate o meno a questi fenomeni," direbbe, "non ho nessuna voglia di convincervi. I giocolieri possono dare spettacolo, io non faccio teatro."*
Il fatto è che gli Orientali non fanno sfoggio delle loro conoscenze mistiche, filosofiche o psichiche. È molto difficile ottenere confidenze su questo punto.
Un viaggiatore in cerca di informazioni può benissimo ricevere ospitalità da un Lama, bere il tè con lui per parecchi mesi e ripartire pensando che il suo ospite sia un perfetto ignorante, mentre quest'ultimo avrebbe potuto non solo rispondere a tutte le domande, ma insegnargli molte altre cose alle quali il viaggiatore non ha neanche pensato[1].

Alexandra David-Néel, 1929

---

[1] David-Néel, A., *Mistici e Maghi del Tibet*, Voland, Roma, 2000, p. 223.

Gli incontri tra Rol e Piero Angela

tratto da
Viaggio nel mondo del paranormale

5 maggio 1978[1]

Le carte di Rol

Quando si parla di celebri sensitivi, un altro nome balza subito in evidenza per gli amatori italiani di parapsicologia: quello, naturalmente, del dott. G. A. Rol.
Gustavo Adolfo Rol è certamente quello che si dice una «personalità» (e anche un personaggio di stile). Vive in un aristocratico appartamento della vecchia Torino, attorniato da raffinati mobili e quadri d'epoca, e accoglie, per le sue serate paranormali, solo un pubblico selezionatissimo (Federico Fellini, mi dicono, è uno dei suoi devoti frequentatori).
Racconti straordinari vengono fatti sul suo conto; si dice che riesca a leggere nei libri senza aprirli, a provocare «apporti» misteriosi; a scrivere a distanza e che addirittura abbia il dono di sdoppiarsi («Mentre è a Torino lo fotografano a New York» afferma il titolo di un articolo a lui dedicato)[2].

---

[1] Mondadori, Milano, pp. 329-336 (1ª edizione, data di stampa 5 maggio).
[2] Più precisamente, *Mentre è a Torino lo fotografano in America* (primo articolo su *Gente* del 05/03/1977, firmato da Renzo Allegri ma scritto da Rol, cfr. vol. VI, p. 300 e sgg.). Nel riscontrare questo errore di Angela, al quale non avevo fatto caso in precedenza, mi vengono in mente due considerazioni: come ho rilevato nel vol. VI, p. 302 nota 10, nell'occhiello/sommario si menzionava che la città americana era Boston e Allegri anni dopo, in *Rol il grande veggente*, aveva scritto per errore New York; la prima considerazione è che sia stato sviato proprio da questo errore di Angela, e lo abbia ripetuto; la seconda, è che quello di Angela potrebbe non essere un errore, ovvero una svista, ma una scelta consapevole: potrebbe cioè avere scritto di proposito New York invece di Boston, se, come ipotizzo alla nota summenzionata, la bilocazione di Rol ventilata nel titolo, nel sommario e nel testo ma senza fornire alcun particolare, alludeva alla lettura a distanza, da Torino a Boston, che Rol avrebbe fatto alla presenza di Angela, della quale Angela non ha mai parlato e che mi aveva raccontato il giornalista Nevio Boni, che a sua volta riferiva che cosa gli avrebbe detto Rol (cfr. *infra*, p. 42 e sgg.). Nello scrivere New York invece di Boston, o anche solo "America", Angela potrebbe aver voluto sviare l'attenzione da Boston, per depistare eventuali "indagini". Magari è solo una coincidenza, o magari non lo è. Aggiungo qui che in un articolo che avevo dimenticato di menzionare, sulla bilocazione di Boston Allegri aveva detto che «ci sono documentazioni notarili che confermano come

Con molta cortesia il dott. Rol mi ha ricevuto due volte.
Egli sa che il mio atteggiamento era quello di un osservatore e non di un credente[3] e quindi con molta franchezza dirò quello che penso.
Nel corso di queste due sedute ho accuratamente osservato[4] gli esperimenti da lui eseguiti, ne ho preso nota scritta in seguito, e mi sono posto la consueta domanda[5]: si tratta di fenomeni genuini?

Rol sia stato fotografato nello stesso istante a Torino e a Boston» (Corbo, M., *Accadono in mezzo a noi fenomeni straordinari che la scienza non nega ma non può spiegare*, La Prealpina (quotidiano regionale di Varese), 07/09/1978). Allegri, che era stato intervistato per il suo libro da poco uscito sul paranormale e che nell'articolo parla soprattutto di Rol (dicendo cose in gran parte già note), riferiva probabilmente quanto lo stesso Rol gli aveva detto, ma la cosa non è irrilevante, perché non è escluso che prima o poi tali «documentazioni notarili» saltino fuori, confermando ancora una volta le affermazioni di Rol, molte delle quali hanno trovato conferma negli ultimi anni.

[3] Come si è visto in altri articoli precedenti, si vorrebbe anche qui sviare o *forzare* il lettore a credere che esistano appena due possibili atteggiamenti o approcci: quello dell'*osservazione* (e dell'analisi, verifica, ecc.), ovvero della razionalità e quindi della scienza; e quello della *credenza*, dell'irrazionalità, e quindi della fede (credenza, ma anche credulità, ingenuità fino proprio a *cretineria*, come non ha mancato di sottolineare un correligionario di Angela, il semi-logico matematico Piergiorgio Odifreddi: «*cretino* deriva da "cristiano" (attraverso il francese *crétin*, da *chrétien),* con un uso già attestato dall'*Enciclopedia* nel 1754: secondo il Pianigiani, "perché cotali individui erano considerati come persone semplici e innocenti, ovvero perché, stupidi e insensati quali sono, sembrano quasi assorti nella contemplazione delle cose celesti". L'accostamento tra Cristianesimo e cretinismo, apparentemente irriguardoso, è in realtà corroborato dall'interpretazione autentica di Cristo stesso, che nel Discorso della Montagna iniziò l'elenco delle beatitudini con: "Beati i poveri in spirito, perché di essi è il Regno dei Cieli", usando una formula che ricorre tipicamente anche in ebraico *(anawim ruach).* In fondo, la critica al Cristianesimo potrebbe dunque ridursi a questo: che essendo una religione per letterali cretini, non si adatta a coloro che, forse per loro sfortuna, sono stati condannati a non esserlo. Tale critica, di passaggio, spiegherebbe anche in parte la fortuna del Cristianesimo: perché, come insegna la statistica, metà della popolazione mondiale ha un'intelligenza inferiore alla media(na), ed è dunque nella disposizione di spirito adatta a questa e altre beatitudini» (dal capitolo *Cristiani e cretini* in: *Perché non possiamo essere cristiani (e meno che mai cattolici)*, Longanesi, Milano, 2007, pp. 9-10). Questa *lectio magistralis* la possiamo quindi applicare legittimamente alla dicotomia angeliana: «il mio atteggiamento era quello di un osservatore e non di un cretino»…

[4] Ciò che un *cretino* – come le centinaia di persone che conobbero Rol, tra cui anche io – ovviamente non sarebbe stato in grado fare, restando invece come un ebete imbambolato e con espressione sognante-idolatrante al cospetto dell'Illuminato…

[5] Aggiungere: *retorica*.

Un primo gruppo di «esperimenti» consisteva in giochi di carte (carte, per esempio, che apparivano in vari punti del mazzo dove non dovevano essere; carte che, indicate a caso, risultavano uguali a quelle scelte in precedenza ecc.).

Un repertorio certamente sorprendente. E non c'è dubbio che in una atmosfera particolare (dovuta anche alla personalità del dottor Rol) tali fenomeni possano apparire paranormali a uno spettatore emotivo[6].

Ma un osservatore[7] imparziale non deve lasciarsi, naturalmente, influenzare dall'atmosfera, e soprattutto deve cercare di verificare se questi fenomeni si situano davvero al di fuori delle cose possibili.

Per questa ragione, assieme all'amico Gigi Marsico che partecipava con me a queste sedute, ci recammo a far visita a un vecchio prestigiatore di Roma, il «mago» Arsenio (che ha al suo attivo un curioso record professionale: per due anni fu stipendiato da Re Faruk, che voleva imparare da lui come riuscire a barare a poker...) e gli spiegammo esattamente le cose che avevamo visto. Man mano che la spiegazione avanzava egli annuiva, come qualcuno che ascoltasse cose a lui ben note. Ad ogni descrizione diceva: «Sì, questo lo faccio anch'io». *E ci rifece praticamente gli stessi «esperimenti».* (Tra l'altro il mago Arsenio fece anche una «fotografia del pensiero» a mia moglie; le fece scegliere una carta coperta, le chiese di pensarla intensamente e scattò una fotografia con la Polaroid, in cui si vede, in sovrapposizione il viso, il 5 di picche, che era appunto la carta da lei «scelta»!)

In particolare io ero rimasto colpito, durante la seduta da Rol, dal fatto che una carta da me scelta a caso tra 18 che erano disposte (coperte) sul tavolo, era uguale a una carta scelta da Gigi Marsico poco prima e tenuta in evidenza (anch'essa coperta) su un lato del tavolo: io avrei potuto scegliere qualsiasi altra carta, tra le 18 disponibili, quindi il fatto che avessi scelto proprio quella sembrava indubbiamente costituire un fatto inspiegabile. Ebbene, questo stesso tipo di esperimento mi è stato rifatto non solo dal «mago» Arsenio, ma anche da un giovane prestigiatore americano, Lee Fried.

Anche James Randi, quando gli spiegai questi esperimenti, si rivolse sorridendo al suo assistente, dicendo: «Ma è il repertorio classico!.»[8]

---

[6] Dopo il "credente-cretino", abbiamo ora l'"emotivo".

[7] In poche righe è già la terza volta che Angela si serve di questo sostantivo/verbo. Sta forse cercando di convincere se stesso e gli altri? Aggiunge poi *imparziale*, vale a dire che *gli altri*, i credenti-cretini-emotivi, sono anche osservatori *parziali*, ovvero non solo, implicitamente, di parte, partigiani perché "seguaci" di Rol (=credenti), ma anche perché influenzati dall'"atmosfera", come sventurati ammaliati dalle Sirene o tori *misdirected* da drappi in movimento, e non sono in grado di osservare freddamente *tutto*, a quasi 360° come le mosche... o come Angela.

[8] Siccome l'obbiettivo di questo volume non è (ancora) quello di contestare ogni virgola di ciò che ha scritto o detto Angela su Rol, evito qui di mostrare, a suon di innumerevoli esempi, la superficialità dell'approccio e delle argomentazioni del giornalista-non-scienziato. Mi limito a lasciare la parola a chi a suo tempo aveva già commentato queste righe, e che io stesso ho avuto modo di citare in altre occasioni (*repetita iuvant*), ovvero il prestigiatore Massimo Manca, poi docente di Lingua e Letteratura latina e scrittore: «...Angela assistette alle esibizioni senza essere in possesso di una vera preparazione tecnica, tanto da dovere ricorrere a consulenti esterni che non furono ovviamente in grado di ricostruire i giochi sulla base di un semplice racconto: dopo la serata con Rol Angela chiese al grande prestigiatore Arsenio di ripetere l'effetto e, scrive, Arsenio "rifece praticamente gli stessi esperimenti". Purtroppo, *praticamente* in prestigiazione non significa nulla: l'effetto è assolutamente secondario: è il *metodo* che conta..., altrimenti, per quanto ne sappiamo, la carta potrebbe essere stata davvero indovinata con la forza del pensiero. L'introduzione al *Viaggio nel mondo del paranormale* contiene una frase certamente condivisibile: *Questo non è un libro per coloro che vogliono credere. Ma per coloro che vogliono capire*. Ahimè, alla fine del paragrafo di Rol io posso *credere*, sulla base del resoconto, che Rol nelle sue sedute facesse talvolta qualche movimento sospetto, ma certo è troppo poco per *capire* il *modus operandi* dei suoi effetti» (Manca, M., *Rol il prestigiatore*, La voce scettica, n. 8, ottobre-dicembre 2001 (11/10/2001), p. 14; poi riprodotto anche in *Scienza & Paranormale* (periodico del CICAP), n. 47, gen-feb. 2003, p. 34). Se poi a questo aggiungiamo quanto lo stesso Angela scrisse qualche mese dopo, immemore di quello che lui stesso aveva scritto del "siparietto Arsenio", ecco che il suo racconto mostra il suo vero volto, quello della sbruffoneria e della forzatura. Verso la fine del 1978, Angela riferì il caso di un prodigio di Sathya Sai Baba che «era soltanto il frutto del racconto» di «due psicologi»: essi avevano filmato alcuni prodigi di Baba, tranne uno («la scomparsa di un ritratto da un anello»); e avevano mostrato il filmato a un prestigiatore, il quale aveva sostenuto di poterli replicare tutti con il trucco, tranne quello solo raccontato e non filmato. Angela contestò il fatto che si potesse giudicare positivamente un prodigio – ovvero che un prestigiatore non sarebbe stato in grado di riprodurlo – solo sulla base di un racconto, scrivendo: «Come può allora un prestigiatore pronunciarsi sull'esistenza o meno di un trucco se non ha nemmeno *visto* l'esperimento? Questo modo di procedere è estremamente significativo, perché mostra come si cerca indebitamente di far dire a un prestigiatore professionista di considerare un esperimento "*al di là delle capacità dei prestigiatori*", mentre la verità è che questo prestigiatore non era presente alle manipolazioni di Sai Baba, non ha neppure potuto vedere un film di questo esperimento, e la sua opinione si basa quindi soltanto sul racconto dei due psicologi! Ma scherziamo?» (Angela, P., *Piero Angela risponde alle critiche di G.M. Rinaldi*, Luce e Ombra, n. 1, gen.-mar. 1979, p. 25). Avrebbe dovuto porre questa domanda a se stesso Angela, che aveva citato l'opinione di Arsenio che si basava precisamente sul racconto di altri due – Angela e Marsico – che psicologi non erano neppure (e si vede). *Ma scherziamo?* Angela poi ribadisce:

«...si fa dire a un prestigiatore (che vive a 10.000 km, e non ha mai visto Sai Baba) che *se* ciò è vero si tratta di un fatto, naturalmente, che nessuno può imitare. Ergo: ecco la prova della genuinità dei fenomeni, convalidata da un

La lettura del libro chiuso

Nel secondo incontro con Rol avvennero invece cose diverse: la «lettura» di un libro chiuso e la «materializzazione» di un acquerello. Cioè due classici esperimenti di Rol, che sono stati spesso citati da testimoni che hanno partecipato alle sue sedute. Penso che sia doveroso[9] riferire quello che ho visto, anche se per sommi capi.
Prima di passare nella sala degli esperimenti ci fu una lunga conversazione in salotto (come sempre avviene) sugli argomenti più diversi[10]. Il discorso cadde su Pitigrilli, e Rol andò a prendere tre suoi libri in edizione francese, e ci lesse le lunghe e ammirate dediche che Pitigrilli gli aveva scritto[11]. A un certo punto la conversazione portò su Tito, e a metà di una frase Rol si fermò come folgorato dicendo con voce ispirata «Tito n'hésita pas»: di fronte al nostro sguardo interrogativo, aggiunse «Tito n'hésita pas... pag. 153. Cercate».
Due dei presenti cercarono sui libri di Pitigrilli che erano ancora sul tavolo, e a pag. 153 si trovava effettivamente la frase «Tito n'hésita pas». Si trattava di una lettura per chiaroveggenza? di un *flash* di percezione extrasensoriale? O di qualcos'altro di più semplice?
Per la verità non è molto difficile, quando si sfoglia un libro (mostrando le dediche) dare un occhiata a una pagina qualunque e ricordarsi una frase e

---

prestigiatore professionista». (*ib.*, p. 26). L'argomento di Angela può essere perfettamente ribaltato, e la frase diverrebbe, per esempio:
«...si fa dire a un prestigiatore (che ... non ha mai visto *Rol*) che ... si tratta di un fatto, naturalmente, che *qualsiasi illusionista* può imitare. Ergo: ecco la prova della *falsità* dei fenomeni, convalidata da un prestigiatore professionista».
[9] Il dovere prima di tutto, ci mancherebbe; «anche se per sommi capi»...
[10] Nuccia Visca, che era presente, mi aveva detto che «la serata era iniziata sul divano con la solita chiacchierata e si era anche parlato del padre di Piero Angela, perché Gustavo lo conosceva. Angela e Marsico apparivano gentili. Il dott. Alfredo Gaito arrivò per ultimo». Carlo Angela (1875-1949), padre di Piero, medico, decorato nella prima guerra mondiale, fu direttore sanitario della casa di cura per malattie mentali "Villa Turina Amione" a San Maurizio Canavese, dove salvò anche molti ebrei e antifascisti durante la seconda guerra mondiale e divenne sindaco del paese. Fu anche presidente dell'Ospedale Molinette di Torino e Massone dal 1905 (cfr. *L'Acacia Massonica*, n. 7, settembre 1949, p. 196). Nel 2001 ricevette postuma l'onorificenza ebraica conferita ai non ebrei di *Giusto tra le Nazioni*.
[11] Due di questi libri sono stati ritrovati nel lascito di Catterina Ferrari del 2019 al Comune di Torino: sono *Dolico blonde*, 1938 (*Dolicocefala bionda*, 1936) e *Cocaïne*, 1931 (*Cocaina*, 1921), sul quale venne fatto l'esperimento di cui Angela parla nelle righe seguenti. Si vedano le immagini alle pp. 31-35.

il numero della pagina, citandola poi mezz'ora dopo, come se «apparisse» nella mente in quel momento[12].

Mi alzai per verificare se questa frase figurava sulla *prima riga* della pag. 153: effettivamente era sulla prima riga (cioè quella che si «capta» più facilmente sfogliando un libro)[13]. Rifeci io stesso questo esperimento in famiglia, con successo.

---

[12] Infatti è uno dei trucchetti che dovrebbe trovarsi anche nel fantomatico *Manuale di Paperinik* (cfr. vol. X, p. 264), la bibbia di Rol... (e di Gesù, naturalmente, nell'edizione palestinese del 12 d.C.). Rol comunque nella maggior parte dei casi, per non dire praticamente sempre, i libri non solo non li sfogliava, ma proprio non li toccava nemmeno e spesso non sapeva nemmeno quali erano, scelti a caso da qualcuno in stanze dove lui non era entrato, anche a casa di altri, o dentro borse alle quali non si era avvicinato, magari ancora impacchettati, proprio come le carte nuove di zecca che qualcuno aveva comprato e sulle quali faceva uno o più esperimenti, *senza toccare nulla dall'inizio alla fine*, che, come già ripetuto molteplici volte, è una condizione impossibile da soddisfare da parte di qualunque illusionista che voglia ripetere col trucco uno di questi esperimenti.

[13] Ho verificato in quanti esperimenti di *biblioscopia* di Rol conosciuti fino ad oggi, oltre a questo descritto da Angela, viene letta la *prima riga* o la *prima/e parola/e* di una pagina: sono 24; quelli dove legge un'altra riga (ad es.: terza, quarta, sesta, quindicesima, ecc.) sono 11; quelli dove il testimone sceglie una riga a caso, chiedendo ad esempio a Rol di leggere, 9; e quelli dove la riga non è specificata, 6; ovvero a grandi linee, il 50% di *prima riga* e il 50% no. In alcuni casi poi la pagina è scelta del tutto a caso da parte del testimone, senza che Rol possa *forzare* alcunché. Il dott. Alfredo Gaito a proposito di quanto scrive Angela ha dichiarato: «Nella lettura della prima parola nella pagina di un libro chiuso, egli afferma di aver veduto Rol sbirciare quella pagina prima di pronunciare quella parola. Ebbene tutti sanno che Rol ha letto righe intere di libri per telefono anche in altre città. Io stesso un giorno incontrai Rol per strada. Avevo un libro appena comprato ed ancora incartato né Rol sapeva di che libro si trattasse. Egli, da me sollecitato, "lesse" la prima riga di una determinata pagina da me scelta, né Rol poté sbirciare quelle parole perché io disfeci l'involucro del libro solamente dopo che Rol aveva "letto". Sarebbe facile raccogliere molte testimonianze sulla lettura di libri e di fogli scritti in cassetti o scatole chiuse, l'affermazione quindi dell'Angela è intenzionalmente falsa perché se avesse agito onestamente, avrebbe dovuto manifestare subito il suo dubbio, non scriverlo più tardi quando Rol non era più in grado di smentirlo» (*infra*, p. 158).

A proposito di prima riga, ma senza che Rol tocchi il libro, Giorgio Alberti aveva scritto che Rol lo «pregava di aprire il libro, che io avevo sempre in mano o sulle ginocchia, e di leggere ad alta voce la prima riga della pagina estratta. Dopo ogni prova io facevo vedere la pagina e la riga ai presenti che lo desideravano; senza però che esso arrivasse mai in mano a Rol (che peraltro non chiedeva minimamente di toccarlo)» (vol. V, p. 241).

Come esempio significativo di "prima riga" si può vedere l'esperimento fatto a Don Andrea Bava nel 1955 e raccontato da Remo Lugli (1-IV-17, versetto 1220 da *Le roman de la rose*, l'originale a colori l'ho pubblicato per la prima volta nel 2018, al link: *bit.ly/Roman_Rose_1220*).

Va detto, a proposito di libri chiusi, che esistono performances molto più impressionanti (e so che a volte Rol compie cose più complesse).
Personalmente conosco tre o quattro altri modi per leggere nei libri chiusi (persino quando si è in casa d'altri e viene sorteggiato un libro a caso e una pagina a caso: c'è un sistema per indovinare una parola o una frase prima ancora che qualcuno vada a prendere il libro nello scaffale...)[14].
Esistono, per quanto ne so, decine di modi per «leggere» in un libro chiuso. L'esperimento del libro, quindi non mi impressionò. Anzi, devo dire che confermò quanto pensavo.

Rimando al vol. 1 per il testo integrale, qui segnalo solo il seguente passaggio cruciale, analogo a quello di Gaito: «[Il libro] lo avevo comperato nel pomeriggio ed era ancora impacchettato, come me lo aveva consegnato il libraio e con le pagine da tagliare. Rol lo accettò e non chiese nemmeno di scartarlo, né lo toccò». Tra gli esempi di righe diverse si può citare quello raccontato da Mirella Delfini, qui più pertinente di altri perché amica anche di Piero Angela. Rol le aveva detto: «Scegli il numero del volume, quello di una pagina e d'una riga» e lei: «Glieli ho detti così, a caso, il 5° volume, la pagina non la ricordo, la quindicesima riga. Lui ha socchiuso gli occhi poi ha cominciato a parlare come se leggesse. Ridevo, per me stavamo davvero giocando. "Bene, ma come faccio a sapere se in quella pagina c'è la frase che hai detto?" Si è messo a scrivere le parole che aveva 'letto', poi si è alzato (...) ha preso il volume, ha aperto la pagina e me l'ha fatta vedere. Le stesse parole, identiche. Anche se aveva una bella mente, come poteva sapere tutta la Treccani a memoria?» (3-VIII-1°); Leo Talamonti aveva invece scritto che Rol «si pose a sette-otto metri da noi (...). Io indicavo a caso – col dito, senza precisare il titolo – qualcuno dei libri che il giovanotto [*il fotografo*] reggeva ben chiusi sotto il braccio, pregando al tempo stesso il nostro ospite [*Rol*] di "leggere" alla tale pagina e al tal rigo; e la stessa cosa faceva a suo turno il fotografo, nei riguardi dei libri che avevo portato con me. Ad ogni richiesta, il dottor Rol, con sicurezza e precisione, leggeva nel punto indicato del libro ben chiuso, e subito dopo noi controllavamo l'esattezza della lettura. Non riuscimmo mai a prenderlo in fallo. Per evitare la possibilità che egli ci imponesse mentalmente la scelta delle pagine, ne stabilimmo i numeri sulla base del valore di certe carte scelte a caso da mazzi ben mescolati. Ci alternammo nella scelta dei testi; ripetemmo l'esperienza fino a stancarci; infine ci arrendemmo all'evidenza» (1-IV-2). Qui ho voluto citare appena una manciata di episodi, si vedano gli altri soprattutto nei cap. IV e VI dei voll. I/II e III e li si comparino anche con letture non in libri ma in cartelle o buste di lettera (come 1-IV-1 e 29), dove è irrilevante la riga; e poi ancora li si compari con altri tipi di "lettura", da quella diretta della mente altrui a quella di ambienti lontani chilometri.
[14] Scrivendo così senza poi dire quale sia questo sistema, Angela ha fatto un gioco di prestigio infallibile: qualsiasi esempio si possa portare, lui e quelli come lui potranno sempre affermare che «c'è un sistema» che loro conoscono ma che non possono svelare. Comodo vero?

La «materializzazione» dell'acquerello

Si passò in seguito nella sala delle sedute, e dopo alcune «dimostrazioni» con le carte venne l'esperimento della «materializzazione». Rol ci disse, vedendo il nostro malcelato scetticismo: «Attenzione! Sarò tremendo! Vedrete una cosa che non dimenticherete: una cosa che potrebbe far perdere la ragione...» Ne fummo lieti, perché ciò significava che avremmo assistito a un esperimento vertice, cioè a qualcosa in cui Rol avrebbe mostrato tutte le sue facoltà e i suoi poteri[15].

La difficoltà era che, non sapendo che cosa sarebbe dovuto accadere, non sapevo *dove* guardare e *cosa* guardare (e bisogna pur dire che questa di non descrivere *prima* l'esperimento è una tecnica tipica dei prestigiatori[16]).

Rol estrasse da un cassetto di una preziosa commode una cartellina contenente dei fogli bianchi, del genere di quelli che si usano per la macchina da scrivere, e ne distribuì due a testa (ne prese lui pure due). Ci

---

[15] In realtà, sulla scala delle *possibilità* di Rol, si sarebbe poi trattato di un esperimento di grado medio (per l'impatto, non per causa e dinamica). Quelli di grado «vertice» sono l'attraversamento delle pareti (tunnelling), la bilocazione, la levitazione, il teletrasporto (alterazione spazio-temporale), la plasticità del corpo, la resuscitazione, i viaggi nel tempo.

[16] «E bisogna pur dire» che Rol ha fatto questi esperimenti a ruota libera, a distanza ravvicinata, alla luce e per anni anche con le stesse persone, che invece sapevano perfettamente *dove* guardare, *cosa* guardare e in più *cosa* aspettarsi dal momento che li avevano visti molte volte in precedenza e anzi loro stessi partecipavano attivamente all'esperimento e non di rado cercavano di "complicare" bonariamente, amichevolmente, a Rol la procedura per potere e dovere riscontrare per l'ennesima ineluttabile volta che il risultato era sempre positivo (tranne rarissime eccezioni, da zerovirgola). Se «questa di non descrivere *prima* l'esperimento è una tecnica tipica dei prestigiatori», è anche una delle caratteristiche principali del processo creativo (autentico e spontaneo, non artificioso e premeditato come nel caso dell'illusionismo) e dei "limiti" iniziali dell'*artista*, che in genere sa dove comincia ma non sa dove finisce, pur tendendo a una meta più o meno definita. I miei stessi libri, come già ho avuto occasione di scrivere, me lo dimostrano continuamente: quando ne inizio uno so più o meno cosa intendo fare e da che parte cominciare, ma il risultato complessivo finale, i contenuti specifici trattati o il numero di pagine definitive sono imprevedibili. Ne ho già parlato in *Fellini & Rol* e ci tornerò in studi futuri. In ogni caso, non è comunque corretto dire che Rol non descriva prima l'esperimento: lui può dire ad esempio che si propone di trovare la stessa carta trovata nel mazzo A attraverso un procedimento aleatorio, anche nel mazzo B, tramite un altro procedimento aleatorio. Quello che gli è impossibile dire in anticipo sono i vari passaggi che porteranno *da A a B*. E questo perché *non dipendono da lui*, o almeno, *non dipendono dalla sua volontà cosciente*.

chiese di piegarli in 8 e di infilarli uno dentro l'altro: poi chiese a me di mescolare i fogli così piegati e di disporli uno sopra l'altro.

Poiché mentre piegavo i miei fogli avevo avuto l'impressione che «qualcosa» succedesse dalla parte di Rol (una possibile sostituzione di fogli? non gli sarebbe stato difficile, mentre tutti eravamo impegnati nell'operazione di piegatura, sostituire il suo foglio interno con un altro che conteneva già scritte e disegni, tanto più che la cartellina era rimasta sulle sue ginocchia) decisi di tener d'occhio il foglio piegato da Rol. E nel disporli uno sopra l'altro misi in cima alla pila quello che con ogni probabilità era il suo (avevo avuto questa idea con una frazione di secondo di ritardo, ed ero rimasto incerto tra due: presi quello che aveva di gran lunga la maggiore probabilità di essere il suo). Fu poi effettivamente *quello* il foglio scelto per l'esperimento[17].

La pila dei fogli fu messa al centro del tavolo e tenuta in pressione dal bordo di un vassoio. Nessuna manipolazione avvenne in seguito. Del resto, non ce n'era bisogno perché se effettivamente le cose erano andate come io pensavo, il gioco era già fatto... Cioè l'acquerello preparato in precedenza, si trovava già ripiegato all'interno del foglio.

Rol mi chiese che genere di pittura mi piaceva: risposi che ero un amatore dell'arte delle icone russe. Chiese al mio amico Marsico quale pittura preferisse: rispose che apprezzava certi pittori moderni, che lavoravano con nuovi materiali, come sacchi, sabbia, «Sabbia!» lo interruppe Rol: «sabbia-spiaggia, spiaggia-mare, mare-marina. Sarà un paesaggio marino...»

Tralascio qui tutti i dettagli (la scelta dei colori, la scelta dello «spirito intelligente», che fu quello della signora D.V.S[18]. ecc.).

Dopo esser stato più volte sul punto di rinunciare (il nostro scetticismo sembrava aleggiare sulla seduta), finalmente Rol con uno sforzo di concentrazione annunciò che l'acquarello si era materializzato sul foglio scelto. Fui pregato di prendere il primo della pila e porlo per qualche istante in una vaschetta d'acqua appositamente preparata (forse perché un acquarello asciutto può apparire sospetto e quindi occorre bagnarlo?[19]):

---

[17] Angela è davvero un genio. Se non ci fosse lui, il Grande *Osservatore* che *tiene d'occhio* a 360°... Intanto, mi limito qui a ricordare quando Luigi Bazzoli, più scaltro ancora di Angela, fece che sostituire direttamente il foglio invece che limitarsi ad *osservare* (cfr. vol. VII, p. 243: «...sono arrivato all'esperimento con un foglio portatomi dal giornale ... già piegato nella giacca. All'invito di Rol presi il foglio e invece che nella giacca lo feci scivolare per terra»). Né del resto quello fu l'unico caso del genere.

[18] Domenica Visca Schierano, chiamata Nuccia dagli amici.

[19] Ipotesi legittima, che però viene *falsificata* quando si tenga conto di *tutti* quegli altri casi dove non è necessaria l'acqua sia fisica che simbolica quale *ingrediente* che partecipa alla materializzazione dell'acquerello: anche senza immergere nell'acqua i fogli *asciutti, secchi, nuovi, portati da casa o comprati in cartoleria magari da uno dei presenti poche ore prima*, i colori degli acquerelli o di altre

aprendolo, in uno dei settori del foglio interno ripiegato c'era uno schizzo con tre colori: giallo, blu, nero.

Rol assicurò che si trattava di un paesaggio marino, malgrado uno dei presenti sollevasse qualche perplessità sull'interpretazione[20].

Il «paesaggio marino realizzato dallo spirito intelligente della signora D.V.S.» venne ritagliato, e mi venne offerto gentilmente da Rol in ricordo della serata[21].

---

tecniche di pittura *presentano i colori freschi nello stesso modo*. Il risultato cioè è lo stesso, sia che si usi l'acqua sia che non la si usi. E questa *non necessità*, ma *opportunità contingente*, di certi elementi l'avevo già evidenziata nei volumi precedenti (ad esempio in merito a interferenze di oggetti (anelli, i jolly, ecc.) o condizioni ambientali per certi esperimenti (luce), o a procedure (visualizzare il verde, muovere ritmicamente dei fogli, ecc.)) vale a dire che un determinato elemento "accessorio" usato (o non usato) da Rol nelle sua procedura non è in genere necessario, ma è superfluo e se lo usa (o non lo usa) lo fa o perché potrebbe, eventualmente, appena facilitarlo, o perché vuole comunicare qualcosa ai presenti, come a volere lasciare un indizio.

[20] Vera o falsa che sia questa affermazione di Angela, che pare fatta apposta per sminuire l'esito dell'esperimento, è sufficiente mettere a confronto le numerose testimonianze di altri esperimenti dove il "soggetto" (dipinto, disegnato, scritto o oggetto) corrisponde precisamente, senza alcuna ambiguità, a ciò che era stato scelto in precedenza.

[21] Intanto, faccio notare che l'esperimento è stato realizzato dallo *spirito intelligente* di un *vivente*, come Rol ha fatto anche in altre occasioni, ciò che esclude, per ciò stesso, qualunque interpretazione spiritica. Sarebbe poi interessante, e questo è più importante, sapere se Angela tenne questo acquerello, e se esiste ancora (così si potrebbe anche verificare la pertinenza del soggetto). Il figlio Alberto dovrebbe saperlo. Tra l'altro, gli scetticoni illusionisti amici di Angela a quanto pare soffrono di problemi visivi (ciechi e guide di ciechi, ricordate…?): infatti citano naturalmente Angela a ogni pie' sospinto, ma chissà come mai nessuno di loro, così sommamente razionale e *osservatore* come il loro "maestro", pare abbia letto questa riga. Se fosse così infatti, perché Massimo Polidoro, segretario nazionale del CICAP e amico di Piero Angela, nel 2009 scriveva che Rol «al termine di ogni esperimento, distruggeva sempre tutto»? (in: *Dieci personaggi del mistero – Gustavo Rol*, Focus Extra, n. 36, p. 68; si veda il vol. X, p. 419) Mariano Tomatis, colui che tra gli scettici avrebbe suppostamente analizzato in profondità il "caso Rol" ha più volte scritto, in copia-incolla e sin dal titolo di suoi paragrafi ad hoc, che «Rol distruggeva il materiale utilizzato», poi spiegando: «I trucchi preferiti dai prestigiatori sono quelli che permettono di "chiudere puliti", che nel gergo magico significa terminare un gioco di prestigio senza che rimanga alcuna traccia materiale del trucco utilizzato. (…) Di fronte a giochi che non permettono una chiusura "pulita", i prestigiatori utilizzano diverse tecniche per liberarsi del materiale sospetto: possono, ad esempio, passare velocemente a un altro gioco, togliendo così l'attenzione del pubblico da tale materiale e concentrandola su altri oggetti, oppure possono, in alternativa, nascondere tali oggetti all'interno della propria valigia o – meglio ancora – distruggerli. In genere, la distruzione di un oggetto alla fine di un gioco di

La telefonata di Silvan

Naturalmente, come sempre, si può obiettare che la possibilità che un certo esperimento possa essere fatto o replicato con un trucco non significa necessariamente che l'esperimento originale sia truccato. Giusto. Ma allora è necessario che ci sia un *controllo*. Altrimenti si tratta di cose che non hanno alcun valore[22].

Questi esperimenti avvenivano sotto controllo? No. Come dicevo prima, noi non sapevamo neppure cosa dovesse accadere, e quindi non sapevamo *dove* guardare e *quando* guardare[23].

---

prestigio è un indice significativo del fatto che si tratti di qualcosa che, analizzato dopo lo spettacolo, potrebbe far risalire a qualche trucco nel quale tale oggetto è coinvolto. In quest'ottica non stupisce il fatto che Rol distruggesse in moltissime occasioni il materiale utilizzato durante gli esperimenti: è esattamente quanto ci saremmo aspettati da un prestigiatore che deve nascondere i suoi trucchi» (*Rol. Realtà O Leggenda?*, 2003, pp. 129-130; riprodotto in parte in *Metapsichica*, monografia n. 1, gennaio 2004, p. 115; e integrale, senza variazioni, nella nuova edizione 2018 del suo libro, p. 133). Ora, in altra sede mostrerò con precisione la fallacia di questa "ottica" miope in relazione a Rol. Qui basti notare quanto il discorso di Tomatis contraddica completamente il comportamento tenuto da Rol con Piero Angela, che pure sapeva scettico; oltre ovviamente al fatto che Tomatis, come Polidoro, abbiano deliberatamente omesso il "dettaglio" che Angela avesse avuto da Rol l'acquerello, ciò che poi hanno fatto anche altri ripetendo acriticamente che Rol «distruggeva tutto». Un vero Sherlock Holmes non avrebbe fatto subito analizzare questa presunta "prova di reato", consegnatagli come una manna da un "ingenuo" Rol? Perché Angela: 1) non ha mai pubblicato l'acquerello? 2) non lo ha mai fatto analizzare? Nella più rosea delle ipotesi, egli si conferma essere un pessimo detective. E se lo ha fatto analizzare, perché non ha mai detto nulla al riguardo? Forse perché il foglio non presentava nessuna delle caratteristiche dei fogli già "prestampati" di cui si servono gli illusionisti? Pare molto probabile. Chiunque si metta nei panni di uno come Angela, non può non pensare di non far analizzare quel foglio. È cioè impensabile che Angela non lo abbia fatto. Se lo avesse trovato truccato, magari non quando Rol era vivo, ma dopo la sua morte, certamente lo avrebbe detto e anzi ne avrebbe fatto uno scoop per "chiudere la partita" del "caso Rol". E invece questo non è successo.

[22] Si può concedere ad Angela che questo sia un punto legittimo e anche logico. Ma se il principio generale è condivisibile, non lo sono i "termini della proposta" né i modi. Il controllo al quale Rol non avrebbe avuto alcun problema a sottoporsi, l'ho già scritto più volte, sarebbe stato nell'ambito di una collaborazione a lungo termine con qualcuno che *passo a passo* avrebbe appunto controllato Rol, in modo spontaneo come fosse uno dei tanti amici ai quali mostrava i suoi esperimenti. Non uno sconosciuto senza le necessarie qualifiche per accedere a questo tipo di scienza e senza alcun legame o *affiatamento* con Rol. Quindi, ripeto e sintetizzo: *d'accordo sul principio, non sui modi*.

[23] Questo aspetto del controllo di cui parla Angela è stato abbondantemente soddisfatto da coloro che hanno assistito più volte, anche decine o centinaia di

Del resto solo un prestigiatore professionista può rendersi veramente conto di cosa sta accadendo e predisporre i controlli necessari.
È mai avvenuto questo?[24]
Il prestigiatore Silvan telefonò un giorno a Rol, sfidandolo a produrre in sua presenza questi fenomeni, e aggiungendo che sarebbe stato in grado di rifarli subito dopo[25]. Anche la firma tracciata in aria che appare poi su una carta. Ma Rol non prese neppure in considerazione tale eventualità[26].

---

volte, ai suoi esperimenti. È pertanto un aspetto che non può essere considerato valido.

[24] Anche questo aspetto è stato soddisfatto, avendo cinque illusionisti conosciuto Rol, quattro di loro avendo visto esperimenti senza aver riscontrato trucchi, due di loro essendo professionisti (Alexander e Binarelli) e uno, Carlo Buffa di Perrero, tentando anche di "incastrare" Rol, senza successo. Anche questo è quindi un punto che non può essere considerato valido. Qualcuno potrebbe obbiettare che nel 1978 Angela non fosse al corrente del fatto che degli esperti di tecniche illusionistiche avessero conosciuto Rol. Obiezione respinta per due ragioni: 1) comuni amici di famiglia di Angela e Rol erano proprio i Buffa di Perrero, soprattutto il padre di Carlo, Ermanno, uno dei cinque conoscitori, insieme al figlio, delle tecniche illusionistiche di cui sopra (si veda più avanti, p. 63). 2) Carlo ha fatto conoscere la sua testimonianza pubblicamente a partire dal 2003, e a stretto giro sono venute fuori anche quelle di Alexander, Giuseppe Vercelli e Binarelli. Nell'edizione 2021 del suo libro, Angela riporta la stessa frase del 1978, come se nulla fosse cambiato nel frattempo. E l'ipotesi che fosse solo disinformato, o indifferente, non è sostenibile. Infine, anche Gigi Marsico conosceva i Buffa. Carlo mi ha scritto: «Entrambi conoscevamo Gigi Marsico. Gigi quando io ero studente al 1° anno universitario aveva fatto anche un filmato della attività di un nostro gruppo benefico che si chiamava "Anonima restauri". Ci riprendeva mentre andavamo a dare la tinta in un tugurio abitato da povera gente. Suonava bene la chitarra, ma data l'età ci incuteva molto rispetto».

[25] Si confronti questa affermazione con quanto si è visto in precedenza su «Arsenio», «praticamente», ecc. e giova ripetere ancora quello che lo stesso Angela ha affermato: «Come può allora un prestigiatore pronunciarsi sull'esistenza o meno di un trucco se non ha nemmeno *visto* l'esperimento?». Da cui ne consegue anche: come può *replicare* qualcosa che non ha nemmeno visto, basandosi solo sul sentito dire? Così gli risponderebbe un altro illusionista, Vanni Bossi, le cui opinioni vedremo nel prossimo volume: «gli episodi che descrivono gli esperimenti di Rol sono riportati con una carenza impressionante di dettagli, tanto da non permettermi, se non ipotizzando, di poter ricostruire esattamente come sono andate le cose dall'inizio alla fine» (vol. IX, p. 281).

[26] Se c'era un modo per troncare immediatamente sul nascere qualsiasi tipo di rapporto o eventuale "collaborazione" con Silvan, l'illusionista lo aveva trovato e centrato in pieno, ottenendo l'esatto contrario di ciò che voleva. L'approccio di Alexander o Binarelli era stato invece all'insegna dell'educazione e del rispetto, il minimo sindacale perché chiunque di noi sia ben disposto ad aprire le porte di casa sua. Gli strafottenti e gli arroganti di norma io li lascio fuori, non so voi. Sulla "sfida" di Silvan a Rol, si veda il vol. IX, p. 196 e sgg..

Ho parlato anche con il prof. Granone, primario neurologo all'Ospedale Generale di Vercelli, il quale propose un giorno a Rol una serie di esperimenti sotto controllo, ma ciò non avvenne mai. Il prof. Granone insistette perché almeno Rol spiegasse in cosa consisteva l'esperimento *prima* di realizzarlo: ma neppure questa condizione fu accettata...[27]
G.A. Rol ha comunque una qualità: quella di fare tutte queste cose con stile e, ne sono certo, senza scopo di lucro. È un personaggio della vecchia Torino (ricordo di aver sentito parlare di lui con sussurri di stupore fin da ragazzo) e tutto sommato è una tradizione che dispiace perdere, perché fa parte (come tanti altri aspetti del «paranormale») di un mondo che ha un suo fascino e un suo carattere[28].
Avevo persino pensato di non includere questo passaggio nel libro, proprio per stendere un cortese velo di silenzio sulla vicenda[29].

---

[27] Questo passaggio su Granone è molto sospetto. Angela afferma che Granone «propose un giorno a Rol una serie di esperimenti sotto controllo» e che «spiegasse in cosa consisteva l'esperimento *prima* di realizzarlo»: è davvero successo questo? Se è così, perché Granone tre mesi dopo l'uscita del libro di Angela, in una sua lettera pubblicata da *La Stampa* e che riproduco nel vol. IX (p. 26) non accenna minimamente a questo presunto contatto con Rol? E anzi scrive: «Del dott. Rol conosco le esperienze da lui compiute, per averle lette su riviste di parapsicologia». Ha senso che Granone ometta di dire che aveva avuto contatti diretti con Rol? No, non ce l'ha, e infatti il passaggio su Granone scomparirà dal libro di Angela già nella edizione successiva del 1979, ennesimo suo gioco di prestigio, senza naturalmente fornire una qualunque giustificazione. E quando Granone nel 1986 scriverà un suo articolo abbastanza approfondito su Rol (vol. X, p. 198), anche in quel caso non accennerà a nessun contatto diretto avuto con lui, perché probabilmente non c'era ancora stato (consta al momento solo una dedica di Granone a Rol, senza data: «Al D. Rol con viva stima», che pubblico nel vol. X, p. 214; non è dato sapere se poi si fossero anche parlati o incontrati e cosa si fossero eventualmente detti). Lo stesso Rol peraltro lo conferma nella sua lettera pubblicata su *La Stampa* il 03/09/1978, dove rispondeva anche a «Franco Granone, eminente patologo, che non conosco personalmente ma del quale ho apprezzato gli importanti lavori» (vol. IX, p. 55). Angela poi nel 1989 eviterà di nominare Granone nella replica di una puntata della sua "indagine", mentre nell'originale del 1978 lo aveva citato (si veda il vol. VII, p. 359 nota 85).
[28] Queste frasi sembrano una via di mezzo tra il volere addolcire la pillola nel finale e la presa in giro, oltre a un vago tono paternalistico di chi, dall'alto in basso, ha quasi un moto di compassione per il raffinato ciarlatano che non trae vantaggi materiali da quello che fa, ma solo un prestigio accessorio e suoi presunti divertimenti personali a prendere per il naso i suoi simili; e lo fa con eleganza, quindi anche in quanto «personaggio della vecchia Torino... è una tradizione che dispiace perdere». Teniamocela pure quindi, questa tradizione dei bei tempi andati, quella dei *Torinesi falsi e cortesi* incarnata perfettamente da... Piero Angela.
[29] Vuole far credere che il non essere rimasto in silenzio corrisponda all'aver rivelato qualche cosa, ovvero di aver reso un qualche tipo di servizio alla verità,

Ma sarebbe stato onesto? Non credo. Infatti il «caso Rol» viene citato spesso come una prova vivente del paranormale, viene esaltato da giornali, riviste, libri di parapsicologia come un fenomeno di fronte al quale anche la scienza non trova spiegazioni.

In queste condizioni, allora, si è costretti a dire certe cose, che non sarebbe giusto passare sotto silenzio[30].

Rimane un problema più generale, che riguarda un po' tutti i «fenomeni» paranormali: perché deludere certe credenze e illusioni?

Certo, non è neppure bello spargere la voce che Babbo Natale non esiste, perché anche questa è una tradizione che ha un suo fascino: d'altra parte cosa bisognerebbe dire? Che scientificamente esiste?[31]

*

Nella seconda edizione del libro di Angela, pubblicata nel 1979, la parte finale venne cambiata. Oltre ad omettere il passaggio su Granone, si menzionavano gli interventi successivi al maggio 1978, quando era stata pubblicata la prima edizione. In particolare il confronto su La Stampa *tra*

---

dandosi anche una patina di presunta onestà. Certo il suo aver parlato si è dimostrato molto più che *scortese*: diffamatorio, calunnioso e disonesto.

[30] E quali sarebbero, alla fine, le cose dette? Angela ha forse smascherato Rol? Ha dimostrato che era un illusionista? Nient'affatto. Ha solo fatto insinuazioni perfettamente gratuite ed "economiche", che si risolvono in: 1) *tutto quello che fa Rol lo fanno anche gli illusionisti* (falso, e anche fosse vero non dimostra che Rol lo facesse col trucco); 2) *senza il controllo mio e di un illusionista alle nostre condizioni, tutte le testimonianze su Rol sono inattendibili* (ovvero: a) centinaia di *cretini* si sono fatti abbindolare da Rol; b) noi (Angela&Randi&C.) ci autoproclamiamo *giudici* del caso, e chi non vuole sottoporsi ai *nostri* controlli è un ciarlatano).

[31] Anche in questo caso, *tertium non datur*, perché è comodo mostrare due prospettive opposte e inconciliabili al fine di screditare l'oggetto della critica, in questo caso «Babbo Natale», in rappresentanza di tutte le bufale, vere o presunte, senza basi scientifiche (e implicitamente, l'associazione di Babbo Natale è qui soprattutto con Rol). La realtà però è che "Babbo Natale", e come lui altri, ha significati che vanno ben oltre la credenza e poco hanno a che vedere con l'esistenza "fisica" effettiva del personaggio che ovviamente non potrebbe essere "dimostrata scientificamente", così come non si potrebbe dimostrare l'esistenza del dio Odino. Ma *sul piano simbolico* è una figura "reale" ed è solo su quel piano che si può comprendere ed eventualmente giudicare.

Angela ripeterà praticamente le stesse frasi verso il fondo del suo libro: «Certo, dire che Babbo Natale non esiste non è una bella notizia. Anzi, è una brutta notizia. D'altra parte, cosa si dovrebbe dire? Che ci sono le prove scientifiche dell'esistenza di Babbo Natale? E che esistono le testimonianze di milioni di persone che hanno trovato giocattoli sotto il caminetto o sotto l'albero?» (pp. 408-409). Sospetto che Angela a Natale trovasse solo il carbone al posto dei regali, in anticipo sull'Epifania, quando faceva il bis. Si veda anche il vol. X, p. 260.

Rol e il giurista Arturo Carlo Jemolo (agosto-settembre 1978), e la provocazione di Silvan in televisione che aveva "sfidato Rol" (19 novembre 1978).
Il punto in cui il testo comincia ad essere diverso inizia dopo la frase «È mai avvenuto questo?» (supra, p. 24). Qui il proseguio:

Rol non si è *mai lasciato controllare* .
Recentemente il prof. A. C. Jemolo, proprio in seguito alle polemiche suscitate da questo mio libro, chiese publicamente a Rol di permettere dei controlli, con un articolo pubblicato in prima pagina su «La Stampa» di Torino (13 agosto 1978): «Appello al dottor Rol. Convinciamo gli scettici»[32]. Il tono di questo appello era quasi patetico: «Se osassi fare una preghiera al dott. Rol», la preghiera sarebbe quella di consentire l'uso di «nastri cinematografici» in modo da convincere gli scettici, che secondo il prof. Jemolo «sono poi i più infelici» (sic).
La risposta di Rol, impareggiabile, venne sullo stesso giornale il 3 settembre con un titolo che è una perla da collezione: «La scienza non può ancora analizzare lo Spirito»[33]. E così, caro professore, niente «nastri cinematografici», e soprattutto... niente prestigiatori! Capito?.
Il nostro bravo Silvan ha cercato invano di farsi ricevere da Rol[34]. Ha persino rifatto in televisione alcuni suoi «esperimenti» (come per esempio una firma tracciata in aria che appare misteriosamente su una carta in un mazzo sigillato)[35].
Lo ha anche publicamente sfidato, mostrando in una trasmissione televisiva (TG *l'una*) una straordinaria «lettura in un libro chiuso», ancora più inspiegabile di quelle che fa Rol: questo «esperimento» è stato interamente filmato, e il giornalista Stinchelli ancora oggi si chiede come

---

[32] Si veda il vol. IX, p. 22.
[33] Non c'è dubbio che rimarrà come *perla (autentica) da collezione* nella storia della scienza, laddove le non poche perle di bigiotteria di Angela nessuno le avrà collezionate. In ogni caso, il titolo – che io considero comunque valido – fu scelto dal quotidiano, non da Rol. E in seguito i soliti scettici/illusionisti allergici al fact checking e/o alla verità, vollero far credere che Rol avesse affermato che «la scienza non può analizzare lo Spirito», omettendo l'avverbio «ancora» che dà alla frase un significato ben diverso. Su questo, e sull'articolo di Jemolo si veda il vol. IX, p. 49 e sgg..
[34] Il perché l'ho già spiegato, si veda comunque il vol. IX, capitoli su Silvan. Alexander e Binarelli invece furono in seguito ricevuti, Carlo Buffa di Perrero assistette spesso agli esperimenti e alcune volte anche Giuseppe Vercelli.
[35] Oltre a quanto ho già detto in precedenza, cito ancora parafrasandolo Carlo Buffa di Perrero: «Ma come fa a *rifarlo* se non l'ha mai visto?» (cfr. vol. X, p. 169). Non ho cercato in quale programma Silvan avrebbe "rifatto" questi esperimenti, non si tratta comunque della puntata di Tg *L'una* citata poco dopo.

sia possibile un trucco (e ciò conferma che non basta la cinepresa per capirlo[36]).

Allora perché Rol non vuole permettere che Silvan, o un altro esperto, assista a una sua seduta?

Non è certo lo scetticismo che può influire sui fenomeni (infatti Marsico e io eravamo scettici, eppure i fenomeni si sono verificati a getto continuo[37]). Perché allora non lo permette? Da decenni Rol si produce nei

---

[36] Bene, ne possiamo prendere atto, quindi a tutti coloro che fanno notare che Rol avrebbe dovuto permettere che i suoi esperimenti fossero filmati, oltre alle ragioni che già ho esposte in altri volumi (si vedano ad es. i voll. V, pp. 224, 294, 300, e IX, p. 22 nota 4 e p. 29) si può aggiungere e ricordare anche questa affermazione di Angela, che dimostra come anche da questa angolatura Rol abbia fatto bene a non accondiscendere. Peraltro, consterebbe però che una eccezione la fece e proprio con Angela, permettendogli di filmare alcuni esperimenti (si veda più avanti p. 67 e sgg. e il vol. III, p. 226), filmato che sarebbe stato poi "insabbiato" dal giornalista e mai mostrato. Alla luce di questa eventualità forse ciò che scrive Angela potrebbe essere inteso non solo come risposta indiretta a Jemolo ma anche allusivamente, diretto alle persone informate sui fatti: come se dicesse che sarebbe stato inutile trasmettere il filmato perché tanto non si sarebbe potuto scoprire il trucco.

Sull'argomento di eventuali riprese filmate, segnalo anche la risposta che diede il biologo William Mackenzie – quello del caso Poutet-Stasia che ho citato nei volumi precedenti – a Leo Talamonti che lo ero andato a trovare poco prima della sua morte (1970). Dice Talamonti: «L'ultima volta che lo vidi non mi disse che poche parole a proposito di un articolo nel quale due studiosi avevano messo in dubbio le facoltà parapsichiche del dott. Rol di Torino, a cui si faceva carico di non volersi prestare ad accertamenti d'ordine medico e fisiologico, oltre che di non voler ripetere i suoi prodigiosi esperimenti in presenza di una cinepresa. "Sarebbe – mi disse solo questo – come se da un geniale compositore si pretendesse che improvvisi una sinfonia nel corso di una ripresa cinematografica"; e poi richiuse gli occhi. Una riflessione semplice e definitiva, piena di implicazioni per chi si occupi seriamente di problemi di metodo in parapsicologia» (cit. in: Garzia, P., *Intervista con Leo Talamonti*, Luce e Ombra, n. 2, apr.-giu. 1981, pp. 89-90). L'articolo di cui parlava Mackenzie era la relazione di Inardi e Cassoli su Rol del 1970 (si veda il vol. V, p. 191 e sgg.).

Quanto alla puntata di *Tg L'una* l'ho commentata nel dettaglio nel vol. IX, pp. 196-206, al quale rimando.

[37] Trovo questa frase molto interessante: intanto Angela ci dice che «i fenomeni si sono verificati a getto continuo», il che significa che furono più di quelli da lui descritti – sicuramente un buon numero di quelli con le carte, come Rol era solito – e secondo me sono parole che celano una punta di entusiasmo (si pensi al caso analogo di Piero Cassoli il quale, pur avendo sollevato dubbi gratuiti e cercato di mostrarsi ai suoi lettori distaccato e "scientifico", aveva rivelato la sua eccitazione sia nella sua prima relazione del 1970 (cfr. vol. V, pp. 191-205) che in ricordi successivi, confessando con la moglie che «la nostra ammirazione era palese» (cfr. vol. X, p. 29)). Quanto all'influenza di un atteggiamento scettico sulla riuscita dei fenomeni, non esiste una equazione precisa identica per tutte le

salotti torinesi, davanti (come lui stesso afferma) a «scienziati, medici, letterati, artisti, religiosi, atei, filosofi, militari, uomini politici, capi di stato e di governo, gente di ogni classe sociale» ecc.: cioé tutte persone... *incompetenti* in trucchi! Perché invece non vuole *mai* fare i suoi «esperimenti» sotto l'occhio di un esperto?
Neanche *una* volta?.
Si potrebbe facilmente rispondere che il prestigio (e il potere) che si ottiene convincendo gli altri di avere certe facoltà è forse ancora maggiore di quello che si può avere col denaro[38]. Come mostra l'ossequio di uomini come Jemolo.
Rol fa parte di un'antica e garbata tradizione torinese, che dispiace perdere. Avevo persino pensato di stendere un velo di cortese silenzio sulla vicenda. Ma sarebbe stato onesto? Non credo. Il «caso Rol» viene esaltato come una prova vivente del paranormale e allora bisogna pur porre certi interrogativi[39].

---

circostanze, ovvero: scetticismo=non riuscita. Le cose non stanno in questi termini semplicistici e dipendono da molte variabili, tanto che in alcune occasioni lo scetticismo dei presenti può costituire per Rol persino una sfida e uno stimolo a dimostrare "il fatto suo" ai suoi interlocutori. Questo dipende però in primo luogo *da come si sente Rol*, ovvero se si sente *in forma*, *a suo agio*, oppure inibito, senza voglia, motivazione, *entusiasmo*; in secondo luogo, dal *livello ed espressione* dello scetticismo dei suoi interlocutori; in terzo luogo dall'ambiente e dalle altre persone presenti, che *possono favorire lo stato d'animo positivo* di Rol nonostante lo/gli scettici presenti (quindi la % di scetticismo, se così si può dire, rimane al di sotto di una certa soglia critica); infine, dall'opportunità, quindi dall'intenzione, dalla volontà, di mostrare i suoi esperimenti a chi non meriti di vederli, perché persone troppo materialiste che tanto non capirebbero o per qualunque altra ragione legata alla *qualifica* di chi assiste.

[38] Per contestare questa frase occorrerebbe un lungo capitolo, che rimando ad altro studio. Peraltro, già in volumi precedenti, a più riprese, ho spiegato perché non possa applicarsi a Rol, al quale non interessavano minimamente né il prestigio né il potere e che, fosse stato il contrario, non sarebbe stato in grado di esprimenere nessuna *possibilità* di livello superiore, proprio come non era in grado di vincere alla roulette se avesse giocato *per il proprio tornaconto personale*: «Alla base delle mie facoltà c'è la rinuncia all'orgoglio, al denaro e all'ambizione» (1972, vol. VI, p. 55). Il maggior "segreto" di Rol, e *conditio sine qua non* dei suoi prodigi, era la totale assenza di ego. Dove c'è ego, anche solo uno spillo di ego, non ci può essere *coscienza sublime*.

[39] Il finale è più o meno simile alla prima edizione del 1978. Agli "interrogativi" di Angela credo di aver cominciato a dare numerose risposte. Mi preme sottolineare che la sua conclusione contraddice la narrativa di alcuni scettici, secondo i quali nel suo libro Angela avrebbe dimostrato che Rol era solo un illusionista o che colse Rol con le mani nel sacco. Uno che avesse dimostrato qualcosa del genere, che avesse cioè trovato una "pistola fumante", non avrebbe avuto bisogno di presentare e giustificare il suo scritto appena con l'esigenza di «porre certi interrogativi».

Piero Angela

viaggio nel mondo del paranormale

Dopo le polemiche suscitate dall'indagine televisiva, raccolti, valutati e approfonditi i risultati della prima inchiesta che pone in termini nuovi un problema agli scettici e ai credenti: cosa c'è di vero nei fenomeni paranormali?

Garzanti

152 COCAÏNE

Tito n'hésita pas. Sa dignité ne lui permettant pas d'avouer sa méprise, il déclara net :

— Les soins dévoués des médecins furent impuissants. Personne ne put être sauvé.

— Alors, combien de morts? demanda, en manière de conclusion, le sténographe.

Et Tito, décidé :

— Vingt et un.

Dans son édition du soir, l'*Irréfutable* publiait, avec un titre sur trois colonnes, une information qu'aucun autre journal ne pouvait se vanter de donner.

« Noces d'or tragiques à Bordeaux. Vingt et une personnes meurent empoisonnées par les champignons. L'enquête des autorités. Crime, ou suicide collectif? »

Dettagli della pagina del libro di Pitigrilli oggetto di uno degli esperimenti di cui fu testimone Piero Angela (*supra*, p. 117). Si tratta di *Cocaina* (Albin Michel, Paris, 1939) traduzione francese di *Cocaina* (1921).
La pagina è la n. 152 (sul lato sinistro) e non la 153 (destro), come scrive Angela.
Si noti la strana coincidenza del contenuto del testo, *proprio in questa pagina*: si parla di 21 morti avvelenati dai funghi, che, nonostante le cure prestate dai medici, non poterono essere salvati. Non avrebbero potuto esserlo, qualche tempo dopo – su di un piano diverso, quello della *vera* ragione – nemmeno i «Ventuno più Piero Angela», ovvero coloro che costituirono il Comitanto che avrebbe poi portato al Cicap. Il numero, *significativo*, sarebbe tornato spesso in quegli anni di dibattito, tanto che Piero Cassoli intitolerà un suo articolo del 1980 *I 21 di Piero Angela* (si veda il vol. IX, p. 338).

Dettaglio dalla copertina del libro di Pitigrilli, quello originale appartenuto a Rol, di cui ho fotografato anche l'immagine riprodotta nella pagina precedente e quella nella pagina successiva, ovvero la dedica, all'inizio dello stesso testo, di Pitigrilli a Rol (in colore verde) che pubblico integrale per la prima volta[40], e di cui do qui di seguito trascrizione:

> *Al Dott.*
> *Gustavo Adolfo Rol*
> *che cammina come un*
> *illuminato sulla geo-*
> *grafia dell'inconoscibile*
> *e della relatività*
>
> *Pitigrilli 1940*

Dopo aver firmato, Pitigrilli aggiunse, in cima alla pagina, in rosso e con una freccia, questo commento:

> *Cosa stranissima:*
> *non mi è mai riu-*
> *scita una firma*
> *così informe e*
> *denaturata, come*
> *se io non fossi*
> *più io o cominciassi*
> *a non esserlo più.*

---

[40] In parte già pubblicata nel vol. IV, p. 46, quando ancora non avevo avuto accesso all'originale. Per una corretta contestualizzazione temporale di questa e delle dediche che seguono (anche quella successiva) si veda il vol. IV, cap. *Pitigrilli e Rol (1940-1942)*.

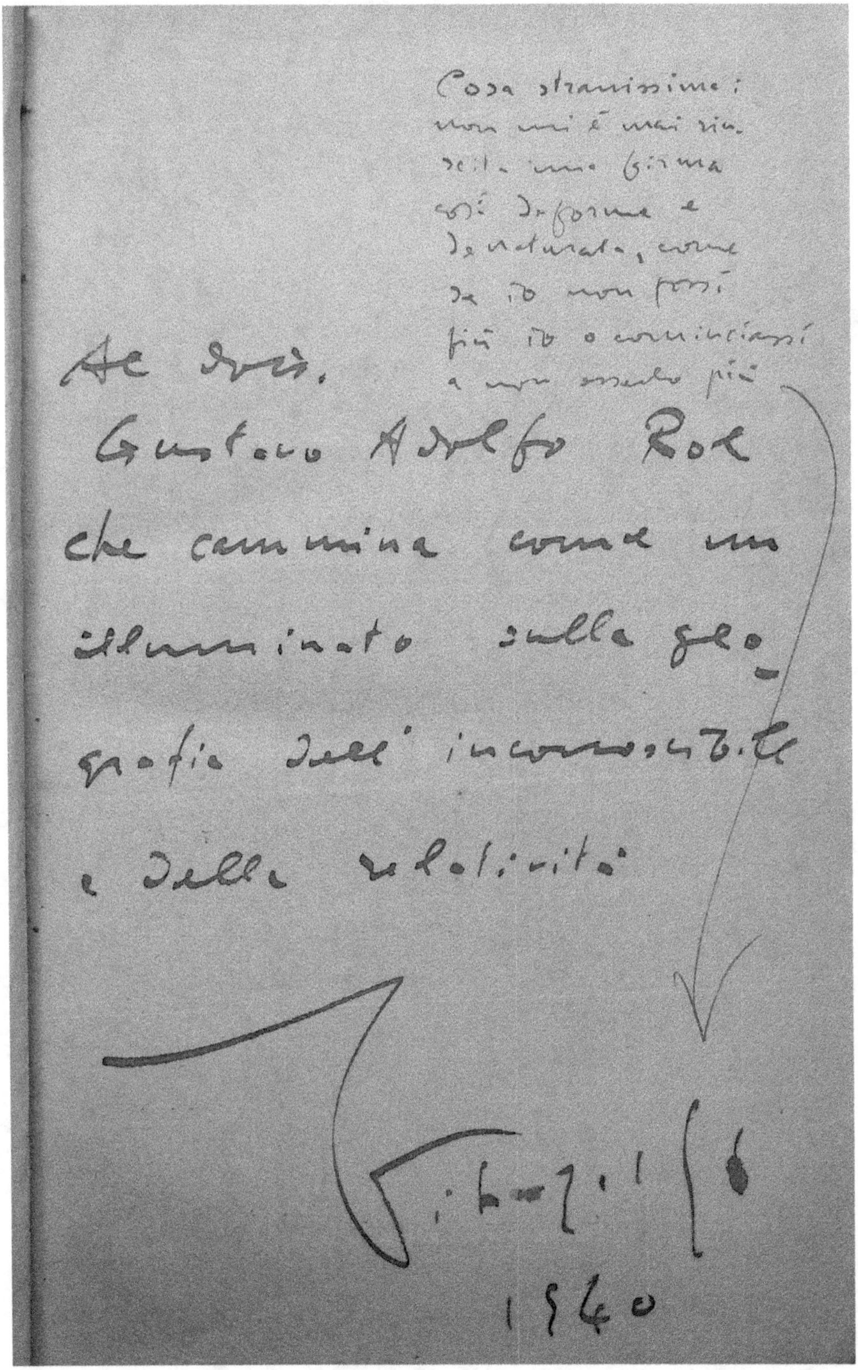

> Cosa stranissima:
> non mi è mai ria-
> scita una firma
> così deforme e
> snaturata, come
> se io non fossi
> più io o cominciassi
> a non essere più

Ad Ave,

Gustavo Adolfo Rol
che cammina come un
illuminato sulla geo-
grafia dell'inconoscibile
e della relatività

Gustavo Rol
1940

Dedica di Pitigrilli a Rol sul libro *Dolico Blonde* (*Dolicocefala bionda*), 1938:
Al Dott. Gustavo Adolfo Rol, che, invertendo l'ordine delle mie convinzioni, mi fa dubitare della forza e della materia. Pitigrilli - marzo 1940 - Torino.

Dedica di Pitigrilli a Rol da una fotografia degli anni '70, volume non ancora rintracciato:
Al Dott. Gustavo Adolfo Rol, che, staccandomi dallo spazio ed emancipandomi dal tempo, mi guida verso una luminosa geometria senza dimensioni.
Pitigrilli - marzo 1940 - Torino

Aggiunta in seguito, in alto:
Confermo questa dedica, oggi, 17 marzo 1940. E rimpiango che le dediche non possano essere regolate da calendari perpetui, perché la mia ammirazione per Rol è immutabile nel tempo. P.

Testimonianza di Gigi Marsico

Luigi Oreste Marsico, nato nel 1927, conobbe Piero Angela nel 1947 all'epoca degli studi universitari, quando entrambi suonavano in due gruppi Jazz e ne fu amico tutta la vita. Giornalista radiofonico e televisivo, con Angela era stato in uno degli incontri a casa di Rol.
Gli telefonai il 31 ottobre 2009 a Castagneto Po, in provincia di Torino, dove abitava, per conoscere la sua opinione sia su Rol che su ciò che aveva scritto Angela. A più di trent'anni di distanza ricordava solo i momenti salienti dell'incontro, ma non gli esperimenti nel dettaglio.
Questo fu quanto mi raccontò:

Piero un giorno venne a casa mia con il manoscritto del suo libro sul paranormale[1] e mi disse: "Mi piacerebbe avvicinare Rol e controllare i suoi esperimenti". Tramite un comune amico[2] sono riuscito ad avere un appuntamento. Io da Rol sono stato solo una volta, ma so che Piero c'è stato almeno due. In quella occasione mi pare fossimo solo noi due[3]. Siamo stati accolti con molta gentilezza e garbo. Entrambe eravamo scettici, e Rol deve essersene accorto. Ha fatto a ciascuno dei due una sorta di esame in una camera separata, chiedendoci cose sulla nostra vita privata. Su di me ha avuto un parere negativo, ha detto che ero un "elemento di disturbo". Poi sono cominciati gli esperimenti[4]. Lesse a

---

[1] Se Angela aveva già il manoscritto del libro significa che siamo probabilmente verso la fine del 1977 o all'inizio del 1978.
[2] Probabilmente Ermanno Buffa di Perrero, anche se all'epoca non pensai di chiedere conferma a Marsico. Carlo non ricorda se anche Marsico parlò col padre, che comunque era in contatto diretto con Angela, quindi non è dato capire perché ci fosse bisogno anche di Marsico.
[3] Ciò che non corrisponderebbe a quanto raccontato da Angela, che aveva scritto che la lettura del libro di Pitigrilli e la materializzazione dell'acquerello avvennero *entrambi* nel secondo incontro (*supra*, p. 17 e sgg.) dove erano presenti sia Domenica (Nuccia) Visca Schierano (e probabilmente anche il marito Giorgio), sia Alfredo Gaito con la moglie Severina. Certo, se Angela fosse stato più serio e preciso avrebbe dovuto fare come Remo Lugli, che nel suo libro su Rol fornisce per quasi tutti gli esperimenti date precise, numero preciso di ospiti e loro nomi completi (anche le iniziali, se Angela voleva rispettare la privacy, sarebbero state quantomeno indicative, come fatto con quelle di Nuccia Visca, D.V.S). Ma forse non voleva di proposito che si identificassero i presenti, per evitare che qualche altro giornalista andasse in seguito a intervistarli per sapere se le cose erano davvero andate come lui le aveva raccontate.
[4] Non pensai di chiedergli che cosa invece avesse detto ad e su Angela.

distanza su un libro, ma non ricordo i particolari. Non ricordo nulla di "sospetto", ma non ero comunque in grado di giudicare.

Poi avrebbe dovuto fare anche un esperimento "clou", cioè far passare un mazzo di chiavi attraverso il muro, ma non lo ha fatto[5].

Dopo la serata, io proposi a Piero di andare il giorno seguente a Roma ad incontrare il mago Arsenio, che avevo conosciuto ad un convegno di magia e che abitava in Viale Africa in una casa popolare che sapeva di minestra, all'ultimo piano di un edificio senza ascensore.

Piero pensò fosse una buona idea e così andammo, venne anche sua moglie Margherita.

Arsenio ci ricevette in cannottiera, io gli dissi:

"Ieri siamo stati a Torino dal mago Rol", e lui:

"Prima che mi racconti voglio fare un esperimento di lettura del pensiero con la signora" e rivolto a lei le disse: "Pensi a una carta qualunque. L'ha pensata?"

Poi ha scattato una foto con la polaroid e mentre la estraeva tirò fuori la carta pensata da Margherita.

---

[5] Potrebbe aver ritenuto i suoi ospiti non maturi o meritevoli di vedere quel fenomeno. Oppure poteva sentirsi insicuro, non a suo agio, inibito dal loro scetticismo, senza il *giusto entusiasmo* o la *giusta motivazione*. O entrambe le cose. Lo ha fatto invece, improvvisando, senza alcuna pianificazione, una volta che si trovava al ristorante *Firenze*, scagliando il mazzo di chiavi contro una parete e dicendo al suo proprietario di andarsele a riprendere fuori sul marciapiedi (3-XX-37). L'episodio è stato anche citato e ricostruito nella docu-fiction *Enigma Rol* (2023) dove l'illusionista Massimo Polidoro ha commentato: «Di fronte ad aneddoti, a storie, di dimostrazioni di Rol, non è possibile dire molto, proprio perché si tratta di resoconti aneddotici, si tratta di quello che le persone si ricordavano dopo del tempo che era passato, si tratta di ricostruzioni, come abbiamo detto, non si tratta di fotografie, video che ci stanno mostrando e vediamo qualcosa di inesplicabile, ma vediamo un racconto dove sembra che forse le chiavi erano passate attraverso il muro. D'accordo, io ho visto degli artisti straordinari che son passati attraverso il muro, ma erano prestigiatori, hanno usato dei trucchi meravigliosi e eppure il muro era fatto di mattoni. Come hanno fatto? C'è il trucco chiaramente, io non posso svelarlo, ma era un trucco». Polidoro usa la solita tecnica del parlare di altro e non analizzare nel dettaglio l'episodio in questione, soprattutto le *condizioni* in cui si è verificato e come e da chi è stato raccontato. Dire che anche i prestigiatori «son passati attraverso il muro» è un modo per svicolare, è la solita *misdirection*. Prendiamo comunque atto che per lui «non è possibile dire molto» su quanto si racconta di Rol, ciò che riduce ulteriormente il valore della sua opinione. Aggiungo infine che arrampicarsi sempre sugli specchi delle imperfezioni e difetti della memoria non è che un gioco di prestigio che alla lunga stanca e che non regge a una seria analisi, tantopiù che ci sono numerose testimonianze trascritte nelle ore o pochi giorni dopo che un dato episodio si è verificato, come è il caso di tutti quei giornalisti che tra gli anni '40 e gli anni '90 hanno scritto di Rol nei giorni successivi ai loro incontri.

Al che gli abbiamo raccontato gli esperimenti di Rol e lui diceva:
"Sì, sì, sì…"
come se sapesse di cosa si trattasse.
Quindi rifece gli esperimenti che Rol aveva fatto, senza che noi avessimo neanche il tempo di raccontarglieli[6].

---

[6] Marsico confermerebbe quindi, almeno su questo punto, quanto aveva scritto Angela. Certo la cosa a me pare singolare, nel senso che gli esperimenti con le carte di Rol sono in genere davvero diversi da quelli dei prestigiatori (checché ne dicano gli illusionisti *che non li hanno visti*, possono andare a vedersi a titolo di esempio anche quelli Poutet-Stasia per capire cosa intendo). Purtroppo né Angela né Marsico hanno fornito descrizioni di questi esperimenti, quindi è impossibile dare un qualunque giudizio e bisogna fidarsi appena delle loro impressioni (un po' pochino). Impressioni analoghe le ebbero comunque altri, ad esempio Nori Corbucci, costumista moglie del regista Sergio Corbucci morta nel 2021, quando venne intervistata per il programma *Matrix* (Canale 5) del 21/09/2005 dove si parlò anche di Rol, che lei aveva incontrato, non è dato sapere in che occasione né con quali altre persone: «Noi fremevamo… perché volevamo sapere cose… vederlo volare, c'eravamo fatte delle idee… Perché io ho sentito parlare molto di lui da Fellini, da Gassman e da tantissimi altri amici, anche meno noti, quindi avevamo la curiosità di vedere delle cose… mirabilia… Invece no, ci ha fatto dei giochi… dopo il thè, i pasticcini, e molta conversazione sulla gente del cinema, c'ha fatto dei giochi di carte (…), m'ha detto: "Si metta qua la carta", indovinava che era l'asso, insomma… e li ho visti fare anche da Binarelli, da Silvan, li ho visti fare da David Copperfield e altro che quello. Non è certamente quei giochi di carte che c'hanno impressionato, anche se erano d'altissimo livello. Quelle cose che mi ha detto e che io poi mi sono scritta se no me le sarei dimenticate, si sono avverate. … Poi io credevo in Rol, e credo tutt'oggi che Rol sia stata una persona straordinaria. Io sono una giocatrice di carte, e siccome il suo tramite erano le carte, ogni tanto quando sto per perdere dico: "Rol, dammi una mano!"». Questa testimonianza era piuttosto superficiale (la si può vedere in video su uno dei miei canali: *youtu.be/opOdARYSbWs*, la parte delle carte inizia al min. 3:10), comunque rifletteva l'opinione di alcuni testimoni *saltuari e non continuativi* di Rol, o potremmo anche dire *testimoni una tantum* (come lo era stato per esempio Marsico). Forse che davvero Rol aveva fatto, *invece dei suoi esperimenti*, dei giochi come quelli che fanno gli illusionisti? Mancando le descrizioni precise, è impossibile saperlo. Occorre sempre ricordare: 1) che in genere è l'illusionismo a tentare di simulare il paranormale, e non il contrario; 2) che alcuni esperimenti, quelli diciamo così "meno rolliani", sono anche riproducibili, negli effetti, dagli illusionisti; se Rol comunque ha fatto con le carte alcune cose che fanno anche gli illusionisti, questo non significa che abbia usato la manipolazione; 3) Rol era però anche un burlone o poteva volere "prendersi gioco", è proprio il caso di dirlo, di certa gente facendo magari dei giochetti o meglio degli scherzi che non avevano nulla di paranormale (e che definire "giochi di prestigio" non sarebbe appropriato; oppure ancora poteva volere testare il senso critico di chi assisteva, si veda un approfondimento nel cap. *La speranza della mistificazione?*, vol. X, p. 421). Potrebbe essere il caso di Angela e Marsico? Non lo credo, perché il target dell'eventuale burla erano altri generi di persone e altre circostanze, nonostante lo

Io in generale non credo al paranormale. Rol comunque era un uomo delizioso, grande signore, di stampo piemontese, molto gentile. Mi sono poi anche pentito di avergli dato questo dispiacere, di aver partecipato a questi contro-esperimenti di Arsenio e dei dubbi pubblici sollevati sulla sua persona. Mi sono sentito a disagio per avergli dato un grande dispiacere.
Con Piero ne abbiamo parlato parecchie volte, lui mi aveva fatto conoscere anche Randi, questo mago americano che è comparso anche nella sua trasmissione sulla parapsicologia.
Da Rol io sono andato già scettico, ma se Piero esclude qualunque possibilità che ci sia qualcosa di paranormale, io sono un po' più aperto, ovviamente previa dimostrazione.
Mi è rimasto un grande dubbio su Rol, parlavano di lui come di un semidio, e comunque quando ho letto la sua lettera a *La Stampa*[7] mi sono detto che potevo fare a meno di dargli questo dispiacere e di organizzare quell'incontro.
Piero ha delle certezze[8], io invece ho dei dubbi.

---

scetticismo dubito fortemente che non abbia fatto i suoi, o almeno parte dei suoi, *esperimenti di base* consueti, gli stessi che fece fare a me senza che lui toccasse nulla. E comunque l'ipotesi della burla non si potrebbe in principio escludere e magari si potrebbe persino credere ad Angela, se non fosse che Rol lo accusò apertamente di avere mentito, che due testimoni (Alfredo Gaito e Nuccia Visca) hanno contestato la versione dei fatti di Angela (senza purtroppo dare i particolari, nel caso di Visca essendo passato troppo tempo, come era per Marsico), e se non fosse che il giornalista non dimostrò onestà e vera oggettività in tutto il suo libro così come nella sua trasmissione, ciò su cui concordano praticamente tutti i parapsicologi e al di fuori del "caso Rol".
[7] Quella del 03/09/1978 che il quotidiano intitolò *La scienza non può ancora analizzare lo spirito* (si veda il vol. IX, p. 49).
[8] Stando a questa testimonianza di Marsico, l'ipotesi – da alcuni ventilata e che anche io non ho escluso – che fu soprattutto dopo aver incontrato Rol che Angela ebbe una ragione ulteriore e un maggiore impulso per costituire il suo comitato dei 21, in seguito Cicap, ovvero che Rol gli avrebbe dato prova, anche se lui non lo ammise pubblicamente, che il paranormale effettivamente esiste o che comunque «qualcosa c'è», non parrebbe sussistere. Naturalmente, Angela potrebbe aver negato in pubblico, anche con i suoi amici, qualcosa che interiormente invece non escludeva. La costituzione del comitato sarebbe servita da un lato effettivamente per smascherare ciarlatani e truffe (ciò che mi trova certamente d'accordo), così come per contrastare teorie eterodosse ed eventualmente "pericolose" per un certo status quo; dall'altro «impossessarsi», per usare il termine usato da Silvan nel 2003, di eventuali scoperte in questo campo, per poi sfruttarle o mantenerle segrete a seconda di ciò che sarebbe stato più opportuno e conveniente.

Chiarimenti sui testimoni degli incontri tra Rol e Piero Angela[1]

Nel luglio 2021 in un post nelle reti sociali si chiedeva chi fossero i testimoni degli incontri tra Rol e Piero Angela. Si segnalava anche quanto riferito dal prof. Luigi Giordano in un documentario su Rol, ovvero:

> «In una sera in cui non c'ero io, ma c'era un mio amico medico, che allora era vicepresidente dell'Ordine dei Medici, e c'era un grande suo nemico, Piero Angela, che partecipava proprio quella sera a una seduta. In quella sera, oltre a Piero Angela, c'era questo medico amico mio, e c'erano due giornalisti, della *Domenica del Corriere*, che erano stati mandati dall'allora direttore della *Domenica del Corriere*. Compaiono ben 6 dipinti quella sera e il giorno dopo viene fuori un articolo su *La Stampa* dove si dice: "Certo, era tutta carta già preparata in precedenza, messa all'interno di una giacca, il calore ha fatto uscire i colori".
> S'è dimenticato di dire che la carta usata da Rol è la carta che era stata portata dai giornalisti della *Domenica del Corriere*, e ogni foglio di carta era siglato dall'allora direttore della *Domenica del Corriere*. Era carta sicuramente non trattata»[2].

L'amico cui Giordano faceva riferimento era il dott. Alfredo Gaito, il quale è l'unico di cui si conosce una testimonianza un po' precisa in difesa di Rol, pubblicata nel 1986 nel libro di Renzo Allegri *Rol l'incredibile*[3].

Giordano affermava che erano presenti anche due giornalisti della *Domenica del Corriere*. Ci sono due possibilità:

1) o stava facendo confusione (e io propendo per questa ipotesi, visto che riferisce cose non vissute da lui e risalenti a 40 anni prima) oppure

2) citava una situazione di cui nessuno ha mai parlato prima e della quale non esistono conferme di altri.

---

[1] Riprendo qui con qualche adattamento e correzione un mio post del 15/07/2021 in uno dei gruppi *facebook* dedicati a Rol. All'epoca non avevo ancora stabilito che Bazzoli e Milani incontrarono Rol nel marzo-aprile 1978 invece che a inizio gennaio 1979, quelle righe sono quindi state tolte o adattate.
[2] Mia trascrizione, da: Villa e Danelli Producion, *Gustavo Rol e lo spirito intelligente - parte 1*, 2019 (youtu.be/Ogtv8mtJtok, dal min. 24:06 al min. 25:42).
[3] E che ora per la prima volta è possibile leggere integrale e in originale più avanti a p. 149 e sgg..

– Ipotesi 1 –

Giordano stava forse sovrapponendo due incontri avvenuti in momenti diversi per quanto vicini:

a) incontro con Piero Angela, presente il dott. Alfredo Gaito, anno probabile 1977 (in probabilità minore 1976 o inizio 1978: non si conoscono le date precise degli incontri[4]);

b) incontro dell'aprile 1978, presente sempre Alfredo Gaito ma non Piero Angela, con Luigi Bazzoli e Gabriele Milani della *Domenica del Corriere*[5] (i «due giornalisti», anche se Milani era il fotografo, da cui io acquistai nel 2001 i diritti del suo archivio fotografico su Rol: sue ad esempio le uniche foto esistenti di Rol che fa esperimenti).

Bazzoli scrisse due articoli per la *Domenica del Corriere* (il direttore era Maurizio Costanzo) pubblicati nel gennaio 1979 (il 17 e il 24).
In quello del 24 troviamo due elementi che emergono anche in quanto riferisce Giordano. Il primo ha a che vedere con la dinamica dell'esperimento. Scrive Bazzoli:

> «Confesso un gesto vile: era la terza serata che il fotografo Milani ed io trascorrevamo con Rol. Mi era già capitato di essere il prescelto a porre un foglio piegato nella tasca interna. Così quella volta sono arrivato all'esperimento con un foglio portatomi dal giornale (Rol usa comune carta extrastrong) già piegato nella giacca. All'invito di Rol presi il foglio e invece che nella giacca lo feci scivolare per terra. Sono quasi certo che Rol percepì con intuizione questo mio gesto di scorretta diffidenza».

---

[4] Un modo per saperlo, oltre al ritrovare gli appunti originali di Angela, potrebbe essere la presenza dell'eventuale data apposta sull'acquerello materializzato durante uno degli incontri e a lui donato (cfr. *supra*, p. 22). Ecco un'altra buona ragione per rintracciare quel foglio. Grazie alla stessa idea ho potuto stabilire, tra le altre, le date precise degli incontri tra Rol e Luigi Bazzoli.

[5] Fino all'inizio del 2023, periodo della stesura di questo ibro, avevo dato per implicito che l'incontro (nell'arco di tre serate) fosse avvenuto all'inizio di gennaio 1979, come ho già riferito, perché oltre al fatto che gli articoli uscirono nella seconda metà del mese, all'inizio del testo di entrambe constava «Torino, gennaio» e perché Bazzoli mi aveva detto che prima di incontrare Rol era passato del tempo. Invece, grazie alla lettera originale di Gaito prima e alla constatazione in seguito, che in passato non avevo notato, che la data dell'esperimento che Bazzoli descrive nell'articolo del 24 gennaio 1979, e che compare solo sul foglio originale ma non all'interno del testo, è il 18 aprile 1978, è stato possibile stabilire il mese e l'anno corretto degli incontri, così come la probabile ragione per cui gli articoli videro la luce solo dieci mesi dopo: l'inchiesta di Piero Angela.

Il secondo ha a che vedere con il risultato dell'esperimento:

> «[Rol] Esplose: "E sia e sia fatto. Ecco fatto". Si rivolse a me: "Ci faccia vedere il foglio". Ricordo perfettamente la convinzione che provai mentre infilavo la mano all'interno della giacca: che il foglio era dipinto. Vi trovammo 16 tempere, ancora bagnate. Da una parte otto paesaggi di Ravier, dall'altra parte otto soggetti diversi firmati da Picasso, Kandinski, Modigliani e gli altri. Rol cancellò le firme, ritagliò i quadrelli e li incorniciò con amore. "Non è meraviglioso?" esclamava».

Ritengo molto probabile che Giordano abbia ricordato 6 dipinti che in realtà erano 16.

– Ipotesi n. 2 –

Nel numero 12 del 23 marzo 1978 della *Domenica del Corriere* – 10 mesi prima degli articoli sopra citati – Bazzoli firmava, congiuntamente a un altro giornalista, Bartolo Pieggi, morto nel 1990, un primo articolo introduttivo su Rol[6], affermando di aver già assistito agli esperimenti e che ne avrebbero parlato «nella prossima puntata». Nei numeri successivi della rivista però non se ne parla più, e bisogna attendere appunto gennaio 1979, dove escono le due puntate, firmate dal solo Bazzoli.
Basandomi su quanto detto da Giordano, ho quindi pensato potesse trattarsi di questo eventuale primo incontro avvenuto a inizio '78, periodo che poteva corrispondere con uno degli incontri avuti con Piero Angela. Ho allora contattato Luigi Bazzoli, che non sentivo da anni, per chiedere chiarimenti. Mi ha spiegato che in realtà nell'articolo del 1978, ancora non avevano incontrato Rol, e avevano scritto un articolo con materiale d'archivio, con la funzione di richiamare la sua attenzione sperando in un incontro. Si era trattato di un piccolo *bluff* (lui stesso ha usato questo termine). Furono ricevuti in seguito, ma Pieggi non vi andò, né mai incontrò Rol. Né Bazzoli e Milani andarono presente Piero Angela. Non risultano altri inviati della *Domenica del Corriere* che eventualmente avessero incontrato Rol negli anni precedenti (eventuali dubbi residui potrebbe chiarirli Maurizio Costanzo[7]).
Tornando ai testimoni degli incontri con Piero Angela, oltre alla testimonianza di Alfredo Gaito di cui sopra, abbiamo quanto Rol raccontò al giornalista Nevio Boni, dal quale io raccolsi i commenti nel 2002:

---

[6] *Né medium né mago, sono Rol*, si veda il vol. VII, pp. 165-170.
[7] Nel 2021 era ancora vivo (è morto il 24/02/2023), purtroppo non c'è stata occasione di chiedere chiarimenti. Potrebbero forse saperne qualcosa i figli Camilla e Saverio o l'ultima moglie Maria De Filippi.

«Questo è un racconto di Rol fatto a me personalmente. Mi dice Rol – forse l'ho anche scritto, infatti l'ho scritto... un pezzo su *Stampa Sera*, credo, di allora, che non è mai stato smentito però, per cui è vero[8] – dice che Piero Angela è andato a trovare Rol, e il racconto è di Rol. Sa[9] che Angela è uno contro questi fenomeni. Comunque Rol dice:
"Conoscendo Piero Angela, mi son ben guardato da avvicinarmi a lui... l'ho tenuto in casa mia nel mio salotto a distanza sempre di tre metri, io non mi sono mai avvicinato ad Angela. E Angela mi ha chiesto:
'Ma é vero Rol che Lei legge i libri a distanza nelle biblioteche altrui?'
Lui dice: "Eh, sì, mi capita anche questo"
"Allora se Lei permette... se vuole leggere..."
"Se vuole scelga un libro" dice Rol, nella sua biblioteca.
Lui dice: "No, se permette lo scelgo io nella biblioteca di un amico."
E Rol dice... mi racconta: "Va bene".
Angela si alza, va al telefono e ha chiamato un suo amico a Boston. L'ha svegliato, perché credo che i fusi orari fossero diversi, naturalmente. Dice che l'ha svegliato e gli ha fatto prendere un libro a caso nella biblioteca.
[Angela gli] dice: "Apri".
Rol a distanza... [era] sulla poltrona e [Angela] gli ha detto:
"Senta, il libro l'ha scelto, adesso legga".
E Rol si è messo a leggere dalla poltrona. Angela ripeteva e l'altro [a Boston] diceva: "Sì è vero".
Dice [Rol]: "Non solo questo ha visto, ma quando è andato via – rideva Rol – ... intanto ha fatto una telefonata in America e ho pagato io... perché mi costava... dal mio telefono; poi... questo

---

[8] Su questo punto avevo chiesto in seguito più dettagli a Boni, e nel 2012 riferivo che «Boni purtroppo non ricorda la data o l'anno dell'articolo, ma ritiene di averlo scritto nel periodo in cui Fellini stava montando il film "E la nava va" (fine 1982). Una ricerca preliminare sull'archivio on line de *La Stampa* non ha dato alcun esito, ma forse una più estesa potrebbe dare risultati positivi. Gli articoli di Boni sono molti. Inoltre, come abbiamo potuto constatare presso l'archivio microfilms della Biblioteca Civica di Torino, non tutte le edizioni del giornale venivano conservate. Ritrovare quell'articolo sarebbe certamente utile» (vol. II, 3ª ed., p. 373). Va aggiunto che talvolta Boni si è firmato solo con le inziali (n.b.) ciò che non è raro anche per gli altri giornalisti o quando sono neofiti o per altre ragioni. Frequenti sono anche gli articoli non firmati. Comunque, non si può escludere che potesse trattarsi di un altro quotidiano o periodico o persino di un programma televisivo. Degli articoli di Boni del 1978 ho già dato l'elenco nel vol. VII, p. 129 nota 30.
[9] Rivolto a me.

benedetto uomo... se ne è uscito di casa mia chissà cosa gli sarà successo, ... tutte le carte che aveva in tasca Angela, compresi i libretti di assegni, erano firmati 'Gustavo Adolfo Rol'".
Questo l'ho scritto, Angela non l'ha mai smentito, per cui è sacrosanto»[10].

---

[10] Trascrizione dalla conversazione telefonica, registrata, che ho avuto con Boni il 29 aprile 2002 (si veda il mio video del 2014 *Gustavo Adolfo Rol e Piero Angela*: *youtu.be/XaVFUvs1BYs*). Nel vol. I (IV-22bis) ne avevo data una versione adattata stilisticamente, qui è letterale. Sia nel video che nella trascrizione ho tagliato la mia voce e le mie domande.
Boni poi raccontò lo stesso fatto al giornalista Maurizio Ternavasio, al quale io avevo segnalato quell'anno alcuni testimoni da contattare, tra cui appunto Boni (cfr. Ternavasio, M., *Gustavo Rol. Esperimenti e testimonianze*, L'Età dell'Acquario, Torino, p. 86). Massimo Polidoro ha riferito nel 2017 che questo racconto di Boni è stato poi comunicato a Piero Angela, il quale avrebbe commentato: «Sono tutte balle. Quello che è successo davvero l'ho raccontato nel mio libro. Gli episodi del libro con l'amico di Boston e degli assegni firmati sono pure invenzioni da parte di chi era stato colto in flagrante» (*massimopolidoro.com /misteri/piero-angela-e-rol-quante-fantasie-per-difendere-una-favola.html*).
Naturalmente non ci si poteva certo aspettare che Angela dicesse fosse vero. Non sapremo forse mai con certezza chi abbia mentito in questo specifico episodio, però sia la lettura del libro a distanza che le scritte fatte comparire sugli assegni erano esperimenti che Rol era in grado di fare – anzi, lo fanno anche gli illusionisti *in condizioni diverse da quelle di Rol* –, quindi *avrebbe benissimo potuto farli*. E Angela, oltre ad essere stato accusato di mentire direttamente da Rol, è stato – lui sì – *colto in fragrante* più di una volta a manipolare i fatti, sia dai parapsicologi che gli hanno fatto le pulci dal 1978 in poi, che da quanto io stesso dico sia qui che negli altri miei libri (ad esempio, la "magica sparizione" del passaggio su Granone). Curioso poi che, come già avvenuto con Regge dopo la morte di Rol, questi scettici "razionali" col passare del tempo aumentino le loro autosuggestioni: se infatti Angela nei quasi quarant'anni precedenti aveva *supposto* il trucco pur non vedendolo o scoprendolo, ora avrebbe addirittura «colto in fragrante» Rol, ciò che è l'ennesima bugia – anche se forse è una aggiunta di Polidoro – nella speranza che a forza di ripeterla, e che altri la ripetano come pappagalli, si trasformi in verità. Altro esempio di *effettivo* "pensiero magico", nella sua forma negativa.
Comunque l'esperto di mentalismo e scrittore Aroldo Lattarulo già nel 2015, prima quindi dell'articolo di Polidoro, mi aveva segnalato che a raccogliere i commenti di Angela era stato l'illusionista Gianluca Dall'Agnese al convegno del Cicap del settembre 2015. A Dall'Agnese nel 2023 ho chiesto qualche dettaglio in più, che gentilmente mi ha fornito riferendomi con precisione quel dialogo:
«*Una domanda: quella volta che c'è stato l'incontro con Gustavo Rol, quando c'era stato il caso del "Book Test" del libro a Boston, come era andata a finire realmente, che ha fatto telefonare al Suo amico di Boston?*
Ma sono tutte balle!!
E quindi anche gli assegni firmati son tutte balle?

Nel 2002 o 2003 ne parlai con due altre testimoni, 1) la moglie di Gaito, Severina, la quale non ricordava nulla; e Nuccia Visca, che nel libro di Angela compare come D.V.S (Domenica Visca Schierano), la quale ricordava le serate e il fatto che Angela, pur non nascondendo di essere scettico, non avesse però espresso dubbi su quanto aveva assistito, ma Visca non era in grado di commentare o discriminare il tipo di esperimenti, non li ricordava, questo perché negli anni '70 aveva assistito a decine, se non centinaia di incontri ed esperimenti (penso che in assoluto sia la persona che più abbia frequentato Rol, molto più di altri un po' troppo amanti dei riflettori che hanno voluto mostrare una frequentazione superiore all'effettivo).

Tutte balle, tutte balle!! Il resoconto di quelle due serate c'è nel mio libro, il resto... So che circolano queste voci.
A quindi non è vero?
Ma non è vero, è un giornalista di Torino, un certo Nevo [*sic*]... che racconta delle balle perché lui era un suo seguace. Lo chieda a Silvan. Silvan ha sfidato tante volte Rol, e gli ha detto: anch'io leggo nei libri chiusi. Ed effettivamente lui legge nei libri chiusi, col trucco. Ce ne sono almeno sei sette modi per leggere nei libri chiusi, io ne conosco tre quattro.
Quindi non gli ha fatto neanche telefonare a Boston alla fine quel giorno?
Ma non è vero! Si inventano delle cose, proprio... neanche a dire "una distorsione", no!».
In merito a chi potesse essere il presunto "amico" di Boston, nell'eventualità che la telefonata fosse davvero avvenuta, Dall'Agnese ha ipotizzato il fisico del MIT Philip Morrison (1915-2005) che Angela aveva intervistato nella seconda puntata della sua "indagine" televisiva (andata in onda l'8 aprile 1978).
Comunque, quando Angela afferma che «Nevo... racconta delle balle perché lui era un suo seguace» è (anche qui) sia poco credibile che poco onesto, non solo perché Boni era un cronista e per niente un «seguace» (e si noti anche la distorsione: *dal momento che era un seguace, ergo raccontava balle*, da cui ne conseguirebbe, quale vera essenza e vertice dell'Angela-pensiero, che *tutti i "seguaci" di Rol (inclusi tutti i testimoni) raccontavano e raccontano balle*); ma anche perché aveva incontrato Angela e lo aveva intervistato per *La Stampa* almeno cinque volte: nel 1987, 1990 e 1996, e in quelle interviste, le prime due delle quali riproduco oltre che in immagini anche in trascrizione nelle pagine seguenti, non traspare alcun autore "seguace" di Rol – che quindi dovrebbe essere tendenzialmente contro Angela – ma un giornalista che fa il suo mestiere e che pare anche apprezzare il lavoro di Angela. Oltre a queste interviste poi, i due si "incontrarono" anche nell'aprile del 1989 in una puntata de *Il mondo di Quark* dove era stato trasmesso il documentario di Boni *Alla ricerca dei caimani*, «storia di un "cacciatore pentito" nel Mato Grosso del Brasile» (La Stampa, 27/04/1989, p. 9). Insomma, Boni per Angela non era né uno sconosciuto né tantomeno un fazioso difensore di Rol e contestatore di Angela, come qualcuno potrebbe pensare nel sentire il modo in cui Angela liquidò quello che "Nevo" mi aveva detto, e che Rol gli aveva detto. Quindi, se anche non sapremo quanto di vero ci sia in questa storia, possiamo però constatare la reazione poco credibile di Angela, in accordo con altre dello stesso tipo.

Nel 2009 contattai anche Gigi Marsico, col quale Angela andò al primo dei due incontri (o due e "mezzo", essendocene forse un altro, breve, tra Angela e Rol da soli). (…) Ricordava l'esperimento con il libro, ma non i particolari (…)[11].

In conclusione, di quegli incontri l'unico che ne scrisse nel dettaglio – nei suoi termini e a sua completa discrezione – fu Piero Angela. Tutti gli altri testimoni hanno ricordi vaghi, e questo perché non avevano, come Angela, interesse a mettere nero su bianco quanto avvenuto in quelle serate. Vi è poi il racconto a braccio di Rol, riferito a braccio da Boni, e quindi qualcosa potrebbe essere stato ricordato approssimativamente. In pratica, una precisa attinenza ai fatti non pare possibile, se non nelle linee generali. Quello che è possibile è però l'analisi comparata dello stesso tipo di esperimenti cui Angela ebbe modo di assistere, descritti da decine di altri testimoni, per escludere nettamente l'ipotesi illusionistica[12].

---

[11] Ho qui tagliato le righe che riassumevano brevemente l'incontro, il cui racconto integrale ho già fornito in precedenza a pp. 36-39.

[12] In seguito aggiungevo questo post scriptum: non ho trovato alcun articolo de *La Stampa* che corrisponda, nel contenuto e nel periodo (1977-1979) a quanto afferma Giordano. Anche qui, potrebbe aver fatto confusione, o potrebbe trattarsi di altra testata giornalistica.

Piero Angela: la supernova di via Teulada

di Nevio Boni
(*"seguace" di Rol...*)

23/03/1987[1]

Occhiello
INTERVISTA / Da conduttore di telegiornali a star della tv nazionale

ROMA – Piero Angela è uno di quelli che rimangono. Su Raiuno non ha atteggiamenti come il profeta-Pinch nel film «*Quinto potere*» quando plagia il pubblico costringendolo ad urlare: «*Sono incazzato nero*», eppure la gente resta ammaliata dal suo fascino distribuito a piene mani. Grande inquisitore della natura, ci accompagna per la strada dell'immaginazione che spesso proprio durante i suoi «*Quark*», ci accorgiamo di avere perduto. Angela con quei suoi modi di fare ed essere, rigorosamente semplici, si è conquistato un preciso spazio nella mente dei telespettatori che si affacciano sempre più con entusiasmo alle fantastiche finestre che apre sul paesaggio dei nostri comportamenti. Di persona Angela è altrettanto semplice. Ma non devono ingannare né gli sguardi quasi indifesi né le maniere suadenti; sa davvero prendere per mano l'interlocutore ed accompagnarlo per mezzo di un linguaggio essenziale dentro la formula: «*Capire, riferire esattamente e con chiarezza divertendo*». Il suo ufficio in via Pasubio assomiglia alle redazioni di un tempo: una scrivania sulla quale sono accatastati libri di etologia, riviste sul mondo della natura e ovviamente tutti i quotidiani. Chi si aspetta dunque che si porti al guinzaglio un giaguaro dell'Amazzonia resta deluso. È invece con la sua calma proverbiale che ci invita a seguirlo.
«*Una troupe di 'Domenica in' mi vuole per alcune riprese da farsi giù in strada per contribuire a tenere Roma pulita*».
Di fronte alla telecamera Angela cammina con andatura caracollante, sorridendo. Tiene fra le mani una rivista cellophanata. Pochi passi, poi strappa l'involucro del giornale e lo ripone diligentemente nel cestino dei rifiuti.
«*Va bene così o ne dobbiamo girare un'altra?*».
La sua vita è sempre carica di impegni? Ha ritmi frenetici?
«*Carica d'impegni e adesso frenetica...*»
È stato uno dei primi conduttori televisivi. Una bella carriera...
«*Ho cominciato alla radio, poi corrispondente da Parigi e da Bruxelles, quindi primo conduttore in studio. Ho cominciato ad interessarmi di*

---

[1] *Stampa Sera*, 23/03/1987, p. 6.

problemi spaziali e ho proseguito. Ho sempre fatto ciò che mi divertiva senza badare ad altro...».
Ad esempio i soldi?
«Un po' come il pittore o il violinista che fanno delle cose... poi piacciono, ed allora arrivano anche i soldi. Ho sempre dato la priorità a ciò che mi piaceva».
Quando parla Angela, guarda negli occhi come fissasse la telecamera, sorridente, vagamente ironico, sempre riguardoso.
Adesso Piero Angela è anche nel cinema. Il film «*Il giorno prima*» diretto da Montaldo verrà programmato fra breve in tutta Italia. Lei ha scritto il soggetto...
«L'idea mi venne da Franco Cristaldi che conosco da anni ed è produttore del film. Gli suggerii un tema a sfondo nucleare. Fu guardando del materiale sulla guerra atomica che fui colpito da un rifugio atomico in Svizzera e decisi che avrebbe potuto essere il tema centrale del soggetto».
Nel film vi sono delle persone rinchiuse in un bunker?
«Uno quindicina, invitate nel rifugio per un esperimento pubblicitario hanno a loro disposizione ogni comfort ed anche un televisore. Apprenderanno proprio da un annuncio televisivo che un missile partito per errore da un sottomarino ha sganciato varie bombe atomiche, e una di queste fra una mezz'ora cadrà sulla città dove è situato il loro rifugio. L'annuncio è falso, ma loro non lo sanno. E si avranno dinanzi alla catastrofe una serie di reazioni diverse».
Si è consultato con qualcuno per conoscere bene le reazioni autentiche dei rifugiati?
«Ho parlato a lungo con lo psicologo americano Philip Zimbardo. Il film è già stato proiettato negli Stati Uniti in una televisione via cavo ed ha registrato il secondo indice di ascolto assoluto, battendo colossi come la CBS».
Piero Angela è noto per non gradire anche nel corso di una conversazione cordiale, di allontanarsi dai suoi discorsi sulla «*scienza*».
Dove trascorre le sue vacanze?
«In tanti posti diversi nel mondo».
Insieme con la famiglia?
«Solo».
E il suo jazz? Suona ancora il piano?
«Sempre meno. Ma qualche volta sì».
Che cosa ha in serbo adesso per noi?
«Mi piace cambiare, non inseguire sempre la stessa cosa».
Angela ha inserito spesso nei suoi programmi disegni animati per rendere più accessibile il linguaggio.
Aveva spiegato: «*Ho cominciato ad usare sempre più frequentemente i cartoni animati con lo scopo d'impadronirmi delle armi del nemico:*

approfittare di una tecnica efficace e divertente non per storie di evasione, ma per informazione e cultura. Un po' un cavallo di Troia per entrare più facilmente al di là della muraglia e portare in un involucro gradevole un contenuto educativo».

Qualcuno ha scritto: «*Parola e essenza, è l'unica relazione a cui ho aspirato in vita mia*».

Angela, ambasciatore tv della vita, per tenerci svegli, cerca agganci di linguaggio con i fatti quotidiani. Durante una sua trasmissione per spiegare i segnali televisivi che viaggiano, ha detto: «*Portobello è in prossimità della stella più vicina, la Proxima centauri; Nilla Pizzi viaggia attraverso la Nebulosa del Granchio; il Trio Lescano e Mussolini si sono già persi nel buio della galassia...*».

Ci sono poi quelle sue «Serate Natura», che costringono anche i più reticenti ad ammettere che gli animali almeno quando sbadigliano hanno un volto umano. E con la scienza non c'è da fare confusioni. Come dice Confucio, la scienza è «*sapere quello che si sa*» e non «*sapere quello che non si sa*» e Angela, fortunati noi, è dalla parte di Confucio.

Angela, Peter Pan al servizio della scienza

di Nevio Boni

05/11/1990[2]

Occhielli
INTERVISTA / Il giornalista racconta gli incredibili viaggi nella sua «macchina meravigliosa» su Rai 1
«Dietro al mio successo c'è un lungo, meticoloso lavoro»

TORINO. Sulla macchina meravigliosa di Piero Angela mai un intoppo. Guai altrimenti. Perché la «macchina meravigliosa» è la sua nuova trasmissione ma è anche il nostro corpo.
Su Raiuno, ogni giovedì alle 20,30 infatti, Angela viaggia dentro di noi per risolvere tutti i nostri problemi di conoscenza «interiore». Un magico inviato speciale. Anzi, specialissimo. Perché entra nel corpo come una specie di Peter Pan elettronico, e scorazza per organi e cellule come in un bosco incantato dai mille colori.
Agilissimo Angela piccolo piccolo, quando s'infila un po' turbato dentro misteriosi «condotti» senza fine o s'arrampica divertito su strani alberi «cibati», rischiando a volte di ritrovarsi a galleggiare (miniaturizzato e astemio com'è), sopra delle papille inondate di Barolo.
Chi pensa a Piero Angela come ad un conduttore tv serio serio, senza altri interessi che la divulgazione scientifica, si sbaglia. Sa sorridere e ridere invece. È un piacere sentirlo raccontare del preciso lavoro per realizzare il programma, del tempo impiegato per la ricerca del ricco materiale, degli effetti elettronici che permettono di compiere portentose evoluzioni fra globuli bianchi e terminazioni nervose.
Piero Angela conserva l'entusiasmo d'un ragazzo: lo denuncia anche la luce allegra degli occhi, come nei bambini.
Qualche volta scivoli su «tessuti viscidi» e rotoli a gambe all'aria. Dove sta il trucco?
«Succede questo...», e Angela seduto sul divano, proprio come fanno i bambini quando mimano una caduta, piega il tronco di qua e di là, mulinando soltanto le braccia.
«È la telecamera che va sottosopra, mentre io resto sempre nello stesso posto...».

---

[2] *Stampa Sera,* 05/11/1990, p. 21.

Ma ti arrampichi anche su qualche misterioso nervetto o qualcosa di simile. Il trucco impressiona perché non ci sono i soliti sfarfallii che si vedono di solito durante queste sovrapposizioni...
«Sono i modernissimi mezzi elettronici a permettere questi effetti».
Un lungo lavoro dunque...
«Due anni di preparazione con un costo relativamente modesto per preparare le otto puntate del viaggio all'interno della "macchina meravigliosa". Un programma che è già stato richiesto all'estero e che verrà distribuito in videocassette. La spesa per più della metà è già rientrata. Per l'Inghilterra ad esempio, l'ho preparato in inglese, ma per ottenere un migliore accento sono stato doppiato in labiale. Cioè in modo perfetto, senza sbavature di voce».
Non facile far spettacolo con la cultura...
«Intanto ho un mio pubblico che mi segue da anni. La patente di serietà me la sono guadagnata sul campo. In questo nostro Paese spesso basta l'immagine che ti sei costruito. A Napoli si dice: "Facite 'a faccia feroce"». Ecco, io la mia faccia feroce l'ho fatta, dunque...».
E Angela ride con gioia.
Di motivi per ridere ne ha molti. Il suo programma è visto da circa sei milioni di persone che s'inchiodano davanti al video per partecipare ai suoi sortilegi scientifici. Nella scorsa puntata poi, (quella dell'occhio), ha telefonato in diretta un signore da Stoccarda, che diceva d'essere rimasto affascinato dalla trasmissione. Perché la tv italiana è vista in Europa, e se c'è qualcosa che intriga non se lo lasciano scappare. Anche in Africa i volti della nostra tv sono noti. In Tunisia, Angela, è più popolare di Craxi.
«Dietro al successo c'è un lungo meticoloso lavoro».
Ma i trucchi come nascono?
«Io mi muovo su una scena precostituita che ha uno sfondo di colore blu. I miei passi sono guidati: nel senso che mi avvalgo d'una specie di percorso segnato. Dopo viene sovrapposta la fotografia. Le fotografie sono realizzate col microscopio elettronico a scansione, che diventeranno le scene tridimensionali in cui giro intorno alla cellula o mi calo vestito da speleologo nelle caverne ossee».
Continua a non essere facile però fare spettacolo con gli scienziati, che di solito ce la mettono tutta per indurre a cambiare canale...
«Siamo stati fortunati. Abbiamo in studio gente di scienza che spesso spiega senza annoiare. Alche se devo dire che all'estero, in Inghilterra ad esempio, gli scienziati sono più alla mano. Parlano normalmente senza pontificare forse per via del loro famoso "sense of humour". Da noi invece funziona quel "facite 'a faccia feroce" di prima».
L'inviato Piero Angela il prossimo giovedì sarà alle prese con una puntata tutta da gustare. Infatti assisteremo alle diverse reazioni delle papille gustative a contatto col bouquet del Barolo e del Bordeaux. Scopriremo che cosa succede ai nostri organi olfattivi quando sono chiamati a responsi

immediati. Un soprassalto all'odor di sudore o un sussulto di gioia al profumo di rosa?
Vedremo un test in cui si dimostra che l'olfatto delle donne supera quello degli uomini. Sapevate che gli anni (assieme al resto purtroppo), fanno scemare anche questa sensibilità?
Ecco, il lillipuziano Piero Angela camminerà senza sosta sugli organi sensori, per spiegare, interessare, divertire[3].
Dice: «Mai sacrificare però il contenuto allo spettacolo. Il problema è quello di non diventare saccenti o noiosi».
Nessun pericolo.
Soltanto un folle Barone di Münchhausen giungerebbe alla smargiassata d'un viaggio all'interno del corpo umano a cavallo d'una supposta.

---

[3] Con una certa ironia, non posso non pensare a quella lettera di Rol del 1951 al fratello Carlo, quando commentando l'articolo di Furio Fasolo su *Epoca* scriveva: «Queste cose ho cercato di esporle a quel lillipuziano di giornalista al quale ho perfino dettato certe definizioni, supplicando di non svisare questi concetti (…). Promettono questi giornalisti ma poi scrivono quel che vogliono» (vol. IV, p. 105 e più avanti a p. 82 un estratto più ampio).

«Superquark» (quasi otto milioni di appassionati) sorpassa Fiorello
Angela, ascolto nelle galassie
«C'è una grande richiesta di fatti intelligenti»

ROMA. «Superquark» nelle galassie. Il programma di Piero Angela, in onda sabato su Raiuno dalle 20,54 alle 22,40 è stato seguito infatti da 7 milioni e 85 mila telespettatori con uno share del 24,96%. La trasmissione scientifica ha preso in cura Fiorello, che con la sua «Febbre del venerdì sera», su Canale 5, dalle 21 alle 23.10, ha ottenuto 6 milioni e 886 mila ascoltatori il 26,36% di share.
Piero Angela «divulga» la sua soddisfazione con piccoli ragionamenti esplicativi. «Sono contento. La cosa interessante è che si sono superati gli 8 milioni e qualche volta si è arrivati a 8 milioni e 600 mila. E questi aumenti si sono verificati non per i documentari sugli animali nel parco di Yellowstone, ma con Scienza e Tecnologia».
Ha molto impressionato il filmato sulle galassie appena scoperte e il documentario di Alberto Angela sulle mummie che in terra di Danimarca si sono molto ben conservate.
«Anche uno sullo spionaggio biotecnologico realizzato da Lorenzo Pinna dove cercano di trafugare formule che valgono miliardi e un altro curioso sulla durata del lavoro».
Con dati sconvolgenti?
«Ad esempio, quanto si lavorava nell'Ottocento: ogni anno 25 mila ore libere. Adesso le ore libere sono 170 mila. Si sono rivoluzionati i tempi di lavoro».
La tecnologia come strumento per cambiare la società?
«Senz'altro un enorme strumento rivoluzionario. Più della politica. Io continuo a dirlo: c'è una grande mancanza di cultura scientifica dove invece bisognerebbe investire. Non si può solo distribuire ricchezza ma produrre ricchezza».
Che cosa vedremo nel prossimo Superquark?
«Gli scimpanzé in scene di caccia di gruppo: come ominidi. Sembra

La settimana prossima vedremo gli scimpanzé cacciare come ominidi

Piero Angela (qui accanto): «Ascolto ad alti livelli anche senza animali».

uno spaccato di come eravamo. Poi un filmato singolare sugli sci. Visalberghi è entrato nei laboratori dei produttori di sci per scoprire come vengono trattati. Dove un tempo si metteva la sciolina oggi si effettuano dei microsolchi come nei pneumatici che permettono agli sci di aderire alla neve senza provocare attrito. E tanto altro ancora».
Informare e indurre alla riflessione?
«C'è una forte richiesta di fatti intelligenti. Lo vedo anche fuori dalla tv, per strada ad esempio: mi chiedono, vogliono sapere. Tutto ciò è incoraggiante.
Superquark dell'altra sera terminava con un «pensierino» da meditare: «Ogni volta che qualcuno percepisce un reddito che non produce, c'è qualcun altro che produce un reddito che non percepisce. Sette milioni e mezzo di persone ci hanno pensato su.

Nevio Boni

LA STAMPA
SPETTACOLI
Sabato 26 Ottobre 1996

Incontro col giornalista che sta preparando per Raiuno «Viaggio nel cosmo»

«Immagineremo di viaggiare all'incredibile velocità del pensiero»

Piero Angela ha realizzato un'astronave negli studi Rai

ANGELA
odissea nello spazio

TORINO. In un periodo come questo in cui molti conduttori televisivi soffrono della sindrome di Fiorello (sembra abusata dei mass), Piero Angela si leverà a rischio di crescita delle crocchie. E infatti diventata una specie di mister Spock interplanetario del viaggio della serie Star Trek dai lunghi lobi penduli? perché negli studi di via Verdi di Torino sta mettendo a punto il suo nuovo programma «Viaggio nel cosmo», che vedremo nel '97 su Raiuno.
«Astronave sembra già pronto ad affrontare i pericoli delle spazio e accompagnarci a scandagliare pianeti, scoprire satelliti nascosti, entrare addirittura nel sole, affrontare i misteriosi buchi neri dentro i quali anche la luce si colassa».
Angela è sulla plancia di comando, seduto alla console dai mille pulsanti dello sua astronave che non si chiama «Enterprise» ma possiede un nome che è garanzia di velocità e avventura: «Vroon», termine greco che significa pensiero.
Perché questo nome alla sua spaziale?
«Non potevamo affrontare le distanze siderali se alla velocità della luce troppo lenta. Così abbiamo immaginato di viaggiare all'incredibile velocità del pensiero: «Nous», appunto».
Entrerà in concorrenza con Spielberg?
«Non siamo qui, come si dice in Piemonte, per "fare solo del cine". Non possediamo i nostri sofisticati effetti speciali, e di tutti i più. Veleggeremo nell'etero contando di tutta spaziale e ciò è reso possibile da un'imbarcatura con un braccio meccanico che si alza dal suolo e si porta su uno sfondo verde che in sala regia verrà poi sostituito con immagini dello spazio, divertendosi a far astronauti levitanti) ed il suggestivo effetto che conosciamo. Ci sono poi riprese effettuate dall'"elefante". E' un vero pachidermo di telecamera ma sofisticatissimo, con le braccia e sottile obiettivo senza che può addentrarsi apparentemente fra pareti di altissimi canyon, che invece sono modellini. L'elefante possiede l'"impossibile" requisito di non avere nessuna vibrazione e di riprendere oggetti in miniatura riuscendo ad assicurarsi in spazi estremamente angusti con effetti d'una realtà inimmaginabile».
Un viaggio nel cosmo tutto effetti speciali, nessuna ripresa dal vero?
«Come no. Abbiamo sfruttato alcuni passaggi del Ulisse e dell'Islanda per mostrare i suoli di Marte e Venere. Li abbiamo filmati col sistema del "Wescam System", ossia una particolare testata aerea a sospensione manovrabile a distanza, dotata di sistema di ammortizzazione, che garantisce movimenti fluidi, montata sulla fiancata destra di un elicottero, bilanciato dalla parte opposta con adeguati contrappesi. Una novità».
Acrobazie spaziali?
«Di ogni tipo per mostrare l'universo ai telespettatori. Io sarò in studio a manovrare i marchingegni che permettono all'inviato nel cosmo il "Astropiero" per intenderci, le sue scorribande spaziali».
E nel suo girovagare per le galassie, gli Ufo li ha avvistati?
«No di certo. Abbiamo intervistato eminenti studiosi e quasi tutti concordano nel ritenere che nell'universo possono esistere altre forme d'intelligenza; ma per ora non starebbero nei Ufo».
Lei al comando dell'astronave «Noos» e ancora lei catapultato nello spazio, e suo figlio Alberto, in giro per pianeti?
«Alberto ha parlato con gli scienziati dei maggiori osservatori del mondo per filmare gli interventi che danno lo "spazio" a telespettatori.
Queste esplorazioni istruttive e divertenti, divertono anche lei?
«Guai non fosse così. Mi diverto moltissimo in questa nave spaziale: io sono uno di quei giorni nascosti un gusto di problemi da risolvere. Comunque è stimolante. Sa che andremo con Angela per il pianeta dei Dinosauri». Per queste nuove «Viaggio ha peregrinato tra i laboratori e gli osservatori scientifici di tutto il mondo per filmare gli interventi di Alberto Angela. E' entusiasta dal suo lavoro e delle innovazioni che – per la primissima puntata dell'elicottero è stata montata per la prima volta una telecamera portatile al posto della classica macchina da presa cinematografica finora utilizzata.
Nel «Viaggio nel Cosmo» i marchingegni elettronici la fanno da padrone: dar vita alla complessa realizzazione della astronave scientifica, una spettacolarità degna di altissimo calibro».

Effetti speciali

Otto puntate tra i pianeti

TORINO. Il regista di «Viaggio nel Cosmo» è Gabriele Cipollitti, 44 anni. Ha curato per la Rai le riprese esterne di «Superquark» e ha già lavorato con Angela per il «Pianeta dei Dinosauri». Per queste nuove «Viaggio ha peregrinato tra i laboratori e gli osservatori scientifici di tutto il mondo per filmare gli interventi di Alberto Angela. E' entusiasta del suo lavoro e delle innovazioni sia del suo lavoro e delle innovazioni sia del suo. «Per le riprese dell'elicottero è stata montata per la prima volta una telecamera portatile al posto della classica macchina da presa cinematografica finora utilizzata.
Sanno otto puntate, l'ultima delle quali riservata al "dietro le quinte" del «Viaggio nella ricostruzione del "Viaggio nel Cosmo" che finalmente ci svelerà finalmente se effetti speciali: le magie elettroniche e grafiche uscite con esempio quelle scientifiche, sperimentate nella simulazione della stazione spaziale, disegnate in tre dimensioni. Piero Angela spiega il perché della sua nuova avventura televisiva: «Io decisi di imbarcarmi con la "Noos" non soltanto per la curiosità di raggiungere il Sole, Marte, Venere, Saturno e i vari satelliti di Giove, incuriosito per strada anche stelle lontane e satelliti sperimentali, perché il mondo della scienza, il vasto che i miei programmi scientifici fanno spesso più ascolto di tanti varietà. La prova la voglio dare con "Viaggio nel cosmo per i tanti telespettatori curiosi».

[nev. bon.]

Nevio Boni

Nella pagina precedente, altre due interviste di Nevio Boni a Piero Angela: in alto su La Stampa *del 04/02/1996, p. 19, sotto su* La Stampa *del 26/10/1996, p. 29. Nello stesso anno Boni contattò Angela ancora una volta (si veda*: Boni, N., *Come t'aggiusto il leone,* La Stampa, 08/10/1996, p. 25) *e parlò di lui almeno in un altro articolo* (Scimpanzé «vietati ai minori», La Stampa, 09/02/1996, p. 23).

Da segnalare anche che Nevio Boni nel 1990 partecipò a una conferenza su "Torino magica" – argomento di cui si era molto occupato come cronista – insieme a... Massimo Polidoro, come da trafiletto qui sotto da Stampa Sera *del 12/12/1990, p. 13.*

Torino magica

Interessante l'incontro dedicato ai fenomeni paranormali che avrà luogo oggi al circolo culturale Hiroshima Mon Amour, in via Belfiore 24. «Inseguendo la chimera: il paranormale tra speranza, illusione e imbroglio» avrà inizio attorno alle 21,30. Due i partecipanti: il prestigiatore Massimo Polidoro e il giornalista di Stampasera Nevio Boni. Il primo, che è membro del Cicap (Comitato di Controllo delle Affermazioni sul Paranormale), fondato da Piero Angela, ripeterà alcuni fenomeni di telecinesi e telepatia, sotto stretto controllo di un notaio; Nevio Boni invece parlerà di «Torino magica». L'ingresso, come di consueto, è libero soltanto per i soci in possesso della tessera Enars Acli.

"Curioso" che Polidoro, tanto sollecito nel riferire la liquidazione del "caso Boni" da parte di Angela nel suo articolo del 2017, non faccia menzione di questa conferenza, ovvero di avere anche lui conosciuto Boni e partecipato a questo incontro. Ma sappiamo bene come sia consuetudine della mente illusionistica *il censurare, minimizzare, fuorviare, ingannare...*

A titolo di altro genere di curiosità, in questo caso di coincidenza, segnalo anche che Boni intervistò nel 1992 Anselma Dell'Olio (E Anselma Ferrara dà lezioni d'amore, *Stampa Sera, 01/02/1992, p. 19, sul suo programma* Lezioni d'amore, *su Italia 1, di cui era conduttrice), la regista di "Enigma Rol".*

Con Selma avevo spesso parlato di Boni e della sua testimonianza, tanto che lei voleva intervistarlo per la sua docu-fiction, ma non mi disse che Boni l'aveva intervistata, probabilmente perché dopo trent'anni non se lo ricordava nemmeno. Boni poi è morto nel luglio 2022 prima che lei cominciasse a fare le sue interviste (a inizio 2023).

La Stampa *lo ha ricordato con un articolo di Luciano Borghesan*:

> «Un cronista vero, Nevio Boni. Ci lascia a 82 anni dopo un lungo periodo di sofferenza, che l'aveva costretto a un ritiro silenzioso sulla collina di Pavarolo. D'altronde aveva cercato la quiete dopo la vita tempestosa di redazione trascorsa per lo più in quella *Stampa Sera* che sull'onda del '68 era diventata anticipatrice di un giornalismo vivace, a caccia di inchieste e di scoop, dai toni e dai

titoli spettacolari. Lui ci stava alla grande in quella cronaca di giovani dalle belle speranze. Le origini tosco-emiliane avevano la meglio sulla riservatezza torinese: amicone, istrione, non rinunciava a una battuta sorprendente e gustosa. Come i suoi servizi.

"Ha intervistato il mondo – ricorda il primo suo capocronista a *Stampa Sera*, Piero Soria –, gli chiedevi di sentire un nome importante o famoso, e lui lo raggiungeva", ed era capace di fargli le domande più impertinenti, diventandogli anche il miglior confidente.

Aveva cominciato a occuparsi di giornalismo con un paio di riviste del tempo libero, poi si cimentò nella prima tv locale, *Teletorino*, ma il posto che gli consentì di accedere alla professione arrivò nel 1972 a *Stampa Sera* e proseguì a *La Stampa*.

Non solo Torino, Boni ha girato il mondo alla ricerca di guaritori, coccodrilli, tribù sconosciute.

Giusto per confermare il suo spirito libero, creativo si dedicò alla scultura in rame.

Lo piangiamo con tanti amici e il figlio Igor, 54 anni, presidente del partito radicale»[4].

Nel suo breve libretto autobiografico-poetico e soprattutto fotografico Nel verde della mia vita, *2011, curato dall'amico scultore Enzo Sciavolino, si trova questo profilo:*

«Nevio Boni è nato a Torino nel 1940. Giornalista, per 30 anni redattore al giornale *La Stampa*, per lo Spettacolo. È autore di numerosi reportages dal Guatemala al Senegal, dalle Filippine a Ceylon, dalla Giordania alle Maldive e alla Cina sconosciuta. Ha realizzato documentari per la Rai e per Mediaset. Alcuni titoli: *Pantanal in Amazzonia; Il cacciatore pentito dei caimani* (Quark - Raiuno); *Gli Zingari del mare di Mindanao nelle Filippine* (Canale 5); *La musica reggae in Giamaica; Gli Indios Tainos di Santo Domingo* (Canale 5); *Il lago Turcana in Etiopia, Le Ande Argentine, I Maori della Nuova Zelanda e Made in China* (Geo & geo Rai Tre); *L'isola di Kios; I riti wodoo in Haiti* e numerosi altri».

Il titolo del libro si riferisce principalmente al verde della natura, a quello metaforico dell'infanzia e poi allude certamente anche a quello di Rol. Così scrive Sciavolino in una pagina introduttiva:

---

[4] Borghesan, L., *Addio a Boni cronista curioso giramondo e artista*, 24/07/2022, p. 45 (cronaca di Torino).

> «Il verde qui non è un colore ma, come direbbe Cesare Pavese, è "l'intero *play* come interpretazione imaginista dello stato d'animo".
> Il verde è una cosmologia come una sinfonia di Gustav Mahler.
> Il verde è sì l'infanzia, ma è una proiezione freudiana nell'ignoto.
> Ignoto che lo "spirito intelligente" prefigura.
> Ignoto che si predispone all'abbandono e quindi al racconto.
> E così, l'infanzia, con i suoi miti, si adagia sul verde (…)».

Nel libro Rol non è mai citato, ma una sua influenza certo si percepisce, anzi si vede – Boni non era un "seguace", ma Rol ha avuto un impatto su di lui, peraltro già sensibile di suo, come su molti altri – e infatti, come citato anche da Sciavolino, qua e là compare ogni tanto lo spirito intelligente, *associato naturalmente al verde.*
Qualche passaggio, a cominciare dalla sua giovinezza:

> «Era il verde del sottobosco il mio colore preferito. Quello dei cavi di vecchi castagni, delle scure foglie dei mirtilli, anche il verde zigrinato e gonfio del bosso. E intanto leggevo leggevo. Divoravo tutto ciò che stava scritto, ovviamente come sempre purtroppo senza riferimenti, metodi e misura. Da Frate Indovino ai Promessi Sposi, da Dante ai gialli di Simenon, anche Joyce e Pitigrilli, Paolo Monelli e Nabokov. Davvero tutto insomma, e nella mia testa si formava un guazzabuglio di emozioni che tentavo di tramutare in colore sulle tele.
> Coltivavo così il mistero del mistero della vita. Procedevo inesorabile scandendo il tempo di nessuna scadenza, intento e progetto. Alimentavo il cervello a mantenersi disoccupato dalla realtà per nutrire incessantemente un mondo onirico che mi cresceva dentro con prepotenza. Credendo chissà che mandavo a mente frasi che leggevo e che adattavo ai miei stati d'animo voraci di conquiste interiori. Esorcizzavo inconsciamente un'indifferente mondo materiale a favore dell'essenza invisibile che muove l'entusiasmo. E sognavo di allestire in qualcuno dei miei grandi prati dell'infanzia un banchetto di trepidazioni diligentemente ordinate sulla grande tovaglia del mio fantastico silenzio verde.
> Dipingevo come un invasato e avevo cominciato a scrivere. E inseguivo l'amore in modo frenetico, da lestofante, svaligiando in brame notturne la casa del corpo delle mie conquiste femminili.
> Ma non è così che si libera lo spirito intelligente.
> Intuivo che c'era bisogno assolutamente di un sentiero iniziatico. O meglio, di una mappa strategica di camminamenti per accedere a qualcosa di sicuro. Avvertivo una necessità impellente a

smettere di galleggiare su emozioni che ondeggiavano sopra pensieri fluttuanti. Avevo creduto che bastasse mettere ordine alla sequenza delle banalità quotidiane per impedire lo sciamare della follia. Si era insinuata in me una voglia struggente di famiglia, quasi ad arginare lo strapotere del mondo visionario che mi portavo dentro.

Attingendo a ricordi amorosi della mia adolescenza mi sono innamorato perdutamente degli occhi splendenti di riflessi alabastrini e dell'entusiasmo coinvolgente di una ragazza (…).

…la bolla amorosa è scoppiata in una miriade di lampi iridescenti che hanno scomposto il verde compatto delle foglie di tutti i boschi della mia infanzia.

Però lo spirito intelligente che continuava a cercarmi e mi guidava nell'inconscio e nella vita di tutti i giorni apriva nuove finestre per arieggiare la stanza del cuore. L'amore è l'unica cura alla solitudine. Oggi sono convinto che è stato lo spirito intelligente in accordo col destino a farmi colorare le tele di verde che prima rappresentavano tutta la mia decomposta, possessiva disperazione»[5].

«E lo spirito intelligente intanto mi seguiva di continuo»[6].

«Alla voglia della ricerca di "verde diverso", si muove dentro d'accordo con lo spirito intelligente il desiderio di carpire i misteri che ci circondano»[7].

«Ho sempre sperato che aleggiasse in me quello spirito intelligente che mi insegue da quando ero bambino e pian piano durante gli anni ho modificato il verde delle foglie dell'infanzia nell'altro verde scoperto durante i miei viaggi fra tanti lembi di foresta nel mondo»[8].

«Il "sentire", quando lo si conquista è una liberazione. Deve essere lo spirito intelligente che prende forma. Ciò avviene soltanto però percorrendo un sentiero inconsapevolmente iniziatico»[9].

---

[5] Boni, N., *Nel verde della mia vita*, Art & Book Private Edition, Torino, 2011, pp. 24-25
[6] *Ibidem*, p. 34.
[7] *Ib.*, p. 41.
[8] *Ib.*, p. 44.
[9] *Ib.*, p. 49.

In alto, Nevio Boni nel suo giardino con le sue sculture di rame fotografato nel 2010 dall'amica Elsa Mezzano, che mi ha mandato la foto, e sotto in Argentina nel 1995, con la moglie Luciana Piccardi (la foto orginale è andata perduta, la riproduzione è presa così come si trova nel libro di Boni *Nel verde della mia vita*).

Inaugurazione nel 2004 de "L'Albero della Pace" dello scultore Enzo Sciavolino in piazza Martiri della Libertà a Rivoli. Nevio Boni è il primo a destra, gli altri sono, da sinistra: Nino Boeti (sindaco di Rivoli), Vincenzo Consolo (scrittore), Younis Taufik (scrittore), Enzo Sciavolino, Egi Volterrani (artista).

Come si giunse agli incontri tra Rol e Piero Angela?

Al momento (agosto 2023) non è ancora dato sapere in che date precise Rol e Angela si incontrarono né quanti furono gli incontri effettivi. Stando ad Angela, sarebbero stati due. Eppure alcune cose non tornano. Potrebbero esserci stati uno o due altri incontri più informali, prima e/o dopo questi due incontri. È ciò che emergerebbe tenendo conto di quanto riferito soprattutto da tre persone: Carlo Buffa di Perrero, Filippo Ascione e Nevio Boni.
Vediamo intanto quale sarebbe stato l'antefatto degli incontri, così come riferito da Renzo Allegri nel 1986 nel suo libro *Rol l'incredibile*:

> «gli articoli che andavo pubblicando su Rol[1] destavano un interesse enorme. I numeri del giornale con le puntate del sensitivo torinese erano esaurite. Anche altri giornali presero ad assediare Rol per avere interviste, ma egli non volle ricevere nessuno. "Sono già impegnato", rispondeva. Ma in realtà con me e con il mio giornale non aveva alcun impegno se non quello di cortesia. Avevamo cercato di sdebitarci offrendogli dei soldi, dei regali come compenso per il tempo che ci dedicava, ma Rol non accettò niente.
> Non riuscendo ad arrivare a Rol, giornali e televisione si rivolgevano a me per farmi parlare dei miei incontri con il sensitivo[2]. Partecipai a dibattiti, discussioni, tavole rotonde. Dall'America arrivò una équipe televisiva di otto persone per intervistarmi su questo eccezionale personaggio. Una società parapsicologica degli Stati Uniti mi invitò a tenere una serie di conferenze[3].
> Tanto entusiasmo, tanto interesse richiamò anche l'attenzione dei supercritici. Un giorno Rol mi disse: "Mi ha telefonato il giornalista della RAI Piero Angela chiedendo di incontrarmi. È torinese come me, amico di amici miei, ed è un giornalista molto serio. Ho visto le sue corrispondenze dal Belgio, dove era inviato, e mi sono sempre piaciute[4]. Come lei sa non incontro volentieri

---

[1] Quelli su *Gente* firmati da Allegri ma (ri)scritti da Rol, 5 puntate dal 5 marzo al 9 aprile 1977 (si veda il vol. VI, p. 299 e sgg.).
[2] Allegri come altri giornalisti ha sempre chiamato Rol in questi termini, e naturalmente non è corretto, né era gradito a Rol, come ho spesso insistito.
[3] Ho chiesto nel 2023 ad Allegri se ricordasse di quale emittente televisiva e di quale società parapsicologica si trattava, ma non lo ricordava.
[4] Negli anni '60 Angela è stato corrispondente del Telegiornale Rai da Bruxelles dopo esserlo stato da Parigi a partire dalla metà degli anni '50.

giornalisti[5], ma a questo concittadino non posso dire di no. Sembra che la RAI voglia farmi un grande servizio, ma non so ancora niente di preciso. Comunque in questo incontro Angela mi spiegherà il suo progetto che poi valuterò. Ci terrei molto se potesse essere presente anche lei".
"La ringrazio", risposi. "Ma penso che Piero Angela desideri incontrarla senza la presenza di altri giornalisti. Sta lavorando ad un progetto e probabilmente non desidera che sia conosciuto prima della sua completa realizzazione"[6].
Dopo una settimana Rol mi telefonò per raccontarmi come era andato l'incontro. Me ne parlò con entusiasmo. Mi disse che Piero Angela era un giornalista distinto e molto intelligente.
Come sempre, l'incontro era avvenuto alla presenza di altri amici di Rol, i quali furono tutti concordi nell'esaltare la cortesia del giornalista.
Qualche tempo dopo, Angela iniziò una serie di puntate televisive sulla parapsicologia che avevano l'unico obiettivo di screditarla a tutti i costi. Al termine delle puntate, pubblicò un libro scritto con lo stesso tono e gli stessi obiettivi. Nel libro dedicò alcune pagine anche a Rol, riferendo l'incontro avuto col sensitivo e ironizzando ferocemente sugli esperimenti osservati.
Non è mia intenzione discutere su quelle pagine. Gli esperimenti di cui Angela riferisce nel suo libro, sono ben diversi da quelli osservati da me e da innumerevoli altri testimoni qualificati, alcuni dei quali sono stati citati anche in questo libro [*Rol l'incredibile*]. Angela riferisce di "giochetti" ingenui, ridicoli e conclude che Rol è un prestigiatore da quattro soldi, sul quale sarebbe opportuno "stendere un cortese velo di silenzio".
Le pagine di Angela destarono l'indignazione di tutti gli amici di Rol, anche perché, implicitamente si sentirono trattare da stupidi. In particolare quelli che erano presenti all'incontro con Angela, i quali giurano che, quella sera, gli esperimenti non si erano svolti come li ha raccontati il giornalista nel suo libro[7]. "Einstein, Fermi, Valletta, de Gaulle, Pitigrilli, Buzzati, Fellini, Casalegno e decine di altri celebri personaggi che in cinquant'anni hanno assistito agli esperimenti di Rol, prima di Angela, erano tutti deficienti?", dicono gli amici del sensitivo. Nessuno però è riuscito a trovare il modo per protestare pubblicamente.

---

[5] Sia perché non desiderava pubblicizzare la sua attività, sia per le delusioni passate, già numerose.
[6] Ciò che era più vero di quanto Allegri potesse immaginare. E invece Rol, non lo immaginava? Si veda al riguardo più avanti, p. 80.
[7] Oltre a quanto già detto nei commenti ai paragrafi su Rol del libro di Angela, si veda la lettera del 1985 del dott. Anfredo Gaito, *infra* p. 149.

Solo Remo Lugli, sul giornale in cui lavora da anni, "La Stampa" di Torino, ha potuto esprimere la sua opinione. In data 3 agosto il quotidiano torinese pubblicava il seguente articolo di Lugli, intitolandolo: "Ho visto lavorare il dottor Rol"»[8].

Stando a questo resoconto di Allegri, Angela avrebbe telefonato a Rol o dopo alcune delle puntate di *Gente* su di lui che forse non erano ancora terminate (quindi intorno a fine marzo o inizio aprile 1977) o nelle settimane o mesi subito successivi.

Abbiamo già visto che Gigi Marsico mi aveva detto di essere stato lui il tramite dell'incontro e che questo avvenne quando Angela aveva già il manoscritto del suo libro, vale a dire che era probabilmente quasi pronto e che l'incontro dovette avvenire alla fine della sua ricerca e inchiesta così come della sua redazione testuale, ovvero fu forse uno degli ultimi se non l'ultimo tassello da inserire prima della bozza definitiva e della stampa, quindi verso la fine del 1977 o all'inizio del 1978.

Ipotesi queste che sarebbero facilmente risolte se, quantomeno, si riuscisse a reperire l'acquerello che Rol donò ad Angela dove probabilmente si trova la data del secondo incontro.

A tal proposito, occorre fare un'altra precisazione.

Per Allegri, come anche per Alfredo Gaito[9] e come mi è parso dai ricordi vaghi di Nuccia Visca e di Severina Gaito che parteciparono al secondo incontro, esso fu solo uno. Nel racconto appena visto Allegri scrive «quella sera», e in effetti, se si rilegge il testo di Angela, non parla mai di due *serate* – come si potrebbe dare per scontato e come io stesso davo per implicito prima di una analisi più ravvicinata – ma di due *incontri* e di essere stato ricevuto due volte. La *serata*, quella con gli amici di Rol, fu allora forse solo una, quella corrispondente al secondo incontro, mentre il primo incontro – se Marsico aveva ricordato bene[10] – dovette essere solo tra lui, Angela e Rol.

Abbiamo visto il racconto di Nevio Boni[11] che, comunque lo si giudichi, non è compatibile col secondo incontro, ma eventualmente col primo. Anche così però, per quanto Marsico parli di una lettura in un libro chiuso, non può essere quella eventuale fatta per telefono con Boston, altrimenti me lo avrebbe detto (naturalmente, potrebbe averla omessa per non inguaiare Angela, ma sinceramente mi è parso persona seria e corretta e non credo abbia nascosto intenzionalmente questo fatto). Purtroppo non ricordo di aver chiesto a Marsico un parere sulla testimonianza di Boni,

---

[8] Allegri, R., *Rol l'incredibile*, cit., pp. 91-92. Per l'articolo di Lugli, si veda il vol. IX, p. 13 e sgg..
[9] *Infra*, p. 157.
[10] Cfr. *supra,* p. 36, dove afferma: «Io da Rol sono stato solo una volta, ma so che Piero c'è stato almeno due. In quella occasione mi pare fossimo solo noi due».
[11] *Supra*, p. 43.

forse perché, se glielo chiesi, non mi seppe dare una risposta o non ne sapeva nulla. Su di essa comunque tornerò al fondo.

A ingarbugliare però le cose di questi incontri con Angela ci pensano anche altri resoconti. Nel 2002 il giornalista e scrittore Maurizio Ternavasio raccoglieva, per primo, la testimonianza di Carlo Buffa di Perrero, agente di viaggi e prestigiatore dilettante sin da ragazzo che insieme al padre Ermanno era amico di famiglia di Rol. Ermanno conosceva anche Piero Angela. Carlo, oltre ad aver escluso che Rol si servisse di trucchi, soprattutto dopo averlo messo alla prova più volte, aveva anche riferito:

> «Un giorno, su sollecitazione di Angela, amico di mio padre, telefono a Rol con l'intenzione di combinare un incontro tra i due antecedente all'uscita del libro [*di Angela*]. Ma ancora prima che avessi il tempo di spiegargli il motivo della chiamata, Gustavo mi ha anticipato dicendomi di sapere cosa volevo e di non avere alcuna intenzione di parlare con lui»[12].

Se io mi dovessi basare solo su questo racconto, ipotizzerei che la sollecitazione di Angela dovette arrivare a marzo o aprile 1978 o al massimo inizio maggio, prima dell'uscita del libro (che reca la data di stampa del 5 maggio e che pare sia uscito nella seconda metà del mese). Se Rol non voleva parlare con lui nonostante il libro ancora non fosse uscito, le ragioni potevano essere due: o erano già passate in tv le puntate dell'indagine di Angela, svelando quindi i suoi veri propositi demolitori e il suo vero "metodo", anche se non parlava di Rol; oppure Rol *sapeva* già cosa Angela aveva scritto – e la cosa appare ovvia per uno come lui che leggeva i libri chiusi a distanza, e in generale che conosceva pensieri e azioni dei suoi interlocutori, come dimostra lo stesso aneddoto di Buffa che non ebbe nemmeno bisogno di spiegare a Rol perché lo chiamava, dato che lui già lo sapeva – ; o entrambe le cose[13].

Ho chiesto a Buffa di Perrero, nel 2022, di darmi maggiori ragguagli sia su questo episodio che in generale sul suo ruolo di "mediatore" e sul rapporto della sua famiglia con Piero Angela. Quello che Buffa mi ha raccontato però scombina completamente la cronologia e mi limito quasi solo a riferirlo, rassegnandomi a non poter per ora risolvere le contraddizioni e a colmare le informazioni mancanti:

> «Le telefonate a Rol riguardo ad Angela sono state due, non una, e forse Ternavasio ha un po' accorciato le notizie. Angela conosceva bene mio papà che sapeva anche amico di Rol. Un

---

[12] Ternavasio, M., *Gustavo Rol la vita, l'uomo, il mistero*, L'Età dell'Acquario, Torino, 2002, p. 155.
[13] Un quadro che già avevo supposto nel vol. IV, p. 352, nota 18.

giorno ci fu la prima telefonata ed era sicuramente prima che io mi sposassi, ovvero prima del 14 febbraio 1974. Ero infatti ancora a casa dei miei in Via della Consolata e solo dopo il matrimonio mi sono trasferito nella nuova casa con mia moglie; dal dicembre 1971 al giugno 1973 avevo inoltre fatto il militare ed ero vissuto per 18 mesi via da casa, tranne qualche licenza, quindi la telefonata era avvenuta o prima del dicembre 1971 oppure tra luglio 1973 e febbraio 1974.

Dunque, all'ora di pranzo, verso le ore 13:00, mentre stavo ascoltando *Alto Gradimento* con Renzo Arbore e Gianni Boncompagni[14] Piero Angela telefonò a casa a mio padre dicendo che era arrivato a Torino da poche ore e chiedendogli se poteva organizzare un incontro urgente con Rol. Mio padre ben volentieri acconsentì a farlo, quindi si salutarono. Chiusa la telefonata, mio padre (non io!) fece il numero di Gustavo.

Lui senza nemmeno sentire per quale motivo lo stava chiamando gli rispose subito dicendo più o meno così: se stai telefonando per perorare un incontro con Angela, lascia perdere perchè non voglio più vederlo. Rimasto senza parole, praticamente "colpito ed affondato", mio padre, tipo Fantozzi, lo salutò e finì lì la conversazione.

Poi noi commentammo a caldo, a tavola, dicendo:
"Ma come ha fatto a sapere che lo chiamavi per questo?"
"Boh"...
"Mamma mia... ma ci sta leggendo nel pensiero!" e cose del genere, puoi immaginare i commenti: "Bravo Gustavo!", ecc. ecc.
Di quell'episodio ho un'immagine precisa: ricordo come eravamo seduti a tavola e la faccia smarrita di mio padre alla fine della telefonata, con la cornetta ancora in mano».

In altra occasione, Buffa mi aveva scritto:

«Angela aveva telefonato poco prima a papà, avvisandolo che era arrivato da Roma e che richiedeva un suo intervento per farlo ri-incontrare con Gustavo (quindi i due si erano già visti).
Immediatamente dopo, mio padre telefonò in casa Rol, ma Gustavo rudemente disse di no, anzi lo "predisse" perchè dopo i soliti convenevoli, quando papà gli disse che doveva chiedergli un piacere, Gustavo non lo lasciò finire dicendogli "che se vuoi che

---

[14] Programma radiofonico su Radio 2. La prima puntata della prima serie fu trasmessa il 7 luglio 1970 e la trasmissione proseguì a più riprese fino al 2 ottobre 1976. Andava in onda dal lunedì al venerdì dalle 12.30 alle 13.30 (riprese poi anche nel 1979-1980, ma è un periodo che a noi qui non interessa come riferimento).

io veda Piero Angela è no..." e lo disse anche in maniera brusca (non da lui)».

Buffa si è detto certo del periodo, che mi ha ribadito più volte, ovvero prima del suo matrimonio. Tra 1970/1971 e 1973/1974 opterei più per il secondo, per ragioni che dirò più avanti.
Veniamo ora alla seconda telefonata:

«Anni dopo, più o meno a metà o fine marzo del '78, durante la settimana di Pasqua[15], mio padre mi telefonò in ufficio chiedendomi se – vista come era andata con Gustavo la telefonata precedente (del '70/71 o del '73/74) – potevo questa volta telefonargli io per chiedere un incontro pacifista con Angela (non so se mio padre a sua volta avesse avuto l'imput da Angela oppure no).
Mi ricordo non la data, ma il fatto che mi stava partendo un gruppo per andare alle celebrazioni di Pasqua in Terrasanta e avevo grossi problemi per via di improvvisi cambi di orari degli aerei, mentre mio padre "insisteva" con più telefonate affinchè facessi questa chiamata a Gustavo con urgenza.
Allora gli telefonai, ci scambiammo gli auguri di Pasqua, fu molto gentile con me ma molto fermo al proposito di incontrare Angela, nonostante io avessi accennato che portavo un ramo di ulivo, e si scatenò raccontandomi, se ricordo bene e sempre che non fu in altra telefonata successiva, che Angela era forse andato da lui per fare, con il suo consenso ovviamente, delle riprese tv che poi non mandarono in onda, e lui era ancora arrabbiato per questa cosa.
Ora, non posso ricordarmi tutto ma il senso della telefonata sì, perchè si era sentito tradito, perchè gli aveva dato fiducia per queste riprese mai uscite, che non so quando furono fatte, ma lui ci era rimasto molto male.
A me comunque questa storia interessava poco e non ricordo i dettagli, riferii a mio padre che non se ne faceva nulla».

Durante una trasmissione televisiva del 26 maggio 2004 sull'emittente piemontese *Telestudio*, Buffa aveva dato, a braccio, una versione che forse sovrapponeva i ricordi delle due telefonate:

«Piero Angela voleva avere un incontro con Rol, e non riusciva ad averlo. Stava scrivendo il libro *Viaggio nel [mondo del] paranormale*. Un'amica comune di Piero Angela e di mio padre –

---

[15] Quell'anno la Pasqua cadeva il 26 marzo.

Piero Angela era stato allievo di mio padre[16] – si era messa di mezzo e aveva chiesto di poter mettere papà in contatto con Rol, per intercedere per questa cosa. Allora eravamo a casa e ricordo che mio padre fa: "Senti fa' tu il numero e poi me lo passi". Io faccio il numero, risponde Gustavo – io ero sempre molto impressionato, quindi molto attento a parlare con Gustavo – lui mi saluta e bruscamente mi dice: "Sai per quella cosa che mi volevi chiedere per quel signore di Roma, guarda non ho proprio voglia di parlarne. Ciao arrivederci e saluta tuo padre". E ha posato il telefono. Ecco quindi non solo rispondeva al telefono, ma sapeva anche chi gli telefonava. Questo mi aveva un po' imbarazzato molto... mi aveva molto disturbato».

A decenni di distanza si può ben constatare la difficoltà di avere ricordi precisi, soprattutto quando siano capitate situazioni simili che finiscono per accavallarsi. Ciò non toglie comunque che sia il succo che molti elementi siano chiarissimi.
Comunque, prima di avere tutti gli ulteriori particolari da Buffa visti sopra, ben più numerosi che non lo stringato e approssimativo accenno riportato da Ternavasio – non mi stancherò mai di ripetere quanto importante sia approfondire, ogni volta che sia possibile, le testimonianze – avevo già supposto che la (seconda) telefonata fosse avvenuta tra marzo e inizio maggio 1978, ma il ricordo preciso della settimana di Pasqua la collocherebbe *prima della trasmissione televisiva* di Angela. Il dato ha una sua importanza, perché intanto escluderebbe la prima delle due ipotesi che avevo fatte, ovvero che Rol non volesse parlare con Angela dopo aver visto la sua trasmissione. Rimarrebbe quella che sapesse già cosa aveva scritto nel libro in via di pubblicazione. Però Buffa collega questo rifiuto ad un'altra cosa, al fatto «che Angela era forse andato da lui per fare... delle riprese tv che poi non mandarono in onda».
Se Buffa non avesse parlato del marzo 1978, l'ipotesi che Rol non volesse parlargli *dopo* che le trasmissioni erano andate in onda sarebbe rafforzata anche da questo elemento (che infatti in passato avevo già supposto): Rol si aspettava che Angela parlasse di lui e che mandasse in onda il filmato – si ricorderà infatti che nel racconto di Allegri, Rol aveva detto «sembra che la RAI voglia farmi un grande servizio» – ma questo non era avvenuto. Certo è possibile che Buffa si confonda, che sì, telefonò a Rol prima della trasmissione, ma che Rol gli confidò la faccenda delle riprese solo in seguito, e che fu solo un ulteriore motivo di disappunto oltre a quelli precedenti.

---

[16] Allievo di alpinismo: Ermanno era stato istruttore e segretario generale del Club Alpino Italiano. Su di lui si veda nel vol. X, p. 165 nota 25, il ricordo che ne diede nel 1983 dopo la sua morte, il presidente del *Circolo Amici della Magia* Vittorio Balli.

Ma intanto, come che stiano le cose, di che tipo di riprese si trattava?
Ancora Buffa mi aveva scritto:

> «Ci furono delle riprese tv fatte forse in maniera spartana da parte di qualcuno andato insieme ad Angela e quindi non ben riuscite (e magari è questo il vero motivo per cui non andarono in onda) che possono esser state fatte dopo il 1970 (almeno così mi pare ne parlasse Rol, ma è passato troppo tempo, mi pare che dovevano riprendere un qualcosa che appariva in una cassa o in un armadietto, per una trasmissione poi mai decollata)».

L'ultima frase escluderebbe, ancora una volta, l'*Indagine sulla parapsicologia* del 1978: le riprese sarebbero state fatte molto prima «per una trasmissione poi mai decollata».
Prima che Buffa mi dicesse, nel 2022, di queste riprese, io ne avevo già sentito parlare da altre fonti e da molti anni.
La più dettagliata e informata – anche se indiretta – è Filippo Ascione, sceneggiatore che fu assistente alla regia di Federico Fellini in *Ginger e Fred* (1986). Nel 2016 mi aveva raccontato:

> «Una volta mi chiamò al telefono Gustavo Rol e mi disse:
> "Io so che Lei deve incontrare Piero Angela" – io in realtà non lo dovevo incontrare, però lui aveva non so come visto che io una sera, e infatti è successo, sono andato ad una cena dove c'era Angela – "deve dire che Lei mi conosce e che con me si è comportato molto male, perché ha voluto vedere gli esperimenti e poi [*in un suo libro*] ha detto che in realtà erano frutto di illusionismo".
> Quando ho incontrato Angela gli ho solo detto che Rol era molto dispiaciuto per come l'aveva trattato e lui mi ha detto: "Sì lo so".
> Lui fece un programma sulla parapsicologia per la televisione alla fine degli anni '70, dove doveva dimostrare che non esisteva o comunque che era tutto frutto, nella migliore delle ipotesi, di coincidenze, salvava un po' la telepatia ma la relegava a qualcosa più legata alla coincidenza. Gli esperimenti di Rol furono ripresi da Piero Angela, ma non li mandò mai in onda. Me lo ha detto Gustavo Rol, non li mandò in onda, non li montò nel programma. Per questo lui c'è rimasto molto male, per lui questa cosa di Piero Angela era una ossessione, chiamava anche Federico Fellini per dirgli la stessa cosa.
> Rol si rifiutò all'inizio, però poi gli disse che potevano riprenderli. Questo risale a prima del '75. Angela ha sempre negato di aver fatto delle riprese, mentre Rol mi disse che le aveva fatte.

Per questo lui era molto arrabbiato. Il filmato o l'ha distrutto o ce l'ha lui e non lo fa vedere a nessuno. Angela ha sempre negato di aver fatto delle riprese, in realtà pare siano andati in cinque persone. Però Rol disse: "Io non voglio nessun prestigiatore qui" – questo è vero – "se volete fate delle riprese". Tant'è vero che in quel programma lui non mise queste riprese[17].

Negli ultimi due o tre anni di vita Rol era ossessionato da questa cosa di Piero Angela, e chiamava Federico per dirgli più o meno: "Voi che lo potete incontrare, perché è più facile tra giornalisti, scrittori, se vi capita ditegli che è un gran bugiardo, che si è comportato male".

Ogni tanto mi chiamava per dirmi che quando avrei incontrato Angela di dirgli che era un gran vigliacco.

Era ossessionato perché diceva che queste riprese erano state fatte, mentre Angela diceva di no, che lui è andato lì e ha solo assistito.

Io so il perché della sua avversione per la parapsicologia, il figlio quando era piccolo ha avuto dei problemi, forse di salute, e la moglie di Angela lo portò da uno di questi maghi un po' cialtroni che gli hanno portato via solo dei soldi creandogli dei problemi. Da quella volta lui ha avuto una avversione verso tutto questo mondo qui.

Questo è l'episodio scatenante che la famiglia aveva avuto quando il figlio era piccolo. Allora erano di moda maghi e cartomanti e la moglie li frequentava».

---

[17] Nel vol. III (2022) dove ho riportato per la prima volta questa testimonianza (XXXIV-118, pp. 225-226), in questo punto ho messo in nota quanto segue: «In effetti è piuttosto strano e sospetto che in nessuna puntata del programma non si menzioni nemmeno di sfuggita Rol. Evidentemente si fece la scelta di insabbiarlo del tutto. Menzionarlo senza mostrare il filmato avrebbe suscitato certamente una reazione di sdegno anche da parte degli amici di Rol e Angela sarebbe passato subito dalla parte del torto. Non menzionarlo ha evitato qualsiasi polemica. Del resto Rol non amava la riservatezza? Angela lo ha accontentato».

La riflessione permane valida e anche per il filmato, perché se anche fosse stato girato molto prima del 1978 e per una trasmissione diversa, Angela avrebbe comunque potuto mostrarlo nella sua *Indagine*, ciò che non è avvenuto. Naturalmente, si può sempre non credere alla versione di Rol e pensare che nessun filmato venne fatto e che Angela non insabbiò nulla. Non è però un po' strano che il giornalista, che nel libro parla di Rol comunque per 7 pagine, non lo menzioni neppure una volta nelle sue 5 puntate televisive? Rol del quale, sono parole di Angela, «ricordo di aver sentito parlare di lui con sussurri di stupore fin da ragazzo»? E che «viene citato spesso come una prova vivente del paranormale, viene esaltato da giornali, riviste, libri di parapsicologia come un fenomeno di fronte al quale anche la scienza non trova spiegazioni»?

Non ho elementi per stabilire l'accuratezza di quest'ultima affermazione, la cui eco ho però sentita altre volte, ma non sarebbe certo strana né inusuale, considerato quanta gente viene regolarmente abbindolata da approfittatori di ogni sorta. Ed è anche frequente che chi si sia scottato diventi in seguito un accanito critico se non proprio persecutore di questo mondo, non di rado facendo poi di tutta l'erba un fascio non essendo in grado né volendo discernere il proverbiale grano dal loglio. Mistificatore uno, mistificatori tutti. Molte inquisizioni e inquisitori presentano profili psicologici, approcci superficiali e irrazionali e imput motivazionali di questo genere.
Due anni dopo che Ascione mi aveva detto quanto sopra, in una intervista ha specificato anche qual'era l'esperimento che Angela avrebbe filmato:

> «questo episodio mi è rimasto molto impresso. Io non ero presente, ma mi era stato raccontato da Rol. Lui era fissato con Piero Angela, tanto che una volta ci chiese se lo conoscevamo. Fellini gli rispose: "A me le persone che non credono, che seguono dei dogmi e fanno di tutto per provare che qualcosa non esiste, mi fanno molta pena. Nella vita bisogna essere aperti. Per questo non lo voglio conoscere".
> Allora Rol si rivolse a me, raccontandomi che alla fine degli anni '70 Angela aveva fatto riprendere dai suoi operatori un esperimento di materializzazione di una cassapanca per il suo programma RAI sulla parapsicologia. E non solo non l'aveva mai mandato in onda, ma non si trova più neanche negli archivi della RAI. "Gliel'ho fatto come me l'aveva chiesto, alle sue condizioni. Se lo incontra, glielo deve dire". Si era sentito tradito di non essere stato creduto»[18].

Stando ad Ascione, l'esperimento filmato riguardò la «materializzazione di una cassapanca». Buffa di Perrero, che però aveva ricordi vaghi, aveva accennato a «qualcosa che appariva in una cassa». Anche in questa vaghezza si intravvedono punti di contatto. Dei due, mi pare più vicino al plausibile il primo, se non altro perché sembra più efficace dal punto di vista visivo, elemento che ritengo Rol – disposto per la prima (e ultima) volta a fare ciò che mai aveva acconsentito in precedenza – dovette tenere

---

[18] Pompas, M., *I miei incontri con Rol e Fellini*, intervista a Filippo Ascione, 12/04/2018, *karmanews.it*. A me Ascione, due anni prima, aveva detto che l'episodio delle riprese «risale a prima del '75». Potrebbe in seguito aver aggiustato il suo ricordo ritenendo, come ritenevo anche io e che infatti gliel'avevo detto, che le riprese erano per l'indagine sulla parapsicologia del 1978, mentre si vedrà che potrebbe non essere così.

in considerazione, per dare una dimostrazione chiara e non equivoca del fenomeno[19].

Di una cassapanca protagonista di un esperimento di Rol, anche se non pare c'entrare con Angela, aveva parlato Nella Torre, madre dell'attore Valerio Liboni, ad Alexander, che nel 2008 aveva riferito l'aneddoto:

> «Una mia amica a casa sua mi ha detto [che] la sua cassapanca ... si è spostata – una cassapanca che peserà duecento kili – da sola di sei metri lungo il pavimento»[20].

Avrebbe potuto anche materializzarne una dal nulla? Sappiamo che Rol poteva materializzare e smaterializzare oggetti, così come apparire e far sparire se stesso e altri (in genere, bilocazioni). Gli oggetti da lui materializzati di norma erano di piccole e medie dimensioni, che potevano essere tenuti con una o due mani. Non è il caso di una cassapanca, le cui dimensioni costituiscono una eccezione. Di un oggetto di dimensioni analoghe, anzi superiori, mi aveva parlato sempre Ascione:

> «Negli anni '60 Federico [Fellini] era andato da Rol a Torino e dopo una cena a ristorante, era notte, hanno fatto una passeggiata per tornare a casa di Rol, passano in una piazzetta dove c'era un piccolo monumento e Rol dice a Federico: "Aspetta un attimo, fermati, non ti muovere". Questo monumento è sparito, subito dopo si è sentito un tonfo nel cortile di un palazzo accanto. Vanno a vedere, un cancello dava su questo cortile e quel monumento si era rimaterializzato lì. Dopodiché è ritornato al suo posto»[21].

Ma vi sono anche le testimonianze di automobili che pare fossero istantaneamente smaterializzate e rimaterializzate per evitare incidenti impellenti. Si vedano i cap. XXIV dei voll. I e III, da cui cito l'episodio seguente a titolo di esempio, nei resoconti diretti dei due testimoni, i coniugi Giordano:

Maria Luisa Giordano:

---

[19] Naturalmente, come già ho avuto occasione di dire in generale, un filmato del genere avrebbe comunque potuto dimostrare poco, visto che ci sarebbe stato certamente chi avrebbe sospettato il trucco cinematografico e/o avrebbe accusato Angela di complicità. Anche questo aspetto, nelle eventuali valutazioni di Angela di divulgare o meno questo materiale, al di là che volesse insabbiare o meno, deve essere tenuto presente.
[20] 1-XVI-28 (vol. I, 3ª ed., p. 269).
[21] 3-XXXIV-119 (vol. III, p. 226).

«La sera del 27 giugno 1987 successe un fatto incredibile, straordinario, che ci impressionò moltissimo e a cui ancora oggi non riusciamo quasi a credere.

Stavamo riaccompagnando a casa Gustavo dopo aver fatto delle commissioni, io ero alla guida, al mio fianco sedeva Gustavo, Gigi era seduto sul sedile posteriore.

Nelle immediate vicinanze di casa sua un'automobile che arrivava da via Baretti non rispettò la precedenza. Non potevo fermarmi, cercai allora di accelerare, lo scontro era inevitabile ed eravamo preparati al peggio. Invece miracolosamente non accadde niente di tutto questo: l'altra macchina si era smaterializzata e poi di nuovo materializzata, non vi è altra spiegazione.

Eravamo sbigottiti, con il cuore in tumulto, guardammo Rol che era molto alterato, agitatissimo, dalle sue mani uscivano dei raggi luminosi. Ci gridò: "Guardate le mie mani", poi soggiunse, "accosta subito vicino al marciapiede. Diciamo tre Ave Maria per lo scampato pericolo, è stato un vero miracolo".

Se non l'avessimo vissuto e ce lo avessero solo raccontato, non l'avremmo creduto possibile».

Luigi Giordano (*trascrizione da audio*):
«Ci siamo trovati su una macchina guidata da mia moglie e io ero seduto dietro [e Gustavo davanti] e ci siamo trovati improvvisamente una macchina davanti che veniva in senso contrario. È naturalmente terrificante vedere una macchina che le piomba addosso – frazioni di secondo. Io ricordo solo dei grandi raggi di luce che sono partiti dalle mani di Gustavo, poi mi sono come sentito etereo, come il mio corpo non esistesse più. E dopo alcuni istanti invece abbiamo ripreso forma, sia la macchina che io. Eravamo tutti emozionati, sudati e spaventati. Gustavo stesso era atterrito. Ha fatto fermare, e ha voluto che ringraziassimo il Signore dicendo una preghiera, perché il pericolo che avevamo scampato era stato veramente grande. E quello che è impressionante è questi raggi di luce che sprigionavano dalle sue mani e che sono quelli che probabilmente hanno ottenuto questa smaterializzazione e rimaterializzazione passato l'ostacolo»[22].

---

[22] 1-XXIV-7, 7bis (vol. I, pp. 309-310). Questo eccezionale episodio, che non si può non qualificare come *miracoloso*, ha un analogo accaduto mezzo secolo prima, protagonista padre Leopoldo Mandić (San Leopoldo da Castelnuovo, 1966-1942, proclamato santo nel 1983), come racconta padre Pietro Bernardi: «La sera del 13 luglio 1934, don Luigi Callegaro, parroco di Cornegliana, presso Padova, era di ritorno da Lourdes assieme a padre Leopoldo. Arrivati alla stazione di Padova, salirono sul calesse di Augusto Formentin che, assieme al nipote Angelo Bernardi, di sette anni, era venuto a prelevarli. Presero per Via

Tornando ora alle riprese televisive, nel 2021 Gabriele Deny mi ha riferito che conobbe Rol all'inizio degli anni '80 quando, per conto della RAI, come responsabile delle luci andò a casa sua per filmare il suo appartamento, in vista di un possibile servizio su di lui. Il filmato fu fatto ma non fu mai usato né mostrato e Deny ritiene che si trovi ancora nelle teche RAI.

Si tratterebbe però, a quanto pare, di un filmato diverso che non ha a che vedere con quello eventuale di Angela, anche se non si può escludere che fosse parte dello stesso progetto. Deny ricorda l'inizio degli anni '80 ma potrebbe trattarsi anche degli anni '70. Oppure ricorda bene e forse qualcuno stava rivalutando l'idea di mostrare le riprese fatte negli anni precedenti, aggiungendo un filmato dell'appartamento[23].

Comunque sia, tutti questi elementi serviranno eventualmente di riferimento per ulteriori ricerche ed informazioni che dovessero emergere.

Tornando invece a Buffa di Perrero, ho affermato più sopra che dei due periodi da lui ipotizzati per la prima telefonata, il più probabile mi pare quello tra luglio 1973 e febbraio 1974. Per due ragioni. La prima è che Angela forse cominciò a interessarsi di paranormale successivamente al boom della parapsicologia iniziato a partire dal *Rischiatutto*, ovvero dal 1972. La seconda è un po' più complicata e ingarbuglia ancor più la matassa di quali, quanti e quando furono gli incontri tra lui e Rol.

Dante, ma, a un tratto, s'incontrarono con un convoglio del tram composto di più vetture. Lo spazio tra le rotaie del tram e i pilastri dei portici della strada non permetteva al calesse di passare, senza venir fatalmente travolto. La gente, che numerosa passava per quel punto, pensando a un disastro inevitabile, cominciò a gridare perché si fermassero, e così pure al conducente del convoglio tramviario, ma né il tram né il focoso cavallo si fermarono ed essi... passarono oltre, miracolosamente illesi. Tutti i presenti si fecero attorno, e tale fu la ressa che dovettero fermarsi. Appena la gente si accorse che nel calesse c'era anche il ben noto e amato confessore, cominciò a dire: "Non è successo niente perché c'è padre Leopoldo!". Tutto confuso, egli ribatté: "No, no! Siamo in due sacerdoti e torniamo da Lourdes. È stata la Madonna a salvarci!". Molta gente, profondamente commossa, li accompagnò sino al convento dei cappuccini. Padre Leopoldo, prima che don Luigi riprendesse la strada per la sua parrocchia, interrogò il signor Formentin come si fosse svolto il fatto, ed egli disse: "In quel momento, mi parve che la strada si fosse allargata!". Due giorni dopo, don Luigi e il Formentin ritornarono sul luogo, misurarono lo spazio tra le rotaie del tram e i pilastri dei portici e si convinsero ancor più che solo un grande miracolo della Madonna li aveva salvati in quel gravissimo pericolo. Padre Leopoldo volle più volte che il signor Formentin e il fanciullo Bernardi gli ricordassero il fatto e sempre, profondamente commosso, concludeva dicendo: "È stata la Madonna che ci ha salvati! È stata la Madonna!"» (ASLM, cart. C, n. 1, riferito in: Bernardi, P., *Leopoldo Mandić. Santo della riconciliazione e dell'ecumenismo spirituale*, Edizioni San Leopoldo, Padova, 2016, pp. 127-128).

[23] L'appartamento è stato poi filmato dopo la morte di Rol, con la supervisione di Laura Russo di Sotheby's, presente anche Aldo Provera.

Nel 2022 ho infatti chiesto a Renzo Allegri se ricordava qualche elemento in più della telefonata che Angela fece a Rol, di cui Rol gli aveva parlato e che lui aveva riferito nel 1986 nel suo libro, e che ho riprodotto all'inizio di questo capitolo. Ebbene, non so se è stato a causa dell'età avanzata[24] e del quasi mezzo secolo trascorso, per cui è lecito non ricordare precisamente le cose, tuttavia quello che mi ha detto mi ha lasciato perplesso, anche se non del tutto sorpreso. Se si è letto infatti il mio *Il simbolismo di Rol*, si conoscerà la mia critica circostanziata ai libri di Allegri su Rol e a certi suoi metodi non condivisibili, come l'omissione delle fonti e i plagi di testimonianze da libri o articoli precedenti fatti passare come racconti diretti a lui di uno o più testimoni.

Alla mia domanda se avesse idea in che date, o almeno anno, Angela e Rol si incontrarono, mi ha risposto (per iscritto):

> «Non saprei darti indicazioni precise sulla data dei due incontri tra Rol e Angela. Ma mi sembra prima delle mie puntate su Rol. Forse uno e due anni prima. Di quegli incontri me ne parlò Remo Lugli. Rol mai.
> Mi sono, invece, interessato di Angela nel 1978, quando lui teneva in televisione la sua trasmissione contro la parapsicologia. In quell'occasione con due lunghi articoli su "Gente", intervistando una quindicina di studiosi di varie discipline, medici, psicologi, sociologi, matematici, fisici eccetera, tutti docenti universitari, italiani ma anche stranieri, tedeschi, inglesi, russi, cecoslovacchi eccetera. Tra questi, anche il professor Hans Bender, fondatore dell'Istituto di parapsicologia, con relativa cattedra, all'Università di Friburgo. Tutti criticavano la trasmissione di Angela e difendevano la parapsicologia. Tutti chiedevano ad Angela di avere un sereno e serio confronto pubblico in televisione con lui, ma non rispose mai».

I due articoli in questione, molto utili ed esaurienti, sono quelli che ho riportato nel volume precedente[25]. La parte che mi ha lasciato perplesso è quando afferma che «di quegli incontri me ne parlò Remo Lugli. Rol mai». Si ricorderà infatti che nel 1986 Allegri aveva scritto:

> «Dopo una settimana Rol mi telefonò per raccontarmi come era andato l'incontro. Me ne parlò con entusiasmo».

---

[24] È nato il 25/07/1934.
[25] Vol. VII, pp. 328-339 e 363-373.

È possibile che Allegri abbia avuto un vuoto di memoria? La cosa però è troppo diametralmente opposta da non farmi pensare ad un'altra ipotesi[26], la quale tra l'altro potrebbe risolvere al tempo stesso le date inconciliabili riferite da Buffa di Perrero.

Se è vero che Rol non parlò mai ad Allegri degli incontri con Angela, e invece gliene parlò Lugli, non sarà che il racconto Rol lo fece a Lugli, e non ad Allegri? E che Allegri poi, come sua abitudine, lo trasformò in un racconto a lui? Avevo infatti segnalato, ne *Il simbolismo di Rol*, dove Allegri per esempio scriveva: «Cassoli mi raccontò», «Talamonti mi raccontò» mentre invece si trattava di scritti di Cassoli e Talamonti da lui riportati come fossero appunto informazioni fornite a lui direttamente e oralmente. Se così fosse, il giornalista di cui Rol chiedeva la presenza agli incontri con Angela non era Allegri, ma Lugli. E la telefonata di Angela a Rol, che con tutta evidenza doveva essere il primo contatto avvenuto tra i due, non avvenne nel 1977 come si evincerebbe dal racconto di Allegri, il quale aveva scritto: «Un giorno Rol mi disse: "Mi ha telefonato il giornalista della RAI Piero Angela chiedendo di incontrarmi»; Allegri infatti, come mi ha detto, telefonò per la prima volta a Rol all'inizio del 1977, prima di allora non lo conosceva. Ma Buffa, che a differenza di Allegri conosceva Rol molto meglio e da molti anni, aveva parlato di 1973/1974 o addirittura 1970/1971, ciò che è del tutto inconciliabile con l'ipotesi che Angela parlò con Rol per la prima volta nel 1977.

Se invece sostituiamo Allegri con Lugli, ecco che magicamente le date diventano conciliabili. Infatti il giornalista de *La Stampa* aveva conosciuto Rol anni prima di Allegri, nel settembre 1972, ovvero circa un anno prima di uno dei periodi che Buffa ha ipotizzato per la prima telefonata a Rol, vale a dire tra agosto 1973 e febbraio 1974, periodo che per questa ragione ritenevo come il più probabile per la prima telefonata di Angela a Ermanno Buffa di Perrero e di Ermanno Buffa di Perrero a Rol. Presuppone infatti che Angela e Rol già si fossero incontrati e che Rol già fosse stato deluso da Angela. Ciò che sarebbe inconciliabile con l'entusiasmo di Rol manifestato a un (ipotetico) Allegri all'inizio del (ipotetico) 1977.

Lo stesso Ascione mi aveva detto che l'episodio delle riprese «risale a prima del '75», ciò che sarebbe insensato se Angela avesse parlato con Rol per la prima volta nel 1977, mentre diventa compatibile con la cronologia di Carlo Buffa e con la possibilità che Rol ne parlò a Lugli e non ad Allegri, probabilmente nel corso del 1973.

Se le cose stanno in questi termini, si dovrà aggiungere una ragione ulteriore del perché Rol aveva a più riprese tacciato il libro di Allegri come «idiota» e lo avesse spesso sconfessato.

---

[26] Com'è stancante e dispendioso passare il tempo a fare ipotesi, quando basterebbe che le persone fossero solo un po' più precise ed esaurienti!

Sempre nel 2022 Allegri mi aveva comunque anche riferito alcuni particolari inediti relativi ai suoi primi contatti con Rol:

> «Io non conoscevo Rol. Non ne avevo mai sentito parlare. Il direttore di *Gente* pensò a una serie di articoli sul paranormale. Io feci un programma per quattro articoli. Dopo i primi due[27], qualcuno mi parlò di Rol. Telefonai non sapendo niente di lui. Non riuscivo a parlargli. Mi ricordai che il dottor Montesano, che era allora capo della squadra mobile di Torino, mi aveva parlato di lui[28]. Telefonai a Montesano e lui riuscì a fissarmi un appuntamento.
> Rol mi ricevette una sera intorno alle 18. Mi tenne a colloquio, un colloquio divertentissimo e per niente impegnativo fino alle nove di sera. Poi disse "Va bene venga domani". E così cominciò l'avventura. La mia prima telefonata a Rol risale all'inizio del 1977. E ai primi di marzo cominciarono a uscire gli articoli. Rol si divertiva con quegli articoli. Dopo i primi, abbastanza travagliati, che non gli piacevano, aveva fatto un progetto molto lungo e articolato. Venne interrotto dal direttore del settimanale per questioni sue personali».

---

[27] Quindi dopo il 12 febbraio 1977 (*Gente* n. 7) data di pubblicazione della seconda puntata della sua inchiesta (intervista al regista Rolf Olsen: *"Il chirurgo disse: questa è magia nera"*, pp. 18-21) Il primo contatto di Allegri con Rol, quindi, va collocato intorno alla seconda settimana di febbraio 1977.

[28] Giuseppe Montesano (1930-1990) è stato un notissimo commissario di Polizia, capo della Squadra Mobile di Torino, vice questore alla Criminalpol del Piemonte, poi questore in altre città italiane (Sassari, Cagliari, Venezia, Palermo, Brescia e Bologna, città questa in cui venne nominato anche prefetto l'anno prima di morire). A lui si ispirò il romanzo *Il commissario di Torino* (1972) di Riccardo Marcato e Piero Novelli, da cui venne tratto il film *Un uomo, una città* (1974) di Romolo Guerrieri, interpretato da Enrico Maria Salerno. Per strane coincidenze, la sua figura venne anche a sovrapporsi a quella del Commissario Santamaria del romanzo *La donna della domenica* (1972) di Fruttero & Lucentini, che quando lo scrissero non sapevano nulla di Montesano (cfr. Fruttero & Lucentini, *L'uomo della domenica*, La Stampa, 22/05/1990, p. 21 (p. 1 di "Società & Cultura")). Da esso venne tratto l'omonimo film di Luigi Comencini (1975) interpretato da Marcello Mastroianni che, a detta di molti ricordava proprio Montesano, nonostante anche Comencini non sapesse chi fosse. Si veda: Biscàro, A., Julini, M., Di Lullo, A., *Strada facendo... ricordando il commissario Montesano*, Daniela Piazza Editore, Torino, 2016, di cui è co-autrice la moglie Adriana Di Lullo.

Abbiamo già visto nel volume VI, nel dettaglio, i cinque articoli del 1977. Più avanti (p. 116) riproduco e commento quello che sarebbe stato il sesto, scritto nel 1978, ma che poi non venne pubblicato[29].

Delle testimonianze che riguardano gli incontri tra Rol e Angela e relativi tentativi di mediazione tra i due, c'è anche il breve cenno che ne diede nel 1994 il giornalista e scrittore Ito De Rolandis:

> «Dovevo andare da lui [*Rol*] per un estremo tentativo di ricucitura per quanto riguardava l'inchiesta di Angela»[30].

De Rolandis, come ho già riferito nel vol. IV,

> «conosceva bene Piero Angela dal 1954, come mi ha scritto il figlio Alessandro, "quando giovanissimo era il suo caposervizio in Rai a Torino. Praticamente, mio padre iniziò la carriera di giornalista sotto di lui. In redazione (del telegiornale) c'erano Angela, Emilio Fede, Enzo Tortora"»[31].

Anche in questo caso, purtroppo, non vengono fornite date, ma è probabile che il tentativo, senza successo, dovette avvenire dopo la pubblicazione del libro di Angela, quindi dopo il maggio 1978.

Infine, tornando al racconto di Boni visto nel capitolo precedente, pare descriva un incontro tra i soli Angela e Rol, senza nessun altro presente.

Impressione che sarebbe rafforzata da un elemento forse significativo: Rol avrebbe detto che Angela aveva svegliato l'amico di Boston, «perché credo che i fusi orari fossero diversi, naturalmente» aveva commentato Boni. Ora, Boston è indietro rispetto a Torino di 6 ore, quindi se davvero Angela svegliò l'amico, allora a Torino doveva essere mattina e questo da un lato esclude che potesse trattarsi di una delle "serate" con amici ed esperimenti al tavolo, ciò che del resto non era già compatibile col racconto di Boni; dall'altro rafforza l'ipotesi che fu un incontro solo a due e che quindi si trattò probabilmente del primo effettivo incontro tra Angela e Rol. La cosa è infatti anche coerente col fatto che Rol in genere, soprattutto con giornalisti – come abbiamo appena visto per esempio con Allegri – preferiva al primo incontro riceverli da soli. Se stiamo a Gigi Marsico, fu lui a organizzare il primo incontro. Ma quanto visto potrebbe indicare che non sia questo e che quando Angela e Marsico andarono da Rol, per Angela non era la prima volta. Lo aveva già incontrato anni prima. E in un secondo tempo forse aveva anche già fatto le riprese, per una trasmissione poi mai decollata. In questo scenario, potremmo quindi ipotizzare un totale di quattro incontri: due intorno al 1973 – che sarebbe

---

[29] Per le ragioni, si veda il vol. VI, p. 364, nota 1.
[30] Vol. IV, p. 352
[31] *Ibidem*, nota 18.

anche l'anno, mese più mese meno, in cui ci furono la telefonata a Boston[32] e le riprese televisive[33] – e due nel 1977/inizio 1978, che sono quelli di cui Angela parla nel suo libro. Marsico sarebbe stato il tramite solo della seconda fase – e si è visto che i tramiti, con successo o meno e in vari momenti, non sono stati pochi – e potrebbe non essere stato informato da Angela che aveva già incontrato Rol anni prima, da solo (e poi forse con una piccola troupe) ciò che comunque non contraddice l'intenzione di Angela manifestata a Marsico di «controllare i suoi esperimenti», andando questa volta con lui e non più da solo a una vera "serata", per cercare di "vederci chiaro".

Questi sono quindi gli elementi raccolti finora, e ho tentato per quanto possibile di conciliare e giustificare le contraddizioni, così come colmare le informazioni mancanti, che potranno essere suscettibili di integrazioni e correzioni con nuovi dati che dovessero emergere.
Purtroppo, la carenza di dettagli non forniti dai vari protagonisti, specialmente quelli che avrebbero potuto e dovuto darli, Angela per primo, unita all'occasionale omissione o alterazione intenzionale delle poche informazioni comunicate e alla precarietà dei ricordi a causa dei decenni trascorsi, non hanno permesso una ricostruzione precisa, per quanto il senso generale che ne emerge è molto chiaro: Rol, dopo essere stato deluso da Angela più di una volta (per le riprese non mandate in onda, per la sua inchiesta in generale e per quanto scrive nel libro su di lui) non aveva più voluto saperne di parlare di nuovo con lui e ogni tentativo di mediazione era fallito. Vedremo soprattutto nel volume IX come questa delusione trovò sfogo in articoli del 1978 e anche di anni successivi, così come in commenti di Rol riportati da alcuni testimoni.

---

[32] Se fosse così, l'ipotesi che l'interlocutore potesse essere il fisico del MIT Philip Morrison forse non sussisterebbe più, occorrerebbe sapere se nel 1973 Angela lo conosceva già oppure no. Naturalmente, potrebbe in ogni caso trattarsi di qualcun altro.

[33] Va ancora aggiunto che all'epoca della prima telefonata di Angela a Ermanno Buffa di Perrero, il fatto che Rol non volesse parlargli indicava, come visto, che ne era già stato deluso; e la delusione doveva essere per le riprese, non per l'inchiesta o il libro che avrebbero costituito la seconda delusione 5 anni dopo. Questo vorrebbe anche dire che quando Angela arrivò a Torino da Roma volendo urgentemente incontrare Rol, se l'incontro fosse avvenuto sarebbe stato il terzo. L'idea che poi dovette attendere circa 4 anni per riuscire a reincontrarlo con Marsico mi pare legittima, anche se siamo nel campo delle pure ipotesi.

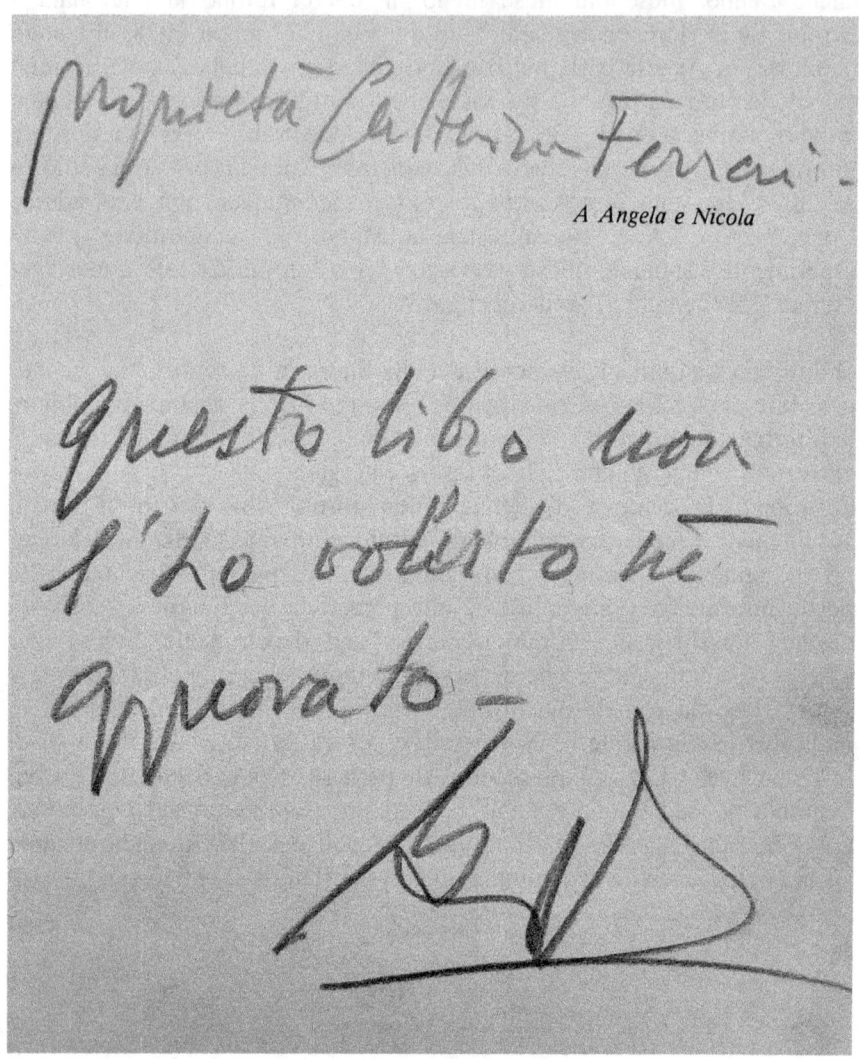

«Questo libro non l'ho voluto né approvato»

Annotazione di Rol all'inizio del libro di Renzo Allegri *Rol l'incredibile*, 1986 (foto © Franco Rol – Archivio Storico del Comune di Torino). Su una copia del pittore Renato Balsamo Rol aveva fatto un commento simile, così come in una lettera a Fellini (cfr. *Il simbolismo di Rol*, p. 34 e tav. V, e vol. X, pp. 193-194; 218).
Questa copia è stata lasciata a Catterina Ferrari, una delle tre che Rol aveva in casa, su nessuna delle quali vi sono altre annotazioni.
Una delle caratteristiche che ho riscontrato nei volumi che parlano di lui e che aveva in casa, è che non ci sono mai suoi commenti a margine né sottolineature, peraltro assai rari anche in altri volumi della sua biblioteca dedicati ad altri argomenti.

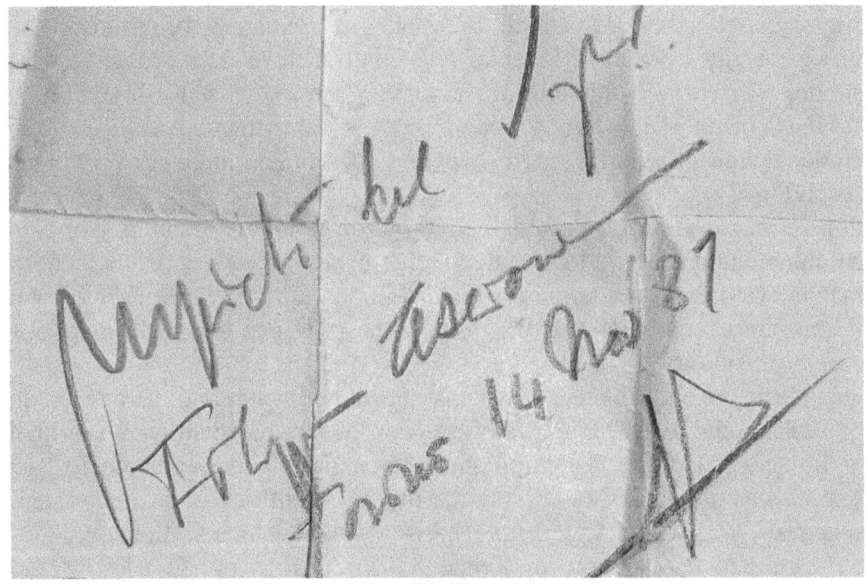

«Proprietà del Sig.
Filippo Ascione
Torino 14 Nov '87»

Foglio con la materializzazione di uno scritto di cui posso riprodurre soltanto – per disposizione di Ascione – la dedica successiva apposta a margine, fatto da Rol intorno all'inizio di ottobre 1987 a distanza di centinaia di chilometri, ovvero mentre lui era a Torino e Ascione a Roma.
Se ne veda il resoconto nel vol. III, XXXV-116, e con ulteriori particolari e analisi dettagliata alle pp. 453-455, stesso volume.
La dedica venne fatta da Rol quando Ascione alcune settimane dopo andò a trovarlo a Torino (dopo la materializzazione, Ascione chiese a Rol se doveva riportargli il foglio e Rol aveva detto di no, però poi se lo portò comunque dietro quando andò a Torino e Rol aggiunse la dedica, dettaglio su cui nel 2021 Ascione non si era soffermato quando raccolsi la sua testimonianza, e che mi ha riferito in seguito).

Rol non previde che Piero Angela lo avrebbe "tradito"?

Se Rol era in grado di prevedere il futuro perché non fu in grado – si sente ogni tanto dire – di prevedere che Piero Angela avrebbe parlato male di lui e messo in dubbio la sua onestà? Oppure aveva previsto che le cose sarebbero andate così, e nonostante questo accettò di incontrarlo? E se sì, perché?
Partiamo dal dato incerto: non è possibile stabilire se sapesse o meno che Angela avrebbe parlato male di lui, oppure se in una fase preliminare non lo sapeva ma in seguito lo *vide*. Rol infatti poteva non vedere le cose subito, non era "connesso" tutto il tempo, ovvero in stato di *coscienza sublime*. In un primo tempo poteva anche essere ingenuo, fidarsi di ciò che qualcuno gli diceva e non sospettare l'eventuale menzogna, malizia, secondi fini.
Poteva reagire a fatti o persone con la più disarmante ingenuità, come un bambino che creda a tutto, questo perché lui stesso era una persona che si manteneva *quanto più semplice possibile*, con *assoluta disponibilità* verso il prossimo, condizione indispensabile proprio per avere accesso alla *coscienza sublime*.
Quando seppe che Angela voleva incontrarlo ne fu contento, perché era un giornalista che aveva apprezzato nei suoi lavori precedenti e aveva quel taglio scientifico che da tempo stava cercando. Come sappiamo Rol ha sempre cercato una sponda nella comunità scientifica e di coinvolgere scienziati, quindi con Angela poteva essere finalmente la volta buona.
Se seguiamo il resoconto di Renzo Allegri visto a pp. 60-61, oltre ad essere contento nella fase del pre-incontro, Rol addirittura «ne parlò con entusiasmo» dopo che questo era avvenuto (e così i suoi amici che «furono tutti concordi nell'esaltare la cortesia del giornalista»).
Si direbbe quindi che fino a questo punto Rol non aveva ancora *visto* nulla, né lo sospettava. Allegri poi passa al momento in cui il libro di Angela venne pubblicato, le cui pagine «destarono l'indignazione di tutti gli amici di Rol». Non dice però nulla direttamente di Rol, il che forse significa che non parlò più con lui, ma appunto solo con i suoi amici.
Se Rol iniziò a sospettare qualcosa di Angela, lo fu quindi solo tempo dopo il primo (o presunto primo) incontro. Oppure addirittura non sospettò nulla fino all'*Indagine sulla parapsicologia*, quando pur non parlando di Rol si capì sin da subito quali erano le opinioni di Angela su questa materia.
Con questi pochi elementi parrebbe quindi che Rol non *pre-vide*. Tuttavia proprio perché gli elementi sono pochi e perché la fonte è solo Renzo Allegri, che non brilla per essere tra quelle più precise, è lecito fare delle ipotesi alternative, per esempio che Rol iniziò a vedere successivamente al primo incontro e prima del secondo, o anche dopo il secondo, il che

comunque farebbe rientrare la questione nei canoni della normalità, visto che forse chiunque a un certo punto, con buona intuizione, avrebbe forse capito dove voleva andare a parare Angela.
Esiste però una alternativa, non supportata da evidenze ma possibile in linea teorica e che non si può scartare.
Rol potrebbe cioè essere stato al gioco e avere in parte recitato la parte di quello che inizialmente era entusiasta dell'incontro con Angela.
Sapeva che Angela era scettico e *vedeva* che sarebbe stato da lui "tradito" – quasi come Gesù che sapeva del tradimento di Giuda e nonostante questo lasciò che si compisse, perché così dovevano andare le cose affinché si realizzasse un fine più alto – tuttavia era disposto ad accettare anche questo esito perché alla lunga avrebbe generato una serie di conseguenze che da negative si sarebbero trasformate in positive. Penso che una di queste conseguenze positive sia il mio lavoro di divulgazione, il quale forse non sarebbe mai iniziato se Angela non avesse scritto quello che ha scritto, ovvero se non avesse incontrato Rol. Come ho già spiegato infatti, fu dopo aver letto i paragrafi su Rol del *Viaggio nel mondo del paranormale*, il 31 agosto 1999, che mi proposi con determinazione a smentire il resoconto di Angela e a dimostrare sia che non era sincero sia che fosse in errore, su tutta la linea. Angela finirebbe per aver svolto il ruolo di "male necessario".
Se però Rol era disposto ad accettare questo esito e fare buon viso a cattivo gioco, non significa che non possa aver tentato di "cambiare le carte in tavola" del destino, ciò che più di un episodio dimostra fosse in grado di fare (salvando persone da incidenti, malattie, ecc.).
Potrebbe cioè avere accolto Angela sperando di influire su di lui e fargli cambiare prospettiva, del resto gli esperimenti servivano proprio per dimostrare una realtà "altra". Rol pensò che non doveva lasciare nulla di intentato e anche conoscendo lo scetticismo di Angela non voleva precludersi la possibilità di riuscire a convincerlo e magari di coinvolgerlo in seguito. Era infatti sempre alla ricerca di un collaboratore, ovvero di qualcuno interessato seriamente a capire i suoi esperimenti e sperava magari che Angela potesse diventare un possibile candidato. In fondo, furono numerosi gli scettici che era riuscito a convincere, quindi valeva la pena comunque tentare. Se poi le cose fossero andate in ogni caso in quella direzione negativa, Rol vedeva vantaggi, come detto, anche per quella, anche se non nel breve-medio termine, ma nel lungo termine. Se vedeva il futuro, doveva anche sapere che "il caso Angela" sarebbe per molto tempo ancora rimasto rilevante, e quindi in grado di generare quei dibattiti che avrebbero alla fine fatto emergere la verità.
Quando Angela chiese di incontrare Rol, lui potrebbe aver fatto una valutazione di questo tipo: se mi rifiuto di incontrarlo, i dubbi sul mio operato saranno sollevati comunque, e avrò perso una chance, per quanto piccola essa possa essere (di dare dimostrazione dello Spirito con i miei

esperimenti, di coinvolgere lui e il mondo scientifico, ecc.). E anche se alla fine lui rimarrà ancora scettico, come temo, e insinuerà dubbi sul mio operato, saranno stati piantati i semi di un dibattito futuro. In un caso come nell'altro quindi, è opportuno incontrarlo.

Va comunque detto che Angela non fu l'unico giornalista, o anche solo l'unico invitato, ad aver poi deluso Rol. Si era sentito "tradito" dallo stesso Renzo Allegri, che aveva pubblicato nel 1986 l'unica biografia su di lui quando era in vita e che lui non aveva autorizzato. Ha criticato quel libro per anni. Ma con i giornalisti ha sempre avuto rapporti conflittuali e quasi sempre ne è stato deluso. Nel 1951, dopo il primo servizio su di lui su *Epoca*, scriveva al fratello Carlo:

> «Queste cose ho cercato di esporle a quel lillipuziano di giornalista al quale ho perfino dettato certe definizioni, supplicando di non svisare questi concetti, scivolando nella magia, nello spiritismo e vietandogli di parlare di roulette e di questo e di quest'altro fatto occorsomi e che gli raccontarono altre persone (ne dicono tante sul mio conto!). Promettono questi giornalisti ma poi scrivono quel che vogliono. Credevo che Mondadori vedendomi concedere al suo inviato alcuni colloqui, comprendesse che onoravo la sua reputazione di editore onesto, mentre sin qui avevo sistematicamente messo alla porta chiunque si presentasse in veste di giornalista, tanto in Italia quanto all'estero. Dopo quella disgraziata pubblicazione, molta gente alla quale avrei potuto giovare non vede in me che il solito "mago" prezzolato dei quali il mondo è pieno. Molti avranno gioito di questo mio infortunio (mi dicono che un celebre "mago" italiano abbia per me un odio feroce![1]). Da ogni parte continua a piovermi un'infinità di lettere con le più strane proposte per lo sfruttamento della roulette, con richieste di filtri d'amore e chi più ne ha più ne metta»[2].

Leo Talamonti scriveva nel 1975 che Rol

> «in tempi andati aveva avuto dispiaceri tali, dai due o tre giornalisti con cui era venuto in contatto, da fargli desiderare di non incontrarne mai più»[3].

Qualcuno potrebbe osservare che a quanto pare non imparò la lezione, oppure che diede sempre troppa fiducia al suo prossimo. Però va anche detto che Rol doveva accontentarsi di ciò che passava il convento, ovvero

---

[1] Cfr. vol. X p. 165 nota 24.
[2] *"Io sono la grondaia"*, pp. 143-144.
[3] Vol. V, p. 16 (da *Gente di Frontiera*, 1975).

accontentarsi dei giornalisti che arrivavano a lui, perché non ce n'erano altri migliori a disposizione. Prendere o lasciare. Come nel caso di Angela, Rol doveva valutare ogni volta i *pro* e i *contro* e se i *pro* superavano i *contro*, nelle possibili direzioni prevedibili dell'impatto che un dato articolo o una data intervista avrebbe generato, allora "prendeva", mettendo in conto i *contro* e facendosene una ragione, non potendo ogni volta pretendere un esito perfetto come fu per esempio quello *quasi* perfetto degli articoli su *Gente*, che finì per scrivere integralmente lui e che costituiscono una straordinaria autobiografia condensata in terza persona[4].

Comunque se avesse visto la quantità di strafalcioni e fraintendimenti che hanno scritto e detto di lui dopo la sua morte, e non solo giornalisti, ma anche comuni testimoni e commentatori superficiali in genere, ne avrebbe concluso che i giornalisti dai quali fu deluso durante vita erano ancora il meno peggio.

Infine, sempre a proposito di delusioni, le ebbe anche da amici e conoscenti, come le ha ogni persona comune, ma Rol poteva reagire alla sua maniera, che di comune aveva ben poco:

> «Un tale mi mostrò un quadro e mi disse: "Me lo regalò Rol. Qui, nell'angolo, c'era una dedica, che io mostravo con orgoglio a tutti i miei amici. Un giorno io e Rol ci bisticciammo per telefono, lui si arrabbiò parecchio e dopo avermi aspramente rimproverato mi disse: 'Mi sono sbagliato su di te. Quello che ho scritto nella dedica sul quadro non è più vero, perciò lo ritiro'. Pensavo che con quelle parole intendesse semplicemente ripudiare il contenuto della dedica; invece, come al solito parlava in senso realistico. Terminata la turbolenta conversazione telefonica, passai davanti al quadro e con enorme meraviglia constatai che la dedica di Rol era sparita. Non era rimasta neppure la traccia di quella scritta"»[5].

---

[4] Si veda il vol. VI, p. 299 e sgg..
[5] Allegri, R., *Rol l'incredibile*, p. 67.

L'opera distruttiva della televisione

di Massimo Inardi

Maggio 1978[1]

È appena terminata, al momento in cui scriviamo (maggio 1978), la serie televisiva dal titolo «Indagine sulla parapsicologia» condotta da Piero Angela e che ha occupato nelle sue cinque puntate tutto il mese di aprile. Spetta quindi allo scrivente proporre ai lettori di questa rivista un giudizio che cercherà di essere – pur nella comprensibile delusione e nella giustificata, ma umana, negativa reazione – il più possibile obiettivo e sereno.

Innanzitutto è bene precisare che il titolo dell'inchiesta di Angela va piuttosto inteso come «processo alla parapsicologia» in quanto le conclusioni e lo stesso modo di impostare e procedere nel lavoro del conduttore dell'indagine stessa, hanno destato l'impressione che si trattasse più di un processo che di una serena indagine informativa.

Piero Angela infatti, fin dall'inizio, è partito – almeno a parere di chi scrive – da una posizione preconcetta critica, anzi, severamente critica. Nell'intento di dimostrare la sua tesi, secondo la quale in parapsicologia nessun risultato è stato raggiunto e nessun'indagine è stata condotta con la dovuta obiettività e con il dovuto rigore scientifico, egli non ha risparmiato agli studiosi e alle indagini sul paranormale, ovunque condotte, alcuno strale e alcuna obiezione, sia pure attraverso un modo garbato e ironico. Raccogliendo la testimonianza di scienziati, studiosi, prestigiatori, di maghi o ex-maghi, di medium e ex-medium, Angela ha via via costruito un dossier d'accusa nei riguardi della parapsicologia, contro il quale una sparuta schiera di eminenti parapsicologi con le loro risposte – spesso frammentarie, se non artatamente e volutamente mutilate[2] – nulla ha potuto fare per smontare il profluvio di contestazioni (più o meno in buona fede) che veniva puntata dopo puntata accumulandosi con impegno apertamente distruttivo, e con un sarcasmo che talora sfiorava il sadismo.

Non sappiamo chi o che cosa abbiano spinto Angela – altre volte sereno e felice nelle sue inchieste e soprattutto equilibrato nelle sue conclusioni – a

---

[1] *Gli Arcani*, n. 7/8, luglio/agosto 1978, pp. 10-12; articolo nell'ambito della sua rubrica fissa: *parapsicologia come scienza*.
[2] *Artatamente e volutamente mutilati* sono anche, in generale, sia per Angela che per i suoi correligionari – cifra caratteristica del loro *modus operandi* – episodi, testimonianze, opinioni, teorie e in senso lato tutti quei *fatti* che dimostrino la falsità della tesi illusionistica e comprovino invece quella della chiara autenticità. In una parola: *insabbiamento*, sistematico e capillare.

comportarsi nel modo con cui si è comportato nei riguardi della parapsicologia; certo è che un attacco così feroce, così unilaterale, così partigiano e così diretto contro una disciplina seria ed onesta come la nostra non ce lo aspettavamo davvero![3]

E questa, secondo Angela (almeno stando alle sue dichiarazioni rilasciate alla stampa), secondo la RAI-TV e secondo (purtroppo!) molta parte della stampa stessa sarebbe una indagine «scientifica» informativa e serena? Questa sarebbe una trasmissione che dovrebbe informare il pubblico, disinformato e confuso da tanti decenni di maldestra informazione a mezzo di canali vari, stampa compresa, facendogli capire come stanno realmente le cose? Crediamo proprio di no, perché con il suo lavoro sapiente di forbici e con il principio del «sono loro (gli studiosi) a dirmelo», Angela non ha fatto certo opera di serena informazione, bensì (ci si corregga se sbagliamo!) di distruzione, se non addirittura di maggior confusione. Col dire che in parapsicologia si deve stare attenti al trucco e si deve operare in maniera scientifica serissima e spietata egli ha dipinto gli studi e gli studiosi della materia a tinte fosche e li ha descritti e qualificati con toni di immeritato sarcasmo, se non di squalifica e di derisione, non tenendo affatto conto che l'evitare il trucco e l'usare una metodologia scientifica seria e spietata sono proprio gli unici e soli obiettivi ai quali la parapsicologia da tempo mira; e non saranno certo alcuni esperimenti citati come truccati o non riusciti (ma del resto già da tempo ampiamente stigmatizzati negli ambienti parapsicologici) che potranno fermare il cammino dei seri studiosi verso la verità e verso la conoscenza in campo paranormale. Quanti lavori e quanti esperimenti però Angela non ha citato, forse perché non si inquadravano nella logica e nell'economia della propria trasmissione!

A dare del resto alla parapsicologia la dignità di scienza non siamo stati certo noi in Italia (le cenerentole, come sempre!), bensì la serissima e rispettatissima Associazione Americana per il Progresso delle Scienze (A.A.A.S.), la quale nel dicembre 1969 ammetteva nel suo seno la Parapsychological Association proprio per il rigore della sua impostazione metodologica, per il suo approccio scientificamente valido ai problemi del paranormale e per la precisione delle sue deduzioni statistiche e matematiche. Tutto ciò – vivaddio! – non può essere assolutamente smentito perché ormai costituisce storia, e non vale certo argomentare che spesso i fenomeni paranormali, per le loro caratteristiche intrinseche, non possono essere riprodotti in laboratorio, anche se – ne siamo convinti ed arciconvinti – col tempo e con il progresso delle conoscenze e delle tecnologie e metodologie, ad una ripetibilità di tipo scientifico si dovrà arrivare, checché ne dicano certi acerrimi e irriducibili avversari, da

---

[3] La sorpresa di Inardi, così come l'opinione positiva sull'attività divulgativa di Angela *precedente* alla sua "indagine", concordano con quella di molti altri, Rol incluso, come abbiamo visto nel volume precedente.

Angela ampiamente fatti parlare, a scapito dei ridicolmente brevi interventi riservati ai pochissimi parapsicologi intervistati.

Che esistano in parapsicologia, più che in altri campi dello studio dell'uomo, trucchi e truccatori, questo nessuno se lo nasconde, noi parapsicologi in testa. Che esistano nel pubblico soprattutto superstizioni, credulità, acriticità, emotività e ricerca del magico e dell'arcano, d'accordo. Che esista anche una stampa e degli altri mezzi di diffusione che disinformino invece di informare è parimenti pacifico. Tutto ciò però – anche prima che Angela ce lo venisse a dire, con sadica sicumera, dal piccolo schermo – era già a piena conoscenza dei cultori della parapsicologia, anche in Italia; anzi un anno fa le tre maggiori società del ramo, la SIP (Società Italiana di Parapsicologia), l'AISM (Associazione Italiana Scientifica di Metapsichica) e il CSP (Centro Studi Parapsicologici di Bologna), avevano sentito il bisogno di riunirsi e di tenere una tavola rotonda a Milano, nei giorni 12 e 13 marzo 1977, proprio al fine di stigmatizzare la continua disinformazione che i *mass-media* dispensano al loro pubblico sull'argomento della fenomenologia paranormale.

Che venga auspicato e costituito perciò da Angela un comitato per la corretta indagine sul paranormale, formato da eminenti studiosi, è cosa che trova consenzienti in pieno tutti noi, ma ci sorprende profondamente che di detto comitato di altissimo livello scientifico non faccia parte alcun parapsicologo ed alcun illusionista: perché, se di fenomenologia paranormale e di trucchi ci si deve occupare, sarebbe stato bene che del consesso avesse fatto parte almeno qualcuno degli «addetti ai lavori».

E che dire poi di ciò che ebbe a dichiarare, prima ancora che il comitato scientifico fosse costituito, uno dei membri che hanno in seguito firmato il pomposo manifesto inquisitorio[4], e più precisamente il professor Giuliano Toraldo Di Francia, fisico e direttore dell'Istituto per lo studio delle onde elettromagnetiche del CNR di Firenze, in un suo articolo su Uri Geller? Eccone un brano:

«...Niente può essere più antiscientifico che la negazione "a priori" di ciò che non si è adeguatamente sperimentato. Probabilmente tutti sono disposti a concedere che prima di essere ammesso come scientifico, un fatto debba essere rigorosamente accertato. Le difficoltà nascono quando si tenta di definire cosa vuol dire accertare rigorosamente. Molti ritengono che un fenomeno, per essere accolto come scientifico, debba non solo essere accertato rigorosamente, ma anche essere spiegato dalla scienza attuale. Questo è un errore abbastanza grossolano, anche se largamente diffuso, perfino presso alcuni scienziati. Se i grandi studiosi del passato avessero tenuto un tale atteggiamento la scienza non sarebbe mai sorta, né si sarebbe sviluppata.

---

[4] *Il pomposo manifesto inquisitorio*: da farne il titolo per un articolo *ad hoc*.

Le migliori conquiste della conoscenza scientifica sono avvenute quando un uomo geniale ha fissato l'attenzione su un qualche fenomeno che non era spiegabile nell'ambito di quello che si sapeva al suo tempo. E del resto, cosa significa "spiegare"? Mettere un fenomeno in connessione con altri fatti o leggi conosciute, ma che, a loro volta, non si sanno spiegare. Usiamo come esempio la legge della gravitazione universale, scoperta da Newton... Con essa Newton riuscì a spiegare il moto dei pianeti attorno al sole, il moto della luna attorno alla terra, in pratica tutta la meccanica celeste del suo tempo. Ma come si spiega, a sua volta, la legge della gravitazione universale? A che cosa è dovuta? Non è anch'essa terribilmente misteriosa, quasi magica? Newton capì bene tutto questo, e dopo qualche tentativo di spiegazione, dichiarò che non si azzardava a fare ipotesi. Quello che contava era la legge, un fatto accertato con sufficiente evidenza, anche se non spiegato. Questo esempio, insieme con infiniti altri, dovrebbe persuadere che si può benissimo ammettere come scientifico un fatto anche prima di averlo spiegato»[5].

Come la mettiamo allora con la parapsicologia e i suoi fenomeni? Quello che è valido per la scienza (secondo le parole di un tale suo illustre rappresentante) non deve essere valido per la parapsicologia? Perché due pesi e due misure? Forse il professor Toraldo Di Francia, prima di firmare il manifesto non lo ha letto (vengono qui in mente le parole del Giusti nel suo *S. Ambrogio*)? O lo ha firmato forse dopo averlo letto un po' frettolosamente? Questa notizia e questa citazione, per dovere di correttezza, l'abbiamo tratta dal numero di maggio 1978 de «Il Giornale dei Misteri», nell'editoriale a firma dell'amico carissimo Giulio Brunner[6].

Quale dunque potrà essere l'azione effettiva, critica e responsabile di ventidue membri, sceltissimi e illustrissimi ciascuno nel proprio campo, nei riguardi del paranormale, se ad essi mancano le basi fondamentali per conoscere il paranormale, per sapere – talora – che cosa sia il paranormale medesimo e senza la presenza tra essi di un solo cultore di studi di parapsicologia e soprattutto senza la presenza di un tecnico dell'illusione e del trucco?[7] Dopo una tale doverosa premessa, si fa presente che in data 6 aprile 1978 la Società Italiana di Parapsicologia (SIP) ha diramato ad

---

[5] Queste affermazioni mi trovano totalmente d'accordo e anzi sono davvero emblematiche, da prendere come riferimento. Bene ha fatto Inardi a riproporle e a mostrare al tempo stesso, subito dopo, l'incoerenza del loro autore per l'adesione acritica o superficiale a un Comitato lontano anni luce, *nelle intenzioni reali prima e nella pratica dopo*, da quella trasparente, logica, non pregiudiziale, razionale ed onesta prospettiva.

[6] Che ho riprodotto nel vol. VII, pp. 304-306.

[7] A questo avrebbero ovviato in seguito.

alcune agenzie di stampa il seguente comunicato (mai però – finora, maggio 1978 – pubblicato né su quotidiani né su periodici[8]):
«*Scienza e Parapsicologia* (un comunicato della Società Italiana di Parapsicologia). La Società Italiana di Parapsicologia – SIP – con sede in Roma, via dei Montecatini 7, unica riconosciuta dallo Stato con RD 16/3/1942 e DPR 15/1/1949: presa conoscenza della dichiarazione comparsa su vari quotidiani a firma di ventidue personalità di chiara fama, tendente a stigmatizzare la continua disinformazione che tutti i mass-media distribuiscono al loro pubblico sull'argomento fenomenologia paranormale, fa presente di aver tenuto a Milano il 12 e 13 di marzo 1977, unitamente alle consorelle AISM di Milano e CSP di Bologna, una tavola rotonda, con l'identico scopo della dichiarazione di cui sopra e conclusasi con un comunicato finale, diramato all'agenzia ANSA; chiede che del creando comitato, auspicato nella citata dichiarazione, facciano parte (su indicazione della SIP) alcuni membri seriamente qualificati come "parapsicologi", in modo che i ventidue firmatari della dichiarazione possano essere correttamente informati e coordinati nel campo del "paranormale", campo su cui nessuno di essi appare oggi particolarmente competente.
A nome del consiglio direttivo della SIP: il presidente, professor Stefano Somogyi (professore titolare della Cattedra di Demografia presso l'Università di Palermo)».
Cosa e come concludere al termine di tutta questa triste vicenda? Le parole sono insufficienti a descrivere tutta la nostra delusione di onesti e seri studiosi del paranormale. La strada da noi seguita finora, da tutti i parapsicologi seri da almeno trent'anni era – ne siamo convinti – quella giusta, e il nostro intento di informare il pubblico, divulgando il vero scopo dei nostri studi, il più cristallino. Ognuno di noi, cultori di parapsicologia, era sicuro che l'obiettivo da raggiungere fosse a portata di mano e che le ricerche finora condotte in tutto il mondo potessero essere valutate e prese nel loro giusto valore e che il pubblico, alla lunga, potesse giudicare e valutare nel modo giusto il nostro operare. Dopo questo *scoop* televisivo e giornalistico non sappiamo cosa potrà avvenire. La méta che ci sembrava vicina e a portata di mano ora sembra allontanarsi e farsi sempre più nebulosa perché il mezzo televisivo ha una fortissima presa sul pubblico e ben difficilmente porterà ad una presa di coscienza dello stesso, in modo da fargli capire come stanno realmente le cose[9].

---

[8] In realtà, pubblicato proprio sul numero de *Il Giornale dei Misteri* citato poco prima.
[9] Come per lo specifico "caso Rol", Angela dovrà essere ricordato principalmente come colui che ha ostacolato, col suo pregiudizio e la sua impreparazione, il cammino della scienza e della conoscenza, non certo come colui che avrà contribuito a dissipare le nebbie dell'"irrazionale". Gli sarà riconosciuto tutt'al più il ruolo di "male necessario".

C'è solo un augurio da farsi: che gli studiosi aperti e responsabili reagiscano ritrovando compattezza e consapevolezza dello scopo da raggiungere; che il pubblico responsabile capisca dove sta la ragione e si renda conto di quanto il paranormale informi di sé tutta la nostra vita e quali siano o possano essere gli scopi di certa stampa e di certi *mass-media;* infine che l'onestà degli studiosi e degli sperimentatori in parapsicologia non possa essere messa in dubbio da persone che – consapevolmente o inconsapevolmente – tendono a fuorviare l'opinione pubblica per scopi più o meno confessabili e per ragioni più o meno legittime.

Il cammino della parapsicologia come scienza (e non certo come pseudo-scienza o mistificazione) è chiaro: la migliore conoscenza dell'uomo, delle sue possibilità e dimensioni; lo scopo di essa è altrettanto chiaro: studiare, ricercare e indagare con rigore e con vigore; il modo di agire infine della stessa è chiarissimo, in quanto passa per la via dell'onestà, della serietà e della rettitudine, e non – come farebbe pensare la serie delle trasmissioni di Angela – per quello della disonestà, della scarsa serietà, della faciloneria, della credulità e della tendenza a farsi ingannare e raggirare per pura dabbenaggine o, peggio, per volontaria collusione o per scopi non confessabili!

L'opera distruttiva della televisione

È appena terminata, al momento in cui scriviamo (maggio 1978), la serie televisiva dal titolo «Indagine sulla parapsicologia» condotta da Piero Angela e che ha occupato nelle sue cinque puntate tutto il mese di aprile. Spetta quindi allo scrivente proporre ai lettori di questa rivista un giudizio che cercherà di essere — pur nella comprensibile delusione e nella giustificata, ma umana, negativa reazione — il più possibile obiettivo e sereno.

Innanzitutto è bene precisare che il titolo dell'inchiesta di Angela va piuttosto inteso come «processo alla parapsicologia» in quanto le con-

Piero Angela, autore della nota «indagine» televisiva.

clusioni e lo stesso modo di impostare e procedere nel lavoro del conduttore dell'indagine stessa, hanno destato l'impressione che si trattasse più di un processo che di una serena indagine informativa.

Piero Angela infatti, fin dall'inizio, è partito — almeno a parere di chi scrive — da una posizione preconcetta critica, anzi, severamente critica. Nell'intento di dimostrare la sua tesi, secondo la quale in parapsicologia nessun risultato è stato raggiunto e nessun'indagine è stata condotta con la dovuta obiettività e con il dovuto rigore scientifico, egli non ha risparmiato agli studiosi e alle indagini sul paranormale, ovunque condotte, alcuno strale e alcuna obiezione, sia pure attraverso un modo garbato e ironico.

Raccogliendo la testimonianza di scienziati, studiosi, prestigiatori, di maghi o ex-maghi, di medium e ex-medium, Angela ha via via costruito un dossier d'accusa nei riguardi della parapsicologia, contro il quale una sparuta schiera di eminenti parapsicologi con le loro risposte — spesso frammentarie, se non artatamente e volutamente mutilate — nulla ha potuto fare per smontare il profluvio di contestazioni (più o meno in buona fede) che veniva puntata dopo puntata accumulandosi con impegno apertamente distruttivo, e con un sarcasmo che talora sfiorava il sadismo.

Non sappiamo chi o che cosa abbiano spinto Angela — altre volte sereno e felice nelle sue inchieste e soprattutto equilibrato nelle sue conclusioni — a comportarsi nel modo con cui si è comportato nei riguardi della parapsicologia; certo è che un attacco così feroce, così unilaterale, così partigiano e così diretto contro una disciplina seria ed onesta come la nostra non ce lo aspettavamo davvero!

E questa, secondo Angela (almeno stando alle sue dichiarazioni rilasciate alla stampa), secondo la RAI-TV e secondo (purtroppo!) molta parte della stampa stessa sarebbe una indagine «scientifica» informativa e serena? Questa sarebbe una trasmissione che dovrebbe informare il pubblico, disinformato e confuso da tanti decenni di maldestra informazione a mezzo di canali vari, stampa compresa, facendogli capire come stanno realmente le cose? Crediamo proprio di no, perché con il suo lavoro sapiente di forbici e con il principio del «sono loro (gli studiosi) a dirmelo», Angela non ha fatto certo opera di serena informazione, bensì (ci si corregga se sbagliamo!) di distruzione, se non addirittura di maggior confusione. Col dire che in parapsicologia si deve stare attenti al trucco e si deve operare in maniera scientifica serissima e spietata egli ha dipinto gli studi e gli studiosi della materia a tinte fosche e li ha descritti e qualificati con toni di immeritato sarcasmo, se non di squalifica e di derisione, non tenendo affatto conto che l'evitare il trucco e l'usare una metodologia scientifica seria e spietata sono proprio gli unici e soli obiettivi ai quali la parapsicologia da tempo mira; e non saranno certo alcuni esperimenti citati come truccati o non riusciti (ma del resto già da tempo ampiamente stigmatizzati negli ambienti parapsicologici) che potranno fermare il cammino dei seri studiosi verso la verità e verso la conoscenza in campo paranormale. Quanti lavori e quanti esperimenti però Angela non ha citato, forse perché non si inquadravano nella logica e nell'economia della propria trasmissione!

A dare del resto alla parapsicologia la dignità di scienza non siamo stati certo noi in Italia (le cenerentole, come sempre!), bensì la serissima e rispettatissima Associazione Americana per il Progresso delle Scienze (A.A.A.S.), la quale nel

Prima pagina dell'articolo di Massimo Inardi

L'onnipotente magia dei trucchi

di Ugo Dèttore

Maggio 1978[1]

I trucchi dei medium sono tornati clamorosamente alla ribalta in seguito a una serie di trasmissioni televisive nelle quali, con grossolana faciloneria, è stato attribuito a essi tutto l'insieme dei fenomeni paranormali, vecchi e nuovi. Perché è sempre avvenuto un fatto strano: i cosiddetti spiriti forti, gli scettici a oltranza, hanno sempre mostrato una singolare, direi superstiziosa credulonería per il trucco. Sono sempre pronti a negare il fatto paranormale, che potrebbe essere spiegato tuttavia in qualche modo, ma accettano senz'altro il trucco miracoloso, assolutamente inesplicabile, senza nemmeno fare un tentativo per conoscere in che cosa questo trucco possa consistere.
Eppure i trucchi non sono miracoli; i prestigiatori li conoscono, vi sono scuole che li insegnano, chiunque, con una certa indagine, può venire a sapere in che cosa consistono. Quando un illusionista sembra far compenetrare l'uno nell'altro una serie di anelli metallici dopo aver mostrato che sono indipendenti, sappiamo come procede: in realtà gli anelli non sono affatto indipendenti: ve ne sono due già inanellati, uno apribile e solo due singoli. Quando lo stesso illusionista trae colombi e conigli da una cassa che ha presentato prima come indiscutibilmente vuota, sappiamo tutti che gli animali sono chiusi in un contenitore applicato al fondo, che è girevole: girato il fondo, il contenitore passa all'esterno e la cassa appare vuota; girandolo ancora il contenitore passa all'interno e l'illusionista fa il suo giuoco. Quando infine l'illusionista simula una levitazione facendo alzare lentamente una ragazza supina, è noto che la ragazza è sdraiata su di un'asse sollevata da una sbarra di ferro piegata a S, il cui meccanismo è celato dalla tenda di sfondo: la piegatura della sbarra permette al prestigiatore di dare l'illusione di passare un cerchio attorno alla ragazza per dimostrare che non vi sono sostegni. E così via. Tutti questi trucchi richiedono che lo spettatore veda il fatto da un solo punto di vista, o non possa osservare gli oggetti usati uno per uno e da vicino, cosa che può avvenire solo in un teatro e nelle condizioni imposte dal prestigiatore. E tuttavia non sono molti gli studiosi che abbiano qualche nozione di illusionismo; quelli che l'hanno, in genere, credono nella genuinità dei fenomeni paranormali. Per i negatori il trucco è sacro, misterioso e onnipotente.

---

[1] *Gli Arcani*, n. 7/8, luglio/agosto 1978, pp. 13-16; articolo nell'ambito della sua rubrica fissa: *spiritismo e medianità*; seguiva quello di Inardi.

Se ne ha una prova nelle tante relazioni di commissioni di inchiesta su fenomeni medianici del secolo scorso, le quali concludevano regolarmente affermando che nessun trucco era stato scoperto, ma che *non si poteva escludere che fosse avvenuto*. Non c'è bisogno, del resto, di riferirci a fatti lontani; anche oggi si ammette che Uri Geller, a esempio, abbia potuto piegare, con un trucco, e senza toccarla, la chiave che il dottor Inardi teneva nelle sue mani e che era la chiave di casa sua.

Questo culto del trucco[2], culto che talora è fondato sulla malafede, ma spesso è in perfetta buonafede, ha avuto delle conseguenze. Oggi, a esempio, si tende a dare una scarsissima importanza alla casistica classica, e in particolare ai fenomeni più imponenti di essa, perché avrebbe potuto essere truccata[3]. Abbiamo una relazione accuratissima del professor Richet sulle apparizioni del fantasma Bien Boa. La stanza delle sedute, l'unica stanza al primo piano di un padiglione, veniva esaminata prima delle sedute dallo stesso Richet e dall'ingegnere Delanne; il fantasma scompariva sprofondando lentamente nel suolo fino a lasciare un piccolo grumo bianco che si dissolveva; il luogo in cui era stato visto scomparire venne accuratamente esaminato dai due sperimentatori i quali esclusero la presenza di una qualsiasi botola, che, anche se ci fosse stata, sarebbe apparsa durante la manifestazione del fenomeno perché la stanza era illuminata in modo che si poteva scorgere chiaramente l'ora su di un orologio da tasca. E tuttavia bastò che un cocchiere licenziato per furto affermasse di avere impersonato lui stesso il fantasma perché subito gli si credesse, e oggi Bien Boa è considerato dai più una finzione. E tuttavia, chi legga le relazioni del Richet non può venire che a due conclusioni: o l'apparizione era genuina o il Richet ha mentito deliberatamente; non si può nemmeno pensare a un rimbambimento senile perché nel 1905 il Richet aveva cinquantacinque anni e il Delanne, che studiò il fenomeno con lui, quarantotto[4].

---

[2] *Il culto del trucco*: è certo uno dei pilastri della religione scettico-negazionista.

[3] La scarsa importanza data alla casitica classica è stato, dal mio punto di vista, l'errore maggiore della parapsicologia a partire soprattutto dal dopoguerra. La fenomenologia spontanea attendibile, comparata, è la risorsa migliore per comprendere il paranormale.

[4] Di un fenomeno simile, che ho incluso nella classe del *tunnelling*, è stato protagonista Rol quando ancora era vivo, come mi ha raccontato Mariella Balocco: «Un giorno ero con Massimo [*Foa*] nello studio-soffitta [*sopra l'appartamento di Rol*], stavamo parlando di Gustavo e io l'ho visto nel pavimento che mi guardava e mi sorrideva, ammiccava facendo l'occhiolino. Non era una immagine o una impressione, ma era proprio come fosse lui, vivo, la testa emergeva dal pavimento tridimensionale, come se passasse attraverso un oblò. E ovviamente non c'erano aperture o passaggi nel pavimento, cosa che avremmo subito scoperto. Massimo però non lo vide. Io poi lo dissi a Gustavo, che si limitò a sorridere, come spesso faceva» (racconto integrale in: 3-XX-47).

Lo stesso si può dire dell'ancor più famosa Katie King, studiata da William Crookes. Questi ha escluso nel modo più assoluto che Katie potesse essere impersonata dalla medium: era più alta di lei, non aveva, come lei, le orecchie forate per gli orecchini, presentava il collo perfettamente liscio mentre la medium, Florence Cook, aveva un'escrescenza ruvida e ben visibile; infine egli aveva visto più volte, insieme, la medium e il fantasma. E tuttavia si continuò a sostenere il trucco, e infine si giunse ad affermare in un libro che il Crookes era in combutta con la medium, sua amante. Il libro dello Hall, fondato su semplici congetture, senza la minima prova valida, fu criticato con sdegno dal Fodor e dal nostro Servadio; la manifestazione lascia lo stesso dilemma di Bien Boa: o il Crookes ha mentito o il fenomeno era genuino; neppure in questo caso si può pensare a una decadenza senile nell'investigatore, perché a quell'epoca il Crookes aveva quarantatrè anni. Ciò non toglie che oggi molti parapsicologi considerino spuria la manifestazione di Katie King.

Naturalmente tanto Bien Boa quanto Katie King sono stati presentati nelle trasmissioni televisive come tipici esempi di trucco, con l'aggiunta, fatta in malafede o per ignoranza, che il Crookes non aveva mai visto la medium nel suo camerino durante le sedute. Ma nelle numerose reazioni che tali trasmissioni hanno suscitato, nessuno ha fatto accenno a questo falso né ha tentato di sostenere la genuinità di Bien Boa e di Katie King. Incombeva un altro fantasma, quello del trucco sacro[5].

È singolare che tra i vari trucchi che sono stati smascherati nei medium, non ve ne sia nemmeno uno che presenti una certa abilità e una certa intelligenza. Tutti sono di una grossolanità tale che davvero ci si stupisce che un soggetto possa essere giunto alla fama ingannando anche uomini di scienza, con tali mezzi.

Naturalmente trucchi ve ne sono stati e ve ne sono, ma credo si possa dire che nessun sensitivo famoso è mai divenuto tale grazie a essi e solo a essi[6]. E, stando ai resoconti che ci sono pervenuti, credo che si possa aggiungere che molte volte il trucco denunciato come tale non lo era in realtà. Ma per giudicare di questo, cioè della valutazione da dare ai trucchi o cosiddetti tali, bisogna considerare di volo di che genere essi possano essere.

Vi sono anzitutto i trucchi dei finti sensitivi, in realtà illusionisti che, oggi come ieri, ostentano di saper imitare i fenomeni paranormali: la differenza è che ieri si spacciavano spesso per veri sensitivi mentre oggi dichiarano apertamente il loro inganno e spesso se ne valgono per fare illazioni e affermare che tutto è trucco. Nessun illusionista è mai riuscito a ripetere con i suoi mezzi un fenomeno paranormale qualsiasi sotto le condizioni

---

[5] Un "fantasma" quasi sempre di origine allucinatoria.

[6] E se c'è qualcuno che poteva affermarlo con sicurezza questo era Dèttore, che aveva una conoscenza vastissima e precisa della letteratura paranormale.

richieste dallo sperimentatore. Il «magnifico» Randi, come si fa chiamare, divenuto noto anche in Italia grazie alla vasta ospitalità tendenziosamente concessagli nelle trasmissioni televisive suddette, accettò una volta di ripetere le psicografie di Ted Serios accettando una sfida lanciata dal dottor Eisenbud, ma dovette ritirarsi quando seppe le condizioni imposte dallo sperimentatore, le stesse a cui era stato sottoposto Ted Serios. Questi trucchi si possono usare solo in teatro, senza controlli e seguendo sempre un dato processo. Essi vanno dai vari codici, visivi, uditivi o tattili con i quali si può imitare la telepatia, ai fili di seta o di nylon per spostare o levitare piccoli oggetti. Nessuno di essi reggerebbe a un controllo fatto da vicino. Il più recente è il cosiddetto mentalismo con cui si può imitare la lettura in buste chiuse: l'illusionista finge di concentrarsi per tracciare su di un foglio il disegno chiuso in busta, poi annuncia di avere finito – in realtà il foglio è rimasto bianco – e si avvicina allo sperimentatore il quale apre la busta per controllare; bastano i pochi istanti in cui l'illusionista intravede il disegno per permettergli di tracciarlo sinteticamente sul suo foglio, generalmente con una punta di grafite fissata all'unghia del suo pollice. Lo abbiamo visto fare in televisione dallo stesso Randi, che presentò il suo disegno quando già lo sperimentatore (ma era proprio uno sperimentatore?) aveva, ingenuamente o volutamente, aperto la busta.
Inutile dire che Geller, nelle sue sedute allo Stanford Institute, contro le quali in particolare era rivolta l'accusa, presentava i suoi disegni prima che la busta venisse aperta. È notato, per esempio dal Toquet, il quale tuttavia dà ai trucchi un'importanza ossessiva, che talora gli illusionisti acquistano, senza volerlo, vere doti di sensitivo, che si guardano bene dal confessare per ottenere una maggiore spettacolarità nei loro giuochi. Lo stesso Randi, qualche anno fa, sotto il nome di James Zwinge tentò di affermarsi come sensitivo in antagonismo a Uri Geller, per il quale ha sempre nutrito un'astiosa rivalità. E non è detto che almeno in parte lo sia. Un altro che dovette essere in parte sensitivo fu il Cumberland, imitatore della telepatia per mezzo della cosiddetta comunicazione muscolare o cumberlandismo (personalmente sono convinto che la comunicazione muscolare, come trucco, non sia mai stata messa in pratica: richiederebbe una tale ipersensibilità da divenire a sua volta una manifestazione paranormale); egli stesso confessò di valersi, nel suo «giuoco della volontà», di una quantità di osservazioni minute di cui nemmeno lui sapeva darsi ragione e che si succedevano inconsciamente nella sua mente.
Da questi trucchi si passa insensibilmente a quelli dei sensitivi da palcoscenico, che, per quanto sensitivi genuini, per il fatto stesso di dovere dar sempre buona prova non esitano a valersi di tutto ciò che può aiutarli nelle loro esibizioni, al di fuori dei loro poteri paranormali. Uri Geller è certamente di questi, e si può esser sicuri che, se durante una rappresentazione può valersi di un aiuto esterno come la segnalazione di

una signora che ha un fazzoletto rosso nella borsetta – caso riferito nelle trasmissioni televisive – se ne varrà senza scrupoli[7]. Dello stesso tipo furono forse i fratelli Davenport nella seconda metà del secolo scorso, di cui non si poté mai stabilire con certezza dove finissero le doti paranormali e dove cominciassero i trucchi. Si può comunque essere certi che i loro trucchi non avevano nulla di miracoloso: consistevano, se mai, in una notevole capacità di liberarsi da legami e di ricostituirli, o di valersi delle mani anche se strettamente legati.

Un terzo gruppo di trucchi, infine, è quello dei sensitivi da esperimento, i sensitivi, cioè, che si prestano per compensi sostanzialmente scarsi o senza alcun compenso, alla sperimentazione da parte di ricercatori qualificati. Su questi soggetti in particolare è sorto il mito, e addirittura la fobia del trucco. Cerchiamo anzitutto di considerare la cosa imparzialmente. Tali soggetti sono per lo più persone di scarsa cultura, che non hanno avuto alcun addestramento nell'illusionismo (fra le tante accuse di cui sono stati soggetto non ve n'è mai stata, che mi risulti, una di questo genere) e che operano sotto una stretta sorveglianza: perquisiti, denudati, rivestiti, legati, chiusi in sacchi, le mani infilate in guantoni, eccetera. Questi sensitivi avrebbero dovuto crearsi da soli una tecnica molto più raffinata di quella dei più abili prestigiatori, per condurre poi una vita modestissima, spesso finita nella miseria, senza applausi di pubblico, sempre guardati con diffidenza. Perché sprecare tanta abilità e tanta fatica quando avrebbero potuto avere tanto maggiori soddisfazioni e guadagni esibendosi come prestigiatori? E si noti che, come ho già accennato, ogni volta che questi sensitivi sono stati colti in fallo, si è trattato di trucchi grossolani: il tentativo di muovere direttamente l'oggetto che avrebbe dovuto essere spostato psicocineticamente, o di gettare in aria dietro la schiena l'oggetto che avrebbe dovuto apparire per apporto: quasi tutto qui.

L'Ochorowicz fu il primo, o tra i primi, verso la fine del secolo scorso, a dare una spiegazione di questi trucchi: si tratta di movimenti inconsci che il sensitivo, per lo più in *trance* leggera o profonda, tenta senza rendersene conto quando un fenomeno tarda a manifestarsi. Eusapia Paladino lo spiegò molto intelligentemente, se si pensa che era una semplice popolana: «Io sono in trance, voi pensate intensamente a un trucco, io avverto il vostro pensiero e sono portata a obbedirvi: spetta a voi controllarmi e impedirmelo». E tuttavia proprio a proposito di questi casi è sorta la fobia del trucco: bastò che Eusapia, a Cambridge fosse colta in uno di questi movimenti perché tutta la sua fenomenologia fosse negata anche da uomini aperti come il Myers – il quale tuttavia più tardi si ricredette – e la sensitiva fosse tacciata di volgare imbrogliona. Lo stesso

---

[7] Si veda quanto mi ha riferito su Uri Geller Filippo Ascione (vol. VII, p. 100 nota 25).

avvenne a Stanislawa P. e a tanti altri, che tuttavia avevano dato prove indubbie della loro capacità.

È comprensibile e giusto che il parapsicologo di oggi dica: «Io non posso fondare il mio studio su aneddoti avvenuti quando non ero ancora nato e la cui veridicità è stata per lo meno contestata. Ho bisogno di prove scientificamente controllate». Ma è meno comprensibile che, in base a questo ragionamento, giunga a invalidare in massa tutta la casistica passata, quella stessa che lo ha indotto a divenire parapsicologo. Di fronte a questo atteggiamento il pubblico si disorienta e basta che un qualsiasi improvvisato gli ripeta vecchie critiche ormai superatissime perché sia pronto a prestarvi fede. Credo che un maggior rispetto per l'antica casistica e un minor terrore del trucco, tale da poter far dire al parapsicologo: «No, in questo caso nessun trucco è possibile», invece della vecchia frase: «Non ho trovato trucchi, ma non posso escludere che ve ne siano stati», porterebbe a un clima di maggior sicurezza e non darebbe quell'avallo implicito che gli stessi parapsicologi dànno alle calunnie dei loro avversari.

Con questo non voglio affermare che le precauzioni contro il trucco siano inutili. Voglio semplicemente sostenere che i parapsicologi dovrebbero avere una più precisa conoscenza di quello che può essere un trucco e dei suoi limiti, così da potere opporsi decisamente alle ipotesi di trucco miracoloso, così comode per i negatori e così negative per una ricerca valida.

spiritismo e medianità
a cura di Ugo Dèttore

L'onnipotente magia dei trucchi

I trucchi dei medium sono tornati clamorosamente alla ribalta in seguito a una serie di trasmissioni televisive nelle quali, con grossolana faciloneria, è stato attribuito a essi tutto l'insieme dei fenomeni paranormali, vecchi e nuovi. Perché è sempre avvenuto un fatto strano: i cosiddetti spiriti forti, gli scettici a oltranza, hanno sempre mostrato una singolare, direi superstiziosa credulonería per il trucco. Sono sempre pronti a negare il fatto paranormale, che potrebbe essere spiegato tuttavia in qualche modo, ma accettano senz'altro il trucco miracoloso, assolutamente inesplicabile, senza nemmeno fare un tentativo per conoscere in che cosa questo trucco possa consistere.

Eppure i trucchi non sono miracoli; i prestigiatori li conoscono, vi sono scuole che li insegnano, chiunque, con una certa indagine, può venire a sapere in che cosa consistono. Quando un illusionista sembra far compenetrare l'uno nell'altro una serie di anelli metallici dopo aver mostrato che sono indipendenti, sappiamo come procede: in realtà gli anelli non sono affatto indipendenti; ve ne sono due già inanellati, uno apribile e solo due singoli. Quando lo stesso illusionista trae colombi e conigli da una cassa che ha presentato prima come indiscutibilmente vuota, sappiamo tutti che gli animali sono chiusi in un contenitore applicato al fondo, che è girevole: girato il fondo, il contenitore passa all'esterno e la cassa appare vuota; girandolo ancora il contenitore passa all'interno e l'illusionista fa il suo giuoco. Quando infine l'illusionista simula una levitazione facendo alzare lentamente una ragazza supina, è noto che la ragazza è sdraiata su di un'asse sollevata da una sbarra di ferro piegata a S, il cui meccanismo è celato dalla tenda di sfondo: la piegatura della sbarra permette al prestigiatore di dare l'illusione di passare un cerchio attorno alla ragazza per dimostrare che non vi sono sostegni. E così via. Tutti questi trucchi richiedono che lo spettatore veda il fatto da un solo punto di vista, o non possa osservare gli oggetti usati uno per uno e da vicino, cosa che può avvenire solo in un teatro e nelle condizioni imposte dal prestigiatore. E tuttavia non sono molti gli studiosi che abbiano qualche nozione di illusionismo; quelli che l'hanno, in genere, credono nella genuinità dei fenomeni paranormali. Per i negatori il trucco è sacro, misterioso e onnipotente.

Se ne ha una prova nelle tante relazioni di commissioni di inchiesta su fenomeni medianici del secolo scorso, le quali concludevano regolarmente affermando che nessun trucco era stato scoperto, ma che *non si poteva escludere che fosse avvenuto*. Non c'è bisogno, del resto, di riferirci a fatti lontani: anche oggi si ammette che Uri Geller, a esempio, abbia potuto piegare, con un trucco, e senza toccarla, la chiave che il dottor Inardi teneva nelle sue mani e che era la chiave di casa sua.

Questo culto del trucco, culto che talora è fondato sulla malafede, ma spesso è in perfetta buonafede, ha avuto delle conseguenze. Oggi, a esempio, si tende a dare una scarsissima importanza alla casistica classica, e in particolare ai fenomeni più imponenti di essa, perché avrebbe potuto essere truccata. Abbiamo una relazione accuratissima del professor Richet sulle apparizioni del fantasma Bien Boa. La stanza delle sedute, l'unica stanza al primo piano di un padiglione, veniva esaminata prima delle sedute dallo stesso Richet e dall'ingegnere Delanne; il fantasma scompariva sprofondando lentamente nel suolo fino a lasciare un piccolo grumo bianco che si dissolveva; il luogo in cui era stato visto scomparire venne accuratamente esaminato dai due sperimentatori i quali esclusero la presenza di una qualsiasi botola, che, anche se ci fosse stata, sarebbe apparsa durante la manifestazione del fenomeno perché la stanza era illuminata in modo che si poteva scorgere chiaramente l'ora di un orologio da tasca. E

Tony Binarelli, famosissimo prestigiatore contemporaneo.

La prima pagina dell'articolo di Dèttore

Le gentili concessioni della RAI

di Massimo Inardi

Giugno 1978[1]

Al momento in cui scriviamo abbiamo ancora negli occhi e negli orecchi l'eco della trasmissione che la nostra TV ha organizzato come seguito o appendice[2] alla serie di servizi condotta nell'aprile scorso da Piero Angela, con dovizia di mezzi e larghezza di appoggi, sia materiali che probabilmente politici. Tale eco è viva e vivida ma – dobbiamo proprio riconoscerlo, e non ne possiamo fare a meno – anche estremamente triste e sconfortante.

Per cinque settimane, per complessive cinque ore di trasmissione, in cinque serate di sabato (quindi con amplissimo indice di ascolto), e soprattutto con mesi e anni di preparazione minuziosa e accurata, si sono sentite e viste in TV parole e immagini di spietata e assolutamente poco serena critica a uomini, esperimenti e istituzioni di tutto il mondo, e per tutta risposta alle proteste giuste e giustificate dei cultori di parapsicologia italiani, la TV ha concesso – magnanimamente e per una sola volta – che tre parapsicologi di casa nostra potessero rispondere alle ripetute, spietate e reiterate accuse e ai sospetti mossi alla disciplina di cui sono cultori appassionati, per un tempo totale che di poco ha superato i venti minuti, dicansi venti minuti! Complessivamente!

È questa una sproporzione e una differenziazione che non può non balzare evidentemente agli occhi anche del più sprovveduto degli spettatori, e dobbiamo – noi parapsicologi seri e onesti – anche ritenerci paghi e contenti di tale concessione, altrimenti neppure questo tanto gentile dono ci sarebbe stato elargito, solo che ci fossimo azzardati a rifiutarlo per magari chiedere uno spazio e una trasmissione un po' più consistenti e più degne, oltre che meno sfavorevoli, per lo meno circa le condizioni psicologiche in cui le cose si sono svolte!

Questo è un momento estremamente difficile per la parapsicologia italiana e per le sue ricerche ancora allo stadio iniziale: è un momento in cui – secondo certe persone e certi personaggi animati da puro spirito critico e per nulla costruttivo e sereno – certi «nodi» dovrebbero venire al pettine, in quanto, secondo i sullodati signori, la parapsicologia avrebbe avuto da troppo tempo troppo spazio nella stampa, alla radio e alla televisione, cosa

---

[1] *Gli Arcani*, n. 9, settembre 1978, pp. 13-15; articolo nell'ambito della sua rubrica fissa: *parapsicologia come scienza*.
[2] Si riferisce allo speciale *Cosa c'è di vero nei fenomeni paranormali?* moderato da Maurizio Costanzo e andato in onda il 31 maggio 1978 (cfr. vol. VII, p. 390 e sgg.).

che a noi non risulta affatto³, per cui – sempre secondo i già nominati personaggi – sarebbe ora di finirla una buona volta con le mistificazioni e con gli imbrogli e sarebbe ora che il pubblico sapesse che per oltre un secolo un gruppo di protervi individui non avrebbe fatto altro che divertirsi a infondere idee sbagliate, a proporre ricerche senza fondamento e a confondere i cervelli del pubblico per meri fini di notorietà e speculazione! Come se ora Piero Angela non avesse già fatto uscire il suo bravo libro di distruzione e di demolizione, che si appresta a divenire l'ennesimo «best-seller» nella sprovveduta editoria italiana! Il nuovo «libro verde» (non di Mao) delle massime antiparapsicologiche!⁴

Ci fa molto male scrivere quanto stiamo scrivendo ma è necessario e per noi inderogabile che lo facciamo, se non altro per amore di verità e di obbiettività e perché il pubblico sappia che non tutto ciò – o molto poco davvero – che è stato detto e scritto è vero, e che non è affatto vero che il paranormale non esiste o sia una pura invenzione. Ciò che non è ancora arrivato al livello dell'accettazione del mondo scientifico (o solo di una parte di esso, la più chiusa e refrattaria a nuove aperture mentali, per paura o resistenza inconsce) è una certa metodologia di ricerca o una certa impostazione mentale di tipo scientifico, e questo – se per altre scienze è un peccato veniale, per cui è lecito anche benevolmente attendere – per la parapsicologia è una pesante accusa che dovrebbe essere cancellata al più presto, se non immediatamente, pena l'ostracismo più crudele e spietato, se non l'ironia più distruttiva e demolitrice.

E non valgono davvero, al proposito, le giustificazioni che alle ricerche sul paranormale non vengono forniti mezzi, apparati o laboratori, che ad altre ricerche, anche meno importanti e vitali, nonché pregnanti, sono concessi in via naturale e con doverosa dovizia; noi dobbiamo lavorare, pubblicare e produrre anche se mancano mezzi materiali, mezzi di diffusione di stampa opportuni e mezzi di informazione e di divulgazione scientifica. Dobbiamo produrre a ogni costo e subito e fare subito qualche cosa, altrimenti siamo fatti segno al discredito, al disprezzo e all'ironia degli scienziati e non scienziati, i quali ci criticano serratamente costituendo Comitati e Commissioni, anche se nulla sanno circa la natura, l'essenza e soprattutto circa le peculiari e specialissime caratteristiche del paranormale!

L'uomo vive in un suo mondo dalle insondate (ancora) dimensioni, che si rivelano sempre più ricche e profonde, ma una ricerca su queste non deve essere fatta, come tutte le altre, con calma, ponderazione e prudenza, per

---

³ Inardi intende articoli e trasmissioni con impostazione soprattutto scientifica e razionale, scritti o presenziate da esperti come lui, sicuramente non molti. Però è indubbio che in quegli anni ci fosse stato un boom dell'argomento – al quale proprio Inardi aveva dato l'imput maggiore – al di là poi della qualità effettiva dei contributi.
⁴ Divenne infatti la "bibbia" dei correligionari italiani di Angela.

tentativi e insuccessi, e soprattutto non con metodologia mutuata dalle scienze fisiche e chimiche.

Essa, per i tipi come Angela e compagnia, deve essere fatta subito e con i mezzi della scienza ufficiale, anche se essi non sono affatto idonei a studiare ciò che la parapsicologia deve e vuole studiare! Si debbono dare subito delle prove e delle dimostrazioni, altrimenti è tutta mistificazione e tutto trucco o allucinazione[5], e studiosi seri e responsabili vengono accomunati inesorabilmente e spietatamente a soggetti e produttori di fenomeni paranormali, senza preoccuparsi di separare opportunamente il grano dal loglio, senza cioè fare alcuna distinzione fra l'essere studioso e osservatore serio, l'essere soggetto dotato e genuino di poteri o possibilità paranormali, e l'essere infine un «mercante dell'occulto» o un imbroglione. Sarebbe come mettere indiscriminatamente sullo stesso piano, per semplice analogia, psichiatri, pazzi e persone ritenute tali e finti pazzi! Pazzesco davvero! «Cose da pazzi», come direbbero a Napoli!

Oggi la figura del parapsicologo, dello studioso serioo eroe, e dell'indagatore della fenomenologia paranormale viene sempre più confusa con quella dell'oggetto della sua ricerca, cioè dei sensitivi e dei medium, in un colossale equivoco (creato anche dalla disinformazione propugnata o promossa anche senza volerlo da certa stampa) che raggiunge talora livelli assurdi e davvero preoccupanti e tali da ingenerare delle tremende confusioni, che – lungi dall'andare a vantaggio degli studiosi e dei soggetti dotati naturalmente e genuinamente – si risolve in uno scadimento del livello di qualificazione e di credibilità degli studiosi e dei soggetti stessi. Oggi, parapsicologo – con buona pace di certa stampa, di certa informazione televisiva e di certi mestatori del «marais» cartaceo e informativo divenuto sinonimo di truffatore, di imbroglione e di mistificatore, e noi che apparteniamo, con fierezza e umiltà insieme (perché paghiamo di tasca nostra e di persona) a questa sparuta ma selezionata schiera, non possiamo che stigmatizzare e condannare questa perdurante confusione, che non è certo stata voluta, né assolutamente creata, da noi, e della quale non possiamo che subire, nostro malgrado, le spiacevoli e quotidiane conseguenze e ripercussioni. *Et de hoc, tandem, satis!!!*

---

[5] Questa presuntuosa *forma mentis* è assai diffusa, l'ho spesso riscontrata, come un leit-motiv e in forma diretta, dagli scettici-negazionisti da bar che imperversano per esempio in rete, che vorrebbero spiegazioni e dimostrazioni seduta stante, in mancanza delle quali *non può che essere tutto falso, tutto una truffa e tutti truffatori*. È questo il paradosso di chi vorrebbe nascondersi dietro la maschera della razionalità e della scienza, ma che dimostra invece, *nella pratica*, l'esatto contrario di un autentico metodo e approccio scientifico. Da cui ne consegue che il peggiore irrazionale da cui occorre difendersi sia proprio questo.

Un'ottima antologia delle critiche:
La serie TV e il libro di Piero Angela

di Gian Marco Rinaldi

Giugno 1978[1]

(…) Il doppio attacco di Angela, preparato in gran segreto, ha colto di sorpresa i parapsicologi italiani, e, bisogna dire, sul primo momento li ha trovati talvolta impreparati. In Italia i cultori di parapsicologia erano abituati alla comoda situazione di non avere alcuna opposizione da parte di critici competenti[2]. Messi di fronte a questa offensiva, ben costruita e abilmente manovrata, hanno avuto una reazione piuttosto nervosa ed emotiva. (…)
Noi non pensiamo che ci si debba agitare; al contrario, riteniamo che questi attacchi possano essere salutari per la parapsicologia italiana. Se diamo uno sguardo in giro per il mondo, troviamo che dove la critica è più combattiva, proprio là la ricerca parapsicologica è più avanzata. Quindi la parapsicologia è in grado di reggere molto bene agli attacchi dei critici, ed è anche probabile che il pungolo della critica possa servire da stimolo ai parapsicologi per migliorare il livello della loro ricerca. In ogni caso, in quei Paesi – come appunto gli Stati Uniti e l'Inghilterra, dove Angela ha raccolto la maggior parte delle interviste – i parapsicologi hanno imparato da molti anni a convivere e dialogare con i critici, e non hanno mai reagito in modo scomposto, nemmeno quando le critiche sono state molto più arroganti di quanto sia apparso nei resoconti di Angela. (…)
Un attimo di animosità può essere comprensibile, se si considera che in questo campo le critiche, per forza di cose, finiscono sempre per essere, esplicitamente o implicitamente, delle accuse molto pesanti contro i parapsicologi: accuse di incompetenza, o, peggio, di frode. (…)
In ogni caso, quello che ci deve interessare è il contenuto del libro, [che] lungi dal dover suscitare delle reazioni allarmate, è estremamente

---

[1] *Luce e Ombra*, n. 2, 1978, pp. 97-163 (prima parte). Riporto qui solo una selezione dei commenti di Rinaldi («laureato in fisica, ricercatore e poi insegnante di matematica negli istituti secondari superiori» come qualificato in una conferenza del 2015) sia perché si tratta di un contributo molto lungo, sia perché non occorre entrare nello specifico di ogni caso analizzato o di tutte le sue valutazioni (non sempre condivisibili) e citazioni, che il lettore potrà trovare nell'originale. Rinaldi aveva poi proseguito la critica nel numero successivo del periodico, di cui riproduco qualche stralcio di seguito. Il "caso Rol" non viene mai menzionato.
[2] Discordo sul fatto che Angela potesse essere annoverato tra i «competenti». Sicuramente si era preparato molto meglio di altri critici superficiali.

tranquillizzante per un parapsicologo. È piacevole trovarsi in mano un panorama aggiornatissimo delle critiche (...) e constatare che i critici dispongono ancora e soltanto delle stessi armi che già da molto tempo si sono rivelate del tutto inefficaci. Cambiano i personaggi, cambiano gli accusatori e gli accusati, ma i metodi rimangono sempre gli stessi.

Ricordiamo quella che è sempre stata la ricetta degli oppositori: primo, ignorano e non prendono in considerazione l'insieme, cioè la grande massa dei dati, e si concentrano solo su pochissimi casi scelti da loro; secondo, cercano per questi casi una «spiegazione» normale, non importa se la più strampalata e funambolica; terzo, in mancanza di questa spiegazione, accusano di frode il soggetto o lo sperimentatore o entrambi.

Così, anche in questo libro gli argomenti presentati sarebbero sufficienti da soli, per il lettore meno sprovveduto, a far capire quanto le armi dei critici siano spuntate. Si dà un enorme spazio a Uri Geller, perché si sa che Geller è capace di usare dei trucchi, ma si trascura il fatto che i soggetti studiati in parapsicologia sono stati innumerevoli, e non possono essere tutti considerati dei diabolici prestigiatori. Si bersagliano di continuo quei due malcapitati di Targ e Puthoff, che in parapsicologia sono gli ultimi arrivati, e che sulla parapsicologia hanno delle idee così strane che molti parapsicologi stentano a considerarli dei colleghi, e si lascia credere che i destini della parapsicologia dipendano da loro due. Si citano le critiche a Targ e Puthoff di Rao e Rhine, per l'occasione Rao e Rhine vengono definiti «seri e reputati parapsicologi», ma ci si guarda bene dall'illustrare gli esperimenti di questi due così seri e reputati parapsicologi. (...) Si fa credere nell'onnipotenza delle abilità dei prestigiatori, ma non si citano quei fenomeni che nessun prestigiatore ha mai simulato. (...)

Non c'è dubbio che, finché le critiche sono queste, non possiamo che essere grati a chi ce le colleziona e ce le mette in mostra in bell'ordine. Per far comprendere la validità della parapsicologia, la lettura di un libro contrario come questo è assai più efficace della lettura di molti libri favorevoli: perché dimostra che i critici, pur con tutto il loro ingegno, non riescono a portare accuse sostanziali e decisive[3].

(...)

Naturalmente, non è colpa loro se i critici non riescono a essere più efficaci, e comunque essi meritano il rispetto e l'attenta considerazione dei parapsicologi. C'è però un'altra categoria di avversari, che non meritano il rispetto, né dei parapsicologi né di chiunque altro. Si tratta di quelle persone che attaccano la parapsicologia e insultano i parapsicologi, senza conoscere né l'una né gli altri.

---

[3] Per quanto mi riguarda, la lettura del libro di Angela fu la molla che mi spinse a voler dimostrare che fosse in errore e che il suo approccio aveva ben poco di scientifico. Da questo punto di vista quindi posso certamente concordare che la sua lettura sia stata «assai più efficace della lettura di molti libri favorevoli».

Troviamo un esempio su *L'Espresso* del 30 aprile (p. 81). Il prof. Tecce scrive:

> I presunti fenomeni paranormali cadono sotto i colpi implacabili delle trasmissioni televisive di Piero Angela. E le schiere in fuga dei loro cultori, inseguite dagli scienziati resi audaci da una ritrovata motivazione professionale ed esistenziale, cercano di ricomporre le fila o tentano qualche fortunata sortita. Invano: anche i periodi di felice imbecillità hanno una loro fine e il destino che si meritano.

Chi scrive così, deve per forza trovarsi nella più completa ignoranza in fatto di parapsicologia. Se no, saprebbe che in queste trasmissioni, Angela, di suo, non ha messo niente[4]; ha solo riferito delle critiche che sono già ben note ai parapsicologi: tanto note in realtà, che spesso proprio sulle riviste di parapsicologia queste critiche furono pubblicate dai loro autori. Se i critici più autorevoli, come gli Hansel o gli Scott, non sono riusciti a far morire la parapsicologia pubblicando pagine e pagine sulle riviste parapsicologiche, non ci riusciranno certo dicendo due parole alla televisione al sabato sera; specialmente se la televisione è quella italiana, di un Paese cioè che si trova all'estrema periferia della ricerca scientifica in questo campo.
(...)[5]
Abbiamo citato questi casi, che non sono fra quelli considerati da Angela, per ricordare che, anche per i fenomeni di questo tipo, che sono forse i più rari e i meno studiati di cui si occupi la parapsicologia, l'evidenza non si basa su uno o su pochissimi casi, ma su una molteplicità di casi, di soggetti, di sperimentatori.
Una delle più importanti prove (anche se indiretta) a favore della genuinità di simili fenomeni, è venuta da James Randi e da altri prestigiatori, di cui riconosciamo l'importante contributo a questi studi.

---

[4] Suona quasi come una attenuante. Io invece direi che di suo ha messo abbastanza, dall'impostazione generale ai casi scelti (quelli e non altri). Poi certo, altri prima di lui – ma senza il mezzo televisivo e in platee ristrette, soprattutto in Italia – avevano già criticato gli stessi casi e in questo senso non ha detto quasi nulla che già non fosse stato detto.
[5] Rinaldi fa poi seguire una controcritica a quanto Angela ha detto e scritto su alcuni personaggi come Uri Geller e suoi emuli, Nina Kulagina, Felicia Parise e altri. Menziona quindi altri casi, ma si tratta di una casistica, autentica o meno che sia, che dal mio punto di vista non riveste quasi nessun interesse (con l'eccezione di Sathya Sai Baba) e io farei che escluderla tutta in blocco – salvo citare qualche caso molto particolare – in una analisi comparata della fenomenologia paranormale nella storia delle religioni e della *ricerca psichica*, dove il solo XIX secolo fornirebbe già materiale più che sufficiente.

Infatti Randi, come altri, pur mettendo tutto il suo ingegno nel cercare di produrre fenomeni il più possibile simili a quelli paranormali, non è riuscito a simularne che una piccola parte; e anche quando c'è riuscito, non l'ha mai fatto sotto il controllo di parapsicologi esperti, degli stessi cioè che attestano la validità dei fenomeni paranormali.
(...)[6]
In generale, quello dei trucchi da prestigiatore è più un mito che un problema reale per la parapsicologia. Il prestigiatore è molto bravo a fare i suoi trucchi finché è lui a scegliere le condizioni in cui operare; ma, appena è sottoposto a un ragionevole controllo, diventa inerme (e i controlli imposti in un buon esperimento di parapsicologia sono *molto* rigorosi). Poi bisogna considerare che per diventare ottimi prestigiatori occorre una buona dose di talento, di studio e di allenamento. Non si capisce come possano certe persone acquisire di colpo l'abilità di un prestigiatore professionista – tanto più se si tratta di ragazzi o bambini.
Ancora meno si capisce perché queste persone, se davvero fossero prestigiatori così bravi, anziché fare appunto il mestiere di prestigiatore facciano altri mestieri più faticosi e meno remunerati, o si trovino disoccupati; o perché si sottopongano a un tale stress da rischiare la salute fisica; o perché durante gli esperimenti facciano andare il cuore a 240 pulsazioni al minuto, come è stato misurato per la Kulagina: o perché infine si espongano in privato alla diffidenza e al sospetto dei conoscenti, e si espongano in pubblico alle accuse di Angela.
Per di più, e soprattutto, ci sono molti fenomeni che i prestigiatori non riescono a simulare in alcun modo. Dobbiamo essere grati a quelli come Randi, che si sono sforzati di simulare i fenomeni paranormali, ma non hanno potuto sorpassare certi limiti, molto ben circoscritti: hanno dimostrato che il «mondo del paranormale» è molto più vasto del mondo dell'imbroglio.
(...)
Angela dice che casi di frode sono avvenuti in tutte le scienze, e mostra compiaciuto il teschio di Piltdown. È vero, come è vero che un caso isolato di frode non toglie valore a una intera scienza: il teschio di Piltdown non ha ucciso la paleontologia. Ma c'è una differenza importante a questo riguardo fra la parapsicologia e le altre scienze. In nessun'altra scienza si sarebbe usata tanta severità verso il colpevole, troncando da un giorno all'altro e per sempre la sua attività scientifica; in nessun'altra scienza i colleghi del colpevole avrebbero dato tanta immediata pubblicità a un caso, che in fondo era stato da loro scoperto all'interno del laboratorio e riguardava dati non ancora pubblicati. Cioè, in nessun'altra scienza l'onestà del ricercatore è ritenuta così importante.

---

[6] Rinaldi parla poi di Ted Serios, W. J. Levy, Targ e Puthoff, gli esperimenti al Maimonides, la fotografia Kirlian, M. Lamar Keene.

Angela non è uno scienziato, quindi non corre il rischio di dover cambiare mestiere se altera una volta sola la verità.
(...)
Angela ha fatto credere che *tutti* gli esperimenti con animali siano stati riconosciuti fraudolenti, a causa della frode di Levv, come se Levy avesse preso parte a tutti gli esperimenti.
(...)
...la malizia di Angela è particolarmente sottile e raffinata, e rivela la mano di un esperto.
(...)
...ha alterato la citazione leggermente, ma in modo tale da stravolgerne il significato.
(...)
È una tattica usuale dei critici, quella di gonfiare l'importanza dei pochi esperimenti che cercano di criticare.
(...)
...quando viene pubblicata una ricerca di indubbia validità, l'unica arma dei critici è il silenzio.
(...)
...come è sua regola, Randi vuol criticare sempre e a qualunque costo, anche a costo di fare delle critiche di qualità assai scadente.
(...)
In generale, Angela si sbaglia se crede che i parapsicologi siano degli incompetenti desiderosi solo di farsi imbrogliare. In realtà, non c'è al mondo un'altra categoria di persone più circospette e prudenti dei parapsicologi. Tutte le critiche che Angela ha raccolto con tanta cura, e non solo quelle, i parapsicologi se le erano già formulate e poste da soli e per primi. Se c'è un rischio, è che i parapsicologi *non accettino* come genuini dei fenomeni che in realtà sono genuini[7]: il rischio contrario è trascurabile.
(...)
Angela non ci venga a ripetere il solito ritornello, che questo «anche Randi riesce a farlo», perché *non è vero*. Randi sa benissimo che non è vero. Angela crede che sia vero? Allora, se in questa vicenda c'è un credulone, è proprio lui.
Quanto poi al fatto che, durante le sue esibizioni pubbliche, Geller usi dei trucchi, questo l'hanno sempre saputo tutti. Nessuno ha mai messo in dubbio (né Geller ne fa mistero) che egli ricorra a quegli espedienti (usuali e per niente eccezionali) di cui si servono di regola i prestigiatori. (...)
Quando si tratta di capire qualcosa, c''è sempre chi arriva a capirla per ultimo. Prima o poi Angela arriverà a capire – anche se sarà l'ultimo – che

---

[7] Ciò che infatti in parte è capitato nel "caso Rol" con i dubbi di Piero Cassoli (si veda il vol. X, p. 233) o anche di Emilio Servadio (vol. IX, p. 162, sebbene quest'ultimo non avesse nemmeno conosciuto Rol).

i parapsicologi non sono quegli allocchi che qualcuno gli ha voluto far credere.
(…)
Il metodo di Angela, semplice come sono spesso le cose geniali, consiste in questo: immaginiamo che si voglia indagare per sapere se le matite scrivono; si prendono due matite spuntate, si fa vedere che non scrivono, e si conclude che nessuna matita scrive o ha mai scritto.
(…)
Angela presenta le accuse ma non dà diritto di replica ai parapsicologi, secondo il suo personale concetto di obiettività.
Angela ritiene (p. 88) di dare «forse per la prima volta» la parola a questi critici. In realtà, i primi a dar loro la parola sono stati proprio i parapsicologi: si vede dalla bibliografia quanta ospitalità hanno avuto le loro accuse sulle più autorevoli riviste parapsicologiche.
A differenza di Angela, i parapsicologi non si nascondono o non nascondono agli altri ciò che può apparire ostile o dannoso per loro. Non è solo una questione di onestà. I parapsicologi sanno di essere dalla parte della verità (ne hanno la prova quotidianamente nel loro lavoro) e sanno che gli attacchi dei critici non potranno cambiare la verità; quindi, onestà a parte, non hanno bisogno di usare la censura. Invece Angela sa benissimo che senza la continua e pesante censura da lui esercitata, gli sarebbe stato impossibile sostenere la sua tesi[8].

Una gentilezza fuori luogo

Parlando della possibilità di frode da parte dello sperimentatore, Angela dice: «Personalmente debbo dire che i parapsicologi che ho incontrato e che appaiono in questo programma sono indubbiamente di grande onestà e degni di ogni fiducia. È però anche vero che oggi essi ottengono risultati molto bassi rispetto al passato» (3a punt.).
Questa frase dobbiamo considerarla in due tempi. Vediamo intanto la prima parte.
Fate attenzione a quelle parole: *sono di grande onestà e degni di ogni fiducia*. Diamo atto volentieri ad Angela della sua cortesia. Solo vogliamo far notare che la sua frase, pronunciata da una persona che si proclama scettica sull'esistenza del paranormale, contiene una contraddizione insanabile.
Infatti i casi sono due, e non ce n'è un terzo. O questa frase è vera, cioè i parapsicologi intervistati sono onesti e degni di fiducia, e allora il paranormale esiste e tutto il resto che Angela ci ha voluto far credere è falso. Oppure al contrario, come ritiene Angela, il paranormale non esiste, e allora la frase in esame è assolutamente falsa. Giacché questi

---

[8] Ciò che è l'identico *modus operandi* dei "soci" e continuatori di Angela, per il "caso Rol" soprattutto Massimo Polidoro e Mariano Tomatis.

parapsicologi hanno testimoniato tali e tanti fenomeni paranormali, che c'è un solo modo per negare la validità dei loro risultati: bisogna accusarli tutti di frode.

Se si vuole attaccare la parapsicologia, se si vuol far credere che il paranormale non esiste, bisogna, per coerenza, dire anche che tutti i parapsicologi devono essere considerati dei maniaci dell'imbroglio, degli artisti della menzogna; delle persone che hanno dedicato anni e anni o la vita intera a prendere in giro il prossimo; che hanno lottato, hanno dovuto affrontare le ostilità dei tanti avversari; hanno dovuto superare resistenze di ogni sorta, hanno rinunciato a carriere ben più vantaggiose, e devono tuttora chiedere elemosine per poter lavorare: tutto pur di poter soddisfare la loro patologica vocazione alla menzogna[9].

(...)

Veniamo alla seconda parte della frase citata, secondo cui oggi i risultati sarebbero «molto bassi rispetto al passato». Questo concetto è stato generalizzato e ripetuto diverse volte nella terza puntata. È stato detto che i risultati straordinari ci sono stati solo in passato. Hyman e Hansel (p. 81-82) hanno affermato che i risultati c'erano una volta, quando mancavano i controlli, ma che migliorando i controlli i risultati sono spariti. Insomma, Angela vuol far credere che le prove a favore della parapsicologia siano ancora quelle di molti anni fa.

Questo non è vero. Le prove continuano a emergere tutti i giorni. Non è questione di opinioni o interpretazioni: è un fatto, un puro e semplice fatto, che negli anni recenti sono stati pubblicati nella letteratura esperimenti indiscutibilmente significativi. Se vuole, Angela può dire che questi sono tutti imbrogli, ma non può negare che i dati sono lì, nero su bianco.

Possiamo fare un confronto fra le prove a favore ottenute negli anni trenta – il periodo «eroico» della parapsicologia sperimentale – e quelle ottenute negli anni settanta. Di prove ce ne sono in abbondanza in entrambi i periodi, ma, dovendo scegliere, è indubbio che vanno considerate migliori le prove degli anni settanta. E questo non perché in passato mancassero i controlli: ma perché ora sono molto più numerosi gli sperimentatori, rendendo più improbabile l'ipotesi di frode, e perché sono molto più numerosi e vari i tipi di esperimenti, rendendo più improbabile l'ipotesi di difetti procedurali o errori di metodo.

Angela vuol farci credere che la parapsicologia viva nella nostalgia del passato. Tutt'al contrario, la parapsicologia non è mai stata così vitale come adesso. Il numero dei ricercatori e dei centri di ricerca cresce di continuo; nascono nuove riviste specializzate; aumenta il numero di libri (seri) pubblicati ogni anno; si sperimentano nuove metodologie e nuovi

---

[9] «Patologica vocazione alla menzogna» che invece – proiezione psicologica? – troviamo in molti scettici, spesso associati ad illusionisti, che degli inganni sono i professionisti (dimmi con chi vai, ecc.).

indirizzi di ricerca; cresce il prestigio presso gli scienziati di altre discipline, che in numero rapidamente crescente, come dimostrano i sondaggi periodicamente condotti, diventano favorevoli alla parapsicologia.
La parapsicologia sta bene. A star male sono gli altri, quelli dei vari «comitati» sorti in questi ultimi tempi nell'estremo, vano e ridicolo tentativo di fermare il progresso della scienza[10].
(…)
Se Angela avesse diretto i suoi attacchi contro le tante assurdità che allignano ai margini della parapsicologia, avrebbe avuto un compito molto più facile, e avrebbe avuto maggior presa sul grande pubblico; ci avrebbe anche fatto un piacere, perché quelle assurdità, se lasciate prosperare, possono diventare il peggior nemico della nostra scienza. Invece ha mirato molto più in alto, alla parapsicologia «vera». In questo ha dimostrato di avere le idee molto chiare. E, quanto a chiarezza di idee, non esitiamo a dire che stimiamo molto di più chi è scettico ma sa distinguere la parapsicologia vera da quella finta, rispetto a chi ci crede ma crede a tutto.
(…)
I nove parapsicologi che abbiamo visto in televisione, hanno avuto a disposizione, complessivamente, circa un quarto d'ora di tempo nelle cinque puntate, in particolare nella seconda, terza e quinta. Questo tempo è stato poco, e, dobbiamo aggiungere, *per fortuna* è stato poco, perché Angela ha manovrato in modo che i parapsicologi facessero tutto fuorché bella figura; qualche volta sembrava addirittura che fossero gli stessi parapsicologi a parlare *contro* la parapsicologia. Vediamo qualche esempio.
Nella seconda puntata (p. 21) un fisico ha presentato una teoria molto strana, secondo cui per la meccanica quantistica se due oggetti sono stati in contatto possono continuare a influenzarsi anche dopo la loro separazione[11]. Ciò, dopo che Angela aveva già scartato una serie di

---

[10] Infatti, se la parapsicologia (o in generale, il «paranormale») non avesse raggiunto una certa soglia "minacciosa" per coloro che la pensano come Angela, ovvero non presentasse molti casi indubbiamente interessanti e che sono venuti a conoscenza di un pubblico assai maggiore negli anni '70 rispetto agli anni '30 (casi non solo contemporanei, ma soprattutto passati, del XIX secolo o inizio XX; questo è un aspetto che Rinaldi non considera, e che secondo me è ancor più rilevante), Angela probabilmente non avrebbe dedicato una trasmissione in 5 puntate, articoli e un libro, ma si sarebbe occupato di altro.
[11] Curioso – a posteriori – come il fisico e matematico Rinaldi giudichi «strana» questa teoria e lo stesso Angela, che nel suo libro trascrive il dialogo avuto con il fisico Jack Sarfatti (nella puntata inizia al min. 14 e 10'') poi commenti: «Questa ipotesi, naturalmente, è molto contestata sul piano teorico» (p. 21). Così "contestata" che poi è stata dimostrata vera dal fisico francese Alain Aspect pochi anni dopo, nel 1981-1982 (cfr. per es. l'articolo sul primo esperimento: Aspect, A., Grangier, P. e Roger, G., *Experimental Tests of Realistic Local Theories via*

possibili «modelli» per la telepatia, sembrava essere l'ultima possibilità teorica per l'esistenza della telepatia stessa. Subito dopo (p. 22), Schmidt ci diceva, come è ovvio, che due persone che sono state in contatto non manifestano telepatia meglio di altri[12]. Questo poteva venire inteso, dal pubblico non informato, come una negazione della possibilità teorica della esistenza della telepatia.

In questo punto della seconda puntata, Angela fa leva sul fatto che manca un modello teorico per la telepatia, e fa credere allo spettatore che ciò ne renda impossibile l'esistenza. Angela si è occupato abbastanza di scienza, per dover sapere che di regola si accerta *prima* l'esistenza di un fenomeno di tipo nuovo (quando è veramente nuovo), *poi* se ne cerca una teoria. E non è detto che questa teoria la si debba trovare subito. Per esempio, l'esistenza dei fenomeni magnetici è stata nota per molto tempo, prima che qualcuno ne facesse una teoria. E l'esistenza della nostra mente è nota da sempre, ma quella scienza di cui Angela si fida tanto non ne ha fatto una teoria, né sembra sul punto di farla. Se quindi un fenomeno nuovo non si inquadra negli schemi scientifici esistenti, bisogna riconoscere i limiti di quegli schemi e cercare di allargarli, e non, come fa Angela, negare a priori l'esistenza del fenomeno. Ma questo Angela lo sa benissimo; semplicemente, approfitta della situazione per confondere le idee allo spettatore. Arriva a dire: «questa difficoltà teorica è tale da mettere in crisi fra gli stessi parapsicologi l'esistenza della telepatia».

Seguono due interviste a Rao e Schmidt (p. 26-27), che parlano della possibilità di interpretare i fenomeni telepatici come una forma di chiaroveggenza. Così qualche spettatore può credere che si neghi *l'esistenza dei fatti* comunemente indicati come telepatici, mentre invece si tratta solo di una questione di interpretazione: naturalmente i parapsicologi, parlando, tengono per scontata l'esistenza dei fatti.

Bell's Theorem, Physical Review Letters, vol. 47, agosto 1981, pp. 460-463) e in seguito da altri, tra cui Anton Zellinger e John Clauser, che per le ricerche ed esperimenti sulla *correlazione quantistica*, o *entanglement*, nel 2022 ricevettero il Nobel per la fisica. *Naturalmente*, Angela aveva capito tutto...

[12] La cosa però non è per niente «ovvia», e proprio il fenomeno dell'*entanglement* suggerisce prudenza. Potrebbe in effetti esistere un analogo dell'*entanglement* sul piano neuro-psichico. Ciò che infatti ha fatto moltiplicare le speculazioni "quantistiche" – e pseudo esperti (in salsa *new age* o meno) che sorgono come funghi – per spiegare il paranormale, il fenomeno essendo piuttosto semplice da visualizzare così come da associare, soprattutto alla telepatia. La mia critica, per essere chiari, è rivolta all'*abuso* dei luoghi comuni e al fatto di voler spiegare *tutto* il paranormale con la sola MQ, il che secondo me è ben lontano dal plausibile. Al massimo, la MQ può suggerire spiegazioni e interpretazioni per *alcuni* fenomeni, o come *parte* di una spiegazione molto più vasta dove essa costituisce solo una tessera del mosaico. Al riguardo, mi propongo di dare qualche indicazione in uno studio futuro.

Subito dopo (p. 27-28), ci sono tre brevi frammenti di intervista, uno di seguito all'altro, di Targ, Rhine e Rao. Targ dice che i fenomeni paranormali potrebbero essere spiegati nell'ambito della fisica; Rhine lo nega; Rao assume una posizione intermedia. Angela lascia credere che si tratti di una «contraddizione di risultati». Nel libro queste interviste sono inserite in un paragrafo dal titolo «Poche idee ma confuse». Angela si sbaglia se crede che sia migliore la sua idea, di sbarazzarsi di tutti i problemi negando l'esistenza dei fatti. In ogni caso, la sua «levatura» come scienziato non è tale da permettergli di fare della facile ironia verso persone che hanno studiato e pensato più di lui.

A p. 35 (solo nel libro), un «esperto» americano dice che «i ricercatori sovietici non hanno trovato niente che non si sappia già (cioè ben poco)». Quel *ben poco* lo dice Angela, che dimentica di specificare che l'«esperto», cioè R. A. McConnell, è un parapsicologo; ma nonostante la parentesi, sembra che sia McConnell a dirlo.

Più avanti (p. 37), Rhine nomina, tanto per fare un esempio, i lavori di Lodge (1884) sulla telepatia. Segue una dissertazione di Angela e Morrison, intesa a farci credere che Lodge era un ingenuo e le sue osservazioni sono prive di valore. Lo spettatore crede, vista l'importanza che si attribuisce a Lodge, che l'evidenza a favore della parapsicologia si basi sui lavori di Lodge. Invece di criticare Lodge o Crookes o Richet, che sono morti, Angela dovrebbe criticare qualcuno che è vivo e può difendersi: per esempio, potrebbe criticare i Rhine o i Rao o gli Schmidt da lui intervistati, i quali tutti hanno prodotto evidenza da vendere con i loro lavori.

Nello stesso pezzo di intervista (p. 38), Angela chiede a Rhine: «Quale tipo di prova forzerebbe gli scettici a credere a questi fenomeni?». La prima risposta che deve essere venuta in mente a Rhine, deve essere stata che lui stesso ha fornito tante prove in tutti questi anni, che per chi ancora non crede non c'è niente da fare. Ma quello che ha risposto è che occorre un cambiamento nella mentalità prevalente, il che può essere inteso come una risposta evasiva.

Per Rhine le cose sono andate ancor peggio nella terza puntata. Infatti ha dato l'impressione (p. 81) di confermare la tesi dei critici, secondo cui i risultati si ottenevano in passato e oggi non si ottengono più; questo non è vero, e non ci si può aspettare che Rhine non lo sappia. Ancor peggio, Rhine ha accusato in blocco i giovani parapsicologi, facendo intendere che non sanno lavorare. Ciò può essere vero in qualche caso, ma quella che abbiamo sentito era un'accusa generalizzata, che non è certo giustificata. Rhine ha trattato l'argomento nei suoi scritti, in maniera molto articolata e ragionata; per esempio, ha sottolineato la mancanza di «scuole» di parapsicologia, per cui difficilmente un giovane può avere una formazione, un *training* adeguato; ha anche fatto notare che spesso quelli che si accostano alla ricerca parapsicologica provengono da altre

discipline, e trasportano di peso nella parapsicologia i metodi e gli schemi mentali delle loro discipline d'origine. A leggerli nei suoi scritti, gli argomenti di Rhine appaiono intelligenti e persuasivi (come sempre); le parole dell'intervista, invece, ci hanno lasciati perplessi. Come abbia fatto Angela a ottenere una simile «trasformazione», non sappiamo[13]. Ma è probabile che abbia subdolamente approfittato di qualsiasi frase, magari infelice, che i parapsicologi possono essersi lasciata sfuggire.
Così, non ha perso l'occasione (p. 118) di sfruttare due valutazioni critiche di Rao e dello stesso Rhine nei riguardi del lavoro di Targ e Puthoff sulla «visione a distanza». Naturalmente, Rao e Rhine erano liberi di esprimere la loro opinione; ma è certo che sarebbero stati più prudenti se avessero saputo l'uso che Angela ne avrebbe fatto. Quello che abbiamo qui riferito è *tutto* ciò che abbiamo sentito da Rhine e Rao nella terza puntata, dedicata alla parapsicologia sperimentale. Possiamo ben chiederci se su questo argomento Rhine e Rao non hanno avuto qualcosa di più positivo da dire. Ma la selezione di Angela deve essere stata feroce, e alla fine del montaggio sono rimasti solo i brani che servivano al suo scopo.
Nel presentare le critiche di Rao e Rhine al lavoro di Targ e Puthoff sulla visione a distanza, Angela mente – e lo sa – quando dice (solo in TV, 3ª punt.): «E tra i parapsicologi che cosa si dice [dei lavori di T&P]? Se questi risultati fossero probanti; dovrebbe esserci naturalmente esultanza, perché sarebbe finalmente la prova che la chiaroveggenza esiste e funziona. Ecco invece il parere, su questi esperimenti, di due parapsicologi seri e reputati come Rhine e Rao».
Notate quel «*sarebbe finalmente la prova che la chiaroveggenza esiste*»: Angela non ci vorrà far credere di non sapere che nessun parapsicologo al mondo si aspettava «finalmente» la prova da quegli esperimenti. La prova della chiaroveggenza, a parere di tutti i parapsicologi, c'era già prima che Targ e Puthoff nascessero. Angela voleva ingannare il pubblico, facendo credere che i «seri e reputati» parapsicologi mettessero in dubbio l'esistenza della ESP; ma crediamo che nessuno, se non i più ingenui, si lasci ingannare da simili mezzucci[14].

---

[13] Angela l'illusionista, naturalmente, ha i suoi trucchi. Col montaggio si possono fare ottimi "giochi di prestigio". Ecco qui una buona ragione per cui ad esempio io preferisco di gran lunga scrivere e rimandare ai miei scritti, piuttosto che essere intervistato in video o audio. In passato l'ho fatto e più di una volta me ne sono pentito: in un paio di occasioni, non sono stato preciso, in un altro paio sono stato "tagliato" a discrezione dell'intervistatore, lasciando incomplete alcune mie affermazioni chiarificatrici.

[14] Il problema è che la maggior parte degli spettatori – e stiamo parlando di centinaia di migliaia di persone – non aveva le conoscenze specifiche e i mezzi per discriminare tra le sottigliezze di Angela, come poteva avere invece Rinaldi o Inardi o altri studiosi bene informati, quindi non era tanto o solo questione di ingenuità, quanto di mancanza di competenza e abitudine, su un piano oggettivo, con un determinato argomento.

Un altro parapsicologo tartassato durante la terza puntata è stato Schmidt. Prima, per un eccesso di prudenza, ha espresso dubbi sulla Kulagina (p. 126). Subito Angela ha mostrato una sequenza della Kulagina, e ha sottolineato: «Come diceva lo stesso Dr. Schmidt, anche i prestigiatori sanno fare queste cose». Poi si è sentito un pezzo di dialogo a proposito degli esperimenti di PK su bersagli già registrati (p. 130-31). A sentirne parlare così, e senza ulteriori chiarimenti, il pubblico può aver pensato che si trattasse di stravaganze.

Il capolavoro di Angela è stato l'ultimo pezzo di intervista a Schmidt, verso la fine della terza puntata (p. 113-34). Incalzandolo con le sue domande, è arrivato a far dire a Schmidt che è possibile, per il pubblico che assiste a una partita di calcio, influenzare la traiettoria della palla per PK. Intercalata a questa, abbiamo visto un'altra intervista, alquanto pittoresca, in cui un fanatico di calcio napoletano, soprannominato «Occhio Pesante», si è vantato di essere capace di salvare la porta della sua squadra, deviando appunto la palla con lo sguardo. L'intento di Angela era chiaramente quello di rendere ridicolo Schmidt, associandolo a un folkloristico esempio di superstizione napoletana. Notate che Angela sapeva già, al momento di intervistare Schmidt, di poter disporre dell'intervista a «Occhio Pesante»; e che è stato Angela, con le sue domande, a indurre Schmidt a pronunciarsi.

Gli interventi di Johnson sono stati saggi e prudenti; tanto prudenti in realtà, che, ascoltando solo questo da lui, qualcuno deve essersi chiesto perché mai Johnson si occupi di parapsicologia.

Infine, nella quinta puntata (p. 354) abbiamo sentito Louisa Rhine. Parlava dei casi spontanei, argomento che conosce bene. Ma Angela ci ha fatto ascoltare solo il pezzettino di intervista che faceva comodo a lui. La Rhine ci ha spiegato come non sia possibile riconoscere in anticipo il carattere ESP di un sogno o di una premonizione, e ha preparato così la strada alle critiche di Evans, che ha liquidato i casi spontanei come semplici coincidenze.

A metà di aprile, un settimanale pubblicava una intervista ad Angela, da cui sembrava che egli non fosse poi così ostile alla parapsicologia[15]. In seguito, Angela si è lamentato del fatto che in quell'intervista il suo pensiero sarebbe stato travisato[16]. Se questo è vero, ha ragione di lamentarsi; ma allora vuol dire che i suoi colleghi di quel settimanale hanno studiato alla sua scuola.

Due o tre commenti degli intervistati

Per esempio, il Dr. Edward F. Kelly, della Duke University, ci scrive:

---

[15] Si tratta dell'articolo di *Gente* del 22 aprile 1978, cfr. vol. VII, pp. 311-317.
[16] Nell'articolo scritto per *L'Espresso* del 30 aprile 1978, cfr. vol. VII, p. 345 e nota 56.

> (...) Immediatamente presi in grande simpatia Mr. Angela, che appariva molto aperto e amichevole. Non vidi indicazioni di sorta che egli avrebbe prodotto qualcosa di diverso da un documentario intelligente, completo e obiettivo. Era ben informato, e rivolgeva domande che erano molto più ragionate e interessanti di quelle che normalmente abbiamo dai giornalisti. Mi sembrò anche che avesse avuto un'impressione favorevole di quello che aveva imparato sull'argomento, e che avesse riconosciuto il carattere disinformato, altamente emotivo e aprioristico della maggior parte delle critiche degli oppositori. (...) Non c'era la minima indicazione che in realtà progettasse di produrre un film con lo scopo di gettare discredito sull'argomento[17]. (...) Le sue domande erano meditate e stimolanti, e sollevavano alcuni dei più difficili problemi teorici e pratici con cui abbiamo a che fare.
> Fui piacevolmente impressionato dalle domande, e solo avrei voluto avere più tempo per preparare risposte altrettanto meditate.
> In nessun momento ebbi l'impressione che le domande fossero poste in modo ostile o inquisitorio. Tutt'al contrario, mi sembrarono uno sforzo sincero per guadagnare una migliore comprensione dell'argomento, fatto da una persona che era, oltre tutto, alquanto simpatica e anche personalmente interessata.

Quando ha saputo che cosa in realtà Angela stava preparando, il povero Kelly c'è rimasto così male, che nella sua lettera ricorrono tutte le parole del vocabolario inglese per esprimere desolazione: «*I am startled and dismayed... truly shocked... deeply saddened and distressed*». Bisogna dire che anche Kelly deve essere riuscito simpatico ad Angela (o è stato così bravo a rispondere alle sue domande molto «meditate»): infatti è stato quasi l'unico dei parapsicologi che abbiamo sentito, che ha parlato solo bene della parapsicologia. Però abbiamo sentito solo, esattamente, 30 secondi, nella seconda puntata. L'intervista, come abbiamo saputo, era stata un tantino più lunga, ma si vede che in questi casi la RAI non bada a spese.
Che cosa gli avrebbero fatto i parapsicologi, se Angela avesse dichiarato le sue vere intenzioni? Dice il Dr. Helmut Schmidt, della Mind Science Foundation di San Antonio:

> Se Mr. Angela avesse espresso il suo scetticismo al riguardo, saremmo stati ben contenti di discutere i pro e i contro in modo aperto.

Il Dr. K. Ramakrishna Rao, direttore dell'Institute for Parapsychology, è ancora più esplicito:

> Mr. Angela non ci informò del suo scetticismo nei riguardi della parapsicologia. Se lo avesse fatto, avremmo presentato gli elementi a favore della parapsicologia in modo tale che egli non ne avrebbe potuto

---

[17] Come ho detto, *Angela l'illusionista*.

> dare una rappresentazione distorta. Mr. Angela non ci disse che le nostre interviste sarebbero state inserite in un programma il cui scopo era quello di screditare la parapsicologia. Ci assicurò che avrebbe presentato un quadro obiettivo e scientifico della parapsicologia. (...) Non c'è dubbio che noi avremmo cooperato con lui anche se lo scopo della sua intervista fosse stato quello di stimolare un dibattito sulla credibilità dei fenomeni parapsicologici. Allora il nostro approccio sarebbe stato diverso. Avremmo certamente dedicato una parte considerevole delle interviste all'esposizione degli aspetti significativi che fanno luce sulla realtà dei fenomeni. Ma ciò non fu fatto.

Anche se fosse stato fatto, aggiungiamo noi, non sarebbe cambiato niente, perché noi non l'avremmo mai saputo: quello che fosse stato detto in favore della parapsicologia, sarebbe finito in fondo all'Atlantico durante il volo di ritorno di Mr. Angela.

Infine, Angela non se ne avrà a male se riferiamo il commento con cui uno dei suoi intervistati conclude la sua lettera:

> Qui negli U.S.A. di regola abbiamo una migliore qualità di giornalisti, che cercano di dare una immagine *fair* della parapsicologia, anche quando, come spesso accade, esprimono i loro pregiudizi contro questa scienza.

Fair significa un insieme di leale, giusto, franco, onesto. Naturalmente, questi parapsicologi giudicavano l'opera di Angela in base al resoconto che gliene abbiamo fatto noi – e c'è il caso che siamo stati noi a non essere *fair*...

***

Dalla seconda parte della critica[18] *riporto un brano da una lettera inviata a Luce e Ombra da parte del dott. Charles Honorton*[19], *che Angela nel suo libro, scrive Rinaldi, «tratta come un povero babbeo»:*

> «Quando vedo l'Amazing Randi tagliare in due una donna sul palcoscenico, non so come ha fatto. So di certo, però, che se Randi tentasse di ripetere il trucco nel *mio* laboratorio e sotto le *mie* condizioni, allora o fallirebbe oppure finirebbe rinchiuso per un tempo molto lungo. (...) Se i fenomeni parapsicologici devono essere spiegati, quello che occorre è esaminare l'evidenza seria,

---

[18] Rinaldi, G.M., *Un'ottima antologia delle critiche: La serie TV e il libro di Piero Angela (parte seconda)*, Luce e Ombra, n. 3, luglio-settembre 1978, pp. 177-210.
[19] All'epoca direttore della Division of Parapsychology and Psychophysics al Maimonides Medical Center di New York (Brooklyn).

non negare istericamente che ci sia evidenza, o sviare l'attenzione verso un'evidenza chiaramente debole, ciò che caratterizza Randi e i suoi seguaci».

Infine, in merito ai firmatari del comitato promosso da Angela, Rinaldi scrive che

«gli eminentissimi luminari che lo hanno eletto a portabandiera non hanno mai sfogliato la letteratura parapsicologica e non hanno intenzione di farlo in futuro»[20].

---

[20] Angela replicherà ad alcune delle critiche di Rinaldi in un altrettanto lungo articolo pubblicato sempre su *Luce e Ombra* (*Piero Angela risponde alle critiche di G.M. Rinaldi*, n. 1, gen.-mar. 1979, pp. 1-65) ma come quello di Rinaldi va soprattutto sullo specifico dei vari casi analizzati (e anche lui non menziona Rol) che eventualmente si possono citare e metterne opinioni ed analisi a confronto se e quando ci si voglia appunto occupare di qualcuno di questi casi. Ho invece preferito riportare l'articolo di Angela del 1979 (si veda il vol. IX p. 262 e sgg.) dove torna più o meno sulle stesse cose in maniera più generale e sintetica.

Scrive, disegna e legge a distanza

(nuovo articolo scritto da Rol per *Gente*, in terza persona come se fosse Renzo Allegri, poi non pubblicato, aprile-luglio 1978[1])

---

[1] Testo pubblicato nel 2003, senza titolo, in Allegri, R., *Rol il grande veggente*, pp. 179-185. Il titolo l'ho deciso io sulla base dei contenuti dell'articolo (e per questo non l'ho messo in corsivo). Ampi estratti sono stati pubblicati in precedenza – senza specificare che provenivano da uno scritto di Rol inedito, e con alterazioni testuali – in *Rol l'incredibile / Rol il mistero*. Non essendo possibile fare un raffronto col testo stampato come nel caso degli articoli pubblicati l'anno precedente (cfr. vol. VI) non è dato sapere quali parole o frasi Rol abbia eventualmente sottolineate, Allegri avendo messo questo testo tutto in corsivo nel suo libro. Anche il periodo l'ho ipotizzato io (Allegri aveva parlato genericamente di «inizio 1978», cfr. nota seguente): una prima ipotesi è che potesse essere la seconda metà di aprile (o l'inizio di maggio) sia perché Allegri afferma che «in televisione era iniziata una inchiesta contro i fenomeni paranormali», ovvero l'inchiesta di Angela iniziata il 1° aprile, sia perché gli articoli su *Gente* di Allegri sarebbero terminati il 20 maggio (cfr. vol. VII, p. 328 nota 41), ciò che doveva sapere già con almeno un paio di settimane di anticipo. All'interno di questa ipotesi, è possibile che la ragione per cui l'articolo poi non venne pubblicato non fosse solamente a causa del trascorso tra Rol e il direttore di *Gente* Antonio Terzi (cfr. vol. VI, p. 364, n. 1) o che si trattasse di cose che Rol avesse in parte già esposto negli articoli dell'anno precedente (secondo Allegri «era un articolo piuttosto noioso, con parecchie ripetizioni, cioè molte cose e affermazioni che aveva già scritte nei precedenti articoli» (*Rol il grande veggente*, p. 178); "Non vale la pena riprendere l'argomento" sentenziò il direttore dopo aver letto quelle pagine. E aveva ragione. Non si poteva tornare su un tema che aveva suscitato tanto scalpore, senza presentare cose ancor più eclatanti» (*ib.*, p. 179)) ma anche a causa della contingenza particolare che vedeva i critici del paranormale imperversare e quindi Terzi dovette capire che quella linea editoriale, e l'inchiesta di Allegri che si prolungava da oltre un anno, era ormai prudente sospenderla, magari prendendo due piccioni con una fava: avere anche la scusa per non dover pubblicare l'articolo di Rol (posso immaginare un ragionamento del tipo seguente: "Stanno smontando il paranormale. E se poi viene fuori che alcuni dei personaggi della nostra inchiesta sono dei truffatori e dei bugiardi? Ne andrebbe della serietà ed attendibilità del periodico, e quindi anche mia. Meglio sospendere tutto, e così non devo neanche giustificare di non voler pubblicare il pezzo su e di Rol"). Questo quadro in parte può anche valere per la seconda ipotesi, ovvero che Rol avrebbe scritto il pezzo a giugno o luglio, collocazione che si ricaverebbe da quanto Rol scrive a un certo punto, come se fosse rivolto ad Allegri: «Ho visto che mi ha dedicato il primo capitolo del suo libro *Viaggio nel paranormale*». Dato che il libro fu pubblicato a giugno 1978, ciò contraddirebbe la possibilità che Rol abbia scritto l'articolo nei due mesi precedenti. È tuttavia possibile che sapesse in anticipo che il primo capitolo sarebbe stato dedicato a lui (sarebbe stato sufficiente che Allegri lo avesse informato nei mesi immediatamente precedenti alla pubblicazione, nel momento

Uno degli scorsi giorni il mio direttore mi chiese se mi sarebbe stato possibile contattare il dottor Gustavo Adolfo Rol, di Torino, con il quale ebbi quegli interessantissimi incontri che relazionai ampiamente su queste colonne.

In un momento nel quale si accendono tanti interessi esaltando da una parte e dissacrando dall'altra il paranormale[2], sarebbe interessante conoscere il pensiero di un uomo, come è Rol, al di sopra di qualsiasi speculazione etica o materiale su questa materia.

Ero seduto al mio tavolo da lavoro e stavo pensando come fare per «agganciare» Rol, ben sapendo quanto la cosa sia difficile, e riprendere il discorso, rimasto interrotto mesi or sono.

Non mi si dica che si tratta di una semplice coincidenza, ma proprio in quell'istante il mio telefono squillò e dall'altra parte udii, esterrefatto, la sua voce che mi diceva: "La smetta un po', caro Allegri, di tormentarmi col suo pensiero. Che cosa vuole ancora da me? Ho visto che mi ha dedicato il primo capitolo del suo libro *Viaggio nel paranormale*, e non ne sono stato contento. Io non sono un sensitivo e in me di paranormale non c'è proprio nulla[3]".

---

in cui ripresero i contatti tra loro due per il tramite di Alfredo Gaito – cfr. nota seguente).

[2] Allegri scrive (*ibidem,* p. 178) che «all'inizio dell'anno successivo, il 1978, Rol mi fece telefonare dal dottor Gaito, il suo medico e amico. Gaito mi fece capire che Rol desiderava che si pubblicasse una seconda serie di articoli. In televisione era iniziata una inchiesta contro i fenomeni paranormali. Probabilmente voleva controbattere».

[3] *Io non sono un sensitivo e in me di paranormale non c'è proprio nulla.* È questa la frase che *scriverebbe intenzionalmente* di sé un mistificatore? Le persone intelligenti risponderebbero di no. Gli scettici superficiali invece, come i soliti impulsivi ed irrazionali cani di Pavlov, dimenticherebbero che è stato Rol a scrivere la frase per di più sapendo che sarebbe stata letta da centinaia di migliaia di persone, e crederebbero o tenterebbero di convincere se stessi e poi altri che è stato Allegri ad aver colto Rol in un momento di impazienza nel quale "getta la maschera"; Rol invece era corretto in entrambe le affermazioni: non occorre che io insista sulla errata definizione di "sensitivo", sulla quale ho più volte dato spiegazioni; e quando dice che in lui non c'è nulla di paranormale, intende che non è più speciale di altri, che non è nato con le sue *possibilità* e che il loro manifestarsi presuppone uno stato di coscienza non alterato (come invece nella *trance*) anche se in una modalità "diversa", che tutti gli esseri umani potrebbero fare quello che lui fa, e che in futuro lo faranno (e quindi ciò che oggi appare paranormale, domani sarà considerato "normale"). Scriveva a Giorgio di Simone nel 1969: «In tutta franchezza io non mi ritengo dotato di qualità paranormali od almeno di prerogative che possano farmi includere nei soggetti che offrono motivo di studio. Né posso affermare di aver avuto particolari contatti col PN [*paranormale*], dal momento che tutta la mia vita si è sempre svolta in una naturale atmosfera di costanti "possibilità" (...). Non esiste quindi un mio "incontro" col PN, termine che mi suona estraneo, in quanto io ritengo che a

Mi guardai bene dal contraddirlo. Insistetti piuttosto nel chiedergli il perché della sua telefonata ed egli mi rispose: «Mi è venuto di farlo poco fa, anzi ho dovuto farlo. Mi sembrava con questo di compiere qualcosa che avrebbe dato serenità a lei, apportando qualcosa a me stesso».
L'incontro telefonico di Rol non era quindi stato casuale: una sorta di «richiamo» da parte mia deve indubbiamente avere provocato in lui quello stato d'animo che mi affrettai a sfruttare ottenendo di essere ricevuto[4].
Lo ritrovai sereno, quasi festoso. Questa sua serenità, oramai proverbiale, «tonificante» come la definì Federico Fellini, che mette subito a proprio agio, e non è difficile comprendere come tanta gente, (quanta ne ha veduta Rol in cinquant'anni!) abbia trovato in lui la soluzione di problemi apparentemente impossibili e nei campi più vari.
Quel che è strano è che le cose lui le intuisce. È risaputo come sovente egli fermi qualcuno per la strada, qualcuno che non conosce, e gli dica senza esitazioni: «Dove lei sta andando, non ci vada». Oppure: «Non faccia questa o quella cosa». Egli dice sempre ciò che è pertinente, tanto da lasciare esterrefatta la persona.
Invitato a un pranzo di centottanta coperti, si trovò di fronte a una signora che non conosceva, mentre tutti sapevano chi era Rol. La signora, come poi raccontò, era turbata dalla vicinanza del personaggio, ma lo fu maggiormente quando Rol le parlò dei suoi figlioletti, dando la descrizione fisica e del loro carattere.
Fin qui si può obiettare che Rol queste cose poteva conoscerle. Ma il bello venne dopo, quando egli chiese alla signora di guardare dentro il proprio tovagliolo, da un lato e dall'altro.
«Non c'è proprio nulla», disse la signora.
«Stringa bene il tovagliolo tra le mani» disse Rol, e tracciò nell'aria dei segni con un grosso lapis di bambù che egli porta sempre con sé. «Ora

---

chiunque segue la strada da me percorsa vengano offerte le mie stesse possibilità. (...) ... l'"osservazione profonda di ogni cosa" comporta l'inserimento di una determinata cosa nella visione di un Sistema Universale in rapporto al valore ed alla funzione della cosa stessa. Accedendo quindi a questa forma di "conoscenza" il pensiero viene a trovarsi necessariamente ad essere intinto di quelle particolari essenzialità per le quali acquisisce le "possibilità" cui sopra accennavo e che autorizzerebbero ad ammettere l'esistenza di un PN, mentre invece è la più legittima "normalità" che si manifesta» (vol. V, pp. 246-247). Questa normalità è anche *naturalezza*, *spontaneità*, condizioni psico-fisiche fondamentali delle quali tratterò in altra sede. Si veda intanto anche il vol. VII, p. 201, nota 3.
[4] In *Rol il grande veggente* Allegri commenta: «All'inizio dell'articolo, Rol riferisce un fatto di "contatto telepatico" che non era avvenuto in quell'occasione tra di noi, ma che in realtà si era verificato tante e tante altre volte. Lungo il corso della narrazione aggiunge altri dettagli attribuendoli a me, anche se io non li avevo sperimentati. Ma, nel complesso, tutte le situazioni cui accenna le avevo vissute insieme a lui» (*cit.*, p. 179). Ricordo che Rol ha *costruito* un articolo *ad hoc* per dire molto più di ciò che appare a prima vista.

riguardi», disse ancora Rol. Nel tovagliolo c'era scritto il nome dei bambini di quella signora. Quel tovagliolo viene ancora conservato come un prezioso cimelio[5].

C'è un ristorante a Torino, dove Rol si reca spesso, e da anni. Si tratta del ristorante *Firenze*, in via S. Francesco da Paola, 41. Rol lo conoscono bene in quel locale, e quante cose gli hanno veduto fare! La padrona del ristorante[6] e il personale di servizio, sanno benissimo che c'è sempre qualcuno che si porta via una tovaglia scritta, e quanti pagherebbero qualunque cosa per averla.

Successe anche a me, e quel giorno Rol scrisse una frase sulla tovaglia di un signore che non conoscevamo e che pranzava a un tavolo più distante.

Un medico mi mostrò una tovaglia con una rosa disegnata sopra, una rosa in un vasetto di vetro.

«Rol disegnò la rosa», mi disse il medico. «La stessa rosa che era sul nostro tavolo e mi donò la tovaglia. Gli feci osservare che mancava il vasetto. "Sei proprio incontentabile", disse Rol "Tieni bene sollevata la tovaglia". Così, a un metro di distanza, sotto gli occhi delle persone che erano al tavolo con noi, il vasetto venne tracciato per aria e apparve immediatamente sulla tovaglia, completando il disegno.»[7]

Quella fu una delle rarissime volte che Rol fece qualche cosa che gli era stato richiesto. Infatti, ed è risaputo, egli si dichiara incapace di fare qualche cosa che altri vorrebbe[8].

---

[5] L'episodio in se stesso non è ancora emerso tra le testimonianze conosciute di Rol (che sono del resto solo la proverbiale punta dell'iceberg), ma ve ne sono molti analoghi che si possono leggere nel capitolo XXXV dei voll. II e III.

[6] Nadia Seghieri, dalla quale ho raccolto la testimonianza nel 2019, cfr. vol. III, pp. 60, 65, 70, 100, 103, 128-129, 132, 141, 144, 150, 243, 361, 380, 411 e tav. XIII.

[7] Stesso caso dell'episodio precedente, testimonianza non emersa. Uno simile, su un foglio invece che su un tovagliolo, è per esempio quello raccontato da Maria Teresa Belluso (2-XXXIII-21).

[8] Si noti però che anche in questo caso Rol ha un margine di scelta e libertà: infatti il medico (Alfredo Gaito?) non gli ha chiesto di disegnare il vasetto, ma gli ha solo fatto osservare che mancava. Rol avrebbe quindi potuto benissimo ignorare la "protesta" e rispondere per esempio: "Ormai è fatto, la prossima volta te lo farò anche col vasetto". Invece *prende l'iniziativa* di far contento il testimone, quindi non è propriamente esatto che abbia fatto «qualche cosa che altri vorrebbe». Mi chiedo se Rol non abbia fatto questo esempio sottilmente contraddittorio appositamente per nascondervi un ennesimo indizio "operativo" sul suo *modus operandi* e sul "funzionamento" della *coscienza sublime*. E se comunque questa sarebbe «una delle rarissime volte» in cui si comporta così, in un episodio in cui in realtà non sta davvero facendo «qualche cosa che altri vorrebbe», se ne dovrebbe dedurre che se il medico fosse stato più "impositivo" (del tipo: "Vediamo se sei capace di aggiungere anche un vasetto") Rol non sarebbe forse stato in grado di soddisfare la sua richiesta esplicita.

Neppure con la forza, con le minacce o con un compenso egli sarebbe in grado di compiere il più elementare degli esperimenti[9].
«E per fare la carità?», gli chiese qualcuno. Rol mise la mano al portafoglio e rispose: «La carità la si esercita con sacrificio»[10].
Certamente, esperimenti semplicissimi, ma probanti, come quello di scrivere a distanza, sarebbero sufficienti per demolire qualsiasi scetticismo su Rol. Mi sono però chiesto, sovente, il perché di tutte queste cose, che sembrano giochi: disegnare su di un tovagliolo, arrestare le lancette di un orologio, fermare un treno in aperta campagna, far schizzare fuori dalla roulette la pallina di avorio e tante e tante cose raccontate da scrittori e scienziati, che le hanno viste di persona: che senso ha tutto ciò? Eppure un significato esiste certamente e deve essere un significato profondo, che trova la sua giustificazione nella disponibilità di Rol a fare queste cose apparentemente superflue. (Ma anche altrettanto serie da sbigottire.)[11] La sua disponibilità, assolutamente gratuita[12], che lo trova da mezzo secolo dedicato con umiltà a chiunque ne abbia bisogno, pur che il tempo e le forze glielo consentano.
Chiunque lo frequenta, sa come la sua vita sia intensa da non trovare neppure il tempo di dormire. Dorme, infatti, soltanto tre, quattro ore per notte. E in mezzo a tutta questa seria e prodigiosa attività egli lavora perché non è affatto ricco[13], e dipinge. Alludo alla «sua» pittura, non a

---

[9] Si noti ancora: incapace di fare qualche cosa *che altri vorrebbe*. Non si tratta della stessa cosa del generico "fare a comando" un esperimento, ma del farlo *a comando di qualcun altro: neppure con la forza, con le minacce o con un compenso egli sarebbe in grado di compiere il più elementare degli esperimenti.* Anzi, *quanto più l'insistenza, tanto più l'impossibilità.* Ma *se Rol voleva*, ovvero se si sentiva a suo agio e in piena libertà decisionale, poteva fare diversi tipi di esperimenti o manifestare differenti tipi di prodigi sia a richiesta che a ripetizione.
[10] Si cfr. l'esperimento fatto a Vittorio Messori, vol. X, p. 215.
[11] Occorre sottolineare: 1) *semplicissimi, ma probanti*; 2) *sembrano* giochi; 3) *eppure [con] un significato profondo*; 4) *cose apparentemente superflue ma anche altrettanto serie*. Coloro che declassano o sminuiscono questi esperimenti non solo, quindi, non li hanno capiti, ma non conoscono e non comprendono l'importanza che Rol gli attribuiva, e nello sminuirli gli fanno anche un torto.
[12] Anche questa è una frase che pare normale ed è invece *indiziaria*: una delle *conditio sine qua non* di questi esperimenti è la *disponibilità* di chi li realizza (è un *modo profondo di essere*, non una vaga disposizione), e che essa sia *assolutamente gratuita*, pena la non riuscita degli esperimenti, e non per una questione etica o morale, ma soprattutto per un meccanismo psicologico (che poi certo si può corredare e vestire, opportunamente, di abiti etici e morali).
[13] La frase potrebbe essere stata scritta con l'intento di rispondere allusivamente a commenti o illazioni fatti da chi aveva trovato un motivo per criticare Rol. L'"accusa" di essere «ricco» gli è stata mossa da due gruppi diversi e opposti: 1) quelli per cui la spiritualità non si coniugherebbe con una casa signorile con preziosi oggetti di antiquariato o con abiti eleganti e di classe come vestiva Rol: per certa gente, la spiritualità si coniuga soltanto con la povertà, ciò che è un

«quell'altra» che egli ottiene in piena luce ma con mezzi paranormali, ad acquerello, a olio, se non addirittura mediante intarsio o collage[14].
La sua pittura, paesaggi, ritratti o grandi mazzi di rose, lo impegna talmente che su di un quadro ci lavora mesi. «Guadagno meno di un manovale», sostiene Rol[15]. Egli non espone, ma son certo che i dipinti di

---

fraintendimento che ho più volte segnalato, dovuto sia all'incomprensione del significato di certi insegnamenti, anche e soprattutto cristiani, sia perché per tradizione si è abituati a identificare la spiritualità con preti, frati, sacerdoti, monaci, sadhu e così via, che ovviamente non vivono nell'opulenza, ma in monasteri, eremitaggi o per strada, *mantenuti dalla comunità* e *non autosufficienti*, dediti alla preghiera o alla meditazione col proposito magari di raggiungere l'illuminazione, che Rol aveva raggiunto a 24 anni... Senza qui insistere, dirò solo che il problema non è mai la "ricchezza" in se stessa, quanto l'*attaccamento* alla ricchezza, l'*esibizione* inopportuna della ricchezza e il *superfluo* della ricchezza (esempi banali: possedere una villa di dieci stanze quando ne bastano tre, tre auto quando ne basta una, ecc.). La povertà del resto, *in se stessa*, non è per niente una garanzia di possibile elevazione spirituale, e un povero che orgogliosamente si vanti della sua povertà è già sulla strada sbagliata, l'orgoglio essendo uno degli ostacoli principali; senza contare che magari è povero non per scelta (nel qual caso è legittima, se lui si sente più a suo agio così), ma per incapacità di produrre ricchezza, il che è sempre un difetto (chi la produce, in maniera onesta naturalmente, è poi oltretutto in grado di aiutare molte persone economicamente, quando se ne presenta l'occasione; chi è povero non può aiutare economicamente nessuno); 2) quelli per cui Rol poteva permettersi di fare i suoi esperimenti e prodigi senza chiedere compensi "perché non ne aveva bisogno essendo ricco": per costoro, se Rol fosse stato povero si sarebbe per forza fatto pagare, e quindi non avrebbe potuto "sfoggiare" il suo disinteresse e la sua gratuità. Ovvero, lo accusano in pratica di usare la gratuità... per interesse! Un po' come nell'epoca attuale quando una impresa, un influencer, un youtuber, ecc. rendono disponibili prodotti gratuiti per poter averne un tornaconto "dalla porta del retro" con acquisizione clienti, visualizzazioni, sottoscrizioni, ecc. Nel caso di Rol, secondo costoro, lui aveva il suo tornaconto nelle amicizie altolocate, nel rispetto e la riverenza anche di persone famose, ecc. Tutto questo è ben lungi dall'essere vero, ho già qua e là spiegato il perché e ne farò a tempo debito un approfondimento molto preciso. Rol comunque, tornando al suo scritto, anche se non si può dire che fosse «ricco», certo era benestante, sia per tradizione familiare avendo mantenuto e bene amministrato quanto ricevuto dai suoi genitori, sia per esserselo guadagnato prima col decennio lavorativo come funzionario di banca quando era giovane, poi come (e soprattutto) antiquario e infine come pittore. Nel corso dei decenni ha poi anche prestato consulenze amministrative e finanziarie per imprese ed è stato traduttore di lettere commerciali dall'italiano al francese e inglese.
[14] Una specificazione piuttosto strana perché non ricordo di avere mai visto qualche opera del genere, né di aver letto che qualcuno la menzionasse.
[15] Per quanto strana, l'affermazione potrebbe essere vera. La produzione complessiva di Rol pare si aggiri intorno ai 100 dipinti (in precedenza alcuni avevano stimato sui 150, ma mi pare eccessiva). Non esiste purtroppo un catalogo

Rol li cercheranno i musei, perché a parte la loro bellezza, c'è dentro qualcosa di indescrivibile, tale da suscitare sensazioni veramente profonde.
Ad Alessandria, nella galleria fondata dal professor Arturo Mensi, già direttore del museo di quella città, c'è un dipinto di Rol. La signora Mensi, quando fa delle mostre collettive, espone anche quel dipinto[16], che però non mette in vendita. La signora dice che l'interesse per quell'opera è sempre immediato, ed è successo che qualcuno, alla vista di quel dipinto, ne rimanesse talmente affascinato da riportarne un'emozione profondissima.
«I quadri sono le mie creature», afferma Rol. «Esse continueranno il mio discorso quando non sarò più su questa terra»[17].
Egli sta terminando in questi giorni un grande vaso pieno di rose. L'ho veduto e l'ho trovato così «speciale» che gli chiederò di lasciarmelo fotografare per presentarlo ai lettori in uno dei prossimi articoli. Il titolo di quell'opera è «La rosa che pensa»[18]. E quel che c'è di trascendentale in quel dipinto, lo giudicheranno i lettori stessi.
Rol mi ha pregato di non scrivere per ora quanto mi ha detto a proposito di questa sua opera: egli preferisce non influenzare l'emozione di chi potrà contemplare la rosa che pensa.
Mostrandomi questa pittura, Rol mi disse: «Vede, caro Allegri, essa è ottenuta con mezzi assolutamente normali, così come normalissimi sono tutti i miei esperimenti. Sono facoltà le mie, che tutti gli uomini posseggono. Io credo di essere un'anticipazione del futuro. Mi ha mai veduto andare in *trance*? Ed ha mai riportato l'impressione che io non fossi presente sempre, nel più normale dei modi? Chi vede in me l'eccezionalità o chi dubita, non ha compreso proprio nulla, né di me né delle cose che io faccio, né perché avvengono».

---

completo e la stima potrebbe essere sbagliata, per eccesso o per difetto. Ipotizzando che abbia cominciato a vendere i suoi dipinti negli anni '40 (consta infatti che già li vendeva a quell'epoca), potrebbe averne realizzati in media un paio all'anno. Alcuni li regalava. Di altri dava il ricavato, parziale o totale, in beneficienza. Si potrebbe forse ipotizzare che teneva per sé il ricavato integrale di un dipinto all'anno. Non so a quanto li vendesse nel 1978, ma nella seconda metà degli anni '80 li vendeva in media a 4 o 5 milioni di lire (circa 6.000 euro nel 2023, ovvero 500 euro al mese, meno di un manovale...).
[16] Su Arturo Mensi, la moglie Gina Garrone e il figlio Enrico Mensi, cfr. vol. IV pp. 194, 228-235, 248, 281, 293-296.
[17] È indubbio che Rol abbia inserito nei suoi quadri elementi ed indizi che rimandano alla sua *scienza*. E ogni dipinto è collegato agli altri, devono essere considerati una opera unica, ciascuno è una tessera di mosaico, o un capitolo di un libro, o un episodio di una serie.
[18] Non è dato sapere al momento chi abbia questo dipinto, né come sia fatto. Il titolo è certo piuttosto significativo.

Fra le molteplici cose che rendono Rol non soltanto straordinario, ma unico[19], v'è la lettura a distanza. Ho desiderato che Rol mi facesse assistere a un esperimento del genere: volevo rendermi bene conto quale fosse il meccanismo che regola il sorprendente avvenimento, e se la cosa possa avvenire non dico con mezzi non rigidamente ortodossi, ma con l'intervento di un qualsiasi mezzo, forse fosse possibile ad altri oltre che a lui.

Premetto che qualche giorno prima di recarmi a Torino avevo avuto occasione di intrattenermi con un amico sulla morte di Socrate, e questo pensiero mi tornava in mente sovente. Anzi, ricordo che dedicai molto tempo a pensare a Socrate mentre ero in viaggio per Torino.

Durante la mia permanenza nel capoluogo piemontese ebbi occasione di recarmi a casa di un notissimo professionista torinese, un uomo molto colto. Non ne cito il nome, ma sono stato autorizzato a fornirlo a chi desiderasse avere la conferma di quanto riferisco. Fu nella biblioteca di questo signore che mi fu dato di assistere a quanto desideravo: la lettura in un libro chiuso[20].

Introdotti nella grande sala (faccio notare che Rol non vi era ancora stato), stavo osservando una vasta parete totalmente tappezzata di libri.

«Che bella biblioteca», esclamai, e non so il perché, il mio pensiero tornò improvvisamente a Socrate. Forse, a livello inconscio, avrò pensato che fra tanti volumi ce ne sarebbe certamente stato uno che parlava del grande filosofo.

Lietamente sorpreso, udii Rol che diceva: «Sì, è una bella biblioteca». E poi rivolgendosi al padrone di casa, aggiunse: «Vuole scegliere un libro?».

«Mi aiuti lei», rispose quel signore.

«In che modo?», chiese Rol.

«Mi faccia delle domande.»

«Sta bene», acconsentì Rol. «Scelga la colonna di libri che vuole.»

---

[19] Rol definisce se stesso «unico». Qualcuno potrebbe giudicarlo presuntuoso, ma Rol parlava sempre *oggettivamente*, nelle sue parole non c'era vanità e non poteva *non dire la verità*. I critici possono provare a dimostrare, se ci riescono, che la sua affermazione non corrisponde al vero, trovando qualcuno *come lui* (cominciando, ed è solo l'inizio, da quantità e grado delle sue *possibilità* e loro manifestazione in stato di coscienza apparentemente normale).

[20] Nel vol. I (p. 373 nota a IV-29ª) scrivo su questo episodio che Rol si appresta a riferire, che è «il prototipo perfetto per questo tipo di esperimenti, e che sia accaduto o meno in altre circostanze, è irrilevante. Scopo di Rol era far comprendere di cosa si trattava e sulla base di quali *sollecitazioni* avveniva. E chi meglio di lui poteva raccontarlo?». Come nel caso di altri episodi da lui riferiti infatti, anche di questo non è emerso l'originale: esso potrebbe essere accaduto oppure no, oppure accaduto solo in parte in questi termini. La cosa non è importante: ce ne sono altri analoghi, quello che a Rol premeva qui era fornire indicazioni utili, senza approssimazioni, a comprendere come questi esperimenti avvenivano, lo schema di base e le considerazioni associate.

«La seconda.»
«Ora scelga il ripiano», disse Rol.
«Il quarto», rispose il padrone di casa.
«Quale volume?», chiese ancora Rol.
«Il decimo.»
«Adesso mi dica una pagina del decimo volume», propose Rol.
«La pagina che porta il numero 100», disse il signore.
Osservavo attentamente Rol. Teneva gli occhi socchiusi, ma non mi sembrò eccessivamente assorto[21]. Rimase in silenzio qualche secondo poi scandì queste parole: «...e allora per quale motivo, dicono, non è coraggioso uccidersi, o Socrate? Per mio conto...».
Aperto il volume, (si trattava del *Processo e morte di Socrate*, di Platone, pubblicato dalla BUR), la pagina 100 iniziava con le parole esatte che Rol aveva detto.
Una folla di pensieri mi agitava e mi andavo dicendo: ma perché proprio Socrate? Perché questo argomento? Quale influenza posso aver avuto io in quell'esperimento? Allora Rol ha ragione quando dice che tutti siamo partecipi di ciò che avviene. E poi, secondo Rol, noi siamo corresponsabili di tutto. E questo è un argomento che bisogna sentire trattare da Rol stesso. Quali orizzonti egli ci apre con questi suoi esperimenti che non esito a definire veramente sublimi[22].
Con la più assoluta onestà, desidero assicurare i lettori che la mia attenzione durante quell'esperimento era stata particolarmente sveglia. Non per volerlo fare, ma indubbiamente mi fu dato di esercitare un controllo[23]. E ne sono lieto per quell'interesse che un giorno certamente avrà la scienza quando studierà queste cose[24] nella forma e nel modo che la loro essenza altamente spirituale non venga frustrata. E allora il nome

---

[21] Rol qui fornisce una precisa indicazione del modo in cui spesso si trovava nel momento cruciale di un esperimento-tipo: *occhi socchiusi, non eccessivamente assorto*. E nel seguito ci dice anche per quanto tempo: *qualche secondo*.
[22] Anche perché espressione di una *coscienza sublime*.
[23] Ed era questa precisamente la situazione dei partecipanti agli esperimenti, che esercitavano un controllo spontaneo e naturale e la loro attenzione era senz'altro «particolarmente sveglia» (ovvero, nessun ipnotizzato).
[24] Nei due libri di Allegri *Rol l'incredibile* (p. 66) e *Rol il mistero* (p. 71) il giornalista interrompeva il discorso e la frase di Rol in questo punto, alla parola «cose», tagliando le ultime righe. Come già rilevavo con disappunto nel 2008 ne *Il simbolismo di Rol*, «è cruciale la frase, che Allegri ha amputato proprio a metà, dove l'approccio scientifico e quello spirituale vengono messi in relazione: "(...) quell'interesse che un giorno certamente avrà la scienza quando studierà queste cose nella forma e nel modo che la loro essenza altamente spirituale non venga frustrata"» (p. 39, 3ª ed.). Frustrato di certo dovette sentirsi Rol nel 1986 nel constatare come Allegri lo avesse arbitrariamente tagliato, una delle molte ragioni che lo portarono a qualificare il suo libro come «idiota».

di Rol verrà fatto e se Rol non verrò esaltato, sarà almeno compreso[25]. Per ora non desidera altro. «Per sentirmi meno solo», egli dice.

***

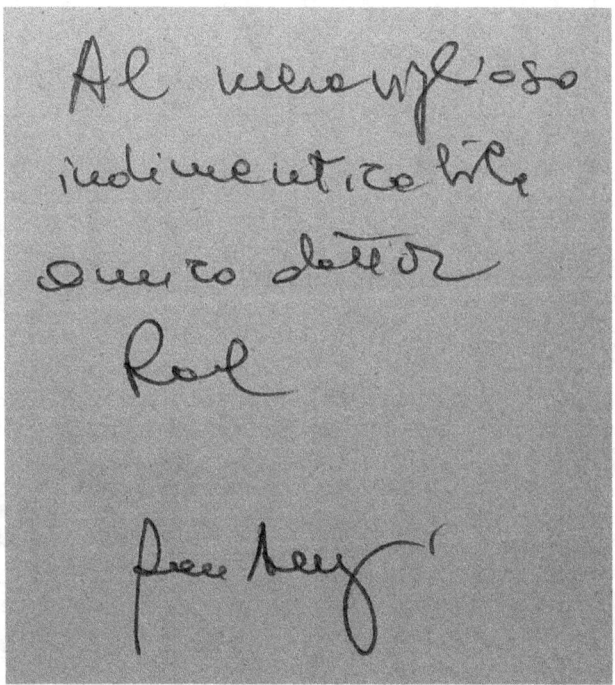

«Al meraviglioso indimenticabile amico dottor Rol · Renzo Allegri». Dedica su una copia del libro di Allegri *Viaggio nel paranormale* inviata dall'autore a Rol (foto © Franco Rol – Archivio Storico del Comune di Torino)

---

[25] Trovo questa frase molto realistica, nella prospettiva in cui in futuro tutti, come da Rol stesso previsto, arriveranno a poter fare le cose che lui faceva. Se questo diverrà normale, ecco che una "esaltazione" di Rol pare improbabile, anche se sarà impossibile non rendergli omaggio come merita. Ciò che però lui anche sapeva, e che più gli importava, è che sarebbe stato compreso. Finalmente.

— E allora, per quale motivo, dicono, non è concesso uccidersi, o Socrate? Per conto mio, e tu poco fa ne hai fatto cenno, ho avuto, sono già molti anni, gli insegnamenti di Filolao. (Era il tempo in cui aveva preso dimora da noi). Del resto ho udito altri maestri su quest'argomento, e che cioè non si deve mai commettere una simile azione. Ma un'idea chiara sul problema non l'ho mai avuta da nessuno.

E Socrate: — Non c'è ragione di scoraggiarsi. Forse, vedi, puoi udire ancora ciò che t'interessa. Ma forse ti dà motivo di meraviglia un certo fatto. Unica fra tutte le decisioni umane, questa non ammette eccezioni; non si presentano mai taluni casi (e ciò avviene in altre occasioni) in cui per taluni sarebbe preferibile morire, piuttosto che continuare a vivere. E intanto a quei pochi pei quali sarebbe preferibile la morte, è azione empia il suicidio e debbono attendere un altro benefattore. Ciò forse ti dà motivo di meraviglia. Non è vero?

E Cebete, con un lieve sorriso: — Caspita, che difficile!

E Socrate continuò: — Eh già! l'apparenza d'un indovinello c'è forse davvero. Ma una certa logica dobbiamo pur credere che ci si possa trovare.

« C'è in ogni caso, un detto che si ripete a questo proposito nei Misteri [1]. Si dice che noi, gli uomini, siamo in un certo recinto, che non si deve cercar di farsi liberi e che non si deve scappare. È una frase codesta che a me sembra sublime indubbiamente, ma anche non è facile penetrare in essa. Comunque ciò sia, il seguente fatto, o Cebete, pare a me posto in perfetta luce da quelle parole, che cioè gli Dei vigilano su noi e che noi, gli uomini, facciamo parte del patrimonio di cui godono gli Dei. Non sei di questo parere?

— Per conto mio, sì, — rispose Cebete.

E lui: — Allora supponiamo questo: qualche cosa che t'appartiene, da sé stessa si sopprime; e tu non hai dato segno alcuno di consenso: anche tu saresti contrariato e se ti fosse concesso il mezzo di punire, oh! ricorreresti certo a una punizione.

[1] Culti segreti (quali gli Orfici, gli Eleusini e altri) in onore di divinità, ma accompagnati da insegnamenti filosofici, che si svolgevano mediante cerimonie simboliche.

100

Pagina del libro *Processo e morte di Socrate*, BUR, Milano, 1949, protagonista di un esperimento-tipo scelto da Rol per illustrare la dinamica di una «*lettura a distanza*».

Piero Angela: le ragioni di uno scettico

di Piero Angela

05/07/1978[1]

Sommario
Da Piero Angela, autore del volume "Viaggio nel mondo del paranormale", recensito su questa pagina da Emilio Servadio, riceviamo e pubblichiamo.

Non è mia intenzione ribattere alle osservazioni del prof. E. Servadio in merito al mio libro *Viaggio nel mondo del paranormale (Il Tempo*, 28 giugno[2]): non si può certo chiedere a un credente di approvare il libro di uno scettico...[3] Mi permetto soltanto di fare un'osservazione e di rispondere a una domanda che mi viene rivolta.
Il prof. Servadio afferma che la telepatia è stata «accertata in modo incontrovertibile»[4]. Ebbene, invito i lettori de *Il Tempo* ad alzare il telefono e chiamare il Consiglio nazionale delle ricerche, le Università e i Centri di ricerca più prestigiosi in italia o in altri Paesi e chiedere conferma di questa affermazione. Potranno constatare loro stessi che tipo di risposte riceveranno...
Dice ancora il professor Servadio: «*Angela scrive che Einstein era scettico circa l'esistenza della percezione extrasensoriale. Davvero? E come mai, allora, apprezzò con un suo scritto estremamente favorevole un libro che trattava di riuscitissimi esperimenti di telepatia*, Mental Radio, *di Upton Sinclair?!*».
Rispondo. Mi spiace che il prof. Servadio non sia informato dello scetticismo di Einstein (che spesso viene contrabbandato per un credente

---

[1] *Il Tempo*, 05/07/1978, p. 3.
[2] Vol. VII, p. 440.
[3] La *misdirection* di Angela (in buona fede? difficile davvero da capire) comincia già subito dall'inizio, qualificando il suo bersaglio come «credente», che equivale più o meno a ingenuo, irrazionale e *cretino* (Odifreddi docet). La frase però ci dice di più: se Angela oppone scettico a credente, allora scettico significa per lui semplicemente *non credente*. Il che significa che pone la questione sul piano di una "fede" (nel paranormale, in una dimensione superiore, ecc.) e non su quello della ragione e della competenza. Per questo è appropriato, con Angela e quelli che ho chiamato i suoi correligionari, parlare di ideologia. Se Servadio non «approva» il libro di Angela non è certo perché è «credente», quanto perché è *competente* (in generale, sulla materia in questione; peccato abbia poi giudicato superficialmente il "caso Rol", come si è già visto nel vol. V e si vedrà nel vol. IX).
[4] Vol. VII, p. 440.

nel paranormale). La mia affermazione è attinta da una fonte ben precisa[5] (che cito anche nel libro: una lettera di Einstein, scritta allo psicanalista Jan Ehrenwald il 13 maggio 1946. Nella seconda parte di questa lettera egli stesso... risponde alla domanda del prof. Servadio. «*Ho preparato l'introduzione al libro di Upton Sinclair per via della mia amicizia personale con l'autore, e l'ho fatto senza rivelare la mia mancanza di convinzione pur senza essere disonesto. Confesso francamente il mio scetticismo riguardo a tutte queste credenze e teorie*»[6]. Anche per quanto concerne i famosi esperimenti del prof. Rhine (che per i parapsicologi

---

[5] Sottolineo che la conoscenza da parte di Angela del presunto scetticismo di Einstein si basava esclusivamente su una delle due lettere a Ehrenwald. Al di là dell'interpretazione falsata che ne dà il giornalista, è certo troppo poco per pretendere di sapere che cosa Einstein pensava di questi argomenti, e appare presuntuosa l'accusa rivolta a Servadio di non essere «informato dello scetticismo di Einstein», quasi fosse un fatto stabilito, inequivocabile, confermato da innumerevoli fonti (e c'è da chiedersi cosa Angela avrebbe scritto se non ci fosse stata la lettera a Ehrenwald).

[6] Cfr. vol. VII, p. 439 nota 215. Occorre sottolineare quanto già ho commentato nell'articolo di M. Hack: lo scetticismo di Einstein riguardava «credenze e teorie» («beliefs and theories» nella traduzione dal tedesco di Gardner, «persuasions and theories» – convinzioni e teorie – in quella di Ehrenwald), non i *fatti*, ovvero i fenomeni, studiati dalla *ricerca psichica*, ma l'*interpretazione* di quei fatti. René Guénon avrebbe espresso, da altra angolazione e per altre ragioni, analogo "scetticismo" su «credenze e teorie» (si vedano tra gli altri *L'errore dello spiritismo*, 1923, e *Il Teosofismo. Storia di una pseudo-religione*, 1921) e lo stesso aveva fatto Rol: «I concetti che si hanno sullo spiritismo e, soprattutto, sulla reincarnazione sono inadeguati se non addirittura falsi» (1951) (*"Io sono la grondaia"*, 2000, p. 144); «Lo spiritismo, inteso come la pratica sin dallo scorso secolo, deve essere considerato alla sola stregua di un esperimento scientifico, non mai come una manifestazione di cose soprannaturali. Se l'uomo crede di potersi mettere in relazione con l'anima di altri uomini previssuti, sia pure attraverso lo speciale stato fisiologico di un "medio", s'illude» (*ibidem*, p. 255); «Ignoro e nego la magia, così come ce la descrivono le cronache oscure della notte medioevale; è dunque possibile che in questo ventesimo secolo ci sia chi presta ancora fede a queste favole?» (1956) (vol. IV, p. 168); «Purtroppo noi sappiamo che da Annie Besant – attraverso Allan Kardec – a noi, tutte queste teorie non hanno dimostrato niente di vero. Conan Doyle è morto ed ha dato 62 appuntamenti scaglionati nel tempo. Non si è mai trovato una volta. È deludente. Veramente deludente» (da una conversazione a braccio degli anni '70, registrata, trascritta ne *Il simbolismo di Rol*, p. 496); «adesso voi vedrete fare una cosa che fanno generalmente tante persone. Scrivono, sotto dettatura del loro spirito, che... *è una fiera balla*, lì non ci credo. Sì, ci sono i medium scriventi, ma sono persone che hanno una personalità molto esaltata, ma non credo che ci siano gli spiriti dei morti che vengono a farli scrivere» (*ibidem*, p. 504). Quando Rol dice «non ci credo» – qui e in altre registrazioni – mantiene un profilo "moderato" durante la convesazione, ma significa in realtà «non è così, lo so per esperienza diretta e conoscenza».

dimostrano in modo «incontrovertibile» la esistenza della percezione extra-sensoriale) l'opinione di Einstein, espressa nella stessa lettera, è che i risultati fossero probabilmente dovuti a «*una sorgente di errori sistematici non ancora identificata*»[7].

«*In tutta la mia vita* – scrive ancora Einstein – *non ho mai avuto esperienze che potessero indicare comunicazioni tra gli esseri umani diverse da quelle basate sui normali processi mentali*».
Mi sembra quindi piuttosto difficile annoverare Einstein tra sostenitori della percezione extra-sensoriale ...[8]

---

[7] Altra *misdirection* di Angela. Vediamo cosa ha davvero detto Einstein: «Alcuni anni or sono, lessi il libro del dottor Rhine. Non fui in grado di trovare alcuna spiegazione ai dati che egli riportava ma quello che veramente mi estraniò da tutto ciò fu che, negli esperimenti statistici, la distanza a cui si trovava il soggetto in termini di spazio si dimostrava totalmente irrilevante ai fini del successo del procedimento. A mio parere, ciò indica chiaramente che una fonte sistematica di errore, ancora da scoprire, può avere avuto una parte in esperimenti del genere» (*infra*, p. 321).

[8] Certo la frase di Einstein parrebbe segnare qui un punto per il fronte scettico. Ma se la si legge bene – e senza ancora leggere tutta la lettera di Einstein, ma basandosi solo su questa estrapolazione di Angela – si vede come Einstein abbia circoscritto, e non poco, la sua affermazione. Egli intanto si limita alle «comunicazioni tra gli esseri umani», ovvero, essenzialmente, alla sola telepatia (la quale non si può escludere che in futuro possa spiegarsi anche con i «normali processi mentali». Rol non ha forse sempre insistito sulla nozione di *normalità*? Einstein comunque in un'altra lettera a Ehrenwald, successiva, scriveva in una delle due traduzioni italiane disponibili, che «non abbiamo il diritto di escludere a priori la possibilità della telepatia. Per far ciò, le basi della nostra scienza sono troppo incerte ed incomplete», *infra*, p. 322 («we have no right to rule out a priori the possibility of telepathy. For that the foundations of our science are too uncertain and incomplete», Ehrenwald, J., *Einstein skeptical of ESP? Postcript to a correspondence*, Journal of Parapsychology, vol. 42, June 1978, p. 138). E poi si limita alla sua sola esperienza. Ovvero: lui non ha mai avuto esperienze di comunicazione telepatica con altri esseri umani. Ma non dice di non credere che altri le abbiano potute avere, o che queste siano impossibili, o che non siano mai state provate, ecc. A me pare una risposta molto astuta, per evitare di esporsi su questo argomento tanto facile ai fraintendimenti, alle strumentalizzazioni e alle speculazioni. Ad Alexander Moszkowski nell'aprile 1920 aveva detto per esempio che «serious scientists must avoid all humbug of this sort, since even slight interest in it can easily be misinterpreted by the ignorant public» (pp. 136-137) («gli scienziati seri devono evitare ogni imbroglio del genere, dato che anche il minimo interesse in queste cose può essere facilmente frainteso dal pubblico ignorante»), mentre a Jan Ehrenwald nella lettera del 13 maggio 1946, quella inizialmente divulgata da Gardner, aveva scritto che «il pubblico tende ad attribuire maggior peso alle mie parole di quanto non sarebbe giustificabile vista la mia ignoranza di tante cose, mi sento ancor più in dovere di esercitare la massima cautela e un estremo riserbo nel muovermi in questo campo» (*infra*, p. 321).

Einstein e la parapsicologia

di Giorgio Salvadori

08/07/1978[1]

Molto rapidamente le scrivo, evidentemente non più meravigliato, per quanto Piero Angela dice su *Il Tempo* del 5 luglio, con riferimento alla recensione del suo libro fatta su *Il Tempo* dal professor Servadio.
1) Non mi pare che si possa difendere una tesi, accusando l'avversario di essere «un credente». Non si tratta di credenza o fede, ma di convincimento di fronte a verità sufficientemente dimostrate, anche se non ancora spiegate[2].
2) Ritengo che telefonare non si sa a chi del C.N.R. o di Università o Centri di Ricerca, non risolva la questione, perché già sappiamo che detti ambienti, specie in Italia, pullulano di persone, preparatissime in tanti argomenti scientifici, ma decisamente carenti di informazione e di esperienza sui fatti paranormali.
D'altra parte mi sembra che la citata recensione del prof. Servadio, pubblicata il 28 giugno, fornisca abbondante documentazione, senza bisogno di usare il telefono!
3) Per quanto riguarda Einstein, di cui evidentemente rispetto profondamente la geniale personalità, debbo osservare che l'aver scritto la prefazione al libro di Upton Sinclair («per pura amicizia» e non «per convinzione»), mi farebbe scendere di un gradino la stima nella serietà del grande Einstein, se non mi sorgesse il dubbio che ad una sua *convinzione* iniziale non abbia fatto seguito un *ripensamento*. Fenomeno frequente in molti scienziati, come si è ascoltato anche nel dibattito televisivo[3], quando il dott. Christopher Evans ha ammesso di aver creduto e lavorato sul paranormale per 20 anni, e di aver successivamente avuto i dubbi che lo hanno portato alla *conversione*[4].

---

[1] *Il Tempo*, 08/07/1978, p. 18. Lettera inviata al quotidiano. L'autore, ingegnere, si firma come Vice Presidente della Società Italiana di Parapsicologia.
[2] Anche Salvadori contesta subito, a ragione, il modo in cui Angela aveva qualificato Servadio.
[3] Del 31 maggio 1978, cfr. vol. VII, pp. 389-390.
[4] Ricordo l'emblematico caso di Ettore della Giovanna nei confronti di Rol, si veda il vol. IV, p. 111. Salvadori in tutto l'articolo prende per buone le affermazioni di Einstein così come riferite da Angela e con l'interpretazione *totalmente* scettica che lui ha voluto dargli. L'interpretazione di Salvadori, quella del possibile ripensamento così come quella della poca competenza di Einstein sulla materia, è certamente possibile. A me però convince poco e già la lettura integrale della lettera di Einstein (si veda a p. 321) dà un quadro molto diverso. Inoltre, se lo scienziato fosse stato scettico sui fenomeni, Rol, per esempio, lo

4) Quanto invece non è ammissibile è l'affermazione (se vera!)[5] di Einstein, che i risultati ottenuti dal Rhine e dai suoi collaboratori e seguaci in tutto il mondo, fossero *probabilmente* dovuti ad «una sorgente di errori sistematici *non ancora identificati*». Questa affermazione può essere un'ipotesi provvisoria, ma non una dimostrazione. Tanto più che dal 1930 ad oggi, sono quasi 50 anni che tutti gli studiosi di statistica del mondo non sono riusciti ad identificare questi eventuali errori sistematici. Ardisco credere che oggi Einstein, se fosse vivo, cambierebbe la sua opinione in proposito.

5) Se Einstein non ha avuto nella sua vita prove personali di percezione extrasensoriale, questo non toglie niente alla sua grandezza, ma non annulla il fatto che una infinità di persone, anche di pari levatura (ad es. Freud), le abbiano avute[6].

6) Per finire vorrei dire che nessun parapsicologo ha portato Einstein, come esempio di scienziato a favore della ricerca parapsicologica[7], ma è Angela che ha voluto aggiungere all'elenco dei «suoi» 21 scienziati scettici viventi, anche il ventiduesimo morto, e questo probabilmente perché non aveva altri argomenti da opporre a quelli nunerosissimi e documentati, esposti anche nella recensione del prof. Servadio.

---

avrebbe detto, quando parlò del suo incontro e della sua corrispondenza con lui. Perché mai Rol avrebbe tanto spesso menzionato Einstein, se lo avesse saputo scettico nel senso supposto da Angela, Hack e altri? Rol non faceva affermazioni a vanvera. Certo sarebbe facile, col pregiudizio scettico, sostenere che lo menzionò spesso solo per attribuire a se stesso maggiore credibilità e autorevolezza; e si potrebbe anche ipotizzare, da un altro punto di vista, che menzionare Einstein era (solo o anche) un modo per alludere alle sue scoperte scientifiche, che "nasconderebbero" elementi atti a comprendere anche la scienza di Rol. Di questa ipotesi mi occuperò comunque in altro studio.

[5] Era vera, si veda l'articolo di Ehrenwald a p. 320 e sgg..

[6] Indubbiamente. E Einstein, come ho scritto prima, non ha comunque negato che altri le abbiano potute avere.

[7] Questo però non è vero, perché a partire dalla presentazione di Einstein del libro di Sinclair, nel 1930, più di uno studioso vi ha fatto riferimento annoverando Einstein tra i favorevoli alla parapsicologia.

La polemica sull'inchiesta nel mondo del paranormale

di Emilio Servadio

09/07/1978[1]

Occhiello
Servadio replica a Piero Angela

Sono costretto ad entrare ancora una volta in polemica con Piero Angela, mentre ne avrei fatto volentieri a meno – dopo che tanto inchiostro e tanto fiato sono stati consumati in una diatriba che non può avere esito. Ma vi sono costretto, perché Piero Angela ha scritto, e *Il Tempo* ha pubblicato (5 luglio a.c.[2]), un nuovo attacco alla parapsicologia, e in particolare a me, che avevo recensito in modo assai critico (*Il Tempo,* 28 giugno a.c.[3]) il suo libro *Viaggio nel mondo del paranormale.*
Sull'argomento della telepatia, Angela ha «invitato i lettori de *Il Tempo* ad alzare il telefono e chiamare il Consiglio nazionale delle ricerche, le Università e i Centri di ricerca più prestigiosi in Italia o in altri Paesi e chiedere conferma di questa affermazione». È un invito che lascia il tempo che trova, perché negli Enti anzidetti ci può essere chi è «informato» a proposito di molti decenni di esperienze e di ricerche sulla telepatia, e chi non lo è. Tuttavia, Angela dovrebbe sapere – e molti lettori indubbiamente sanno – che vi sono Enti pubblici o statali, in Italia e all'estero, nell'ambito dei quali non soltanto il fenomeno della telepatia, ma tutta quanta la ricerca parapsicologica è presa molto sul serio. Qua e là nel mondo, la parapsicologia è addirittura insegnata da cattedre universitarie! E quando vi fu la «tavola rotonda» alla televisione, alla quale prese parte anche Piero Angela[4], io gli elencai al riguardo una dozzina di istituti universitari, e Angela non poté replicare proprio nulla. (Aggiunsi, fra l'altro, che il mio elenco indubbiamente non era completo). D'altronde, si sa benissimo che in genere, gli ambienti accademici sono piuttosto... lenti ad accettare novità scientifiche. Ne seppe qualche cosa Sigmund Freud, che trovò contrari alle sue scoperte tutti gli istituti e le università della terra – compresa quella di Vienna dove aveva insegnato – si può dire fin quasi alla sua morte. Dopo la quale, un po' tardivamente, si cominciò ad insegnare la psicoanalisi in tutto il mondo, e alla figlia Anna, che porta gloriosamente il nome di tanto padre, tre Università conferirono

---

[1] *Il Tempo*, 09/07/1978, p. 9.
[2] *Supra*, p. 127.
[3] Vol. VII, p. 440.
[4] Quella del 31 maggio 1978.

lauree *ad honorem*. (Freud, tra parentesi, ero convinto dell'esistenza della telepatia).

Sul «caso Einstein» – non dispiaccia a Piero Angela – io sono non già informato, ma informatissimo. Conoscevo perfettamente la lettera di Einstein a Jan Ehrenwald, non foss'altro perché questo psichiatra americano è mio caro amico da moltissimi anni. Il bello è – ma questo Angela non lo ha palesato – che il dr. Jan Ehrenwald è un convintissimo assertore della realtà e dell'importanza non soltanto della telepatia, ma della parapsicologia in generale. Ha pubblicato al riguardo ben tre libri, e numerosissimi saggi ed articoli. L'ultima sua opera, apparsa pochi mesi fa, s'intitola – può interessare Angela apprenderlo – *The ESP Experience*, e riguarda, ovviamente, quella «percezione extra sensoriale» che per Angela... non esiste!

Apparve chiaro sia a me, sia a Ehrenwald, che la lettera di Einstein, in cui questi si dimostrava «pentito» di avere elogiato pubblicamente il libro di Sinclair sulla telepatia, era stata dovuta a uno di quei meccanismi di «dissociazione cognitiva» (per non chiamarla debolezza), che hanno di tanto in tanto afflitto insigni studiosi, anche fuori dal campo della parapsicologia. È accaduto numerose volte, nella storia della scienza, che un ricercatore abbia a un certo punto dubitato della legittimità di esperimenti e di scoperte, che aveva realmente effettuato, e che erano stati avallati da molti colleghi. Se fosse vero che Einstein aveva scritto la prefazione al libro di Sinclair «per via della sua amicizia personale con l'autore», ciò – francamente – non illuminerebbe di luce molto favorevole la grande figura del grande scienziato. Se un mio carissimo amico scrivesse un libro per dimostrare che la terra è piatta, e mi chiedesse una prefazione, nessun legame di amicizia al mondo mi indurrebbe a scriverla[5]. È quindi preferibile credere che Einstein fosse sincero quando

---

[5] Trovo che questa sia una frase formidabile, alla quale mi associo completamente. Io stesso, che ho scritto prefazioni, postfazioni, appendici a libri di altri autori, se e quando è stato il caso non ho esitato a contraddire l'autore del volume che mi aveva invitato a fornire il mio contributo. Ad esempio, ho sollevato numerose obiezioni all'opinione di Paola Giovetti, nella postfazione che ho scritta per il suo libro (*Gustavo Adolfo Rol. L'uomo oltre l'uomo*, Edizioni Mediterranee, 2022) che i dattiloscritti di un volume inedito incontrati nel lascito di Catterina Ferrari al Comune di Torino fossero opera di Rol – cosa che infatti non erano, come in seguito ho potuto dimostrare – e tali obiezioni ho continuato a farle anche nelle reti sociali fintanto che Giovetti sosteneva questa opinione. Posso cioè aver apprezzato il libro di qualcuno – foss'anche solo al livello di amicizia – ma non per questo significa che debba accettare tutto quanto vi sia scritto. Einstein avrebbe potuto fare lo stesso, mantenersi più prudente, fare qualche obiezione, foss'anche garbata, se fosse stato scettico. E invece non lo ha fatto. Il che è uno di molti indizi che scettico non era. Ci tornerò più avanti nei capitoli che dedico ad Einstein.

scrisse la detta prefazione: ma che poi, come talvolta accade, e in un comprensibile attimo di cedimento, se ne sia pentito!⁶

Per quanto riguarda le esperienze di Rhine, esse non hanno certamente bisogno del mio particolare avallo, visto che sono state ripetute un po' in tutto il mondo, in non so quanti laboratori di parapsicologia, e che i risultati di numerossimi ricercatori hanno confermato gli esperimenti della scuola americana. Anche in questo, come in molti casi consimili, non è lontanamente possibile citare l'immensa letteratura che esiste al riguardo.

Alcune parole per finire. All'inizio della sua lettera al *Tempo*, Angela scrive che «Non si può certo chiedere a un credente di approvare il libro di uno scettico». I parapsicologi sono dunque, secondo Angela, dei «credenti», e non degli spassionati ricercatori della verità. Ora, è persino troppo ovvio ricordare che si «crede», o non si crede, in Dio, o nell'immortalità dell'anima: mentre la «conoscenza» scientifica in parapsicologia, o in altri settori dello scibile, è fondata su fatti e non su «credenze». Ci sarebbe da chiedersi a questo punto se «credenza» – con un segno negativo – non potrebb'essere invece quella di chi, a priori, si rifiuta di prendere nozione della straordinaria quantità di ricerche e di accertamenti che, in materia di parapsicologia, sono stati compiuti da molti decenni a questo parte. Se si adottasse questo modo di vedere, «credente» sarebbe Piero Angela, e non già il sottoscritto.

Vorrei infine osservare che nella mia recensione al libro di Piero Angela, io ho sottolineato una notevole quantità di lacune, imprecisioni ed errori in esso contenuti. A nessuno di questi appunti Angela ha risposto nella sua

---

⁶ Bisogna poi vedere in che senso se ne fosse pentito: perché non credeva ai fenomeni – e si vedrà nei capitoli di approfondimento su Einstein che questo non pare proprio essere il caso – oppure perché si rese conto che facendo quella prefazione tutto il mondo occultistico-spiritistico prima e new age poi lo avrebbe tirato in ballo come "credente" nel paranormale? Per chi ha una mentalità scientifica – e io sono uno di quelli, nonostante mi sia trovato *per circostanze non da me cercate*, a trattare il caso Rol e a interessarmi delle fenomenologia paranormale – il mondo occultistico e i suoi divulgatori sono in gran parte fumo negli occhi, a causa della frequente assenza di metodo, delle autosuggestioni, di una diffusa credulità e di un ridotto senso critico. Questa "allergia" però non toglie nulla al riconoscimento di fatti straordinari la cui spiegazione precisa ancora non esiste. Occorre quindi separare questi fenomeni, reali, da personaggi ambigui, divulgatori superficiali, teorie poco serie e precise, assenza di fonti, ecc. Si tratta pertanto anche di una questione di *metodo*. Einstein di sicuro non aveva alcuna intenzione di uscire dai parametri di serietà del metodo scientifico, il che però non esclude affatto l'apertura a fenomenologie ancora non spiegate. Anzi, di norma i grandi scienziati sono anche quelli che hanno la mente più aperta, perché le più grandi scoperte, se non sono casuali, sono quelle che si fanno nei territori del nuovo e dell'inesplorato. Diffcile scoprire cose nuove standosene sempre nello stesso territorio.

lettera al *Tempo*[7]. Abbia il lettore la compiacenza di rileggere il mio articolo, e... giudichi chi può aver ragione[8].

SERVADIO REPLICA A PIERO ANGELA

La polemica sull'inchiesta nel mondo del paranormale

---

[7] La cosa non sorprende: una delle tecniche di Angela e dei suoi correligionari, e degli illusionisti ai quali si accompagnava, alcuni dei quali ancora in piena attività, è sempre stata quella di eludere le questioni nel merito e nello specifico, e "parlare d'altro" (quando non parlare proprio). Ad esempio, se si cita un episodio paranormale di Rol che loro non sono in grado di contestare con argomenti credibili, la tattica è quella di dire: "Non sappiamo come Rol davvero abbia fatto, o se il testimone ricordi correttamente, però l'illusionista tal dei tali una volta ha fatto quest'altro...", sviando così l'attenzione e mettendo in pratica la solita *misdirection*.

[8] A proposito di lettori, aggiungo qui in nota una lettera di uno di loro, Chiaffredo Rosso, al quotidiano *La Stampa*, pubblicata il 19/07/1978 nella rubrica *I lettori discutono* (p. 9) col titolo *Rispetto per chi ricerca*: «La polemica sorta sulla parapsicologia rischia di assurgere a toni assurdi o addirittura sproporzionati ad una normale divergenza di opinioni. Pur occupandomi di parapsicologia da qualche lustro, non intendo entrare nel merito della attendibilità scientifica o meno della ricerca parapsicologica, almeno per il significato che comunemente si dà alla parola scienza. C'è un altro aspetto della questione che preoccupa; c'è a turno un senso di derisione, scherno, scetticismo, in una parola, c'è intolleranza verso chi ricerca. C'è la sconfortante constatazione che l'Italia non è cambiata molto dai tempi di Galileo Galilei, per quanto riguarda il rispetto che merita chiunque, umilmente e senza rompere le tasche al prossimo, ricerca. Simile intolleranza, così ben riassunta e concentrata nel comportamento di Piero Angela, è vieppiù pericolosa, perché non riguarda solo la parapsicologia, ma tutta la ricerca scientifica; non a caso siamo in questo campo tra gli ultimi Paesi del mondo e nulla lascia prevedere una qualsiasi disposizione attitudinale a tentare di risalire la china. Il concetto che lo sconosciuto non si identifica nell'inconoscibile e che quanto non è ancora stato scoperto è pur sempre scopribile, evidentemente fa paura a troppa gente».

Fenomeni paranormali

di Margherita Hack

30/07/1978[1]

Essendo stata assente dall'Italia per impegni di lavoro, mi permetta di rispondere soltanto ora, come firmataria della «Dichiarazione sui fenomeni paranormali» redatta da Piero Angela, ad una lettera del prof. Servadio su «Il Tempo» del 9 aprile u.s.[2], i cui 'concetti' sono stati da lui ribaditi in un articolo apparso sulla rivista «Gli Arcani»[3], e in un'altra lettera di rimostranze apparsa su *La Stampa* di Torino il 14 luglio[4]. Quest'ultima era diretta al professor Daniele Bovet in particolare, ma implicitamente anche agli altri firmatari.

Il principale argomento del prof. Servadio contro i firmatari della «Dichiarazione» (che egli chiama «I ventuno più Piero Angela»), è che questi essendo «animati da spirito critico, ma largamente disinformati (come indubbiamente essi sono) in materia di parapsicologia, possano[5] mettere in atto un'azione puramente e semplicemente demolitrice, anziché di sana e auspicabile revisione, e perciò gettar via, come direbbero gli Inglesi, il bagno con il bambino».

Con tutto il rispetto per il prof. Servadio di cui anche a me è nota la lunga vita di lavoro, vorrei osservare che il documento si intitola «Dichiarazione *sui* fenomeni paranormali» e non «contro»[6]; e, promuovendo la formazione di un comitato, parla dell'esigenza di un'informazione più responsabile[7], nonché di studi e di prove[8] capaci di dare ai cosiddetti fenomeni paranormali, quel livello di attendibilità e di controllo richiesto in tutte le discipline scientifiche[9].

---

[1] *Il Tempo*, 30/07/1978, p. 18.
[2] Vol. VII, pp. 183-185.
[3] Vol. VII, pp. 401-403.
[4] Vol. VII, p. 424.
[5] Nell'originale è «possano». Cfr. *infra*, p. 140.
[6] Ah beh, allora nessun problema... Le *vere* intenzioni non contano, giusto? Fa fede la *facciata*, la *maschera*. L'illusionismo, insomma.
[7] Disattesa sia allora che in seguito.
[8] Solo quelli intesi a demolire parapsicologia e paranormale.
[9] Scalzando tutti gli studiosi "concorrenti" e competenti che fino ad allora si erano occupati dell'argomento: partire da zero proponendosi come gli unici giudici (ed eventualmente, approfittatori in termini di ricerca, caso fosse emerso qualcosa di davvero valido) dell'argomento.

In secondo luogo, mi sembra eccessiva la pretesa che la campana parapsicologica possa venire ascoltata e giudicata dai soli parapsicologi[10]. Penso che un po' d'orecchio andrebbe concesso anche a quegli scienziati, i quali, pur non essendo specialisti in materia, tuttavia sanno bene che i fondamenti della ricerca sono pressappoco identici per tutte le discipline sperimentali, e quindi si ritengono capaci, almeno in via di principio, di distinguere fra scienza e ciò che scienza non è[11].

Inoltre, vorrei precisare (e non tanto al prof. Servadio, ma a quelli che non lo sanno) che gli scienziati, proprio in quanto tali, esercitano tra loro lo stesso metodo critico (demolitore, costruttivo o restauratore che sia), ma centrato sui fatti[12] e sempre sulla base di un comune linguaggio. Sicché, i

---

[10] Potrebbe essere un argomento lecito, se 1) i parapsicologi non fossero coloro che hanno approfondito la materia in questione e quindi, come tali, *competenti*; 2) se essi non avessero in genere lauree in altri campi, dalla psicologia alla fisica, dall'ingegneria all'architettura, dalla biologia alla chimica alla matematica e così via. Ovvero, si tratta o si trattava normalmente di studiosi formati in qualche materia che si occupavano *anche* di parapsicologia, quasi fosse un corso di specializzazione post laurea. L'argomento di Hack e di quelli che lo ripetono ancora oggi è quindi privo di consistenza, e anzi in pratica si configura come la pretesa di un gruppo di laureati che pretendano sostituirsi ad altri laureati che abbiano però anche fatto un corso di specializzazione di molti anni e che spesso include anche "pratica" sul campo, sull'argomento sul quale si esprimono. E tale argomento ha poi spesso poco a che vedere con la laurea conseguita, ma si tratta di materia tanto vasta quanto difficile e impervia, la cui competenza corrisponde a una laurea a sé stante. Hack è quindi una laureata che non ha fatto alcuna specializzazione e il suo parere intriso di pregiudizio, come quello degli altri firmatari in condizioni analoghe, ha un valore vicino al nullo. Penso che lei stessa avrebbe espresso un giudizio analogo se Servadio avesse firmato una dichiarazione che mettesse in dubbio l'operato, la serietà e il metodo degli astronomi e discettasse di astronomia come Hack discetta di parapsicologia.

[11] E con questo, sta in pratica dicendo che i laureati-specializzati che si occupano di parapsicologia, non sappiano cosa sia il metodo scientifico. È il solito atteggiamento da professorina/o arrogante, altezzosa o piena di sé che si pone in cattedra a fare la lezione ad alunni imberbi ed ingenui; atteggiamento del resto analogo, dall'alto in basso, che si ha poi nei confronti dei testimoni, spesso casuali, di fatti paranormali autentici, trattati alla stregua di bambinetti irrazionali non provvisti di ragione (e quindi, per estensione, di cervello). Che pochi o molti di coloro che *credono* a questi fenomeni possano anche far parte di questa categoria, non giustifica per niente facili e comode generalizzazioni.

[12] Se questo fosse vero nel caso in questione, non ci sarebbe stata alcuna polemica tra l'incompetente, pregiudiziale e parziale Piero Angela e gli *specializzati* nella materia. Una delle grandi *misdirections* operate sin da allora è quella di spostare l'attenzione sui principi di metodo scientifico – che io condivido in larghissima parte – mantenendosi però ben distanti da un effettivo *fact checking*, per loro troppo difficile e controproducente per la tesi che *i fenomeni paranormali non esistono*. Tutti i *fatti* che vanno nella direzione di comprovare l'esistenza del

parapsicologi venendo trattati allo stesso modo, dovrebbero accettare se non rallegrarsi degli attacchi di cui invece si lamentano, perché significa che viene loro riconosciuta almeno una certa validità, altrimenti non varrebbe la pena di contrastarli[13]. Comunque, ho l'impressione che le vere difficoltà e problemi non siano tanto fra gli scienziati di discipline accademiche e i parapsicologi, ma sopratrutto fra questi ultimi. Tanto è vero che lo stesso Servadio ci tiene a distinguere fra parapsicologi veri e non veri, ma senza neppure tentare di farci capire i criteri di distinzione, e quale sia l'area almeno approssimativa, dei cosiddetti fenomeni paranormali[14]. La verità è, che, in parapsicologia, non c'è concordia né sulla realtà, e estensione dei fenomeni, né sui metodi di ricerca, né sulle ipotesi e teorie[15].

Tornando al prof. Servadio, è sicuro che le tecniche e gli esperimenti di cui parla nella lettera al prof. Bovet siano convalidabili, o non piuttosto equivoci alla stregua di tanti altri? E in ogni caso, il prof. Servadio, nonostante la sua importante produzione, crede di aver fatto abbastanza per mettere in guardia l'opinione pubblica contro i falsi parapsicologi dei quali anche egli si lamenta, e che certamente sono causa di moltissimi danni e squilibri mentali, specialmente in un'epoca disorientata come l'attuale? Non sarebbe necessario contribuire più efficacemente a porre un argine a quelle ondate di irrazionale che sembrano ricorrere col trapassare da una generazione ad un altra? Penso a quei «revival» di morboso interesse per i fenomeni psichici avvenuti intorno al 1848, 1882, 1930 e 1970 coincidenti con una molteplicità di manifestazioni di dissenso

---

paranormale vengono sistematicamente e scientemente ignorati o censurati. Altro che «metodo centrato sui fatti»!

[13] La critica onesta e di gente preparata è sempre la benvenuta: serve a migliorare le proprie conoscenze ed opinioni e ad elevare il dibattito, a beneficio di tutti. Ma quella di Angela & C. non fa parte di questa categoria. Personalmente ho sempre apprezzato i critici *costruttivi* e disprezzato quelli *disonesti* e *distruttivi*. Comunque, anche questi alla lunga possono portare a conseguenze positive (il *male necessario*). Ho già detto che la mia attività divulgativa è iniziata proprio a causa della critica di Piero Angela a Rol.

[14] Una firmataria della dichiarazione avrebbe dovuto avere sufficiente competenza per saperlo, invece di chiedere, *dopo*, ai competenti.

[15] Come se questo c'entrasse qualcosa con i fenomeni. Non è perché essi hanno interpretazioni diverse e non condivise che i fenomeni spariscono. La mancanza di una teoria unitaria in questo campo è data dalla difficoltà del campo stesso, dalla rarità, varietà, molteplicità e in genere irripetibilità dei fenomeni (da cui anche variabili «metodi di ricerca»). La Luna è un *fatto* da miliardi di anni, ma perche l'essere umano ci arrivasse, per lo meno nel corso della presente civiltà, si è dovuto attendere il 1969. Prima mancavano i mezzi. Una teoria coerente, oggettiva e verificabile del "paranormale" è più o meno come mettere piede sulla Luna. Presto o tardi ci si arriverà, come è nel destino di tutto ciò che è reale e possibile, quando si saranno messi insieme tutti i "pezzi" necessari.

politico, economico, sociale, individuale, sessuale, artistico. Quindi, ritengo dannoso, oltre che sbagliato, prendersela con le trasmissioni e col libro di Piero Angela che ha avuto il coraggio e il grandissimo merito di fare un'opera di «igiene mentale»[16].

Perciò, anche senza pretendere che Servadio diventi «Il ventiduesimo firmatario oltre Piero Angela» della «Dichiarazione sui fenomeni paranormali», non sarebbe male gli riconoscesse la bontà dell'iniziativa[17].

---

[16] Non mi risulta che un metodo truffaldino sia la soluzione per arginare altri generi di truffe, vere o presunte. Se da un estremo si passa a un altro, si è di nuovo al punto di partenza e si è fatto molto rumore per nulla, un bel polverone che, al massimo, può servire in seguito a non ripercorrere gli stessi errori di metodo (ma avendo contribuito a ritardare tutto il resto). L'igiene va fatta con i prodotti giusti e nelle giuste modalità. Non lavarsi mai o lavarsi con l'acido solforico non sono in entrambi i casi soluzioni ideali.

[17] Dal finale, si vede il nessun interesse a coinvolgere persone competenti sull'argomento, *nemmeno una*. Una scienziata *completa* e con reale intenzione di capire ed apprendere cose che esulano dai suoi interessi e ricerche abituali, avrebbe invitato Servadio ad unirsi al gruppo. Invece chiede solo che si approvi la "bontà" dell'iniziativa. Ma in essa di buono c'era proprio poco, perché dove è carente l'onestà e prevale il pre-giudizio non può esservi "bontà".

Di Margherita Hack, si veda anche l'articolo beffardo dell'anno precedente su *Il Giorno* contro Uri Geller (*Una forchetta dietro la Luna*, 17/03/1977, p. 3).

I competenti in parapsicologia

di Emilio Servadio

02/08/1978[1]

Ho letto con interesse la lettera della dott.ssa Margherita Hack sui fenomeni paranormali, indirizzata prevalentemente al sottoscritto, e apparsa su *Il Tempo* del 30 luglio. In primo luogo, ringrazio la dott.ssa Hack delle gentili espressioni a mio riguardo. Fra studiosi, bisognerebbe sempre adoperare rispetto e cortesia, ma talvolta qualcuno se ne dimentica. Quanto al resto, credo che su diversi punti ci sia perfetto accordo tra la dott.ssa Hack e lo scrivente; e che su altri ci possa essere qualche divergenza di valutazione, o qualche malinteso.

Nell'articolo che pubblicai su *Il Tempo* il 9 aprile, a cui la dott.ssa Hack si riferisce, e nel quale commentavo la costituzione di un Comitato di personalità scientifiche per lo studio del paranormale e la relativa «Dichiarazione», io scrivevo: «In linea di massima, il sottoscritto non può che essere d'accordo, e pienamente». Più oltre, manifestavo un timore (timore, si badi, non già convinzione); e così mi esprimevo a proposito dei firmatari della Dichiarazione: «C'è il rischio... che essi *possano* mettere in atto una azione puramente e semplicemente demolitrice...», ecc. Adoperavo il congiuntivo, e non l'indicativo («possono»), come per errore è stato riportato nella lettera della dottoressa Hack. E il timore, mi sembra, era fondato, visto che il comitato in questione era stato promosso da Piero Angela, che questi figurava tra i suoi membri, e che le trasmissioni di Angela alla TV erano state – questo nessuno potrebbe negarlo – unicamente demolitrici nei riguardi della parapsicologia!

In nessuno dei miei articoli – faccio osservare – si trova l'affermazione secondo cui il comitato di cui sopra sarebbe stato istituito «contro» la parapsicologia. Questo termine è stato messo tra virgolette dalla dott.ssa Hack ma – ripeto – io non l'ho mai adoperato[2]. La dott.ssa Hack non è d'accordo sul fatto che in materia di parapsicologia dovrebbero considerarsi competenti... i parapsicologi. Sarebbe troppo facile far osservare alla dott.ssa Hack – astronoma – che in fatto di astronomia i competenti sono... gli astronomi[3]. Purtroppo, è tuttora necessario distinguere, fra chi si occupa di parapsicologia, gli studiosi seri da coloro che si auto-proclamano «parapsicologi» e che non conoscono l'ABC del metodo scientifico. Ma la dott.ssa Hack converrà che per esprimersi con

---

[1] *Il Tempo,* 02/08/1978, p. 9.
[2] Puntualizzazione pro forma. Di certo, lo ha pensato.
[3] È appunto quanto ho osservato anche io in precedenza.

rigore ed esattezza in merito ai più recenti studi – poniamo – sulla percezione extra sensoriale, il «competente» non può essere che chi si sia occupato pervicacemente, e per anni, dell'argomento: un J.B. Rhine, un Helmut Schmidt, un Charles Honorton... insomma, un parapsicologo serio e informato: non un esperto di chimica, o di biologia, o di geofisica che non se ne sia mai interessato, anche se occupa una cattedra universitaria!
Contrariamente a ciò che sembra ritenere la dott.ssa Hack, moltissime volte io ho cercato di far capire l'abisso che corre tra parapsicologia scientifica e dilettantismo, o confusionismo o superstizione. L'ho fatto in lavori metodologici apparsi su riviste specializzate. L'ho fatto nelle pagine de *Il Tempo*. L'ho fatto e lo faccio nella rubrica «Osservatorio» del mensile *Gli Arcani*. Recentissimamente, l'ho fatto con una relazione a un Congresso scientifico internazionale, svoltosi a Roma presso il C.N.R..
Può forse interessare la dott.ssa Hack apprendere che gli azzeccagarbugli pseudo-parapsicologi, gli spiritisti del «bicchierino», gli entusiasti delle «voci dell'aldilà» ecc. mi detestano, in genere, cordialmente, proprio perché non manco un'occasione per denunciare la loro impreparazione e la loro ridicola baldanza[4]. Nell'anzidetta mia rubrica «Osservatorio» si possono trovare, ogni mese, le mie messe a punto e le mie critiche a tale riguardo. Non posso quindi che invitare la dott.ssa Hack a... leggermi più attentamente e più spesso!
Dal canto mio, non sono d'accordo sulla affermazione della dott.ssa Hack, secondo la quale Piero Angela avrebbe fatto «opera d'igiene mentale». Opera d'igiene mentale si fa allorché si distingue, con correttezza e rigore, il buono dal cattivo, il vero dal falso. Angela non ha proceduto in tal modo. Già più volte, in diversi articoli, io ho cercato d'indicarlo, e non intendo ripetermi. Ma per avere una idea più particolareggiata del modo in cui è stata condotta l'inchiesta di Angela, prego la dott.ssa Hack – e chiunque altro a cui la cosa potesse interessare – di leggere l'ampio studio che all'argomento ha dedicato Gian Marco Rinaldi, nel n. 2 (giugno 1978) della rivista *Luce e Ombra*. Sono ben 67 pagine[5].

la discussione
I competenti in parapsicologia

---

[4] Ciò che all'occasione faccio anche io, e infatti anche io ho la mia quota di «"cordiali" detestanti».
[5] I cui estratti più significativi ho riprodotto nelle pagine precedenti. Qui di seguito invece, quanto ne scrisse Massimo Inardi.

La "santa alleanza" TV contro la parapsicologia

di Giorgio di Simone

Agosto 1978[1]

(…) ancora con dentro l'eco delle polemiche sollevate dalla famigerata trasmissione televisiva di Piero Angela, in funzione chiaramente e determinatamente iconoclastica nei confronti della stessa rigorosa immagine di una parapsicologia scientifica, mi è capitato di leggere il resoconto di quanto è successo nel marzo di quest'anno alla televisione francese. Tale notizia, estremamente significativa, è stata brevemente pubblicata sul fascicolo numero otto della Rivista «Renaitre 2000». (maggio-luglio 1978). (…)

«*Una emissione truccata contro la parapsicologia* - È sotto questo titolo perfettamente adeguato che la nostra consorella "PSI-Réalités" (n. 6, marzo 1978) denuncia la macchinazione organizzata il 20 marzo dalla TFI contro J-P Girard e gli scienziati che volevano testimoniare a favore della psicocinesi. "Un'emissione televisiva è un'occasione eccezionale e questa è la ragione per la quale vi partecipano", ma "essi sono caduti nella trappola di una trasmissione il cui scopo era diametralmente opposto al loro e che ha calpestato ogni obiettività d'informazione"».

Innanzitutto, erano state imposte a J-P Girard delle condizioni draconiane che egli non avrebbe dovuto accettare. Inoltre, la trasmissione, in apparenza in "diretta", era in realtà in differita e conteneva sapienti tagli. Infatti, l'illusionista Randi sembrava che piegasse una chiave, mentre si trattava invece di due pezzi di film arbitrariamente collegati, l'uno preso su di una chiave diritta, l'altro su di una chiave piegata. Allo stesso modo, il signor Crussard, del politecnico, specialista in metallurgia degli Stabilimenti Pechiney, presentava una sbarra indurita dall'azione parapsichica: ed è stato tagliato il suo commento proprio poco prima del brano che sottolineava che la provetta non era stata piegata, dopodiché è stata data la parola al professor Köstler, premio Nobel, che dichiarava che "ognuno sa che quando si piega del metallo, esso si indurisce".

Scienza senza conoscenza è rovina dell'anima, diceva il buon Rabelais. Sembra proprio che se ne sia avuta in questa occasione una dimostrazione, giacché il professor Köstler conosceva perfettamente i lavori del Signor Crussard pubblicati nella *Rivista di metallurgia,* ed essendo la trasmissione in differita, egli era a conoscenza del significativo commento (del signor Crussard), proprio quello che era stato tagliato al momento opportuno al fine di ingannare gli ascoltatori. Si è fatto in modo che il

---

[1] *Il Giornale dei Misteri*, n. 90, settembre 1978, pp. 36-38.

signor Crussard non potesse rispondere. Sono state inoltre tagliate anche le dichiarazioni tecniche del professore Dierkens, e si è lasciato che il professore Gastaud di Marsiglia tuonasse contro la parapsicologia, quale portavoce tipo di tutti i detrattori della nostra epoca (...)» (A. D.).
Questo il resoconto che mette in evidenza un parallelismo di comportamento estremamente grave tra la televisione francese e la nostra, tanto più grave se si pensa che, probabilmente, una tale presa di posizione di organi d'informazione d'interesse pubblico così importanti, è abilmente orchestrata da chi ha un certo interesse nel mistificare la massa degli ascoltatori, tentando inoltre di fare piazza pulita di tutte quelle ricerche di avanguardia che lavorano affinché l'uomo abbia di se stesso un'idea più completa, un'idea che contribuisce indubbiamente a renderlo sempre più *libero,* soprattutto di giudicare e di scegliere.
È anche significativa la presenza, in tali trasmissioni, di personaggi «chiave» come l'onnipresente illusionista James Randi, vero ineffabile jolly di queste sceneggiate di cui i rappresentanti più seri e leali della scienza ufficiale dovrebbero ampiamente dolersi. Qualcosa però è avvenuto anche in tale direzione.
Infatti c'è un'altra notizia che desideravo darvi e che può interessare più di una persona, soprattutto tra coloro che sono rimasti indignati o perplessi alla fine del ciclo di trasmissioni sulla parapsicologia tenuto dal giornalista Piero Angela.
Si tratta di questo: la Rivista «Luce e Ombra», che è sempre stata di buon livello culturale nel campo specifico della ricerca psichica e che ha attuato un rinnovamento dei suoi contenuti, ha dedicato il suo fascicolo n. 2 del 1978, alla faccenda in discussione, sotto il titolo globale: «*Un'ottima antologia delle critiche: La serie TV e il libro di Piero Angela*». (...)
Ebbene, quasi tutti gli intervistati dal Rinaldi hanno avuto da ridire sulla trasmissione di P. Angela, una volta saputo come egli aveva presentato o «montato» le loro risposte alle sue domande sulla parapsicologia, e pare che alcuni di essi abbiano addirittura intenzione di fare causa al nostro giornalista anti-psi...
Come sapete, Piero Angela non ha fatto solo la trasmissione in questione, ma ha anche scritto un libro e, come minimo, dobbiamo augurarci che in esso la mistificazione della realtà parapsicologica sia rimasta al disotto del livello di guardia...[2]
Credo che le notizie date non abbiano bisogno di un ulteriore mio commento, mentre forse è necessario che io spenda due parole in un altro senso. Vorrei innanzitutto chiarire il fatto che io non ho naturalmente messo nessuna passionalità viscerale nel mio scendere in campo per contestare la trasmissione in discussione, sulle pagine delle riviste, come nel mio breve intervento all'ultimo Congresso dei «Gruppi di Ricerca» del

---

[2] Da questo si evince che quando Di Simone scriveva, il libro era già uscito, ma ancora non lo aveva letto.

G.d.M. Sto semplicemente al gioco, un gioco necessario nella contingenza umana, e qualche volta divertente, tutto sommato. È questo un altro frammento di quella «recita» che ognuno fa secondo il proprio ruolo dialettico, in funzione delle sue conoscenze. delle sue tendenze o nevrosi. delle sue pulsioni inconsce, come delle correnti ormoniche che lo condizionano in vario modo.

L'importante è però, a mio sommesso avviso, tenere sempre presente il quadro d'insieme della disputa, qualunque essa sia, senza scendere nei particeolari che interessano poco, che sono dispersivi e che fanno comodo ai detrattori.

Perché, attraverso i dettagli che possono essere benissimo attaccati e demoliti, chi è contro la parapsicologia in linea di principio, per tutto ciò che chiaramente essa può dare all'uomo e togliere ad un certo potere, minaccia di demolire l'idea in sé di questa nuova scienza, estremamente fastidiosa per alcuni, addirittura pericolosa per altri.

In particolare, a noi non deve importare poi nulla di Uri Geller o di Eusapia Palladino ecc ...., perché questo è un aspetto del territorio parapsicologico incerto e quindi scarsamente difendibile; mentre è l'insieme dei *fatti* e delle *idee* ciò che più conta e che va difeso ad oltranza, anche perché esso è perfettamente difendibile, e su piani diversi, tra di loro integrati[3]. Sul piano dei fatti e della accorta dialettica è comunque possibile passare al contrattacco, ma soltanto il rigore razionale, sperimentale e documentario può salvare la parapsicologia dalla sconfitta, sia sul piano delle idee che su quello, molto più importante, secondo me, dell'integrazione con la psicologia umana per una sempre migliore valutazione delle nostre possibilità virtuali ed attuali.

La "santa alleanza" TV contro la parapsicologia

---

[3] Un punto di vista che certamente sottoscrivo: chiunque abbia approfondito questo campo così difficile e sfuggente, sia per i fenomeni in se stessi (rari e spesso irripetibili) che per le variegate persone che vi sono coinvolte e l'alto grado di autosuggestioni e mistificazioni, non può non arrivare a difendere «ad oltranza» «l'insieme dei *fatti* e delle *idee*» che trascendono i casi singoli. Il materiale raccolto nel corso dei secoli è *straripante, concordante, inequivocabile*, e chi lo nega o non ha approfondito oppure mente.

Grazie a «Luce e Ombra»

di Massimo Inardi

Agosto/settembre 1978[1]

Se non avessimo altri e infiniti motivi di gratitudine e di profondo rispetto per la rivista «Luce e Ombra», il glorioso periodico di parapsicologia giunto ormai al suo settantottesimo anno di vita e attualmente diretto, magnificamente e autorevolmente, dall'amico carissimo e insigne parapsicologo dottor Gastone De Beni, basterebbe da solo quanto lo stesso periodico ha pubblicato nello scorso giugno 1978, per meritare tutto il nostro più incondizionato rispetto, tutta la nostra ammirazione e tutta la nostra stima.

A firma Gian Marco Rinaldi è apparso, infatti, nel numero 2 dell'anno settantottesimo della rivista (numero straordinario) un lunghissimo e succoso articolo dal titolo: «Un'ottima antologia delle critiche: la serie TV e il libro di Piero Angela». In questo lavoro l'autore, prendendo spunto dalla trasmissione TV e dal libro *Viaggio nel mondo del paranormale* (Garzanti) di Piero Angela, rispettivamente andata in onda e apparso in libreria nell'aprile e nel maggio scorsi, fa una lunga (oltre sessanta pagine!), serena e documentatissima (ben novantanove lavori citati in una bibliografia che ocupa oltre quattro pagine!) disamina critica delle argomentazioni portate da Angela contro la parapsicologia.

È un lavoro, questo del Rinaldi, che tutti dovrebbero leggere – antiparapsicologi e parapsicologi in testa – perché in esso l'autore, con tono serio, pacato e sereno, con appoggi bibliografici inoppugnabili, con documentazioni epistolari di prima mano e ricevuti dalle persone interessate, con argomentazioni limpide e prive di qualsiasi animosità, fa il punto ragionato ed equanime sull'intera questione, allo scopo precipuo e preciso di dimostrare che le affermazioni di Angela, l'atteggiamento di James Randi, quello dei prestigiatori e dei medium che a costui si affiancano (Milburn Christopher e M. Lamar Keene), e quello infine degli studiosi che da sempre sono avversari dichiarati della parapsicologia (Hyman, Marks, Hansel, Scott, Morrison, eccetera), nulla di sostanzialmente nuovo vengono a portare all'attenzione dei lettori competenti, in quanto per lo più ricalcano le affermazioni, gli atteggiamenti e le critiche che in ogni tempo e in ogni paese sono stati portati contro la parapsicologia.

---

[1] *Gli Arcani*, n. 11, novembre 1978, pp. 13-14; articolo nell'ambito della sua rubrica fissa: *parapsicologia come scienza*. Come altri articoli dove manca la data precisa in cui sono stati scritti, ho stimato il periodo più probabile.

L'articolo, che non è possibile neppure sunteggiare data la sua lunghezza e complessità, nonché la sua intelligente articolazione di temi, contiene in esordio un'affermazione che costituisce – anticipandola – anche la conclusione dell'intero lavoro, e che ci piace riportare perché è esattamente ciò che pensiamo e di cui siamo convinti.

Dice dunque il Rinaldi testualmente: «Non c'è dubbio che, finché le critiche sono queste, non possiamo che essere grati a chi ce le colleziona e ce le mette in mostra in bell'ordine. Per far comprendere la validità della parapsicologia, la lettura di un libro contrario come questo è assai più efficace della lettura di molti libri favorevoli, perché dimostra che i critici, pur con tutto il loro ingegno, non riescono a portare accuse sostanziali e decisive». Altra frase e altra affermazione del Rinaldi che torna veramente opportuna e che vale la pena di citare è la seguente: «In ogni caso quello che ci deve interessare è il contenuto del libro, non il motivo per cui Angela lo ha scritto. Questo contenuto, lungi dal dover suscitare delle reazioni allarmate, è estremamente tranquillizzante per un parapsicologo. È piacevole trovarsi in mano», continua l'articolista, «un panorama aggiornatissimo delle critiche, redatto con molta sicura e indubbia competenza e constatare che i critici dispongono ancora e soltanto delle stesse armi che già da molto tempo si sono rivelate del tutto inefficaci. Cambiano i personaggi, cambiano gli accusatori e gli accusati, ma i metodi rimangono sempre gli stessi.

«Ricordiamo quella che è sempre stata la ricetta degli oppositori: primo, ignorano e non prendono in considerazione l'insieme cioè la grande massa dei dati e si concentrano solo su pochissimi casi scelti da loro; secondo, cercano per questi casi una "spiegazione" normale, non importa se la più strampalata e funambolica; terzo, in mancanza di questa spiegazione, accusano di frode il soggetto, lo sperimentatore o entrambi».

A queste affermazioni fa poi seguito una serrata serie di argomentazioni che bollano definitivamente sia Angela che gli altri critici da lui citati.

Per impossibilità materiale di dilungarci oltre invitiamo quindi i lettori eventualmente interessati a procurarsi (...) «Luce e Ombra» (...) e a leggere per intero, e, se occorre, rileggere l'articolo con attenzione, non senza avere rinnovato a Gastone De Boni e a Gian Marco Rinaldi i nostri più sinceri ringraziamenti, sia e soprattutto per la benevola e bonaria «tirata d'orecchi» che nell'articolo ci viene fatta (a noi parapsicologi segnatamente) circa il nostro iniziale e subitaneo atteggiamento nei confronti dell'attacco frontale che Piero Angela ci ha portato, e ancora per il fermo atteggiamento tenuto nei confronti di quegli Studiosi con la esse maiuscola che, atteggiandosi a eminenti parapsicologi nonché a censori della parapsicologia, senza nulla saperne di essa, pomposamente proclamavano la morte della parapsicologia stessa e la «fuga disordinata» dei parapsicologi con accenti da «Bollettino della Vittoria» di diaziana memoria.

Viaggio nel paranormale

recensione di Emilio Servadio al libro di Renzo Allegri

Agosto/settembre 1978[1]

Il giornalista Allegri ha messo insieme questo vivace libro utilizzando una parte dei numerosissimi articoli sul «paranormale», apparsi sul settimanale «Gente». È un'opera in cui si alternano – come avviene fatalmente in una inchiesta giornalistica – cose rigorose e cose approssimative, resoconti del tutto attendibili ed «esperimenti» che non superano il livello dell'aneddotico.

Fra i personaggi che in qualche modo si potrebbero chiamare essi stessi «paranormali», si trovano in queste pagine (o meglio, «ritrovano» coloro che hanno letto gli articoli di «Gente») soggetti celebri come Gustavo Rol[2], e soggetti meno noti quali Viviante Aviano, Claudio Cabianca, Ermete Fontana. Non mancano, beninteso, Pasqualina Pezzola e Natuzza Evolo, due donne conosciutissime anch'esse dagli *aficionados* e dagli studiosi. A questi ultimi, Allegri ha dato uno spazio non piccolo, affinché ognuno di loro potesse precisare nel miglior modo possibile la sua «posizione» nei confronti del paranormale. Si possono trovare pertanto, lungo il «viaggio» di Allegri, i nomi di ricercatori quali Gastone De Boni, Piero Cassoli, Giorgio di Simone ed alcuni altri. Al sottoscritto, l'Autore ha voluto riservare addirittura un intero capitolo (11 pagine)[3], e di ciò naturalmente lo ringraziamo.

Un solo rammarico dobbiamo esprimere. Il libro di Allegri è apparso dopo poche settimane da quello di Piero Angela, pubblicato con un titolo analogo (*Viaggio nel mondo del paranormale,* Garzanti, Milano, 1978). A questo «viaggio» – che come è ormai noto altro non è se non un «attacco a fondo» alla parapsicologia – sarebbe stato desiderabile poter contrapporre un «viaggio» alquanto diverso da quello effettuato da Renzo Allegri: e cioè un'opera d'assieme, che rendesse giustizia alla parapsicologia più

---

[1] *Gli Arcani*, n. 11, novembre 1978, p. 123.
[2] E si ricorderà quello che Rol aveva scritto in proposito nel suo articolo preparato per *Gente* e poi non pubblicato: «Ho visto che mi ha dedicato il primo capitolo del suo libro *Viaggio nel paranormale*, e non ne sono stato contento» (*supra*, p. 117).
[3] *Cosa pensano gli scienziati*, pp. 288-298. Si tratta dell'intervista in precedenza pubblicata su *Gente* il 16 aprile 1977, che ho riprodotto nel vol. VII, pp. 112-123. Servadio era stato intervistato un anno prima dell'indagine di Angela, che quindi è assente dal suo discorso e fornisce una panoramica piuttosto chiara e precisa sia dei fenomeni che dell'approccio per studiarli. Tra le altre cose, affermava, a ragione, che ci sono spiegazioni alternative all'interpretazione spiritica.

seria e rigorosa. Immaginiamo che Angela – con coloro che gli danno credito – potrebbe divertirsi ad additare il volume di Allegri come esempio di scarsa scientificità, e confermare in tal modo i suoi giudizi negativi sulla parapsicologia (trascurando il fatto che – come abbiamo chiaramente indicato – il libro di Allegri si presenta come risultato di un'inchiesta giornalistica, e non già come un'opera di scienza[4]). Sempre nello stesso periodo è apparso negli Stati Uniti il formidabile volume di quasi mille pagine, *Handbook of Parapsychology*, a cura di B. Wolman (Van Nostrand Reinhold, New York, 1978)[5], al quale hanno collaborato alcuni tra i più famosi parapsicologi del nostro tempo. Ma quanti italiani hanno sinora preso, visto e «affrontato» quest'opera monumentale?

***

Riprenderemo la sequenza cronologica degli articoli nel volume IX, dove ad agosto 1978, sulle colonne de La Stampa, *alla più generale polemica sulla parapsicologia si sostituirà quella su Rol.*
Prima di passare a importanti documenti e dossier integrativi, volevo ancora ricordare che sempre ad agosto ci fu l'ultimo articolo di Laura Bergagna sul tema della storia della parapsicologia[6], che la giornalista portava avanti con la sua rubrica fissa sin dall'ottobre 1977 e la cui sospensione dovette essere un effetto diretto dell'inchiesta di Piero Angela e della polemica specifica nei mesi di giugno e luglio tra Bergagna, Daniel Bovet e Margherita Hack, vista nel volume precedente[7].

---

[4] Ciò che vale del resto anche per il libro di Angela.
[5] Uscito in Italia l'anno successivo col titolo: *L'universo della parapsicologia*, Armenia Editore, 1979.
[6] *Nell'aldilà si viaggia in fretta*, Stampa Sera, 18/08/1978, pp. 10-11. Il penultimo era stato il 3 agosto. Si veda la lista completa nel vol. VII, p. 128 nota 29.
[7] Vol. VII, pp. 420-423; 439.

Lettera del dott. Alfredo Gaito a Renzo Allegri

01/02/1985

Pubblico qui per la prima volta, per gentile concessione di Renzo Allegri dopo mia richiesta, la lettera integrale che Gaito gli aveva mandato, e di seguito le immagini dell'originale. Parti di essa, adattate e leggermente diverse dall'originale, erano già state pubblicate sia in Rol l'incredibile *(1986) che nella edizione successiva* Rol il mistero *(1993)[1]. Nel primo libro però non erano state presentate come parti di una lettera, ma come comunicazioni orali («mi ha detto il dottor Gaito», aveva scritto Allegri) in forma dialogica (alle pp. 116-122).*
Ecco come Allegri le introduceva, accennando anche allo stato psicologico in cui Rol si trovava al seguito delle polemiche del 1978:

> «Dopo aver scritto questa lunga lettera[2], Rol si è ritirato. Non a vita privata, ma frequenta una cerchia ristretta di amici. Continua a fare i suoi esperimenti, e a farne godere le persone sensibili a una certa "realtà". Ma ha definitivamente rinunciato al "dialogo" con il mondo della scienza[3].

---

[1] Quelle che sono molto diverse le riproduco in nota per una comparazione.
[2] Quella indirizzata a Jemolo e pubblicata su *La Stampa* il 3 settembre 1978, che Allegri aveva riprodotto nelle pagine precedenti. Si veda il vol. IX, p. 49.
[3] Il "ritiro", come ho detto in precedenza, durerà circa 7 anni, a partire dagli articoli di Bazzoli sulla *Domenica del Corriere* nel gennaio 1979, fino all'uscita proprio del libro di Allegri nel 1986. Alla fine degli anni '80 Rol tornerà a cercare una sponda mediatrice col mondo della scienza tramite la giornalista Giuditta Dembech, scelta purtroppo che si rivelerà illusoria non meno di quella con Piero Angela, ma su un fronte diverso: l'assenza di approccio scientifico della giornalista e le sue molte, troppe speculazioni new age superficiali e sensazionalistiche si sarebbero rivelate un terreno assai poco fertile per costruire un ponte con la comunità scientifica. Rol riponeva speranze su quella giovane reporter, che furono però completamente disattese. Il dato più oggettivo è il fatto che negli oltre 28 anni tra la morte di Rol (1994) e quella di Dembech (2023), lei non solo non abbia fatto alcun approfondimento (pubblicando praticamente un solo libro – aneddotico-testimoniale-speculativo (per le varie divagazioni teosofistiche) – nel 2005), ma non abbia nemmeno cercato di organizzare vere "tavole rotonde" con veri scienziati, limitandosi ad invitare qualche commentatore in alcune sue conferenze-fotocopia, fatte pagare carissime, senza alcun seguito reale. La scienza è proprio un'altra cosa, e del resto non ci si poteva aspettare nulla di più da chi non aveva un approccio e una mentalità scientifici (che possono benissimo, anche se raramente, andare di pari passo con un approccio spirituale, i due ambiti rimanendo separati soprattutto per coloro che hanno *troppo* separati i due emisferi cerebrali).

Il linguaggio di Rol e quello di chi vorrebbe studiarlo procedono su piani paralleli, quindi senza possibilità di incontro[4].

Il "mistero" Rol non è risolto, né in positivo né in negativo. Ma sessant'anni di esperienze, di esperimenti non si cancellano né si dimenticano. Di quest'uomo si continuerà a parlare. Egli è già entrato nella leggenda. Forse quando non sarà più con noi, e non avremo la possibilità di chiedergli consiglio o spiegazioni, ci rammaricheremo[5]. È la storia di sempre, che si ripete con tutte le persone che, per una ragione o l'altra, hanno avuto il compito di camminare davanti agli altri[6].

In questi ultimi anni i miei incontri con Rol si sono diradati. Ho voluto rispettare anch'io il suo desiderio di "privacy"[7]. Ma non sono diminuite la mia stima per lui e la mia convinzione sul suo eccezionale valore[8].

Ogni tanto ci sentiamo al telefono[9]. Ci scriviamo qualche lettera. Ma, a sua insaputa, attraverso il racconto delle persone che gli

---

[4] Cfr. invece quanto scrivevo nel 2014 in merito alla «distanza all'epoca incolmabile tra due mondi lontani» ma che «in futuro si incontreranno» (vol. IV, p. 21).

[5] Si è puntualmente verificato con molti testimoni, non pochi dei quali non comprendevano in pieno la grandezza di Rol.

[6] È certamente così. Rol stesso aveva scritto nel 1933: «I più grandi geni sono stati riconosciuti per tali dopo la loro morte» (in: *"Io sono la grondaia"*, 2000, p. 107).

[7] Questa è solo metà della verità. L'altra metà è che Rol aveva già considerato conclusa la frequentazione fisica con Allegri nello stesso 1977 in cui era iniziata, rimanendo poi solo un saltuario collegamento telefonico o per lettera, come lo stesso Allegri scrive poco dopo. Allegri cioè frequentò Rol solo nel 1977 e per pochi mesi. In *Rol il mistero* (1993) aggiunge questa frase: «Del resto, non avrei potuto fare diversamente perché quando Rol prende una decisione è irremovibile» (p. 130).

[8] In *Rol il mistero* (1993) aggiunge: «Non è diminuito neppure il mio interesse per le sue eccezionali esperienze. E ho continuato a raccogliere testimonianze, fatti, impressioni di persone che lo avevano avvicinato, confermandomi sempre di più nella stima per la sua persona e per le sue misteriose qualità» (p. 130).

[9] In *Rol il mistero* (1993) scrive e aggiunge: «Ogni tanto ci siamo anche sentiti al telefono. I numerosi articoli che avevo scritto su di lui avevano richiamato l'attenzione di moltissime persone e anche di editori. Ho avuto diverse richieste di progetti editoriali da realizzare con Rol. Quando arrivavano, scrivevo a Rol, informandolo. Le mie lettere restavano a lungo senza alcuna risposta. Poi Rol si faceva vivo, con messaggi attraverso amici, oppure con improvvise lunghe e ripetute telefonate. E la sua voce, nonostante fosse passato del tempo, è sempre stata la stessa: energica, precisa, squillante, chiara, scultorea. Soprattutto nei rimproveri. La voce di un comandante che guida con volontà indomita e non accetta e non ammette divergenze sulle proprie decisioni. Un uomo sul quale sembra non passi mai il tempo. E forse è così. Per Rol il tempo non ha significato.

sono quotidianamente accanto, seguo la sua vita, la sua attività partecipando alle sue gioie e alle sue amarezze.

Il dottor Alfredo Gaito è il medico personale di Rol. Se un giorno accetterà di raccontare ciò che sa, potremmo avere altri sconcertanti particolari sulla personalità del grande sensitivo torinese[10].

Gaito è la persona che è rimasta più vicino a Rol dopo le polemiche scatenate da Angela. Ha assistito alle reazioni "private" di Rol di fronte alle accuse, ai sospetti del giornalista e ai silenzi di molti amici che avrebbero dovuto insorgere testimoniando la verità che conoscevano[11].

"Sì, è vero", mi ha detto il dottor Gaito "Rol è rimasto male nel vedere che pochi sono intervenuti in sua difesa, quando è stato attaccato da Angela. Ha pensato che probabilmente i suoi amici non sapevano come agire, a chi rivolgersi, a chi scrivere per dimostrargli solidarietà, però si aspettava qualche cosa di più".

"E di Angela, cosa ha detto?"

"In un primo momento mi è sembrato indignato. ..."

Da qui in poi iniziano le citazioni dirette dalla lettera, come vedremo.

È vissuto e vive in una dimensione che è "fuori dal tempo". Ha avuto ed ha dimestichezza con quella realtà immutabile che sta sopra il nostro "contingente" e non è scandita dal susseguirsi delle stagioni e dall'accumularsi degli anni. Voglio chiudere questo libro con un documento straordinario» (pp. 130-131). Segue quindi la parte di Gaito.

[10] Gaito morì il 9 gennaio 1995, meno di quattro mesi dopo Rol e prima dell'uscita dei primi libri postumi che lo riguardavano (Lugli e Giordano nel 1995, Di Simone e Frassati nel 1996). Se avesse vissuto qualche anno in più si sarebbe potuta raccogliere una sua testimonianza esauriente, ciò che purtroppo non è avvenuto. Qualche frammento me lo hanno riferito il figlio Hermann (si veda il vol. III, pp. 52-53; 67-68; 96-97) e il prof. Luciano Roccia (*ibidem*, pp. 343-345). Restano comunque i commenti diretti di Gaito registrati da Remo Lugli nel 1972 che ho pubblicato integrali nel vol. VI, p. 18 e sgg., trascritti dall'audio che ho pubblicato come video in rete nel 2017 (*youtu.be/YPYxuf1AnV0*).

[11] Anche negli anni successivi alla morte di Rol quasi nessuno di coloro che lo conobbero fece qualcosa in sua difesa quando venne attaccato e al 2023 le cose non sono molto diverse, anche se alcuni estimatori di Rol che non lo hanno conosciuto hanno cominciato ad opporsi con competenza. Sono stato comunque l'*unico* testimone a prendere continuativamente e ormai da decenni (sin dal 2000) le sue difese e a contrastare gli scettici, ovunque necessario, con contro-argomentazioni, analisi razionali, stringente *fact checking* e fonti precise. Il che, più che motivo di orgoglio, lo è di rammarico e delusione. Quei pochi altri testimoni che hanno fatto qualcosa si sono limitati a qualche dichiarazione "d'ufficio" e nulla più.

Nell'edizione successiva – Rol il mistero, p. 131 *– Allegri invece scrive:*

«…per quanto mi è stato possibile, ho sempre continuato a raccogliere testimonianze su Rol e sulle sue esperienze. Ho cercato soprattutto le testimonianze delle persone che gli sono sempre state vicine e che lo hanno perciò conosciuto a fondo. Una di esse è il dottor Alfredo Gaito, che è stato ed è il medico personale di Rol.
Per anni, avevo cercato di farlo parlare. Si era sempre schermito. Ma, dopo gli attacchi sferrati contro Rol da Piero Angela e dai suoi amici… Gaito si è deciso. Probabilmente aveva conosciuto, come nessun altro, il dolore di Rol nei momenti della polemica e aveva capito l'importanza di testimoniare apertamente, con la sua autorità di medico, e quindi di studioso, di osservatore freddo, attento e competente, i fatti visti con i suoi stessi occhi.
Perché fosse più ponderata e rispondente al proprio pensiero, Gaito ha voluto "scrivere" la sua testimonianza.
Inoltre, onde evitare imprecisioni o giudizi errati, ha voluto che il suo amico e illustre paziente la leggesse.
E Rol, dopo averla letta, mi ha inviato una breve lettera in cui si compiace di quanto Gaito aveva scritto e in cui mi dice anche che è intervenuto affinchè il proprio pensiero fosse chiaro il più possibile».

Questa precisazione conferma un sospetto che infatti emerge quando si legge la lettera di Gaito: che ci sia una netta "impronta di Rol", ovvero che Rol potrebbe aver fatto con la lettera di Gaito la stessa cosa che aveva fatto con gli articoli di Allegri: riscriverla lui. E infatti alcune frasi sono molto significative, e proprio come con gli articoli di Gente, *vanno considerate molto attentamente[12]. Nella lettera ad Allegri del 01/02/1985, stessa data di quella di Gaito, Rol scrive:*
«Carissimo Allegri, il dr. Gaito ha penetrato in modo assai degno il mio pensiero e la mia dottrina. Ho letto la sua lettera e mi sono permesso corredarla di alcuni appunti che mi sembravano utili perché la Verità è una virtù che non tollera compromessi» (*Rol il mistero,* pp. 132-133).
Ho chiesto ad Allegri quali fossero esattamente questi «appunti», dato che non li ha pubblicati, ma non ha saputo rispondermi e non ricordava.

Vediamo ora la lettera integrale di Gaito.

---

[12] Ci sono però in essa alcuni passaggi che non sono del tutto precisi, per cui rimane il dubbio se Rol non si fosse accorto di queste imprecisioni (ad esempio, la dedica di Valletta a p. 162) oppure se le avesse lasciate di proposito, oppure ancora avesse modificato certe cose intenzionalmente, *per dire qualcosa in più,* così come aveva fatto con gli articoli di Gente.

DR. ALFREDO GAITO

Caro Dottor Allegri,

vengo subito all'argomento che La interessa: Rol. Sono il suo medico e lo seguo oramai da anni; gli sono amico tanto per la sua eccezionalità quanto per la continua disponibilità disinteressata verso coloro che bussano alla sua porta.

Se per un istante mi sembrò indignato per ciò che Piero Angela scrisse di lui, compresi poi il suo rammarico che l'Angela, che si atteggia a uomo di Scienza, non abbia compreso incontrando Rol, che aveva la possibilità di penetrare un mondo tutto da conoscere[13]. La Scienza stessa, un giorno, porterà le sue ricerche in quella direzione e lo farà senza preconcetti ma impiegando quel "mezzo spirituale" che gli scienziati hanno sin qui ignorato[14].

Rol dice che l'uomo è simile ma assolutamente diverso da tutte le cose che esistono nella natura: l'ansia che l'uomo ha di sapere che un proprio spirito lo identifica e gli fa sperare di sopravvivere alla morte, ne dimostra l'eccezionalità.

Nessuna teologia, dice Rol, si adopera a dimostrare che se un Dio ha creato lo spirito dell'uomo, di "quel" determinato uomo, è quell'uomo stesso poi che ha deciso di accettare la prova severa della vita onde estrinsecare e realizzare il proprio spirito divenuto così immortale[15]; i genitori di quell'uomo non essendo stati altro che uno strumento.

---

[13] Sia in *Rol l'incredibile* (p. 116) che in *Rol mistero* (p. 133), incomprensibilmente, troviamo sostituito il verbo «conoscere» con «scoprire» («penetrare un mondo tutto da scoprire»). Ritroviamo il solito problema di Allegri che modifica *ad libitum* gli scritti di Rol, come si è visto negli articoli di *Gente*. Diverso il caso per una punteggiatura aggiuntiva, che adotto anche io, perché la lettera dattiloscritta di Gaito talvolta è priva soprattutto di qualche virgola che invece è opportuno mettere per una migliore comprensione del testo.

[14] In *Rol l'incredibile* (p. 116) e *Rol mistero* (p. 133) la frase era stata messa così: «Rol è convinto che la scienza, un giorno, orienterà le sue ricerche nella direzione delle esperienze che lui, da anni, ha avuto il 'dono' di fare; si muoverà in quella direzione senza preconcetti, accettando quella 'dimensione spirituale' che, finora, ha voluto ignorare». Lo scritto diretto di Gaito, o di Rol-Gaito, anche se più conciso, mi pare più interessante ed esplicativo.

[15] A tal proposito, si veda quanto già scrivevo ne *Il simbolismo di Rol* (2008), pp. 272-273 (3ª ed.) e rimandi relativi. In particolare, Rol aveva scritto che «la Vita era il solo mezzo che possedeva per realizzare il proprio spirito immortale» (*"Io sono la grondaia..."*, 2000, p. 180) e che «per potere rendere immortale il nostro spirito», è necessario «essere puri di cuore», vale a dire che, come ne traevo conseguenza io, «per coloro che non lo sono non esiste immortalità». Qui aggiungo ancora che se occorre la vita per rendere immortale il proprio spirito,

significa che esso, *prima della vita*, non lo era, anzi è *contemporaneamente alla vita* che esso è stato creato (annientando tra l'altro, per ciò stesso, tutte le speculazioni reincarnazioniste). Quando Rol afferma che «Dio ha creato lo spirito dell'uomo» deve riferirsi alla, diciamo così, "dotazione standard" per tutti e tutto («ogni cosa ha il proprio spirito», dice Rol) e che potremmo identificare sia con *quello che la cosa è*, ovvero la sua "essenza" che racchiude anche storia e funzione, sia con – quando presente, o *nel suo grado* presente – il suo "soffio vitale", l'"energia" della vita, ovvero *śakti* (e si potrebbe arrivare a ulteriori precisazioni a livello atomico e subatomico). Questa dotazione standard non è però immortale, o almeno non lo è come *coscienza individuata*, l'energia in se stessa trasformandosi incessantemente («nulla si crea e nulla si distrugge»). Proprio la vita, con questa energia di base, serve come *trampolino per rendere immortale lo spirito* o *per realizzare il proprio spirito*, ciò che quindi, inoltre, giustifica sul piano spirituale significato e funzione della vita stessa, altrimenti non si capirebbe che senso avrebbe per uno spirito già immortale "diventare carne" e fare la «prova della vita». Ma, infine, se uno spirito immortale (*individuato*) non esiste prima della vita, in che senso ci sarebbe un «uomo» che *decide di accettare la prova della vita*? Chi o che cosa, realmente, «decide»? A me pare, e Rol forse non lo voleva dire esplicitamente, che qui si vada su un piano meramente biologico-genetico, dove l'«uomo» non è che l'impulso primario e primordiale che determina l'unione di uno spermatozoo con un ovulo. Resta da stabilire quale grado di "coscienza" abbia tale *impulso*. Certo è, ritengo, che non sia una coscienza come la nostra da vivi, non siamo noi come quando pensiamo, parliamo, agiamo e viviamo. Ovvero: noi prima dell'incontro tra spermatozoo e ovulo *non esistevamo* su nessun piano comparabile a quello cui siamo abituati e che fa di noi degli esseri coscienti e intelligenti. E per esistere *dopo la morte* dobbiamo in questa vita e solo in questa, *realizzare il nostro spirito*, cioè *trasformare lo spirito standard, grezzo, in dotazione, in uno spirito sublimato e immortale*. Per chi non ci riesce, esisterebbe la possibilità, dice Rol, di «ripetere la prova della vita». Alla luce di quanto ho detto in precedenza, se ne potrà trarre quella che mi pare una logica conseguenza: il processo viene di nuovo tentato da zero, a partire dall'*impulso*. Uno scenario però ben diverso da quello consolatorio al quale ci piacerebbe credere, ovvero che *noi*, con la nostra stessa coscienza, torneremo a vivere senza soluzione di continuità, cioè che non moriremo per davvero, potendo tentare un'altra prova. Gli elementi che ho messo in luce, fuori dalla maschera exoterica con cui Rol, secondo me, li ha rivestiti, mostrerebbero invece l'importanza capitale dell'unica vita che abbiamo a disposizione, noi come individui specifici e unici con una data personalità, carattere, storia ecc., personalità che non tornerà mai più a rivivere e la cui essenza, per chi ne sarà qualificato, potrà sopravvivere davvero solo in una diversa "dimensione" dello spirito, quella dell'immortalità dell'anima (e con un corpo di "resurrezione", di veda il vol. V, p. 290, nota 52; più avanti, p. 180 nota 4, p. 285 nota 4, e p. 352 e sgg.). *Tertium non datur*.

Infine, tra le altre, ancora questa riflessione di Rol del 1965, che mi pare confermi quanto sopra: «la concezione della materia che si sublima nello spirito, non è rivelata se non attraverso una lotta di purificazione che ha inizio nel momento stesso della creazione, e, diciamolo pure, per quanto ci riguarda, dalla nostra nascita» (*"Io sono la grondaia"*, 2000, p. 163).

L'immortalità è la perfezione raggiunta e, tutto considerato, il prezzo pagato è davvero esiguo.

Einstein ammetteva l'esistenza di Dio[16] ma sull'origine dell'uomo la scienza tace. Ed è in questo buio abissale che Angela ha voluto gettare Rol chiedendo di incontrarlo con il deliberato proposito di compiere quello che Rol stesso definisce un crimine verso l'umanità, perché in Rol Angela ha sottratto alla scienza un'occasione immensa[17].

Lei mi chiede una valutazione delle cose che avvengono nei miei incontri con Rol sempre attivo ed infaticabile. È per questo che ho voluto iniziare la mia lettera esponendoLe la dottrina del nostro Amico vestendola con le sue stesse parole. Egli con una frase che è piaciuta a Jemolo, si è definito una grondaia che convoglia l'acqua che le cade sul tetto[18].

È il riconoscimento onesto che non si considera l'artefice dei prodigi che si compiono attraverso di lui ma che rivelano una gamma illimitata di possibilità[19] delle quali egli non dispone a suo piacimento[20].[21]

---

[16] Il «Dio» di Einstein però non corrispondeva a quello monoteista (*exoterico*) in cui credono i seguaci delle tre grandi religioni. Anzi, ha sempre criticato l'idea di un Dio «personale» – che possa interessarsi della e intervenire nella vita degli esseri umani – e certe ingenue antropomorfizzazioni (l'ho fatto anche io del resto, prediligendo ad esempio la nozione impersonale di *Intelligenza Divina*): «Non posso concepire un Dio personale che abbia un'influenza diretta sulle azioni degli individui... La mia religiosità consiste in una modesta ammirazione dello spirito infinitamente superiore che si rivela in quel poco che noi... possiamo comprendere della realtà» (da una lettera dell'agosto 1927, in: Einstein, A., *Pensieri di un uomo curioso,* a cura di A. Calaprice e F. Dyson, Mondadori, Milano, 1997, p. 110). Sulla religiosità di Einstein si vedano le pp. 291-319.

[17] In *Rol l'incredibile* (p. 116) e *Rol mistero* (p. 134) troviamo invece questa formulazione: «Attraverso Rol, Angela avrebbe potuto avvicinarsi a questi temi e discuterli. Invece, chiedendo di incontrare Rol per servire i suoi preconcetti e non la 'verità', ha sciupato una grande occasione commettendo una ingiustizia nei confronti di Rol e di coloro che hanno poi letto il suo libro».

[18] In un mio viaggio in Giappone ho potuto constatare quanto sia usato il bambù, soprattutto nei complessi templari e nei santuari, in fontane e scoli di acqua, grazie alla sua cavità che ne fa un conduttore naturale. Considerato poi il suo uso antichissimo in Oriente come canna musicale (ne ho parlato ne *Il simbolismo di Rol*) ho così pensato che sarebbe decisamente appropriato rappresentarsi la grondaia di Rol come una *grondaia di bambù*. Quanto a Jemolo, nel suo articolo del 17/09/1978 su *La Stampa* scrive che Rol «con immagine felice dice di essere semplicemente la grondaia» (cfr. vol. IX, p. 77).

[19] Da sottolineare: *una gamma illimitata di possibilità.*

[20] Il brano da «Lei mi chiede...» fino al punto non è riprodotto nei libri.

[21] Chi è il vero «artefice» dei prodigi di Rol? La risposta *exoterica*, semplice e semplicistica, potrebbe essere «Dio». Ma quella *esoterica*, ovvero quella più precisa, è: *lo spirito intelligente di Rol*. E tra le due non c'è contraddizione (anzi, si completano vicendevolmente) quando si ricordi la fondamentale risposta che

Quando Rol agisce lo fa sotto un impulso che lo sovrasta e che non saprei, quale medico, definire. Non si tratta di un "raptus"[22] ma di una sorta di illuminazione interiore che a volte sembra emanarsi da lui quasi divenisse l'esecutore di un ordine[23]. Ordine di un livello morale altissimo. Avvenuto il prodigio Rol ne prova una gioia così grande che lo si vede, nella sua felicità, commosso e turbato[24].

Questi prodigi sono di varia natura e possono interessare la materia, il tempo, il pensiero e lo spirito. Delle risposte su Rol che Fellini ha date e che sono riportate nel libro "Giulietta degli Spiriti", la valutazione del nostro Amico da parte di Fellini mi sembra molto acuta e profonda. Non so se Lei conosce quelle pagine; ritengo utile accluderne copia fotostatica[25].

Rol diede a Nicola Riccardi che gli aveva chiesto un sinonimo di "spirito intelligente": «Come si fa a dare un sinonimo di Dio?» (vol. V, p. 301), aveva risposto Rol. Quanto all'impossibilità di disporne a piacimento, è argomento tanto fondamentale quanto articolato che mi riservo di trattarlo in altro studio, per quanto abbia già fornito in passato più di un punto di riferimento.

[22] Qui Gaito (con Rol) pare voler alludere a, e correggere, quello che aveva scritto Giorgio di Simone nel 1973 sul periodico *Informazioni di parapsicologia*: «Rol...scrive ancora qualcosa in scrittura automatica, ripreso da quello strano raptus che assomiglia maledettamente a quello medianico» (vol. V, p. 88).

[23] Frasi importanti che vanno a integrarsi a quanto Rol stesso ha detto più volte, incluso nella lettera a Jemolo («Io debbo necessariamente agire con '*spontaneità*', quasi "*sotto l'impulso di un ordine ignoto*" come disse Goethe», vol. IX, p. 53). Siamo qui di nuovo al *cuore* della scienza di Rol, e per questo devo rimandarne l'approfondimento.

[24] Gioia per essere riuscito a realizzare l'esperimento – come un bambino che sia riuscito in un gioco difficile, o l'inventore, lo scienziato, l'artista nel momento della scoperta, della soluzione, dell'intuizione, dell'*eureka*, ecc. –, gioia per essere riuscito a mostrarlo, gioia perché *ānanda* (beatitudine) è intrinseco allo stato di *coscienza sublime* grazie al quale l'esperimento riesce. Il turbamento è principalmente perché Rol si chiedeva come mai, proprio a lui, fosse stato "concesso" di compiere queste cose (non, ovviamente, che non sapesse come avvenissero né come vi fosse arrivato, quanto come mai il caso o la Provvidenza avessero condotto lui, e non un altro, su quella strada e a quella meta: *perché io?*).

[25] Si veda il vol. V, pp. 69-71. In *Rol l'incredibile* (pp. 117-118) e *Rol mistero* (pp. 134-135) Allegri inserisce a questo punto degli estratti, come se fosse Gaito a citarli, premettendo: «Federico Fellini, per esempio, è una persona che ha capito a fondo Rol. Fellini è "smaliziato" di fronte ai fenomeni paranormali per essersene sempre interessato, per aver avvicinato e conosciuto celebri sensitivi. Da anni, Federico è amico di Rol. Lo ha frequentato spesso. Quando gli chiedono di parlare delle sue esperienze con il mondo dell'occulto, accenna sempre anche a Rol, ma lo fa con valutazioni particolari, che dimostrano come egli tenga questo straordinario personaggio su un piano ben distinto». L'ultima citazione da Fellini è questa: «"I 'giochi' di Rol", dice Fellini "sono uno spettacolo tonificante per chiunque lo accosti con una vera disponibilità. Cioè con l'innocenza di un bambino o con il sostegno di una scienza non rigida, aperta, che non si metta in

Giudizi su Rol sono stati espressi in cinquant'anni da gente umile, da persone di rilievo, in Italia ed all'estero sempre in senso positivo. Rol ha avvicinato molta gente e si può dire tutti i grandi personaggi del suo tempo, nel campo culturale e scientifico, nell'ambiente del lavoro, della politica e dell'arte.

Solamente Piero Angela ha sollevato su di lui il dubbio, anzi ha cercato di demolire "il mito di Rol" scrivendo cose che non corrispondono alla verità[26] e questo io lo affermo anche perché ero presente con mia moglie ed altre persone all'incontro che Angela sollecitò da Rol. Tutte le insinuazioni su eventuali mistificazioni sono assolutamente gratuite e non giustificate. Quella sera stessa Angela non ebbe nulla da eccepire su quanto vedeva ed udiva. Nel suo libro insistette sulla possibilità che queste mistificazioni fossero avvenute, ma se così fosse stato, perché non lo rivelò subito facendo notare la flagranza? Sarebbe stato molto più onesto[27].

Nella lettura della prima parola nella pagina di un libro chiuso, egli afferma di aver veduto Rol sbirciare quella pagina prima di pronunciare quella parola[28]. Ebbene tutti sanno che Rol ha letto righe intere di libri per telefono anche in altre città. Io stesso un giorno incontrai Rol per strada. Avevo un libro appena comprato ed ancora incartato né

---

conflitto con le forme inattese della verità"»; quindi aggiunge una frase che nella lettera non c'è, e che Gaito dovette riferire forse oralmente: «Credo che Angela, non abbia mai neppure immaginato che possano esistere "forme inattese della verità", continua il dottor Gaito. Anzi ha cercato di demolire "il mito di Rol"...» e qui prosegue come nella lettera.

[26] Quando Gaito scriveva, inzio 1985, effettivamente Angela era l'unico che aveva sia messo in dubbio che mentito su Rol. In seguito, altri testimoni, molto pochi, manifesteranno i loro dubbi (Tullio Regge, Piero Cassoli e Mario Monicelli) ma senza mentire su quanto visto (anche se Regge si è spinto a commenti forzati e poco obbiettivi pur di rafforzare la tesi del Rol illusionista). Dopo la morte di Rol invece, scettici che non lo conobbero aderenti soprattutto al Cicap, hanno sia messo in dubbio esplicitamente che mentito e fuorviato scientemente e ripetutamente, trasformandosi in insistenti e disonesti propagatori di fake news.

[27] Angela non poteva permettersi di mettere in discussione con se stesso la sua ideologia, tanto più che, se stiamo a Gigi Marsico, il manoscritto del suo libro era già pressoché pronto e Rol dovette essere uno degli ultimi incontri.
Ma un vero scienziato gli avrebbe fatto molte domande, con rispetto, serietà ed assenza di pregiudizio. Il Cicap del resto ha in seguito sempre dimostrato di non essere minimamente interessato a studiare le prove e a cercare la verità, ciò che per il caso Rol posso affermare con assoluta certezza, avendo interagito con loro per molti anni e constatato il loro *modus operandi*. L'ideologia e i pregiudizi da difendere hanno sempre preceduto la ricerca della verità e un autentico *fact checking*.

[28] Per essere precisi, più che affermarlo esplicitamente, Angela vi allude implicitamente.

Rol sapeva di che libro si trattasse. Egli, da me sollecitato, "lesse" la prima riga di una determinata pagina da me scelta, né Rol poté sbirciare quelle parole perché io disfeci l'involucro del libro solamente dopo che Rol aveva "letto".

Sarebbe facile raccogliere molte testimonianze sulla lettura di libri e di fogli scritti in cassetti o scatole chiuse. L'affermazione quindi dell'Angela è intenzionalmente falsa perché se avesse agito onestamente, avrebbe dovuto manifestare subito il suo dubbio[29], non scriverlo più tardi quando Rol non era più in grado di smentirlo.

Ma la lettura in un libro chiuso è nulla in confronto ad altri esperimenti di questo tipo per i quali il mezzo di ricerca non è su un solo libro bensì i quaranta volumi dell'Enciclopedia Treccani e con un procedimento che esclude nel modo più assoluto, un arrangiamento da parte di Rol.

Voglio ora dire qualcosa a proposito di ciò che Rol fa con le carte da gioco.[30]

Ho sempre sostenuto che questo genere di esperimenti, anche se rigorosamente alieni da qualsiasi trucco, Rol dovrebbe farli solamente a coloro che sanno comprendere che egli considera una carta da gioco come un mezzo semplice e facile per stabilire un rapporto con i presenti in quanto le carte hanno un colore, un valore numerico, un segno grafico tutte cose che incidono sull'immaginazione e sollecitano la fantasia ad aprire la strada ad un discorso, a proposte mentali, a sensazioni di ordine intuitivo e di ricerca. Non si tratta quindi di giochi di prestigio, ma di qualcosa di ben differente il cui significato Angela non ha neppure intuito.

"Se invece di Angela mi fossi trovato di fronte Pascal, dice Rol, egli non avrebbe pensato al "prestidigitatore di Re Faruk", ma il suo interesse lo avrebbe spinto a comprendere, a penetrare ciò che avviene[31] in questa sorta di esperimenti che furono proprio essi a rivelarmi quei

---

[29] La frase in *Rol l'incredibile* (p. 118) e *Rol mistero* (p. 136) è più "ammorbidita": «L'affermazione quindi di Angela è gratuita. Come ho detto, avrebbe dovuto manifestare subito il suo dubbio».

[30] In *Rol l'incredibile* (p. 119) e *Rol mistero* (p. 137) Allegri qui inserisce: «"Angela", dico al dottor Gaito "ha 'demolito', riducendoli a semplici giochi di prestigio accessibili a qualunque bravo professionista del ramo, soprattutto gli esperimenti che Rol fa con le carte».

[31] Rol non ha fatto il nome di Pascal a caso. Anche questo, come molti altri, è un preciso indizio. Blaise Pascal (1623-1662) è stato un filosofo e teologo ma qui interessa soprattutto che sia stato un matematico (oltreché fisico) interessato al gioco d'azzardo, contribuendo agli studi sul calcolo della probabilità (le lettere tra Pascal e Fermat «possono essere considerate l'atto di nascita del calcolo delle probabilità», *treccani.it*); Pascal progettò anche una macchina aritmetica (*Pascalina*) precorritrice della calcolatrice; e il prototipo della *roulette*.

principi di armonia che poi si applicano ad un'infinità di cose. In realtà le carte rappresentano dei numeri"³².

Negli scorsi mesi uno scienziato di fama mondiale si recò da Rol che lo pregò di giudicare quanto Angela aveva scritto alla luce di ciò che avrebbe veduto in quella seduta. Negli scorsi giorni un altro scienziato si trattenne tre ore con Rol al quale fece poi subito sapere di essere rimasto molto sorpreso avendo letto le affermazioni dell'Angela³³.

È oramai abitudine del nostro Amico mettere preventivamente in guardia chiunque assiste ai suoi esperimenti dai pericoli denunciati da Piero Angela.

La Scienza se non è in grado oggi di spiegare le cose che fa Rol può anche rifiutarle ma nessuno, appellandosi arbitrariamente alla scienza ha il diritto di negarle.

Jemolo esortò Rol a stabilire una dottrina con postulati ben precisi. Bisogna dire che Rol molte cose le ha individuate e qualche regola è affiorata, ad esempio il numero cinque per la sua posizione nei nove numeri è molto importante altrettanto quanto il colore verde ed assai altro che non sto qui ad elencare³⁴.

Probabilmente Angela ha creduto di individuare Rol fra i parapsicologi mentre il nostro Amico ha nulla a che vedere con quei ricercatori che lui, Angela, in quel momento si affannava a demolire anche in TV.

Io ero ancora presente quando Rol, su richiesta del signor Costanzo³⁵, collaboratore in TV di Angela, ricevette il dott. Bazzoli ed un suo amico, signor Milani³⁶, ai quali Rol offrì durante alcuni giorni una serie di meravigliosi esperimenti l'ultimo dei quali lasciò Bazzoli in uno stato d'animo così commosso che non poté sfuggire a nessuno dei numerosi presenti. Udii perfettamente quei due signori dirsi: "Dobbiamo telefonare subito, dobbiamo dirlo, è tutto vero ciò che accade con Rol". Promisero un servizio esauriente sulla Domenica del Corriere ma quel

---

³² *Le carte rappresentano dei numeri*, affermazione fondamentale che dovrebbe sempre essere tenuta presente e che concorda con quella di «*aritmetica trascendente*» così definita da William Mackenzie per descrivere gli esperimenti di Poutet-A.T.-Stasia.
³³ Purtroppo non è dato al momento sapere chi siano questi due scienziati.
³⁴ Interessante qui notare che l'importanza principale del numero 5, per lo meno quella che sarebbe qui determinante, è «per la sua posizione nei nove numeri». Vale a dire per la sua funzione di centralità e punto di equilibrio. Di questo ho già parlato diffusamente ne *Il simbolismo di Rol*.
³⁵ Maurizio Costanzo, all'epoca direttore della *Domenica del Corriere*, che pubblicò nel gennaio 1979 i due articoli di Luigi Bazzoli su Rol che abbiamo visto nel volume precedente.
³⁶ Curioso che il fotografo Gabriele Milani venga citato in questo modo.

servizio apparse solamente un anno dopo[37] corredato da ampie fotografie a colori ove erano riprodotti sedici piccoli dipinti di famosi autori, non copie ma originali venuti dallo "Spirito Intelligente" di quegli artisti, realizzati sui fogli di carta che due ospiti tenevano già nelle loro tasche interne della giacca in sostituzione dei fogli che avrebbe distribuiti Rol. E Bazzoli lo scrisse con quella franchezza che caratterizza la sua grande onestà.

Io stesso conservo per Bazzoli e il suo amico la più viva gratitudine per il loro nobile gesto[38].

Se Lei sta svolgendo un'indagine approfondita su Rol, immagino che verrà a conoscere quali e quante cose egli compie, ripeto, sempre disinteressatamente.

Moltissima gente ha assistito e possiede oggetti venuti da materializzazioni[39] ottenute in piena luce senza che Rol sia mai andato in trance. La sua dottrina scavalca lo spiritismo[40] di Allan Kardec. Tutte le cose, secondo Rol, hanno un loro spirito che si identifica nella funzione che svolgono[41]. Nella storia dell'Universo tutto è annotato come su indelebili schede e ciò che si ispira e risponde ad un istinto remoto è la natura che lo governa e gli pone quei limiti che poi la Scienza dilata continuamente[42].

Ed è a questo punto che Rol indica l'uomo dotato di uno "spirito intelligente" che lo differenzia da ogni altra cosa conferendogli facoltà che vanno ben oltre l'istinto.

---

[37] È stata questa frase di Gaito ad indurmi a verificare meglio gli elementi degli articoli sulla *Domenica del Corriere* e a constatare che l'esperimento del Vangelo era avvenuto il 18 aprile 1978, e non a inizio gennaio 1979 o dicembre 1978 come avevo creduto in precedenza. La ragione della distanza tra il primo articolo su Rol del 23/03/1978 e il secondo del 17/01/1979 non fu perché Rol fece fare anticamera a Bazzoli e collega per oltre nove mesi prima di riceverli, come poteva sembrare in mancanza di altri dati, ma probabilmente perché Costanzo dovette decidere di sospendere la pubblicazione dei nuovi articoli ad aprile 1978 a causa del polverone sollevato dalla concomitante inchiesta di Piero Angela.

[38] Questa parte su Bazzoli, Milani e la *Domenica del Corriere* non è stata pubblicata nei due libri di Allegri (se lo fosse stata, avrei potuto stabilire con vent'anni di anticipo il corretto quadro cronologico di questi articoli).

[39] Giusto per smentire, ancora una volta, la fake news che Rol «distruggeva sempre tutto».

[40] *Scavalca lo spiritismo*, curiosa descrizione.

[41] *Lo spirito delle cose si identifica nella loro funzione*. Quindi, *lo spirito è la funzione*, termine che Rol aveva usato altre volte. Si tratta di un concetto che andrebbe molto ben meditato.

[42] Meritano essere evidenziati questi due concetti: 1) *tutto è annotato come su indelebili schede*; 2) *la natura governa ciò che risponde ad un istinto remoto*.

E sono proprio queste facoltà che pongono lo scienziato in grado di operare. Se la scienza volesse riconoscerlo scoprirebbe non soltanto l'origine dell'universo ma la ragione stessa del suo esistere[43].

Nella dottrina roliana ogni uomo, tramite il proprio spirito intelligente, può stabilire un rapporto diretto o indiretto con lo spirito intelligente di altri uomini defunti o viventi. Taluni esperimenti di Rol ne offrono la prova. Da quanto ho potuto comprendere è in virtù di questi "rapporti" tra spiriti intelligenti, il nostro e quelli di altri, che si ottiene la conoscenza di cose avvenute altrove, in altri tempi, nel presente momento, o addirittura nel futuro[44]. Di questi "viaggi nel passato e nel futuro" Rol ne fornisce spiegazioni che poi vengono confermate da una rigorosa verifica della procedura con la quale l'esperimento è stato condotto. Questa procedura non è mai la stessa e neppure è Rol ad indicarla. Egli si limita a coordinare le proposte dei presenti.

Ciò che poi accade è talmente meraviglioso che noi, con i nostri limitati sensi, ci sentiamo trasportati in un'altra dimensione e solo così possiamo giustificare i fenomeni che avvengono sovente forieri di apporti come Lei d'altronde ha potuto constatare[45].

Nella casa di Rol abita una famiglia (se lo desidera posso anche fornirLe il nominativo), dove avvenne un singolare episodio. Per un viaggio nel tempo Rol chiese di scegliere una data ed il luogo. I presenti indicarono l'anno ed un giorno estivo a Versailles. Trascorse una decina di minuti e finalmente una persona disse: "Eccola, ecco là la Regina Maria Antonietta con una sua amica". "Le vedo, le vedo anch'io" disse un'altra persona e cominciarono a descrivere l'abbigliamento delle due signore. Una di esse, pure elegantissima, sembrava essere una pastorella. "Che bella capretta ha con sé, la vede?" "Ma certo, e che bella campanella porta appesa al collo!". In quel momento udimmo il suono della campanella come vagasse accanto al soffitto. Poco dopo quell'oggetto cadde nel centro del lungo tavolo in mezzo a noi. C'è una considerazione da fare: come avrebbe potuto Rol orchestrare l'episodio dal momento che

---

[43] Quindi, la comprensione di cosa effettivamente sia lo *spirito intelligente* consentirebbe di 1) *scoprire l'origine dell'universo*; 2) *scoprire perché l'universo esiste*.

[44] Evidenziato e più in sintesi: *Ogni uomo, tramite il proprio spirito intelligente, può stabilire un rapporto diretto o indiretto con lo spirito intelligente di altri uomini defunti o viventi. È in virtù di questi "rapporti" che si ottiene la conoscenza di cose avvenute altrove*.

[45] In questi accenni ai viaggi nel tempo e al loro collegamento con lo *spirito intelligente* ritroviamo le idee chiave già espresse da Lorenzo Rappelli 16 anni prima, alla conferenza del 16 novembre 1969 (si veda il vol. V, pp. 262-264). Indice di come Rol li considerasse punti essenziali della sua Scienza.

ignorava che in quell'esperimento sarebbe stata descritta una capretta ecc. ecc. ecc.? Quell'oggetto è tuttora conservato preziosamente[46].

Un'altra volta durante un esperimento fatto nell'appartamento di un noto avvocato di Torino si ottenne l'apporto di una meravigliosa perla antica, fatta a goccia, che venne offerta in beneficenza.

Scrivere queste cose, raccontarle, sembrano favole inventate di sana pianta. Bisogna viverle e Lei lo sa quanto me caro dott. Allegri, per avere assistito anche in mia compagnia ad esperimenti di Rol altrettanto straordinari.

Rol non ama che vengano raccontati questi fatti per i quali si potrebbe raccogliere infinite testimonianze, non solamente di apporti di oggetti dislocati in piena luce sotto gli occhi più scettici. E poi, cosa dire della conoscenza di fatti avvenuti altrove e di altri futuri, delle diagnosi che stupirono noi stessi medici?

Lei mi chiede dei nominativi che siano in grado di parlare di Rol. Ne unisco una lista. Non dimentichi però che egli agisce da oltre sessant'anni e che molte persone non ci sono più. Ho veduto un libro offerto dal Prof. Vittorio Valletta con questa dedica autografa: "A Rol con gratitudine e ammirazione per il suo lavoro umanitario"[47]. E fra tanti documenti una dichiarazione del C.L.N. del Pinerolese (1945) ove si ringrazia Rol per essere frequentemente intervenuto presso quel Comando Germanico ed avere (certamente col mezzo dei suoi esperimenti), salvato la vita di molta gente ed i beni di intere popolazioni[48]. Io stesso e la mia famiglia abbiamo beneficiato dell'intervento di Rol e questo l'affermo con l'autorità di medico.

Mesi or sono apparve su Le Monde a firma di Ph. Pons, corrispondente dall'Italia per quel giornale, un articolo su "Turin la démoniaque…"[49]. Quel giornalista accompagnato da una sua amica aveva

---

[46] Nel vol. VI, p. 404, ho riprodotto questo racconto di Gaito (tratto da *Rol l'incredibile* e non dalla lettera originale, che ancora non avevo a disposizione, anche se pressoché identico) a margine della testimonianza di Luigi Gàzzera e per un confronto con altri episodi analoghi.

[47] La dedica precisa, che pubblico qui per la prima volta sia in trascrizione che in originale (cfr. p. 178) è questa: «Al Dott. Roll [sic] questo libro la cui lettura lo può interessare per il suo lavoro ultra-umanitario – Con molta considerazione e amicizia - V. Valletta - 24.12.1951». La data fa supporre trattarsi di regalo natalizio. Sulla stessa pagina, a matita, Rol aveva annotato: «Questo libro mi è stato offerto dal Prof. Vittorio Valletta Presid. e Ammin. Deleg. della FIAT». Il libro era *L'homme et sa destinée*, di Pierre Lecomte du Noüy (La Colombe, Paris, 1948).

[48] Si veda l'originale che ho pubblicato nel vol. IV, p. 399.

[49] Pons, P., *Turin la démoniaque*, Le Monde, 24-25/07/1983, quindi quasi un anno e mezzo prima. Ne pubblico l'immagine a p. 173, ma non ritengo darne anche trascrizione e traduzione integrale, dato che riporta più o meno i soliti luoghi comuni già visti sulla "città magica", che negli anni '80 acquisirà anche

chiesto a Rol di intrattenerlo su quell'argomento. Rol diffida di tutto ciò che viene definito magico. Quante volte fece presente al signor Pons che dovette ricevere, altrimenti gli era stato detto si sarebbe parlato di lui attingendo ad altre fonti[50]. Ma le raccomandazioni fatte a quel giornalista furono inutili[51]. L'articolo interessante ed importante[52], mostra in primo piano il nostro Amico " ayant l'attitude un peu souveraine du prince de la Turin secrète... dont les dons, qui défient les lois de la science, sont de renommée mondiale "[53] ed aggiunge che le serate nella casa di Rol " sont réservées à quelques privilégiés et qu'il distille aux plus grands noms "[54].

" Je ne crois pas à la magie, nous dit Rol, mes expériences tiennent de l'esprit intelligent de l'homme... afin de toucher à une autre dimension de la vie "[55]. " Ce qu'il fit, ce soir-là, tient du prodige. Imaginer une manipulation ou simplement la suspecter satisfait la raison "[56], (e questo certamente lo scrisse, perché Rol gli aveva raccontato di Angela), " mais il est parfois tentant de se laisser porter par le merveilleux – sinon de l'admettre "[57].

Ho voluto chiudere la mia lettera con il racconto di questa....disavventura di Rol. Essa dimostra quanto sia difficile comprendere e descrivere il nostro Amico. Rol, principe delle cose segrete

---

l'infelice primato (poco realistico) di "demoniaca". Mi limiterò a riportare e tradurre la parte riguardante Rol, che occupa quasi tutta la sesta e ultima colonna e che conclude l'articolo, e che già Gaito nella lettera cita parzialmente. Di seguito comunque riproduco anche un articolo di Nevio Boni che lo riassume.

[50] Ecco un buon esempio di come Rol finiva per accettare di incontrare anche chi avrebbe magari preferito non incontrare solo per evitare che si scrivessero cose approssimative e superficiali, cedendo di fatto a una velata ed implicita forma di ricatto. E anche così, poteva non essere sufficiente, come fu appunto il caso di *Le Monde*.

[51] Ciò che giustifica e conferma che Pons non era "qualificato" per essere ricevuto da Rol, che finì per pentirsene, come già era accaduto in passato e come sarebbe ancora accaduto in futuro. Il problema dell'articolo di Pons non è tanto ciò che scrisse su Rol – abbastanza poco e comunque superficiale – quanto il contesto in cui lo aveva inserito.

[52] Un giudizio che trovo contraddittorio, e che può essere giustificato solo nel senso che l'articolo apparve su uno dei più importanti quotidiani del mondo, accendendo i riflettori su Torino e su alcune sue presunte "peculiarità".

[53] Trad.: «con l'attitudine un po' sovrana del principe della Torino segreta... i cui doni, che sfidano le leggi della scienza, sono rinomati in tutto il mondo».

[54] Tr.: «riservate a pochi privilegiati e che distilla per i più grandi nomi».

[55] Tr.: «"Non credo alla magia", ci dice Rol, "i miei esperimenti sono dovuti allo *spirito intelligente* dell'uomo. Vale a dire alla forza di volontà per accedere a un'altra dimensione della vita"».

[56] Tr.: «Ciò che fece, quella sera, ha del prodigioso. Immaginare una manipolazione o semplicemente sospettarla soddisfa la ragione».

[57] Tr.: «ma a volte è forte la tentazione di lasciarsi trasportare dal meraviglioso – se non di ammetterlo».

di una città demoniaca!!! Non ha senso. E poi, Rol che distillerebbe nella scelta delle persone alle quali mostra i suoi lavori [a] pochi privilegiati e ancora che siano di alta risonanza sociale! Si sa, Rol è aperto a tutti, specialmente ai più umili, ai più bisognosi. Naturalmente anche i Grandi lo avvicinarono: problemi li ha chiunque e poi chi non è attratto dall'inconoscibile e dal meraviglioso?[58]

Egli si lamenta perché parlando di lui i più si soffermano ai fenomeni che con lui si producono e non si tenta neppure di risalire all'origine, alla ragione di questi fenomeni. Si rimprovera a Rol di non lasciarsi esaminare, ma quale tipo di esame offrono, quali gli esaminatori? I prestidigitatori, gli illusionisti!

A lui occorre un ambiente sereno, disposto a giudicare senza preconcetti. Si può essere scettici ma si ha il dovere di essere giusti. Io stesso ho veduto scettici ricredersi e poi anche collaborare. È in un clima sereno e di fiducia che a Rol vengono quegli impulsi che lo mettono in grado di agire.

Egli però è vulnerabilissimo: i suoi esperimenti non sono mai programmati perché non gli è consentito disporre, a suo piacimento, delle facoltà che un esaminatore gli negherebbe perché lui non saprebbe usarle nel senso richiesto.

"Sarei Dio sulla terra" dice Rol, "E poi negando Dio a priori è già rinunciare a comprendere Dio e ciò che viene da Lui"[59].

Tutto quanto Le ho detto in questa lettera lo faccia conoscere: è un dovere verso il nostro Amico ma soprattutto verso le generazioni future. C'è chi raccoglie materiali su Rol e molto spesso e da ogni parte mi si chiede di lui. Un giorno forse i suoi esperimenti gioveranno alla scienza e sarà la scienza stessa a cercare quel materiale.

Finalmente c'è una domanda da porsi: "Perché Rol per tutta la sua vita ha fatto <u>queste cose</u> senza trarne il minimo beneficio anzi logorandosi nel prodigarsi verso il prossimo?"

Ho letto il testamento di Rol dove egli afferma di avere avuto in assoluto le prove dell'esistenza di Dio e di quell'immortalità cui si accede soltanto con l'elevazione dello spirito[60]. Riconosce inoltre di essere stato

---

[58] Da «Mesi or sono...» fino a qui, brano omesso nei due libri di Allegri, dove la vicenda *Le Monde* non viene riferita.

[59] In *Rol l'incredibile* (pp. 121-122) e *Rol il mistero* (p. 140) Allegri formula il brano così: «"Se potessi fare ciò che voglio, sarei Dio sulla terra", dice Rol. Inoltre per lui sarebbe assurdo farsi esaminare da chi non crede in Dio. "Negare Dio a priori", dice, "significa già rinunciare a comprenderlo e a comprendere ciò che viene da Lui"».

[60] Viene di nuovo ribadito quanto visto a p. 153 (e nota 15): *soltanto con l'elevazione dello spirito si accede all'immortalità*, il che significa che per chi non si sarà *elevato* essa non sarà raggiunta, né uno *spirito (o un'anima) immortale*

dotato di possibilità non comuni agli altri uomini e di aver fatto di tutto per illuminarli per il conseguimento di queste stesse possibilità. Dichiara che tutto ciò che Piero Angela ha scritto su di lui è falso e ne indica le ragioni[61].

Come vede ho scritto molto sull'argomento che La interessa. Eppure mi sembra di avere ancora tutto da dire.

Gradisca, caro dottor Allegri, i miei migliori e più cordiali saluti.
Alfredo Gaito

Torino 1. 2. 85

[*Scritto a mano*]

Ci sono moltissime persone che potrebbero raccontare di Rol. Mi limito a darle questi nominativi indicatissimi a parlare di lui.

Prof. dott. Luigi Giordano
...
Dott. Massimo Foa
...
Dr. Aldo Provera
...
Prof. Dott. Giovanni Guasta[62]
...

---

esisteva *prima* della nascita *corporale* sulla Terra, che rappresenta quindi l'*inizio* del percorso verso l'immortalità per chi ne sarà qualificato.

[61] Questa frase è omessa nei due libri di Allegri, dove invece viene aggiunto il brano seguente, sempre attribuito a Gaito: «"Per tutta la vita egli è stato un fedele servitore dei doni ricevuti. E lo ha fatto senza trarne mai alcun vantaggio. Rol è molto schivo", conclude il dottor Gaito "e non approva che si parli di lui. Ma io penso che sia un dovere far conoscere la verità su questo personaggio. Un dovere soprattutto verso le nuove generazioni perché ritengo che in un futuro non molto lontano gli esperimenti di Rol gioveranno alla scienza per una maggiore comprensione dell'uomo"» (*Rol l'incredibile* (p. 122) e *Rol il mistero* (pp. 140-141).

[62] Sono amici che frequentavano Rol a metà degli anni '80, alcuni già dagli anni '70. Luigi Giordano, medico chirurgo; Massimo Foa, imprenditore e letterato; Aldo Provera, imprenditore che poi Rol avrebbe nominato co-esecutore testamentario; Giovanni Guasta, docente di clinica odontoiatrica. I primi tre li ho conosciuti, in particolare Aldo Provera, col quale, come già raccontavo ne *Il simbolismo di Rol*, facevo anche frequenti partite di golf quando entrambi eravamo soci del Circolo Golf Torino ("La Mandria"). Le loro testimonianze si trovano nei volumi precedenti, così come anche in altri libri su Rol. Gli indirizzi sono stati qui omessi.

DR. ALFREDO GAITO

Caro Dottor Allegri,

vengo subito all'argomento che La interessa: Rol. Sono il suo medico e lo seguo oramai da anni; gli sono amico tanto per la sua eccezionalità quanto per la continua disponibilità disinteressata verso coloro che bussano alla sua porta.

Se per un istante mi sembrò indignato per ciò che Piero Angela scrisse di lui, compresi poi il suo rammarico che l'Angela, che si atteggia a uomo di Scienza, non abbia compreso incontrando Rol, che aveva la possibilità di penetrare un mondo tutto da conoscere. La Scienza stessa, un giorno, porterà le sue ricerche in quella direzione e lo farà senza preconcetti ma impiegando quel "mezzo spirituale" che gli scienziati hanno sin qui ignorato.

Rol dice che l'uomo è simile ma assolutamente diverso da tutte le cose che esistono nella natura l'ansia che l'uomo ha di sapere che un proprio spirito lo identifica e gli fa sperare di sopravvivere alla morte, ne dimostra l'eccezionalità.

Nessuna teologia dice Rol si adopera a dimostrare che se un Dio ha creato lo spirito dell'uomo, di "quel" determinato uomo è quell'uomo stesso poi che ha deciso di accettare le prove severe della vita onde estrinsecare e realizzare il proprio spirito divenuto così immortale; i genitori di quell'uomo non essendo stati altro che uno strumento.

L'immortalità è la perfezione raggiunta e, tutto considerato, il prezzo pagato è davvero esiguo. Einstein ammetteva l'esistenza di Dio ma sull'origine dell'uomo la scienza tace. Ed è in questo buio abissale che Angela ha voluto gettare Rol chiedendo di incontrarlo con il deliberato proposito di compiere quello che Rol stesso definisce un crimine verso l'umanità, perché in Rol Angela ha sottratto alla scienza un'occasione immensa.

Lei mi chiede una valutazione delle cose che avvengono nei miei incontri con Rol sempre attivo ed infaticabile. E' per questo che ho voluto iniziare la mia lettera esponendoLe la dottrina del nostro Amico vestendola con le sue stesse parole. Egli con una frase che è piaciuta a Jemolo, si è definito una grondaia che convoglia l'acqua che le cade sul tetto.

E' il riconoscimento onesto che egli non si considera l'artefice dei prodigi che si compiono attraverso di lui ma che rivelano una gamma illimitata di possibilità delle quali egli non dispone a suo piacimento.

Quando Rol agisce lo fa sotto un impulso che lo sovrasta e che non saprei, quale medico, definire. Non si tratta di un "raptus" ma di una sorta di illuminazione interiore che a volte sembra emanarsi da lui quasi divenisse l'esecutore di un ordine. Ordine di un livello morale altissimo.

DR. ALFREDO GAITO

2.

Avvenuto il prodigio Rol ne prova una gioia così grande che lo si vede, nella sua felicità, commosso e turbato.

Questi prodigi sono di varia natura e possono interessare la materia, il tempo, il pensiero e lo spirito. Delle risposte su Rol che Fellini ha dato e che sono riportate nel libro "Giulietta degli Spiriti", la valutazione del nostro Amico da parte di Fellini mi sembra molto acuta e profonda. Non so se Lei conosce quelle pagine; ritengo utile accluderne copia fotostatica.

Giudizi su Rol sono stati espressi in cinquant'anni da gente umile, da persone di rilievo, in Italia ed all'estero sempre in senso positivo. Rol ha avvicinato molta gente e si può dire tutti i grandi personaggi del suo tempo, nel campo culturale e scientifico, nell'ambiente del lavoro, della politica e dell'arte.

Solamente Piero Angela ha sollevato su di lui il dubbio anzi ha cercato di demolire "il mito di Rol" scrivendo cose che non corrispondono alla verità e questo io lo affermo anche perché ero presente con mia moglie ed altre persone all'incontro che Angela sollecitò da Rol. Tutte le insinuazioni su eventuali mistificazioni sono assolutamente gratuite e non giustificate. Quella sera stessa Angela non ebbe nulla da eccepire su quanto vedeva ed udiva. Nel suo libro insistette sulla possibilità che queste mistificazioni fossero avvenute, ma se così fosse stato, perché non lo rivelò subito facendomi notare la flagranza? Sarebbe stato molto più onesto.

Nella lettura della prima parola nella pagina di un libro chiuso, egli afferma di aver veduto Rol sbirciare quella pagina prima di pronunciare quella parola. Ebbene tutti sanno che Rol ha letto righe intere di libri per telefono anche in altre città. Io stesso un giorno incontrai Rol per strada. Avevo un libro appena comprato ed ancora incartato né Rol sapeva di che libro si trattasse. Egli, da me sollecitato, "lesse" la prima riga di una determinata pagina da me scelta, né Rol poté sbirciare quelle parole perché io disfeci l'involucro del libro solamente dopo che Rol aveva "letto".

Sarebbe facile raccogliere molte testimonianze sulla lettura di libri e di fogli scritti in cassetti o scatole chiuse l'affermazione quindi dell'Angela è intenzionalmente falsa perché se avesse agito onestamente, avrebbe dovuto manifestare subito il suo dubbio, non scriverlo più tardi quando Rol non era più in grado di smentirlo.

Ma la lettura in un libro chiuso è nulla in confronto ad altri esperimenti di questo tipo per i quali il mezzo di ricerca non è su un solo libro bensì i quaranta volumi dell'Enciclopedia Treccani e con un procedimento che esclude, nel modo più assoluto, un arrangiamento da parte di Rol.

DR. ALFREDO GAITO

3.

Voglio ora dire qualcosa a proposito di ciò che Rol fa con le carte da gioco.

Ho sempre sostenuto che questo genere di esperimenti, anche se rigorosamente alieni da qualsiasi trucco, Rol dovrebbe farli solamente a coloro che sanno comprendere che egli considera una carta da gioco come un mezzo semplice e facile per stabilire un rapporto con i presenti in quanto le carte hanno un colore, un valore numerico, un segno grafico tutte cose che incidono sull'immaginazione e sollecitano la fantasia ad aprire la strada ad un discorso, a proposte mentali, a sensazioni di ordine intuitivo e di ricerca. Non si tratta quindi di giochi di prestigio, ma di qualcosa di ben differente il cui significato Angela non ha neppure intuito.

"Se invece di Angela mi fossi trovato di fronte Pascal, dice Rol, egli
" non avrebbe pensato al "prestidigitatore di Re Faruk", ma il suo interesse lo
" avrebbe spinto a comprendere, a penetrare ciò che avviene in questa sorta di esperi-
" rimenti che furono proprio essi a rivelarmi quei principi di armonia che poi si
" applicano ad un'infinità di cose. In realtà le carte rappresentano dei numeri".

Negli scorsi mesi uno scienziato di fama mondiale si recò da Rol che lo pregò di giudicare quanto Angela aveva scritto alla luce di ciò che avrebbe veduto in quella seduta. Negli scorsi giorni un altro scienziato si trattenne tre ore con Rol al quale fece poi subito sapere di essere rimasto molto sorpreso avendo letto le affermazioni dell'Angela.

E' ormai abitudine del nostro Amico mettere preventivamente in guardia chiunque assiste ai suoi esperimenti dai pericoli denunciati da Piero Angela.

La Scienza se non è in grado oggi di spiegare le cose che fa Rol può anche rifiutarle ma nessuno, appellandosi arbitrariamente alla scienza ha il diritto di negarle.

Jemolo esortò Rol a stabilire una dottrina con postulati ben precisi. Bisogna dire che Rol molte cose le ha individuate e qualche regola è affiorata ad esempio il numero cinque per la sua posizione nei nove numeri è molto importante altrettanto quanto il colore verde ed assai altro che non sto qui ad elencare.

Probabilmente Angela ha creduto di individuare Rol fra i parapsicologi mentre il nostro Amico ha nulla a che vedere con quei ricercatori che lui Angela in quel momento si affannava a demolire anche in TV.

Io ero ancora presente quando Rol, su richiesta del signor Costanzo, collaboratore in TV di Angela, ricevette il dott. Bazzoli ed un suo amico, signor Milani, ai quali Rol offrì durante alcuni giorni una serie di meravigliosi esperimenti l'ultimo dei quali lasciò Bazzoli in uno stato d'animo così commosso che

Lettera del dott. Alfredo Gaito a Renzo Allegri

DR. ALFREDO GAITO

4.

non poté sfuggire a nessuno dei numerosi presenti. Udii perfettamente quei due signori dirsi: "Dobbiamo telefonare subito dobbiamo dirlo, è tutto vero ciò che accade con Rol". Promisero un servizio esauriente sulla Domenica del Corriere ma quel servizio apparse solamente un anno dopo corredato da ampie fotografie a colori ove erano riprodotti sedici piccoli dipinti di famosi autori non copie ma originali venuti dallo "Spirito Intelligente" di quegli artisti realizzati sui fogli di carta che due ospiti tenevano già nelle loro tasche interne della giacca in sostituzione dei fogli *che avrebbe* distribuiti da Rol. E Bazzoli lo scrisse con quella franchezza che caratterizza la sua grande onestà.

Io stesso conservo per Bazzoli e il suo amico la più viva gratitudine per il loro nobile gesto.

Se Lei sta svolgendo un'indagine approfondita su Rol, immagino che verrà a conoscere quali e quante cose Egli compie ripeto sempre disinteressatamente.

Moltissima gente ha assistito e possiede oggetti venuti da materializzazioni ottenute in piena luce senza che Rol sia mai andato in trance. La sua dottrina scavalca lo spiritismo di Allan Kardec. Tutte le cose, secondo Rol, hanno un loro spirito che si identifica nella funzione che svolgono. Nella storia dell'Universo tutto è annotato come su indelebili schede e ciò che si ispira e risponde ad un istinto remoto è la natura che lo governa e gli pone quei limiti che poi la Scienza dilata continuamente.

Ed è a questo punto che Rol indica l'uomo dotato di uno "spirito intelligente" che lo differenzia da ogni altra cosa conferendogli facoltà che vanno ben oltre l'istinto.

E sono proprio queste facoltà che pongono lo scienziato in grado di operare. Se la scienza volesse riconoscerlo scoprirebbe non soltanto l'origine dell'universo ma la ragione stessa del suo esistere.

Nella dottrina roliana ogni uomo, tramite il proprio spirito intelligente, può stabilire un rapporto diretto o indiretto con lo spirito intelligente di altri uomini defunti o viventi. Taluni esperimenti di Rol ne offrono la prova. Da quanto ho potuto comprendere è in virtù di questi "rapporti" tra spiriti intelligenti il nostro e quelli di altri, che si ottiene la conoscenza di cose avvenute altrove, in altri tempi, nel presente momento, o addirittura nel futuro. Di questi "viaggi nel passato e nel futuro" Rol ne fornisce spiegazioni che poi vengono confermate da una rigorosa verifica della procedura con la quale l'esperimento è stato condotto. Questa procedura non è mai la stessa e neppure è Rol ad indicarla. Egli si limita a coordinare le proposte dei presenti.

Ciò che poi accade è talmente meraviglioso che noi, con i nostri limitati sensi, ci sentiamo trasportati in un'altra dimensione e solo così possiamo

DR. ALFREDO GAITO   5.

giustificare i fenomeni che avvengono sovente forieri di apporti come Lei d'altronde ha potuto constatare.

Nella casa di Rol abita una famiglia (se lo desidera posso anche fornirle il nominativo), dove avvenne un singolare episodio. Per un viaggio nel tempo Rol chiese di scegliere una data ed il luogo. I presenti indicarono l'anno ed un giorno estivo a Versailles. Trascorse una decina di minuti e finalmente una persona disse "Eccola ecco là la Regina Maria Antonietta con una sua amica". "Le vedo le vedo anch'io" disse un'altra persona e cominciarono a descrivere l'abbigliamento delle due signore. Una di esse, pure elegantissima, sembrava essere una pastorella."Che bella capretta ha con sé, la vede?" "Ma certo, che bella campanella porta appesa al collo!". In quel momento udimmo il suono della campanella come vagasse accanto al soffitto. Poco dopo quell'oggetto cadde nel centro del lungo tavolo in mezzo a noi. C'è una considerazione da fare: come avrebbe potuto Rol orchestrare l'episodio dal momento che ignorava che in quell'esperimento sarebbe stata descritta una capretta ecc. ecc. ecc.? Quell'oggetto è tuttora conservato preziosamente.

Un'altra volta durante un esperimento fatto nell'appartamento di un noto avvocato di Torino si ottenne l'apporto di una meravigliosa perla antica, fatta a goccia, che venne offerta in beneficenza.

Scrivere queste cose, raccontarle, sembrano favole inventate di sana pianta. Bisogna viverle e Lei lo sa quanto me caro dott. Allegri, per avere assistito anche in mia compagnia ad esperimenti di Rol altrettanto straordinari.

Rol non ama che vengano raccontati questi fatti per i quali si potrebbe raccogliere infinite testimonianze, non solamente di apporti di oggetti dislocati in piena luce sotto gli occhi più scettici. E poi, cosa dire della conoscenza di fatti avvenuti altrove e di altri futuri, delle diagnosi che stupirono noi stessi medici?

Lei mi chiede dei nominativi che siano in grado di parlare di Rol. Ne unisco una lista. Non dimentichi però che egli agisce da oltre sessant'anni e che molte persone non ci sono più. Ho veduto un libro offerto dal Prof. Vittorio Valletta con questa dedica autografa: "A Rol con gratitudine e ammirazione per il suo lavoro umanitario". E fra tanti documenti una dichiarazione del C.L.N. del Pinerolese (1945), ove si ringrazia Rol per essere frequentemente intervenuto presso quel Comando Germanico ed avere (certamente col mezzo dei suoi esperimenti), salvato la vita di molta gente ed i beni di intere popolazioni. Io stesso e la mia famiglia abbiamo beneficiato dell'intervento di Rol e questo l'affermo con l'autorità di medico.

Mesi or sono apparve su Le Monde a firma di Ph. Pons, corrispondente dall'Italia per quel giornale, un articolo su "Turin la démoniaque...". Quel giornalista accompagnato da una sua amica aveva chiesto a Rol di intrattenerlo su quell'argomento. Rol diffida di tutto ciò che viene definito magico. Quante volte

DR. ALFREDO GAITO   6.

fece presente al signor Pons che dovette ricevere, altrimenti gli era stato detto si sarebbe parlato di lui attingendo ad altre fonti. Ma le raccomandazioni fatte a quel giornalista furono inutili. L'articolo interessante ed importante, mostra in primo piano il nostro Amico "ayant l'attitude un peu souveraine du prince de la Turin secrète...dont les dons, qui défient les lois de la science, sont de renommée mondiale" ed aggiunge che le serate nella casa di Rol "sont réservées à quelques privilégiés et qu'il distille aux plus grands noms" "Je ne crois pas à la magie, nous dit Rol, mes expériences tiennent de l'esprit intelligent de l'homme... afin de toucher à une autre dimension de la vie" "Ce qu'il fit, ce soir-là, tient du prodige. Imaginer une manipulation ou simplement la suspecter satisfait la raison", (e questo lo scrisse certamente perché Rol gli aveva raccontato di Angela), "mais il est parfois tentant de se laisser porter par le merveilleux - sinon de l'admettre".

Ho voluto chiudere la mia lettera con il racconto di questa.....disavventura di Rol. Essa dimostra quanto sia difficile comprendere e descrivere il nostro Amico. Rol, principe delle cose segrete di una città demoniaca!!! Non ha senso. E poi, Rol che distillerebbe nella scelta delle persone alle quali mostra i suoi lavori pochi privilegiati e ancora che siano di alta risonanza sociale! Si sa Rol è aperto a tutti, specialmente ai più umili, ai più bisognosi. Naturalmente anche i Grandi lo avvicinarono: problemi ne ha chiunque e poi chi non è attratto dall'inconoscibile e dal meraviglioso?

Egli si lamenta perché parlando di lui i più si soffermano ai fenomeni che con lui si producono e non si tenta neppure di risalire all'origine, alla ragione di questi fenomeni. Si rimprovera a Rol di non lasciarsi esaminare, ma quale tipo di esame offrono, quali gli esaminatori? I prestidigitatori, gli illusionisti!

A lui occorre un ambiente sereno, disposto a giudicare senza preconcetti. Si può essere scettici ma si ha il dovere di essere giusti. Io stesso ho veduto scettici ricredersi e poi anche collaborare. E' in un clima sereno e di fiducia che a Rol vengono quegli impulsi che lo mettono in grado di agire.

Egli però è vulnerabilissimo: i suoi esperimenti non sono mai programmati perché non gli è consentito disporre, a suo piacimento, delle facoltà che un esaminatore gli negherebbe perché lui non saprebbe usarle nel senso richiesto.

"Sarei Dio sulla terra" dice Rol, "E poi negando Dio a priori è già rinunciare a comprendere Dio e ciò che viene da Lui".

Tutto quanto Le ho detto in questa lettera lo faccia conoscere: è un dovere verso il nostro Amico ma soprattutto verso le generazioni future. C'è chi raccoglie materiali su Rol e molto spesso e da ogni parte mi si chiede di lui. Un giorno forse i suoi esperimenti gioveranno alla scienza e sarà la scienza stessa a cercare quel materiale.

DR. ALFREDO GAITO

7.

Finalmente c'è una domanda da porsi: "Perché Rol per tutta la sua vita ha fatto queste cose senza trarne il minimo beneficio anzi logorandosi nel prodigarsi verso il prossimo?"

Ho letto il testamento di Rol dove egli afferma di avere avuto in assoluto le prove dell'esistenza di Dio e di quell'immortalità cui si accede soltanto con l'elevazione dello spirito. Riconosce inoltre di essere stato dotato di possibilità non comuni agli altri uomini e di aver fatto di tutto per illuminarli per il conseguimento di queste stesse possibilità. Dichiara che tutto ciò che Piero Angela ha scritto su di lui è falso e ne indica le ragioni.

Come vede ho scritto molto sull'argomento che La interessa. Eppure mi sembra di avere ancora tutto da dire.

Gradisca, caro dottor Allegri, i miei migliori e più cordiali saluti.

Alfredo Gaito

Torino 1.2.85

Ci sono moltissime persone che potrebbero raccontare di Rol. Mi limito a darle quali nominativi in caso vorrà parlare di lui

Prof. Dott. Luigi Giordano

Dott. Massimo Foa

Dr Aldo Provera (? Provera)

Prof. Dott. Gianluigi Queste

Etranger

Turin la démoniaque...

Turin cache bien son jeu. L'ancienne capitale du royaume d'Italie, guindée sinon constipée, la ville de Fiat et de la bourgeoisie « par bonne à est, en secret, un chaudron de sorcières.

De notre correspondant

Turin. - Dans son petit appartement proche de Piazza-Crispi, presque à la périphérie de la ville, M. Pontiglio n'a rien des visages tourmentés sur les murs de la Turin secrète, occultiste, vouée au satanisme. Bien qu'il soit une soixantaine, les facultés si sont développées il y a quelques années : « Si quelqu'un m'avait raconté il y a six ans ce que je vois aujourd'hui, je l'aurais pris pour un fou. D'ailleurs lorsque mes apparitions ont commencé, je suis allé consulter un psychiatre qui m'a déclaré tout à fait normal. »

Désormais, la renommée de M. Pontiglio a passé les frontières et les demandes se sont multipliées. Bien qu'il soit une heure avancée de la nuit, le téléphone ne cesse de sonner. Notre interlocuteur voit ce qu'il nomme des « entités » et le décrit. Épanoui parmi ses « morts » qui lui font cortège nuit et jour, il prétige la vision comme un apostolat, gratuitement, pour « rassurer » son prochain et lui « démontrer que nos défunts sont proches de nous ».

Dans un pays où le « mauvais œil » fait partie du folklore et où un président de la République, M. Leone, fut photographié faisant les cornes, à la dérobée, près du lit d'un malade atteint de cholera, beaucoup se reconnaissent sans doute dans cette boutade attribuée au philosophe Bendetto Croce : « Je n'y crois pas, mais on ne sait jamais. » On s'attendrait plutôt à rencontrer ces pratiques magico-religieuses, voire démoniaques, dans le Mezzogiorno, où la *jetatura* (celui qui jette un sort à base de Mezzogiorno, où est en particulier à Turin, l'industrielle, la positiviste, la puritaine capitale du Piémont.

Pourtant, il suffit de feuilleter l'annuaire de la ville pour être frappé du nombre, infiniment plus important qu'ailleurs, de mages, voyantes, astrologues, cartomanciennes, chiromanciennes, médiums, parapsychologues et autres. Ce ne sont là que ceux qui font de la publicité et ont pignon sur rue (plus de trois mille), car il y a aussi tous les « clandestins » de quartier, dont la repasseuse qui lit les lignes de la main à la ménagère qui tire les cartes à ses voisines pour arrondir des fins de mois, au total, six mille à sept mille personnes.

De la messe noire au « Magic shop »

Un monde à son Gotha, les gagne-petit comme les cartomanciennes du marché derrière Piazza-Palazzo, et ses charlatans. Selon Giuditta Dembeck, qui a recueilli anecdotes et témoignages dans son *Torino città magica*, plus de cinquante mille personnes pratiquent des rites ésotériques, et, selon le « démonologue » ainsi se définit-il - Gianluigi Marianini, une bonne partie des milliers de séances de spiritisme qui se déroulent chaque nuit à Turin sont des messes noires.

Sur toutes ces pratiques s'est en tout cas greffée une industrie lucrative ; librairies spécialisées et « Magic shops », où l'on vend amulettes, philtres magiques ou poupées de cire à cribler d'épingles, se sont multipliées.

Il y a quelques années la municipalité a dû faire restaurer de nuit la chapelle désaffectée de San-Pietro-in-Vincoli (Saint-Pierre-aux-Liens), jouxtant le cimetière des condamnés à mort, à la suite d'une ruée macabre sur le pierres des tombes pour la célébration de messes noires. Il a fallu aussi faire avancer pour la chapelle de la Bella Rosin (la maîtresse le plus célèbre de Victor Emmanuel II), et les gardiens du cimetières n'écoutent qu'un des mieux les intrus qui, une bouteille à la main, cherchent à capter l'esprit des morts près des tombes fraîchement fermées.

Il y a aussi, nous raconte-t-on, les magiciens fondus de la Ligurie.

Pour les « initiés », il n'y a pas de hasard ; tout a un signe : ainsi Turin, ayant école du la ville des druides, dont il reste des menhirs sur ce fameux mont Musiné, dans la route de Susa, où lire « magique », dit-on (« depuis au moins deux ou trois reprises »), où l'on le plus grand nombre de saints (Don Bosco, qui fonda l'ordre des salésiens; Cottolengo, damas et Cagliostro - la ville fut le lieu où Nietzsche, achevant *Ecce homo*, devint fou, sautant au cou d'un cheval, et où Rousseau fut sani d'un profit exhibitionniste, et enfin San Giuseppe Cafusso, le confesseur des condamnés à mort). C'est ainsi la ville où se trouve le linceul (la *sindone*) qui aurait enveloppé le corps du Christ. Or, à plusieurs reprises dans les années 70, de incendies se sont déclarés dans la chapelle qui « abrite » la sainteté de Turin attire aux contraire, soulignent les « démonologues ».

La ville du linceul

La légende veut aussi qu'elle ait été inaugurée, à l'origine, par des commandos à mort égyptiens dont le baraou avait été éroulé sur les rivières sacrées de la Ligurie.

clame de l'eau bénite. - *Turin est une ville où les messes noires sont très fréquentes*, reconnaît en un ne précise pas si cette affirmation est déduite des confessions reçues.

Nos interlocuteurs « initiés » remarquent en outre le nombre de tragédies inexplicables de ces dernières années - par exemple le meurtre, commis à l'arme blanche, de dix-huit jeunes femmes dans la zone de Monte-Calieri et Gassino, comme pour les « passantes » satanesques. Il y a surtout l'incendie en février dernier du cinéma de Turin dans lequel périrent soixante-quatre personnes. C'était l'époque du Carnaval qui avait pour thème « La magie et le fantastique ». Une reprise de messe noire avait été célébrée Piazza-Castello. Le lendemain, le cinéma brûlait et le carnaval devait être suspendu : *il est clair que les forces démoniaques avaient été courroucées par le carnaval de dérision »*, dit-on.

Un fait paraît clair : il y a eu ces dernières années une recrudescence de l'occultisme à Turin. « *On ne fait en réalité que redécouvrir ce dont on parle depuis des siècles »*, affirme Giuditta Dembeck. Mi-sceptique, mi-fascinée par l'histoire de la ville présente des particularités étranges. D'abord, Turin fut bâtie au confluent de trois fleuves et sa forme sur une carte rappellerait le caractère chinois qui hantait l'âme. En outre, elle est située sur le 45º parallèle, auquel l'astrologie attribue un destin singulier.

Du point de vue historique, on peut sans douter de Moyen Age un certain nombre de phénomènes étranges rapportés par les chroniques et survenus notamment dans les galeries qui existent sous la ville et auxquelles on accède encore de nos jours par les caves de certaines maisons.

N'est-ce pas d'ailleurs un vrin à Turin qu's'est publié depuis ce seizante ans *Il Gran prescutore di Chiaravalle* (le grand pêcheur de Chiaravalle), almanach magico-astrologique vendu à quantité que trente mille exemplaires ne seraient aucun exemplaires aujourd'hui encore rien qu'en ville ?

Turin a outre accueilli Nostradamus et Cagliostro - la ville fut le lieu où Nietzsche, achevant *Ecce homo*, devint fou, sautant au cou d'un cheval, et où Rousseau fut sani d'un profit exhibitionniste, et enfin San Giuseppe Cafusso, le confesseur des condamnés à mort). C'est ainsi la ville où se trouve le linceul (la *sindone*) qui aurait enveloppé le corps du Christ. Or, à plusieurs reprises dans les années 70, de incendies se sont déclarés dans la chapelle qui « abrite » la sainteté de Turin attire aux contraire, soulignent les « démonologues ».

Ici, Nietzsche devint fou

Pour le sociologue Filippo Barbano, « *il faut distinguer entre pratiques magiques en expériences parapsychologiques*. En ce qui concerne ces dernières, il existe une liaison entre la tradition positiviste de Turin, la prémière ville à avoir été touchée par les idées des Lumières, et le spiritisme.

« *Un certain agnosticisme, caractéristique de cette ville rachoue la laïque catholique la plus protestante de l'Italie, a favorisé les choses. »*

Sur le plan littéraire, l'écrivain, tout le monde ici se rapatri, fasciant. Promenade avec la double, le le héros est une sorte de jeune Faust et laissant entendre dans son voyage à travers la nuit (*l'hérétique*), comme Giampiero Bona, estime que Turin - est *assurément une ville plus mystérieuse que les autres, plus référencée, moins offerte que Rome ou que Naples, qui n'ont pas besoin*

de mystère. N'oublions pas que c'est ici, au dix-neuvième siècle, que naquirent le mouvement littéraire crépusculaire des « échevelés » (scapigliati) et la métaphysique de Chirico - Ne refusan pas l'extraordinaire et le mystère et citant Oppenheimer - *Les historiens sont incapables d'expliquer notre époque »*, - Bona n'en tient pas moins à se démarquer radicalement des sectes sataniques et autres qui infestent Turin.

C'est aussi l'attitude un peu souveraine du prince de la Turin secrète : Gustave Adolphe Rol. Personnage énigmatique, volontiers excentrique, peintre et à son heure antiquaire, grand collectionneur d'objets ayant appartenu à Napoléon, c'est une sorte de Cagliostro de la haute société italienne dont les dons, qui défient les lois de la science, sont de renommée mondiale. Une comparaison avec le comte qui séduisit le Paris de Louis XV ne lui plaît qu'à moitié : - *Cagliostro avait des dons, mais c'etait un aventurier ; du moins n'a-t-il fait de mal à personne »*, nous dit-il, nous recevant pour l'une de ses - *soirées expérimentales »* réservées à quelques privilégiés et qu'il distille aux plus grands noms, recevant des autres quelques trois cents lettres par jour.

Ses expériences ravissaient Dino Buzzati et faisaient battre des mains Einstein. Elles fascinaient son ami Fellini, qui qualifie Rol de - *déconcertant »*. Le personnage de Rol n'a rien de sévère ni d'hermétique, mais au contraire il s'en dégage une joie rassurante et une vitalité peu commune pour un homme déjà âgé. - *Je ne crois pas à la magie »*, nous dit-il, - *mes expériences tiennent de l'esprit intelligent de l'homme. C'est-à-dire à la force de la volonté afin de toucher à une autre dimension de la vie »*. Ce qu'il fit, ce soir-là, tient du prodige. Où finit le jeu ? Où commence la verité ? Imaginer une manipulation ou simplement la

PHILIPPE PONS.

L'articolo di Philippe Pons su *Le Monde* del 24-25 luglio 1983. Riporto qui la parte conclusiva dedicata a Rol, e di seguito la traduzione:

«...l'attitude un peu souveraine du prince de la Turin secrète: Gustave Adolphe Rol. Personnage enigmatique, volontiers excentrique, peintre et à son heure antiquaire, grand collectionneur d'object ayant appartenu à Napoléon, c'est une sorte de Cagliostro de la haute société italienne dont les dons, qui défient les lois de la science, sont de renommée mondiale. Une comparaison avec le compte qui séduisit le Paris de Louis XV ne lui plaît qu'a moitié : " *Cagliostro avait des dons, mais c'etait un edventurier ; du moins n'a-t-il fait de mal à personne* ", nous dit-il, nous recevant pour l'une de ses " *soirées expérimentales* " réservées à quelques privilégiés et qu'il distille aux plus grands noms, recevant des autres quelques trois cents lettres par jour.

Ses expériences ravissaient Dino Buzzati et faisaient battre des mains Einstein. Elles fascinaient son ami Fellini, qui qualifie Rol de " *deconcertant* ". Le personnage de Rol n'a rien de sévère ni d'hermetique, mais au contraire il s'en dégage une joie rassurante et une vitalité peu commune pour un homme déjà âgé. " *Je ne crois pas à la magie* ", nous dit-il, " *mes expériences tiennent de l'esprit intelligent de l'homme. C'est-à-dire à la force de la volonté afin de toucher à une autre dimension de la vie* ". C'est qu'il fit, ce soir-là, tient du prodige. Où finit le jeu? Où commence la verité? Imaginer une manipulation ou simplement la suspecter satisfait la raison, mais il est parfois tentant de se laisser porter par le merveilleux – sinon de l'admettre. D'ailleurs Rol lui-même le dit: " *C'est trop grand, on ne peu pas y croire.* " ».

*

«... l'attitudine un po' sovrana del principe della Torino segreta: Gustavo Adolfo Rol. Personaggio enigmatico, spesso eccentrico, pittore e un tempo antiquario, grande collezionista di oggetti appartenuti a Napoleone, è una sorta di Cagliostro dell'alta società italiana i cui doni, che sfidano le leggi della scienza, sono rinomati in tutto il mondo. Il paragone con il conte che sedusse la Parigi di Luigi XV gli piace solo a metà: "*Cagliostro aveva dei doni, ma era un avventuriero; comunque non ha fatto del male a nessuno*", ci dice[63], accogliendoci per una delle sue "serate sperimentali" riservate a pochi privilegiati e che distilla per i più grandi nomi, ricevendo da altri qualcosa come trecento lettere al giorno.
I suoi esperimenti entusiasmarono Dino Buzzati e fecero battere le mani ad Einstein[64]. Affascinarono il suo amico Fellini, che definisce Rol "*sconcertante*". In Rol non c'è nulla di severo o di ermetico, ma al contrario emana una gioia rassicurante e una vitalità poco comune per un uomo già anziano. "*Non credo alla magia*", ci dice lui, "*i miei esperimenti sono dovuti allo spirito intelligente dell'uomo. Vale a dire alla forza di volontà per accedere a un'altra dimensione della vita*". Ciò che fece, quella sera, ha del prodigioso. Dove finisce il gioco? Dove comincia la verità? Immaginare una manipolazione o semplicemente sospettarla soddisfa la ragione, ma a volte è forte la tentazione di lasciarsi trasportare dal meraviglioso – se non di ammetterlo. Del resto Rol stesso lo dice: "*È qualcosa di troppo grande, non ci si può credere*"».

***

Come anticipato in una nota, riproduco anche un articolo di Nevio Boni che commenta proprio questo articolo di Pons. La cosa che emerge evidente è che Boni riassume quasi tutto quanto detto da Pons, ma omettendo completamente il protagonista principale del suo articolo,

---

[63] Il paragone superficiale con Cagliostro lo avrebbe fatto anche Tullio Regge nel 1994 (cfr. vol. X, p. 63), e Silvan lo avrebbe ricordato a *Porta a Porta* nel 2003, ma puntualizzando, e la cosa è quasi sorprendente per chi non abbia il quadro generale del "caso Rol", che «c'è una differenza sostanziale. Non è la stessa cosa: Cagliostro aveva una personalità abbastanza ambigua, mentre Rol... il suo fascino, il fascino di quest'uomo secondo me, anche se ho avuto soltanto il piacere di ascoltarlo per ore e ore al telefono, era quello della sua grande umiltà, questa virtù che tutti noi abbiamo sempre riconosciuto» (vol. IX, p. 220).
[64] Su questo, si veda più avanti, p. 260 e sgg..

ovvero Rol. Trovo molto probabile che Boni dovette contattare Rol per chiedere cosa ne pensasse prima di scrivere il suo pezzo, e Rol dovette sicuramente stroncare l'articolo di Pons e chiedere a Boni di non citarlo minimamente.

*

Torino demoniaca lo dicono i francesi

di Nevio Boni

13/08/1983[65]

Occhiello-Sommario
Il ruolo di città magica è stato riconosciuto da un recente articolo su «Le Monde»
Un itinerario paranormale che incomincia dal «Signor Pontiglio, visionario» e prosegue con un «esercito» di cultori dell'esoterico sparsi per la città
Un articolista obnubilato dalla demoniaca calura convinto che Torino, ad ogni costo, valesse una «messa nera»

Che a Torino abbiano dimora demoni, e che lo stesso Satana qui abbia pestato il suo orrendo piede caprino, e che ancora, nella nostra città vivano e prolifichino streghe e fattucchiere, maghi, astrologi, cartomanti, chiromanti, veggenti o semplici fans dell'occulto, è noto. Ormai la magia di Torino, vertice di quel triangolo magico, appunto con Lione e Praga, è diventata appannaggio dei mass media; televisione e rotocalchi, cinema e quotidiani infatti hanno dato ampio spazio in questi ultimi tempi alle manifestazioni paranormali di questa città «*industriale ma anomala per alcuni versi con il suo proliferare sotterraneo di misteri e incantesimi*». L'avallo definitivo[66] a questa peculiarità di metropoli «*magica per eccellenza*», di «*città segreta occultista e satanista*», lo ha però avuto dal giornale francese «Le Monde».
Il celebre foglio infatti recentemente è uscito con un titolo che fa rabbrividire: «*Turin la démoniaque*».
La fama dei suoi riti celebrati da «sacerdoti bugianen» ha dunque varcato le montagne, e i colti cugini transalpini non si sono lasciati sfuggire

---
[65] *Stampa Sera*, 13/08/1983, p. 19. Corsivi dell'autore.
[66] Naturalmente, non è certo un superficiale giornalista francese a poter dare un «avallo definitivo», ammesso che qualcuno possa darlo.

l'occasione (complice forse anche la penuria di notizie in un mese incendiato dal sole e non dallo zolfo), stilando una specie di mappa (fatti e personaggi), che in qualche modo hanno a che fare col mistero. Ripercorriamo insieme quanto ha scritto Le Monde e vediamo un po' dove il prestigioso collega ha colto le sue «visioni» entrando da par suo nel pentacolo di Gianduia.

L'inizio dell'articolo è sconcertante: per introdurci nel clima di suspense come pretende il tema, parla subito del signor Pontiglio, che gli dichiara ineffabile: «*Se qualcuno mi avesse detto dieci anni fa ciò che vedo oggi, l'avrei preso per pazzo. Da quando sono cominciate le mie apparizioni, sono andato da uno psichiatra che mi ha definito normale*».

Beh, dobbiamo osservare, con beneplacito del signor Pontiglio che quanto accade a lui non rientra proprio del tutto nella norma. Dovete sapere che Pontiglio vede sui muri i volti dei morti.

Durante un nostro peregrinare come cronisti di fatti inspiegabili, di innocue persone «normali», che hanno visioni, ne abbiamo sentite a decine. Una per tutte: un pensionato, ex direttore di banca, (persona quanto mai attendibile), che in un linguaggio appropriato ci aveva informato che alle sei di ogni pomeriggio nel suo alloggio, avvertiva improvviso un ficcante profumo di viole e dalla sièpe di bosso del suo mini-giardino, vedeva salire pian piano un manto blu intenso e dentro il drappo c'era (bellissima e splendente) la Madonna.

In famiglia tutti lo guardavano con quello sguardo di grande comprensione che si concede al nonno che in preda a raptus senile ruba la marmellata. Anche lui – come il nostro Pontiglio con i morti – affermava che la Madonna «*ci sta vicino*» e «*ci protegge*».

Perché non credergli?

L'articolista de Le Monde per far capire meglio ai suoi lettori l'italica mentalità che starebbe all'origine della nostra «possessione» per l'occulto, cita il malocchio o meglio quella fotografia in cui l'ex Presidente della repubblica, Giovanni Leone, davanti al lettino di ospedale in cui giaceva un malato di colera, aveva, a mò di scongiuro, impostato le dita della mano in quel gesto diabolico ma carico di controeffetto come le corna. Non fa testo. Anche noi abbiamo letto in una cronaca, che il generale De Gaulle, in un suo viaggio in Canada, dopo un tremendo discorso alla comunità francese che aveva fatto impallidire i diplomatici, si sarebbe portato le mani su quegli attributi che gli uomini della destra francese affermavano avesse di ferro.

Il cronista de Le Monde parla anche di «*sei-settemila torinesi*» addetti a dialogare con i demoni che vivrebbero a Torino, e ne aggiunge poi tremila clandestini che lo «*farebbero per arrotondare lo stipendio*».

D'accordo che da noi c'è l'inflazione, con la cassa integrazione pone un po' tutti alla ricerca del secondo lavoro. Ma via! Che vi siano tremila strumenti di satana in giro per le strade non riusciamo a crederci. Perché giovani donne bellissime bisognose di denaro si buttano a leggere la mano al vicino, o interpretare dietro pagamento i fondi del caffè (con quel che costa) o «fare i tarocchi» per raggranellare denaro?

«Le Monde» cita anche Giuditta Dembeck [sic], la scrittrice che nel suo libro «Torino città magica» avrebbe detto che i cultori di riti esoterici a Torino sarebbero 50 mila.

Insiste quindi nel dialogo con il professor Gianluigi Marianini, il demonologo, l'ex vincitore di Lascia e Raddoppia, che gli avrebbe confidato che *«sono migliaia i torinesi che praticano le messe nere»*. Qui, al francese è di sicuro scappata la mano.

Abbiamo parlato col mago-pittore di Giaveno Lorenzo Alessandri: *«Ma quali messe nere a Torino? – dice con sicurezza – Hanno anche detto che io sarei un sacerdote di tali riti. Nulla di più falso. Ah, i giornalisti!»*. Già, i giornalisti e poi quelli francesi, anche se di «Le Monde»!

Per spiegare che Torino è davvero città magica e del mistero, il diabolico cronista racconta la leggenda secondo la quale la città è stata costruita da antichi egizi che furono condannati a morte e messi su un battello alla deriva. Questo (per magia?), approdò sulle coste liguri e loro di qui si avviarono chissà perché in Piemonte e si stabilirono dove adesso c'è Torino.

Il francese infila nell'articolo episodi che confermerebbero come a Torino alberghi il diavolo, la magia, l'occulto.

Sapevate infatti che qui il filosofo Nietzsche impazzì? A dir la verità qualche segno della sua celebre follia l'aveva già dato. Forse a Parigi?

E sapevate che Rousseau (inequivocabilmente di lingua francese), venne preso da un prurito esibizionista proprio in via Po e mostrò *«son derrière»* ai passanti torinesi scandalizzandoli?

Per fortuna il nostro fa parlare anche lo scrittore Giampiero Bona che si limita a dire: *«Fu qui a Torino, che nel diciannovesimo secolo nacque il movimento della scapigliatura e la metafisica di De Chirico»*. Segno anche questo di città demoniaca? No, di sicuro.

Il diavolo, se c'è, da noi è nascosto bene, anche se qualche iniziato giura che nella notte di San Giovanni, un povero diavolo col piede caprino scende da una casa sulla collina per andare nella magica piazza Vittorio ad appuntamenti masso-diabolici.

Dove sta insomma la verità su questa nostra Torino satanica e misteriosa? Difficile dire. L'articolista di Le Monde però, forse un po' obnubilato dal demone della calura, ha visto di tutto e forse per lui Torino valeva bene una Messa Nera.

Torino demoniaca lo dicono i francesi

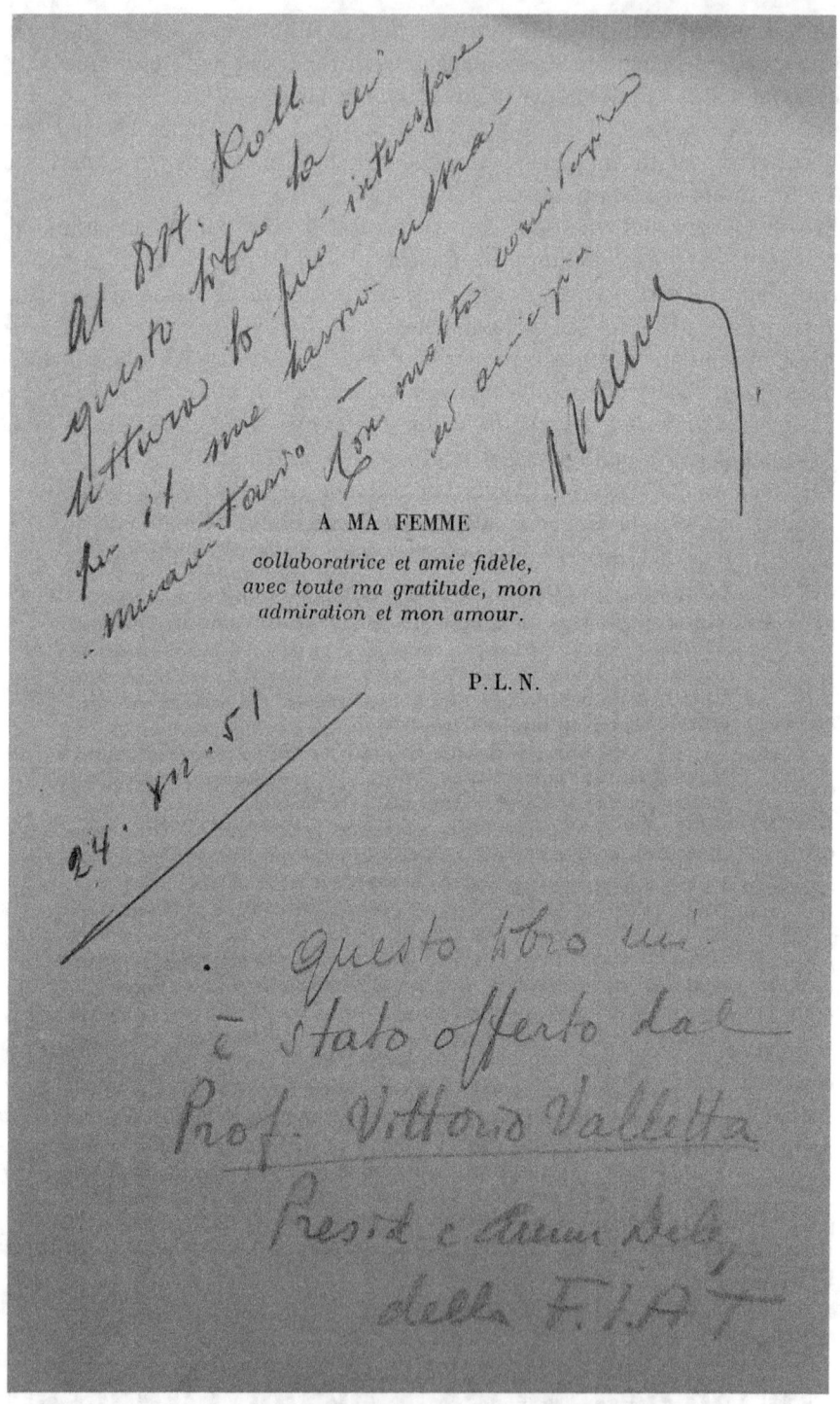

Dedica di Vittorio Valletta a Rol del 1951 (cfr. p. 162 nota 47)
(foto © Franco Rol – Archivio Storico del Comune di Torino)

Lettere e dediche di Mirella Delfini

Tra le lettere a Rol conservate all'Archivio Storico del Comune di Torino vi sono anche quelle della giornalista e scrittrice Mirella Delfini, che lo aveva conosciuto negli anni '60 e aveva scritto di lui soprattutto nel 2019 in articoli di cui ho riportato gli estratti più significativi nel vol. III, pp. 23-28. In precedenza, nel 2016, aveva sinteticamente raccontato:

> «Ho conosciuto bene Rol e non ho dubbi: era una persona straordinaria, ho avuto prove di cui non posso dubitare. Quando ho perso il mio compagno, lui che non l'aveva conosciuto l'ha visto accanto a me e siccome non riuscivo a crederci me l'ha descritto con assoluta precisione. Ha visto perfino la strana camicia cinese che a volte indossava in casa! Ho alcune lettere di Rol e ho incorniciato un breve scritto in cui commenta i miei lavori. È appeso sopra la scrivania e mi infonde coraggio. Ha sbagliato una cosa sola: la data della mia morte. Sto vivendo più di quel che aveva detto, ma forse Lassù hanno cambiato il mio futuro per lasciarmi finire "La Scienza giorno per giorno"»[1].

Nel 2011 aveva dedicato a Rol un capitolo del suo libro Andrà tutto bene, *col titolo* Il mio amico Rol e l'incredibile[2], *da cui cito un estratto*:

> «Ho preso un treno e sono andata a Torino dal mio amico Gustavo Rol. Avevano scritto di lui in molti, ma la frase più giusta era quella di Inardi: "Rol, da solo, è un'antologia di capacità paranormali". Sì, ma era anche uno studioso, un biologo sia pure dilettante, un laureato in giurisprudenza. Non faceva lo spiritista, però era di casa con l'incredibile. Aveva perso Elna da poco, sua moglie, e mi capiva.
> Rol era... non so come definirlo: un veggente, un sensitivo? Discusso da molti, amato da moltissimi. Quando riusciva a mettersi in sintonia con quello che lui chiamava 'lo spirito intelligente', Rol sapeva tutto. Quel giorno ha preso un quadretto della Madonna e me l'ha dato (ce l'ho sempre)[3]. Ha detto 'Ti

---

[1] Vol. III, p. 23. Mirella era nata il 24 marzo 1925, è morta il 17 luglio 2023, a 98 anni. Nel 2017 fornì una interpretazione di questo errore, si veda più avanti a p. 222.
[2] Titolo che in parte riprese nel 2017 per un altro capitolo su Rol in un nuovo libro che però non terminò. Quel capitolo inedito lo pubblico a p. 211.
[3] Questi fatti sono raccontati più estesamente negli articoli del 2019. L'incontro di cui parla Delfini avvenne nel novembre 1989. Di quello stesso quadretto della Madonna (col bambino Gesù) Rol ha regalato copie ad amici, familiari e

convincerà che loro ci sono ancora, che Giorgio è lì accanto a te.'
Poi ha aggiunto che avrei dovuto aspettare parecchi anni prima di
raggiungerli e ha detto 'ma tu non hai paura, e poi lo sai che non
si muore. Viviamo tante vite, da questa si passa a un'altra'.
'Forse', ho risposto, ma non ero molto convinta, o meglio, l'idea
non mi sorrideva: ricominciare tutto da capo quando uno ha
faticato come un mulo e oramai spera di avercela fatta?[4]

---

conoscenti (io ne ho due, uno lo aveva regalato a mia mamma e un altro a mia nonna). Per un approfondimento, cfr. il vol. III, pp. 27-28, 136, e soprattutto nota a I-123, pp. 347-351 e tav. II e III.

[4] Troviamo qui un ricorrente fraintendimento di certe affermazioni di Rol, che quasi sempre il testimone non indaga. Questo perché, in quel momento o anche in seguito 1) è "distratto" da cose che lo interessano maggiormente, come gli esperimenti, la personalità di Rol, la soluzione dei propri problemi personali, la consolazione di sapere che persone amate, decedute, sopravvivano da qualche parte; 2) è timido nel fare domande; 3) le domande che vorrebbe fare sono comunque fin troppe, e se ne fa qualcuna è su cose di cui Rol non ha parlato, o sulla natura degli esperimenti (è infatti importante giudicarli autentici, perché se non lo fossero, come credere solo alle parole?); le cose che invece Rol ha detto parzialmente – come qui il caso delle «tante vite» – non vengono indagate e ci si accontenta di quanto ascoltato, credendo di avere capito, associando automaticamente l'affermazione per esempio alla reincarnazione. È proprio il caso di dire che siamo a un livello *exoterico*, ovvero di superficie. Rol del resto non amava entrare in dettagli *subito* (e neanche in seguito, se la persona non era pronta o meritevole, o, in generale, "qualificata") e lasciava che certe idee o impressioni venissero assimilate per poi, eventualmente in una occasione successiva, passare a un livello più profondo di spiegazione (*esoterico*). In altri casi ha fatto allusioni a vite passate del testimone, o a se stesso che aveva vissuto in passato. Ma sono allusioni che contengono solo *una parte di verità*, e questa verità non è comunque la reincarnazione. Il massimo che Rol si è spinto a rivelare, allo stato attuale delle fonti disponibili, è questo: «l'anima la troviamo poi dopo parecchie, svariate vite... in altri luoghi, vite di perfezionamento»; «se io fossi un Iniziato avrei soltanto un desiderio, quello di non esserlo... perché vorrei essere come tutti gli altri, passare a un'altra vita, a una vita di perfezionamento» (*Il simbolismo di Rol*, pp. 501-502). Questa *vita di perfezionamento* non è di nuovo sulla Terra, ma in «in altri luoghi»: infatti «il corpo si rigenera in un'altra vita, ma, questa volta, non più Terrena» (*infra*, p. 285), «in una dimensione senza tempo, meravigliosa» (vol. X, p. 55), il che deve essere inteso, per quanto possa apparire generico, *nella dimensione dello Spirito*. Avevo già riportato la trascrizione da una registrazione della voce di Rol dal mio archivio dove dice che «con lo spirito ricostruirò il mio corpo, come lo vorrò, perfetto» (vol. V, p. 290, nota 52), di cui do trascrizione integrale più avanti a p. 352, insieme a quella di un'altra registrazione dove Rol dice rivolto al dott. Alfredo Gaito: «Dio ti ha creato volontariamente, la scintilla creatrice è il tuo spirito, che è stato unito al tuo corpo, il tuo spirito ha creato il corpo. Nella morte le stesse facoltà di questo spirito sono tali che rigenerano il proprio corpo. Cristo è resuscitato in virtù di questo spirito. Quindi il corpo fisico, quello che tocco, si ricostituisce, viene a

Però bisogna che torni indietro di qualche anno, quando Giorgio c'era ancora. Un giorno Rol m'aveva telefonato da Torino, *Insetto sarai tu* era appena uscito: 'Sai, ieri sera ci siamo riuniti con i soliti amici per mandare energie alle persone malate, come facciamo spesso, e visto che tutti loro sono entusiasti del tuo libro, le abbiamo mandate anche a te per aiutarti nel lavoro. Ora mi devi dire se quello che è accaduto ha un senso, per te: s'è presentata un'entità, ha detto d'essere stato il tuo fidanzato quando eri ragazza: *Si può dire che sono morto in guerra* – ha spiegato – *ma purtroppo avevo preso una via sbagliata, di violenza e di odio. Però nella grande sventura di morire così giovane ho avuto il bene di poter capire e trasformarmi.* Ha raccontato d'esserti rimasto vicino per tutti questi anni, sapendo che sei... quella che sei, insomma. È vero, questo? Hai avuto un fidanzato morto giovane? E che cosa significa *si può dire che sono morto in guerra?*'

Cominciavo a sudare, e piano piano dalla poltrona scivolavo in terra, quasi in ginocchio. Lui non sapeva niente di Gino, e come poteva a quarant'anni dalla sua morte riferirmi una cosa simile? Il significato della frase 'oscura' invece lo intuivo, quella morte era rimasta inspiegabile. Ora però mi inoltravo in una dimensione sconosciuta, da cui m'ero tenuta ostinatamente lontana per tutta la vita, soprattutto perché mia madre, teosofa, ne parlava tanto. Ma io, pensavo ora col cuore in gola, come potevo negare che esistesse, sapendone così poco?

Secondo un'inchiesta di *Time* il settanta per cento degli scienziati crede che esista qualcosa oltre la vita. Magari non il Dio della Bibbia, ma l'Intelligenza Cosmica. Nirmala Gopal, la signora che avevo conosciuto in India, diceva che tra il pensiero di Budda e le scoperte di Einstein non c'è molta differenza. Nella famosa equazione $E=mc^2$, la c che sta per *celeritas,* velocità in latino, è il fattore di conversione: tramuta l'energia in materia e il segno $=$ dice 'viceversa'. Dunque la materia è tutta movimento, la massa si tramuta in energia e l'energia in massa, construendo infinite realtà. "È stata la fisica dei quanti – spiegava lo scienziato danese Niels

---

vivere di nuovo. Solo che la patria di questo corpo non è più limitata, è nell'infinito, nell'eternità. Eternità e infinito è la stessa identica cosa». Che cosa poi signifchi effettivamente che *la patria di questo corpo è nell'infinito* non pare davvero facile a raffiguraselo. Anche perché Rol parla del nostro stesso corpo, "fisico" ricostituito. Sta parlando simbolicamente? Sta, direbbero gli scettici, farneticando o sottoscrivendo una fantasiosa teoria cristiana? Di certo, questo è il tpo di argomento che può essere affrontato solo con una conoscenza e analisi approfondite della *storia e scienza* delle religioni (e, naturalmente, del loro esoterismo).

Bohr – a farmi capire che nulla è come sembra e che se una cosa non è abbastanza folle bisogna diffidarne..."

Così era di nuovo la fisica, ossia una scienza, a farmi supporre che può esistere qualcosa di simile a quel che chiamano paranormale e che magari è normale, ma sconosciuto: m'ha aperto una porta al di là della quale può darsi che ci sia ben altro. Quando la materia diventa energia, forse l'energia combacia con lo spirito, e allora perché i viventi di ieri che ora sono pura energia non dovrebbero comunicare con persone capaci di sentirli? Una volta ci apparivano nei sogni, ora parlano nei registratori, sul video, sui computer. Oggi lo dico in poche parole, però mi ci è voluto parecchio tempo per arrivarci. Eppure Rémy Chauvin, il biologo francese che ha avuto il coraggio di ammettere – e scrivere – "Io credo", avrebbe dovuto convincermi. Quante volte ho letto il suo libro *Dio delle formiche, Dio delle stelle*. Ho fatto una recensione di quel libro sulla pagina scientifica dell'*Unità*, e Chauvin era impressionato, non riusciva a credere che la sinistra italiana potesse aprire uno spiraglio a Dio. Lui si è occupato di molti animali, ma soprattutto di api, di termiti e di formiche, ossia degli insetti sociali. A volte, dice, chino sui formicai per seguire il lavoro di quegli esserini, gli è sembrato di intravedere come opera la natura: dalla confusione, come per caso, arriva a un ordine coerente. "È così – si chiede – che un giorno nacque la vita?"

Nel libro Chauvin riassume anni di stupore. Ha cercato a lungo una teoria capace di ricomporre e spiegare le informazioni che l'universo – quel lembo che ha potuto osservare – gli lancia di continuo. "Chiaro che esiste un piano e se esiste dovremmo ammettere che esiste anche l'Architetto, qualcuno che produce incessantemente coscienza e intelligenza, le sole cose che contino: il Dio che le religioni situano al di là delle stelle è più vicino e accessibile di quanto non si pensi, e forse è in noi."

Lui l'ha intravisto osservando le formiche»[5].

L'importanza delle lettere di Delfini che qui pubblico è duplice: da un lato lo sono in se stesse, per le cose che afferma e il rapporto che aveva con Rol, completando quanto ha scritto nel libro e negli articoli[6]. Dall'altro, perché anch'esse testimoniano contro Piero Angela – e quindi se fossimo in tribunale avrebbero un certo valore in un caso di diffamazione – dato che ad esempio Delfini nella prima lettera scrive:

---

[5] Delfini, M., *Andrà tutto bene*, Abel Books, Civitavecchia, 2011.
[6] Ho comunque omesso parti troppo personali o riguardanti fatti privati di altre persone.

> «desidero soprattutto chiederle scusa perchè – poco interessata ai libri sul paranormale ecc. – avevo sì e no sfogliato quello di Piero Angela e non avevo badato a ciò che le era stato fatto, ossia un gravissimo torto».

A dirlo non è però semplicemente una "estimatrice" di Rol, una sua amica o la persona "credula" di turno, come gli scettici vedono più o meno chiunque parli positivamente di Rol. È invece, in primo luogo, una divulgatrice scientifica, in secondo luogo una giornalista con solida esperienza, anche internazionale, alle spalle e in terzo luogo... un'amica di Piero Angela!
Non so quando questa amicizia sia cominciata, certo è che quando nel 2019 scrisse i suoi articoli, la sua opinione positiva su Rol era rimasta invariata, non influenzata da eventuali ulteriori obiezioni scettiche da parte dello stesso Angela. Non è dato sapere che cosa lei e Angela si dissero di preciso riguardo a Rol. Dalle dichiarazioni pubbliche di entrambi si capisce come tra i due non ci sia stato accordo e che ciascuno sia rimasto sulle sue posizioni. Ciò che Delfini mi confermò direttamente per iscritto nel maggio 2019:

> «[Rol ed io] Eravamo veri amici e so bene quel che pensava e diceva il collega Piero Angela col quale ho discusso tante volte, ma ognuno è rimasto della sua opinione. Gustavo mi era affezionato e credo d'essere una delle poche persone che lui cercava – anzi è stato lui a trovarmi, all'inizio – e siamo rimasti amici fino alla fine».

Certo è sconcertante che Angela non abbia mai riferito – non almeno che io sappia – che Rol e Delfini si conoscessero e quale fosse l'opinione della scrittrice. O meglio, non tanto sconcertante quando si aggiunga questo elemento agli altri, nel quadro generale di omissioni e malafede del giornalista su Rol. Anche questo elemento cioè è coerente con questa ipotesi[7].

---

[7] Amica di Piero Angela fu anche un'altra testimone di Rol, Carla Perotti, che nel 2013 pubblicò un libro su di lui, dove scrive: «La scienza era a quel tempo sorda a tutto ciò che non si poteva toccare o almeno vedere al microscopio, era asserragliata nel proprio recinto di pregiudizi, e Rol era un precursore che qualcuno scambiava per un visionario. Ricordo quanto mi arrabbiai quando andò a visitarlo Piero Angela. Ero amica di Piero, dopo la guerra fummo tra i primi a organizzare delle jamsession, si tenevano nel piccolo alloggio di via San Francesco d'Assisi in cui mia madre ed io avevamo trovato rifugio dopo lo sfollamento. Eppure né lui né Tullio Regge, che pure furono testimoni dei suoi esperimenti, seppero prendere in esame un materiale così prezioso per tradurlo in un linguaggio che tutti avrebbero potuto intendere. C'era una specie di

Prima di arrivare alle lettere, riporto un profilo biografico di Mirella Delfini e la prefazione di Piero Angela a un suo libro.

*

Profilo biografico di Mirella Delfini[8]

«Mirella Delfini, già inviata speciale anche nelle zone calde del mondo, si è da tempo convertita all'ecologia e all'etologia, ed è specializzata in bionica, ossia in tecnologie ispirate alle invenzioni della natura. Ha ideato e condotto in Italia e all'estero fortunate trasmissioni radiofoniche di divulgazione scientifica, ha lavorato per i quotidiani *Il Giorno, Paese Sera, L'Unità*; per i settimanali *Oggi, Rotosei, Tempo, Famiglia Cristiana* e *Il Giornalino delle Edizioni Paoline* con cui ha pubblicato il libro *Brevetti Rubati alla Natura*. Negli anni '90 ha tenuto una rubrica fissa che era di Primo Levi sul mensile *Airone* (…). Per i tipi di Mondadori sono usciti *Insetto sarai tu* (tre edizioni, l'ultima negli Oscar) e la prima edizione di *Senti chi parla*. Con F. Muzzio ha pubblicato *La vita segreta dei piccoli abitanti del mare* (Premio Estense 2000), *La vita segreta dei ragni* e *La vita segreta degli insetti geniali*, che in realtà era la quarta edizione di *Insetto sarai tu*. Gli Editori Riuniti University Press le hanno poi intitolato una collana chiamata appunto 'Delfini', ristampando *Insetto sarai tu, Mollusco sarà lei!* (nuova edizione ampliata della *Vita segreta dei piccoli abitanti del mare*), *La vita segreta dei ragni* e l'ultimo, recentissimo, *Dal Big Bang all'Homo Stupidus Stupidus* presentato a *Superquark* da Piero Angela e su *La Stampa* da Giorgio Dell'Arti. Ha collaborato al *Ligabue Magazine* e ha scritto ogni mese su *La macchina del tempo* fino alla chiusura. Ora [2011] dirige un trimestrale per giovanissimi, *"Bambino" sarai tu!"* che cerca di insegnare ai piccoli l'amore per gli animali e il rispetto per il pianeta prima che sia troppo tardi per tutti».

---

ostinazione in loro, un rifiuto totale del mistero e della trascendenza. Soltanto Regge seppe quanto meno mantenere un atteggiamento di neutralità, ma l'eccesso di prudenza e di codardia intellettuale rese sterile l'incontro con gli scienziati e deluse profondamente Gustavo» (Perotti, C., *Gustavo Rol. Il mio primo maestro*, Psiche, Torino, 2013, pp. 93). L'«atteggiamento di neutralità» Regge lo mantenne solo fintanto che Rol era in vita, come dimostra la sua lettera a *La Stampa* del 1986 (cfr. vol. X, p. 56), e Perotti probabilmente non conosceva cosa Regge disse e scrisse dopo la morte di Rol, mostrandosi gradualmente sempre più scettico.
[8] da: Delfini, M., *Andrà tutto bene*, cit.

Nel vol. III, pp. 346-347, aggiungevo:
«Piero Angela ha presentato (insieme a Fulco Pratesi) nel settembre 1992 a Roma il suo libro *Senti chi parla*, e ha scritto prefazioni a *Vegetale sarai tu! Interviste con le piante* (2013) e a *La scienza giorno per giorno (1861-2015)*(2016). Del libro *Insetto sarai tu* (1986) che era molto piaciuto a Rol, Angela le avevo detto: «È un libro tam-tam, chi l'ha letto lo fa subito leggere a un altro. Io lo tengo sul comodino» (Delfini, M., *Andrà tutto bene*, Abel Books, Civitavecchia, 2011). Un altro che non è dato sapere se sia rimasto scettico oppure no e che Delfini conosceva bene era Ettore della Giovanna (cfr. vol. I, IV-4; VIII-1[h])».

*

Prefazione di Piero Angela
al libro di Mirella Delfini "La scienza giorno per giorno"
(estratto)[9]

«(…) Se si guarda la linea dello sviluppo umano, ci si rende conto che è proprio nella seconda metà dell'Ottocento che la curva comincia a salire sempre più rapidamente e poi a impennarsi. È infatti il momento in cui l'accelerazione delle scoperte e delle invenzioni raggiunge la massa critica. È un pullulare di inventori che sfruttano le nuove conoscenze e che a loro volta forniscono nuovi strumenti agli scienziati per le loro ricerche. Dal canto loro gli imprenditori capiscono il potenziale delle nuove macchine che non solo moltiplicano l'efficienza, ma producono energia. Tutto quello che si era accumulato da Galileo in poi, e che già premeva alle porte, in particolare con le grandi scoperte e le prime macchine del Settecento, conosce a questo punto un'accelerazione inarrestabile[10].
(…) Il racconto di Mirella Delfini comincia proprio nel 1861 (…) e segue passo passo questa prorompente cavalcata di scoperte e invenzioni che si susseguono fino a oggi. (…). Mirella ci accompagna lungo tutto questo percorso descrivendo, come una cronista al seguito, quello che succede, anno dopo anno, in tutti i campi della scienza e della tecnologia. È come

---

[9] Edizioni Clichy, Firenze, 2017, pp. 5-8. La prima edizione è del 2016.
[10] Quest'ultima frase gli storici del futuro la applicheranno anche allo studio degli stati di coscienza e alle *possibilità* attualmente definite "paranormali", ancora non comprese e non dimostrate inequivocabilmente, ma la cui comprensione e "riproduzione" avrà a un certo punto «un'accelerazione inarrestabile» grazie a, si potrebbe quasi dire parafrasando Angela, «tutto quello che si era accumulato *dal Galileo* in poi (ma anche prima), e che già premeva alle porte, in particolare con le grandi scoperte del *mesmerismo* del Settecento», con gli studi della *ricerca psichica* nell'Ottocento e Novecento, con l'analisi comparata della storia delle religioni e con personaggi di eccezione come G.A. Rol.

un mosaico che si forma, tessera dopo tessera, per comporre pian piano un'immagine d'insieme, quella che vediamo oggi. Sono 150 anni incredibili che cambiano completamente la società. (...).
Il libro è la storia delle conoscenze e delle invenzioni che hanno permesso tutto questo. Ed è una storia raccontata con quella chiarezza ed eleganza che contraddistinguono tutte le opere di Mirella Delfini. Si sente, a ogni riga, il piacere di coinvolgere il lettore, di averlo a fianco e di condividere con lui questo lungo viaggio scoprendo man mano i personaggi, famosi o poco conosciuti, che sono stati protagonisti di questa grande avventura.
Un libro che può anche essere consultato come un'enciclopedia "compact", per ritrovare scoperte e invenzioni ricollocate nel loro contesto. E soprattutto raccontate in modo molto piacevole, non come un arido elenco di fatti e di dati, ma come una collana di ritratti ricchi di storie e di aneddoti, che rendono vivi e umani questi personaggi monumentali.
Vorrei aggiungere una cosa straordinaria: l'autrice, che al lettore appare così fresca e giovane, è una novantenne! Un esempio bellissimo di come la mente non abbia età».

***

Le lettere e le dediche a Rol

Roma 29 ott. '90

Caro Gustavo Adolfo Rol,

com'è difficile cominciare una lettera in cui si cerca di spiegare, in poche parole, quello che <u>non</u> si cerca e quello che invece si vorrebbe esprimere. Abbia solo un momento di pazienza, ci riuscirò.
Noi ci siamo visti due volte. La prima, tanti anni fa (nel '64 o 65?) al Salone della Tecnica, la seconda a casa sua. Lei mi aveva gentilmente permesso di farle una visita, forse sollecitato dal dottor Quaglia Senta, mio medico e un po' anche amico, e ricordava con straordinaria precisione la data del nostro incontro precedente (cosa che mi ha molto colpita e non certo perchè pensavo di essere stata notata come donna carina, anche se un po' lo ero!).
La sera in cui sono venuta da Lei, fra l'altro, mi ha detto una cosa bellissima, che ogni tanto mi ha confortata: ha detto che avevo una piccola aura dorata.
Anni dopo, in momenti di particolare confusione, ho tentato di cercare il suo aiuto, e una volta le ho telefonato, ma lei mi ha risposto che non si ricordava di me. Mi perdoni, ma non l'ho creduto: una persona che aveva

dimostrato di possedere una memoria a mio parere prodigiosa non poteva non ricordare. E poi sono certa che lei sa sempre con chi sta parlando[11].
Ho immaginato che lei volesse lasciare che io sbrogliassi i miei problemi da sola, e facessi una strada. Così non l'ho cercata più.
Le scrivo solo oggi, ma senza volere niente, o almeno non in modo consapevole. Anzi desidero soprattutto chiederle scusa perchè – poco interessata ai libri sul paranormale ecc. – avevo sì e no sfogliato quello di Piero Angela e non avevo badato a ciò che le era stato fatto, ossia un gravissimo torto.
Conto di scrivergli, e non importa se è passato tanto tempo[12]. La verità è sempre utile, anche se arriva in tempi lunghi. Io, purtroppo, l'ho saputo solo oggi, leggendo, e anche questo con ritardo, il libro di Renzo Allegri. Così misurato, così onesto[13].
Le scrivo anche per dirle che le voglio bene, che le sono grata per tutto l'aiuto che ha dato alle persone sofferenti (il dolore degli altri è il mio strazio quotidiano), e per essere passato in questo mondo con tanta intelligente carità, cercando di sollevare lo spirito di chi l'ha capito verso le altezze che senza saperlo o crederlo l'uomo può raggiungere.
Oramai gli anni pesano, tra poco ce ne andremo, e volevo dirle queste cose prima che sia troppo tardi. So che ha perso sua moglie, (o almeno

---

[11] La spiegazione per cui Rol, talvolta, *non sa* ha due ragioni complementari e a seconda dei casi può essere vera l'una o l'altra: 1) si tratta di scelta intenzionale: *fare finta di non sapere*, per ragioni che vanno analizzate caso per caso; 2) oppure si tratta di "distrazione", nel senso che Rol non sta prestando attenzione alla situazione corrente e/o a quello che una persona gli sta dicendo; è cioè immerso in altri pensieri (o persino "da un'altra parte") e quindi *non mette a fuoco*. Poi magari, poco dopo o in seguito, la messa a fuoco arriva e corrisponde al cambio di fase da coscienza comune a *coscienza sublime*, ed è lì che Rol *sa tutto* (e si è visto più sopra che Delfini scriveva, giustamente: «Quando riusciva a mettersi in sintonia con quello che lui chiamava 'lo spirito intelligente', Rol sapeva tutto»; per raggiungere tale sintonia occorre appunto lo stato di *coscienza sublime*, che sotto un certo aspetto è come se venisse a coincidere con *spirito intelligente*). Anche sui rarissimi errori di previsione in cui è incorso (forse lo 0,5% del totale), una valutazione superficiale non è possibile e ogni caso dovrebbe essere valutato con precisione e molto dopo la previsione che non si è avverata, per comprendere quali sviluppi ci siano stati. Non si può neanche escludere, comunque, l'aspetto "*ho voluto strafare*": molto raramente è accaduto, negli esperimenti con le carte, che Rol si sentisse troppo fiducioso nella loro riuscita (la desse cioè per scontata), abbassasse di conseguenza il livello di attenzione, o di *messa a fuoco* – ricadendo quindi nella coscienza comune – e sbagliasse un esperimento, che poi magari riprovava e aveva esito positivo, oppure poteva dire che "non era serata" e sospendeva la seduta. È appunto in uno di questi rari casi che, in una registrazione del mio archivio, Rol dice: "*ho voluto strafare*".
[12] Non è dato sapere se poi gli scrisse.
[13] Certo, considerando che gran parte del suo contenuto, anche se "mescolato" e con qualche ritocco, è stato scritto da Rol!

così mi hanno detto) e posso capire il suo dolore perchè ho perso anch'io il mio compagno (era Giorgio Signorini, capo dei servizi esteri di Repubblica, forse l'ha visto su qualche giornale) il 26 di settembre di un anno fa. Vivo in un profondo sconforto, o meglio in una profonda sofferenza, e sempre più mi distacco da questa vita, anche se forse non è giusto e se dovrei, invece, aiutare altri, e continuare a lavorare. Ho lasciato il giornalismo e mi occupo di divulgazione scientifica, di zoologia in modo particolare. Le mando un mio libretto, lo legga. A lei, con i suoi studi di biologia, apparirà ingenuo, ma a chi ne sa poco o nulla serve come finestra allegra sul mondo degli invertebrati[14].

Medito sulla sua lettera a Jemolo, cercando di capire. Vorrei tanto identificarmi col mio "spirito intelligente", per aiutare e aiutarmi, per intravvedere quella meta (che ora mi sembra impossibile) "in cui l'umanità sarà liberata da ogni male".

Quando Cristo guariva i malati diceva "Padre, ti ringrazio perchè mi hai esaudito". Mi ha colpito che anche lei sia grato e commosso ogni volta che vede lo spirito realizzare quei fenomeni che chiamiamo miracoli. In realtà Cristo voleva tanto che gli uomini seguissero il suo esempio. Lei lo ha fatto, no?

Per questo oso appena chiederle se prima di andare altrove, dove sono già tanti nostri cari, non sarebbe possibile incontrarci qui.

Se non lo è ora, può darsi che lo sia fra un po'? E perché, se lo sarà fra un po', non potrebbe esserlo ora? Io verrei per una volta a Torino. Chissà, forse lei potrebbe controllare a che punto è la mia aura. O dirmi che oramai altri colori dolorosi l'hanno invasa.

Non so il suo numero di telefono, e comunque non avrei, forse, avuto il coraggio di disturbarla, anche se so che lei può bloccare chi non vuole, per qualche motivo, accogliere sia pure attraverso il filo. Guardo i suoi occhi nella fotografia del libro di Allegri[15], e penso che mi infondano coraggio. Grazie anche di questo.

La saluto con calda gratitudine e con amore in Dio
Mirella Delfini

---

[14] Il «libretto» era *Insetto sarai tu*, che gli avrebbe mandato poco tempo dopo, come si evince dalla data dell'8 novembre 1990 apposta sulla dedica (che pubblico a p. 190). Trovo significativo che Delfini, che aveva studiato prima alla Facoltà di Biologia di Milano e poi aveva approfondito la disciplina da autodidatta per scrivere i suoi libri – e che quindi era *competente* in materia – attribuisca chiaramente a Rol una competenza quantomeno analoga, giudizio che doveva essere emerso al seguito di conversazioni avute con lui, e non certo per, o solo per, il fatto che Rol affermasse di avere una laurea in biologia clinico-medica (ottenuta a Parigi), cosa che al momento non è ancora stato possibile confermare, mancando i particolari (cfr. per es. vol. VI, p. 139, nota 7).

[15] È una delle pose classiche di Rol, scattata da Norberto Zini e pubblicata sulla copertina di *Rol l'incredibile* (in precedenza su *Gente,* cfr. vol. VI, p. 349).

Roma 29.04.'90

Caro Gustavo Adolfo Rol,

com'è difficile cominciare una lettera in cui si cerca di spiegare, in poche parole, quello che non si cerca e quello che invece si vorrebbe esprimere. Abbia solo un momento di pazienza, ci riuscirò.

Noi ci siamo visti due volte. La prima, tanti anni fa (nel '56 o '57) al Salone della Tecnica, la seconda a casa sua. Lei mi aveva gentilmente permesso di farle una visita, forse sollecitato dal dottor Guaglia Senta, mio medico e un po' anche amico, e ricordava con straordinaria precisione la data del nostro incontro precedente (cosa che mi ha molto colpita e non certo perché pensavo di essere stata notata come donna carina, anche se un po' lo ero).

La sera in cui sono venuta da Lei, fra l'altro, io mi ha detto cose bellissime, che ogni tanto mi ha confortate; ha detto che avevo una piccola aura dorata.

Anni dopo, in momenti di particolare confusione, ho tentato di cercare il suo aiuto, e una volta le ho telefonato, ma lei mi ha risposto che non si ricordava di me. Mi perdoni, ma non l'ho creduto: una persona che aveva dimostrato di possedere una memoria a mio parere prodigiosa non poteva non ricordare. E poi sono certa che lei se sempre con chi sta parlando. Ho immaginato che lei volesse lasciare che io sbrogliassi i miei problemi da sola, e facessi una strada. Così non l'ho cercata più.

Le scrivo solo oggi, ma senza volere niente, o almeno non a modo consapevole. Anzi desidero soprattutto chiederle scusa perché - poco interessata ai libri sul paranormale ecc. - avevo sì e no sfogliato quello di Piero Angela e non avevo badato a ciò che le era stato fatto, cosa un gravissimo torto.

Conto di scrivergli, e non importa se è passato tanto tempo. La verità è sempre utile, anche se arriva in tempi lunghi. Io, purtroppo, l'ho saputo solo oggi, leggendo, e anche questo con ritardo, il libro di Renzo Allegri. Così misurato, così onesto.

Le scrivo anche per dirle che le voglio bene, che le sono grata per tutto l'aiuto che ha dato alle persone sofferenti (il dolore degli altri è il mio atroce quotidiano), e per essere passato in questo mondo con tanto intelligente carità, cercando di sollevare lo spirito di chi l'ha capito verso le altezze che senza saperlo o crederlo l'uomo può raggiungere.

Oramai gli anni pesano, fra poco ce ne andremo, e volevo dirle queste cose prima che sia troppo tardi. So che ha perso (o almeno così mi hanno detto) sua moglie, e posso capire il suo dolore perché ho perso anch'io il mio compagno (era Giorgio Signorini, capo dei servizi esteri di Repubblica, forse l'ha visto su qualche giornale) il 26 di settembre di un anno fa. Vivo in un profondo sconforto, o meglio in una profonda sofferenza, e sempre più mi distacco da questa vita, anche se forse non è giusto e se dovrei, invece, aiutare altri, e continuare a lavorare. Ho lasciato il giornalismo e mi occupo di divulgazione scientifica, di zoologia in modo particolare. Le mando un mio libretto, lo legga. A lei, con i suoi studi di biologia, apparirà ingenuo, ma a chi ne sa poco o nulla serve come finestra allegra sul mondo degli invertebrati.

Medito sulla sua lettera a Jemolo, cercando di capire. Vorrei tanto identificarmi col mio "spirito intelligente" per aiutare e aiutarmi, per intravvedere quella meta (che ora mi sembra impossibile) "in cui l'umanità sarà liberata da ogni male".

Quando Cristo guariva i malati diceva "Padre, ti ringrazio perché mi hai esaudito". Mi ha colpito che anche lei sia grato e commosso ogni volta che vede lo spirito realizzare quei fenomeni che chiamiamo miracoli. In realtà Cristo voleva tanto che gli uomini seguissero il suo esempio. Lei lo ha fatto, no?

Per questo oso appena chiederle se prima di andare altrove, dove sono già tanti nostri cari, non sarebbe possibile incontrarci qui. Se non lo è ora, può darsi che lo sia fra un po'? E perché, se lo sarà fra un po', non potrebbe esserlo ora? Io verrei per una volta a Torino. Chissà, forse lei potrebbe controllare a che punto è la mia aura. O dirmi che oramai altri colori dolorosi l'hanno invasa.

Non so il suo numero di telefono, e comunque non avrei, forse avuto il coraggio di disturbarla, anche se so che lei può bloccare chi non vuole, per qualche motivo, accogliere sia pure attraverso il filo. Guardo i suoi occhi nella fotografia del libro di Allegri, e penso che mi infondano coraggio. Grazie anche di questo.

La saluto con calda gratitudine
e con amore in Dio

Mirella Delfini

(foto © Franco Rol – Archivio Storico del Comune di Torino)

«A Gustavo Adolfo Rol con amore e gratitudine · Mirella Delfini»

Dedica del 08/11/1990 all'inizio del libro *Insetto sarai tu* (ed. 1989)
(foto © Franco Rol – Archivio Storico del Comune di Torino)

7 luglio '91
Capalbio

Carissimo Rol,

grazie per la meravigliosa telefonata di oggi, e per avermi fatto sentire che Giorgio è davvero tanto vicino a me.
E grazie soprattutto perché mi fa sentire che tutto è giusto e chiaro davanti a questo Padre che ci ha creati per andare verso la luce.
Le scrivo subito perché voglio dirle di usare, quando ha dolori reumatici, l'<u>EAU DE PHILAE</u>, una specie di colonia che qualche farmacia omeopatica dovrebbe avere. Io ci metto dentro mezza bottiglina di tintura di Arnica, e trovo che fa tanto bene. Era questo che volevo dirle, oggi: non suggerirle una medicina omeopatica, perché capisco che è più comodo farsi curare dagli allopatici. Comunque la usi per farci dei massaggi. Vedrà.
Come sento la mancanza, a volte, del nostro caro Quaglia-Senta! L'ha sentito, qualche volta, dal luogo dove andremo? Tra qualche giorno la chiamerò e me lo dirà. (...) Sto scrivendo tanto. Faccio le interviste immaginarie agli animali per *Airone*, una rivista naturalistica, e per il *Giornalino* di *Famiglia Cristiana*. È da ridere, ma sono collaboratrice, nello stesso tempo, della pagina scientifica dell'*Unità*.
Sto maturando, nella mia testa, una lettera a Piero Angela. Stanotte ho pregato perché Dio lo illumini!
A volte, pregando, mi sento come un gigante con le braccia aperte a implorare luce sul mondo.
È Cristo che ci usa, se noi rispondiamo – So che non c'è nulla di mio se non la buona volontà di amare tutti e tutto e di portare altri a questa luce e a questo amore infinito.
    Che lei sia benedetto.
    Grazie, un abbraccio
        Mirella Delfini

7 Luglio '91
Capalbio

Carissimo Rol,

grazie per la meravigliosa telefonata di oggi, e per avermi fatto sentire che Giorgio è davvero tanto vicino a me. E grazie soprattutto perché mi fa sentire che tutto è quieto e chiaro davanti a questo Padre che ci ha creati per andare verso la luce.

Le scrivo subito perché voglio dirle di usare, quando ha dolori reumatici, l'EAU DE PHILAE, una specie di colonia che qualche farmacia omeopatica dovrebbe avere. Io ci metto dentro mezza bottiglina di Tintura di Arnica, e trovo che fa tanto bene. Era questo che volevo dirle, oggi: non suggerirle una medicina omeopatica, perché capisco che è più comodo farsi curare dagli allopatici. Comunque la usi per farci dei massaggi. Vedrà.

Come sento la mancanza, a volte, del nostro caro Quaglia - Senta!

(foto © Franco Rol – Archivio Storico del Comune di Torino)

L'ha sentito, qualche volta, dal luogo dove andremo? Tra qualche giorno la chiamerò e me lo dirà.

Sto scrivendo tanto. Faccio le interviste immaginarie agli animali per Airone, una rivista naturalistica, e per il giornalino di Famiglia Cristiana. È da ridere, ma sono collaboratrice, nello stesso tempo, della pagina scientifica dell'Unità.

Sto maturando, nella mia testa, una lettera a Piero Angela. Stanotte ho pregato perché Dio lo illumini. A volte, pregando, mi sento come un gigante con le braccia aperte a implorare luce sul mondo. È Cristo che ci usa, se noi rispondiamo. So che non c'è nulla di mio se non la buona volontà di amare tutti e tutto e di portare altri a questa luce e a questo amore infinito

Che lei sia benedetto.

Grazie, un abbraccio
Mirella Delfini

(foto © Franco Rol – Archivio Storico del Comune di Torino)

14 luglio 1991[16]

Carissimo Rol,

dopo avere scritto tanto per obbligo, mi sembra di non trovare più parole per il mio piacere di comunicare con lei. È tardi, quasi mezzanotte, per fortuna oggi, domenica 14 luglio, il caldo ha ceduto un po'. Immagino che Torino sia invivibile, e spero che lei si trovi in qualche luogo verde e fresco, con una luce d'oro al tramonto. Tutto il fiume di pensieri – passato, presente, e il futuro di luce che ci aspetta – immagino fluisca da lei sul mondo circostante, sempre come una consolazione diffusa, un amore saldo e quieto che si oppone a tanto malessere. Lei ha detto che questo è un mondo solo, come perso nella materia non abitata – possibile, tanti tanti mondi vuoti?[17] – e io sento lo smarrimento della Terra, legata a un braccio di una galassia a spirale (una mia passione, la spirale logaritmica che aumenta in progressione geometrica) in una periferia che è come sporca e male abitata. Gli uomini sono così infelici, mi guardo intorno e scopro che sono tutti eroici, anche quando non sembrano accorgersene. Faticano, arrancano nel caldo e nella vuotaggine, ma ci mettono – anche quando sbagliano – tutta la loro buona volontà.

---

[16] La lettera è senza data, tuttavia all'interno l'autrice dice che è il 14 luglio, e al fondo menziona «un mio libro che sta per uscire. È intitolato "Brevetti rubati alla natura"», un libretto che uscì come supplemento alla rivista *Il Giornalino*, n. 29 del 17/07/1991, e che Delfini manderà a Rol in ottobre, come si vedrà più avanti.

[17] Un passaggio molto importante: conferma anche a 14 anni di distanza l'opinione di Rol che «non ce n'è che uno [di] pianeta... abitat[o] da umani», ovvero abitato da una specie intelligente come quella umana, come da lui affermato nel 1977 durante una conversazione tra amici registrata, parte del mio archivio, e che pubblicai nel 2015 in un video (*youtu.be/-z-vLcyJepc*) che è poi stato oggetto di numerose polemiche, da parte di chi, non potendo accettare questa posizione di Rol voleva "interpretare" ciò che invece era chiaro sin da subito per chi avesse ascoltato senza pregiudizi. In seguito, sono poi venute conferme esplicite: Rosanna Greco: «a domanda diretta mi rispose che gli extraterrestri non esistono»; Emanuela Minosse: in merito all'ipotesi «di eventuali alieni o abitanti di altri mondi che cercavano un contatto con noi... Rol escluse a priori questa possibilità dicendo che non esistevano altri pianeti abitati da essere senzienti come noi»; Barbara Tutino Elter: «a me più di una volta Gustavo disse chiaramente che gli extraterrestri non esistono, di questo sono certa, e addirittura mi disse che la Vita, come la conosciamo noi, si è sviluppata solo qui», sulla Terra. Cfr. vol. III, pp. 160-161 e 421-422; vol. IV p. 67 n. 17; e vol. VII, p. 318 n. 27. Direi che ormai, con la conferma indiretta di Delfini, non sussiste più alcun dubbio residuo sul fatto che per Rol *la Terra è l'unico pianeta abitato*, che *non ci sono altre civiltà nell'universo* e persino che *la vita come la conosciamo si è sviluppata solo qui*. La Terra è un mondo *solo*, «come perso nella materia non abitata».

Mi chiedevo come mai Dio ci abbia fatto capire che solo Lui è la nostra forza, se poi ci ha anche costretti a esercitare la forza personale che è così scarsa. Poi mi sono risposta che forse da noi vuole solo la buona volontà. E allora, forse, tutti si salveranno. Mio caro amico Gustavo Adolfo Rol, io devo dirle quanto quanto male mi fa continuamente il pensiero che qualcuno possa andare perduto. Spero che non sia così[18], offro sempre me stessa, poi mi sembra una forma di orgoglio. E tu, mi dico, pensi di non avere bisogno di aiuto? Allora, per fortuna, vengono queste tetre e lunghe giornate di lavoro che mi sembra ottuso (lo offro ugualmente), ma siccome non sfioro più sensazioni meravigliose come quella di sentirsi un gigante a braccia aperte sulla Terra per difenderla con tutti i suoi piccoli sofferenti dentro, non mi sento in nessun modo utile né privilegiata neppure in grazia della fede, e piango con loro.

Come sono arrivata tardi alle cose che contano. Quanto tempo ho perduto. Non sapevo nemmeno che si dovesse amare Dio. Credevo che al più lo si dovesse rispettare e pregare, e se ci si riusciva, adorare. Ma adorare era già troppo. E ora non sento più possibile l'adorazione, perché è come se Dio volesse solo essere amato come un papà. Dentro di lui ci deve essere anche il mio papà, con tutti quelli che se ne sono andati.

La prego di perdonarmi: la sua telefonata avrebbe dovuto consolarmi e farmi sentire anche la presenza di Giorgio, e in realtà l'ha fatto, ma poi giorni e giorni di articoli scritti sopra le forze mi hanno come addormentata di nuovo alla voce delle presenze esterne, o meglio fuori della mia realtà quotidiana. Non prego molto, sono accecata dalle parole che inseguo, dalla valanga di consegne di articoli. Tutti insieme, a causa dell'estate, e non per colpa mia: vogliono tutto per l'autunno. Va bene così, ma era caldo fino a ieri (e il caldo tornerà) e io sono un po' sopraffatta.

Mi perdoni perchè parlo di me. Ma lei esiste, e questo mi consola, e so che lei sa tante cose. Chissà che non me ne insegni qualcuna, a settembre. Prima, settembre mi atterriva. È il mese della morte di Giorgio, due anni fa. Ora lo penso con più dolcezza, perché so che quando la vedrò lei mi aprirà un po' di cielo.

Non ho paura per me, ho messo la mia vita nelle mani di Dio, gli dico ogni giorno di guidarla. Ma non sopporto il dolore degli altri (…)[19].

---

[18] Mi chiedo se in questa riflessione dubbiosa non vi sia un indiretto riferimento a una possibile conversazione avuta con Rol su chi fosse "qualificato" alla sopravvivenza ultraterrena, e che un passaggio di una intervista a Rol del 1978 metteva in luce, quando Roberto Gervaso gli chiedeva: «La morte è davvero la fine di tutto?» e Rol: «Davvero, non per tutti» (*Rol: «I miracoli? Ci credo e ne vedo*, Corriere della Sera, 31/12/1978, p. 8; riprodotto nel vol. I, pp. 9-17).

[19] Ometto qui fatti privati che del resto non sono rilevanti in questa sede.

Ma tutte queste cose non gliele dico per affliggerla, solo perchè stasera ho bisogno di parlare con qualcuno pieno di luce e di intelligenza. Con qualcuno che può attingere forza dalla fonte.
Che Dio la benedica ogni momento

Con affetto
Mirella Delfini

P.S. Le manderò un mio libro che sta per uscire. È intitolato "Brevetti rubati alla natura".

> Carissimo Rol,
>
> dopo avere scritto tanto per obbligo, mi sembra di non trovare più parole per il mio piacere di comunicare con lei. E' tardi, quasi mezzanotte, per fortuna oggi, domenica 14 luglio, il caldo ha ceduto un po'. Immagino che Torino sia invivibile, e spero che lei si trovi in qualche luogo verde e fresco, con una luce d'oro al tramonto. Tutto il fiume di pensieri – passato, presente, e il futuro di luce che ci aspetta – immagino fluisca da lei sul mondo circostante, sempre come una consolazione diffusa, un amore saldo e quieto che si oppone a tanto malessere. Lei ha detto che questo è un mondo solo, come perso nella materia non abitata – possibile, tanti tanti mondi vuoti? – e io sento lo smarrimento della Terra, legata a un braccio di una galassia a spirale (una mia passione, la spirale logaritmica che aumenta in progressione geometrica) in una periferia che è come sporca e male abitata. Gli uomini sono così infelici, mi guardo intorno e scopro che sono tutti eroici, anche quando non sembrano accorgersene. Faticano, arrancano nel caldo e nella vuotaggine, ma ci mettono – anche quando sbagliano – tutta la loro buona volontà.
>
> Mi chiedevo come mai Dio ci abbia fatto capire che solo Lui è la nostra forza, se poi ci ha anche costretti a esercitare la forza personale che è così scarsa. Poi mi sono risposta che forse da noi vuole solo la buona volontà. E allora, forse, tutti si salveranno. Mio caro amico Gustavo Adolfo Rol, io devo dirle quanto quanto male mi fa continuamente il pensiero che qualcuno possa andare perduto. Spero che non sia così, offro sempre me stessa, poi mi sembra una forma di orgoglio. E tu, mi dico, pensi di non avere bisogno di aiuto? Allora, per fortuna, vengono queste tetre e lunghe giornate di lavoro che mi sembra ottuso (lo offro ugualmente), ma siccome non sfioro più sensazioni meravigliose come quella di sentirsi un gigante a braccia aperte sulla Terra per difenderla con tutti i suoi piccoli sofferenti dentro, non mi sento in nessun modo utile nè privilegiata neppure in grazia della fede, e piango con loro.
>
> Come sono arrivata tardi alle cose che contano. Quanto tempo ho perduto. Non sapevo nemmeno che si dovesse amare Dio. Credevo che al più lo si dovesse rispettare e pregare, e se ci si riusciva, adorare. Ma adorare era già troppo. E ora non sento più possibile l'adorazione, perchè è come se

(foto © Franco Rol – Archivio Storico del Comune di Torino)

Dio volesse solo essere amato come un papà. Dentro di lui ci deve essere anche il mio papà, con tutti quelli che se ne sono andati.

La prego di perdonarmi: la sua telefonata avrebbe dovuto consolarmi e farmi sentire anche la presenza di Giorgio, e in realtà l'ha fatto, ma poi giorni e giorni di articoli scritti sopra le forze mi hanno come addormentata di nuovo alla voce delle presenze esterne, o meglio fuori della mia realtà quotidiana. Non prego molto, sono accecata dalle parole che inseguo, dalla valanga di consegne di articoli. Tutti insieme, a causa dell'estate, e non mia: vogliono tutto per l'autunno. Va bene così, ma era caldo fino a ieri (e il aldo tornerà) e io sono un po' sopraffatta. Mi perdoni perchè parlo di me. Ma lei esiste, e questo mi consola, e so che lei sa tante cose. Chissà che non me ne insegni qualcuna, a settembre. Prima, settembre mi atterriva. E' il mese della morte di Giorgio, due anni fa. Ora lo penso con più dolcezza, perchè so che quando la vedrò lei mi aprirà un po' di cielo.

Non ho paura per me, ho messo la mia vita nelle mani di Dio, gli dico ogni giorno di guidarla. Ma non sopporto il dolore degli altri

Ma tutte queste cose non gliele dico per affliggerla, solo perchè stasera ho bisogno di parlare con qualcuno pieno di luce e di intelligenza. Con qualcuno che può attingere forza dalla fonte.

Che Dio la benedica ogni momento

con affetto
Mirella Delfini

P.S. Le manderò un mio libro che sta per uscire. E' intitolato "Brevetti rubati alla natura".

(foto © Franco Rol – Archivio Storico del Comune di Torino)

> 7 ottobre 91
>
> **BREVETTI RUBATI ALLA NATURA**
>
> Al carissimo
> meraviglioso Rol
> in un pomeriggio
> d'autunno in cui,
> grazie a lui, ho sentito
> meno la mia solitudine
>
> Mirella Delfini

È questo il libro che Mirella Delfini aveva promesso di mandare a Rol nel post scriptum della lettera precedente. È datato 7 ottobre 1991: «Al carissimo meraviglioso Rol in un pomeriggio d'autunno in cui, grazie a lui, ho sentito meno la mia solitudine · Mirella Delfini» (foto © Franco Rol – Archivio Storico del Comune di Torino)

Roma, 20·10·91

Carissimo Rol,

grazie di tutto: di avermi mandata a Lione, di aver curato il mio occhio, ma soprattutto di avermi ridato fiducia in me stessa. Ho la sensazione di poter lavorare meglio, di essere più forte. Mi sento protetta e "pensata" da te, e non è cosa da poco. Vorrei tanto rivederti presto. Quella sera, la sera della mia partenza, certo tu avevi una seduta, ed era triste per me non poterci essere. Ma sentivo che era triste anche per te, e che se avessi potuto fare diversamente l'avresti fatto.

Non importa, so che ci sarà un tempo anche per me, e che ci rivedremo presto, e che grazie a te non mi verrà meno la forza di vivere. Perché se una persona con il tuo cervello straordinario può volermi bene, vuol dire che esisto, capisci? E poi so che Dio mi ama –

<u>Ti prego di leggere</u> le <u>interviste immaginarie</u> che ti ho lasciato, e con l'articolo di Airone sui miei amati protozoi radiolari[20]. Vedrai che le interviste immaginarie ti divertiranno, e ci troverai dentro quelle verità sull'uomo che ti sono piaciute in <u>Insetto sarai tu</u>. Ora mi preparo a <u>Mollusco sarà lei!</u> E spero che venga "benedetto" dal mio amore sconfinato per tutti gli esseri della Terra. Sempre più amore. Perciò non temere pericoli per la mia vita futura. Sono una col cuore puro sì[21], ma non me lo lascio portare via se non dall'assoluta bellezza dell'intelligenza di cui Dio ci ha circondati, nonostante gli assedi delle forze del male. Chi può portare via un amante del Signore quando lei si affida del tutto a lui?

Dì a Catterina e a Enza[22] che le ricordo con affetto. E a te un grande abbraccio. Se non trovi il mio libro a Torino (<u>ma la libreria deve procurartelo</u>, ce ne sono ancora 2 mila copie disponibili) fammelo sapere. Te ne manderò un paio di copie.

Mirella

---

[20] Organismi unicellulari eucarioti che vivono in mare. Le interviste dovevano essere quelle degli articoli scritti per *Airone* tra giugno e ottobre 1991.

[21] Giudizio che potrebbe averle dato Rol.

[22] Catterina Ferrari, la farmacista che negli anni '90 sarà sempre accanto a Rol; ed Enza Ferro, psichiatra di Novara, che – scrive Remo Lugli –, «negli ultimi anni aveva frequenti contatti con Rol, non solo per amicizia, ma anche perché spesso riusciva ad avere da lui delle indicazioni utili per alleviare penose situazioni familiari derivanti dalla malattia dei pazienti. "Sempre mi sapeva dare un buon consiglio" racconta, "ma spesso, quando io incominciavo a spiegargli un problema, lui conosceva il seguito, oppure aveva intuizioni che permettevano a me di agire in modo di evitare più gravi conseguenze» (*Gustavo Rol. Una vita di prodigi*, 2008, p. 149). Si veda anche l'episodio da lei raccontato a Lugli, sia nella fonte citata che nel vol. I, I-26.

Roma, 20.10.91

Carissimo Rol,

grazie di tutto: di avermi mandata a Lione, di aver curato il mio occhio, ma soprattutto di avermi ridato fiducia in me stessa. Ho la sensazione di poter lavorare meglio, di essere più forte. Mi sento protetta e "pensata" da te, e non è cosa da poco. Vorrei tanto rivederti presto. Quella sera, la sera della mia partenza, certo tu avevi una seduta, ed era triste per me non poterci essere. Ora sentivo che era triste anche per te, e che se avessi potuto fare diversamente l'avresti fatto.

Non importa, so che ci sarà un tempo anche per me, e che ci rivedremo presto, e che grazie a te non mi verrà meno la forza di vivere. Perché se una persona con il tuo cervello straordinario può volermi bene, vuol dire che esisto, capisci? E poi so che Dio mi ama—

Ti prego di leggere le <u>interviste</u>

(foto © Franco Rol – Archivio Storico del Comune di Torino)

immaginarie che ti ho lasciato, e quell'articolo di Airone sui miei amati protozoi radiolari. Vedrai che le interviste immaginarie ti diventeranno, e ci troverai dentro quelle verità sull'uomo che ti sono piaciute in <u>Insetto sarai tu</u>. Ora mi preparo a <u>Mollusco sarà lei</u>! E spero che venga "benedetto" dal mio amore sconfinato per tutti gli esseri della Terra. Sempre più amore. Perciò non temere pericoli per la mia vita futura. Sono una col cuore puro sì, ma non me lo lascio portare via se non dall'assoluta bellezza dell'intelligenza di cui Dio ci ha circondati, nonostante gli assedi delle forze del male. Chi può portare via un'amante del Signore quando lei si affida del tutto a Lui?

Di' a Catterina e a Enza che le ricordo con affetto. E a te un grande abbraccio. Se non trovi il mio libro a Torino (<u>ma la libreria deve procurartelo</u>, ce ne sono ancora 2 mila copie disponibili) fammelo sapere. Te ne manderò un paio di copie.
Mirella

(foto © Franco Rol – Archivio Storico del Comune di Torino)

3 nov. 91
Capalbio

Carissimo Rol

spero tanto che non mi dimentichiate, tu, Catterina, Enza. Vorrei essere più vicina per vedervi più spesso, per sentire il calore dell'affetto in questo lungo e duro tempo che sto vivendo. Ti mando questo articolo, scritto più di due anni fa, per farti vedere come, in fondo, fosse già vicina l'idea dell'universo[23]. Ora l'universo bisogna farlo trovare anche nei molluschi, ma forse sarebbe più bello dire "in una conchiglia".
    Sento di doverti ringraziare per quello che hai fatto in tutta la tua vita a favore degli altri. Vorrei che Dio mi avesse dato un simile dono. Dev'essere vero che bisogna cercare prima Dio e che poi verrà anche il resto, e per "il resto" intendo quello che ci serve in questa vita. (…)
Oggi mi rimetto a lavorare sodo. È l'unica maniera per soffrire un po' meno e per sentire un po' meno la solitudine.
Vi abbraccio tutti con grande affetto e speranza. (…).

                                                                   Mirella

---

[23] Alla lettera è allegato un articolo dell'autrice del 31/05/1989 dal titolo *L'universo riflesso nelle ali di farfalla*, che è quello pubblicato su *L'Unità* che avrebbe poi menzionato nel suo libro *Andrà tutto bene*, come abbiamo visto sopra, e che recensisce il libro del biologo francese Remy Chauvin, *Dio delle stelle, Dio delle formiche* (edito in Italia due anni dopo l'articolo). L'occhiello riassume: «Dall'osservazione delle stranezze e meraviglie della natura al tentativo di rintracciare un "mistico" progetto unitario». Delfini riferisce che l'autore menziona tra le altre l'ipotesi «che la materia sia stata preparata apposta per formare esseri viventi. Come se esistesse, chissà dove, un Piano Generale, in base al quale la vita riesce a svilupparsi quasi dovunque»; Delfini cita poi alcuni esempi fatti da Chauvin di luoghi dove la vita è emersa nonostante l'habitat ostile (fondali presso le Galapagos, Polo Sud) e dove potrebbe trovarsi oltre la Terra, ad esempio su Marte: «il biologo non si meraviglierebbe se giù nell'enorme canyon marziano, profondo tre chilometri, si scoprissero un giorno dei licheni come sull'Everest»; quindi Delfini conclude: «Se esiste il progetto, dice, il Piano Generale, non dovremmo ammettere che esista anche l'Ingegnere? A poco a poco Chauvin ha incominciato a credere in una qualche finalità della natura, ed essendo uno scienziato ritiene che la scienza debba continuare ad aprire dei cassetti per trovare il progetto. L'Ingegnere, che lavora incessantemente a produrre coscienza e intelligenza, le sole cose che contino, l'Ideatore che le vecchie religioni hanno sempre situato al di là delle stelle, forse è più vicino e accessibile di quanto non si pensi. Chauvin l'ha intravisto osservando le formiche» (queste righe sono poi state in parte riprese, come visto in precedenza, in *Andrà tutto bene*). Penso che l'articolo fosse piaciuto a Rol, del resto le ricerche di Chauvin si situano in un ambito della biologia che personalmente considero fondamentale, e che spero di illustrare quanto prima. Suo anche l'interessante *I superdotati* (1975).

18 Nov. 91
Capalbio

Carissimo Rol,

spero tanto che non mi dimentichiate, tu, Catterina, Enza. Vorrei essere più vicina per vedervi più spesso, per sentire il calore dell'affetto in questo lungo e duro tempo che sto vivendo. Ti mando questo articolo, scritto più di due anni fa, per farti vedere come, in fondo, fosse già vicina l'idea dell'universo. Ora l'universo bisogna farlo trovare anche nei molluschi, ma forse sarebbe più bello dire "in una conchiglia".

Sento di doverti ringraziare per quello che hai fatto in tutta la tua vita a favore degli altri. Vorrei che Dio mi avesse dato un simile dono. Dev'essere vero che bisogna cercare prima Dio e che poi verrà anche il resto, e per "il resto" intendo quello che ci serve in questa vita.

Oggi mi rimetto a lavorare sodo. E' l'unica maniera per soffrire un po' meno e per sentire un po' meno la solitudine.

Vi abbraccio tutti con grande affetto e speranza.

Mirella

(foto © Franco Rol – Archivio Storico del Comune di Torino)

Il libro del biologo francese Remy Chauvin
Dall'osservazione delle stranezze e meraviglie della natura al tentativo di rintracciare un «mistico» progetto unitario

L'universo riflesso nelle ali di farfalla

MIRELLA DELFINI

11 dicembre 91
Roma

Carissimo Rol,

ti immagino da qualche parte in riviera, dove nonostante il freddo dev'esserci una luce straordinaria, e mi auguro che il freddo ceda un po' e ti consenta qualche passeggiata. (…)
Ho cominciato il libro nuovo, ma faccio molta fatica. Devo essere un po' arrugginita. Basta lavorare, e la ruggine cadrà. Vorrei raccontarti un pensiero bello che ho avuto su di te, giorni fa, riascoltando un pezzo dell'Andrea Chenier, una delle mie opere preferite. C'è un punto in cui Gérard ricorda com'era quando ha accolto, tra i primi, l'onda nascente della Rivoluzione… "Com'era irradiato di gloria il mio cammino…
La coscienza, nei cuori, ridestar delle genti / raccogliere le lacrime dei vinti e sofferenti / fare del mondo un Pantheon / gli uomini in dìi mutare / e in un sol bacio e abbraccio / tutte le genti amare…"

Ascoltandolo ho pensato che quei versi si addicevano a te. Anche tu avresti voluto fare questo, risvegliare il Dio che dorme in noi tutti, cancellare lacrime e sconfitte facendoci capire che il cielo è immenso, che ci aspetta e che siamo in realtà, tutti uno, e quest'Uno è Dio. Purtroppo qui le forze del male ci fanno guerra, ma tu molte volte, a differenza dei rivoluzionari, quella guerra l'hai vinta e hai ridato pace a tanta gente.
Bene, ora ti lascio, assicurandoti il mio affetto costante, e anche le mie preghiere perchè tu stia bene e viva a lungo. Sarà anche un po' egoismo, ma ci spero per tutti noi che ti vogliamo bene e abbiamo bisogno che tu sia qui, su questa terra, noi di là come il mio Giorgio, che non sento molto vicino certo per la mia incapacità di captare la sua presenza.

Ti abbraccio con Catterina, e buon
Natale e buon anno, a presto

Mirella

Car¹ssimo Rol, 11 Dicembre 91
Roma

ti immagino da qualche parte in riviera, dove nonostante il freddo dev'esserci una luce straordinaria, e mi auguro che il freddo ceda un po' e ti consenta qualche passeggiata.

Ho cominciato il libro nuovo, ma faccio molta fatica. Devo essere un po' arrugginita. Basta lavorare, e la ruggine cadrà. Vorrei raccontarti un pensiero bello che ho avuto su di te, giorni fa, riascoltando un pezzo dell'<u>Andrea Chenier</u>, una delle mie opere preferite. C'è un punto in cui Gérard ricorda com'era quando ha accolto, tra i primi, l'onda nascente della Rivoluzione..... "Com'era irradiato di gloria il mio cammino...

2

La coscienza, nei cuori, ridestar delle genti / raccogliere le lacrime dei vinti e sofferenti / fare del mondo un Pantheon / gli uomini in dii mutare / e in un sol bacio e abbraccio / tutte le genti amare..."

Ascoltandolo ho pensato che quei versi si addicevano a te. Anche tu avresti voluto fare questo, risvegliare il Dio che dorme in noi tutti, cancellare lacrime e sconfitte facendoci capire che il cielo è immenso, che ci aspetta e che siamo in realtà, tutti uno, e quest'Uno è Dio. Purtroppo qui le forze del male ci fanno guerra, ma tu molte volte, a differenza dei rivoluzionari, quella guerra l'hai vinta e hai ridato pace a tanta gente.

Bene, ora ti lascio, assicurandoti il mio affetto costante, e anche le mie preghiere perchè tu stia bene e viva a lungo. Sarà anche un po' egoismo, ma ci spero per tutti noi che ti vogliamo bene e abbiamo bisogno che tu sia qui, su questa terra, no¹di là come il mio Giorgio, che non sento molto vicino, certo per *la mia* incapacità di captare la sua presenza.

Ti abbraccio con Catterina, e buon Natale e Buon anno, a presto
Mirella

(foto © Franco Rol – Archivio Storico del Comune di Torino)

Settembre 1992: Fulco Pratesi, Mirella Delfini e Piero Angela, con in mano il libro di Delfini *Senti chi parla*, alla presentazione tenutasi all'Orto Botanico di Roma (foto per gentile concessione, tratta da *Andrà tutto bene* di M. Delfini, Abelbooks, 2011 - www.abelbooks.net).

Dedica del 30 settembre 1992 sul libro *Senti chi parla*: «Il tuo "genio" personale ti manda questo nuovo libro sperando che tu gli voglia bene quanto ne vuoi a *Insetto sarai tu* · A presto · Mirella» (foto © Franco Rol – Archivio Storico del Comune di Torino).

1 Febbraio, 93

Carissimo Rol,

 Sono dovuta venire a Capalbio per prendere qualche scritto di Giorgio. A Roma non ne avevo. Spero che tu stia benino. Ho trovato una medicina per la tua sciatica. Quando te la posso portare? Ciao,
      un abbraccio
        Mirella

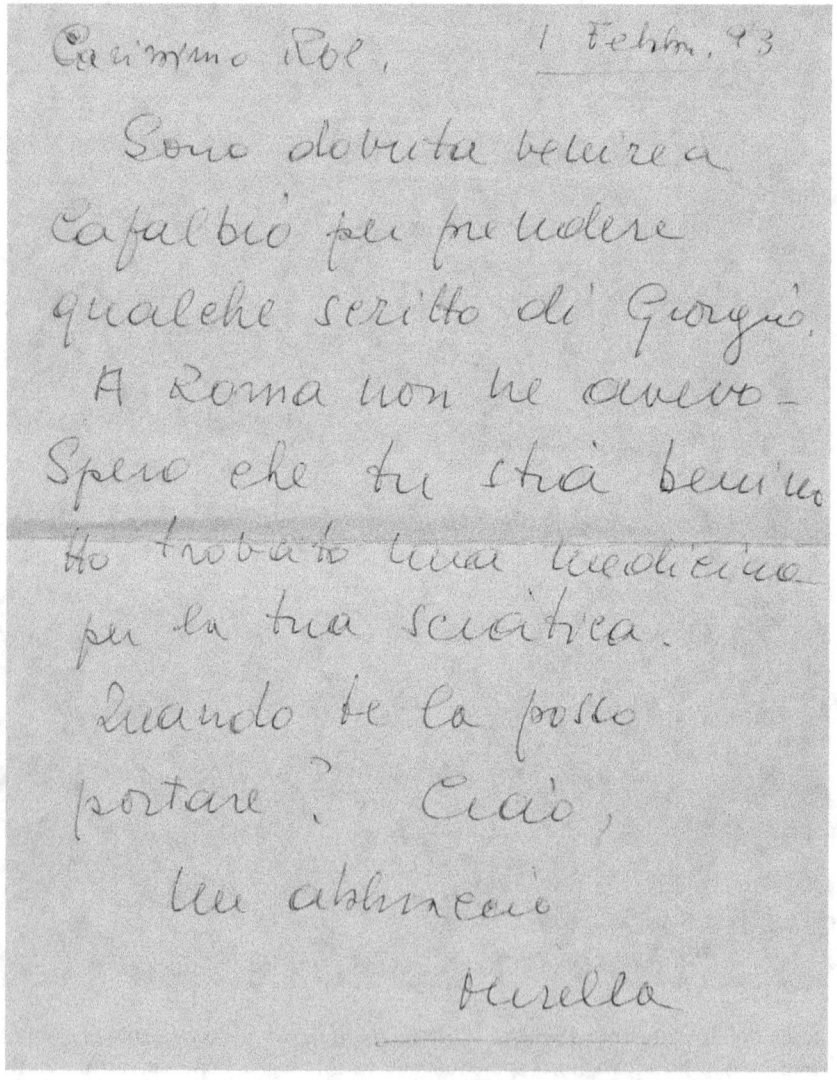

(foto © Franco Rol – Archivio Storico del Comune di Torino)

Mirella Delfini con Piero Angela a una presentazione del suo libro *Andrà tutto bene*, il 3 dicembre 2014 al Museo Nazionale dell'Alto Medioevo, Roma.
(dal sito del fotografo Giancarlo Mancori, *www.giancarlomancori.it*)

Angela tiene in mano il libro, dove si trova il capitolo *Il mio amico Rol e l'incredibile…*

Mirella Delfini in un'altra foto che ho ritenuto riprodurre (sempre per gentile concessione, da *Andrà tutto bene*, Abelbooks, 2011) perché l'autrice è insieme ad Ettore della Giovanna (ad Istanbul) anche lui tra coloro che conobbero Rol.

Il mio amico Rol

Uno scritto inedito di Mirella Delfini

2017[1]

Scusate, ogni tanto è come se mi sdoppiassi. Forse lui vedeva i miei pensieri venuti dal passato che gli facevano, se erano giusti, scorrere dentro i lampi di un'altra vita. Allora, forse, sentiva di doverla cambiare come un vestito lacero e insanguinato. Ma se sbagliavo e lui invece dentro di sè rideva dei miei pensieri scombinati? Eppure dovevo parlare.
Non sapevo ancora molto di lui in quel tempo, sapevo solo che aveva poteri strani – lui li chiamava 'possibilità' – e riusciva a parlare con i morti. Ma non ci sono morti, nessuno muore, diceva, e cercava di farmelo capire, ma non era facile.
Una volta, forse dopo qualche mese – non ricordo bene – essendo in anticipo sull'ora dell'appuntamento, m'ero fermata lì in Via Silvio Pellico, vicino al numero 31 dove lui ha abitato per sessant'anni, ad aspettare l'ora fissata, passeggiando lentamente sotto le ampie finestre del piano più basso, dalle belle imposte verdi. E la portinaia della casa vicina m'ha detto: "Deve andare dal Dottor Rol, vero? Venga qui, si sieda, fuori pioviggina" e poi nella guardiola m'ha raccontato un mucchio di cose strane, di persone famose che andavano a trovare "il Dottore" e venivano anche di lontano solo per conoscerlo. Poi ha concluso "Speriamo che non muoia mai, sapesse quanta gente aiuta ... c'è chi vive solo grazie al dottor Rol. Ha dei poteri straordinari, lei lo sa di certo, se va da lui."
Raccontò che riusciva a tenere in vita i malati gravi, a far stare in piedi i disabili e che i parenti tremavano all'idea che prima o poi non ci fosse più. Nel libro di Remo Lugli, un giornalista che trascorreva in casa Rol molte serate e che io avevo conosciuto, si legge che via Silvio Pellico 31

---

[1] Si tratta della continuazione degli 8 articoli pubblicati in rete dalla stessa Delfini nel 2019, su *monpourquoi.com* (se ne possono leggere le riproduzioni nel vol. III, pp. 23-28; 99; 214-215; 252-253, e relative note). L'articolo numero 8 terminava con la frase: «[Rol]voleva che l'umanità cambiasse, riuscisse finalmente a unirsi, a stare in pace: voleva gli Stati Uniti del Mondo». La frase seguente, senza separazione di capitolo, cominciava con l'attacco dello scritto che presento qui: «Scusate, ogni tanto...», ecc.. Sulla base di quanto afferma a un certo punto (p. 216) ho potuto stabilire che il presente scritto, e forse anche le parti precedenti, è del 2017. Devo ringraziare un amico di Delfini, il fotografo Giancarlo Mancori, che me lo ha fatto avere, dopo che lo avevo contattato per chiedergli se potevo riprodurre nel mio libro la foto che ho pubblicato a p. 209. Mancori mi mandò anche questo documento, che Delfini aveva scritto al computer e gli aveva inviato.

"suonava a molti come una meta sognata, ma irraggiungibile, una strada da favola. Fra gli ammiratori, se uno un giorno poteva annunciare di essere stato accolto da Rol in casa, veniva guardato come una rarità, una persona baciata dalla fortuna e immediatamente subissata di domande." È successo anche a me, qualcuno addirittura non credeva che io l'avessi visto più volte, che fossi diventata sua amica, che mi telefonasse (questo poi!) e m'avesse addirittura scritto alcune lettere.
"Il giorno che Lui muore piangerà un mucchio di gente (la portinaia della casa accanto metteva la L maiuscola anche nella voce)." Scuoteva il capo, poi ripartiva. E quel bambino con la vespa? Lo sa della vespa?"
No, non sapevo niente della vespa, così ha cominciato a raccontare la storia: era accaduta nel parco del Valentino, dall'altra parte della strada. C'era un bambino piccolissimo in una carrozzina e una vespa, no anzi doveva essere un calabrone, che gli ronzava sopra, troppo vicino. Poteva pungerlo, perché il piccolo agitava un po' le braccine e forse l'insetto si spaventava. "Pensi se lo pungeva in un occhio ... l'avrebbe sicuramente accecato, o quasi. Lui si è mosso verso la carrozzina che sembrava abbandonata perché la cameriera s'era seduta su una panchina per riposare un momento e non s'era accorta di quel pericolo volante, poi s'è fermato lì accanto... Ha fissato il calabrone, o la vespa, non so, e quella è uscita subito dalla carrozzina cadendo in terra."
Chissà se era morta, diceva la portinaia, ma io non riuscivo neanche a pensarlo: Rol aveva un tale rispetto per la vita, anche per quella degli insetti, che non l'avrebbe mai uccisa, ne sono sicura. Infatti ha detto subito "no, questo non doveva accadere" e infatti con un frullo d'ali s'è rialzata, o rialzato ed è volato via[2].
Sono passati anni, da quei giorni. E io ora ne ho 92, uno più di quanti ne aveva lui quando ha lasciato questo mondo, e forse non avrò neanche il

---

[2] Per Delfini, che amava gli animali e aveva scritto tra gli altri *Insetto sarai tu!* di cui parla nelle pagine seguenti, l'episodio era chiaramente molto interessante e significativo. Evidentemente non ne conosceva la versione più nota, raccontata da Fellini molte volte sin dal 1964 in una intervista a *Planète* e che non finiva come Delfini sperava: «Una volta eravamo nel parco del Valentino, e a qualche dozzina di metri da noi c'era un bimbetto in culla. La sua nurse si era addormentata. Ad un certo momento indicai a Rol, con apprensione, un calabrone che si avvicinava al bambino, e forse stava per pungerlo. Gli bastò un gesto delle mani per fulminare l'insetto da quella distanza. A ripensarci, mi viene ancora oggi la pelle d'oca» (dalla versione italiana pubblicata su *Pianeta* del dicembre 1964-gennaio 1965, cfr. vol. V, p. 67; in quella francese si specificava che il calabrone era nero). Su come giudicare questa azione di Rol ne ho in parte già parlato nel vol. V, p. 133 nota 6, alla quale rimando; mi limito qui a ricordare che «i santi agiscono in maniera diversa a seconda delle situazioni: pur amando tutte le creature, arrivano a cacciar via o perfino a uccidere gli animali che causano stenti o sofferenza all'uomo» (Bormolini, G., *I santi e gli animali*, Libreria Editrice Fiorentina, Firenze, 2014, p. 231). Cfr. anche vol. IV, p. 145 nota 36.

tempo per rileggere quel che scrivo, chissà, ma credo che sarò contenta di andare in quell'Altro Luogo e sono certa di incontrarlo ancora. Però mi fa piacere d'aver capito che è necessario compensare con azioni giuste gli errori commessi durante una vita sbagliata.
Io penso, comunque, che Dio, o la Coscienza Cosmica, come lo chiamo a volte, non sia sempre intento a punirci. Non deve essere quello il suo passatempo preferito. Forse vuole solo che riusciamo a capire, gli basta.

4^3.

Nella storia che sto scrivendo i lettori non troveranno cronache 'vissute' in prima persona delle sue famosissime serate con i 'giochi' di carte per cui è stato accusato – da chi ha preferito non capirlo – d'essere solo un illusionista e di fare il prestigiatore. Incantando così gli amici, i conoscenti, i personaggi famosi magari venuti di lontano per conoscerlo.
I suoi amici, come Remo ed Else Lugli, il dottor Quaglia Senta, Maria Luisa e Gigi Giordano, Catterina Ferrari, Federico Fellini e tanti altri però mi hanno raccontato molte cose e conoscendoli come persone lucide, oneste e intelligenti, non posso avere dubbi su quello che dicono e che in parte riuscirò a riferire anch'io, insieme con le mie esperienze personali. In più ci sono alcuni bellissimi libri scritti da alcuni di loro sull'argomento. È importante parlarne un po', perché in quelle occasioni lui dava prove evidenti, ogni volta, di avere dei poteri soprannaturali. Lo dicono tutti coloro che hanno assistito anche soltanto a qualche incontro, restando sbalorditi di fronte a quelli che lui chiamava semplicemente "esperimenti" o le sue "possibilità".
Io purtroppo vivevo lontano, a Roma, e se andavo a Torino era per poco, quindi passavo la sera dagli amici che mi ospitavano, così l'ho sempre visto di pomeriggio, quando non c'era nessuno. Posso aggiungere che tra noi s'era stabilito un legame particolare, inspiegabile, come se ci fossimo già conosciuti prima, molto prima, in altri tempi e altri luoghi, ma più me ne convincevo, meno sentivo di poterne parlare: se Rol, ufficialmente, negava la reincarnazione, dovevo evitare l'argomento anche se in realtà – e io credo che fosse così – quel legame, quelle impressioni, probabilmente li sentiva anche lui, altrimenti non si sarebbe mostrato così ansioso e felice delle mie visite.
Un giorno m'ha chiesto come mai avessi scritto quel libro sugli insetti. Era un capolavoro, secondo lui, ma come mai avevo pensato a loro e avevo messo al libro quel titolo polemico, *"Insetto sarai tu!"*. Gli ho risposto che studiandoli bene avevo capito che sono più furbi di noi, che sanno un mucchio di cose e ognuna delle loro famiglie ha raggiunto un'organizzazione che noi non raggiungeremo mai. Non facciamo che

---

[3] La parte che precedeva, inlcusi parte degli articoli pubblicati nel 2019, era costituita da 3 capitoli. Qui inizia il 4°, in tutto sono 6, rimasto però incompiuto.

cercare di imitarli, di rubargli le idee, ma non sempre ci riusciamo. Rol annuiva, sfogliava le pagine del volumetto e si fermava qua e là. Io non sapevo dove si fermava, ma parlavo e parlavo. Gli dicevo che ero amica del grande biologo francese Rémy Chauvin il quale con i suoi libri m'aveva affascinata e m'aveva fatto sentire l'intelligenza anche in quegli esserini dal minuscolo cervello. "Per me – dicevo – l'intelligenza non è solo nel cervello, è in tutte le cellule. Ed è molta di più di quel che immaginiamo."

"Abbiamo imparato a volare dalle libellule: infatti loro mettono una sacchetta di emolinfa sulla punta delle loro ali per renderle stabili ... E la carta non è un'invenzione delle vespe? La campana da palombaro ce l'ha suggerita il ragno Argironeta ... Le termiti, poi, costruiscono i loro 'palazzi' con i lati ampi esposti a est e ovest e quelli più stretti a sud e a nord, insomma "condizionano le abitazioni"... Altri conoscono perfino la geometria e la matematica! Giulio Cesare, lo racconta lui stesso nel *De Bello Gallico,* all'assedio di Alesia s'è ispirato a un insettuccio, il *Mirmeleon,* per certe trappole a scivolo. Così impediva ai prigionieri di fuggire e ai nemici di entrare."

Quando si tratta della piccola gente non mi ferma più nessuno, posso parlare per ore, e Rol mi ascoltava divertito. A un certo punto m'ha chiesto qual era il personaggio che m'aveva colpito di più. "La vespa *Cerceris",* ho detto. Il suo "caso" alla fine dell'Ottocento aveva occupato tante persone, e i due patriarchi dell'entomologia, Jean-Henri Fabre e Leon Dufour erano lì lì per sfidarsi a duello, si fa per dire ...

La vespa *Cerceris,* vegetariana, mette al mondo dei figli che da larve sono carnivori (così deve lasciargli un bella provvista di carne). Le vittime prescelte sono certi coleotteri dai bagliori d'oro, di rame, di pietre preziose. Le trova, le colpisce con lo stiletto avvelenato, ma non le deve uccidere così sceglie quelle che hanno i centri nervosi più vicini. E con un paio di stilettate le addormenta per il tempo necessario a far da pasto. Gli entomologi erano sicuri che le uccidessero, Dufour l'avrebbe giurato, invece Fabre fece mille prove finché capì perché la vespa sceglieva insetti con i centri nervosi vicini: così le vittime non avevano il tempo di ribellarsi tutto si svolgeva con incredibile rapidità.

Sbalorditivo, dissero alcuni. Impossibile, disssero altri. Lo scontro continuò anche dopo Fabre e Dufour, divenne guerra aperta e pretesto per insulti d'ogni genere. Nel dibattito entrarono i biologi e perfino un filosofo, Henri Bergson. Poi un altro, Rudolf Steiner, decise di spostare con un delicato intervento chirurgico i centri nervosi nel corpo di un grillo e dimostrò che la vespa li trovava lo stesso. La diatriba continua ancora ...

Il professor Giorgio Celli – che è morto, ho aggiunto e subito Rol ha detto "non muore nessuno: lui ti sta a sentire come me"

"Allora Giorgio se mi stai a sentire – ed è probabile perché eravamo amici – vedrai che ho capito bene quel che avevi detto tu: nel caso della

Cerceris siamo di fronte a una sequenza straordinaria di 'come se'. Infatti la vespa si comporta 'come se' conoscesse l'anatomia delle vittime (dove sono i gangli nervosi), 'come se' conoscesse gli effetti del veleno, 'come se' fosse al corrente dei fenomeni putrefattivi che intende evitare. Insomma 'come se' avesse frequentato con profitto parecchi corsi universitari."
L'enigma rimane insoluto. O l'insetto possiede un detector per noi ancora inimmaginabile, oppure – come diceva Fabre – 'il suo istinto ha le risorse di una scienza sublime'. Ma forse è la stessa cosa.
"Gli animali – disse Rol, forse per farmi piacere – ne sanno tante più di noi."
Si sentiva che era affascinato ... Diceva sempre che tutte le cose hanno uno spirito, ma l'uomo ha "lo spirito intelligente". Era una sua idea fissa, e Remo Lugli – credo sia stato lui – è riuscito a farglielo dire in un registratore, cosa difficile perché Rol i registratori li detestava e quando ne vedeva saltare fuori uno mentre parlava, ammutoliva. E quando l'avrà fatto, questo discorso? Non lo so, la bobina m'è arrivata dopo la sua morte e non so chi me l'ha mandata[4].
Forse col tempo avrà cambiato idea, pensavo. E a quel discorsino registrato che ora trascrivo speravo che aggiungesse anche gli animali... Sennò quando lo rivedo – magari di là – ci litigo. (...)[5].
Bel discorso, però non è così semplice da capire per tutti, vero? E poi dell'intelligenza animale non parla affatto[6], invece più passa il tempo e più sprofondo per lavoro o per puro interesse nella conoscenza dei nostri compagni di pianeta, anche di quelli minuscoli che sembrano solo alucce e ronzìo, più mi rendo conto di come la loro capacità di sentire rasenti l'intelligenza. A volte è come se fossero dotati di uno spirito capace di trapassare la realtà apparente e arrivare al centro della verità, sentendo anche l'insufficiena dei nostri pensieri.

5.

Dopo un po' di tempo mi ha spedito a Roma un biglietto che è ancora qui, dopo venticinque anni, sopra la mia scrivania, e chi viene lo legge subito, sia pure a fatica perché la sua grafia non è facile da decifrare. Quasi tutti dicono ridendo che quel biglietto di sicuro mi tiene su, mi fa da caffé sport quando sono stanca e devo scrivere lo stesso. Eccolo, vedete voi:

---

[4] Venne inizialmente pubblicata come audiocassetta nelle prime due edizioni del libro di Lugli, quindi in CD nella terza del 2008.
[5] Delfini poi citava il testo trascritto da Lugli, che non riproduco, rimando o al vol. IV, p. 38, o direttamente a Lugli, *Gustavo Rol. Una vita di prodigi*, 3ª ed. 2008, p. 27.
[6] Ne parla però in altre occasioni, dedicherò un approfondimento in uno studio fururo.

> *All'adorata MIRELLA delfini che giudico, per i suoi lavori, un autentico genio. Soprattutto perchè, per coloro che SANNO LEGGERLA, Dio viene rivelato. GND 14.1.92*

Devo tradurlo? Dice: "All'adorata Mirella Delfini che giudico, per i suoi lavori, un autentico genio. Soprattutto perché, per coloro che sanno leggerla, Dio viene rivelato."
Poi le sue iniziali e la data, 14.1.92"

M'ha scritto altre lettere, nella seconda parlava del nuovo libro che stavo preparando, questa volta sugli animali del mare, intitolato *Mollusco sarà lei* (usavo il 'lei' perché con gli animali che vivono nell'acqua c'è meno confidenza) e che tra i miei libri d'allora è quello che preferisco. Anche perché, quand'è uscito, ha entusiasmato Valentino Braitenberg, cofondatore e direttore, anni fa, dell'Istituto Max Plank di cibernetica biologica di Tubinga. Il professore, sulla IV di copertina, ha affermato che "tutti i libri di biologia, di zoologia e di botanica dovrebbero essere scritti così, con l'umorismo di certi indimenticabili scrittori inglesi del Settecento" ... E lui di scienza se ne intendeva, mentre io che amo perfino la fisica quantistica sono proprio felice quando posso far ridere i lettori anche con quella. Sembra che con il libro di due anni fa, "La Scienza giorno per giorno"[7], ci sia davvero riuscita. In questi giorni, invece, sono addirittura emozionata per la particella Xi appena balzata fuori dall'LHC[8]. La cercavano da tanto, i fisici ... forse è davvero quel collante elettrico che tiene insieme ogni cosa, forse l'universo, per questo meraviglioso e falso teatro che hanno allestito per farci vivere la nostra esperienza umana. Ma potrebbe anche non essere nulla di importante ...
La seconda lettera di Rol non era come la prima, era piena di dubbi, diceva che il mio sarebbe stato un lavoro difficile perché in realtà gli esseri umani più o meno sono tutti molluschi, ma per me è stato un

---

[7] Pubblicato nel 2016, ma come si evince dalla frase seguente, intendeva il periodo in cui era stato scritto, il 2015.
[8] È questa frase che permette di datare con una certa precisione lo scritto di Delfini, e questo passaggio nello specifico al luglio 2017, si veda ad es. l'articolo del 7 luglio: *Scoperta al Cern la particella Xi, inseguita da anni* (su: ansa.it).

lavoraccio anche decifrare la lettera. È lunga, ma ne stamperò una parte così vedrò se i lettori saranno più bravi di me che ho faticato tanto a capirla. Questa volta però la 'traduzione' non ce la metto, vediamo come se la cavano[9].

Me ne ha mandata poi una molto commovente[10]: un messaggio di mia madre dall'Aldilà, ma purtroppo la grafia era sempre la sua, perciò è stata un'impresa leggerla. Eppure ... eppure Rol sarebbe stato capacissimo di 'passarmela' con la grafia di mia madre. Lo so perché a Catterina Ferrari (non è un errore, la farmacista che lo assisteva negli ultimi nove anni si chiama proprio Catterina con due 't') ha 'passato' una lettera con la grafia del figlio Andrea che era stato investito e ucciso qualche anno prima (poi ha perso anche l'altro, Carlo, nello stesso modo) e la poveretta me la leggeva tra le lacrime.
Credo che non dimenticherò mai quel giorno. Catterina mi accompagnava in macchina alla stazione e intanto mi raccontava dei due figli morti e della sua disperazione, così profonda che aveva deciso di suicidarsi anche se non l'aveva detto a nessuno, ma Rol l'aveva capito e l'aveva presa per un braccio dicendo: "se fa quello che ha in mente i suoi figli non li vedrà più". Lei stava andando a gettarsi "a Po" come si dice là, o nella Dora, non so bene e poi a Torino i fiumi abbondano, ma Rol le ha messo in mano quella lettera. Ci siamo fermate, voleva farmela leggere, così l'ha tirata fuori dalla borsa – credo che portasse quel foglietto sempre con sé – e l'ha aperta per farmela vedere, dicendo che era proprio la grafia di Andrea, il figlio maggiore. Sono passati tanti anni, ma ricordo ancora quelle righe piene di amore e di consolazione che leggevo stupefatta mentre la pioggia rigava il parabrezza e sembrava rigare di lacrime anche la lettera che tenevo in mano.
Stavo partendo, ma oramai non avevo più dubbi: Rol era l'uomo più straordinario e più compassionevole che avessi mai conosciuto, e ora sapevo che sarei sempre tornata a cercare aiuto da lui. La morte di Giorgio non mi sembrava più una tragedia irrimediabile, ma un doloroso distacco provvisorio da accettare. Rol m'aveva avvisata: "vedrai, te lo dirà anche lui". Certo, me lo spiegherà quando sarò di là anch'io, stavo per rispondergli, ma poi non è andata così, anche se non immaginavo quel che sarebbe successo.
Ed ecco la storia incredibile, ma così vera che ne sarò sempre grata al Signore Iddio. È un regalo che m'è arrivato sette mesi dopo, in un paese che si chiama Veroli. Permettimi di prendermi un po' di tempo per

---

[9] In questo punto è stato lasciato uno spazio, con la dicitura «*parte della lettera mollusco*», che però purtroppo non è stata acclusa, né in originale né in trascrizione. Al momento non è stato possibile reperirla, sempre che non sia andata persa.
[10] Anche questa al momento è irreperibile.

raccontare come mai ero là, in casa di quell'amica, Milena, una donna anziana, un personaggio dall'aspetto comune, malvestita, sbiadita, probabilmente santa. Credo che a Rol sarebbe piaciuta molto, lui vedeva la realtà delle persone molto al di là della loro apparenza. Era nata in Crimea nel 1904 a Poti, anzi 'a Caucaso', come diceva lei nel suo italiano impreciso, e dopo la rivoluzione era cresciuta nel regime sovietico studiando medicina a Tiblis. Quando l'ho incontrata aveva più di 65 anni. Era a Roma da tempo e faceva da assistente a un altro medico russo più anziano, il dottor Sondans, uno studioso di medicina che non sapeva una parola d'italiano, ma tanto non parlava mai e faceva le diagnosi solo studiando le unghie dei pazienti, dalle quali ricavava tutti i dati che gli servivano. E guariva la gente.

Lei era laureata in medicina e aveva lavorato nell'ospedale di Tiblis finché a Stalin era venuto in mente di cacciare via gli oriundi italiani, però il pasticcio che riguarda i parenti di Milena non l'ho mai capito. So che l'oriundo era suo padre, il quale si chiamava Pavoni ed era console inglese – ma perché poi inglese? – a Poti, una cittadina sulla riva orientale del Mar Nero, a pochi chilometri da Gori dov'era nato Stalin, ossia Josif Vissarionovich Djugasvili, la cui fama di giovane teppista s'era subito sparsa nei paesi vicini. Di lui Milena non si sarebbe fidata, ma forse era stato Lenin, morto solo nel 1924, ad affascinarla con la sua visione dell'umanità che sembrava quella di Gérard nell'Andrea Chenier: '... *fare del mondo un panthéon / gli uomini in dii mutare / e in un sol bacio e abbraccio / tutte le genti amare*'. Lo capivo bene perché per un po' ero cascata anch'io nel comunismo, tra le risate ironiche di mio padre.

Fino a sedici, diciassette anni, Milena aveva creduto che Dio non esistesse, che la fede fosse l'oppio dei popoli, eccetera, poi in Italia era stata colpita da certi fatti e mentre lavorava all'ospedale "Bambin Gesù" di Roma aveva cominciato a sospettare di nuovo che Dio ci fosse. Dico di nuovo perché quand'era piccola gliene aveva parlato una zia dandolo per certo, però era morta troppo presto per spiegarglielo meglio. A quel tempo Milena non aveva neanche undici anni e non volle accettare la morte della zia: non le sembrava in sintonia con le cose che lei aveva detto a proposito del Padre Eterno.

Riesco a immaginare il corteo funebre, così come l'ha descritto, ma non so se era estate o inverno: vedo solo una fila di persone vestite di nero e piangenti che camminano portando una bara, e al posto del coperchio secondo il loro uso c'è una lastra di vetro, in modo che tutti possano vedere ancora il caro estinto. Milena stava aggrappata al bordo continuando a guardarla e intanto pregava con violenza infantile quel Dio sconosciuto, indignata per il sopruso, però era sicura che grazie alle sue preghiere avrebbe visto da un momento all'altro gli occhi della zia aprirsi con lo sguardo smarrito di una che non sa bene dove si trovi. La fede, secondo quel che aveva capito lei, doveva fare prodigi. Credere in modo assoluto cambiava qualunque cosa e Milena di fede ne aveva, infatti camminava verso il cimitero convinta che non ci sarebbero mai arrivati perché la zia sarebbe tornata a casa con loro a piedi, ridendo dello scherzo che le aveva fatto il Signore. Allora Milena avrebbe chiesto scusa a Dio, però non tanto, perché in fondo era colpevole di avere costretto i parenti a piangere. La zia purtroppo è rimasta morta e Milena per un po' ha continuato a credere in Dio lo stesso. Poi le bandiere rosse l'hanno travolta.

Arrivata in Italia però ha dovuto prendere una seconda laurea, perché quella sovietica agli italiani di Mussolini non piaceva. Ora l'Italia le sembrava un paradiso, ricordava come un incubo che quando era uscita dall'illusione comunista aveva vissuto nel terrore. Alcuni amici scomparivano all'improvviso e lei continuava a lavorare in ospedale senza domandare perché.

Raccontava di avere avuto orde di malati o feriti nelle corsie di Tiblis dove mancava tutto, perfino le garze, e dove si rifugiavano anche tante persone spaventate. Lo raccontava a mezza voce perfino quand'era oramai in Italia, con la paura negli occhi, perché diceva che se nell'URSS avessero saputo che parlava male di *loro* si sarebbero vendicati. Spiegava che *loro* venivano sempre a sapere tutto, anche di lontano. Ricordava con angoscia i suoi malati là all'ospedale, e soprattutto certe infezioni 'aperte' che si curavano solo ingabbiando mosche e mettendole a partorire larve proprio lì sulle ferite. I medicinali e i disinfettanti mancavano, ma c'erano le larve che mangiavano il pus e così i malati finivano per trovarsi risanati. A Roma, quand'era stata assunta al "Bambin Gesù", s'era affezionata a un bimbo che si avviava a morire, così aveva chiesto la grazia della sua guarigione e l'aveva ottenuta, restando piuttosto sbalordita. Era la prima volta che pregava dopo tanti anni. Pregava perché una suora le aveva detto che bisognava fare così, ma non pensava d'essere esaudita. Invece è accaduto e ora che conosceva quel grimaldello lo usava sempre nei casi difficili, ma siccome erano difficili quasi tutti rompeva le scatole al Padreterno e ai santi di continuo. Per esempio a una signora che da undici anni cercava di avere un figlio e non ci riusciva, aveva fatto dire per trenta giorni una preghiera speciale a san Giuseppe – il 'Sacro Manto' – e la signora era rimasta incinta: il bambino era nato proprio il 19 marzo, festa di san Giuseppe. Beh, queste cose mi lasciavano confusa, mi veniva anche un po' da ridere, ma Milena le considerava normali e io osavo appena sorridere. Forse, mi chiedevo, per ottenere quei 'miracoli' bisogna essere senza peccati, tipo quelli che possono scagliare la prima pietra?

Mi viene in mente un famoso psicologo americano, Harold Fink, che ogni anno cominciava il corso tirando fuori una bottiglia di latte dalla borsa e la sbatteva dentro il lavandino mandandola in pezzi. Poi si voltava agli allievi e chiedeva: 'Siete capaci di rimetterla insieme? E di riversarci

dentro il latte che è andato giù nel tubo di scarico?' – 'Noo!' rispondevano loro. 'E allora avanti. Al diavolo il passato e niente sensi di colpa.'
Giusto, ma non fa per me che non ho la mania dei sensi di colpa, però – se posso esprimermi così – sono 'colpevole di alibi'. Trovo sempre gli alibi per non autopunirmi, cosa che tutti i terrestri fanno, ma senza alibi mi sentirei ancora più in colpa perché ogni volta rido. Mamma quand'ero piccola mi diceva *"risus abundat in ore stultorum"*, ma io trovo sempre da ridere quasi in tutto.
Ora però ritorno al filo del discorso legato a Rol. Veroli è un posto non lontano da Roma, dove Milena possedeva una casetta e quella volta aveva insistito perché l'accompagnassi. Lassù c'erano alcuni suoi malati e io avevo detto sì, ti accompagno, però m'ero portata dietro il pc per lavorare. Avevo anche il registratorino perché un esperto di "dialoghi con l'Aldilà", l'ingegner Mancini Spinucci, m'aveva convinta che prima o poi "loro" avrebbero mandato un messaggio. Tanto valeva lasciargli una porta aperta.
Stavo scrivendo. Il registratore era acceso e giù in cortile dei ragazzi giocavano facendo chiasso, Milena era uscita. Quando ho fatto girare il nastro all'indietro e l'ho riascoltato si sentivano gli strilli allegri e i rumori dei giochi, ma a un certo punto il chiasso è sparito di botto, sostituito da un silenzio totale che m'è sembrato di velluto nero. Poi la voce di Giorgio ha detto "grazie, grazie" e m'ha chiamata col buffo nomignolo che usava sempre quando eravamo soli, "Piccolint". Ha detto: "La dipartita dell'uomo (notate che non l'ha chiamata morte) non è brutta, anzi è bella. Io non ho sofferto per niente ... Soffrire è una lezione per l'uomo". Poi ha aggiunto: "ti sono accanto tutte le volte che mi pensi..."
Ero senza fiato. Quando me n'è tornato un po' ho chiesto: "Ci ritroveremo?" Allora m'ha dato la buffa risposta che mi dava sempre quando gli chiedevo "A che ora torni, dal giornale?" Lui diceva un'ora, ma non era mai quella, così lo prendevo in giro chiedendo "di preciso?" e Giorgio confermava "di preciso". Anche ora alla mia domanda "ci ritroveremo?" ha risposto "di preciso"[11].
L'ho sentito non so quante volte, quel nastrino, ma non riuscivo a crederci del tutto e mi facevo mille domande assurde, per esempio "sono io che l'ho inciso con la forza della mia angoscia?"

---

[11] Si veda per un confronto e le eventuali riflessioni del caso, l'importante episodio raccontato da Chiara Barbieri (1-VI-32 e 32bis) alla quale Rol, in vita, nel 1989, aveva detto una certa frase, indicandole di leggere una parola di una riga di una pagina del libro che lei aveva nella sua borsa, e dieci anni dopo, quando Rol era già morto, le era apparso vestito nello stesso modo e dicendole l'esatta identica frase, che la sollecitava a leggere in un *altro* libro che aveva in mano, dandole la risposta precisa di cui aveva bisogno, come precisa era stata quella precedente.

Un pensiero folle, con molti altri altrettanto insensati, così appena tornata a Roma ho portato il registratore con la 'sua' voce a casa di due amici carissimi che in quegli anni erano stati spesso con noi, Ezio Zurli e Gloria Viviani. Ezio aveva un po' di aggeggi – cuffie, altoparlanti, eccetera – e potevamo ascoltare anche meglio quelle parole. Gloria è quasi svenuta, ricordo il suo viso improvvisamente tutto rosso e sudato, con gli occhi sbarrati: 'Ma Ezio, lo senti? È la voce di Giorgio, non c'è dubbio...' Sì, era la sua voce, e in più mi chiamava col nomignolo che conoscevamo solo noi.

6.

Quando l'ho detto a Rol m'ha risposto: "Ora sarai più tranquilla" – "Sì, ma quanti anni ci vorranno?" E lì, sulla data della mia morte, è accaduta una cosa assurda, inspiegabile, che m'ha fatto dubitare delle 'possibilità' di Rol, considerate assolute almeno da mezzo mondo conosciuto.
"Tu vivrai fino a 76 anni", ha detto. In quel momento ne avevo circa 50 e ora ne ho compiuti 92[12]. Come mai ha sbagliato? Per più di vent'anni ho atteso quella data, sicura che sarebbe stato il termine e poi avrei ritrovato Giorgio che pazientemente m'aspettava. Rol non sbagliava mai.
Possibile che sulla mia 'fine servizio' abbia visto così male? Mi sono chiesta se magari non abbiano cambiato idea Lassù per qualche strano motivo, ma è improbabile e non coincide con la mia convinzione che Loro non fanno mai sbagli, che tutto è preordinato. Insomma o ci si crede o non ci si crede e io ci credo veramente. Così metto la data sbagliata fra le tante cose di questa esistenza che non ho capito. E non l'ho mai raccontata a Piero Angela, anche se ci conosciamo da una vita. La troverà in questo libro se vorrà leggerlo[13], ma lui – l'esponente più famoso del Cicap, (Comitato italiano per le affermazioni sulle pseudoscienze) che è contro qualunque accenno di paranormale – non lo leggerà di sicuro. Che le cose non stiano proprio come vuole il Cicap lo verrà a sapere quando anche lui andrà dall'altra parte, speriamo il più tardi possibile perché il suo lavoro qui è tanto utile, tanto confortante e non importa se non crede in certi fatti che – diciamolo pure – sono piuttosto incredibili. Però c'é una cosa che vorrei chiedergli ed è come ha fatto a dare del prestigiatore a uno che non toccava quasi mai le carte (le faceva sempre toccare da qualcun altro dei presenti).
Insomma, una ragione per questa data sbagliata ci dev'essere, ma non la trovo. Qualcuno m'ha detto: "T'avrà voluto tranquillizzare allontanando dai tuoi pensieri lo spettro della morte", ma il fatto è che quello spettro io

---

[12] Compiuti il 24 marzo 2017. Anche questa frase conferma la collocazione cronologica dello scritto.
[13] Quindi non si trattava solo di articoli sciolti, ma proprio di un nuovo libro, non terminato.

non lo temo per niente, anzi sono sicura che siamo nati per fare una breve sosta qua e andare poi a stare molto meglio altrove, sempre che uno non abbia fatto troppi danni in questo tratto di esistenza. E allora perché ha sbagliato la data? Lui in quel periodo aveva circa ottant'anni, io poco meno di cinquanta: era nato a Torino il 20 giugno del 1903, ma era in ottima forma, col cervello più che lucido e ne dimostrava una ventina in meno. Di sicuro non si è sbagliato né confuso.

L'unica ipotesi che posso fare è questa: si rendeva conto che se m'avesse detto "dovrai aspettare ancora circa mezzo secolo prima di raggiungere Giorgio" mi sarebbe venuto un accidente e la mia disperazione sarebbe andata alle stelle. Non vedo altri motivi, dal momento che il futuro era così chiaro nella sua mente. Ne aveva sempre dato prove a tutti, e continuava a darne. In più io ero convinta che Rol fosse incapace di mentire perché era un vero credente, però l'ottavo comandamento – 'non dire falsa testimonianza' – secondo sua sorella Maria per lui non rappresentava proprio una legge ... ma si sa come sono i rapporti tra fratelli, per mantenere la pace in famiglia mica si può dire sempre la verità, tutta la verità e nient'altro che la verità come in tribunale. Comunque aspetterò d'essere di là anch'io per saperlo ... ma allora, grazie al cielo, delle date non me ne importerà più nulla.

Insomma, io sono qui ancora anche se ho tanta voglia di andarmene, specialmente ora che dall'altra parte la compagnia si fa sempre più numerosa, amichevole e c'è perfino Rol che è capace di darci una mano anche in quel luogo così misterioso.

Nei pensieri di Rol, raccolti da Catterina Ferrari nel libro *"Io sono la grondaia"* (il titolo è la definizione che Rol dava di se stesso, affermando che lui non era niente, che si limitava a raccogliere "tutto") i più bei doni di Dio sono l'Amore e la Morte[14]. Forse aveva ragione.

Il 27 gennaio del 1990, quando ha perduto la sua amata moglie Elna, si trovò in mano un foglio, con un meraviglioso commento proprio sulla morte. Lo copio dal libro, conforterà molte persone:

"Se tu conoscessi il mistero immenso del Cielo ove ora vivo, se tu potessi vedere e sentire quello che io vedo e sento in questi orizzonti senza fine e in questa luce che tutto investe e penetra, Tu non piangeresti se mi ami.

Mi è rimasto l'affetto per te, una tenerezza che non ho mai conosciuta.

Sono felice di averti incontrato nel tempo, anche se allora tutto era fuggente e limitato.

Ora, l'amore che mi stringe profondamente a te è gioia pura e senza tramonto.

---

[14] A p. 208, ed. 2000.

Nei tuoi momenti di sconforto e di solitudine pensa a questi meraviglioso luoghi dove non esiste morte e dove, nuovamente uniti, ci disseteremo insieme alla fonte inesauribile dell'Amore e della Felicità"[15].

Rol non era davvero egoista: appena si è accorto che queste parole erano consolatrici, la prima cosa che ha fatto è stata mandarne una copia a Giulietta, che aveva appena perso Federico, aggiungendo una frase che avrà scaldato il cuore di lei, non solo, ma l'avrà spinta a cercare gli appunti per il famoso film: *Il viaggio di G Mastorna*, mai realizzato, col finale che Rol gli aveva suggerito. E le dice:

"Sono certo che attraverso l'esaltazione dello Spirito saprei comunicare con Federico e lui, a sua volta, troverebbe il regista adatto al quale trasmettere quanto è necessario per la realizzazione di quel finale.

Non si stupisca di tutto quanto ho scritto, ma era un dovere che dovevo compiere.   Gustavo Rol[16]

Eppure un giorno qualcuno farà quel film. Con tante cavolate che escono è mai possibile che un film di Fellini non trovi la via per avere un successo strepitoso? Quando c'era Rol e Federico era morto si raccomandava a Giulietta, ma ora che sono tutti di là non vorranno darsi da fare per "Il viaggio di G. Mastorna"? Con l'aggiunta, poi, del finale inventato da Rol?[17]

Rol è stato anche un divinatore, racconta in un articolo Dino Buzzati sul *Corriere della Sera* del 2 agosto 64. André Sella che aveva comperato il grande hobby della sua famiglia, si trova a sfuggire per miracolo alla morte perché Rol gli dice che Giorgio Cini ha la morte molto vicina[18].

---

[15] A pp. 185-185, *id.* Nel 2008 avevo mostrato ne *Il simbolismo di Rol* (p. 186 e sgg., 3ª ed. 2012) che si trattava di una poesia del padre gesuita Giacomo Perico.
[16] La lettera venne pubblicata su *La Stampa* il 24/11/1993, p. 18, col titolo *Cara Giulietta, salva Mastorna*.
[17] Ho trattato il "caso Mastorna" in profondità in *Fellini & Rol*.
[18] Delfini qui iniziava a citare l'articolo di Buzzati, riproducendone una parte ma senza terminarlo, interrompendo lo scritto. Lo si può leggere integrale, con tutti gli approfondimenti collegati, nell'appendice I (*L'incidente aereo di Giorgio Cini* – 1949) del vol. II.

tratto da
I mercanti dell'occulto

di Pier Carpi

Ottobre 1973[1]

Siamo entrati nel mondo dei mercanti dell'occulto. E sin dall'inizio ho precisato che, con l'intenzione di smascherare truffe, trucchi, impostori e fanatici, ho inteso anche e forse soprattutto rendere un servizio a coloro che di occultismo si occupano seriamente, senza scendere a compromessi, senza vendere o comprare la magia, senza coinvolgere in giochi pericolosi persone che potrebbero esserne danneggiate. Accanto al fanatico che finge di vedere la Madonna, non possiamo porre Padre Pio da Pietralcina e la sua esperienza mistica e umana. Accanto alle false massonerie, non possiamo mettere la tradizione e la coerenza iniziatica del Grande Oriente d'Italia. Accanto a certi fanatici che dicono di entrare nei dischi volanti, di girare per le galassie, di parlare con i capi delle flotte interstellari, non possiamo mettere i seri ricercatori dei fenomeni UFO. Accanto ai sedicenti guaritori con formulette ed esorcismi di bassa magia, non possiamo mettere i veri guaritori, che hanno dato prova delle loro innegabili qualità. Accanto ai rosicruciani che viaggiano col corpo astrale seguendo le regole del decadentismo protestante, non possiamo mettere gli studiosi della autentica tradizione rosicruciana.
Questo libro, nel condannare un certo mondo, cerca di salvaguardarne un altro. Perché esistono persone che a certi studi, a certe pratiche e a certe esperienze hanno dedicato la loro vita. Con risultati notevoli. Ma queste persone non hanno mai fatto commercio della loro conoscenza e si sono attenute alla regola di colui che sa: tacere. La principale delle norme pitagoriche.
Su queste persone, dunque, ho taciuto anch'io. Ho citato solo alcuni casi, perché ne sono stato autorizzato e soprattutto perché ho omesso di citare nomi e località. Nomi di persone che, entrando in un certo mondo, immergendovisi con tutte se stesse, hanno scelto la via giusta: quella della conoscenza. Che non permette la speculazione professionistica ma non ammette nemmeno l'altro grave pericolo, il dilettantismo. Professionisti e dilettanti dell'occultismo meritano la stessa condanna. I secondi, spesso, sono più pericolosi dei primi, anche se agiscono in buona fede.
Il mondo dell'occulto rileva personaggi singolari, le cui doti supernormali continuano a sbalordire e a non trovare nessuna spiegazione di carattere scientifico. La parapsicologia si limita a catalogarli, controllando la

---

[1] Armenia Editore, Milano, pp. 297-299; 314-319.

mancanza di frodi, ma se si illude di poter andare più avanti, sbaglia. Così come lo spiritismo ebbe come unico valore il merito di avere interessato l'opinione pubblica e problemi meno materialistici, esaurendo in questo compito ogni altra possibilità, anche la parapsicologia di oggi non può aggiungere altri meriti al proprio lavoro: l'interesse dimostrato dai parapsicologi per i fenomeni supernormali, desta l'attenzione su di essi e forse anche su cose più profonde. La parapsicologia non potrà mai fare un solo passo in più.
Ho sorvolato in questo libro sul fenomeno dello spiritismo, perché lo ritengo dannoso in qualunque forma e, come noto, la sua storia è costellata di frodi. Due delle stesse sorelle Fox ammisero di aver usato soltanto trucchi nelle loro sedute, salvo ritrattare, ma troppo tardi. Di quasi tutti gli spiritisti e i medium che si sono sottoposti a controlli seri, sono stati svelati i trucchi superficiali, da illusionisti. Gli apporti erano nascosti in qualche risvolto dell'abito, certi effetti luminosi si ottenevano con sostanze fosforescenti, le trance erano delle commedie. In molti credono in buona fede nello spiritismo. Ma anche se qualcosa di vero ci fosse nelle sedute, questa forma di attività, oltre a procurare danni incalcolabili nella psiche e nel sistema nervoso di chi vi viene coinvolto, lascia sempre il tempo che trova e non fa che aumentare la confusione attorno al già complesso mondo dell'occulto. Il quale ha invece soprattutto bisogno di chiarezza. Per lo spiritismo, vale la risposta che diede Oscar Wilde, quando apparve, nel corso di una seduta, evocato a Londra da alcuni individui: "Credete davvero, signori, che il grande Oscar Wilde si scomodi e accorra, per il semplice fatto che un bottegaio, un farmacista o un avvocato di provincia lo chiamano in modo tanto strampalato e poco estetico?". Una battuta tipica di Oscar Wilde, obietteranno gli spiritisti. Quindi era veramente lui. Per me, chiunque fosse, è importante ciò che ha detto.
Per lo spiritismo, è molto più di una sentenza[2].
Ci sono delle persone, dicevo, che hanno dei cosiddetti poteri extrasensoriali. I casi sono moltissimi, tra quelli degni di credito, per la serietà dei protagonisti, per la severità dei controlli dei testimoni. Soprattutto per la mancanza di qualunque tipo di speculazione attorno a questi poteri. Sono note le facoltà di smaterializzazione attribuite a un rinomato professionista torinese, che si serve delle carte per i suoi esperimenti[3]. Personaggio piuttosto restio, evita di esibirsi e se concede

---

[2] Pienamente d'accordo.
[3] Si tratta naturalmente di Rol, come è chiaro anche dal seguito. Penso che il giudizio dell'autore, in un libro come questo, sia piuttosto significativo. Non è dato capire se Pier Carpi conobbe Rol oppure no, e comunque se nel momento in cui scriveva lo aveva conosciuto. La sua certezza di giudizio fa pensare di sì, per quanto possa averne anche solo sentito parlare da altri testimoni diretti attendibili ed essersi basato sulle descrizioni disponibili fino ad allora.

qualche dimostrazione, la fa per pochi amici qualificati. Con le carte può fare qualunque cosa, arrivando persino alle profezie e alle combinazioni cabbalistiche. Cito un esempio tra i più semplici, ma non certo tra i meno sconcertanti. L'uomo fa scegliere, da un mazzo integro e portato da altri, una carta. Non la guarda, naturalmente, ma prega chi l'ha scelta di tenerla ben stretta sul petto e di non guardarla dopo, mentre lui provvede a distanza alla sua smaterializzazione. La carta, che era per esempio il sette di cuori, si trasforma in pochi attimi nel re di quadri. Illusione? In ogni caso questa persona non ha nulla a che fare con i giochi di prestigio. Quando qualcuno, ed è accaduto a un famoso regista[4] e a un noto giornalista[5], ha voluto guardare la carta che teneva in mano, malgrado il suggerimento ricevuto di non farlo, ha assistito all'incredibile: la figura della carta cambiava colore, si trasformava, la materia si amalgamava per poi ricomporsi[6]. Non ci sono dubbi sulle facoltà supernormali di questo personaggio, che non va certamente confuso con coloro che con le carte fanno mille giochetti. Potrei scrivere un libro appositamente per smascherare tutti i trucchi che si possono fare con le carte, dando l'illusione di arrivare alla telepatia, alla telecinesi, alla smaterializzazione e ad altri fenomeni, che si riducono invece a volgari giochetti di prestigio. (…)
Non so se ho raggiunto qualcuno degli scopi che mi ero prefisso iniziando a scrivere questo libro. Ho voluto smascherare un certo mondo, per dire

---

[4] Federico Fellini (cfr. 2-XXXVI-4 e sgg.; o vol. V, pp. 78-79).
[5] Potrebbe riferirsi a Enrico Gianeri (cfr. 2-XXXVI-2 e sgg.; o vol. IV, p. 121), anche se tra i giornalisti era accaduto, anteriormente al 1973, anche a Fasolo (1951), Talamonti (1962) e Lugli (1972), oltreché a Cassoli e De Boni (1967).
[6] In merito a questo tipo di esperimento Alfredo Ferraro in un articolo del 1995 aveva commentato: «va riconosciuto che, ciò che fanno abili illusionisti a teatro e alla televisione, pare non possa aver limite. Ma dei limiti è possibile trovarli anche da parte di chi non è del mestiere. Io, per esempio, sono sicuro che, se scelgo una carta da un mazzo che ho portato personalmente, me la tengo ben stretta in mano, e *mentre è nelle mie mani, essa carta cambia "completamente"*, sono sicuro che non esista al mondo professionista della prestidigitazione che possa farlo. E che ciò possa accadere ne sono certo, perché con Rol m'è successo. Sopra ho scritto "completamente" appunto fra virgolette, perché se il cambiamento concerne anche il dorso della carta e, per esempio, una donna di cuori diventa un due di picche, gli elementi mutati sono tanti, per cui non si può nemmeno fare appello all'allucinazione» (Ferraro, A., *Rol, Geller e Scalia*, 'Il Giornale dei Misteri', n. 288, 1995, pp. 13-14). Mi paiono considerazioni ragionevoli e logiche. Riguardo invece al fenomeno del «fremito» percepito in un mazzo, Ferraro, che non sapeva che anche altri lo avevano testimoniato, era disposto invece a considerare l'ipotesi allucinatoria (si veda il vol. IX, p. 100 nota 31). E questo è capitato anche ad altri testimoni che non sapevano che altri avevano testimoniato le stesse cose. Molte testimonianze si sono purtroppo perse a causa di queste convinzioni.

anche che ne esiste un altro che non ha bisogno di maschere, fatto di silenzi e spesso di sofferenze. Una delle quali è proprio l'esistenza dell'esercito degli speculatori, dei fanatici, degli impostori e degli imbroglioni. Distinguere è sempre difficile. Ma le persone serie, come abbiamo visto, hanno la saggezza di non consentire confusioni, perché non entrano nella mischia, tacciono, studiano, agiscono. Non pongono etichette sulle loro bottiglie pregiate, il cui contenuto è riservato a pochi.

La mia condanna contro i mercanti dell'occulto è precisa. Essa raggiunge tutti coloro che della magia e delle sue sfumature fanno una professione, con qualunque scopo si muovano. È una condanna che non viene da un dogmatico e tanto meno da un intollerante. È insieme un invito ai dilettanti dell'occulto, a desistere dai fanatismi, dalle ricerche inutili, dalla morbosità e dal gusto del sensazionale che li spinge verso un certo mondo, che è sempre, sempre pericoloso. È un invito ai cosiddetti clienti o appassionati, a rifuggire contemporaneamente dai professionisti e dai dilettanti. A evitare di essere coinvolti in qualunque modo nella grande confusione occultistica che sta crescendo, alimentata da una cattiva stampa, da una pessima editoria, dalla faciloneria di troppi superficiali, ogni qualvolta ci si avvicina ad argomenti come questi.

La condanna è ancora più dura nei confronti dei settari di qualunque specie. Da coloro, e sono quasi tutti, che dicono di lavorare per il bene dell'umanità, in nome di antichi ideali rosicruciana o per ordine di superiori sconosciuti e invisibili, siano essi maestri trapassati, santoni indiani, capi di flotte extraterrestri.

La condanna è rivolta anche a tutti coloro che speculano sul misticismo o il senso religioso degli uomini. I falsi visionari o i profeti dell'ultimo momento.

L'uomo ha bisogno della fede, ma deve combattere i suoi fanatici. Chi vede Madonne, santi o arcangeli, tra gli alberi della sua campagna o alla guida di un disco volante, è pericoloso perché toglie credito a quei miracoli autentici che la religione possiede. E giustamente la Chiesa deve mantenere la fermezza sempre usata in queste occasioni, la diffidenza giusta, la serenità cristiana che ha portato a smascherare milioni di impostori, ma anche alla rivelazione di grandi miracoli oggi ufficialmente riconosciuti. Anche la Chiesa ha sbagliato, obietterà qualcuno. È arrivata a uccidere i suoi santi. Un discorso facile, che un'analisi storica e filosofica distrugge con poche battute. Per mio conto, il discorso è ancora più profondo, perché prevede, anche nella lotta, la verità da ambedue le parti, la verità della vittima e del carnefice, in quell'abbraccio d'amore che è la redenzione voluta dal Cristo e da Cristo sofferta. Cristo non si è fatto uomo solo per redimere i peccati e gli errori del passato. Viveva già nel futuro. E se qualche piaga si è aggiunta al suo corpo martoriato, questa piaga era pur sempre, anche nell'errore, nata dall'amore. Dall'amore in senso cristiano. Chiedere ai giudici della Santa Inquisizione, nel momento in cui agivano, di rinunciare alla tortura, alla condanna, al rogo, era semplicemente chiedere a un cristiano di rinunciare alla fede. Se l'avessero fatto, avrebbero sbagliato[7]. E i santi, per essere tali spesso hanno bisogno di carnefici. Con la certezza di poter sempre dire: "Signore, perdona loro, perché non sanno quello che fanno".

Un discorso religioso, fatto da chi come me non è né clericale né settario, era indispensabile, a conclusione di un libro dedicato a un mondo folle e sbagliato, falso e confuso, che affonda le sue radici nella ricerca spirituale dell'uomo.

Perché è un sottile ma tenace desiderio di ricerca spirituale, di sete autentica, che spinge milioni di uomini a cercare nei meandri dell'occultismo, nei suoi profeti e nelle sue marionette, la risposta alle tre domande iniziatiche di sempre, quelle che l'uomo si pone e alle quali può rispondere solo chi arriva alla conoscenza: chi sono, da dove vengo, dove vado? Ai molti che si muovono non spinti dalla curiosità o dalla morbosità, ma per un'intima ricerca spirituale, è difficile indicare la strada, quando questa deve essere in chiave esoterica. È una questione di scelta personale, di incontri, di inserimenti. Con i tanti ostacoli che sulla via iniziatica pone la manovra antica della controiniziazione. Se il nostro è il tempo dei falsi profeti al basso livello di mercanti dell'occulto, lo è ancora di più in quelle discipline tradizionali, nelle quali le deviazioni, i personalismi, le infiltrazioni sinistre abbondano. È facile lasciarsi sedurre, ma ogni parola può nascondere il tranello. Mentre ancora più pericolosa è l'indubbia buonafede di certi maestri e di certi iniziati che con la tradizione non hanno nulla a che fare, ma si illudono, disperdono, impoveriscono. Le delusioni sulla via iniziatica possono portare a reazioni persino antispirituali. E chi non è chiamato nel modo giusto – con quel qualcosa che si percepisce dentro di noi e che non è descrivibile – tanto vale che desista. Perché quella non è la sua strada.

Ho già detto, per i molti che cercano nella via della spiritualità, che la Chiesa Cattolica ha tutto per soddisfare le ansie di questa ricerca[8]. E parlando di Padre Pio di Pietralcina, ne ho dato l'esempio più chiaro: egli, che pur era arrivato al massimo della conoscenza, è rimasto nella Chiesa. In quella stessa Chiesa che lo aveva perseguitato. A coloro che sono di

---

[7] Non mi pare un argomento valido, sia perché nel comportamento e nell'insegnamento di Gesù, "ultimo grado di giudizio", non si ravvisano giustificazioni per l'operato dell'Inquisizione; sia perché allora, tutti coloro che sono imbevuti di una qualunque ideologia, religiosa, politica, ecc., sarebbero di *default* giustificati dalla loro «fede» a fare qualunque cosa, foss'anche la più raccapricciante. Non c'è dubbio che le ideologie, e certe religioni più di altre, abbiano prodotto oltre a grandi pensatori o mistici, anche un gran numero di suggestionati, tra i quali ci sono sì martiri, santi ed eroi, ma anche criminali, stupratori e terroristi.

[8] Era questa anche la posizione (prevalente e in parte exoterica) di Rol.

gusti più complicati e più difficili, che vogliono assolutamente, e subito, la via esoterica, vorrei ricordare ciò che disse l'incontestabile maestro René Guénon, il massimo esponente contemporaneo dell'esoterismo e della tradizione. Guénon affermò che per seguire una via esoterica, è necessario anche praticare un culto exoterico. Non lo disse soltanto, perché, giunto al culmine della conoscenza, aderì all'Islam e fu musulmano osservante sino alla fine dei propri giorni. Senza smettere di essere l'iniziato, diciamo pure il grande iniziato, che sappiamo. Anzi. Guénon scelse la religione che preferiva, dall'alto di una conoscenza impareggiabile[9]. Per noi che a questa conoscenza non siamo arrivati, non ci sono possibilità ragionevoli di scelta, se non quella della fede in cui siamo nati, quella della nostra terra, del nostro sangue, quella alla quale apparteniamo sempre, malgrado noi stessi[10].

---

[9] Fece ciò che riteneva più adatto a sé e all'epoca in cui viveva. Era *un vestito che gli piaceva*. Fa piacere constatare che Pier Carpi riconoscesse la preparazione e competenza di un autore fondamentale come Guénon.

[10] Questo discorso però, anche «per noi che a questa conoscenza non siamo arrivati» poteva valere forse ancora fino a quegli anni, ma si era già a un limite cronologico: a partire dagli anni '50 e soprattutto dagli anni '60, l'aumento consistente della possibilità di conoscere altre tradizioni, sia tramite viaggi che grazie alla pubblicazione in tutto il mondo e in molte lingue di testi sia tradizionali che di autori contemporanei competenti, ha permesso l'accesso a un corpus dottrinale ed esperienziale impensabile in precedenza. Nel 2023, mezzo secolo da quando Pier Carpi scriveva, l'idea che «non ci sono possibilità ragionevoli di scelta, se non quella della fede in cui siamo nati» è ormai anacronistica e non più valida. Che piaccia o meno l'analogia, oggi le religioni o vie spirituali sono di fatto "prodotti in offerta" che si possono valutare criticamente e comparare con altri "prodotti". In passato invece, per la maggior parte delle persone, il prodotto era uno solo, come uno solo era il venditore (anche se poi iniziarono a comparirne di più, pur vendendo sempre lo stesso prodotto, magari solo di colore diverso) e di quello ci si doveva accontentare, senza essere in grado di formulare dei giudizi, né, quando in grado di formularli e volendolo, potendolo fare più di tanto a causa del monopolio e del carattere inquisitorio dei vari scribi e farisei. Si può diventare, con l'ausilio dei testi giusti, estremamente competenti in qualunque via, più ancora dei suoi rappresentanti ufficiali; si possono scorporare gli elementi culturali e contingenti da quelli universali e atemporali, ritrovando poi questi ultimi anche nelle altre tradizioni; ci si può recare in qualunque angolo del mondo in cerca di conferme concrete di ciò che si è letto e studiato; si possono imparare le lingue originali dei testi; ci si può confrontare con Maestri in maniera approfondita, avendo parametri sufficienti per giudicarne attendibilità e insegnamento ed essendo già preparati nella materia; si possono seguire esercizi pratici la cui efficacia si può valutare passo dopo passo. Nel 2023, le «possibilità ragionevoli di scelta» di *tutte* le tradizioni in alternativa o in aggiunta alla «fede in cui siamo nati» sono assai superiori a quelle della sola «fede in cui siamo nati». La traiettoria delle Vie spirituali è peraltro quella della convergenza, fino al giorno in cui si avrà una sola Via, con basi scientifiche.

Pier Carpi spiega un trucco di carte ai fratelli Santonastaso, i famosi cabarettisti che abbiamo visto tante volte alla TV.

Immagine e didascalia tratti da un articolo che riproduceva un estratto del libro di Pier Carpi, sulla rivista *Scienza e Ignoto* (n. 1, gennaio 1974, p. 71) diretta da Leo Talamonti.

Inardi è stanco

di Giuliano Ranieri

16/01/1972[1]

Occhiello
Il medico campione di «Rischiatutto» sta a guardare con malinconia il consueto spettacolo della curiosità del pubblico: lettere, telefonate, richieste d'ogni genere. E ci racconta che cosa si prova diventando «personaggio»

Nel suo salotto il campione di *Rischiatutto* ritrova un po' di tranquillità. Il telefono è in un'altra stanza; la moglie risponde rassegnata e paziente: «Mio marito sta riposando, non posso svegliarlo», «il dottore non è in casa, mi scusi ma ho da fare... ».
Per Massimo Inardi, medico delle Ferrovie, l'esistenza quotidiana è completamente cambiata nel giro di 40 giorni: il suo solido sistema nervoso accusa forse l'usura di una fatica imprevista, quella del dopo-gioco, quella della celebrità che s'è abbattuta come una valanga nella sua casa tranquilla, piena di libri e di dischi. Il dottore abita in un silenzioso e discreto quartiere di Bologna, fuori Porta Santo Stefano. Ma da quando egli è apparso per la prima volta a *Rischiatutto* anche il quartiere sembra aver cambiato aspetto. La gente viene a vedere la casa del «fenomeno»; attende che il «fenomeno» esca dal portone per conoscerlo.
Tutto questo può finire all'improvviso, nel gioco. Basta un *lapsus,* ed anche la mente così organizzata e feconda del medico deve arrendersi. Può apparire un concorrente ancora più forte. La televisione può dire «basta», escogitando quesiti «insolubili». Ma tutto può anche continuare, chissà fino a quando.
E quest'uomo abituato a sorvegliare la salute dei ferrovieri, a discutere di parapsicologia, ad ascoltare dischi di musica classica, a divorare libri di storia e di «vita vissuta», deve armarsi non soltanto contro Mike Bongiorno, ma, soprattutto, contro la morbosa curiosità che lo circonda e che certo gli ha avvelenato il candido e umano piacere della vittoria, della dimostrazione pubblica d'una cultura vera. Per il semplice gusto di giocare, aveva invano bussato alle porte di *Lascia o raddoppia?* E già due anni fa aveva chiesto di essere accolto fra i concorrenti del nuovo telequiz. Adesso è in ballo, ci resterà fin quando è stabilito. «Ma da professionista»,

---

[1] *Epoca*, n. 1111, 16/01/1972, pp. 76-79. L'articolo oltre ad essere interessante in se stesso e per la biografia di Inardi, fornisce anche ottimi spunti di paragone per comprendere per quali ragioni, tra le molte, Rol rifuggisse decisamente i riflettori.

egli dice, «con quel decoro che devo mantenere non soltanto per me, ma per la mia categoria. Mi auguro che nel giorno del congedo, io possa lasciare un buon ricordo: ecco, una persona seria ha voluto provare a schiacciare i pulsanti di *Rischiatutto,* ha fatto la sua bella figura, adesso l'esperienza è conclusa».

Massimo Inardi non è il personaggio che ha studiato bene una sola materia, che tenta l'avventura per ragranellare soldi e per fare parlare di sé. È una precisazione a cui tiene, ed è facile sottoscriverne il significato, dopo aver conosciuto lui e la sua famiglia. La moglie Graziella, dinamica «toscana di Livorno», che condivide i suoi gusti, che ama la musica e suona il piano. L'unico figlio, Giovanni, liceale di sedici anni, «con la stessa mente del padre e del nonno paterno». Una famiglia felice, che può concedersi una relativa agiatezza; un quadro domestico ben composto, dove la vita scorre senza scosse. Massimo Inardi non è un fenomeno. Rifiuta l'appellativo di enciclopedico, si indigna a sentire parlare di assurde «magie». È un uomo che ama la cultura, come tanti altri, e al quale la natura ha concesso un cervello con ingranaggi scattanti. Ci sono persone sapienti che ammutoliscono in pubblico. Lui no. È talmente «poco sicuro di sé» che «per ottenere 50 si prepara al livello di 100».

Aveva voglia di provare i suoi mezzi, di sfidare se stesso. Nonostante gli affettuosi ammonimenti della moglie sui guai della popolarità, ha trovato il coraggio di apparire davanti alle telecamere. È naturale che abbia scelto la musica come materia principale, perché è nato in mezzo alla musica: la madre, prima pianista-accompagnatrice di famosi cantanti, poi insegnante al Conservatorio romano di Santa Cecilia, il padre appassionato musicologo. «A cinque anni», ricorda Inardi, «ero già in grado di riconoscere una sinfonia di Beethoven, mi affascinava Bach ... ». Eppure il destino non avrebbe permesso al figlio unico della musicista Iolanda Puccetti e del dottore in chimica Inardi, di realizzare un certo sogno, diventando direttore d'orchestra.

«Mio padre è morto quando avevo dieci anni, nell'esplosione di un reparto della *Bombrini-Parodi Delfino* a Colleferro. Lui tentò di soccorrere qualche collega: gli diedero due medaglie alla memoria. Ma io ero un orfano. Il capo del governo di allora mi assicurò un posto in collegio. Cominciava subito la realtà. Dovevo darmi da fare, scegliere una professione "sicura". Contentissimo, adesso, di fare il medico, anche se i sogni non si possono distruggere. Amo tanto la musica e non ho mai avuto il tempo per imparare a suonare uno strumento». Ricordando avvenimenti lontani, Massimo Inardi suda, come suda quando è chiuso in cabina, davanti al tabellone che pone quesiti spesso futili, ma densi di trabocchetti. Se parla di musica è come un innamorato a cui avvampano le gote. Forse soltanto gli insoliti misteri della parapsicologia possono egualmente entusiasmarlo. «Ma della musica si può comprendere tutto, si può ricevere tutto un mondo di spiritualità. La parapsicologia è ancora in fasce... »

Nello studiolo accanto al salotto il telefono continua a suonare. «Questa storia dura da settimane», dice la signora Graziella. «Ci svegliano anche la notte. Magari sono ragazzine che vogliono conoscere il dottore; per lo più postulanti, o illusi che chiedono le cose più assurde. Sono fissati sul "mago", vogliono consigli, previsioni, numeri da giocare al Lotto, schedine da compilare per il Totocalcio. Ma non basta: nella sola giornata di ieri sono giunte, qui a casa, 160 lettere. Molte di più vengono mandate a mio marito attraverso la RAI. In certi momenti si avrebbe voglia di fuggire... »

Le lettere sono un campionario incredibile di stranezze. A parte le richieste di aiuti finanziari, specialmente dopo che il medico ha deciso di devolvere in beneficenza sette dei suoi milioni. «Un giorno, quando avrò tempo, quando tutto sarà passato», dice Massimo Inardi, «voglio studiarle tutte: è un'esperienza eccezionale nella mia vita.» Ne scorriamo qualcuna a caso. Ecco una poesia: «Sto attento e mi diverto / il *Rischiatutto* nel vedere / ascoltando il più esperto / della gente del sapere... / Le conceda Gesù molta / salute e gran felicità / per la fama sua sì colta / e la fraterna gran bontà ... ». Molte altre sono scritte in diversi dialetti, sempre da gente che inneggia al «gran dottore», che tutto può. Ma non mancano le minacce, le sottili cattiverie.

Ci sono poi gli interventi di «chiaroveggenti» e di «maghi». Nelle loro missive (anche *espressi* e *raccomandate* con ricevuta di ritorno) si leggono consigli come questo, che trascriviamo testualmente: «Per evitare di essere invasato dai flussi malefici o da stregonamenti maligni – Lei affinché rimarrà in carica, non dovrà né aprire né leggere lettere in arrivo – eccettuate quelle di persone conosciute... La lettera può contenere una polvere maligna che lei non vede, che però annusandola le invade i sensi e la mente». E ancora: «Lei non dovrà accettare bevande offerte da persone sconosciute, e rifiuti a queste eventuali strette di mano, perché estratta dalla tasca può essere sporca da polvere maligna... ». E infine: «Faccia aprire e leggere le lettere da un suo familiare fuori dall'appartamento, agitando prima il foglio all'aria aperta, e dopo avere letto il contenuto, distruggere il foglio e la busta con il fuoco».

Un piccolo mondo sconosciuto s'è aperto intorno alla famiglia del professionista, tutto casa e lavoro. Occorrerebbe una segretaria; il compito se lo assume la signora Graziella, aiutata dal figlio. E il gioco, con le sue esigenze, incalza. Bisogna essere a Milano già il martedì, per le prove con Mike Bongiorno, per i contatti con i nuovi concorrenti. Si arriva alla registrazione del mercoledì già stanchi, dopo aver riletto in fretta qualche libro in albergo. Ma le materie del tabellone, decise una settimana prima, offrono indicazioni estremamente vaghe. Vediamo, per esempio, le ultime: Città del mondo; arte antica; le *pin-up;* i cattivi; le bandiere; le date storiche.

«Che cosa vogliono dire?», si chiede il dottor Inardi. «Capirei un'indicazione su Dante, sui poeti crepuscolari, sulla rivoluzione francese, su qualsiasi argomento, insomma, che abbia almeno precisi contorni. Quindi, inutile parlare di organizzazione nel prepararsi: bisogna fidare sulla memoria e sulla cultura acquisita e digerita in anni e anni di studio, di passione vera per la carta stampata. E poi si deve contare sulla fortuna. Io, forse, la chiamo in un'altra maniera. Sono religioso, sono praticante. Vede, io non credo di saper recitare nemmeno davanti alle telecamere. Anzi mi sforzo di rimanere me stesso. Ma al momento della domanda finale, quando mi copro il volto con le mani, qualcuno potrà pensare ad una messa in scena: il dottore si concentra. Non è vero. Io prego, semplicemente.»

In quella preghiera c'è il desiderio di comportansì con onore; c'è la speranza di acquistare un appartamento, un motoscafo per appagare la passione del mare, un organo elettronico da regalare alla moglie, una lunga crociera da fare con la famiglia nei Paesi della civiltà più antica. Sogni e propositi anch'essi da professionista. Che ha giocato per giocare, con coraggio e prudenza, e che adesso, di fronte alla realtà vuole amministrare il ricavato. Tutto fila a dovere nella mente del dottor Inardi, come quando incalzano i «rischi» e bisogna affrontarli con lucidità. Si vanno già diradando le nubi che avevano minacciato una burrasca per sciocchi pettegolezzi apparsi qua e là. Una famiglia salda finisce col superare questi piccoli *choc* ai quali non è avvezza. E poi c'è il rovescio bello della medaglia.

«Questa mia popolarità», dice Massimo Inardi, «mi ha sconvolto, ma mi ha anche fatto conoscere meglio il prossimo. I miei ferrovieri, per esempio, quanto affetto hanno dimostrato. Adesso vogliono tutti farsi visitare da me. Mi mettono in imbarazzo. E poi, qualche collega che appena conoscevo ha detto delle cose giuste, forse cogliendo il vero significato di questa mia esperienza pubblica: hai portato un po' di cultura in un gioco popolare, hai invogliato molti di noi a seguirlo. In parole povere hai svelato qualcosa di nuovo, una fetta d'Italia da mettere in evidenza, perché di Inardi sconosciuti ce ne sono tanti, dalla Sicilia al Veneto. Mi sembra di non aver fatto cose clamorose, insomma. Sono gli altri che lo credono. Intendiamoci: niente falsa modestia. La mia cultura tengo a difenderla».

Se la ragionata avventura del dottor Inardi dovesse fermarsi al sesto *round?* Non cambierebbe nulla di importante: forse qualche sogno in meno da poter tramutare in certezza. Tuttavia il personaggio che si definisce «brutto, ma non antipatico», rimane nella storia minima del nostro costume come un protagonista. Soprattutto per la sua umanità d'antico stampo.

Gabriele Milani, il reporter del «Corriere della Sera»

di Ferruccio Pallavera

24/02/2004[1]

Occhielli
«Il Cittadino» a colloquio con le personalità che con il proprio operato fanno onore al Lodigiano e al Sudmilano
I grandi reportage nella guerra dei sei giorni in Istraele, tra i guerriglieri eritrei e con la banda Mesina

Ha immortalato con i suoi scatti la storia del Novecento
A Graffignana, dopo aver girato mezzo mondo

Gabriele Milani è nato a Pernumia, in provincia di Padova, il 23 ottobre 1931. È figlio di un artigiano veneto e appartiene a una famiglia molto numerosa, composta da dieci figli. All'età di cinque anni si trasferisce con la famiglia a Milano.
E a Milano, da residente del centro storico cittadino, respira gli anni tragici della seconda guerra mondiale: tre fratelli maggiori sotto le armi, i bombardamenti, le fughe precipitose nei rifugi antiaerei, l'acquisto del pane alla borsa nera. Abitando a pochi passi da corso Italia, ha modo di osservare con gli occhi da adolescente cosa signifci vivere nei pressi della caserma della Muti all'epoca della Repubblica di Salò, e poco distante da un Istituto di orfani trasformato in carcere nel quale sono rinchiusi i prigionieri politici. Raccoglie ad ogni passo, in pieno centro cittadino, i bossoli vuoti e i proiettili d'ottone delle mitragliatrici. Un passante gli strappa di mano un gingillo di ferro che aveva trasformato in giocattolo: era una bomba a mano, col manico di legno, inesplosa. Poi viene il 25 aprile 1945 ed è testimone dei fatti di sangue seguiti alla Liberazione di Milano.
Ad attirarlo sono le prime macchine fotografiche. Appena può disporre diei soldi sufficienti ne acquista una e da lì ha inizio la sua vita da fotoreporter. È l'avvio di un'esistenza trasformata, grazie al suo intuito, al suo coraggio e alla sua intelligenza, in una grande epopea.
Nel 1956 va a lavorare all'agenzia Publifoto di Milano. Nel 1962 è assunto al "Corriere della Sera", dove è incaricato di costituire la prima equipe fotografica della redazione di via Solferino. Resta al "Corriere" per otto anni, occupandosi di servizi giornalistici che lo rendono famoso in tutta Italia.

---

[1] *Il Cittadino*, 24/02/2004, pp. 18-19.

Passa in pianta stabile alla "Domenica del Corriere", per la quale sigla reportage entrati nella storia del giornalismo italiano. Resta alla "Domenica" fino a un anno prima della chiusura della storica testata. E per Milani giungono gli anni della pensione e del meritato riposo.

Sposato da mezzo secolo – la ricorrenza è caduta pochi giorni fa – ha avuto due figli, i quali (come papà) sono stati assunti dal "Corriere della Sera". Uno è prematuramente scomparso, l'altro è quel Luca Milani caporedattore della redazione grafica di "Sette" settimanale del "Corriere", residente nella nostra terra, a Riozzo di Cerro al Lambro. Dal matrimonio dei figli sono nate due bambine, per le quali i due nonni stravvedono.

Al termine della sua grande avventura di reporter – ora che Gabriele Milani fa il pensionato terribile in un paesino del Lodigiano – si può ben dire che la sua è stata una vita affascinante, tutta da raccontare, con spunti tanto avvincenti da essere trasportati in un libro e trasformati in copione da film.

Parla con l'entusiasmo dei grandi comunicatori. I gesti disegnano l'avventura. Non smetteresti mai di ascoltarlo.

Giornalista professionista, ha rinchiuso negli scatti della sua macchina fotografica le grandi personalità che hanno fatto la storia del mondo. Quintali di fotografie, presenti nell'archivio di casa, raccontano cosa è stato Gabriele Milani, fotografo gigante, testimone di metà del Novecento. Di tanti personaggi i cui nomi si rincorrono sui libri di storia conserva ricordi personali, a un tempo belli, esaltanti, struggenti. Episodi unici, caratterizzati dalla gioia e dal dolore, ma sempre traboccanti di umanità.

Quell'umanità che lui, Milani, e la sua dolce signora ti trasmettono durante la lunga chiacchierata. È raro per il vecchio cronista tornare a casa dopo l'intervista con una marcia in più. Oltre al mazzo di fogli scarabocchiati durante il botta e risposta, soddisfatto metti piede in redazione: in una villetta di Graffignana, ai piedi delle colline, c'è un caminetto acceso.

Quando Gabriele Milani ha iniziato a maneggiare la macchina fotografica?
«Avevo poco più di vent'anni. Con i soldi risparmiati riuscii ad acquistarmi una Ferrania. Iniziai a girare per i paesi che stavano alla periferia di Milano. Immortalavo i funerali, le prime comunioni, le cresime. In quegli anni c'era la mania di far predisporre gli album fotografici per gli eventi di questo tipo. Io da dilettante scattavo le foto, me le sviluppavo da solo e incominciavo a guadagnare qualcosa. Finché...».
Finché...
«Ero a Milano, poco distante dalla stazione Centrale. Mi imbattei in un incidente stradale: un tram aveva investito un'automobile. A colpirmi non fu tanto la scena dell'incidente, quanto ciò che ne seguì. Arrivò un

ragazzo in sella a una vespa, sulla quale spiccava la scritta dell'agenzia Farabola. Il ragazzo con la sua macchina fotografica immortalò la scena dell'incidente, e poi ripartì a velocità elevata. Capii che quello sarebbe stato il mio lavoro futuro, che avrebbe dato una svolta alla mia vita».

E allora?

«Era il 1956. Mi presentai alla sede di Publifoto, offrendomi come fotografo. Publifoto forniva le sue immagini a "Il Giorno", il grande quotidiano milanese che era appena stato fondato da Enrico Mattei. Il titolare di Publifoto, Vincenzo Carrese, mi rispose che di richieste di assunzione ne aveva a decine, e che non aveva bisogno di altri fotografi. Io gli dissi che non volevo soldi, volevo lavorare gratis, desideravo imparare».

Bel colpo.

«Mi assunsero senza stipendio, mi diedero in mano una scopa e mi dissero di tenere in ordine le camere oscure. Incominciarono a farmi sviluppare i rullini di tutti i fotografi di Publifoto. Lavorai con impegno, in attesa di una grande occasione, che finalmente si presentò».

Quando?

«In un pomeriggio d'ottobre del 1956 arrivò la notizia che stavano sparando sui tetti di Terrazzano, vicino a Rho. Uno squilibrato aveva sequestrato 97 bambini di una scuola elementare con le loro insegnanti. In sede non c'era nessuno. Non persi l'occasione. Buttai via la scopa, mi precipitai verso l'armadio delle macchine fotografiche, raccolsi la migliore con un potente e costosissimo obiettivo e mi precipitai sul posto. La scuola era nel cuore del paese, di fronte alla chiesa».

E lei?

«Mi piazzai sul balcone di un'abitazione puntando il mio "cannone" contro la finestra dalla quale urlava il pazzo. A un tratto una donna uscì dalla chiesa portando una croce e gridando a quello di lasciare i bambini, di uccidere lei. La polizia la prese e la portò via. Poi arrivò la sorella e chiamò: "Arturo, Arturo". Quello facendosi scudo con maestre e bambini, mise fuori la testa e puntò la pistola verso la piazza. In quel momento scattai la mia prima fotografia. Quel giorno ripresi anche il cadavere dell'operaio che intrufolatosi nella scuola per salvare gli ostaggi, venne ammazzato per sbaglio dalla polizia. Poi finalmente li liberarono».

Complimenti.

«Nessun altra agenzia fotografica aveva quelle immagini. Publifoto le distribuì a tutti i quotidiani d'Italia, vendendole anche all'estero. Ne ricavò un guadagno considerevole. Quel servizio fotografico mi aprì finalmente la strada del futuro. Ce l'avevo fatta. Carrese mi chiamò e l'indomani mi assunse in pianta stabile. Stavolta con stipendio. Ero diventato un fotoreporter».

Fino a quando restò a Publifoto?

«Per cinque anni, fino al 1961. In quegli anni al "Corriere della Sera" si accorsero finalmente che era arrivato il grande momento di svecchiare il giornale. "Il Giorno" pubblicava foto enormi, meravigliose, che conquistavano i lettori e facevano crescere le vendite. Il "Corriere" fino ad allora era rimasto un giornale vecchio, che non dava alcuna importanza alle immagini. Da via Solferino diedero una grande sterzata e decisero di crearsi un proprio staff di fotografi. Incaricarono di questo il capocronista, che era Di Bella e che tanti anni dopo sarebbe diventato direttore del "Corriere"».

E Di Bella la contattò.

«Di Bella chiamò me e un mio collega che lavoravamo a Publifoto. Con il nostro lavoro eravamo riusciti a farci conoscere anche al "Corriere". Ci assunsero nel gennaio del 1962 e a me diedero l'incarico preciso di ingaggiare i fotografi più validi che c'erano sulla piazza di Milano per costituire il primo staff dei fotografi del "Corriere della Sera". Chiamai al "Corriere" i colleghi migliori, e con quella impareggiabile equipe e con le nostre foto contribuimmo alla grande svolta del quotidiano di via Solferino».

Congratulazioni.

«Con Di Bella c'era un rapporto di enorme stima. Sapeva che mi piaceva quel lavoro, e mi chiamava per i servizi fotografici impossibili, quelli che neppure i colleghi più in gamba erano riusciti a portare a casa. Io avevo buone entrature con tutti. Andavo in questura a tutte le ore della notte, riuscivo a far tirare fuori di prigione gli arrestati, per fotografarli».

E queste cataste di fotografie testimoniano le sue imprese.

«È vero. Sono foto di nottate trascorse con le volanti della polizia a Milano, un viaggio nel cuore buio della città fatto di arresti, descritti dalla penna metafisica di Dino Buzzati, l'autore del "Deserto dei tartari"».

Poi Milani incominciò a dedicarsi anche ai reportage fotografici all'estero.

«Per la "Domenica dèl Corriere" mi infilai nelle viscere della terra, in Belgio, per documentare la vita che facevano i nostri italiani che lavoravano nelle miniere di carbone. Era gente che respirava polvere nera tutto il giorno e viveva come se fosse sempre notte, in gallerie con luci artificiali. Guardi questa foto: sono i figli dei nostri emigranti che giocano ai piedi di una montagna di polvere di carbone. Una bambina in primo piano tiene una bambola rotta senza capelli. Gli altri sono su uno spiazzo, sporchi e mal vestiti. Sembrano immagini di qualche campo nomadi e di qualche sperduto villaggio albanese di oggi. Invece sono la testimonianza di un'epoca finita con la chiusura delle miniere. Ma a quel tempo per fare le foto e scrivere il pezzo, io e il collega giornalista che mi accompagnava dovemmo travestirci da componenti di una delegazione di religiosi. Grazie a quello riuscimmo a entrare in miniera, io con la macchina fotografica nascosta sotto la tuta».

Il nome di Gabriele Milani fece il giro dell'Italia quando riuscì a riprendere il bandito Graziano Mesina nelle boscaglie della Sardegna. Centinaia di carabinieri e di poliziotti davano la caccia a Mesina da mesi e mesi. Milani arriva in Sardegna e scatta duecento foto a Mesina e alla sua banda. Che storia, ragazzi.

«Ho impiegato un mese prima di riuscire ad incontrare Graziano Mesina. E se la vita del bandito, latitante e così ricercato, costituiva una grande avventura, fu per me un'avventura altrettanto grande riuscire a mettermi in contatto con lui».

La raccontiamo?

«Tutto venne orchestrato dal grande direttore della "Domenica del Corriere", che era Vittorio Zucconi. Per arrivare a Graziano Mesina e alla sua banda io e il giornalista della "Domenica" – si chiamava Vittorio Lojacono – facemmo camarilla con Demurta, un giornalista dell'"Unione Sarda". La polizia aveva capito che il nostro arrivo da Milano in Sardegna aveva come scopo quello di incontrarci con i banditi. A capo della polizia c'era una mia vecchia conoscenza».

Chi?

«Il dottor Nardone. Era stato vice-questore di Milano, dove si era distinto per il grande impegno nello sconfiggere le bande della malavita milanese. Avevo lavorato a lungo con Nardone all'epoca del "Corriere della Sera". Lo conoscevo bene, ero stato più volte a casa sua, da amico, per fotografare i suoi bambini. Per le sue indubbie doti, Nardone venne trasferito in Sardegna con l'incarico speciale di condurre la lotta al banditismo. Quando mi incontrò in Sardegna mi parlò chiaro, senza peli sulla lingua».

Ossia?

«Mi disse di non fare pazzie e di non mettermi sulle tracce di Mesina. Ringhiando aggiunse che se avesse intercettato i banditi, avrebbe dato ordine ai suoi uomini di sparare, senza curarsi se con la banda di Mesina ci fossi anch'io. Gli risposi che con quelle parole la nostra amicizia rischiava di incrinarsi per sempre».

Come finì?

«Nardone sapeva che ero uno che non mollava la presa. Ci fece seguire giorno e notte da un'auto della polizia. Ma noi eravamo vecchi cronisti di nera, abituati a tutto. Fu un gioco da ragazzi costruire un piano con il quale seminare i poliziotti che erano stati incaricati di farci la guardia.

Dove incontrò Mesina?

«L'abbiamo incontrato a tarda sera, al primo piano di un cascinale sotto il quale erano ricoverate le capre, appena fuori dell'abitato di Nuoro. Mi colpì subito. Era un bel ragazzo. Aveva vent'anni. Era ricercato come assassino, lui raccontò che aveva difeso il fratello. Portava una pistola infilata nella cintola dei pantaloni. Ci fece trovare una tavola

apparecchiata e nel corso della cena raccontò ai due giornalisti la sua vita di latitante».
Immagino che per voi non sia stata una cosa facile.
«Mesìna pensava che io e i due giornalisti fossimo tre infiltrati della polizia. Nutrì alcuni sospetti soprattutto su di me, quando la banda accettò che io li seguissi sopra la montagna, cosa che non venne concessa ai miei due compagni».
Come convinse Mesina a prenderla con sé e a farsi fotografare?
«Dissi a Mesina: "Sono in Sardegna da un mese, sono venuto qui per fotografarti. Vengo con te". Mesina mi rispose, asciutto: "Non se ne parla neppure". Io gli indicai la pistola che portava infilata nei pantaloni e gli dissi: "Sparami alla gamba, feriscimi. Non posso tornare a Milano, dal mio direttore, dopo essere stato in Sardegna un mese intero, senza un servizio fotografico discreto. Devo trovare una giustificazione plausibile. Sparami alla gamba". Questa mia determinazione lo impressionò. E accettò di farsi fotografare».
Quanto tempo trascorse con Mesina e la sua banda di ricercati?
«Quella prima notte, l'intero giorno successivo e buona parte della notte seguente».
E allora?
«E allora i banditi mi portarono con loro. Erano tutti incappucciati, fuorché Mesina. Camminammo per buona parte della notte, attraversammo una macchia e raggiungemmo la montagna. L'indomani, quando sorse il sole, Graziano Mesina accettò di farsi fotografare da me. Si fidò ciecamente. Aveva capito che non ero della polizia».
Quando uscì il servizio giornalistico?
«La "Domenica del Corriere" dedicò al nostro scoop l'intera prima pagina, nell'edizione del 2 aprile 1967, con il titolo "Nel covo del bandito". Il giornale andò a ruba. Il fatto suscitò un grande scalpore. Con la mia macchina fotografica ero riuscito a riprendere un bandito super ricercato. Ero arrivato dove non erano arrivate le forze dell'ordine».
Non ebbe qualche problema dalla magistratura?
«Certamente. L'amministrazione del "Corriere della Sera" venne messa sotto sequestro. I magistrati cercavano la ricevuta di quanto avevamo versato a Mesina per il servizio fotografico. Quella ricevuta non era nell'archivio del "Corriere della Sera". Ce l'avevo io. Ci fu anche un processo, con accuse di non poco conto per quanto avevamo compiuto. Minacciarono di mandarci in prigione. Ce la cavammo grazie all'avvocato che il "Corriere della Sera" ci mise al fianco. Era Corso Bovio, il più grande avvocato di Milano».
Queste grandi fotografie che lei conserva tuttora, scattate a Mesina e alla sua banda, sono un ricordo storico.
«Non ho solo quelle. Mesina mi lasciò anche un suo ricordo particolare: una proiettile sul quale scrisse la sua firma. Quel proiettile lo conservo

ancora, tra le mille memorie legate alla mia vita avventurosa. Ho un altro ricordo di quella vicenda. La polizia fece affiggere in tutta la Sardegna il manifesto con la fotografia di Graziano Mesina, dove si diceva che era ricercato e che sulla sua testa era stata messa una taglia di cinque milioni di lire. Utilizzarono una mia fotografia per quel manifesto. E io una copia originale del manifesto ce l'ho ancora».
Il 1967 fu dunque per lei un anno rilevante, con questo scoop su Graziano Mesina.
«Fu rilevante non solo per Mesina. Fu lo stesso anno in cui scoppiò la guerra dei sei giorni, tra Israele e gli stati arabi. Mi mandarono al fronte, fui l'unico fotoreporter italiano presente alle operazioni di guerra».
Mi racconta qualcosa?
«Nel 1967 il presidente dell'Egitto, Nasser, decretò la chiusura del golfo di Aqaba alle navi israeliane. Israele reagì passando all'attacco. Era il 5 giugno 1967 e nel corso di una breve campagna militare, che passò alla storia come la "guerra dei sei giorni", travolse gli eserciti egiziano e siriano, che abbandonarono agli ebrei il Sinai, Gaza, la Cisgiordania e la parte orientale di Gerusalemme. I siriani, sconfitti, si ritirarono dalle colline del Golan».
E lei?
«Io arrivai a Tel Aviv il primo giorno dello scoppio della guerra. Non c'erano voli che dall'Italia raggiungevano Israele, perché era scoppiata la guerra. Riuscii a raggiungere Tel Aviv in maniera avventurosa, casuale. Salii su un aereo della compagnia di bandiera israeliana che aveva fatto scalo in Italia. Era un grande aereo di linea, ma senza passeggeri. A bordo c'eravamo solo io, i piloti, le hostess e un giornalista del "Giorno"».
Perché non c'erano passeggeri?
«Perché sull'aereo caricarono solo armi. Tutte le poltroncine riservate ai passeggeri erano occupate da casse di armi. Era evidentemente la maniera con cui il governo italiano sosteneva lo Stato d'Israele nella guerra appena scoppiata contro i Paesi arabi. Non appena giunto a Tel Aviv raccontai ai giornalisti italiani la storia delle armi, ma la notizia non venne mai pubblicata da nessuno. La censura era pesantissima».
Che giornalisti c'erano con lei?
«C'erano Benedetti per la "Domenica del Corriere" e Cavallari per il "Corriere della Sera"».
Cavallari chi? Il futuro direttore del "Corriere"?
«Esattamente. Proprio lui. E Cavallari mi disse: "Fai attenzione, ieri due fotografi sono saltati su una mina e ci hanno rimesso le penne"».
Che ricordi ha della guerra dei sei giorni?
«Gli israeliani si portavano appresso giornalisti e fotografi, ma non li volevano con loro al fronte. Ci facevano vedere l'indomani quanto restava delle operazioni di guerra del giorno precedente. Ma io non potevo rimanere inattivo e limitarmi a fotografare le buche aperte dai colpi di

cannone sparati il giorno prima. Volevo andare in prima linea, dove la guerra era in corso».
E ci riuscì?
«Con un gruppo di giornalisti noleggiai, in modo collettivo, un grande taxi, sul quale salì anche un ufficiale israeliano e con quello arrivammo vicini alle operazioni di guerra. Ma io volevo andare più avanti, dove si sparava. Riuscii, con l'autostop, ad allontanarmi dal gruppo. Arrivai a una boscaglia piena di buche in ognuna delle quali c'era un soldato israeliano armato. Mi vennero incontro festosi e incominciammo a parlare. Improvvisamente sentii un sibilo, tutti di colpo sparirono e si buttarono nelle buche. Io rimasi lì da solo, in piedi, come un pippa».
Perché?
«Perché dai cannoni dell'altro fronte era partito un colpo. Feci appena in tempo a gettarmi in una buca quando la cannonata scoppiò vicinissima, coprendomi di schegge. Mi salvai per miracolo. Quello fu il mio battesimo del fuoco nella guerra dei sei giorni».
Come finì?
«Seguendo l'esercito israeliano arrivai sul Golan, fino a un laghetto formato dalle sorgenti del fiume Giordano. In una caverna gli israeliani trovarono un siriano ferito. Lo legarono, bendato, a un gancio dietro a un carro armato. Ricordo che lo fotografai. Usavano quel siriano per conoscere dove stavano i campi minati. Entrammo in Siria, scattai centinaia di foto. Erano le uniche foto di guerra di un reporter italiano al seguito dell'esercito di Moshe Dayan».
Eccezionale.
«Il problema era farle uscire da Israele, quelle fotografie. Dal punto di vista della difesa della propria immagine, gli israeliani sono sempre stata brutta gente. Non volevano che fotografassi neppure i loro feriti. Vigeva una censura terribile. Sapevo che il giorno in cui mi sarei presentato all'aeroporto mi avrebbero sequestrato tutti i rullini. Riuscii a eludere la loro censura grazie a un pilota dell'Alitalia. Lo contattai e gli consegnai un grosso plico "fuorisacco" del "Corriere della Sera". Gli dissi di portarlo in Italia e di farlo pervenire alla redazione. Il pilota non venne perquisito e le mie foto finirono sul "Corriere" e sulla "Domenica"».
Lei come reporter ha lavorato molto anche in Africa, vero?
«Ricordo i grandi reportage scattati in Biafra, sul finire del 1969. La "Domenica del Corriere" uscì con una mia foto, a tutta pagina, il 27 gennaio 1970, con il titolo "Il mondo in ansia per il Biafra". Con me c'era il giornalista Vittorio Franchini. Ricordo ancora oggi i visi dei bambini macilenti, distrutti dalla fame e dalla miseria. I loro occhi non me li dimenticherò mai più».
Non era rischioso?
«Per il servizio sul Biafra riuscimmo ad imbarcarci sull'ultimo aereo mercenario. Avremmo potuto lasciarci la pelle, il giornalista ed io. Il

brutto è che neppure di quella guerra abbiamo mai scritto la verità. Sui giornali leggevi che tutto era legato agli scontri tribali. In realtà si trattava degli interessi delle multinazionali, e al petrolio del Biafra».
Fu in quell'occasione che la diedero per disperso?
«No, fu quando mi mandarono a fare un servizio tra i guerriglieri eritrei».
Anche questa me la deve raccontare.
«Erano le prime settimane del 1971. Eravamo andati a fare un servizio sulle iniziative che la Fao stava conducendo in Africa. Ma il nostro intendimento era quello di infiltrarci tra i guerriglieri dell'Eritrea. Partimmo da Beirut, dove c'era un loro ufficio politico, ma non ci fecero passare. Allora andammo in Sudan, a Khartoum, e di là entrammo in Eritrea clandestinamente».
E poi?
«E poi ci unimmo ai guerriglieri e vivemmo con loro un mese. Ci spostavamo quotidianamente. Camminammo a piedi per 800 chilometri. Un'avventura indescrivibile. In Italia non avevano più nostre notizie. Dal 5 febbraio 1971 io e il giornalista Vittorio Lojacono non ci facemmo più vivi con nessuno. Legga questi ritagli di giornale del 1971: vede cosa titolano? "Timori per il fotografo Milani disperso in Eritrea". A casa, mia moglie e i miei fratelli si erano ormai preparati al peggio. Mia moglie visse per un po' nel terrore. Poi, finalmente, il 19 febbraio l'agenzia Associated Press diramò la notizia che eravamo stati fatti prigionieri dalle autorità etiopiche».
Come andò a finire?
«Con un ampio servizio fotografico a colori, apparso sulla "Domenica del Corriere", compresa la copertina a tutta pagina. Lo conservo ancora. La "Domenica" il 23 marzo 1971 uscì con il grande titolo "L'Eritrea in rivolta. I nostri inviati raccontano la loro avventura"».
Non ha mai preso parte a concorsi fotografici?
«Sì, qualche volta, al Circolo della Stampa di Milano, quando indissero il "Premio fotoreporter". Una volta la mostra delle mie foto venne inaugurata da Amintore Fanfani, che era presidente del consiglio. Un'altra volta risultai vincitore e a premiarmi ci fu Sophia Loren. Un'altra volta ancora presi parte al concorso con il servizio fotografico scattato alla banda di Graziano Mesina: era l'avvenimento che mi aveva reso famoso in tutta Italia, ma quel gesto non risultò gradito e venne inteso come una sfida lanciata alle forze dell'ordine. Le mie fotografie sparirono dalla mostra».
La sua macchina fotografica ha immortalato decine di personaggi spiccati. Ne vogliamo ricordare qualcuno?
«Mi ricordo che tutti gli anni giungeva in Italia dalla Germania, per un periodo di vacanze sul lago, il grande Konrad Adenauer, che dal 1949 al 1963 ricoprì ininterrottamente la carica di cancelliere della Repubblica federale tedesca. Sostavo giorni interi fuori dal cancello della sua villa per

poterlo riprendere. Alla fine ci conoscemmo di persona, imparammo a stimarci. E Adenauer mi fece entrare nella villa, mi permise di fotografare la sua vita privata, scattai molte fotografie anche alla figlia. Diventammo amici».

Altri ricordi?

«Ricordo i servizi fotografici con Ranieri di Monaco, ripreso assieme alla moglie Grace Kelly. O le foto con le quali immortalai il grande regista del giallo Alfred Hitchcock».

Facendo la vita di redazione al "Corriere della Sera" avrà anche conosciuto qualche giornalista diventato celebre...

«Ricordo di aver lavorato accompagnando con le mie immagini gli articoli di giornalisti come Dino Buzzati, Mario Cervi, Tommaso Besozzi, Egisto Corradi e Roberto Gervaso. Incontravo Indro Montanelli, che teneva sulla "Domenica" una rubrica intitolata "Le stanze di Montanelli".

Ricordo le fotografie scattate al poeta Eugenio Montale, abitava in via Solferino, era già anziano, uria persona veramente squisita».

Questi suoi ricordi costituiscono qualcosa di unico.

«In questi giorni si parla di Tony Renis quale organizzatore del Festival di San Remo. Ho conosciuto Tony Renis quando era un cantante alle prime armi. Con lui ho fatto tante pazzie, è una persona simpaticissima, ha frequentato molte volte la nostra abitazione»..

Lei ha lasciato "La Domenica del Corriere" con una punta di amarezza...

«Avevo capito che il giornale aveva la sorte segnata. Erano gli anni maledetti, quelli della P2. I colleghi mi stimavano, sapevano che ero una persona schietta, attaccata al mio lavoro. Mi elessero nel Comitato di redazione dei periodici che facevano capo al "Corriere". In via Solferino c'era molto marciume, i direttori che si alternavano alla "Domenica" erano figure non esaltanti, anche se qualcuno si è poi riciclato e oggi pretende di impartire lezioni di etica giornalistica. La "Domenica del Corriere" cessò le pubblicazioni il 12 ottobre 1989, dopo novant'anni di storia gloriosa. Io me ne andai un anno prima, di mia spontanea volontà. Avevo compreso come stavano le cose. I colleghi non volevano crederci».

La sua vita di reporter meriterebbe un libro di memorie.

«Il mio lavoro mi piaceva da morire. Lo amavo alla follia. Quel lavoro era la mia vita».

Lei non si è mai risparmiato.

«Lo riconosco. Conducevo una vita impossibile. Ero in giro giorno e notte. Mi capitava di tornare a casa dall'estero, e non facevo in tempo a svuotare la valigia che subito ricevevo una telefonata con la quale mi dicevano di riprendere l'aereo e di catapultarmi dall'altra parte del mondo. Mai a casa. Ricordo le serate trascorse in questura anche alla vigilia di Natale. Ho avuto la grande fortuna di sposare una donna che ha sempre capito il mio lavoro e l'attaccamento che avevo per esso. Mia moglie è una grande donna».

Com'è finito Gabriele Milani ad abitare nel Lodigiano? E perché proprio a Graffignana e non sul lago?
«Abitavamo nell'hinterland metropolitano, in una villa di San Giuliano Milanese. Eravamo alla ricerca di un'abitazione più immersa nel verde. Era nostra intenzione comprare casa a San Colombano al Lambro, perché ci piacevano le colline. Ma tredici anni fa a San Colombano non abbiamo trovato ciò che volevamo. Ci hanno indirizzati a Graffignana e ci hanno mostrato un appezzamento di terreno da lottizzare. Ci è piaciuto, e a Graffignana abbiamo costruito la nostra casa».
Un bel salto di qualità: per un reporter abituato ad essere in prima linea, nei Paesi di frontiera, finire nel mondo di Graffignana...
«A Graffignana ci troviamo molto bene. C'è tanta brava gente. Vi abbiamo scoperto un'umanità che credevamo perduta».
Mi hanno detto che una giovane studentessa universitaria lodigiana sta ultimando una tesi di laurea su Gabriele Milani. È vero?
«È vero, ma non parliamone. Non voglio mettermi sul piedestallo».

E allora arrivederci, vecchio fotoreporter, pazzo giramondo, lei che ha immortalato re e principi, banditi e prostitute, attrici e scrittori. Pensarla seduto, finalmente tranquillo, vicino al fuoco attizzato nel camino, rende quasi irreale questa mia intervista.

***

Biglietto da visita di Maurizio Costanzo a Gabriele Milani, dove lo ringrazia per il servizio fotografico su Rol. (© Archivio Franco Rol)

le nostre interviste

«IL CITTADINO» A COLLOQUIO CON LE PERSONALITÀ CHE CON IL PROPRIO OPERATO FANNO ONORE AL LODIGIANO E AL SUDMILANO

Gabriele Milani, il reporter

Ha immortalato con i suoi scatti la storia del Novecento

Gabriele Milani, il reporter del «Corriere della Sera»

I GRANDI REPORTAGE NELLA GUERRA DEI SEI GIORNI IN ISRAELE, TRA I GUERRIGLIERI ERITREI E CON LA BANDA DI MESINA

del «Corriere della Sera»
A Graffignana, dopo aver girato mezzo mondo

Ferruccio Pallavera

MISTERI GUSTAVO ADOLFO ROL

«**È** morto Rol»: la mattina del 22 settembre 1994, prima a Torino e poi in tutto il mondo, la voce corse di casa in casa, o meglio di salotto in salotto, di Palazzo in Palazzo. Rol era morto, l'uomo che sapeva scrivere a distanza, dipingere nel buio, viaggiare nel passato, prevedere il futuro, leggere nel pensiero, materializzare oggetti, non c'era più. Chi, ora, avrebbe consigliato, confortato, stupito i grandi capitani d'industria, i grandi della politica, della cultura e dello spettacolo, quei grandi che – soli – avevano diritto d'accesso alla sua casa, al quarto piano di via Silvio Pellico 31?

Era morto Gustavo Adolfo Rol, «una delle personalità più sorprendenti del secolo», ha scritto Alberto Bevilacqua, che delle sue stupefacenti doti fu testimone oculare; eppure, sui quotidiani erano più numerosi i necrologi, quasi tutti con firme eccellenti, che non le crona-

Niente clic, per favore

Riservato. Quasi sgradevole. Ai fotografi diceva: «Non fate i furbi: sappiate che, se anche scattate di nascosto, le vostre foto non riusciranno mai. Chi lo ha fatto, si è trovato in mano rullini bruciati». Solo Gabriele Milani, reporter della *Domenica del Corriere*, ha potuto fissare con l'obiettivo quanto avveniva in quei salotti inviolabili. «Dopo mesi che gli lasciavamo messaggi, ci chiamò, disposto a vederci. Ma a casa sua non volle rilasciare interviste. Ci mandò in case di amici che ci parlarono di lui. E solo la sera Rol ci raggiunse. Ci fece qualche "scherzetto" con i mazzi di carte. E io rubai qualche foto. Ma quando, la volta dopo, gliele mostrai, lui strappò senza guardarle. Fu solo al terzo incontro, dopo che gli dissi quanto mi aveva fatto male quel gesto, mi diede il permesso di fotografarlo. Ma con discrezione». Ci furono diversi incontri in cui Rol mostrò le sue diverse anime: burbero e affascinante, severo ma semplice. «Si divertiva a incastrare nello scialle della padrona di casa le caramelle di un vassoio che stava lontano da lui. O a far apparire su un foglio i quadri dei maestri dell'arte. Ma il suo vero talento, Rol lo metteva al servizio della gente in una clinica, dove è stato visto estrarre i calcoli poggiando le mani sui fianchi di un paziente che doveva essere operato quel giorno».

Luisa Pronzato

FOTO UNICHE
Qui sopra, dall'alto: le immagini, rarissime, scattate durante gli esperimenti di Rol. Siamo in un salotto torinese e Rol si diverte a mostrare le sue eccezionali capacità nei giochi con i mazzi di carte. Nella seconda foto dall'alto, il sensitivo si copre il volto per sfuggire all'obiettivo indiscreto del fotografo.

Pagina da un articolo di Michele Brambilla sul settimanale "Sette" del Corriere della Sera (*Mistero Rol*, Sette, n. 17, 27/04/2000, pp. 132-144). Milani concesse per l'articolo alcune delle sue foto inedite, mai pubblicate prima. Si trattava di uno scoop, anche se 22 anni dopo che erano state scattate. Molte sono ancora inedite e le pubblicherò dove e quando sarà opportuno. Altre della stessa serie le ho pubblicate in miei volumi precedenti (ad esempio voll. 1/2 tav. XXIV e *Il simbolismo di Rol*, tav. XXVII). Nella pagina seguente riporto l'articolo relativo del riquadro e la didascalia delle foto.

Niente clic, per favore

di Luisa Pronzato

27/04/2000[2]

Riservato. Quasi sgradevole. Ai fotografi diceva: «Non fate i furbi: sappiate che, se anche scattate di nascosto, le vostro foto non riusciranno mai. Chi lo ha fatto, si è trovato in mano rullini bruciati»[3].
Solo Gabriele Milani, reporter della *Domenica del Corriere*, ha potuto fissare con l'obiettivo quanto avveniva in quei salotti inviolabili[4].
«Dopo mesi che gli lasciavamo messaggi, ci chiamò, disposto a vederci[5]. Ma a casa sua non volle rilasciare interviste. Ci mandò in case di amici

---

[2] Sette, n. 17, p. 135.
[3] Si veda per esempio la testimonianza di Ottavia Caracciolo Di Sanvito (3-XLI-33). Probabilmente ci sono anche altri episodi di anni precedenti (penso in particolare ai '50 e '60) che sono rimasti sconosciuti. Sull'"allergia" di Rol all'essere fotografato si veda il mio scritto del 2006 *Le fotografie di Gustavo Adolfo Rol*, vol. III, pp. 333-338. Allergia analoga era quella all'essere registrato, per questo si veda *Fellini & Rol*, 2022, pp. 158-162.
[4] Infatti né Remo Lugli nel 1972-1973 o in seguito, né Norberto Zini nel 1977, avevano fotografato Rol durante gli esperimenti, limitandosi ai "ritratti", alla casa, ai suoi amici, ai dipinti o ad oggetti e fogli degli esperimenti.
[5] Non credo che Milani abbia detto esattamente così, ovvero che fossero «mesi» che gli lasciavano messaggi, e a meno che non fosse una dichiarazione approssimativa o un lapsus, va considerato un errore della giornalista, che deve aver capito male. A me infatti Milani disse di averlo cercato «per un mese». Ecco tutto ciò che mi disse al riguardo (era il 2001, purtroppo avevo annotato solo l'essenziale e non feci molte domande, cosa che iniziai a fare con i testimoni con più meticolosità solo negli anni successivi, comprendendone l'importanza): «Ero stato incaricato da Maurizio Costanzo, l'allora direttore della *Domenica del Corriere*, di contattare Rol. L'ho cercato per un mese ma lui non si faceva trovare. Il mattino del rapimento di Aldo Moro, il 16 marzo 1978, Rol telefonò in redazione, ma era semivuota perchè tutti i cronisti erano fuori per quel caso. Io invece c'ero e parlai con lui molto a lungo, quasi un'ora. Gli dissi che volevano fare un servizio su di lui, ma Rol rispose che non voleva nessuna foto e che non amava i giornalisti, anche a seguito di quanto era accaduto con Piero Angela. Io gli dissi che il mio mestiere era di fare il fotografo e difficilmente la direzione avrebbe speso soldi per mandarmi da lui senza potere fare foto. Rol mi rispose che se io non fossi andato, non avrebbe accettato che l'altro giornalista (Luigi Bazzoli) fosse andato da solo. O tutti e due o niente. Allora andammo da Rol, ma Bazzoli non potè fare l'intervista. Rol gli consigliò invece di andare a trovare questo e quell'amico per farsi raccontare da loro le loro esperienze con lui».
«Sono andato da Rol cinque o sei volte e ho fatto delle fotografie di nascosto senza che se ne accorgesse. Quando poi decisi di mostrargliele durante una serata

che ci parlarono di lui. E solo la sera Rol ci raggiunse. Ci fece qualche "scherzetto" con i mazzi di carte. E io rubai qualche foto. Ma quando, la volta dopo, gliele mostrai, lui le strappò senza guardarle. Fu solo al terzo incontro, dopo che gli dissi quanto mi aveva fatto male quel gesto, che mi diede il permesso di fotografarlo. Ma con discrezione»[6].
Ci furono diversi incontri in cui Rol mostrò le sue diverse anime: burbero e affascinante, severo ma semplice.
«Si divertiva a incastrare nello scialle della padrona di casa le caramelle di un vassoio che stava lontano da lui. O a far apparire su un foglio i quadri dei maestri dell'arte. Ma il suo vero talento, Rol lo metteva al servizio della gente in una clinica, dove è stato visto estrarre i calcoli poggiando le mani sui fianchi di un paziente che doveva essere operato quel giorno».

*

Didascalia delle foto
«le immagini, rarissime, scattate durante gli esperimenti di Rol. Siamo in un salotto torinese e Rol si diverte a mostrare la sue eccezionali capacità nei giochi con i mazzi di carte. Nella seconda foto dall'alto, il sensitivo si copre il volto per sfuggire all'obiettivo indiscreto del fotografo»[7].

---

con altre persone, lui le strappò senza vederle. In un altro momento ero solo con lui e gli ho detto che volevo comportarmi in modo onesto e che ero addolorato che il mio lavoro fosse andato così in fumo. Da quel momento mi permise di fare tutte le foto che volevo». All'epoca non pensai di chiederglielo, ma con «andato in fumo» penso che Milani si riferisse solo alle stampe delle foto, non ai negativi (non penso proprio che fossero questi che mostrò a Rol e del resto l'idea di strappare si applica più alla stampa) che invece sono rimasti.
Noto che Milani aveva menzionato Angela che ancora non aveva iniziato la sua trasmissione televisiva né pubblicato il suo libro. Ciò vorrebbe dire che Rol fosse deluso da lui prima ancora di vedere il risultato televisivo e cartaceo della sua indagine critica.
[6] Le foto quindi dove Rol compare al tavolo mentre fa gli esperimenti sono quelle del terzo incontro, a casa di Giorgio Visca e Domenica (Nuccia) Visca Schierano. Milani però ha fotografato Rol anche durante il giorno – credo prima del terzo incontro (all'epoca non pensai di chiederglielo) – sia a casa sua che di fronte all'entrata di Via Silvio Pellico, ed anche nella pasticceria Pisapia di Via Madama Cristina, dove si era fatto accompagnare da Nuccia Visca.
[7] Di approssimativo, in questa descrizione, c'è quanto segue: 1) scrivere che Rol «si diverte» sminuisce l'importanza di quello che sta mostrando. Sì, qualche volta si "divertiva" anche, ma è eventualmente una conseguenza secondaria ed accessoria; 2) non erano «giochi»; 3) non era appena un «sensitivo».

L'incontro con Einstein

— *E' d'accordo con Schopenhauer quando dice che le religioni sono come le lucciole: per splendere han bisogno delle tenebre?*

«No. Son piuttosto d'accordo con Einstein».

— *Con Einstein?*

«Sì, che definì la luce "l'ombra di Dio". Le religioni vere sorgono dalla luce, e nella luce s'esaltano».

Ingrandimento dall'articolo-intervista di Roberto Gervaso a Rol (*Rol: «I miracoli? Ci credo e ne vedo»*) pubblicato sul *Corriere della Sera* il 31 dicembre 1978, p. 8 (trascrizione completa nel vol. I, pp. 9-17).

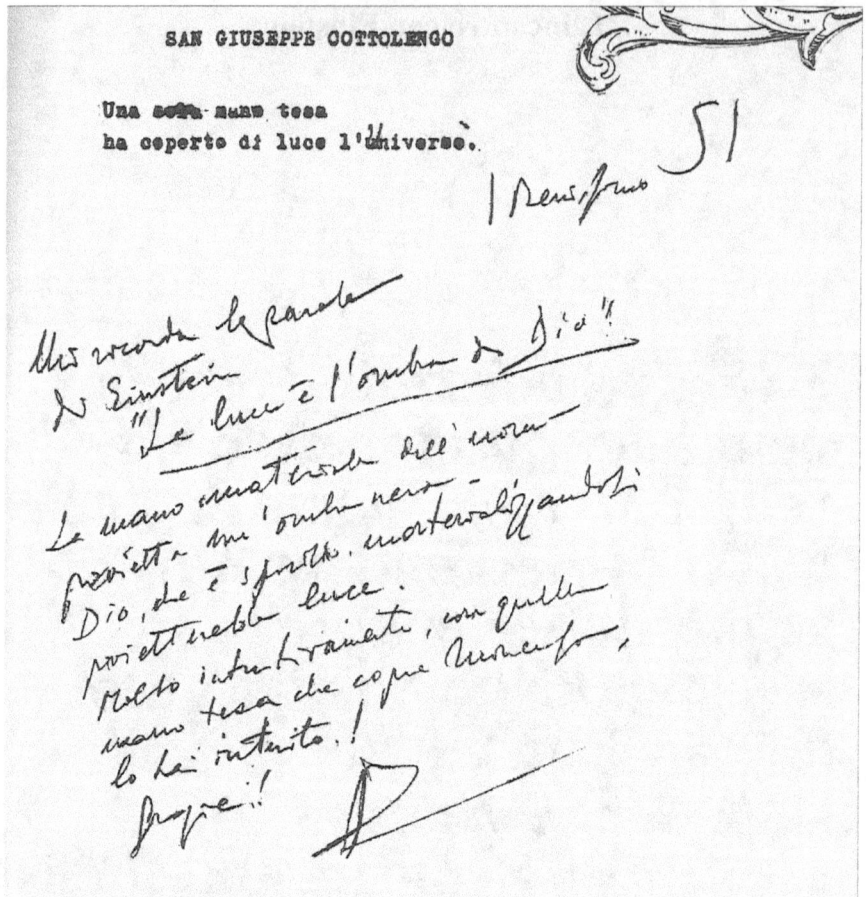

Tratto dal volume di Luciana Frassati *L'impronta di Rol* (Daniela Piazza Editore, Torino, 1996, p. 25).
In alto il distico di Frassati dal titolo: "San Giuseppe Cottolengo":
Una mano tesa
ha coperto di luce l'Universo.
Così commentato da Rol (1987):

                          Benissimo
Mi ricorda le parole
di A. Einstein
      "La luce è l'ombra di Dio"
La mano materiale dell'uomo
proietta un'ombra nera.
Dio, che è spirito, materializzandosi
proietterebbe luce.
Molto istintivamente, con quella
mano tesa che copre l'universo,
lo hai intuito!
Grazie!

Come può fare cose simili? Da quello che ho vagamente intuito, Rol deve compiere una serie di operazioni mentali in cui crea un certo ordine che si traduce in realtà fisica. Chissà, si direbbe che conosca la famosa legge di Einstein per cui la materia può trasformarsi in energia e viceversa; solo che lui la realizza sul piano mentale.
Federico Fellini, 1965[1]

...che il para-normale di Gustavo Rol rientri nell'alveo della fisica "normale", è da lui sostenuto, quando dichiara che le esperienze da lui vissute potranno divenire terreno di studio, da parte degli atenei di tutto il mondo, fra 50/100 anni, non appena la mente umana si sarà sviluppata ulteriormente del 15/20% delle sue attuali capacità per raggiungere nuove mete.
Spesso sosteneva, o lasciava intendere che le sue esperienze potevano rientrare nell'ambito delle scoperte e degli studi fatti da Einstein nei rapporti tra energia e materia...
Conte Carlo Bianco di San Secondo Biondi, 2003[2]

Molte volte ho parlato, con Rol, dei suoi rapporti con Einstein, che ebbe modo di assistere, affascinato e scosso, ai suoi esperimenti che ci convincono di una cosa: c'è tanta verità ancora da scoprire.
Alberto Bevilacqua, 2003[3]

Nel momento in cui scrivo non sono ancora emerse prove dirette dell'incontro tra Rol e Albert Einstein. Come vedremo, Rol affermò spesso che si erano incontrati, almeno una volta, e anche che Einstein assistette ad alcuni esperimenti.
Nel materiale lasciato da Catterina Ferrari al Comune di Torino non è emerso alcun documento relativo o carteggio diretto.
Ma avrebbe dovuto esserci[4]. A Giuditta Dembech Rol disse nel 1989 di aver «conservato tre delle sue lettere»[5], mentre a Filippo Ascione e a

---

[1] In: Buzzati, D., *Fellini per il nuovo film ha fatto incontri paurosi*, Corriere della Sera, 06/08/1965, p. 3 (estratto esteso riprodotto nel vol. V, pp. 76-79).
[2] Vol. X, p. 181.
[3] Bevilacqua, A., *Nessuna meraviglia: semplicemente Rol*, Corriere della Sera, 12/03/2000, p. 34 (articolo riprodotto integralmente nel vol. III, pp. 211-212).
[4] Non è l'unica documentazione mancante che potrebbe essere non dico andata persa, che sarebbe abbastanza improbabile, ma forse trafugata o "presa in custodia" da qualcuno. Come ad esempio il penultimo testamento di cui non si trova traccia da nessuna parte, oppure la lettera privata (non l'appello pubblico su *La Stampa*) che il giurista Arturo Carlo Jemolo scrisse a Rol nel 1978, o la prima

Federico Fellini, stando a quanto mi disse Ascione nel 2019, sempre negli anni '80 Rol aveva mostrato loro «un archivio con tanti contenitori verdi» dove «c'era la sua corrispondenza» tra cui quella «con Einstein». Lo spunto era partito da una conversazione sul colore verde, e Rol aveva detto a Fellini: «Tu non hai idea il potere del verde», quindi aveva aperto uno «sgabuzzino che stava lì in casa» e mostrato questi contenitori, che contenevano anche «un mio rapporto importantissimo che ho avuto con Einstein».

La versione più precisa dell'incontro Rol l'ha fornita in un suo scritto, purtroppo non datato, pubblicato in *"Io sono la grondaia"*:

> «Fin da bambino suonavo il violino su di uno strumento di mio padre datato 1691. Qualcuno mi disse che forse Einstein avrebbe avuto interesse nel vedere quello strumento, poiché anche lui suonava il violino[6]. In quei giorni Einstein si trovava in Svizzera e mi condussero da Lui. Forse non mi resi neppure conto in quel momento della gran fortuna che mi venne incontro improvvisa. Alla presenza di Einstein, confesso, mi sentii turbato anche perché la persona che mi aveva accompagnato disse che io facevo con le carte da gioco "delle cose strane" e fui invitato a mostrare al Maestro qualcosa dei miei esperimenti. Ricordo che cosa pensavo che avvenisse. Io parlai dello "spirito" attribuendo tutto alla sua possibilità.
>
> Egli non fece commenti ma mi disse che voleva farmi un dono col quale avrei risolto più facilmente i problemi della mia vita.
>
> "Mi dica, giovanotto, cos'è la luce?" Incominciai allora a ripetere quanto avevo studiato in liceo, parlai della velocità dei fotoni, ecc. ecc. "No, no", mi corresse, "voglio una definizione della luce". "No, non sono in grado di esprimerla", gli risposi. Allora Einstein disse: "La luce è un'ombra". Dissi che non comprendevo. Eravamo alcune persone sedute intorno ad un tavolo con un lampadario acceso al soffitto. Allora egli tese un braccio verso il centro del tavolo, tenendo la mano allungata. Con l'altra mano picchiò sul dorso di quella tesa e disse: "Questa mano è materia, proietta quindi un'ombra scura. Ma se la mia mano fosse Dio, proietterebbe luce, poiché Dio è spirito".

---

sceneggiatura del film *Il viaggio di G. Mastorna* di Federico Fellini, con la sua dedica a Rol, che ancora Maurizio Bonfiglio aveva potuto vedere da Catterina Ferrari alla fine degli anni '90, come lui stesso mi ha confermato.

[5] Dembech, G., *Torino città magica 2 – secondo volume*, Edizioni L'Ariete, Settimo Torinese, 1993, p. 189.

[6] «Einstein era un violinista appassionato: dovunque andava, portava sempre con sé il suo strumento» (Einstein, A., *Il lato umano*, a cura di Helen Dukas e Banesh Hoffmann, Einaudi, Torino, 1979, p. 70).

Poi, vedendo che forse non comprendevo, aggiunse: "Se tutte le cose che ci interessano, volessimo conoscerle meglio per comprenderle, dovremmo saperle esaminare collocandole sotto l'angolazione spirituale giusta. Con le sue carte da gioco, Lei ha parlato di spirito, provi un po' a pensare a quello che Le ho detto"»[7].

Una versione sintetica di questo racconto Rol la fornì al telefono anche a Giuditta Dembech, nel 1989:

«Ho avuto la fortuna di contattare Albert Einstein, il quale non mi dimostrò alcuna ostilità. Non avendo saputo dargli una definizione della luce di suo gradimento, mi dice che la luce è l'ombra di Dio, perché tutto ciò che è materia proietta un'ombra scura, mentre Dio, quando si materializza, diviene luce, Dio essendo spirito»[8].

Quattro anni dopo la giornalista, nel suo libro *Torino città magica 2 – secondo volume*, riferisce un passaggio che forse fa parte di un'altra registrazione che però non ha divulgato, oppure è in parte annotazione[9]:

«Prima della guerra, in Svizzera ho conosciuto Einstein.
Sai che lui amava suonare il violino, e la stessa passione ce l'avevo io.
Ci intendemmo su molte cose, lui amava i giovani e inoltre credeva in Dio, non ne negava l'esistenza.
Un giorno che discutevamo proprio di questo[10], lui alzò una mano, la frappose fra la lampada e il tavolo e mi disse: "Vedi? Quando la materia si manifesta, proietta un'ombra scura, perché è materia. Dio è puro spirito e dunque quando si materializza non può manifestarsi se non attraverso la luce. La luce non è altro se non l'ombra di Dio".
Rimasi folgorato da questa affermazione e compresi molte cose che non mi erano ancora del tutto chiare. In seguito gli scrissi più volte, era sempre cortese, rispose sempre. Ho conservato tre delle sue lettere...
Ho fatto alcuni esperimenti con lui, li apprezzava e non mi ha mai dimostrato alcuna ostilità. Lui era di un'altra levatura ...»[11].

---

[7] Rol, G.A., *"Io sono la grondaia"*, cit., pp. 15-16.
[8] Trascrizione da brano n. 22 cd Dembech
[9] Con qualche leggera variante, lo stesso brano venne ripubblicato nel 2005 in *Gustavo Adolfo Rol. Il grande precursore*, p. 132.
[10] In *precursore* è: «Un giorno, *nel suo studio*, discutevamo proprio di questo ...».
[11] Dembech, G., *Torino città magica 2*, cit., pp. 188-189.

Non è dato sapere su quali basi Dembech ne *Il grande precursore* pagine prima di questo brano scriveva:

> «Con Albert Einstein si incontrarono più volte in Svizzera, lo scienziato aveva simpatia e comprensione per lui, entrambi suonavano il violino, amavano la vela, e sapevano che la scienza ha i suoi angoli bui difficili da investigare...»[12].

Lei afferma che «si incontrarono più volte in Svizzera», ma in nessuna fonte diretta Rol lo dice, parlando sempre e solo di un incontro.

In aggiunta a queste informazioni, abbiamo ancora un'altra fonte diretta, una conversazione telefonica registrata avvenuta nel gennaio o febbraio 1994 tra Rol e la giornalista e documentarista *freelance* Chantal Personè[13], che aveva lavorato anche in RAI[14]:

> *Personè*: "Ma, io ho letto che Lei era anche amico di Einstein o comunque l'ha conosciuto".
> *Rol*: "L'ho conosciuto"[15]
> *Personè*: "E com'era?"
> ...
> *Rol*: "Una persona meravigliosa"
> *Personè*: "Ah si eh?"
> *Rol*: "Guardi, io Le dico una cosa, Einstein un giorno[16] mi ha detto:
> 'Ti voglio fare un dono con il quale risolverai tutti i problemi della tua vita'[17].

---

[12] Cit., p. 18.
[13] Si veda un suo profilo biografico qui: *chantalina.net/curric.htm*
Personé fece 3 telefonate a Rol, tutte informali e non per intervistarlo. Questo è un estratto dalla seconda.
[14] Contestualmente alla lettura si può ascoltare l'audio, nel video che C. Personè mi chiese di montare e che ho pubblicato sul mio canale il 19/03/2020 col titolo: *Gustavo A. Rol parla del suo incontro con Albert Einstein*, qui: youtu.be/ivoP33ujJ9E
[15] Un mistificatore avrebbe preso la palla al balzo per dire semplicemente "sì", facendo credere che fosse amico di Einstein. Rol si limita invece in modo asciutto nel riportare i semplici fatti accaduti, che possono benissimo essere accettati anche dagli scettici, dato che l'incontro in se stesso, al di là degli esperimenti che Rol possa aver mostrato e al di là di quelle che poterono essere le reazioni di Einstein, è perfettamente plausibile.
[16] Ovvero quello stesso giorno in cui lo incontrò la prima e forse unica volta.
[17] Una affermazione strana, per la quale addirittura «risolverai tutti i problemi della tua vita». Nel primo racconto Rol aveva scritto, più moderatamente, che «avrei risolto più facilmente i problemi della mia vita».

Con Einstein ci siamo trovati per un motivo. Io ero molto giovane, molto molto giovane, lui era già anziano[18]. (…).
E sa perchè ci siamo incontrati? Perchè lui ama molto suonare il violino, e io mi ero diplomato in violino a 18 anni...[19] E suonavo anche il violino. Allora ci siamo trovati per quello. Nemmeno... nemmeno in America..."[20]
Personè: "Ma qual'era questo regalo?"
Rol: [Einstein] '… Le voglio fare un regalo, però, tu mi devi dare una definizione della luce'.
Allora gli ho detto quello che mi ricordavo di avere studiato a scuola, che cosa sono i fotoni, la velocità dei fotoni…
[Einstein] 'No no no no no, voglio una de-fi-ni-zione della luce'.
[Rol] 'Non sono in grado, Maestro[21], di dargliela'
[Einstein] 'Te la do io. La luce è un'ombra'.
Personè: "'La luce è un'ombra', ha detto?"
[Rol] 'Non ho capito'
[Einstein] 'Vedo che non capisci, allora te lo dico subito. La luce è l'ombra di Dio'.
In quel momento eravamo cinque o sei persone sedute intorno a un tavolo[22] e lui ha allungato il braccio destro verso il centro del

---

[18] Ipotizzando il 1930 come anno dell'incontro, Rol aveva 27 anni, Einstein ne aveva 51 (nato nel 1879). Non propriamente «anziano», però nelle foto dei primi anni '30 Einsten pare più vecchio della sua età.
[19] Quindi nel 1921-1922. Una informazione biografica rilevante che compare qui per la prima volta. Nel primo racconto Rol aveva comunque riferito che «fin da bambino suonavo il violino».
[20] Difficile capire che cosa Rol volesse dire qui di preciso. Stava forse per dire che si incontrarono in seguito anche negli Stati Uniti, ma per altre ragioni più importanti (eventualmente non difficili da identificare)? Un incontro che Rol magari preferì tacere e si trattenne dal proseguire la frase? O forse solo che si incontrarono prima che Einstein si trasferisse stabilmente negli USA (a partire dall'ottobre 1933)? Il che in ogni caso, è vero per quanto concerne il primo incontro, che dovette avvenire probabilmente a Zurigo tra il 1927 e il 1933. Ne *Il simbolismo di Rol* (2008) ipotizzavo anche che oltre che in Svizzera Rol potesse aver incontrato Einstein in Belgio (a partire dal 1929), ma era una labile supposizione basata su troppi pochi elementi, e comunque ufficialmente Rol ha parlato sempre di un solo incontro.
[21] Ecco un esempio indiretto che mostra perché è corretto chiamare anche Rol "Maestro", naturalmente nel suo proprio campo, quello dello *Spirito* (ma si potrebbe anche dire, quello della *interazione tra materia e Spirito*). È poi un segno sia di rispetto che un riconoscimento di essere punto o uno dei punti di riferimento in qualche campo, come Einstein ovviamente era. Anche nello scritto che abbiamo visto all'inizio Rol lo chiama Maestro.
[22] Altro dettaglio importante, assente negli altri resoconti, in base ai quali si potrebbe pensare che Rol ed Einstein ebbero un *tête-à-tête* senza nessun altro presente o, in base al primo racconto visto in precedenza, ci fosse eventualmente

tavolo, c'era un lampadario acceso in alto e il braccio ha proiettato un'ombra nera. Lui ha picchiato con la mano, sul dorso della mano tesa e ha detto:
'Questa mano è materia quindi proietta un'ombra nera. Ma Dio siccome è spirito, quando si spiritualizza – Dio – proietta luce'".
Personè: "Bello!"
Rol: "Ma allora ho capito tutto, ho capito tutto. Ossia tutto ciò che noi facciamo – e lui me lo ha confermato questo – se noi prima lo passiamo sotto... come chiamarlo... sotto la prova dello spirito luminoso di Dio, dello spirito, che in fondo è ..., non sbagliamo. Allora mi ha fatto un esempio, mi dice:
'Tu sei per una strada che cammini in montagna, c'è un piccolo viottolo, a sinistra c'hai un precipizio di migliaia di metri, a destra hai la montagna che sale, come fosse tutta ardesia, dritta dritta dritta per migliaia di metri, ti trovi davanti a un muro, un muro altissimo. E come fai per andare dall'altra [parte]?'
Allora gli ho detto:
'Cerco di scavalcare il muro'
'Ma non puoi, il muro è alto centinaia di metri!'
'Scavo sotto il muro'
'Ma non puoi con le tue unghie scavare la montagna. Devi passare, come fai?'
'Ci rinuncio'
'Oh, finalmente, ci rinunci. E sai perché ci rinunci? Perchè prima di fare questa strada avresti dovuto mettere la necessità di fare questa strada sotto la luce di Dio – ossia esaminarla nello *spirito intelligente*[23] – per vedere se era giusto o no, avresti visto che non c'era luce'
– Mi spiego?[24] –
'Non hai riflettuto abbastanza prima d'incominciare a fare la strada'.
Questo mi ha fatto. È molto giusto. E d'allora non mi sono mai più sbagliato».

---

solo una terza persona, quella «che mi aveva accompagnato». Non è dato sapere di chi si trattasse né chi fossero le altre persone, lascio eventuali ipotesi ad altro momento.
[23] L'inciso è Rol che aggiunge la sua spiegazione, non quello che avrebbe affermato Einstein, che naturalmente non avrebbe potuto usare quella definizione, tantopiù, come ho messo in evidenza in volumi precedenti (si veda soprattutto il vol. V, p. 83 nota 8; p. 116 nota 8; p. 165 nota 39; p. 263 nota 48), che essa Rol la conierà soltanto alla fine degli anni '60, a complemento dell'altra, che aveva usato nei decenni precedenti, quella di *coscienza sublime*.
[24] Anche qui dovrebbe essere rivolto a Personè, fuori dal dialogo con Einstein.

Come si vede, tutte le volte che Rol ha parlato di Einstein ha citato a grandi linee lo stesso dialogo, focalizzato sull'idea che *la luce è l'ombra di Dio*. Anche per chi volesse sostenere che senza prove di questo incontro potrebbe solo trattarsi di una bella storiella *costruita* da Rol – cosa sempre possibile, giacché aveva piena "*libertà iniziatica*" – dovrebbe però in ogni caso fornire una interpretazione del perché Rol dica questo e non altro e che cosa volesse comunicare di preciso.

A complemento, si veda ad esempio il brano seguente scritto da Rol, senza data:

> «Tu camminavi solo, brancolando nel buio d'un ignoto infinito: invece ora una luce rischiara il tuo cammino ed una musica dolce lo conforta.
> L'amore ti ha condotto alla perfezione dei sentimenti, dal nulla hai trovato il tuo regno (…).
> Proverai la gioia immensa di aver tutto nel nulla e di aver nulla nel tutto. Dimenticherai te stesso e farai della tua ombra un raggio di luce»[25].

Farai della tua ombra un raggio di luce. Non mi spenderò in lunghe analisi che porterebbero troppo lontano in questa sede. Forse però potrebbe essere sufficiente non dimenticare, per avere se non il parametro, almeno uno dei parametri di riferimento, che «ombra» è anche associabile a «doppio» e quindi a *spirito intelligente,* le cui possibilità sarebbero virtualmente infinite nel momento in cui si riesca a *estrinsecarlo,* e che poi corrisponderebbe all'*illuminazione* e allo stato di *coscienza sublime.* In effetti, l'*illuminazione è proprio un fare della propria ombra un raggio di luce.* In una lettera senza data ma probabilmente della fine degli anni '40 Rol scrive a Giacinto Pinna:

> «Dove l'uomo finisce, Dio comincia.
> Sì, nella luce accenditi, nella fiamma incendiati, ma soprattutto non spegnerti mai. La tua vita è il mezzo e lo scopo ad un tempo»[26].

E in quella al fratello Carlo del 1° maggio 1951:

> «E poi troviamo meraviglioso quel barlume, quando ci appare, della verità e che ci illumina (fiammifero acceso sull'universo!) circà le nostre possibilità divine!»[27].

---

[25] "*Io sono la grondaia...*", pp. 204-205.
[26] *Ibidem,* p. 161.
[27] *Ibidem,* p. 146.

E poi in altre occasioni:

> «...la scintilla divina è in fondo al nostro essere»[28].

> «Una fiamma si accende all'improvviso dentro di te»[29].

E così via.
Quanto agli esperimenti che Rol avrebbe mostrato ad Einstein, nel primo racconto scrive che

> «la persona che mi aveva accompagnato disse che io facevo con le carte da gioco "delle cose strane" e fui invitato a mostrare al Maestro qualcosa dei miei esperimenti. (...) Egli non fece commenti (...)».

Si noti che Rol avrebbe mostrato i suoi esperimenti non perché avesse questa intenzione o obbiettivo, ma perché fu l'accompagnatore a parlarne. Non ne avesse parlato, forse si sarebbero limitati a conversare di musica, scienza e filosofia[30]. La frase «non fece commenti» è piuttosto importante se messa in relazione alle altre versioni dell'incontro. A Dembech aveva detto che «non mi dimostrò alcuna ostilità»[31].
Invece nel 1977, in uno degli articoli di *Gente* firmati da Allegri ma riscritti completamente da Rol, disse che

> «Einstein, di fronte ai suoi esperimenti, applaudiva battendo le mani come un bambino»[32].

---

[28] In: Giordano, M.L., *Rol mi parla ancora*, cit., p. 104.
[29] In: Giordano, M.L., *L'uomo che si fa medicina*, L'Età dell'Acquario, Torino, 2004, p. 134.
[30] A tal proposito, Alexander Moszkowski scrisse per esempio in una biografia su Einstein che «Music, Nature, and God became intermingled in him in a complex of feeling, a moral unity, the traces of which never vanished, although later the religious factor became extended to a general ethical outlook on the world» («Musica, Natura e Dio si mescolarono in lui in un complesso di sentimenti, in una unità morale, le cui tracce non sono mai svanite, anche se più tardi il fattore religioso si estese a una visione etica generale del mondo») (*Einstein the Searcher. His Work Explained from Dialogues with Einstein*, Methuen & Co. Ltd, London, 1921, p. 222).
[31] Nel senso che non dimostrò scetticismo e prevenzione nei confronti degli esperimenti che gli aveva mostrato. Nel brano esteso di Dembech che non si sa se sia registrazione oppure annotazione/adattamento, Rol avrebbe detto di aver «fatto alcuni esperimenti con lui, li apprezzava».
[32] Vol. VI, p. 303. Frase poi ripresa da Allegri in tutti i suoi libri successivi su Rol, a cominciare da *Rol l'incredibile*, 1986, dove consta abbreviata come titolo di un capitolo (il III: *Einstein applaudiva come un bambino*). In quella che

Perché Rol scrisse questa frase? Come ho spesso detto, gli articoli di *Gente* sono da soppesare con attenzione, ogni frase, ogni parola. Rol ebbe in quella occasione la straordinaria opportunità di comunicare la sua scienza e il suo pensiero in maniera condensata e nei termini che voleva, a un vasto pubblico. Nulla era stato lasciato al caso.

Einstein non fece commenti oppure applaudì «battendo le mani come un bambino»? Al limite, le due cose non sono in contraddizione e potrebbero essere accadute entrambe. Però nel primo racconto abbiamo l'immagine di un Einstein "neutro", silenzioso, che si è limitato ad osservare questi esperimenti. Nell'altro invece abbiamo un Einstein entusiasta, eccitato, quasi infantile.

Se stiamo al primo resoconto, Rol mostrò solo esperimenti con le carte, e la cosa è coerente con ciò che faceva soprattutto alla fine degli anni '20, inizio anni '30, quando ancora il numero delle sue *possibilità* non era tanto vasto come sarebbe diventato col passare del tempo.

Non so quindi quale grado di attendibilità attribuire alle affermazioni fatte da due testimoni dopo la morte di Rol, secondo i quali Rol avrebbe anche materializzato una rosa e fatto l'esperimento dove disegna un cerchio su un foglio, ci scrive nel mezzo e chiede all'interlocutore di dirgli un numero che poi lui mostra di avere già scritto, ovvero previsto. Nel vol. III scrivevo:

---

corrisponde più o meno a una terza edizione, adattata ed ampliata, *Rol il grande veggente*, 2003, Allegri si spinge a fare speculazioni indebite e infondate, proprio nelle prime righe della prima pagina (9) del libro: «Uno dei divertimenti di Albert Einstein, negli anni Trenta, quando viveva ancora in Germania, era quello di trascorrere le serate in compagnia del dottor Gustavo Adolfo Rol, un giovane bancario italiano che aveva fama di essere il più sconcertante fenomeno paranormale del secolo. Si racconta che il grande matematico, già premio Nobel e conosciuto come lo scienziato più famoso del mondo, si entusiasmasse come un bambino e battesse le mani, emettendo gridolini di gioia di fronte ai prodigi che Rol compiva per lui». È tra quelli da inserire nella non corta lista di cose che fecero dire a Rol che quello di Allegri era un «libro idiota» (cosa che già aveva detto all'epoca della prima edizione, Allegri qui peggiorando ulteriormente le cose). Ne *Il simbolismo di Rol* commentavo: «Non si vede per quale ragione (se non per licenze... commerciali) stravolgere così il rapporto tra questi due grandi uomini (...). Dalla frase di Allegri sembra quasi che Einstein assistesse a uno spettacolino (e non si potrebbe in questo caso biasimare gli scettici che penserebbero subito ai soliti giochi di prestigio), mentre è anacronistico dire che a quell'epoca Rol "aveva fama di essere il più sconcertante fenomeno paranormale del secolo", visto che gli incontri [*o forse un solo incontro, n.d.r.*] con Einstein sono avvenuti alla fine degli anni '20 [*o inizio anni '30, n.d.r.*] quando Rol – come "fenomeno paranormale" – era totalmente sconosciuto. Non ci risulta inoltre che Rol abbia incontrato Einstein in Germania, ma in Svizzera, e, forse, anche in Belgio».

> «si è detto che Rol di fronte ad Einstein avesse materializzato una rosa, notizia messa in giro a un certo punto da Maria Luisa Giordano senza alcuna fonte (tanto per cambiare). Ne aveva parlato una prima volta nel 2000 in *Rol e l'altra dimensione*: "Einstein, che Rol incontrò in Svizzera, e che battè le mani felice quando vide materializzarsi una rosa tra le sue dita. Durante il loro incontro conversarono, suonarono insieme il violino e Rol gli fece qualche esperimento con le carte, parlandogli dello spirito" (p. 158). In *Gustavo Rol. Arte e prodigio* (2014, p. 9) parlerà dello "stupore che aveva fatto battere le mani, affascinato e felice, al grande Einstein mentre stava suonando il violino con Rol, quando si era trovato tra le dita dei petali di rosa". Ma nei suoi due primi libri (*Gustavo Rol. Oltre il prodigio*, 1995 e *Rol mi parla ancora*, 1999) questo prodigio non viene menzionato».

Maria Luisa Giordano, come ho mostrato ne *Il simbolismo di Rol*, non è sempre una fonte attendibile. È sospetto che questo aneddoto le sia stato riferito da un'altra fonte poco attendibile, e ben identificabile, con la quale Giordano era in rapporto. È lecito quindi il beneficio di inventario, visto che Rol nelle fonti dirette non parla di questa materializzazione. Inoltre, mi pare poco plausibile che Rol nel primo incontro con Einstein mostrasse, *oltre ai già notevoli esperimenti di carte*, anche questa materializzazione. Possibile che si prestasse a mettere tanta carne al fuoco? E che avesse anche il tempo di farlo? Analoga perplessità mi suscita quanto raccontato da Giorgio Pedrollo, al quale Rol fece l'esperimento del cerchio e del numero[33], dopo il quale Rol gli avrebbe detto che

> «ad Einstein fece questo gioco del numero e diceva che Einstein rideva... come un bambino perché lui non riusciva a capire se era Gustavo che donava il numero con la sua mente o era lui che lo captava».

La perplessità è accresciuta dal fatto che questo aneddoto si sovrappone a due esperimenti che Rol fece (o fece fare) a me, uno di carte[34] dove prendeva contatto con lo *spirito intelligente* di Einstein (per quel che ne so, si trattò dell'unica volta che Rol lo "coinvolse" e certo è già significativo il fatto che sia ora io a fare questo approfondimento su Einstein), l'altro analogo a quello di Pedrollo e di altri, ovvero il cerchio con la previsione del numero, al termine del quale Rol mi disse:

---

[33] Cfr. vol. III, pp. 123-124 e tav. XI.
[34] 1-XVI-12.

> «Io non so se prevedo quello che tu dirai oppure sono io, con il mio pensiero, ad influire sulla tua scelta»[35].

Questi due esperimenti sono stati presenti sul mio sito sin dall'anno 2000, tanto che nel 2022 commentavo:

> «Se non ci fosse il foglio dell'esperimento di Pedrollo, sarei stato tentato di considerare la testimonianza apocrifa (ricordi e letture che ha rimescolato nella sua memoria)»[36].

Poi però continuavo:

> «Ma il foglio depone invece per l'attendibilità, e non ho ragione di dubitare che anche il seguito non corriponda al vero».

Analizzando però ora la faccenda più nel dettaglio manterrei anche qui il beneficio di inventario.
Se l'esperimento della rosa e/o del numero sono stati fatti *oltre a quelli delle carte*, perché Rol non ne ha mai parlato direttamente?
Bisogna comunque considerare che in questi resoconti Rol non dice nemmeno *quali* esperimenti con le carte fece, né si sofferma sulla ragione principale dell'incontro, il violino e la musica. È lecito supporre che tale soggetto dovette occupare la maggior parte della conversazione e mi stupirei se Rol non avesse quantomeno accennato anche al "potere della musica" e al ruolo della *quinta musicale*, uno degli elementi principali della sua scoperta e ovviamente legato al violino.
Invece merita un commento ulteriore l'affermazione che Einstein avesse applaudito «battendo le mani come un bambino», e cito al riguardo una mia nota dal vol. VI:

> «È importante sottolineare che la fonte di questa affermazione, poi ripresa da altri in seguito, fosse dello stesso Rol. È credibile che Einstein «applaudi[sse] battendo le mani come un bambino»? Gli scettici nemmeno credono che Rol abbia incontrato Einstein (…) figurarsi se possono credere che potesse reagire in quel modo agli esperimenti di Rol. Ma gli scettici *a priori* tendono ad essere anche ignoranti, e così come non conoscono Rol, non conoscono nemmeno Einstein:
> "In lui non c'era quasi niente di ricercato ed era totalmente inesperto delle cose del mondo... Ha sempre avuto una purezza meravigliosa, fanciullesca e insieme profondamente ostinata" (Robert Oppenheimer, *On Albert Einstein*, New York Review of

---

[35] 1-IX-5.
[36] Vol. III, p. 399.

> Books, 17 marzo 1966, cit. in Einstein, A., *Pensieri di un uomo curioso,* a cura di A. Calaprice e F. Dyson, Mondadori, Milano, 1997, p. 179);
> "Lo studio e la ricerca della verità e della bellezza rappresentano una sfera di attività in cui è permesso di rimanere bambini per tutta la vita"
> (da una lettera di Einstein dell'ottobre 1921, in Einstein, A., *Il lato umano,* Einaudi, Torino, 2005, p. 77);
> "La cosa più bella della vita è il suo lato misterioso. È questo il sentimento profondo che si trova sempre nella culla dell'arte e della scienza pura. Chi non prova più né stupore ne sorpresa, e come morto, una candela spenta"
> (da *What I Believe*, Forum and Century, n. 84, 1930, pp. 193-194, cit. in Einstein, A., *Pensieri di un uomo curioso,* cit., p. 157)»[37].

Aggiungo qui qualche altra citazione.
Nel 1928 Einstein si era definito «un vecchio bambino»[38].
Nel 1942 disse:

> «Noi non smettiamo mai di essere come bambini curiosi davanti al grande mistero in cui siamo nati»[39].

Walter Isaacson scrive che:

> «La curiosità, nel caso di Einstein, non derivava soltanto da un desiderio di sondare il mistero. Cosa più importante, derivava da un senso di meraviglia infantile che lo spingeva a interrogarsi su ciò che era familiare, su quei concetti sui quali, come disse una volta, "l'adulto normale non si arrovella mai"»[40].

Quando nel 1931 Einstein andò a Los Angeles alla prima di *Luci della città* di Charlie Chaplin, durante la proiezione,

> «guardava sbalordito, completamente assorto, come un bambino a una recita natalizia»[41].

---

[37] Vol. VI, p. 303 nota 16.
[38] Isaacson, W., *Einstein. La sua vita e il suo universo,* Mondadori, Milano, 2016, pp. 350-351.
[39] Einstein a Otto Juliusburger, 29 settembre 1942, cit. in: Isaacson, W., *Einstein. La sua vita e il suo universo,* cit., p. 20.
[40] Isaacson, W., *cit.*, p. 529; la breve citazione finale è da: Seelig, C., *Albert Einstein. A Documentary Biography,* London, Staples Press, 1956, p. 70.
[41] Isaacson, W., *cit.*, p. 592 nota 53. Così fu riferito da «Cissy Patterson, un'ambiziosa giovane giornalista che aveva descritto anche il bagno di sole che

Per Banesh Hoffmann e Helen Dukas, Einstein era:

> «Un uomo umile e profondamente semplice, nel quale permaneva lo stupore degli occhi spalancati di un bambino»[42].

Quindi, che Einstein potesse aver reagito in quel modo nel vedere gli esperimenti di Rol lo trovo, almeno in linea teorica, possibile. Ma davvero le cose si svolsero così?
Esiste anche la possibilità che Rol scrisse quella frase *ad uso e consumo* dei lettori e dei posteri e che in realtà Einstein non reagì in quel modo (limitandosi a non fare commenti e poi a parlare della luce come «ombra di Dio»), ma che Rol volle descrivere quella reazione per sottolineare uno degli ingredienti fondamentali necessari alla realizzazione dei suoi esperimenti, così come uno di quelli spesso presenti nelle personalità creative, di genio (come appunto Einstein), nei santi e... nei bambini: la *purezza di cuore*, la *semplicità*, la *spontaneità*.
C'è un commento di Fellini che si adatterebbe molto bene all'incontro tra Rol e Einstein:

> «I "giochi" di Rol sono uno spettacolo tonificante, confortante per chiunque lo accosti con una vera disponibilità. Cioè con l'innocenza di un bambino o con il sostegno di una scienza non rigida, aperta, che non si metta in conflitto con le forme inattese della verità»[43].

In *Fellini & Rol* ho mostrato come i due amici avessero in comune, tra le altre cose, questa *innocenza* infantile e come entrambi riponessero in essa grande importanza dal momento che, come dice Fellini, «il legame con l'infanzia è il marchio di ogni creatore»[44]. Scrivevo poi, tra le altre cose:

> «In *Ginger e Fred* Fellini farà dire al personaggio Fra Gerolamo che "non siamo abbastanza piccoli per capire le cose grandi" e in *Fare un film* preciserà che "le cose diventano innocenti perché togli di mezzo te stesso". È questo il tema ricorrente di ogni religione, di ogni esoterismo, di ogni misticismo. Il distacco

---

Einstein aveva fatto nudo» (*id.*). Einstein era certo un anticonformista, una delle sue foto più note divenne quella in cui faceva la linguaccia ai paparazzi, stufo della loro invadenza, scattata nel 1951 a Princeton dopo la festa del suo 72° compleanno.
[42] Hoffmann, B., e Dukas, H., *Albert Einstein. Creatore e ribelle,* Bompiani, Milano, 2002, p. 278.
[43] Kezich, T., *Giulietta degli spiriti, di Federico Fellini*, Cappelli editore, Bologna, 1965, p. 39.
[44] *Fellini & Rol*, cit., p. 82.

dall'*ego*, per poter accedere a una realtà molto più vasta di se stessi, realtà cui il bambino accede spontaneamente, mentre all'adulto, quando non è un genio, un artista o una persona naturalmente semplice e/o umile, occorre un lavoro su se stesso per ritrovare questo candore dell'infanzia, senza il quale qualsiasi autentica ascensione spirituale è preclusa»[45].

Su questo argomento occorrerà tornare ancora in futuro e in maniera molto dettagliata. È inutile infatti parlare di verde-quinta-calore, di *sublimazione*, di *kuṇḍalinī*, senza *purezza di cuore*. La *legge* di Rol funziona solo se inscritta all'interno di questa purezza[46].

---

[45] *Ibidem*, p. 85. Al tema e ad alcune sue diramazioni ho dedicato parecchie pagine, da 77 a 102.
[46] Al riguardo avevo già fatto numerosi rilievi ne *Il simbolismo di Rol*.

Einstein suona il violino, probabilmente a bordo della nave che lo stava portando negli Stati Uniti per la terza volta, nel dicembre 1931 (foto © Roger-Viollet / Roger-Viollet).

«Il suo violino, come la scienza, fu un costante compagno e lo seguì in tutti i viaggi» (Hoffmann, B. e Dukas, H., *Albert Einstein. Creatore e ribelle*, Bompiani, Milano, 2002, p. 278).

Agosto 1929. Rol suona il violino nei dintorni di Brora, nelle Highlands scozzesi. Nei mesi precedenti aveva lavorato alla Clydesdale Bank di Edimburgo.

A conclusione di questo capitolo riproduco un breve scritto di Einstein del 1939 sulla musica che gli piaceva, si tratta di risposte ad un questionario che gli avevano mandato:

> «1. Bach, Mozart e alcuni compositori italiani e inglesi antichi sono i miei preferiti. Beethoven mi piace assai meno; Schubert invece sì.
> 2. Mi è impossibile dire se per me significa di più Bach o Mozart. Nella musica non vado alla ricerca della logica. In complesso seguo l'istinto e sono del tutto digiuno di teorie. Non mi piace mai un'opera musicale della quale non riesco ad afferrare intuitivamente l'unità interna (l'architettura).
> 3. Händel mi piace sempre – anzi, lo trovo perfetto – ma ha una certa superficialità.
> Per me Beethoven è troppo drammatico, troppo personale.
> 4. Schubert è uno dei miei preferiti per la sua straordinaria abilità di esprimere l'emozione e la sua enorme capacità d'invenzione melodica. Ma nelle sue opere più vaste mi dà fastidio una certa mancanza di struttura architettonica.
> 5. Le opere minori di Schumann mi piacciono per la loro originalità e la loro ricchezza di sentimento, ma la sua mancanza di grandezza formale mi impedisce un pieno godimento. In Mendelssohn vedo un talento considerevole, ma anche un'indefinibile superficialità che spesso porta alla banalità.
> 6. Trovo che alcuni *lieder* e opere da camera di Brahms sono davvero significativi anche nella struttura. Tuttavia la maggior parte delle sue opere non hanno per me la forza di convincermi interiormente. Insomma, non capisco perché provò la necessità di scriverle.
> 7. Ammiro la capacità creativa di Wagner, ma considero la sua mancanza di struttura architettonica un segno di decadenza. Inoltre trovo la sua personalità musicale così indescrivibilmente offensiva che per lo più lo ascolto solo con un senso di disgusto.
> 8. Credo che (Richard) Strauss abbia molto talento, ma che gli manchi una verità interiore e che si preoccupi soltanto degli effetti esteriori. Non posso dire che la musica moderna in generale non mi interessi. Mi pare che la musica di Debussy sia delicata e colorita, dimostra però una mancanza di senso strutturale. Non riesco a entusiasmarmi per una cosa del genere»[47].

---

[47] Einstein, A., *Il lato umano*, cit., pp. 71-72.

Passiamo ora ad un altro corpus documentale che serve ad integrazione di quanto abbiamo visto fino ad ora.
Tra i libri della biblioteca di Rol che Catterina Ferrari ha lasciato al Comune di Torino ve ne sono due di Einstein:

– *Come io vedo il mondo*
– *Il lato umano*

entrambi nelle edizioni del 1979. Alcune delle pagine presentano sottolineature e sono commentate da Rol sui margini, a matita.
Le pubblico qui di seguito con le trascrizioni.

Pagine da

Come io vedo il mondo[1]

---
[1] Newton & Compton editori, Roma, 1979. Le annotazioni di Rol sono del 1980, come consta a p. 16.

SOCIETÀ E PERSONALITÀ

Se consideriamo la nostra esistenza e i nostri sforzi, rileviamo subito che tutte le nostre azioni e i nostri desideri sono legati all'esistenza degli altri uomini e che, per la nostra stessa natura, siamo simili agli animali che vivono in comunità. Ci nutriamo di alimenti prodotti da altri uomini, portiamo abiti fatti da altri, abitiamo case costruite dal lavoro altrui. La maggior parte di quanto sappiamo e crediamo ci è stata insegnata da altri per mezzo di una lingua che altri hanno creato. Senza la lingua la nostra facoltà di pensare sarebbe assai meschina e paragonabile a quella degli animali superiori; perciò la nostra priorità sugli animali consiste prima di tutto — bisogna confessarlo — nel nostro modo di vivere in società. L'individuo lasciato solo fin dalla nascita resterebbe, nei suoi pensieri e sentimenti, simile agli animali in misura assai difficile ad immaginare. Ciò che è e ciò che rappresenta l'individuo non lo è in quanto individuo, ma in quanto membro di una grande società umana che guida il suo essere materiale e morale dalla nascita fino alla morte.

Il valore di un uomo, per la comunità in cui vive, dipende anzitutto dalla misura in cui i

☆ *non lo credo —*

p. 13 (prima pagina del testo)
All'affermazione di Einstein che «L'individuo lasciato solo fin dalla nascita resterebbe, nei suoi pensieri e sentimenti, simile agli animali», Rol obbietta: «* non lo credo» (foto © Franco Rol – Archivio Storico del Comune di Torino)

14

suoi sentimenti, i suoi pensieri e le sue azioni contribuiscono allo sviluppo dell'esistenza degli altri individui.

Infatti abbiamo l'abitudine di giudicare un uomo cattivo o buono secondo questo punto di vista. Le qualità sociali di un uomo appaiono al primo incontro, le sole valevoli a determinare il nostro giudizio su di lui.

Eppure anche questa teoria non è rigorosamente esatta. Non è difficile comprendere che tutti i beni materiali, intellettuali e morali ricevuti dalla società sono giunti a noi nel corso di innumerevoli generazioni di individualità creatrici. Quello di oggi è un *individuo* che ha scoperto in un sol colpo l'uso del fuoco, un *individuo* che ha scoperto la coltura delle piante nutritive, un *individuo* che ha scoperto la macchina a vapore.

Libertà spirituale degli individui e unità sociale.

E tuttavia solo l'individuo libero può meditare e conseguentemente creare nuovi valori sociali e stabilire nuovi valori etici attraverso i quali la società si perfeziona. Senza personalità creatrici capaci di pensare e giudicare liberamente, lo sviluppo della società in senso progressivo è altrettanto poco immaginabile quanto lo sviluppo della personalità individuale senza l'ausilio vivificatore della società.

Una comunità sana è perciò legata tanto alla libertà degli individui quanto alla loro unione sociale. È stato detto con molta ragione che la

Sul margine sinistro Rol annota: «A conferma di quanto ho scritto leggendo la pagina precedente». Il commento è all'affermazione di Einstein, segnalata dai due tratti di matita laterali, che «solo l'individuo libero può meditare e conseguentemente creare nuovi valori sociali e stabilire nuovi valori etici attraverso i quali la società si perfeziona». Alla sinistra della pagina precedente (13) c'era una pagina bianca (che possiamo identificare come p. 12) dove Rol aveva fatto un'altra annotazione, che pubblico nella prossima pagina. Intanto, qui commenta ancora «non sempre» alla frase di E.: «Senza personalità creatrici capaci di pensare e giudicare liberamente, lo sviluppo della società in senso progressivo è altrettanto poco immaginabile quanto lo sviluppo della personalità individuale senza l'ausilio vivificatore della società». Puntualizza infine, alla frase successiva, che «unione sociale» è una «terminologia non esatta».
(foto © Franco Rol – Archivio Storico del Comune di Torino).

Annotazione di Rol all'inizio del libro (p. 12, in basso): «Certamente, l'uomo è condizionato dall'ambiente in cui vive, ma rimane pur sempre un individuo libero, la sua personalità ben sovente si sottrae o s'impone alla società che lo circonda. Se così non fosse, il genio rimarrebbe ignorato; invece sarà proprio quel genio a influenzare l'ambiente».

Aggiunto in alto: «Non ha forse Einstein stesso avuto un peso determinante sul suo tempo?» (foto © Franco Rol – Archivio Storico del Comune di Torino).

16 COME IO VEDO IL MONDO

Decadimento della dignità umana.

I giornali di un Paese possono, in due settimane, portare la folla cieca e ignorante a un tale stato di esasperazione e di eccitazione da indurre gli uomini ad indossare l'abito militare per uccidere e farsi uccidere allo scopo di permettere a ignoti affaristi di realizzare i loro ignobili piani. Il servizio militare obbligatorio mi sembra il sintomo piú vergognoso della mancanza di dignità personale di cui soffre oggi la nostra umanità civilizzata. In relazione a questo stato di cose non mancano profeti che prevedono prossimo il crollo della nostra civiltà. Io non sono nel numero di questi pessimisti: io credo in un avvenire migliore.

(foto © Franco Rol – Archivio Storico del Comune di Torino).

«Venne chiesto ad Einstein come sarebbe stata una terza guerra mondiale. Egli rispose: "Non lo so, ma ritengo che una quarta guerra mondiale gli uomini la farebbero a colpi di pietra!" Allora? Per combattersi a sassate, gli uomini avrebbero perduto tutto in una terza guerra mondiale. Sarebbe questo, allora, l'avvenire migliore?»

In una lettera del 1987 relativa all'auspicio di Rol per la realizzazione degli Stati Uniti del Mondo, scriveva:

«Ad Einstein venne chiesto se riteneva possibile una terza guerra mondiale. Quella grande mente rispose di non saperlo dire; si sentiva però in grado di affermare che una quarta guerra mondiale gli uomini l'avrebbero combattuta a colpi di pietra.
C'è molto da riflettere su quelle parole: con esse Einstein ha voluto mettere in guardia l'Umanità se non vuole far ritorno ai tempi della caverna» (*"Io sono la grondaia"*, p. 180).

Il sistema economico ostacola la libera evoluzione.

A mio avviso l'attuale decadenza sociale dipende dal fatto che lo sviluppo dell'economia e della tecnica ha gravemente esacerbato la lotta per l'esistenza e quindi la libera evoluzione degli individui ha subìto durissimi colpi. Ma per soddisfare i bisogni della comunità, il progresso della tecnica esige oggi dagli individui un'attività assai minore. La divisione razionale del lavoro diverrà una necessità sempre più imperiosa e porterà alla sicurezza materiale degli uomini. E questa sicurezza unita al tempo e all'energia che resterà disponibile, può essere un elemento favorevole allo sviluppo della

p. 16

«* Non sono personalmente convinto della bontà di una programmazione della quale, in questo 1980 il lavoro ne subisce la filosofia con i suoi scempi!»

Perché viviamo.

Ben singolare è la situazione di noialtri mortali. Ognuno di noi è su questa terra per una breve visita; egli non sa il perché, ma assai spesso crede di averlo capito. Non si riflette profondamente e ci si limita a considerare un aspetto della vita quotidiana; siamo qui per gli altri uomini: anzitutto per coloro dal cui sorriso e dal cui benessere dipende la nostra feli-

p. 17

All'affermazione di Einstein che «Ognuno di noi è su questa terra per una breve visita», Rol precisa che essa è «banco di prova per lo spirito».
(foto © Franco Rol – Archivio Storico del Comune di Torino).

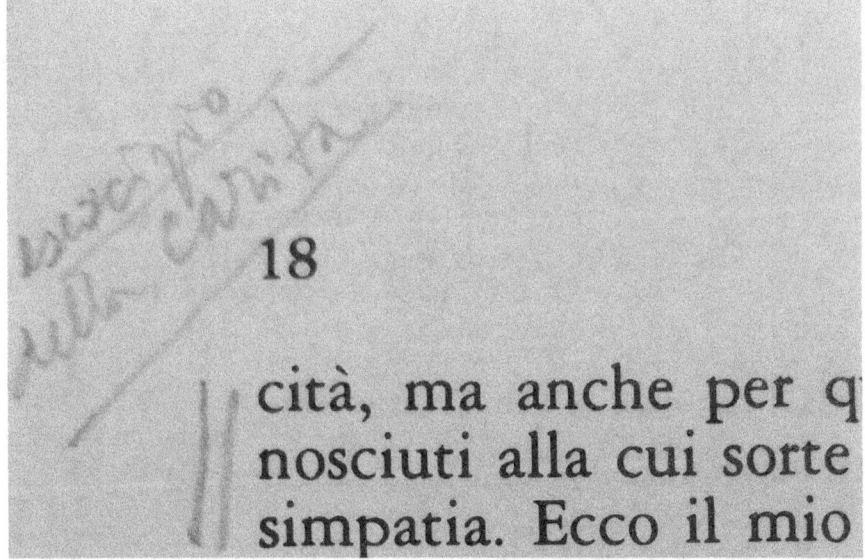

Dettaglio dell'inizio della pagina 18. La frase marcata da Rol e che segue «felicità» è: «ma anche per quella moltitudine di sconosciuti alla cui sorte ci incatena un vincolo di simpatia».
Rol annota: «esercizio della carità».
(foto © Franco Rol – Archivio Storico del Comune di Torino)

Il benessere e la felicità.

Da un punto di vista obiettivo, preoccuparsi del senso o del fine della nostra esistenza e di quella delle altre creature mi è sempre parso assolutamente vuoto di significato.
Ciononostante ogni uomo è legato ad alcuni ideali che gli servono di guida nell'azione e nel pensiero. In questo senso il benessere e la felicità non mi sono mai apparsi come la meta assoluta (questa base della morale la definisco l'ideale dei porci). Gli ideali che hanno illuminato la mia strada e mi hanno dato costantemente un coraggio gagliardo sono stati il bene, la bellezza e la verità. Senza la coscienza di essere in armonia con coloro che condividono le mie convinzioni, senza la affannosa ricerca del giusto, eternamente inafferrabile, del dominio dell'arte e della ricerca scientifica, la vita mi sarebbe parsa assolutamente vuota. Fin dai miei anni giovanili ho sempre considerato spregevoli le mete volgari alle quali l'umanità indirizza i suoi sforzi: il possesso di beni, il successo apparente e il lusso.

p. 19

Rol pare chiedersi come mai ad Einstein sia «sempre parso assolutamente vuoto di significato» il «preoccuparsi del senso o del fine della nostra esistenza e di quella delle altre creature».
Subito dopo, Einstein fa una riflessione che fa commentare a Rol (a margine): «ecco il significato!!».
(foto © Franco Rol – Archivio Storico del Comune di Torino).

20　　　　　　　　　　　　　COME IO VEDO IL MONDO

di giustizia e di dovere sociale, non ho mai sentito la necessità di avvicinarmi agli uomini e alla società in generale. Sono proprio un cavallo che vuol tirare da solo; mai mi sono dato pienamente né allo stato, né alla terra natale, né agli amici e neppure ai congiunti piú prossimi; anzi ho sempre avuto di fronte a questi legami la sensazione netta di essere un estraneo e ho sempre sentito il bisogno di solitudine; e questa sensazione non fa che aumentare con gli anni.

Sento fortemente, ma senza rimpianto, di toccare il limite dell'intesa e dell'armonia con il prossimo. Certo, un uomo di questo carattere perde cosí una parte del suo candore e della sua serenità, ma ci guadagna una larga indipendenza rispetto alle opinioni, abitudini e giudizi dei suoi simili; né sarà tentato di stabilire il suo equilibrio su basi cosí malferme.

«ma questo sarebbe puro egoismo!!»

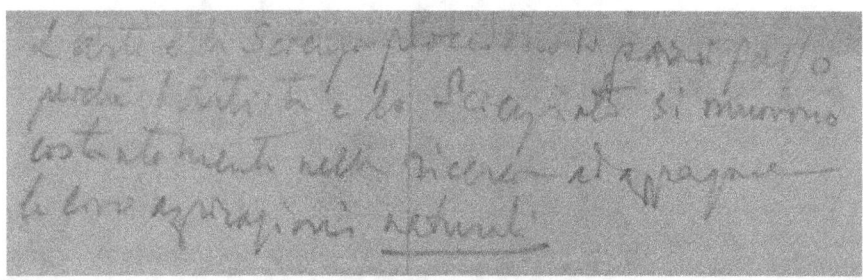

«L'Arte e la Scienza procedono di pari passo perché l'Artista e lo Scienziato si muovono costantemente nella ricerca di appagare le loro aspirazioni naturali» (annotazione di Rol su due pagine bianche al termine del libro).
(foto © Franco Rol – Archivio Storico del Comune di Torino)

Pagine da

Il lato umano[2]

---

[2] A cura di Helen Dukas e Banesh Hoffmann, Einaudi, Torino, 1979.

Firma-sigla di Rol sul frontespizio del libro
(foto © Franco Rol – Archivio Storico del Comune di Torino)

> Lo scienziato teorico non è da invidiare. Perché la Natura, o piú esattamente l'esperimento, è un

17

> giudice inesorabile e poco benevolo del suo lavoro. Non dice mai «Sí» a una teoria: nei casi piú favorevoli risponde: «Forse»; nella stragrande maggioranza dei casi, dice semplicemente: «No». Quando un esperimento concorda con una teoria, per la Natura significa «Forse»; se non concorda, significa «No». Probabilmente ogni teoria un giorno o l'altro subirà il suo «No»; per quasi tutte ciò avviene subito dopo la formulazione.

(foto © Franco Rol – Archivio Storico del Comune di Torino)

Annotazione di Rol a fondo pagina:
«* * quindi la Verità, come la si concepisce e dimostra, non è <u>definitivamente</u> certa? Quale tipo di cambiamento comporta l'evoluzione? L'<u>eternità</u> <u>non è</u> <u>statica</u>»

> 10 dicembre 1931: Non ho mai visto una burrasca come quella di stanotte... Il mare ha un aspetto di indescrivibile grandiosità, specialmente quando è illuminato dal sole.
>
> Ci si sente immersi nella natura. Ancora più del solito si avverte la nullità dell'individuo e questo ci riempie di felicità.

Nel 1920 Einstein offrí al dottor Hans Mühsam, un amico medico residente a Berlino, un suo ritratto inciso da Hermann Struck, con la seguente dedica:

(foto © Franco Rol – Archivio Storico del Comune di Torino)

«* perché si percepisce ed esalta [il valore del] proprio spirito.»

Si veda questo commento alla luce per esempio del brano seguente, scritto da Rol nel 1970:

«Per quanto le mie odierne possibilità giustifichino tanto travaglio, non mi sentirei mai di augurare ad un mio figlio o ad un amico un simile destino; è vero che la contropartita è meravigliosa, però saprebbe chiunque accettare l'annullamento della propria personalità?»[3]

Mettendo insieme le parole di Rol ed Einstein, si potrebbe anche affermare che «si percepisce ed esalta il... proprio spirito» *quando* «si avverte la nullità dell'individuo» (o a frasi invertite).

---

[3] Da una lettera a Giorgio di Simone del 9 aprile 1970, in: *Oltre l'umano. Gustavo Adolfo Rol*, Reverdito Edizioni, Trento-Mattarello, 2009, p. 53.

> Nel 1954 o 1955 Einstein ricevette una lettera che riportava una sua affermazione insieme alla citazione apparentemente contraddittoria di un noto evoluzionista sul ruolo dell'intelligenza nell'universo.
> Segue la traduzione della prima stesura in tedesco della sua risposta; non sappiamo se fu inviata una versione definitiva.
>
> L'incomprensione è qui dovuta alla cattiva traduzione di un testo tedesco, e in particolare della parola «mistico». Non ho mai attribuito alla natura una intenzione o un fine o qualsiasi altra cosa che si potesse interpretare in senso antropomorfico.
> Quel che vedo nella natura è una struttura magnifica che possiamo capire solo molto imperfettamente, il che non può non riempire di umiltà qualsiasi
>
> 37
>
> persona razionale. Si tratta di un autentico sentimento religioso che non ha niente a che fare con il misticismo.

(foto © Franco Rol – Archivio Storico del Comune di Torino)

Rol pare voler dire: e allora con che cosa ha a che fare? Molti mistici hanno infatti espresso sentimenti simili, anche se Einstein intendeva prendere le distanze da quel certo misticismo associato a un Dio personale, antropomorfizzato, verso il quale era del tutto allergico e che in effetti, sia nella forma che nei contenuti, è diverso da quell'«autentico sentimento religioso» cui fa riferimento. Ma nella sostanza? Scrive ad esempio William James a proposito degli stati mistici che «i più alti tra essi puntano in direzioni verso le quali sono inclini anche i sentimenti religiosi degli uomini non mistici»; e che «il sentimento mistico di dilatazione, di unione e di emancipazione, non possiede alcuno specifico contenuto intellettuale suo proprio. Esso è capace di unirsi alle filosofie e alle teologie più diverse, basta che trovi in loro lo spazio per il suo particolare tono emotivo. Non abbiamo, quindi, alcuna ragione per invocarne il prestigio come fosse distintamente a favore di un qualche credo speciale, come l'idealismo assoluto o l'assoluta identità monistica, oppure l'assoluta bontà del mondo. Esso è favorevole a tutti questi punti di vista solo relativamente; trascende la normale coscienza umana nella direzione in cui essi sono orientati»; «oltre ogni uomo, e in continuità con lui, esiste un potere più grande, che è amico a lui e ai suoi ideali» (James, W., *Le varie forme dell'esperienza religiosa*, Morcelliana, Brescia, 1998, pp. 368, 366, 449). Questo, naturalmente, non che l'abc della questione.

L'incontro con Einstein

> Nel febbraio del 1921 a Berlino Einstein ricevette da Vienna la lettera di una donna che gli chiedeva la sua opinione sull'esistenza dell'anima e sulla possibilità di una evoluzione personale e individuale dopo la morte. Seguivano altre domande dello stesso genere. Il 5 febbraio 1921 Einstein le scrisse una lunga lettera dalla quale è tratto questo brano.
>
> La tendenza al misticismo della nostra epoca, che si manifesta in modo particolare nella diffusione della cosiddetta teosofia e dello spiritismo, per me non è altro che un sintomo di debolezza e di confusione.
>
> Dato che le nostre esperienze interiori consistono nel riprodurre e combinare le impressioni sensoriali, il concetto dell'anima senza il corpo mi pare del tutto privo di significato.
>
> Il funzionario di una filiale della casa editrice americana McGraw-Hill doveva tenere una conferenza al convegno annuale della American Library Association. Il 1° aprile 1948 scrisse a Einstein per chiedergli consiglio, precisando che i bibliotecari e gli editori erano allarmati dal diffuso calo d'interesse per i libri di scienza divulgativa. Pregava Einstein di esprimere un suo parere sulle ragioni di questo fenomeno, informandolo che aveva rivolto lo stesso quesito ad altri scienziati ed esperti in materia. Einstein, che aveva delle opinioni molto precise sulla divulgazione della scienza, non perse tempo nel rispondergli: infatti la sua lettera in inglese è del 3 aprile.
>
> 38

«È per questa ragione che il corpo si rigenera in un'altra vita. *»
«* ma, questa volta, non più Terrena[4].»
(foto © Franco Rol – Archivio Storico del Comune di Torino)

---

[4] Ecco una ennesima conferma del pensiero di Rol che esclude le immancabili interpretazioni reincarnazioniste di certe sue idee assai poco comprese, a partire da alcuni suoi testimoni e "biografi" già credenti nella reincarnazione. Una affermazione di Rol tipica in questo senso è la seguente, trascritta da una registrazione della sua voce parte del mio archivio: «Rallegratevi! Non esiste la morte! Non c'è! Rallegratevi!... c'è subito un'altra vita» (*Il simbolismo di Rol*, pp. 505-506, 3ª ed. 2012). Pur io specificando sempre, in maniera semplificata, che l'altra vita è da intendersi *nella dimensione dello Spirito* e non in un nuovo corpo sulla Terra, c'è chi insiste nel volerla interpretare secondo le sue credenze. Che cosa poi questo significhi di preciso è qualcosa che meriterà una trattazione a parte, anche perché a "complicare" le cose c'è il fatto che Rol, come traspare anche nella annotazione qui sopra, come abbiamo già visto (cfr. p. 180 nota 4) e come vedremo di nuovo (p. 352) credesse nella «resurrezione del corpo».

letto [...] che vengono sistematicamente ripetute. Non credo in un Dio personale, né ho mai negato questo fatto, anzi ho sempre espresso chiaramente il mio parere in proposito. Se c'è in me qualcosa che si possa definire sentimento religioso è proprio quella infinita ammirazione per la struttura del mondo rivelata dalle scoperte della scienza.

Non mi è possibile far pervenire il denaro che mi manda a un destinatario adatto quindi glielo restituisco, riconoscendo il Suo buon cuore e le Sue buone intenzioni.

La Sua lettera mi dimostra anche che la saggezza non è frutto dell'istruzione ma del tentativo di acquisirla che può durare tutta la vita.

Nel settembre del 1920 Einstein si recò a Stoccarda per una conferenza. Durante il loro soggiorno, la moglie di Einstein, Elsa, invitò tutti i cugini a fare una gita nei dintorni della città; sfortunatamente si dimenticò dei figli dei cugini. Una di questi era Elisabeth Ley, di otto anni. Sapendo che la ragazza era dotata di humour, il 30 settembre 1920 Einstein le mandò una cartolina spiritosa; lei la conservò accuratamente e quindi esiste ancora.

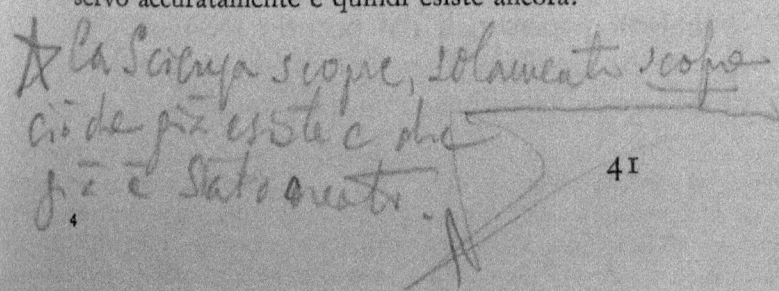

(foto © Franco Rol – Archivio Storico del Comune di Torino)

«* la Scienza scopre, solamente scopre ciò che già esiste e che già è stato creato.»

> Non è certo colpa mia se i profani hanno un'impressione esagerata dell'importanza del mio lavoro. Questo fatto è dovuto piuttosto agli autori di opere divulgative e in particolare ai giornalisti che presentano tutto nel modo piú clamoroso possibile.
>
> 39

Rol sottolinea due volte un passaggio che certo condivideva anche per esperienza personale.

> risultati superficiali. Consiglio sempre di separare le ambizioni personali dal proprio mestiere, per quanto sia possibile. Il pane quotidiano non deve dipendere dai talenti che Dio ci ha concesso.
>
> 42

> Ho avuto molto piacere di parlarLe dei misteri che ci presenta la fisica. L'essere umano è dotato di una intelligenza appena sufficiente per constatare chiaramente la sua incapacità nel comprendere il mondo reale. Se si potesse comunicare a ognuno questo senso di umiltà, tutta la sfera dei rapporti umani ne trarrebbe vantaggio.

p. 45
(da una lettera del 19 settembre 1932 alla regina Elisabetta del Belgio)
(foto © Franco Rol – Archivio Storico del Comune di Torino)

no in questi tempi incerti. Nonostante ciò, il sole della primavera evoca sempre nuova vita della quale possiamo rallegrarci, favorendo il suo sviluppo; Mozart rimane bello e dolce come è sempre stato e sempre sarà. Vi è dopo tutto qualcosa di eterno, irraggiungibile dal destino e da tutte le delusioni umane. Le cose eterne sono piú vicine alla persona anziana che al giovane che oscilla tra il timore e la speranza. A noi è riservato il privilegio di contemplare la bellezza e la verità nelle loro forme piú pure.

p. 48

Il destino mi ha dato il privilegio di vivere a Princeton, come su un'isola che sotto molti aspetti assomiglia al delizioso parco reale di Laeken. Anche le caotiche voci delle contraddizioni umane si odono appena in questa piccola città universitaria. Quasi mi vergogno di vivere in tanta tranquillità mentre altri lottano e soffrono. Ma in fondo è sempre meglio occuparsi delle cose eterne, perché solo da esse emana quello spirito che può ridare la pace e la serenità agli esseri umani.

Con la viva speranza che la primavera porti anche a Lei gioia e serenità e La incoraggi a riprendere le Sue attività, Le mando i miei migliori saluti.

p. 49
(foto © Franco Rol – Archivio Storico del Comune di Torino)

L'incontro con Einstein

Nel marzo del 1955, meno di un mese prima della morte, Einstein scrisse queste parole a Kurt Blumenfeld che lo aveva introdotto al movimento sionista:

> Ti ringrazio, se pure in questa ora tarda, per avermi aiutato a diventare cosciente della mia anima ebrea.

Il berlinese Sam Gronemann era un uomo versatile: avvocato, scrittore, commediografo, questo celebre sionista abbandonò la Germania nazista per stabilirsi definitivamente in Israele. Il 13 marzo 1949, in occasione del settantesimo compleanno di Einstein, gli mandò da Tel Aviv una lettera contenente una poesia di cui diamo la traduzione:

«allora, come ebreo, ha dovuto ammettere molte cose che prima aveva negate *»
«* v. pagg. 37, 38»

Non riesco a concepire un Dio personale che influisca direttamente sulle azioni degli individui o che giudichi direttamente le proprie creature. Non ci riesco malgrado il fatto che la causalità meccanicistica sia stata, fino a un certo punto messa in dubbio dalle scoperte della scienza moderna.

La mia religiosità consiste in una umile ammirazione dello Spirito infinitamente superiore che si rivela in quel poco che noi, con la nostra ragione debole ed effimera, possiamo capire della realtà. La moralità ha la massima importanza – ma per noi, non per Dio.

p. 61
(foto © Franco Rol – Archivio Storico del Comune di Torino)

> *questo pensiero non esclude l'esistenza di Dio –*

Iniziai con un empirismo scettico piú o meno come quello di Mach. Ma il problema della gravitazione mi convertí in un razionalista credente, cioè in una persona che cerca l'unica fonte attendibile della verità nella semplicità matematica.

p. 62:
«questo pensiero non esclude l'esistenza di Dio»

NO

Il sentimento religioso destato dalla comprensione logica dei principî di interrelazioni profonde è di un genere alquanto diverso da quello comunemente definito religioso. Si tratta piú di un sentimento di timore reverenziale per l'ordinamento che si manifesta nell'universo materiale; non ci conduce a modellare un essere divino a nostra immagine, un personaggio che abbia delle esigenze nei nostri confronti, che si interessa a noi in quanto individui. Non vi è in ciò né volontà né scopo, né necessità, ma solo l'essere allo stato puro. Per questo motivo noi scienziati consideriamo la moralità una questione puramente umana, benché la piú importante in questa sfera.

p. 64

(foto © Franco Rol – Archivio Storico del Comune di Torino)

La religiosità di Einstein

Riproduco qui alcuni pensieri di Einstein su questo argomento per averne una idea di massima, dalle sue stesse parole, e di seguito un compendio di commenti di suoi biografi.

«…ho l'impressione che la scienza non solo purifichi l'impulso religioso dalle scorie del suo antropomorfismo, ma contribuisca altresì a una spiritualizzazione religiosa della nostra comprensione della vita»[1].

«La tendenza al misticismo della nostra epoca che si manifesta in modo particolare nella diffusione della cosiddetta teosofia e dello spiritismo, per me non è altro che è un sintomo di debolezza e di confusione.
Dato che le nostre esperienze interiori consistono nel riprodurre e combinare le impressioni sensoriali, il concetto dell'anima senza il corpo mi pare del tutto privo di significato» (1921)[2].

«In ogni vero studioso della natura c'è una sorta di riverenza religiosa: infatti non riesce assolutamente a immaginare di essere stato il primo ad aver escogitato i fili delicatissimi che collegano le sue stesse percezioni» (1920)[3].

«Non riesco a concepire un Dio personale che influisca direttamente sulle azioni degli individui o che giudichi direttamente le proprie creature. Non ci riesco malgrado il fatto che la causalità meccanicistica sia stata, fino a un certo punto messa in dubbio dalle scoperte della scienza moderna.
La mia religiosità consiste in una umile ammirazione dello Spirito infinitamente superiore che si rivela in quel poco che noi, con la nostra ragione debole ed effimera, possiamo capire della realtà. La

---

[1] Einstein, A., *Einstein. Pensieri, idee, opinioni,* Newton & Compton editori, Roma, 2021, p. 32 (da: *Out of My Later Years*, 1956).
[2] Einstein, A., *Il lato umano,* cit., p. 38 (lettera a una signora viennese, 05/02/1921, Archivio Einstein 43-847).
[3] Einstein, A., *Pensieri di un uomo curioso,* a cura di A. Calaprice e F. Dyson, Mondadori, Milano, 1997, p. 110 (citato in Moszkowski, *Conversations with Einstein,* p. 46).

moralità ha la massima importanza – ma per noi, non per Dio» (1927)[4].

«Tutto è determinato... da forze sulle quali non abbiamo alcun controllo. Lo è per l'insetto come per le stelle. Esseri umani, vegetali, o polvere cosmica, tutti danziamo al ritmo di una musica misteriosa, suonata in lontananza da un pifferaio invisibile» (1929)[5].

«Credo nel Dio di Spinoza che si rivela nell'armonia di tutto ciò che esiste, ma non in un Dio che si occupa del destino e delle azioni degli esseri umani» (1929)[6].

«Leggo spesso la Bibbia, ma il suo testo originale mi è rimasto inaccessibile» (1929)[7].

«Qual[8] è il senso della nostra esistenza, qual è il significato dell'esistenza di tutti gli esseri viventi in generale? Il saper rispondere a una siffatta domanda significa avere sentimenti religiosi. Voi direte: ma ha dunque un senso porre questa domanda [?]. Io vi rispondo: chiunque crede che la sua propria vita e quella dei suoi simili sia priva di significato è non soltanto infelice, ma appena capace di vivere.

---

[4] Einstein, A., *Il lato umano*, cit., p. 61 (da una lettera a un banchiere del Colorado, 5 agosto 1927, Archivio Einstein 48-380); si veda la pagina stampata corrispondente con sottolineature e annotazione di Rol a p. 289.
[5] Einstein, A., *Pensieri di un uomo curioso,* cit., p. 110 (dal *Saturday Evening Post*, 26/10/1929, citato in Clark, *Einstein,* pp. 346-347).
[6] *Idem* (telegramma a un giornale ebraico, Archivio Einstein 33-272). Alice Calaprice, curatrice del volume, spiega che «secondo Spinoza, Dio non può essere separato dal mondo materiale, quindi più si capisce il funzionamento dell'universo, e più ci si avvicina a Dio» (*ib.,* p. 110).
[7] Pais, A., «*Sottile è il Signore...*» *La scienza e la vita di Albert Einstein*, Bollati Boringhieri, Torino, 2005, p. 55. Prima della citazione Abraham Pais scrive che Einstein «non divenne *bar mitzvah,* né approfondì mai lo studio dell'ebraico; a cinquant'anni scrisse al suo insegnante di religione del ginnasio Heinrich Friedmann» la frase citata.
[8] Questo e i brani seguenti fino a p. 297 sono tratti da: *Come io vedo il mondo*, Newton & Compton editori, Roma, 1979, pp. 22-30, capitolo *Religione e scienza*, che raduna pensieri di Einstein da fonti diverse che però non sono citate, le due principali le ho però rintracciate con precisione, entrambe del 1930: Einstein, A., *What I Believe*, Forum and Century, n. 84, ottobre 1930, pp. 193-194; e Einstein, A., *Religion and Science*, The New York Times, 09/11/1930, Section 5, p. 1. Pur basandomi sulla traduzione italiana (in alcuni punti opinabile) seguo la struttura degli articoli originali, dei quali riproduco alcune immagini a pp. 317-319.

La[9] più bella sensazione è il lato misterioso della vita. È il sentimento profondo che si trova sempre nella culla dell'arte e della scienza pura. Chi non è più in grado di provare né stupore né sorpresa è per cosi dire morto; i suoi occhi sono spenti. L'impressione del misterioso, sia pure misto a timore, ha suscitato, tra l'altro, la religione. Sapere che esiste qualcosa di impenetrabile, conoscere le manifestazioni dell'intelletto più profondo e della bellezza più luminosa, che sono accessibili alla nostra ragione solo nelle forme più primitive, questa conoscenza e questo sentimento, ecco la vera devozione: in questo senso, e soltanto in questo senso, io sono fra gli uomini più profondamente religiosi.

Non posso immaginarmi un Dio che ricompensa e che punisce l'oggetto della sua creazione, un Dio che soprattutto esercita la sua volontà nello stesso modo con cui l'esercitiamo su noi stessi. Non voglio e non posso figurarmi un individuo che sopravviva alla sua morte corporale: quante anime deboli, per paura e per egoismo ridicolo, si nutrono di simili idee! Mi basta sentire il mistero dell'eternità della vita, avere la coscienza e l'intuizione di ciò che è, lottare attivamente per afferrare una particella, anche piccolissima, dell'intelligenza che si manifesta nella natura.

Difficilmente troverete uno spirito profondo nell'indagine scientifica senza una sua caratteristica religiosità. Ma questa religiosità si distingue da quella dell'uomo semplice: per quest'ultimo Dio è un essere da cui spera protezione e di cui teme il castigo, un essere col quale corrono, in una certa misura, relazioni personali per quanto rispettose esse siano: è un sentimento elevato della stessa natura dei rapporti fra figlio e padre.

Al contrario, il sapiente è compenetrato dal senso della causalità per tutto ciò che avviene. Per lui l'avvenire non comporta una minore decisione e un minore impegno del passato; la morale non ha nulla di divino, è una questione puramente umana. La sua religiosità consiste nell'ammirazione estasiata delle leggi della natura; gli si rivela una mente così superiore che tutta l'intelligenza messa dagli uomini nei loro pensieri non è al cospetto di essa che un riflesso assolutamente nullo. Questo sentimento è il *leit-motiv* della vita e degli sforzi dello scienziato nella misura in cui può affrancarsi dalla tirannia dei suoi egoistici desideri. Indubbiamente questo sentimento è parente assai

---

[9] Questo paragrafo (fino a «si manifesta nella natura») traduce la parte finale dell'articolo *What I Believe* (che era il titolo di una rubrica fissa del mensile *Forum and Century*, nell'ottobre 1930 a parlare di «*che cosa io credo*» era Einstein).

prossimo di quello che hanno provato le menti creatrici religiose di tutti i tempi.

Tutto[10] ciò che è fatto e immaginato dagli uomini serve a soddisfare i loro bisogni e a placare i loro dolori. Bisogna sempre tener presente allo spirito questa verità se si vogliono comprendere i movimenti intellettuali e il loro sviluppo perché i sentimenti e le aspirazioni sono i motori di ogni sforzo e di ogni creazione umana, per quanto sublime possa apparire questa creazione.

Quali sono dunque i bisogni e i sentimenti che hanno portato l'uomo all'idea e alla fede, nel significato più esteso di queste parole? Se riflettiamo a questa domanda vediamo subito che all'origine del pensiero e della vita religiosa si trovano i sentimenti più diversi.

Nell'uomo primitivo è in primo luogo la paura che suscita l'idea religiosa; paura della fame, delle bestie feroci, delle malattie, della morte. Siccome, in questo stato inferiore, le idee sulle relazioni causali sono di regola assai limitate, lo spirito umano immagina esseri più o meno analoghi a noi dalla cui volontà e dalla cui azione dipendono gli eventi avversi e temibili e crede di poter disporre favorevolmente di questi esseri con azioni e offerte, le quali, secondo la fede tramandata di tempo in tempo, devono placarli e renderli benigni. *E in questo senso io chiamo questa religione la religione del terrore; la quale, se non creata, è stata almeno rafforzata e resa stabile dal formarsi di una casta sacerdotale particolare che si dice intermediaria fra questi esseri temuti e il popolo e fonda su questo privilegio la sua posizione dominante.* Spesso il re o il capo dello stato, che trae la sua autorità da altri fattori, o anche da una classe privilegiata, unisce alla sua sovranità le funzioni sacerdotali per dare maggior fermezza al regime esistente; oppure si determina una comunanza d'interessi fra la casta che detiene il potere politico e la casta sacerdotale.

***

C'è un'altra origine dell'organizzazione religiosa: i sentimenti sociali. Il padre e la madre capi delle grandi comunità umane, sono mortali e fallibili. L'aspirazione ardente all'amore, al sostegno, alla guida, genera l'idea divina sociale e morale. E il Dio-Provvidenza che protegge, fa agire, ricompensa e punisce. È quel Dio che, secondo l'orizzonte dell'uomo, ama e incoraggia la vita della tribù, l'umanità e la vita stessa; quel Dio consolatore

---

[10] Da qui fino a «religiosi» (*infra*, p. 297) corrisponde l'articolo sul *New York Times*. I corsivi sono quelli del libro, non presenti nell'articolo.

nelle sciagure e nelle speranze deluse, protettore delle anime dei trapassati. Tale è l'idea di Dio considerata sotto l'aspetto morale e sociale.

Nelle Sacre Scritture del popolo ebreo si può seguire bene l'evoluzione della religione del terrore in religione morale che poi continua nel Nuovo Testamento. Le religioni di tutti i popoli civili, e in particolare anche dei popoli orientali, sono essenzialmente religioni morali. Il passaggio dalla religione-terrore alla religione morale costituisce un progresso importante nella vita dei popoli. *Bisogna guardarsi dal pregiudizio che consiste nel credere che le religioni delle razze primitive sono unicamente religioni-terrore e quelle dei popoli civili unicamente religioni morali. Ogni religione è in fondo un miscuglio dell'una e dell'altra con una percentuale maggiore tuttavia di religione morale nei gradi più elevati della vita sociale.*

Tutte queste religioni hanno comunque un punto comune, ed è il carattere antropomorfo dell'idea di Dio: oltre questo livello non si trovano che individualità particolarmente nobili. *Ma in ogni caso vi è ancora un terzo grado della vita religiosa*[11], *sebbene assai raro nella sua espressione pura ed è quello della religiosità cosmica. Essa non può essere pienamente compresa da chi non la sente poiché non vi corrisponde nessuna idea di un Dio antropomorfo.*

L'individuo è cosciente della vanità delle aspirazioni e degli obiettivi umani e, per contro, riconosce l'impronta sublime e l'ordine ammirabile che si manifestano tanto nella natura quanto nel mondo del pensiero. L'esistenza individuale gli dà l'impressione di una prigione e vuol vivere nella piena conoscenza di tutto ciò che è, nella sua unità universale e nel suo senso profondo. Già nei primi gradi dell'evoluzione della religione (per esempio in parecchi salmi di David e in qualche Profeta), si trovano i primi indizi della religione cosmica; ma gli elementi di questa religione sono più forti nel buddismo, come abbiamo imparato in particolare dagli scritti ammirabili di Schopenhauer.

I geni religiosi di tutti i tempi risentono di questa religiosità cosmica che non conosce né dogmi né Dei concepiti secondo

---

[11] L'originale inglese è invece «religious experience» e si potrebbe quasi soprassedere se non fosse importante ricordare che William James aveva scritto il fondamentale volume *The Varieties of Religious Experience* (1902), che certo Einstein doveva conoscere, così come doveva conoscere quello di Richard Bucke *Cosmic Consciousness* (1901) visti i suoi frequenti rimandi, anche in questo articolo, a una «religiosità cosmica» (nel testo inglese è, più precisamente, *cosmic religious sense* e *cosmic religious experience*).

l'immagine dell'uomo. Non vi è perciò alcuna Chiesa che basi il suo insegnamento fondamentale sulla religione cosmica. Accade di conseguenza che è precisamente fra gli eretici di tutti i tempi che troviamo uomini penetrati di questa religiosità superiore e che furono considerati dai loro contemporanei più spesso come atei, ma sovente anche come santi.

Sotto questo aspetto uomini come Democrito, Francesco d'Assisi e Spinoza possono stare l'uno vicino all'altro.

Come può la religiosità cosmica comunicarsi da uomo a uomo, se non conduce ad alcuna idea formale di Dio né ad alcuna teoria? Mi pare che sia precisamente la funzione capitale dell'arte e della scienza di risvegliare e mantenere vivo questo sentimento fra coloro che hanno la facoltà di raccoglierlo.

Giungiamo cosi a una concezione dei rapporti fra scienza e religione assai differente dalla concezione abituale. Secondo considerazioni storiche, si è propensi a ritenere scienza e religione antagonisti inconciliabili, e questo si comprende facilmente. L'uomo che crede nelle leggi causali, arbitro di tutti gli avvenimenti, se prende sul serio l'ipotesi della causalità, non può concepire l'idea di un Essere che interviene nelle vicende umane, e perciò la religione-terrore, come la religione sociale o morale, non ha presso di lui alcun credito; un Dio che ricompensa e che punisce è per lui inconcepibile perché l'uomo agisce secondo leggi esteriori ineluttabili e per conseguenza non potrebbe essere responsabile verso Dio, allo stesso modo che un oggetto inanimato non è responsabile dei suoi movimenti.

***

A torto si è rimproverato alla scienza di insidiare la morale. La condotta etica dell'uomo deve basarsi effettivamente sulla compassione, la educazione e i legami sociali, senza ricorrere ad alcun principio religioso. Gli uomini sarebbero da compiangere se dovessero essere frenati dal timore di un castigo o dalla speranza di una ricompensa dopo la morte.

Si capisce quindi perché la Chiesa abbia in ogni tempo combattuto la scienza e perseguitato i suoi adepti.

D'altra parte io sostengo che la religione cosmica è l'impulso più potente e più nobile alla ricerca scientifica. Solo colui che può valutare gli sforzi e soprattutto i sacrifici immani per arrivare a quelle scoperte scientifiche che schiudono nuove vie, è in grado di rendersi conto della forza del sentimento che solo può suscitare un'opera tale, libera da ogni vincolo con la via pratica immediata. Quale gioia profonda a cospetto dell'edificio del mondo e quale ardente desiderio di conoscere – sia pure limitato a qualche debole raggio dello splendore rivelato dall'ordine mirabile dell'universo

– dovevano possedere Kepler e Newton per aver potuto, in un solitario lavoro di lunghi anni svelare il meccanismo celeste! Colui che non conosce la ricerca scientifica che attraverso i suoi effetti pratici, non può assolutamente formarsi un'opinione adeguata sullo stato d'animo di questi uomini i quali, circondati da contemporanei scettici, aprirono la via a quanti compresi delle loro idee, si sparsero poi di secolo in secolo attraverso tutti i paesi del mondo. Soltanto colui che ha consacrato la propria vita a propositi analoghi può formarsi una immagine viva di ciò che ha animato questi uomini e di ciò che ha dato loro la forza di restare fedeli al loro obiettivo nonostante gli insuccessi innumerevoli. È la religiosità cosmica che prodiga simili forze.
Non è senza ragione che un autore contemporaneo ha detto che nella nostra epoca, votata in generale al materialismo, gli scienziati sono i soli uomini profondamente religiosi[12].

È giusto, in linea di principio, dare solenne testimonianza d'affetto a coloro che hanno contribuito maggiormente a nobilitare gli uomini, l'esistenza umana. Ma se si vuole anche indagare sulla natura di essi, allora si incontrano notevoli difficoltà. Per quanto riguarda i capi politici, e anche religiosi, è spesso molto difficile stabilire se costoro hanno fatto più bene che male. Di conseguenza credo sinceramente che indirizzare gli uomini alla cultura di nobili discipline e poi indirettamente elevarli, sia il servizio migliore che si possa rendere all'umanità. Questo metodo trova conferma, in primo luogo, nei cultori delle lettere, della filosofia e delle arti, ma anche, dopo di essi, negli scienziati. Non sono, è vero, i *risultati* delle loro ricerche che elevano e arricchiscono moralmente gli uomini, ma è il loro sforzo per capire, è il loro lavoro intellettuale fecondo e capace.
Il *vero valore di un uomo* si determina esaminando in quale misura e in che senso egli è giunto a liberarsi dall'io» (1930)[13].

---

[12] Termine della parte che corrisponde all'articolo sul *New York Times*.
[13] Termine delle citazioni da *Come io vedo il mondo*. L'ultima frase è stata riportata come fosse di Rol da Maria Luisa Giordano, nel volume *L'uomo che si fa medicina*, L'Età dell'Acquario, Torino, 2004, p. 120 (e anche incompleta: «Il vero valore di un uomo si determina in quale misura e in quale senso è riuscito a liberarsi dell'io»: manca «esaminando»). Ancora una volta e a distanza di anni, scopriamo uno dei problemi principali di questa testimone-autrice – sulla cui attendibilità (per plagi, fonti mancanti e travisamenti) ho spesso posto riserve – quello di aver pubblicato conversazioni dove magari Rol citava la frase di qualcuno e lei in trascrizione, invece di attribuirla alla fonte originale corretta, l'ha attribuita a Rol, con questo falsificando sia il pensiero di Rol che il contesto della citazione, che viene così privata di quel senso aggiuntivo che si avrebbe sapendo che, nel caso presente, Rol stava citando Einstein (dal libro che aveva

«Fra gli scienziati dalla mente più profonda, difficilmente ne troverete uno che sia privo di una sua religiosità, diversa però da quella dell'uomo semplice: per quest'ultimo, Dio è un essere da cui spera protezione e di cui teme il castigo... e per il quale prova un sentimento simile a quello che il figlio prova per il padre» (1934)[14].

«Lo scienziato è permeato dal senso della causalità universale... La sua religiosità consiste in un estasiato stupore davanti all'armonia delle leggi di natura che gli rivela un'intelligenza così superiore che, al suo confronto, il pensiero sistematico e le imprese umane non sono che miseri riflessi... Non c'è dubbio che sia un sentimento molto vicino a quello provato dagli spiriti religiosi di ogni tempo» (1934)[15].

«Qual è il significato della vita umana, e, più in generale, della vita di ogni creatura? Essere religiosi significa avere la risposta a questo interrogativo. Voi chiedete: è giusto porsi questa domanda? E io vi rispondo: chi non attribuisce un significato alla propria vita e a quella delle altre creature è non solo infelice, ma anche poco dotato per la vita» (1934)[16].

«Cari bambini,
mi fa tanto piacere immaginarvi tutti riuniti a far festa nello splendore delle luci natalizie. Pensate anche agli insegnamenti di Colui del quale festeggiate la nascita. Quegli insegnamenti sono così semplici e tuttavia dopo quasi duemila anni non prevalgono ancora tra gli uomini. Imparate a rallegrarvi per la felicità e la gioia dei vostri compagni a non godere della triste lotta dell'uomo contro l'uomo. Se troverà posto nel vostro cuore questo sentimento naturale, ogni vostra difficoltà nella vita diventerà leggera o almeno sopportabile; troverete la vostra strada con pazienza e senza timore, diffondendo gioia dovunque» (1935)[17].

---

nella sua biblioteca e di cui abbiamo visto le sue annotazioni a margine nelle pagine precedenti). E chissà quante altre frasi "di Rol" dei libri di Giordano sono invece citazioni da altre persone e che ancora non abbiamo scoperto. Si vedano intanto i miei precisi rilievi ne *Il simbolismo di Rol, passim*.
[14] Einstein, A., *Pensieri di un uomo curioso*, cit., p. 113 (da *The Religious Spirit of Science*, pubblicato in *Mein Weltbild*, 1934; ristampato in *Ideas and Opinions*, p. 40).
[15] *Ibidem*, p. 114
[16] *Idem* (pubblicato in *Mein Weltbild*, 1934; ristampato in *Ideas and Opinions*, p. 11).
[17] Einstein, A., *Il lato umano*, cit., pp. 31-32 (lettera del 20/12/1935).

«La ricerca scientifica è basata sul concetto che tutto quel che accade è determinato dalle leggi della natura e questo vale anche per il comportamento della gente. Per questo motivo un ricercatore scientifico non sarà propenso a credere che si possano influenzare gli avvenimenti mediante la preghiera, cioè esprimendo a un Essere sovrannaturale un nostro desiderio. Bisogna però ammettere che la nostra attuale conoscenza di queste leggi è solo incompleta e frammentaria; quindi in effetti anche la convinzione dell'esistenza di leggi fondamentali della Natura poggia su una specie di fede. Tuttavia tale fede è stata finora largamente confermata dai risultati della ricerca scientifica. Ma d'altra parte chi si impegna seriamente nella ricerca scientifica finisce sempre per convincersi che nelle leggi dell'Universo si manifesta uno Spirito infinitamente superiore allo spirito umano; noi, con le nostre deboli energie, non possiamo far altro che riconoscere la nostra inferiorità nei suoi confronti. La ricerca scientifica conduce perciò a un particolare sentimento religioso assai diverso dalla religiosità di una persona meno colta» (1936)[18].

«La nostra epoca è caratterizzata da meravigliosi successi nel campo delle scoperte scientifiche e dell'applicazione tecnica di tali scoperte. Chi non se ne rallegrerebbe? Ma non dimentichiamo che il sapere e le capacità tecniche da sole non possono garantire all'umanità una esistenza felice e dignitosa. L'umanità ha perfettamente ragione di collocare i predicatori di alti valori morali e spirituali al di sopra degli scopritori di verità obiettive. Quel che l'umanità deve a personalità come Buddha, Mosè e Gesù è, a mio avviso, infinitamente più elevato di tutti i risultati del pensiero analitico e speculativo.
Noi dobbiamo custodire e cercare di mantenere vivo con tutta la nostra forza ciò che questi santi uomini ci hanno dato per evitare che l'umanità perda la sua dignità, la certezza della sua esistenza e la sua gioia di vivere» (1937)[19].

«Il sentimento religioso destato dalla comprensione logica dei principi di interrelazioni profonde è di un genere alquanto diverso da quello comunemente definito religioso. Si tratta più di un

---

[18] *Ibidem*, pp. 30-31 (lettera del 24/01/1936 in risposta a quella di una alunna di prima media di una scuola di catechismo di New York, scritta «dietro suggerimento del suo insegnante chiedendogli se gli scienziati pregano e, in caso affermativo, con quali itenzioni» (*ib.*, p. 30). Archivio Einstein 42-601). Su questo pensiero e pagina non c'è alcuna annotazione di Rol. Certo è però che la parte finale doveva da lui essere pienamente sottoscritta.
[19] *Ibidem*, p. 65.

sentimento di timore reverenziale per l'ordinamento che si manifesta nell'universo materiale; non ci conduce a modellare un essere divino a nostra immagine, un personaggio che abbia delle esigenze nei nostri confronti, che si interessa a noi in quanto individui. Non vi è in ciò né volontà né scopo, né necessità, ma solo l'essere allo stato puro. Per questo motivo noi scienziati consideriamo la moralità una questione puramente umana, benché la più importante in questa sfera» (1939-1940)[20].

«Qualunque cosa ci sia di divino e di buono nell'universo, deve farsi strada in noi e esprimersi attraverso di noi. Non possiamo rimanere in disparte e aspettare che lo faccia Dio»[21] (1940)[22].

«La scienza senza la religione è zoppa; la religione senza la scienza è cieca» (1941)[23].

«La fonte principale degli attuali contrasti fra le sfere della religione e della scienza si trova nella concezione di un Dio personale» (1941)[24].

«Nella loro lotta per il bene etico, i dottori della fede devono trovare il coraggio di rinunciare alla dottrina di un Dio personale, vale a dire, di rinunciare a quella fonte di paura e di speranza che nel passato consegnò tanto potere nelle mani dei preti» (1941)[25].

«Quanto più l'evoluzione spirituale dell'umanità progredisce, tanto più mi sembra certo che la via verso una religiosità genuina non passi dalla paura della vita, dalla paura della morte e dalla

---

[20] *Ibidem*, p. 64. Il brano è parte della risposta di Einstein a un «rabbino di Chicago, che preparava una conferenza sulle implicazioni religiose della teoria della relatività» e che aveva scritto «a Einstein il 20 dicembre 1939, sottoponendogli alcune domande» (*id.*). Si veda la corrispondente pagina stampata con le sottolineature e annotazione di Rol a p. 290.
[21] Perfettamente d'accordo.
[22] Einstein, A., *Pensieri di un uomo curioso,* cit., p. 114 (dalla registrazione di una conversazione con Algernon Black, autunno 1940; Archivio Einstein 54-834).
[23] *Ibidem*, p. 115 («da *Science and Religion,* una relazione scritta per un convegno del 1941 a New York, sul modo in cui la scienza, la filosofia e la religione potevano contribuire alla causa della democrazia americana» (*id.*); Archivio Einstein 28-523; in *Ideas and Opinions,* pp. 41-49).
[24] *Id.* (*ibidem*, p. 47).
[25] *Id.* (*ibidem*, p. 48).

fede cieca, ma dalla ricerca di una conoscenza razionale»
(1941)[26].

«È del tutto plausibile che si possano compiere imprese più grandi
di quelle di Gesù, infatti, tutto quello che la Bibbia scrive di lui è
poeticamente abbellito» (1943)[27].

«È il contenuto... simbolico delle tradizioni religiose a entrare più
facilmente in contrasto con la scienza...[28] È dunque estremamente
importante, per salvaguardare la vera religione, che non si giunga
a un conflitto per cose che, in realtà, non sono essenziali per gli
scopi della religione stessa» (1948)[29].

«La mia posizione riguardo a Dio è quella dell'agnostico. Sono
convinto che una forte coscienza dell'importanza primaria di
principi morali, capaci di rendere la vita più degna e nobile, non
ha bisogno di un legislatore che operi con il metodo del premio e
del castigo» (1950)[30].

«Non ho trovato una parola migliore di "religione" per definire la
fiducia nella natura razionale della realtà, per quanto sia
accessibile alla ragione. Ogni volta che questo sentimento è
assente, la scienza degenera in un piatto empirismo» (1951)[31].

«Il mio sentimento è religioso nel senso che sono intimamente
convinto che la nostra mente sia incapace di capire fino in fondo
l'armonia dell'universo, anche se tentiamo di formularla con le
nostre "leggi di natura"» (1952)[32].

---

[26] *Ibidem*, p. 116 (*ibidem*, p. 49).
[27] *Idem* (Archivio Einstein 55-285; citato in W. Hermanns, *A Talk with Einstein*, ottobre 1943).
[28] Penso invece il contrario: nel momento in cui si conosca che cosa i simboli rappresentino, ovvero cosa sintetizzino e a cosa rimandino, si troverà che la loro base si presta perfettamente all'analisi scientifica. Il *Cuore della Religione* è infatti eminentemente sperimentale. Einstein era fermo alla superficie delle religioni, alla loro maschera *exoterica*, popolare.
[29] *Ibidem*, pp. 116-117 (dichiarazione al Liberal Ministers' Club, New York City. Pubblicato in *The Christian Register*, giugno 1948).
[30] *Ibidem*, p. 117 (Lettera a M. Berkowitz, 25 ottobre 1950, Archivio Einstein 59-215). Einstein aveva ragione, ma quanti erano e sono in grado di forgiarsi «una forte coscienza»? Su premio e castigo, rimando a quanto ho detto in precedenza.
[31] *Idem* (lettera a Maurice Solovine, 01/01/1951, Archivio Einstein 21-474, 80-871; pubblicato in *Letters to Solovine,* p. 119).
[32] *Ibidem*, pp. 117-118 (lettera a Beatrice Frohlich, 17/12/1952, Archivio Einstein 59-797).

«L'idea di un Dio personale mi è del tutto estranea e mi sembra perfino ingenua» (1952)[33].

«Ipotizzare l'esistenza di un essere intangibile ... non facilita la comprensione dell'ordine che troviamo nel mondo tangibile»[34] (1953)[35].

«Non credo nell'immortalità dell'individuo e considero che l'etica sia un interesse esclusivamente umano che non deriva da alcuna autorità sovrannaturale»[36] (1953)[37].

«Se Dio ha creato il mondo, non possiamo dire che si sia preoccupato molto di facilitarne la comprensione»[38] (1954)[39].

«Non credo in un Dio personale, né ho mai negato questo fatto, anzi ho sempre espresso chiaramente il mio parere in proposito. Se c'è in me qualcosa che si possa definire sentimento religioso, è proprio quella infinita ammirazione per la struttura del mondo rivelata dalle scoperte della scienza» (1954)[40].

«Sono un non credente profondamente religioso... In un certo senso è un nuovo genere di religione» (1954)[41].

---

[33] *Idem.*
[34] Se però sostituiamo l'«essere» con una *forza impersonale intelligente*, la cui realtà è stata percepita, sentita, penetrata, usata e mostrata da alcuni grandi Maestri sin dall'antichità, vale a dire non un "personaggio" da "ipotizzare" e in cui credere, ma una *potenza da esperire e di cui farsi procuratori*, ecco che il quadro cambia di molto, arrivando inevitabilmente a «facilita[re] la comprensione dell'ordine che troviamo nel mondo tangibile».
[35] *Ibidem*, p. 118 (lettera a uno studente dell'Iowa che aveva chiesto "Cos'è Dio?", luglio 1953, Archivio Einstein 59-085).
[36] Di nuovo, l'ipotetica «autorità sovrannaturale» prende forma e acquista di senso quando la si collochi nella giusta prospettiva, che non è ovviamente quella antropomorfa, bensí quella della *forza impersonale intelligente* e del principio di azione e reazione (e connessi).
[37] Einstein, A., *Il lato umano*, cit., p. 37 (luglio 1953, Archivio Einstein 36-553).
[38] Questo perché l'essere umano è ancora un bambino che a malapena ha iniziato a camminare. Un tal bambino potrebbe, per esempio, capire la scienza di Einstein? No, gli ci vogliono ancora alcuni anni, e non si può certo accusare Einstein di non essersi «preoccupato molto di facilitarne la comprensione». Ogni cosa ha il suo tempo.
[39] Einstein, A., *Pensieri di un uomo curioso,* cit., p. 118 (lettera a David Bohm, 10/02/1954, Archivio Einstein 8-041).
[40] Einstein, A., *Il lato umano*, cit., p. 41 (lettera a un ammiratore, 24/03/1954, Archivio Einstein 39-525).
[41] Einstein, A., *Pensieri di un uomo curioso,* cit., p. 119 (lettera a Hans Muehsam, 30/03/1954, Archivio Einstein 38-434).

«Non cerco di immaginare un Dio; mi basta guardare con stupore e ammirazione la struttura del mondo, per quanto essa si lascia cogliere dai nostri sensi inadeguati» (1954)[42].

«Non ho mai attribuito alla Natura un'intenzione o uno scopo o qualsiasi altra cosa che possa essere interpretata in chiave antropomorfica. Quel che vedo nella Natura è una struttura magnifica che possiamo capire solo in maniera molto imperfetta, e che dovrebbe riempire di un senso di umiltà qualsiasi persona razionale. È un sentimento autenticamente religioso che non ha niente a che fare con il misticismo»[43] (1954 o 1955)[44].

«Il valore morale di un uomo non si misura sulla base delle sue credenze religiose ma piuttosto sugli impulsi emotivi che ha ricevuto dalla natura durante la sua vita» (1955)[45].

«Così sono giunto... a una religiosità profonda che tuttavia è arrivata bruscamente al termine all'età di 12 anni. Attraverso la lettura di libri di divulgazione scientifica, mi ero convinto ben presto che molte delle storie che raccontava la Bibbia non potevano essere vere...[46] Da questa esperienza mi è venuto un atteggiamento di sospetto contro ogni genere di autorità... e non mi ha mai più abbandonato»[47].

---

[42] *Idem* (lettera a S. Flesch, 16/04/1954, Archivio Einstein 30-1154).
[43] Si veda questo pensiero commentato da Rol e mio relativo commento, a p. 284.
[44] *Idem* (citato in Dukas e Hoffmann, *Albert Einstein, the Human Side,* p. 39).
[45] *Idem* (a sorella Margrit Goehner, febbraio 1955, Archivio Einstein 59-831).
[46] Anche io sono passato da questa fase, tanto più che andavo in una scuola cattolica e quindi la religione era materia dominante. Poi però non mi sono fermato a questa prima superficiale scoperta o constatazione e mi sono chiesto, ad esempio, per quale ragione certi numeri ricorrevano più di altri, e in alcuni casi erano piuttosto insensati. O almeno, così *apparivano*. Molti anni dopo, dopo aver rimosso gli strati interpretativi superficiali come fossero pellicole protettive ma anche un po' deformanti, arrivai a quello che ritengo lo strato primario, di base, ovvero alla concezione che la Bibbia sia uno straordinario *trattato di Yoga* abbellito e camuffato in una forma narrativa di più o meno facile comprensione per quelle che più sopra ho chiamato le "menti semplici". Ho poi scoperto che anche altri importanti testi sacri hanno codificato in se stessi analoghi "trattati". Chi conosca del resto la *Scienza dello Yoga* saprà anche che non esiste sistema sperimentale più completo ed efficiente per giungere allo stato di illuminazione, ciò che è poi il *Cuore* e la ragione di essere di tutte le religioni, al netto delle regole di convivenza civica o degli insegnamenti morali ed etici.
[47] *Ibidem*, p. 120 (citato in Schilpp, *Albert Einstein: Philosopher-Scientist,* p. 9).

«Fuori c'era questo enorme mondo, che esiste indipendentemente da noi esseri umani e che ci sta di fronte come un grande, eterno enigma, accessibile solo parzialmente alla nostra osservazione e al nostro pensiero. La contemplazione di questo mondo mi attirava come una liberazione, e ho notato ben presto che, nel dedicarsi ad essa, molti degli uomini che avevo imparato a stimare e ad ammirare avevano trovato la libertà e la sicurezza interiore»[48].

«La mia religione consiste in una umile ammirazione dello spirito superiore e infinito, il quale si rivela nei dettagli minuti che riusciamo a percepire con le nostre menti fragili e deboli. Ecco la mia idea di Dio, la convinzione profondamente emotiva della presenza di una razionalità suprema che si rivela nell'universo incomprensibile» (1955)[49].

«Le idee provengono da Dio»[50].

***

Dopo queste citazioni dirette, ecco altri commenti di biografi di Einstein:

«La "religione" di Einstein, come ha spiegato spesso, era fatta di rispetto e di meraviglia davanti al cosmo, di devota umiltà davanti all'armonia della natura, non era una fede in un Dio personale capace di controllare la vita dei singoli»[51].

«La sua fede – la sua fede religiosa – nella semplicità, la bellezza e sublimità dell'Universo era la principale fonte di ispirazione della sua scienza. Infatti il suo metodo di valutare una teoria scientifica era quello di domandarsi se, al posto di Dio, avrebbe fatto l'Universo in quel modo»[52].

«Einstein parlava di Dio così spesso che mi è venuto il sospetto che fosse un teologo clandestino»[53].

---

[48] *Idem* (*ibid.* p. 95).
[49] *Ibidem*, p. 121 (citato nel necrologio del *New York Times*, 19/04/1955).
[50] Hoffmann, B. e Dukas, H., *Albert Einstein. Creatore e ribelle*, Bompiani, Milano, 2002, p. 117.
[51] Alice Calaprice in: Einstein, A., *Pensieri di un uomo curioso,* cit., p. 109.
[52] Helen Dukas e Banesh Hoffmann, in: Einstein, A., *Il lato umano*, cit., p. 62.
[53] Friedrich Dürrenmatt, *Albert Einstein: Ein Vortrag*, Diogenes, Zurigo, 1979, p. 12, cit. in: *Pensieri di un uomo curioso*, p. 173.

«Sarebbe erroneo pensare a Einstein come a un ebreo rispettoso del rituale. Era un uomo religiosissimo, ma le sue credenze religiose, troppo profonde perché possano essere descritte a parole in modo adeguato, si avvicinavano a quelle del filosofo ebreo del diciassettesimo secolo Spinoza, che gli ebrei avevano scomunicato. Einstein, con la sua umiltà, il suo timore reverenziale, il suo stupore, e la sensazione di essere tutt'uno con l'universo, appartiene ai grandi mistici religiosi. In una lettera del 1929, parlò di se stesso come di un "discepolo" di Spinoza, che considerava tutta la natura come Dio. Poco prima, quando gli era stato domandato, via cavo transatlantico, se credesse in Dio, aveva risposto con il seguente cablogramma: "Credo nel Dio di Spinoza che si rivela nell'ordinata armonia di ciò che esiste, non in un Dio che si occupa delle sorti e delle azioni degli esseri umani." Il suo atteggiamento nei confronti di Spinoza era di profondo rispetto. (…) In una lettera del 1946, Einstein parlò di Spinoza come di "uno dei più profondi e più puri spiriti che il nostro popolo ebraico abbia prodotto". E l'anno successivo, quando gli fu chiesto di riassumere i suoi punti di vista sulla fede in un Essere Supremo, scrisse in inglese:

> A me sembra che l'idea di un Dio personale sia un concetto antropologico impossibile a prendersi sul serio. Mi sento inoltre incapace di immaginare una qualche volontà o un qualche scopo al di fuori della sfera umana. I miei punti di vista sono vicini a quelli di Spinoza: ammirazione per la bellezza e fede nella semplicità logica dell'ordine e dell'armonia che noi possiamo recepire umilmente e soltanto imperfettamente. Credo che dobbiamo accontentarci della nostra conoscenza imperfetta, della nostra imperfetta comprensione e considerare i valori e gli obblighi morali come un problema puramente umano – il più importante di tutti i problemi umani.

Queste espressioni possono sembrare abbastanza esplicite. Eppure sono troppo spoglie. Lasciano sfuggire molto di Spinoza e di Einstein. Ed Einstein si serve spesso della parola "Dio" come di una metafora che può benissimo trascenderle»[54].

«Come era solito fare quando affrontava profondi problemi scientifici, egli cercò di considerare le cose dal punto di vista di

---

[54] Hoffmann, B. e Dukas, H., *Albert Einstein*, cit., pp. 110-111.

Dio. Era possibile che Dio avesse creato un universo probabilistico? Einstein sentì che la risposta doveva essere un no. Se Dio era stato capace di creare un universo nel quale gli scienziati riuscivano a discernere leggi scientifiche, allora Dio era capace di creare un universo governato completamente da tali leggi. Non avrebbe mai creato un universo nel quale fosse stato costretto a prendere, in ogni momento, decisioni casuali concernenti il comportamento di ogni singola particella. Tutto ciò non era qualcosa che Einstein potesse provare. Si trattava di una questione di fede, di sentimento e di intuizione. Potrà forse sembrare ingenuo, ma era profondamente radicato, e l'intuizione fisica di Einstein, sebbene non infallibile, senza dubbio gli era stata di grande aiuto. L'intera scienza è basata sulla fede. I molti strani sviluppi che abbiamo già veduto – tra i quali la teoria iniziale di Bohr – avrebbero dovuto persuaderci che la grande scienza non è edificata sulla fredda logica.

Einstein compendiò le sue impressioni intuitive della teoria quantistica con la frase pittoresca *Gott würfelt nicht,* e si avvalse di essa in varie forme e in molte occasioni. Può essere goffamente tradotta con "Dio non gioca ai dadi". Ma ecco una traduzione del poeta Jean Untermeyer che ha qualcosa della magia e della maestosità tipiche della grande arte e della grande scienza:

Dio trae il dado, non i dadi.

Anche Bohr tradusse la frase di Einstein. Diffidando dei ragionamenti con i quali si ascrivono attributi a Dio nel linguaggio di ogni giorno, egli tradusse la parola "Gott" non con "Dio", ma con "le autorità provvidenziali". Forse possiamo scorgere in ciò un indizio della differenza tra il modo di vedere di Bohr e di Einstein in fatto di problemi scientifici. Eppure, in una lettera scritta nel 1945 a qualcuno che si era informato sulle sue credenze religiose, lo stesso Einstein disse: "È sempre ingannevole servirsi di concetti antropologici parlando di cose situate oltre la sfera umana – si tratta di analogie infantili." Questo sembrerebbe accordarsi con la diffidenza di Bohr nei riguardi dei ragionamenti su un Dio che non giocava a dadi. Tuttavia, in una lettera scritta a un libero pensatore nel 1953, Einstein spiegò che, con quel Dio che non giocava a dadi, egli intendeva "non Jahvé o Giove, ma il Dio immanente di Spinoza". E nella già citata lettera del 1945 Einstein continuava dicendo, come gli accadeva spesso di dire: "Dobbiamo ammirare in umiltà la meravigliosa armonia della struttura di questo mondo, sin dove possiamo capirla. Questo è tutto." Così sembrerebbe che per Einstein l'armonia dell'universo verrebbe alterata se, per servirsi della sua metafora, Dio giocasse ai dadi. Quando un Einstein si serve di un ragionamento in fisica, esso ha un peso enorme, anche se viene espresso nei termini di una metafora. Nonostante le sue molte asserzioni, non sappiamo che cosa intendesse realmente Einstein con la parola Dio. Nell'opera scientifica di Einstein, Dio era il principio animatore, un concetto mal definito, poiché chi mai può definire Dio?... ma un simbolo non soltanto della passione di Einstein per il meraviglioso e il bello, bensì anche di quel senso intuitivo di comunione con l'universo che fu il marchio del suo genio; un'altra parola che sfida i nostri tentativi di definizione»[55].

«Ernst Straus, che lavorò con lui all'Institute for Advanced Study, (...) riferisce inoltre che "spesso quando [Einstein] rilevava un aspetto soddisfacente, diceva esultante: "Questo è così semplice che Dio non avrebbe potuto ignorarlo"»[56].

« Una sera a Berlino[57], Einstein ed Elsa erano a una cena quando un ospite disse di credere all'astrologia. Einstein dichiarò che era pura superstizione. Un altro ospite intervenne criticando in modo analogo la religione. Anche la fede in Dio, insisteva, era superstizione.
A questo punto il padrone di casa cercò di metterlo a tacere appellandosi al fatto che anche Einstein nutriva convinzioni religiose.
«Non è possibile!» ribatté l'ospite scettico, e chiese ad Einstein se era davvero religioso.
«Sì, si può dire così» rispose tranquillamente Einstein. «Cercando di penetrare con i nostri mezzi limitati i segreti della natura si scopre che, dietro tutte le leggi e le connessioni discernibili, rimane qualcosa di elusivo, intangibile e inesplicabile. La venerazione di questa forza che va oltre qualunque cosa noi possiamo comprendere è la mia religione. In questo senso sono effettivamente religioso.»[58]

---

[55] *Ibidem*, pp. 216-218.
[56] *Ibidem*, p. 255.
[57] Da qui a p. 315 cito da Walter Isaacson, *Einstein. La sua vita, il suo universo*, Mondadori, Milano, 2016, pp. 371-378. Alcune frasi le abbiamo già viste avulse tratte da altre fonti, ma ho ritenuto più utile ripeterle invece che ometterle per non mutilare l'appropriato quadro d'insieme fornito da Isaacson.
[58] *Nota dell'autore*: Charles Kessler (a cura di), *The Diaries of Count Harry Kessler*, New York, Grove Press 2002 (originale tedesco *Harry Graf Kessler Tagebücher)*, p. 322 (annotazione del 14 giugno 1927); Jammer, *Einstein and Religion*, cit., p. 40.

Da bambino Einstein aveva attraversato una fase di esaltazione religiosa, cui poi si era ribellato. Per i tre decenni successivi aveva evitato di pronunciarsi molto sull'argomento. Ma intorno al cinquantesimo compleanno cominciò a esprimere in modo più chiaro – in vari scritti, interviste e lettere – il suo apprezzamento sempre più profondo per le proprie radici ebraiche e, in maniera parallela e indipendente, la sua «fede» in Dio, sebbene il suo concetto di Dio fosse piuttosto impersonale, deistico.

C'erano probabilmente molte ragioni per questo cambiamento, oltre alla naturale propensione alle riflessioni sull'eterno che può manifestarsi all'età di cinquant'anni. L'affinità che sentiva per i fratelli ebrei a causa della loro diuturna oppressione risvegliò parte dei suoi sentimenti religiosi. Ma più che altro le sue convinzioni sembravano derivare dal senso di meraviglia e di ordine trascendente che aveva conosciuto nel suo lavoro scientifico.

Nel cogliere la bellezza delle sue equazioni del campo gravitazionale come nel respingere l'indeterminazione della meccanica quantistica, manifestava una fede profonda nel carattere ordinato dell'universo. Era questa la base della sua concezione scientifica e anche di quella religiosa. «La massima soddisfazione per una persona che si occupa di scienza» scrisse nel 1929, è di arrivare alla conclusione «che Dio stesso non avrebbe potuto organizzare queste connessioni in nessun altro modo se non quello esistente, come non avrebbe potuto fare del quattro un numero primo.»[59]

Per Einstein, come per la maggior parte delle persone, credere in qualcosa di più grande di sé stessi divenne un sentimento determinante, che produceva in lui una mescolanza di fiducia e umiltà, soffusa di amabile candore. Data la sua tendenza all'egocentrismo, erano doni del cielo. Insieme all'umorismo e alla consapevolezza di sé, lo aiutarono a evitare la pretenziosità e la vanagloria che avrebbero potuto affliggere la mente più famosa del mondo.

I suoi sentimenti religiosi di timore reverenziale e umiltà ispiravano anche il suo senso della giustizia sociale, che lo spingeva a ritrarsi dai segni della gerarchia e della distinzione di classe, a evitare il consumo eccessivo e il materialismo e a consacrarsi agli sforzi in favore dei profughi e degli oppressi.

Poco dopo il cinquantesimo compleanno Einstein diede una sorprendente intervista in cui fu più esplicito di quanto fosse mai

---

[59] *Nota dell'autore*: A.E., *Über den gegenwärtigen Stand der Feldtheorie (Sullo stato attuale della teoria del campo)*, in *Festschrift Prof Dr. A. Stodola überreicht,* Füssli, Zùrich, 1929, pp. 126-32, AEA, 4-38.

stato sulle sue convinzioni religiose. Ne parlò con (…) George Sylvester Viereck (…).
In che misura lei è influenzato dal cristianesimo? «Da bambino sono stato istruito sia sulla Bibbia sia sul Talmud. Sono un ebreo, ma sono affascinato dalla figura luminosa del nazareno.»
Lei accetta l'esistenza storica di Gesù? «Senza il minimo dubbio! Nessuno può leggere i Vangeli senza avvertire la presenza reale di Gesù. La sua personalità pulsa in ogni parola. Nessun mito è così pieno di vita.»
Lei crede in Dio? «Non sono un ateo. Il problema è troppo vasto per le nostre menti limitate. Siamo nella posizione di un bimbetto che entra in un'immensa biblioteca piena di libri scritti in molte lingue. Il bambino sa che qualcuno deve aver scritto questi libri. Ma non sa come. Non capisce le lingue in cui sono scritti. Intuisce indistintamente un ordine misterioso nella disposizione dei libri, ma non sa quale sia. Questo, mi sembra, è l'atteggiamento anche del più intelligente degli esseri umani verso Dio. Vediamo un universo meravigliosamente organizzato che obbedisce a certe leggi, ma comprendiamo solo indistintamente queste leggi.»
Questo è un concetto ebraico di Dio? «Sono un determinista. Non credo nel libero arbitrio. Gli ebrei credono nel libero arbitrio. Credono che l'uomo decida della propria vita. Io respingo questa dottrina. Per questo aspetto non sono un ebreo.»
Questo è il Dio di Spinoza? «Sono affascinato dal panteismo di Spinoza, ma ammiro ancora di più il suo contributo al pensiero moderno perché è il primo filosofo ad aver trattato corpo e anima come un tutt'uno, e non come due cose separate.»
Come era arrivato alle sue idee? «Ho abbastanza senso artistico per attingere liberamente alla mia immaginazione. L'immaginazione è più importante della conoscenza. La conoscenza è limitata. L'immaginazione racchiude il mondo.»[60]
Lei crede nell'immortalità? «No. E una vita è sufficiente per me.»[61]
Einstein cercò di esprimere queste idee chiaramente, sia per sé stesso sia per tutti coloro che volevano da lui una risposta semplice sul suo credo. Nell'estate del 1930, tra riflessioni e gite in barca a vela a Caputh, scrisse un saggio intitolato *Ciò in cui*

---

[60] Per Rol, «l'immaginazione è la più scientifica delle facoltà» (cit. in Giordano, M.L., *Rol mi parla ancora*, cit., p. 149).
[61] *Nota dell'autore*: Viereck, *Glimpses of the Great,* cit., pp. 372-78. In generale si sono seguite la traduzione e la parafrasi date in Denis Brian, *The Unexpected Einstein,* Hoboken (NJ), Wiley, 2005, pp . 185-86, e in Calaprice, *The New Expanded Quotable Einstein,* cit. Vedi anche Jammer, *Einstein and Religion,* cit., p.22.

credo, che si concludeva con una spiegazione di che cosa intendeva quando si definiva religioso (...)[62].

La gente trovò il testo suggestivo, vi vide addirittura una fonte di ispirazione, tanto che vi furono diverse ristampe in varie traduzioni. Ma, com'era prevedibile, il saggio non soddisfaceva coloro che volevano una risposta semplice e diretta alla domanda se Einstein credeva in Dio. Di conseguenza, la mania di strappare allo scienziato una risposta lapidaria a quella domanda sostituì la precedente mania di fargli dare una spiegazione della relatività in una sola frase.

Un banchiere del Colorado scrisse di aver già raccolto le risposte di ventiquattro vincitori di premi Nobel alla domanda se credevano in Dio, e chiese ad Einstein di rispondere anche lui. «Non riesco a concepire un Dio personale che influisca direttamente sulle azioni degli individui o che giudichi direttamente le proprie creature» scarabocchiò Einstein sulla lettera. «La mia religiosità consiste in un'umile ammirazione dello spirito infinitamente superiore che si rivela in quel poco che noi, con la nostra ragione debole ed effimera, possiamo capire della realtà. Tale convinzione, carica di profonda emotività, della presenza di una forza raziocinante superiore, che si rivela nell'universo incomprensibile, costituisce la mia idea di Dio.»[63]

Una ragazzina di undici anni di una scuola domenicale di istruzione religiosa di New York pose la domanda in forma leggermente diversa. «Gli scienziati pregano?» chiese. Einstein la prese sul serio. «La ricerca scientifica si basa sull'idea che tutto ciò che accade sia determinato dalle leggi di natura, e ciò vale anche per le azioni della gente» spiegò. «Per questa ragione, uno scienziato difficilmente sarà incline a credere che gli eventi possano essere influenzati da una preghiera, cioè da una richiesta rivolta a un Essere soprannaturale.»

Ciò non significava, però, che non vi fosse un Onnipotente, uno spirito più grande di noi. Come Einstein spiegò ancora alla ragazzina,

> Chiunque sia seriamente interessato alla ricerca scientifica finisce per convincersi che nelle leggi dell'universo si manifesti uno spirito: uno spirito enormemente superiore a quello dell'uomo, di fronte al quale noi con le nostre modeste forze dobbiamo sentirci umili. In questo modo il perseguimento della scienza conduce a un sentimento religioso di un tipo speciale,

---

[62] Cfr. *supra,* p. 291.
[63] *Nota dell'autore*: A.E. a M. Schayer, 5 agosto 1927, AEA 48-380; trad. it. parziale in Dukas e Hoffmann, *Albert Einstein. Il lato umano,* cit., p. 61.

che in effetti è del tutto diverso dalla religiosità delle persone più ingenue⁶⁴.

Per alcuni, soltanto una risposta che parlasse di una fede senza ombre in un Dio personale che controlla le nostre vite quotidiane poteva essere soddisfacente, e le idee di Einstein su uno spirito cosmico impersonale, come le sue teorie della relatività, meritavano di essere definite per quello che erano. «Dubito molto seriamente che Einstein stesso sappia davvero dove vuole arrivare» disse il cardinale di Boston William Henry O'Connell. Ma una cosa appariva chiara. Era un punto d'arrivo senza Dio. «Il risultato di questo dubbio e della confusa speculazione sul tempo e lo spazio è un mantello sotto il quale si nasconde l'orrendo fantasma dell'ateismo.»⁶⁵

Questo fragoroso attacco pubblico da parte di un cardinale indusse il noto capo ebreo ortodosso di New York, il rabbino Herbert S. Goldstein, a inviare ad Einstein un telegramma decisamente drastico: «Lei crede in Dio? Stop. Risposta pagata. Cinquanta parole». Einstein utilizzò poco più della metà del numero di parole assegnatogli per quella che sarebbe diventata la versione più famosa di una risposta spesso ripetuta: «Credo nel Dio di Spinoza, che si rivela nell'armonia governata da leggi di tutto ciò che esiste, ma non in un Dio che si preoccupa del destino e delle azioni dell'umanità»⁶⁶.

La risposta di Einstein non era tranquillizzante per tutti. Alcuni ebrei osservanti, per esempio, fecero notare che Spinoza era stato scomunicato ed espulso dalla comunità ebraica di Amsterdam per aver sostenuto queste idee e per soprappiù era stato condannato anche dalla Chiesa cattolica. «Il cardinale O'Connell avrebbe fatto bene a non attaccare la teoria di Einstein» disse un rabbino del Bronx. «Einstein avrebbe fatto meglio a non proclamare la sua incredulità in un Dio che si preoccupa dei destini e delle azioni degli individui. Entrambi hanno fatto affermazioni fuori dalla loro giurisdizione.»⁶⁷

---

⁶⁴ *Nota dell'autore*: A.E. a Phyllis Wright, 24 giugno 1936, AEA52-337.
⁶⁵ *Nota dell'autore*: *Passover,* in «Time», 13 maggio 1929.
⁶⁶ *Nota dell'autore*: A.E. a Herbert S. Goldstein, 25 aprile 1929, AEA 33-272; *Einstein Believes in Spinoza's God,* in «New York Times», 25 aprile 1929; Holton, *Einstein's Third Paradise,* cit. Goldstein era il rabbino dell'Institutional Synagogue di Harlem e presidente di vecchia data dell'Union of Orthodox Jewish Congregations of America.
⁶⁷ *Nota dell'autore*: Rabbino Jakob Katz della Montefiore Congregation, citato su «Time», 13 maggio 1929.

Tuttavia, la maggior parte delle persone era soddisfatta, che fosse pienamente d'accordo o no, perché era in grado di comprendere e valutare quello che Einstein stava dicendo. L'idea di un Dio impersonale, la cui azione si riflette nello splendore della creazione ma che non interferisce nell'esistenza quotidiana, fa parte di una tradizione rispettabile sia in Europa sia in America. Si ritrova in alcuni dei filosofi preferiti di Einstein, e si accorda in senso generale con le credenze religiose di molti dei fondatori degli Stati Uniti, come Jefferson e Franklin.

Alcuni credenti liquidano le frequenti chiamate in causa di Dio da parte di Einstein come una mera figura retorica. E altrettanto fanno alcuni non credenti. C'erano diverse espressioni, a volte scherzose, che Einstein usava, e che andavano da *der Herrgott* (il Signore Iddio) a *der Alte* (il Vecchio). Ma non era nello stile di Einstein parlare in modo insincero per apparire in accordo con le opinioni correnti. Anzi, proprio il contrario. Quindi dovremmo senz'altro prenderlo in parola quando insiste, a più riprese, che quelle espressioni cui spesso ricorreva non erano un semplice espediente semantico per dissimulare il fatto che in realtà era un ateo.

Per tutta la vita, con coerenza, respinse l'accusa di essere ateo. «Ci sono persone che affermano che Dio non c'è» disse a un amico. «Ma quello che mi fa veramente andare in collera è che citino me a sostegno di simili idee.»[68]

A differenza di Sigmund Freud, di Bertrand Russell o di George Bernard Shaw, Einstein non avvertì mai l'esigenza di denigrare coloro che credono in Dio; anzi, tendeva piuttosto ad attaccare gli atei. «Ciò che mi divide da molti dei cosiddetti atei è un senso di estrema umiltà verso i misteri inaccessibili dell'armonia del cosmo» spiegava[69].

In effetti Einstein tendeva a essere più critico verso gli scettici, che sembravano privi di umiltà o di senso della meraviglia, che verso i credenti. «Gli atei fanatici» spiegò in una lettera «sono simili a schiavi che ancora avvertano il peso delle loro catene, di cui si sono liberati dopo una dura lotta. Sono creature che – nel loro rancore contro la religione tradizionale vista come "oppio dei popoli" – non riescono a sentire la musica delle sfere.»[70]

Più tardi Einstein avrebbe avuto uno scambio epistolare su questo argomento con un guardiamarina della U.S. Navy che non aveva

---

[68] *Nota dell'autore*: Calaprice, *The New Expanded Quotable Einstein,* cit., p. 214; A.E. a Hubertus zu Löwenstein, circa 1941, nel libro di Löwenstein, *Towards the Further Shore,* London, Victor Gollancz, 1968, p. 156.
[69] *Nota dell'autore*: A.E. a Joseph Lewis, 18 aprile 1953, AEA 60-279.
[70] *Nota dell'autore*: A.E. a un destinatario ignoto, 7 agosto 1941, AEA 54-927.

mai conosciuto. Era vero, gli chiese il marinaio, che Einstein era stato convertito alla fede in Dio da un prete gesuita? Questo era assurdo, rispose Einstein. E proseguì dicendo che considerava la fede in un Dio simile a una figura paterna come il frutto di «puerili analogie». Einstein gli avrebbe permesso, chiese il marinaio, di citare la sua risposta nelle discussioni con i suoi compagni di bordo più religiosi? Lo scienziato lo mise in guardia da un'eccessiva semplificazione. «Lei mi può definire un agnostico, ma io non condivido lo spirito di crociata degli atei professionisti, il cui fervore è in gran parte dovuto a un penoso atto di liberazione dalle catene dell'indottrinamento religioso ricevuto in gioventù» spiegò. «Io preferisco l'atteggiamento di umiltà che corrisponde alla debolezza della nostra comprensione intellettuale della natura e del nostro stesso essere.»[71]

Che rapporto c'era tra questa pulsione religiosa e la sua scienza? Il bello della fede era per lui che, invece di entrare in conflitto con il suo lavoro scientifico, lo informava e lo ispirava. «La religiosità cosmica» disse «costituisce il più forte e nobile impulso alla ricerca scientifica.»[72]

In seguito Einstein spiegò la sua visione del rapporto tra scienza e religione a un convegno sul tema presso il seminario della Union Theological a New York. Il compito della scienza, disse, è di accertare come stiano le cose, non di valutare i pensieri e le azioni degli esseri umani in merito a come *dovrebbero* stare. La religione ha il compito opposto. Eppure a volte gli sforzi di entrambe convergono. «La scienza può essere opera soltanto di coloro che partecipano profondamente dell'aspirazione alla verità e alla conoscenza» disse. «E la sorgente di questo sentimento sgorga dalla sfera della religione.»

Il discorso ebbe ampio spazio sulle prime pagine dei giornali e la lapidaria conclusione di Einstein divenne famosa: «Si può definire la situazione con un'immagine: la scienza senza la religione è zoppa, la religione senza la scienza è cieca».

Ma c'era un concetto religioso, proseguì Einstein, che la scienza non poteva accettare: una divinità che interferisse a proprio capriccio negli eventi della sua creazione o nelle vite delle sue creature. «La fonte principale dei conflitti odierni tra la sfera della religione e quella della scienza risiede in questo concetto di un Dio personale» sostenne. Gli scienziati mirano a svelare le leggi immutabili che governano la realtà, e nel farlo devono respingere

---

[71] *Nota dell'autore*: Guy Raner Jr. ad A.E., 10 giugno 1948, AEA 57-287; A.E. a Guy Raner Jr., 2 luglio 1948, AEA 57-288; A.E. a Guy Raner Jr., 28 settembre 1949, AEA 57-289.]
[72] In nota cita l'articolo del NYT del 1930.

l'idea che la volontà divina, e a maggior ragione quella umana, svolga un ruolo che violerebbe la causalità cosmica[73].

La fede nel determinismo causale, che era connaturata alla visione scientifica di Einstein, non soltanto era in conflitto con il concetto di un Dio personale; era incompatibile, almeno nella mente di Einstein, anche con il libero arbitrio umano. Pur essendo Einstein un uomo profondamente morale, la sua fede nel determinismo rigoroso gli rendeva difficile accettare l'idea di scelta morale e di responsabilità individuale che sta al cuore della maggior parte dei sistemi etici.

I teologi ebrei come quelli cristiani hanno generalmente ritenuto che gli uomini siano dotati di libero arbitrio e siano responsabili delle loro azioni, liberi anche di scegliere, come accade nella Bibbia, di disobbedire agli ordini di Dio, nonostante appaia in contrasto con la credenza che Dio sia onnisciente e onnipotente.

Einstein invece credeva, come Spinoza[74], che le azioni di una persona fossero altrettanto determinate quanto il comportamento di una palla da biliardo, di un pianeta o di una stella. «Gli esseri umani nei loro pensieri, nei loro sentimenti e nelle loro azioni non sono liberi, ma sono causalmente vincolati come le stelle nei loro moti» affermò Einstein in una dichiarazione alla Spinoza Society of America nel 1932[75].

Le azioni degli esseri umani, credeva, sono determinate, al di fuori del loro controllo, da leggi sia fisiche sia psicologiche. Era questo un concetto che aveva tratto anche dalla lettura di Schopenhauer, cui attribuì, nel suo scritto del 1930 *Ciò in cui credo,* una massima conforme:

> Non credo affatto nella libertà dell'uomo, intesa in senso filosofico. Ciascuno di noi agisce sotto l'impulso di una forza esterna, ma anche secondo una necessità interiore. Il detto di Schopenhauer: «Un uomo può fare ciò che vuole, ma non può volere ciò che vuole»[76] mi ha vivamente ispirato fin dalla

---

[73] *Nota dell'autore*: A.E., discorso al Simposio su scienza, filosofia e religione, 10 settembre 1941; trad. it. *Scienza e religione,* in *Idee e opinioni,* cit., pp. 47-54; *Sees No Personal God,* Associated Press, 11 settembre 1941.

[74] *Nota dell'autore* (n. 17, p. 594): «Nella mente non vi è alcuna volontà assoluta o libera; ma la mente è determinata a volere questo o quello da una causa che è anch'essa determinata da un'altra, e questa a sua volta da un'altra, e così all'infinito»: Baruch (Benedetto) Spinoza, *Etica,* Torino, UTET, 1972, parte II, proposizione XLVIII, p. 178.

[75] *Nota dell'autore*: A.E., dichiarazione alla Spinoza Society of America, 22 settembre 1932.

[76] *Nota dell'autore* (n. 19, p. 594): Non sono riuscito a trovare questa frase negli scritti di Schopenhauer. L'idea però si accorda con la filosofia di Schopenhauer,

> giovinezza; quelle parole sono state per me un conforto nelle avversità della vita, mie e altrui, e una fonte inesauribile di tolleranza[77].

Lei crede, fu chiesto una volta ad Einstein, che gli esseri umani siano liberi agenti? «No, sono un determinista» rispose. «Tutto è determinato, l'inizio come la fine, da forze sulle quali non abbiamo nessun controllo. È determinato per l'insetto come per la stella. Esseri umani, vegetali o polvere cosmica, tutti danziamo al suono di una musica misteriosa, intonata in lontananza da un suonatore invisibile.»[78]

Questo atteggiamento scandalizzava alcuni amici, come Max Born, che pensava minasse radicalmente alla base le fondamenta della moralità umana. «Non ... riesco a capire come tu possa conciliare un universo completamente meccanicistico con la libertà dell'individuo etico» scrisse ad Einstein. «Un universo deterministico mi ripugna profondamente ... Forse hai ragione e le cose stanno così, ma per il momento ciò non sembra confermato nel campo della fisica, e tanto meno negli altri campi.»

Per Born, l'indeterminazione quantistica forniva una via d'uscita dal dilemma. Come alcuni filosofi dell'epoca, Born si appigliava all'indeterminazione che era intrinseca alla meccanica quantistica per risolvere «la discordanza tra la libertà etica e il rigore delle leggi naturali».[79] Einstein ammise che la meccanica quantistica metteva in dubbio il determinismo rigoroso, ma disse a Born di credervi ancora, sia nel campo delle azioni personali che in quello della fisica.»

Ancora da Isaacson riproduco il brano seguente:

> «Come Spinoza, Einstein non credeva in un Dio personale che interagisse con l'uomo. Ma entrambi credevano che un progetto divino fosse riflesso nelle eleganti leggi che governavano il modo in cui funzionava l'universo.
> Non era un semplice atto di fede. Era un principio che Einstein elevava (come aveva fatto con il principio di relatività) al rango di

---

che disse, per esempio: «Tutto il corso empirico della vita di un uomo è, in tutti i suoi grandi e piccoli processi, determinato in precedenza come il meccanismo di un orologio»: Arthur Schopenhauer, *Riflessioni sull'etica*, da *Parerga und paralipomena*, II, par. 116, in *Morale e religione*, Torino, Bocca, 1908, p. 26.

[77] Si veda l'originale inglese a p. 317.
[78] *Nota dell'autore*: Viereck, *Glimpses of the Great*, cit., p. 375.
[79] *Nota dell'autore*: Max Born ad A.E., 10 ottobre 1944; trad. it. in Einstein e Born H. e M., *Scienza e vita*, cit., pp. 182-83.

postulato che lo guidasse nel suo lavoro. «Quando giudico una teoria» disse all'amico Banesh Hoffmann «mi chiedo se, al posto di Dio, avrei organizzato il mondo in conformità a essa.»

Quando si poneva questa domanda c'era una possibilità cui assolutamente non poteva credere: che il buon Dio avesse creato leggi bellissime e ingegnose che determinavano *la maggior parte* di ciò che accadeva nell'universo, lasciando però alcune cose completamente al caso. Gli sembrava insostenibile. «Se il Signore avesse voluto farlo, lo avrebbe fatto in modo radicale, e non si sarebbe attenuto a uno schema ... Sarebbe andato fino in fondo. In tal caso, non dovremmo affatto cercare delle leggi.»[80]

Questo portò a una delle più famose frasi di Einstein, scritta a Max Born, il fisico e amico con cui si sarebbe scontrato per oltre tre decenni su questo argomento. «La meccanica quantistica è degna di ogni rispetto, ma una voce interiore mi dice che non è ancora la soluzione giusta. È una teoria che ci dice molte cose, ma non ci fa penetrare più a fondo il segreto del Gran Vecchio. In ogni caso, sono convinto che *lui* non gioca a dadi col mondo.»[81]

Fu così che Einstein finì per decidere che la meccanica quantistica, pur non essendo forse *sbagliata,* era quanto meno *incompleta.* Doveva esserci una spiegazione più piena di come opera l'universo, una spiegazione che includesse sia la teoria della relatività sia la meccanica quantistica. Così facendo, essa non avrebbe lasciato nulla al caso».[82]

---

[80] *Nota dell'autore*: Fölsing. *Albert Einstein. A Biography,* cit., pp. 703-04; A.E. a Fritz Reiche, 15 agosto 1942, AEA 20-19.
[81] *Nota dell'autore*: A.E. a Max Born, 4 dicembre 1926, AEA 8-180; trad. it. in Einstein e Born H. e M., *Scienza e vita,* cit., pp. 108-09.
[82] Isaacson, W., *cit.*, pp. 323-324.

FORUM

OCTOBER, 1930  VOL. LXXXIV, NO. 4

What I Believe
Living Philosophies XIII

by ALBERT EINSTEIN

Strange is our situation here upon earth. Each of us comes for a short visit, not knowing why, yet sometimes seeming to divine a purpose.

From the standpoint of daily life, however, there is one thing we do know: that man is here for the sake of other men — above all for those upon whose smile and well-being our own happiness depends, and also for the countless unknown souls with whose fate we are connected by a bond of sympathy. Many times a day I realize how much my own outer and inner life is built upon the labors of my fellow men, both living and dead, and how earnestly I must exert myself in order to give in return as much as I have received. My peace of mind is often troubled by the depressing sense that I have borrowed too heavily from the work of other men.

I do not believe we can have any freedom at all in the philosophical sense, for we act not only under external compulsion but also by inner necessity. Schopenhauer's saying — "A man can surely do what he wills to do, but he cannot determine what ne wills" — impressed itself upon me in youth and has always consoled me when I have witnessed or suffered life's hardships. This conviction is a perpetual breeder of tolerance, for it does not allow us to take ourselves or others too seriously; it makes rather for a sense of humor.

To ponder interminably over the reason for one's own existence or the meaning of life in general seems to me, from an objective point of view, to be sheer folly. And yet everyone holds certain ideals by which he guides his aspiration and his judgment. The ideals which have always shone before me and filled me with the joy of living are goodness, beauty, and truth. To make a goal of comfort or happiness has never appealed to me; a system of ethics built on this basis would be sufficient only for a herd of cattle.

Without the sense of collaborating with like-minded beings in the pursuit of the ever unattainable in art and scientific research, my life would have been empty. Ever since childhood I have scorned the commonplace limits so often set upon human ambition. Possessions, outward success, publicity, luxury — to me these have always been contemptible. I believe that a simple and unassuming manner of life is best for everyone, best both for the body and the mind.

My passionate interest in social justice and social responsibility has always stood in curious contrast to a marked lack of desire for direct association with men and women. I am a horse for single harness, not cut out for tandem or team work. I have never belonged wholeheartedly to country or state, to my circle of friends, or even to my own family. These ties have always been accompanied by a vague aloofness, and the wish to withdraw into myself increases with the years.

Such isolation is sometimes bitter, but I do not regret being cut off from the understanding and sympathy of other men. I lose something by it, to be sure, but I am compensated for it in being rendered independent of the customs, opinions, and prejudices of others, and am not tempted to rest my peace of mind upon such shifting foundations.

My political ideal is democracy. Everyone should be respected as an individual, but no one idolized. It is an irony of fate that I should have been showered with so much uncalled-for and unmerited admiration and esteem. Perhaps this adulation springs from the unfulfilled wish of the multitude to comprehend the few ideas which I, with my weak powers, have advanced.

Full well do I know that in order to attain any definite goal it is imperative that *one* person should do the thinking and commanding and carry most of the responsibility. But those who are led should not be driven, and they should be allowed to choose their leader. It seems to me that the distinctions separating the social classes are false; in the last analysis they rest on force. I am convinced that degeneracy follows every autocratic system of violence, for violence inevitably attracts moral inferiors. Time has proved that illustrious tyrants are succeeded by scoundrels.

For this reason I have always been passionately opposed to such régimes as exist in Russia and Italy to-day. The thing which has discredited the European forms of democracy is not the basic theory of democracy itself, which some say is at fault, but the instability of our political leadership, as well as the impersonal character of party alignments.

I believe that you in the United States have hit upon the right idea. You choose a President for a reasonable length of time and give him enough power to acquit himself properly of his responsibilities. In the German Government, on the other hand, I like the state's more extensive care of the individual when he is ill or unemployed. What is truly valuable in our bustle of life is not the nation, I should say, but the creative and impressionable individuality, the personality — he who produces the noble and sublime while the common herd remains dull in thought and insensible in feeling.

This subject brings me to that vilest offspring of the herd mind — the odious militia. The man who enjoys marching in line and file to the strains of music falls below my contempt; he received his great brain by mistake — the spinal cord would have been amply sufficient. This heroism at command, this senseless violence, this accursed bombast of patriotism — how intensely I despise them! War is low and despicable, and I had rather be smitten to shreds than participate in such doings.

Such a stain on humanity should be erased without delay. I think well enough of human nature to believe that it would have been wiped out long ago had not the common sense of nations been systematically corrupted through school and press for business and political reasons.

The most beautiful thing we can experience is the mysterious. It is the source of all true art and science. He to whom this emotion is a stranger, who can no longer pause to wonder and stand rapt in awe, is as good as dead: his eyes are closed. This insight into the mystery of life, coupled though it be with fear, has also given rise to religion. To know that what is impenetrable to us really exists, manifesting itself as the highest wisdom and the most radiant beauty which our dull faculties can comprehend only in their most primitive forms — this knowledge, this feeling, is at the center of true religiousness. In this sense, and in this sense only, I belong in the ranks of devoutly religious men.

I cannot imagine a God who rewards and punishes the objects of his creation, whose purposes are modeled after our own — a God, in short, who is but a reflection of human frailty. Neither can I believe that the individual survives the death of his body, although feeble souls harbor such thoughts through fear or ridiculous egotism. It is enough for me to contemplate the mystery of conscious life perpetuating itself through all eternity, to reflect upon the marvelous structure of the universe which we can dimly perceive, and to try humbly to comprehend even an infinitesimal part of the intelligence manifested in nature.

Next month, the credo of Lewis Mumford

RELIGION AND SCIENCE

By Professor Albert Einstein

Everything that men do or think concerns the satisfaction of the needs they feel or the escape from pain. This must be kept in mind when we seek to understand spiritual or intellectual movements and the way in which they develop. For feeling and longing are the motive forces of all human striving and productivity—however nobly these latter may display themselves to us.

What, then, are the feelings and the needs which have brought mankind to religious thought and to faith in the widest sense? A moment's consideration shows that the most varied emotions stand at the cradle of religious thought and experience.

In primitive peoples it is, first of all, fear that awakens religious ideas—fear of hunger, of wild animals, of illness and of death. Since the understanding of causal connections is usually limited on this level of existence, the human soul forges a being, more or less like itself, on whose will and activities depend the experiences which it fears. One hopes to win the favor of this being by deeds and sacrifices, which, according to the tradition of the race, are supposed to appease the being or to make him well disposed to man. I call this the religion of fear.

This religion is considerably stabilised—though not caused—by the formation of a priestly caste which claims to mediate between the people and the being they fear and so attains a position of power. Often a leader or despot, or a privileged class whose power is maintained in other ways, will combine the function of the priesthood with its own temporal rule for the sake of greater security; or an alliance may exist between the interests of the political power and the priestly caste.

* * *

A SECOND source of religious development is found in the social feelings. Fathers and mothers, as well as leaders of great human communities, are fallible and mortal. The longing for guidance, for love and succor, provides the stimulus for the growth of a social or moral conception of God. This is the God of Providence, who protects, decides, rewards and punishes. This is the God who, according to man's widening horizon, loves and provides for the life of the race, or of mankind, or who even loves life itself. He is the comforter in unhappiness and in unsatisfied longing, the protector of the souls of the dead. This is the social or moral idea of God.

It is easy to follow in the sacred writings of the Jewish people the development of the religion of fear into the moral religion, which is carried further in the New Testament. The religions of all the civilized peoples, especially those of the Orient, are principally moral religions. An important advance in the life of a people is the transformation of the religion of fear into the moral religion. But one must avoid the prejudice that regards the religions of primitive peoples as pure fear religions and those of the civilized races as pure moral religions. All are mixed forms, though the moral element predominates in the higher levels of social life. Common to all these types is the anthropomorphic character of the idea of God.

Only exceptionally gifted individuals or especially noble communities rise essentially above this level; in these there is found a third level of religious experience, even if it is seldom found in a pure form. I will call it the cosmic religious sense. This is hard to make clear to those who do not experience it, since it

earlier levels of development—for example, in the Psalms of David and in the Prophets. The cosmic element is much stronger in Buddhism, as, in particular, Schopenhauer's magnificent essays have shown us.

The religious geniuses of all times have been distinguished by this cosmic religious sense, which recognizes neither dogmas nor God made in man's image. Consequently there cannot be a church whose chief doctrines are based on the cosmic religious experiences. It comes about, therefore, that we find precisely among the heretics of all ages men who were inspired by this highest religious experience; often they appeared to their

"What a Deep Faith There Must Have Been * * * to Unravel the Mechanism of the Heavens in Long Years of Lonely Work!"

does not involve an anthropomorphic idea of God; the individual feels the vanity of human desires and aims, and the nobility and marvelous order which are revealed in nature and in the world of thought. He feels the individual destiny as an imprisonment and seeks to experience the totality of existence as a unity full of significance. Indications of this cosmic religious sense can be found even on

contemporaries as atheists, but sometimes also as saints. Viewed from this angle, men like Democritus, Francis of Assisi and Spinoza are near to one another.

How can this cosmic religious experience be communicated from man to man, if it cannot lead to a definite conception of God or to a theology? It seems to me that the most important function of art and of science is to arouse and keep alive this feeling in those who are receptive.

Thus we reach an interpretation of the relation of science to religion which is very different from the customary view. From the study of history, one is inclined to regard religion and science as irreconcilable antagonists, and this for a reason that is very easily seen. For any one who is pervaded with the sense of causal law in all that happens, who accepts in real earnest the assumption of causality, the idea of a Being who interferes with the sequence of events in the world is absolutely impossible. Neither the religion of fear nor the social-moral religion can have any hold on him. A God who rewards and punishes is for him unthinkable, because man acts in accordance with an inner and outer necessity, and would, in the eyes of God, be as little responsible as an inanimate object is for the movements which it makes.

* * *

SCIENCE, in consequence, has been accused of undermining morals—but wrongly. The ethical behavior of man is better based on sympathy, education, and social relationships, and requires no support from religion. Man's plight would, indeed, be sad if he had to be kept in order through fear of punishment and hope of rewards after death.

It is, therefore, quite natural that the churches have always fought against science and have persecuted its supporters. But, on the other hand, I assert that the cosmic religious experience is the strongest and the noblest driving force behind scientific research. No one who does not appreciate the terrific exertions, and, above all, the devotion without which pioneer creations in scientific thought cannot come into being, can judge the strength of the feeling out of which alone such work, turned away as it is from immediate practical life, can grow. What a deep faith in the rationality of the structure of the world and what a longing to understand even a small glimpse of the reason revealed in the world there must have been in Kepler and Newton to enable them to unravel the mechanism of the heavens in long years of lonely work!

Any one who only knows scientific research in its practical applications may easily come to a wrong interpretation of the state of mind of the men who, surrounded by skeptical contemporaries, have shown the way to kindred spirits scattered over all countries in all centuries. Only those who have dedicated their lives to similar ends can have a living conception of the inspiration which gave these men the power to remain loyal to their purpose in spite of countless failures. It is the cosmic religious sense which grants this power.

A contemporary has rightly said that the only deeply religious people of our largely materialistic age are the earnest men of research.

Einstein e l'ESP

di Jan Ehrenwald

Giugno 1978[1]

Sommario
Einstein era scettico nei confronti dell'ESP e dei relativi fenomeni, in quanto essi sembravano contrastare con la sua idea di un universo ben ordinato e obbediente a leggi precise – Ammetteva tuttavia la possibile realtà di alcuni fenomeni spontanei – È possibile postulare analogie tra la fisica relativistica e il mondo della paparapsicologia? – Come le teorie einsteiniane possono risolvere (o demolire) i fenomeni psi

Nell'estate del 1946 ricevetti due lettere da Albert Einstein in risposta all'invio delle bozze del mio libro *Telepathy and Medical Psychology*, pubblicato dalla Allen and Unwin di Londra. Si trattava di un primo tentativo di valutazione dei risultati ottenuti nel campo della parapsicologia alla luce della psicologia medica e, in particolare, dell'analisi freudiana. Quel libro è ormai esaurito e le lettere si sono andate coprendo di polvere nel mio archivio, poiché Einstein non acconsentì a pubblicarle. Tuttavia, non molto tempo fa, furono ritrovate copie di tali lettere tra i possedimenti di Einstein e la loro esistenza venne resa pubblica di recente su «Science» (Kolata, 1977). L'articolo era intitolato «Einstein, dopo tutto, era scettico nei confronti dell'ESP»[2]. Così, visto che ogni protezione alla loro *privacy* è stata rimossa, ho deciso di pubblicarle (le ho tradotte personalmente dal tedesco e ad esse fa seguito un mio tardivo poscritto).

---

[1] *Gli Arcani*, n. 2, febbraio 1979, pp. 93-98, dall'originale inglese: Ehrenwald, J., *Einstein skeptical of ESP? Postscript to a correspondance*, Journal of Parapsychology, Vol. 42, June 1978, pp. 137-142.

[2] Fonte precisa: Kolata, G. B., *Einstein Skeptical of ESP After All*, Science, vol. 197, n. 4311, 30/09/1977, p. 1349. Si tratta di un modesto riquadro che menziona la "scoperta" della prima delle due lettere di Einstein a Ehrenwald, quella di maggio, da parte di Martin Gardner (presentato come «of *Scientific American*», non viene citato il suo articolo su *The Zetetic* (Gardner, M., *Einstein and ESP*, Vol. II, n. 1, Fall/Winter 1977, pp. 53-56) forse non ancora pubblicato o in via di pubblicazione; Wilfried Kugel ha scritto che Gardner «inoltrò» la lettera all'autrice dell'articolo, cfr. *infra*, p. 342). Il titolo dell'articolo originale di Ehrenwald era una risposta diretta al titolo dell'articolo di *Science*.

Lettera scritta da Einstein nel maggio del 1946[3]:
«*Sehr geerter Dr. Ehrenwald.*
« ... Alcuni anni or sono, lessi il libro del dottor Rhine[4]. Non fui in grado di trovare alcuna spiegazione ai dati che egli riportava ma quello che veramente mi estraniò *(befremdet)* da tutto ciò fu che, negli esperimenti statistici, la distanza a cui si trovava il soggetto in termini di spazio si dimostrava totalmente irrilevante ai fini del successo del procedimento. A mio parere, ciò indica chiaramente che una fonte sistematica di errore, ancora da scoprire, può avere avuto una parte in esperimenti del genere.
«~~In seguito~~[5], scrissi la nota introduttiva al libro di Upton Sinclair e, data l'amicizia che ci legava, lo feci in modo tale da non rivelare il mio scetticismo evitando, al tempo stesso di costringermi a sacrificare la mia onestà. Devo confessarle apertamente il mio atteggiamento scettico nei confronti di tutte le convinzioni e le teorie[6] relative all'ESP. Il mio scetticismo è dettato non tanto da una conoscenza diretta delle esperienze e delle osservazioni empiriche compiute in campo parapsicologico, quanto dall'attività di una vita intera nell'ambito della fisica[7]. Devo inoltre ammettere di non aver avuto alcuna esperienza, nel corso dell'esistenza, in cui un rapporto interpersonale non abbia avuto origini da spunti di carattere sensoriale *(durch die Sinne veranlasst)*. Se poi aggiungo che il pubblico tende ad attribuire maggior peso alle mie parole di quanto non sarebbe giustificabile vista la mia ignoranza di tante cose, mi sento ancor più in dovere di esercitare la massima cautela e un estremo riserbo nel muovermi in questo campo...
«*Mit ausgezeichneter Hochuchtung*
     Albert Einstein»

Lettera scritta da Einstein nel luglio del 1946[8]:

---

[3] Sappiamo dall'articolo di Gardner che la data precisa è 13 maggio, che quindi inoltre, per precisione, non è in estate ma in primavera.
[4] Probabilmente *Extra-Sensory Perception* (1935). Rhine aveva anche pubblicato, precedentemente alla lettera di Einstein, *New Frontiers of the Mind* (1937) e con altri autori *Extra-Sensory Perception after 60 Years* (1940).
[5] Questo «in seguito» nella lettera originale non c'è (per questo l'ho sbarrato) ed è un grave errore del traduttore italiano; infatti crea una contraddizione cronologica con quanto Einstein sta dicendo, visto che il primo libro di Rhine è del 1935 e Einstein aveva scritto la presentazione al libro di Sinclair nel 1930. Sarebbe gusto l'esatto contrario: «in precedenza».
[6] Traduce la versione inglese della traduzione dal tedesco di Ehrenwald, «persuasions and theories». Martin Gardner aveva invece tradotto con «beliefs and theories», «credenze e teorie».
[7] Vale a dire, la fisica che conosceva e accettava entrava in contrasto con le «credenze e teorie» che si facevano derivare da questi fenomeni.
[8] Martin Gardner pubblicò anche questa seconda lettera – fattagli avere dallo stesso Ehrenwald – in un nuovo articolo nel numero successivo dello stesso

«*Sehr geehrter Dr. Ehrenwald,*

«Ho letto il suo libro (*Telepathy and Medical Psychology*) con estremo interesse[9]. Si tratta senza dubbio di un'esposizione ben fatta del problema e son certo che troverà un'ampia cerchia di lettori. Personalmente, sono in grado di giudicare solo da profano e non posso affermare di essere giunto a una soluzione positiva o negativa. In tutti i casi, mi sembra che, dal punto di vista del fisico, non abbiamo il diritto di escludere a priori la possibilità della telepatia. Per far ciò, le basi della nostra scienza sono troppo incerte ed incomplete.

«La mia impressione riguardo agli esperimenti con le carte[10], riconducibili all'impostazione numerica, è la seguente: da un lato, non ho alcuna obiezione nei confronti dell'affidabilità del metodo. Ciò nonostante, trovo per lo meno sospetto che le prove di "chiaroveggenza" forniscano le medesime probabilità della "telepatia" e che la distanza del soggetto dalle carte bersaglio, e cioè dall'agente, non debba avere alcun influenza sui risultati. Ciò è estremamente improbabile e, di conseguenza, il risultato è sospetto[11].

«Tuttavia, ho trovato molto interessanti e a mio avviso, di gran lunga più significative, le prove con la ragazzina di nove anni (Ilga K.)...[12] Anche gli

---

periodico in cui aveva pubblicato la prima: Gardner, M., *Second Einstein ESP Letter*, The Skeptical Inquirer. The Zetetic, Vol. II, n. 2, Spring/Summer 1978, pp. 82-83. La data della lettera è 8 luglio 1946.

[9] Da quanto pare di capire, quando scrisse la lettera a maggio ancora non aveva letto il libro, ma lo aveva solo ricevuto. Il fatto che lo avesse letto nei 2/3 mesi successivi indica, a monte e al di là poi del giudizio sul libro stesso, un sicuro interesse per l'argomento, considerando quanto un uomo come Einstein fosse occupato e quali fossero le sue priorità di ricerca. Io ad esempio se mi mandassero un libro, a meno che non sia molto pertinente a ciò di cui mi sto occupando in quel momento, potrei impiegarci anni prima di iniziare a leggerlo (se mai lo facessi), avendo già una lunghissima lista di attesa di altri volumi che hanno la priorità.

[10] Quelli di Rhine con le carte "Zener".

[11] Si può ben vedere come lo "scetticismo" di Einsten fosse condizionato dalla presunta impossibilità teorica che la distanza sia ininfluente. Tuttavia innumerevoli episodi attendibili della letteratura paranormale, soprattutto di casistica spontanea, mostrano proprio questo; e la meccanica quantistica che era indigesta ad Einstein lo ha provato nel suo ambito grazie all'esempio dell'*entanglement*. In un universo interconesso, *uno*, accessibile *nelle sue fondamenta* in determinati stati di cocienza, non esiste una distanza da A a B, perché A e B vengono a coincidere. È quindi irrilevante quale sia la distanza *materiale* che li separa.

[12] Nella versione integrale pubblicata da Gardner, la frase si concludeva con «and the tests by Gilbert Murray», ovvero esperimenti fatti dal prof. G. Murray con membri della sua famiglia, dei quali Ehrenwald parla alle pp. 28-30 del suo libro, basandosi su una relazione di H. Sidgwick pubblicata nei *Proceedings of the Society for Psychical Research* del 1924.

esperimenti con i disegni (Upton Sinclair, 1930/1962) mi pare rivestano una maggiore importanza di quelli statistici su vasta scala in cui la scoperta di un minuscolo errore sistematico può sconvolgere tutto quanto[13].

«La sua scoperta secondo la quale la produzione dei pazienti in analisi dipende dalla "scuola" (di pensiero) del rispettivo analista mi sembra importante. Questa parte del libro merita di per sé un'attenzione speciale. Non posso tralasciare di menzionare che alcune delle esperienze da lei descritte possono suscitare nel lettore il forte sospetto che, invece di telepatia, si sia trattato di influenze sensoriali inconsce.

«In ogni caso, il suo libro è stato per me molto stimolante, ed ha alquanto '"ammorbidito" il mio atteggiamento che, agli inizi, era decisamente negativo nei confronti dell'intero problema[14]. Non bisognerebbe andarsene in giro con i paraocchi...[15]

---

[13] È questa una affermazione piuttosto importante che mostra da un lato il poco interesse e la scarsa rilevanza che Einstein attribuiva agli esperimenti statistici (cosa che mi trova piuttosto d'accordo), dall'altro che ribadiva invece il suo interesse per gli esperimenti dei coniugi Sinclair, a dimostrazione se ancora ce ne fosse bisogno che non aveva per niente scritto la presentazione a quel libro solo «per amicizia», ma perché lo aveva davvero apprezzato e trovato significativo (lo aveva infatti «letto con grande interesse», era «convinto che meriti la più seria considerazione» e che avesse «un altissimo interesse psicologico», vol. VII, p. 442 nota 220). Soprattutto, merita attenzione uno dei casi ai quali Einstein fa riferimento, ovvero quello della bambina di nove anni, di cui riproduco alcuni estratti alle pp. 330-335.

[14] Anche questa frase andrebbe vista nella prospettiva generale di Einstein, ovvero «nei confronti dell'intero problema» («towards the whole problem»), con attenzione particolare su quella certa perplessità in merito a «credenze e teorie» per spiegare certi fenomeni, i quali in nessun momento Einstein nega. Doveva però ponderare bene le parole, senza esporsi più di tanto, e sempre per evitare di essere preso per la giacca da occultisti, spiritisti e via dicendo. Oltre a questa strategia, cercava di premunirsi da ulteriori eventuali strumentalizzazioni non consentendo a Ehrenwald di pubblicare le sue lettere, tanto che Ehrenwald si decise a farlo solo 23 anni dopo la morte di Einstein, e solo perché *Science* ne aveva dato notizia.

[15] Nella versione integrale qui c'era la seguente frase: «I cannot write an introduction, as I am quite incompetent to do so. It should be provided by an experienced psychologist» («Non posso scrivere un'introduzione perché sono piuttosto incompetente al riguardo. Dovrebbe essere fatta da uno psicologo esperto»). Ancora una dimostrazione di come Einstein cercasse di sottrarsi a dichiarazioni e affermazioni che avrebbero potuto essere strumentalizzate e lo giustificasse con la sua "incompetenza". Gardner, pur cercando di mettere in evidenza gli aspetti più negativi della lettera, riconosceva (art. cit., p. 83) che in essa Einstein era «less dogmatic in his negative attitude toward parapsychology than he had been when he wrote his previous letter» («meno dogmatico nel suo atteggiamento negativo nei confronti della parapsicologia rispetto a quando aveva

«Se crede, può mostrare questa lettera ad altri *privatim*...
«*Mit vorzuglicher Hochachtung*
          Albert Einstein»

Ed ecco qui di seguito la mia risposta ancora non recapitata al professor Einstein:

      Al defunto professor Einstein,
      Campi Elisi, si prega di inoltrare.

«Caro professor Einstein,
«Questa è una risposta tardiva alle sue lettere di maggio e del luglio 1946. Da quando ricevetti i suoi messaggi e anche dopo la sua morte avvenuta nel 1955, ho continuato a rimuginare sulle sue critiche agli esperimenti ESP del Dottor Rhine e, in generale alle pretese dei parapsicologi. Deve sapere che, nel lontano 1921, come studente dell'Università Germanica di Praga, io fui tra coloro che diedero il loro plauso alla sua conferenza sulla teoria della relatività. C'era il professor Oscar Kraus, mio insegnante di filosofia; c'era Philip Frank, suo successore a Praga e mio insegnante di fisica; c'era infine gran parte degli studenti dell'Università. Kraus attaccò la sua teoria, sostenendo che avrebbe distrutto i concetti di tempo e spazio assoluto e avrebbe spazzato via l'etere (imbottigliato e non) dagli scaffali che fiancheggiano le pareti del laboratorio del naturalista, e in tal modo diede l'addio proprio a quel ramo della scienza in cui cercava di occupare un posto.
«Lei ignorò questa e le altre numerose obiezioni e passò invece alle domande dirette formulate dal pubblico. Una fu posta da un giovane che si stava specializzando in fisica; mi pare si chiamasse Winternitz. Non rammento la sua domanda, ma ricordo che lei disse: "Questa è l'unica osservazione sensata che ho udito stasera".
«La sua conferenza, il modo in cui lei si esprimeva e, naturalmente, l'alone di leggenda che già andava formandosi intorno alla sua persona fecero su di me un'impressione profonda, così come rimasi colpito dagli sfortunati tentativi dei "vecchi parrucconi" che cercavano di difendere le vecchie dottrine contro le nuove. Questo fu anche il momento in cui intuii per la prima volta che la psicologia e il concetto classico di personalità avrebbero dovuto essere sottoposti alla medesima revisione e riformulazione rivoluzionaria subite dai principi fondamentali della geometria euclidea e della meccanica newtoniana».
«La sua prima lettera, quella del maggio 1946, nella quale rifiutava categoricamente le scoperte di Rhine e dei suoi collaboratori, mi lasciò

---

scritto la lettera precedente»). La cosa appare logica: prima di leggere il libro Einstein metteva le mani avanti per non dare troppe aspettative a Ehrenwald, dopo poteva invece esprimere un giudizio con cognizione di causa.

sbigottito. Anche l'atteggiamento più "morbido" da lei assunto nella sua seconda lettera, quella del luglio 1946, mi fece comprendere che il professor Einstein era davvero ben lontano dal dare la sua approvazione alla crescente rivoluzione einsteiniana nel campo delle scienze del comportamento. Tuttavia, avevo troppa soggezione della stima di cui lei godeva nel mondo per osare essere in disaccordo con lei in quel momento. Come vede, ho impiegato circa trent'anni a raccogliere i miei pensieri, farmi coraggio e mettermi al lavoro per poterle poi scrivere questo poscritto al nostro carteggio: più di vent'anni dopo la sua morte.

«In effetti, solo ora mi rendo conto che i suoi sospetti nei confronti dei dati emergenti nel campo parapsicologico erano strettamente legati alla sua fondamentale riluttanza ad accettare taluni implicazioni della teoria quantistica[16], benché fosse stato proprio lei a "spingere la pietra che diede inizio alla valanga", come disse Ronald Clark, uno dei suoi biografi. Ora inizio a comprendere la sua ambivalenza riguardo all'intero "complesso di questioni", compresa la parapsicologia, come lei stesso affermò nella sua lettera del luglio 1946. Il suo intuito le diceva che "Dio non gioca a dadi". Lei non poteva tollerare l'assenza di leggi o l'intervento del caso in natura, come suggerivano le scoperte compiute nell'ambito della teoria quantistica. Per stessa ragione, la disturbava l'imprevedibilità cui parevano soggiacere le prove di Rhine con le carte ed il lancio dei dadi. Paradossalmente, lei era ancora più perplesso di fronte alla loro incompatibilità con il tempo newtoniano e lo spazio euclideo di cui già i suoi precursori, in particolar modo Henri Poincaré ed Ernest Mach, avevano ridimensionato la rilevanza, e ai quali i fondamenti della fisica quantistica avevano inferto il colpo di grazia. Tuttavia, leggendo e rileggendo ripetutamente la sua seconda lettera, scoprii con mio grande sollievo che lei lasciava aperta una scappatoia dal suo rifiuto categorico dei risultati ottenuti nell'ambito dell'ESP e della PK: era infatti pronto a considerare la possibilità di fenomeni cosiddetti spontanei, quali la telepatia nelle prove con i disegni di Upton Sinclair (1962/1930) o le produzioni telepatiche di Ilga K., la ragazzina ritardata di nove anni menzionata nel mio libro *Telepathy and Medical Psychology*.

«Ora ritengo che, ancora una volta, le sue intuizioni si siano arrestate a pochi passi dalla scoperta di una nuova via verso l'esplorazione sistematica e, mi auguro, verso una migliore comprensione dei cosiddetti fenomeni psi. Io sostengo che gli imprevedibili eventi ESP rilevati da Rhine nel corso delle prove con le carte non siano altro che la controparte micropsicologica degli altrettanto imprevedibili eventi casuali su scala microfisica e subatomica studiati nella fisica quantistica. Anche i "successi" ottenuti dal percipiente già dotato su un determinato simbolo tra quelli raffigurati sulle carte costituiscono eventi imprevedibili e

---

[16] Mi ha un po' sorpreso che c'abbia messo tanto a capirlo, io lo avevo sospettato subito dopo aver letto i commenti di Einstein.

singolari. Nella migliore delle ipotesi, essi sono riconducibili all'impostazione statistica sulla cui attendibilità lei ha sollevato dei dubbi. Tuttavia, anche se visti sotto questa luce, essi rivelano comunque l'esistenza di una qualche legge, in molto simile a quanto avviene per i moti browniani, di per sé apparentemente casuali, o per le molecole che turbinano in un gas senza una meta precisa, per non parlare delle famigerate anomalie causali e spazio-temporali che caratterizzano le particelle subatomiche e per le quali non è comunque possibile trovare una spiegazione pienamente soddisfacente sulla base delle leggi probabilistiche».

«In ogni caso, vorrei farle notare che i bizzarri eventi micropsicologici di tipo ESP descritti da Rhine non rappresentano da soli l'intero campo dei fenomeni psi: a essi vanno contrapposti quegli eventi macropsicologici spontanei che sembrano obbedire in maggior misura a delle leggi precise, quali quelli illustrati dal caso di Ilga K., dai disegni telepatici dei suoi amici, il signore e la signora Sinclair, e dalla produzione telepatica di soggetti in analisi o in condizioni di crisi.

«Le evidenti analogie esistenti tra la nuova fisica e la parapsicologia non svelano, naturalmente, il mistero delle anomalie causali, spaziali e temporali presentate sia dagli eventi PSI spontanei che da quelli verificatisi in fase di esperimento, cioè sia dagli eventi macropsicologici che da quelli micropsicologici. Tuttavia, esse non costituiscono affatto un caso isolato, né sono incompatibili con la scienza o la psicologia classica. La fisica relativistica, ben lontana dal gettare nella confusione la nostra realtà quotidiana comunemente accettata, ci ha tuttavia insegnato che gli strumenti di misurazione di cui ci serviamo ci dicono comunque la verità relativamente alla Terra.

«Analogamente, noi oggi sappiamo che i principi fondamentali della psicologia tradizionale, come ad esempio l'intimità della nostra esperienza mentale, della teoria dell'apprendimento e della conoscenza, o della psicodinamica freudiana, sono comunque validi in condizioni interpersonali "normali": ma i dati che vanno via via emergendo nell'ambito della parapsicologia stanno ad indicare che, nei primi rapporti tra la madre il bambino, in stato REM, nel corso di un trattamento psicoterapeutico e in condizioni di crisi, tendono a fare la loro comparsa anomalie causali, temporali e spaziali molto simili a quelle incontrate su scala subatomica dagli esperti di fisica quantistica. Lo studio dei fenomeni psi ha inoltre dimostrato che anche noi, come appunto gli esperti di fisica quantistica, tendiamo a influenzare l'oggetto della nostra osservazione per il semplice fatto che lo stiamo osservando. Ciò spiega come mai, nel 1946, io notassi che, nel loro rapporto con i pazienti, gli analisti freudiani si imbattevano frequentemente in sogni "freudiani", quelli junghiani in sogni, appunto, "junghiani", e così di seguito. Descrissi questo stato di cose come l'adesione dottrinale dei pazienti ai desideri e alle aspettative, più o meno inconsci, che i rispettivi terapeuti nutrivano riguardo alla validità delle ipotesi scientifiche di cui erano fautori. Vi è motivo di ritenere che anche qui, accanto a una suggestione involontaria, possa entrare in gioco il fattore telepatico. Se ciò sia valido o meno anche nel caso degli studi sperimentali condotti da Robert Rosenthal sull'influenza o la contaminazione da parte dell'osservatore deve rimanere nell'ambito delle ipotesi. Comunque stiano le cose, il rapporto tra l'adesione dottrinale ed il principio di Heisenberg in fisica è estremamente suggestivo. Si potrebbe propriamente descrivere come "il principio di indeterminatezza nelle scienze del comportamento".

«Devo ammettere che i cosiddetti fenomeni fisici, dalle prove di Rhine con i dadi o dai più recenti esperimenti PK automatizzati e "casualizzati" di Helmut Schmidt, sino ai presunti fenomeni di Poltergeist o ai tuttora fortemente controversi effetti-Geller, sono ancora più inaccettabili per il senso comune della telepatia e dei relativi fenomeni "mentali". Ma altrettanto inaccettabili sono le conclusioni suggerite dalla contrazione Fitzgerald-Lorentz, dalla celebre equazione $E = MC^2$, dalla fissione e fusione atomiche o dall'incurvarsi dei raggi luminosi in corrispondenza della corona solare. La maggior parte di tali osservazioni implica quello che può essere descritto come "stato alterato della materia" negli spazi stellari, interstellari o galattici, indipendentemente dagli osservatori umani. Altri fenomeni, tra quelli sopra nominati, richiederebbero la mobilitazione di fatti energetici di potenza inimmaginabile per poter essere prodotti in condizioni analoghe a quelle terrestri.

«Eppure, se da un lato siamo pronti a dare per scontati eventi sensazionali che hanno luogo in laboratori dotati di attrezzature sofisticate o alla distanza di milioni di anni-luce, dove nessun essere umano li ha potuti osservare, per contro, esitiamo a dar credito a eventi o stati alterati della materia molto meno spettacolari ma egualmente affascinanti, quali quelli riguardanti "oggetti volanti" diversi spostati qua e là presumibilmente da bambini protagonisti di fenomeni di Poltergeist, oppure gli effetti PK di alterazione della temperatura prodotti dalla massaia sovietica Nina Kulagina o dall'americano Ingo Swann, per non parlare poi degli exploit di "fotografia del pensiero" di Ted Serios o delle imprese tuttora controverse di Uri Geller che lo vedono piegare cucchiai, ammorbidire i metalli e produrre altri "trucchi" del genere.

Non sappiamo grazie a chi o che cosa le stelle nascano, quindi si disgreghino, raggiungano una densità impressionante ed, infine, si trasformino in buchi neri, ma alcuni degli effetti-Geller, se comprovati, potrebbero appunto suggerire la possibilità di una rapida metamorfosi strutturale della materia, riproducente su scala modesta – e, per così dire, in provetta – gli avvenimenti apocalittici scoperti dagli astronomi nelle lontane galassie.

Che poi i parapsicologi si trovino in una posizione tale da poter osservare i soggetti PK in azione e da poterne studiare la psicodinamica costituisce un vantaggio ulteriore e marginale delle loro fatiche.

«È indubbio che l'analogia tra i due gruppi di osservazioni, quelle che riguardano fenomeni che si verificano a distanze cosmiche e quelle concernenti eventi che hanno luogo nel soggiorno di casa nostra nei laboratori per esperimenti psicologici, si ferma a questo punto. Gli sconvolgenti mutamenti dei buchi neri avvengono indipendentemente da un osservatore o un agente umano, mentre lo sperimentatore ed i suoi soggetti PK sono evidentemente la fonte e l'origine di entrambe le alterazioni della materia e della mente, che rientrano nel nostro campo visivo. Tuttavia, abbiamo appreso dalla meccanica newtoniana che la traiettoria terrestre di una pietra scagliata da mani umane segue le medesime leggi gravitazionali che regolano il movimento dei corpi celesti. Per la stessa ragione, la metamorfosi della materia osservata sia "qui" che "laggiù" potrebbe benissimo essere subordinata ai medesimi principi fisici o cosmologici.

«Tutte queste riflessioni dovrebbero contribuire a dimostrare che i dati della moderna fisica relativistica, della teoria quantistica e della cosmologia costituiscono in effetti dei precedenti straordinari per le nuove scoperte che sono altrettanto difficili da conciliare con la scienza classica o, se è per questo, anche con il buon senso. Comunque, la realtà o addirittura la possibilità di tali fenomeni non deve più essere negata sulla base di quei soli argomenti. Io sostengo perciò che lo studio della parapsicologia, dalle prove con le carte ed il lancio dei dadi alla telepatia nei sogni e durante la terapia psicanalitica, dai bambini caratterizzati da fenomeni di dislessia e Poltergeist sino ai cucchiai piegati e dagli orologi misteriosamente manomessi, dovrebbe essere oggetto della medesima attenzione riservata dalla comunità scientifica alla deviazione della luce osservata da Eddington nel corso dell'eclissi solare del 1919 o la contrazione delle barre di misurazione e dal rallentamento e dall'accelerazione degli orologi nei giorni eroici della straordinaria è universale e teoria della relatività.

Per quanto riguarda la convalida definitiva dei fenomeni psichici, mi permetta di chiudere parafrasando le parole di sir Arthur Eddington sull'astronomia: "Prima che tu possa prestar fede alle osservazioni compiute in campo parapsicologico, esse debbono essere confermate dalla teoria". Ed è proprio questa l'impresa in cui è impegnata una nuova generazione di parapsicologi.

Con ossequi.
Jan Ehrenwald»

Contents

	PAGE
FOREWORD	3
INTRODUCTION	7

PART I
OUTLINE OF A WORKING HYPOTHESIS

CHAPTER
I. Telepathy and Primitive Mentality	13
II. What are the Facts?	26
III. How does it Work?	43
IV. Comparative Analysis and the Scatter Theory	60

PART II
FRESH LIGHT ON BORDERLAND PSYCHOLOGY

V. Telepathy in Dreams	75
VI. Telepathy in the Psychoanalytic Situation	89
VII. Telepathy and Mediumistic Trance	106

PART III
FRESH LIGHT ON PSYCHIATRY

VIII. Telepathy and Paranoia	121
IX. Telepathy and Schizophrenic Deterioration	131
X. The Telepathy Hypothesis and the Clinical Picture of Schizophrenia	142

PART IV
FRESH LIGHT ON CHARACTER AND PERSONALITY

XI. Portrait of a " Psychic ", Case 1	157
XII. Portrait of a " Psychic ", Case 2	173
XIII. Personality Restated	183
CONCLUSIONS	196
BIBLIOGRAPHY	204
GLOSSARY	207
INDEX	211

Sommario del libro di Jan Ehrenwald *Telepathy and Medical Psychology*, 1948

Il caso Ilga K.

di Jan Ehrenwald

1948[17]

Il mio primo contatto con il problema della cosiddetta cognizione paranormale avvenne attraverso un libro pubblicato da F. von Neureiter[18], allora professore di medicina legale all'Università di Riga, che riportava il caso di una bambina di nove anni debole di mente, nella quale è stata osservata una peculiare capacità di lettura telepatica. Dalla sua relazione ho dedotto che la bambina, oltre ad essere debole di mente, soffriva di una particolare incapacità di lettura, la cosiddetta cecità verbale congenita. In quel periodo ero impegnato in uno studio sulla patologia dell'alessia, o cecità verbale[19], da un punto di vista neurologico, e commentai, in un articolo apparso su una rivista tedesca di neurologia, la sorprendente corrispondenza tra un difetto specifico e un'iperfunzione di tipo certamente insolito che sembrava esistere nel caso di Neureiter. A parte qualche osservazione un po' astiosa da parte di colleghi scettici, che non erano preparati ad accettare le evidenze presentate nel rapporto di Neureiter, il documento è passato inosservato nel mondo professionale, così come la pubblicazione di Neureiter.

Più luce sui fattori condizionanti della sensitività[20] telepatica è stata gettata da un'osservazione proveniente da diverse parti. Riguarda un caso notevole di capacità di lettura telepatica in una bambina debole di mente.

---

[17] Mia trad. da: Ehrenwald, J., *Telepathy and medical Psychology*, W.W. Norton & Co., New York, 1948, pp. 7-8; 47-53. Il primo paragrafo è un accenno introduttivo fatto nelle prime pagine, il seguito è l'approfondimento fatto più avanti nel testo.

[18] Neureiter, F. v., *Wissen um fremdes Wissen auf unbekanntem Wege erworben*, Leopold Klotz Verlag, Gotha, 1935.

[19] «L'*alessia* o afasia ottica è un disordine neuropsicologico della sfera sensoriale consistente nella perdita della competenze cognitive che consentono la lettura. Il disturbo può presentarsi in forma congenita od in seguito a un trauma. (…). L'alessia si può presentare in diverse forme [*tra cui le principali sono:*]
- Alessia letterale, quando il disturbo di lettura può essere selettivo per le lettere presentate isolatamente
- Alessia verbale, quando il disturbo di lettura intacca le parole o frasi con un risparmio delle lettere» (*neuropsychology.it/voce_glossario.asp?idglossario=179*).

[20] Traduco, qui e in seguito, letteralmente il termine «sensitiveness», che potrebbe essere reso anche con «sensibilità». Ma visto il contesto, il primo mi pare più pertinente.

Fu pubblicato nel 1935 da Ferdinand von Neureiter, professore di medicina legale a Riga. Il suo libro contiene una descrizione dettagliata della paziente sia dal punto di vista medico che psicologico ed è supportata da un resoconto dettagliato degli esperimenti condotti da Neureiter e dai suoi collaboratori. Il caso merita di essere qui riportato con qualche dettaglio.
Il professor Neureiter venne a conoscenza di Ilga K. per la prima volta da una lettera del dottor Kleinberger, un medico del villaggio di Trapene in Lituania. "Vorrei richiamare la vostra attenzione su un caso estremamente interessante. Si tratta di una bambina Lituana di nove anni. Entrambi i suoi genitori sono vivi e in salute; sono piccoli proprietari terrieri. Conosco personalmente la madre, è una persona di media intelligenza e non è presente in famiglia uno storico di disturbi mentali o altre anomalie. Ci sono altri due bambini, uno più grande e uno più piccolo, entrambi normali. La bambina in questione era normale alla nascita e sembrava svilupparsi fisicamente in modo normale. Era vivace e socievole, ma rimaneva arretrata nel parlare e all'età di sette o otto anni aveva il vocabolario di una bambina di due anni. È stata ammessa a scuola all'età di otto anni. Riuscì a imparare le lettere ma non riuscì a fare alcun progresso oltre quel punto e il suo insegnante si rese conto che soffriva di una pronunciata disabilità di lettura. Notò però che quando stava vicino alla ragazza, leggendo il brano sottovoce o solo a mente, lei riusciva a leggere senza errori quello che non era mai riuscita a leggere prima. In effetti, poteva leggere qualsiasi testo richiesto in qualsiasi lingua straniera, sebbene avesse padronanza solo della lingua lituana".
Il dottor Kleinberger aggiunge che il senso per i numeri della bambina era altrettanto scarso, ma anche in questo caso lei era in grado di risolvere i più intricati problemi matematici se il calcolo veniva eseguito mentalmente dall'insegnante in contemporanea. Un altro fatto riferito al dottor Kleinberger era che la madre di Ilga non riusciva a nascondere nulla alla figlia. Sapeva immediatamente dove era nascosto un oggetto. Il dottor Kleinberger ha osservato di essere stato in grado di confermare lui stesso questa osservazione.
Il professor Neureiter, dopo qualche esitazione, ha accettato di esaminare la bambina in collaborazione con diversi membri del personale dell'Università di Riga. Una parte dell'indagine si è svolta nella sua residenza a Riga, un'altra parte a casa di Ilga, alla presenza di numerosi colleghi del professor Neureiter come testimoni. Nella maggior parte degli esperimenti il professor Neureiter stesso ha operato come agente. In altri questa funzione veniva svolta dal professor Brueckmann, dal dottor Kleinberger, dal fratellino di Ilga, di undici anni, o da sua madre. Di regola, l'agente e la percipiente venivano collocati in due stanze separate, ma quando erano entrambi seduti nella stessa stanza, si davano le spalle l'uno all'altro ed erano separati da una tenda. Particolare attenzione è stata

posta nell'escludere movimenti espressivi involontari, sussurri inconsci o altri indizi che potrebbero essere forniti dagli agenti. Alcuni esempi possono illustrare la procedura:

Il professor Brueckmann scrive su un foglio il seguente calcolo: $4 \cdot 4 + 5 \cdot 5 = 41$ e lo consegna alla madre di Ilga che fa la parte dell'agente. La signora K. si rivolge al professor Neureiter affermando di non comprendere il problema. Il professor Neureiter sta proprio per spiegare che i punti indicano segni di moltiplicazione quando la bambina, inaspettatamente, pronuncia il numero 41. Ovviamente sua madre, seguendo la spiegazione del professor Neureiter, stava proprio considerando il risultato della somma del calcolo e nel preciso momento in cui la " trasmissione" ha avuto luogo.

In un'altra occasione il collega di Neureiter, il professor Amsler, scrive un elenco di parole e cifre in una stanza attigua. La lista viene consegnata alla madre di Ilga che si trova dietro la tenda, mentre Ilga, osservata dagli sperimentatori, gioca davanti alla tenda. Senza interrompere il gioco e senza che le venga chiesto di farlo, riproduce correttamente tutta la lista: *ger, til, tli* ; 123, 213, 312. Neureiter osserva che la sua voce in queste occasioni differisce dal suo modo di parlare ordinario. Pronuncia ogni sillaba in modo più distinto, in un modo un po' innaturale, artificiale. In un altro test dice il numero 42, messo per iscritto dallo sperimentatore come 12. La riproduzione della sua calligrafia da parte di Neureiter rivela la fonte di questo errore. La madre di Ilga ha scambiato il 4 per un 1, il che dimostra ancora una volta che il ruolo dell'agente in questo esperimento non è stato svolto da nessun'altra tranne che da lei. Posso menzionare qui che, per cominciare, Ilga ha avuto successo solo con sua madre in qualità di agente. Eppure il seguente esperimento è un esempio istruttivo di una prova che ha incontrato un fallimento iniziale ma è stata seguita da un successo. Neureiter riferisce: "Faccio la parte dell'agente e cerco di trasmettere alla bambina le cifre 9, e 2; poi una frase stampata in un sillabario lituano: *Mate Gaja uz leti*. Mi concentro fortemente sul mio compito, sottolineando ogni sillaba nel pensiero... eppure, nonostante tutti i miei sforzi, la percipiente rimane in silenzio. Sto per chiudere il libro e interrompere l'esperimento con una certa delusione quando il mio sguardo viene catturato dalla parola *Brute* (sposa) nel contesto di una poesia lituana, le cui prime parole cercavo invano di trasmettere. E proprio in quel momento la bambina, situata nella stanza attigua, disse la parola. Questo era apparentemente il modo migliore per realizzare la trasmissione telepatica, anche se – o meglio per il fatto che – mi sono astenuto dall'invio intenzionale". E aggiunge in nota: "Quando ho notato la parola *Brute* mi sono chiesto perché fosse usata in un libro di prima ortografia di lituano moderno. Era una parola straniera, derivata dal tedesco *Braut* e per di più desueta. C'era, invece, a disposizione la vera parola lituana *Ligava* che sarebbe stata più adatta allo scopo. Questi erano i pensieri che mi

attraversavano la mente mentre non pensavo comunque al mio scopo originario".
Un altro tipo di esperimento seguiva lo schema del popolare gioco da salotto della ricerca di un oggetto nascosto. Il dottor Kleinberger nascose l'orologio sotto uno dei cuscini del divano mentre Ilga era nella stanza accanto. Entrando lei esclama subito: "L'orologio è sotto i cuscini". In questa occasione le ci è voluto del tempo per trovarlo e ha dovuto alzare ogni cuscino per trovare l'orologio.
Tuttavia, la sua performance più spettacolare è stata quella che abbiamo descritto come lettura telepatica. I test confermano che era in grado di riprodurre fluentemente qualsiasi brano letto da sua madre, sia esso scritto in lituano, in tedesco, in inglese, francese o anche in latino. Quando leggeva in una lingua straniera commetteva errori consoni al livello di istruzione di sua madre. Leggeva numeri in lingua lituana in un contesto francese, pronunciava male allo stesso modo parole francesi o termini tecnici, ecc. In diverse occasioni ebbe lo stesso successo con altre persone che facevano la parte dell'agente.
L'esame medico della bambina non ha evidenziato anomalie. La sua fotografia mostra una bambina dall'aspetto un po' apatico, con un cranio largo e lineamenti rudi. Nessun segno particolare pare essere presente. Neureiter riferisce che mostrava vivo interesse per ciò che la circondava e una spiccata destrezza nei compiti manuali, giocava con i giocattoli, era in grado di fare commissioni e di obbedire agli ordini.
Ha fatto mettere alla prova la sua intelligenza da uno psicologo dell'educazione. Ha ottenuto risultati mediocri sia sulla scala Binet-Simon che su quella Buehler-Hetzer, raggiungendo l'età mentale di una bambina di circa quattro anni e un Q.I. di quarantadue. Tuttavia, la sua disabilità più pronunciata riguardava la lettura "nel modo ordinario". Era in grado di riconoscere solo poche lettere isolate e non riusciva a leggere nemmeno le parole più semplici. Al contrario, sapeva scrivere abbastanza bene, copiare la grafia e scrivere in stampatello correttamente, ma non era in grado ancora una volta di leggere la propria calligrafia.
L'esemplare riprodotto nel libro di Neureiter presenta errori di cosiddetto carattere agrafico, insieme a una tendenza ad invertire le lettere.
La combinazione della disabilità di lettura di Ilga con la capacità di scrivere è di particolare interesse in questo contesto. Ciò suggerisce la presenza nel suo caso di ciò che i neurologi descrivono come cecità verbale congenita o alessia. Poco si sa circa la causa di questo difetto ma generalmente si presume che sia dovuto ad un disturbo specifico sul piano delle funzioni visive superiori, dovuto forse ad una danno della corteccia cerebrale nella regione angolare sinistra. I pazienti affetti da questa disabilità non sono ciechi; possono vedere bene; sanno distinguere le forme degli oggetti; possono apprezzare le immagini; ma le parole scritte non comunicano loro alcun significato: sono ciechi alle parole.

La straordinaria capacità di lettura telepatica di Ilga acquista ulteriore significato alla luce di queste scoperte. Non è in grado di leggere, ma ha sviluppato quella che sembra un'insolita sensitività telepatica alle parole lette da altre persone. C'è una corrispondenza inequivocabile tra queste due cose. Il suo difetto specifico e la sua capacità specifica sono connesse e quest'ultima potrebbe ben essere descritta come il risultato di una tendenza a compensare il suo difetto originario, vale a dire come una tendenza a compensare un'inferiorità funzionale in una maniera ben nota a biologi e psicologi sia in ambito organico che psicologico.

Una mia osservazione nel campo proprio della neurologia può illustrare il punto. Nel 1929 descrissi il caso di un paziente anziano che sviluppò il quadro clinico della cosiddetta cecità verbale pura sulla base della sclerosi cerebrale. I suoi sintomi mostravano un'ampia somiglianza con il difetto congenito di Ilga. Ma nel suo caso c'era una peculiare oscillazione dei sintomi che ha attirato il nostro interesse. In certi giorni riusciva a riconoscere almeno qualche sillaba breve; negli altri giorni la sua alessia era totale e non riusciva a decifrare neppure qualche lettera isolata.

Inutile dire che questo paziente non mostrava alcuna insolita tendenza alla compensazione come quella osservata in Ilga K., ma mostrava un'altra particolarità. Sebbene non fosse assolutamente in grado di leggere nel solito modo nei suoi giorni "cattivi", era in grado di riconoscere lettere e sillabe isolate scritte sulla sua pelle. Al contrario, qualsiasi miglioramento temporaneo della sua capacità di lettura visiva, osservato nei giorni "buoni", era accompagnato da un indebolimento o addirittura da una perdita della capacità di leggere sulla pelle. In altre parole: il temporaneo miglioramento della sua funzione tattile o cinestetica sembrava avvenire a scapito delle sue residue funzioni visive e, viceversa, il deterioramento della sua residua capacità di lettura sembrava comportare un aumento dell'acutezza delle sue percezioni tattili e cinestetiche.

Questo tipo di compensazione è infatti una caratteristica familiare della fisiologia dei sensi. Esempi notevoli di iperestesia dell'udito o del tatto sono stati ripetutamente descritti in persone non vedenti. È proverbiale nei pipistrelli. Possiamo anche ricordare che una delle prime teorie della telepatia cercò effettivamente di spiegare, o spiegare nuovamente, la telepatia facendo riferimento a un insolito grado di iperestesia sensoriale. La stessa idea si riflette nelle varie leggende di veggenti o profeti ciechi dei tempi antichi. Si noterà, tuttavia, che nei casi familiari di iperfunzione sensoriale la presunta tendenza alla compensazione è limitata solo al livello sensoriale ordinario, e non c'è nulla che indichi che la telepatia o la chiaroveggenza siano più frequenti nelle persone cieche o incapacitate in altro modo che nelle persone comuni. In ogni caso, i tentativi di fare degli istituti per ciechi o per sordi un proficuo terreno di caccia per la ricerca psichica si sono finora rivelati un fallimento.

Il caso di Ilga è in questo senso unico nel suo genere. Non è né cieca né possiede uno straordinario grado di iperestesia sensoriale. Di conseguenza, qualsiasi teoria che cerchi di spiegare la sua insolita capacità facendo riferimento ad una tendenza alla compensazione di tipo familiare deve ammettere che questa tendenza funziona in un modo piuttosto non ortodosso. C'è solo un punto in cui l'osservazione di Neureiter sembra conformarsi a leggi familiari nel campo della biologia e della psicologia in generale: si tratta della peculiare corrispondenza tra il difetto specifico o meno-funzione di Ilga da un lato e la sua specifica capacità o iperfunzione dall'altro. È questa peculiare corrispondenza che fornisce un indizio almeno per un'ipotesi provvisoria dei fattori condizionanti che possono agire da parte di un percipiente telepatico. Ciò suggerisce che la sensitività telepatica possa essere dovuta alla compensazione di qualche tipo di deficienza ai livelli cognitivi superiori, e che in certi casi la natura specifica di questa sensitività possa essere condizionata dalla natura specifica del difetto esistente.

Anche qui, come nel caso dell'ipotesi freudiana sulla psicologia dell'agente, si possono sollevare alcune obiezioni. Si potrebbe sostenere che il caso di Ilga sia troppo raro per consentire qualsiasi generalizzazione valida; che è un soggetto con un difetto mentale, affetto da una disabilità specifica, mentre la telepatia è stata osservata in individui altrimenti perfettamente sani e ben equilibrati. Prima di poter entrare nella discussione di queste obiezioni, sarà bene considerare alcuni altri casi dai quali si può gettare ulteriore luce sul problema della sensitività telepatica[21].

---

[21] L'autore prosegue poi con l'analisi comparata, alla quale rimando nel testo originale. Come si vede si tratta di un caso interessante e si può ben capire perché Einstein lo considerasse tale. Lo riprenderò in altro volume perché alcuni elementi trovano riscontro anche nel "meccanismo" alla base degli esperimenti di Rol.

Senza paraocchi:
Albert Einstein e la parapsicologia

di Wilfried Kugel

1994[1]

L'interesse di Albert Einstein (1879-1955) per i problemi della parapsicologia si può far risalire al 1910. Ce ne riferisce (purtroppo in modo molto frammentario) C.G. Jung:
«Feci la conoscenza di Albert Einstein (se ben ricordo) nel 1910 a Zurigo tramite un suo allievo, un certo dott. Ludwig Hopf (1884-1939).
«Il prof. Einstein in quel periodo fu spesso mio ospite a cena e in tali occasioni, come lei sa, furono presenti una volta Adolf Keller e altre volte il prof. Eugen Bleuler, psichiatra e mio precedente capo. Ciò avvenne molto tempo fa, quando Einstein sviluppò la sua prima teoria della relatività.
«Egli cercava di farcene comprendere con maggiore o minore successo le considerazioni di fondo. Non essendo matematici, noi psichiatri facevamo fatica a seguire le sue argomentazioni. Ciò nonostante io compresi le sue spiegazioni abbastanza da riceverne una forte impressione. Furono soprattutto la semplicità e la forza del suo geniale procedimento mentale ad impressionarmi fortemente e a lasciare un'impronta duratura sul mio pensiero. Fu Einstein a darmi il primo impulso a pensare a una possibile relatività di tempo e spazio e alla loro dipendenza psichica.
«Da questa sollecitazione si è sviluppato più di trent'anni dopo il mio rapporto con il fisico Wolfgang Pauli (1900-1958) e la mia tesi della sincronicità»[2].[3]
Nel 1919 il biologo Paul Kammerer (1880-1926) pubblicò il libro *Das Gesetz der Serie (La legge della serie)* in cui esponeva la sua tesi riguardo alla sincronicità secondo la quale accanto alla legge generalmente

---

[1] *Luce e Ombra*, n. 3, luglio-settembre 1995, pp. 277-286, dall'originale: *Ohne Scheuklappen: Albert Einstein und die Parapsychologie* in: *Zeitschrift für Parapsychologie und Grenzgebiete der Psychologie*, 36, 1/2, Freiburg i.Br. 1994, pp. 59-71.
[2] *Nota originale:* Lettera di Jung al dott. Carl Seelig.
[3] *Nota originale:* La sincronicità consiste in una coincidenza di analogie di forma o di significato in processi eterogenei non legati da nessi causa-effetto. In altre parole è la constatazione che un evento esteriore può rappresentare un contenuto percepito da un osservatore. Ammesso ciò se ne può concludere che la psiche non è localizzabile nello spazio (o nel tempo) o, di contro, che lo spazio (o il tempo) è psicologicamente relativo.

accettata della causalità esisterebbe un'altra legge naturale indipendente basata sull'"affinità" e sulla "serialità" o "periodicità".
Kammerer si richiama qui più volte ad Einstein e viene riferito che questi trovò il lavoro di Kammerer "geniale e niente affatto assurdo"[4].
Da Wolfgang Pauli apprendiamo quanto segue con riferimento al tempo della sua collaborazione diretta con Einstein (1940-1946): «A Princeton, inaspettatamente, ebbi occasione di discutere spesso sul fenomeno della sincronicità, usando volentieri il termine "corrispondenza significativa" invece di "sincronicità" per porre l'accento più sul senso che sulla contemporaneità e allacciarlo all'antica *correspondentia*»[5].
Queste poche notizie rivelano un interesse teoretico di Einstein ai problemi parapsicologici. Vedremo in seguito che Einstein nutriva un grande interesse anche per gli esperimenti parapsicologici.
Il 23 ottobre 1913 Albert Einstein tenne una conferenza inaugurale in occasione dell'85° incontro della "Società dei Naturalisti e Medici Tedeschi" a Vienna "Sulla situazione attuale del problema gravitazionale". In occasione di questa visita a Vienna (Einstein viveva allora a Zurigo) avrebbe avuto luogo in casa di Sigmund Freud (1856-1939) una dimostrazione del "medium" Wolf Messing (1899-1974). Messing riferisce di aver conosciuto Freud grazie ad Einstein. Freud avrebbe proposto un esperimento telepatico in cui lo stesso Freud fungeva da "trasmittente", nel quale avrebbe trasmesso a Messing il seguente comando mentale: "Vai al tavolo della toilette, prendi le pinzette, avvicinati ad Einstein e strappa tre peli dei suoi baffoni". Messing riferisce di aver ubbidito a questo comando mentale, scusandosi poi con Einstein.

---

[4] Non esistono al momento traduzioni in altre lingue dell'interessante lavoro di Kammerer.

[5] *Nota originale:* Lettera di W. Pauli a C. G. Jung del 4 giugno 1950.
Mia aggiunta: Nell'antichità esisteva, in tutte le principali culture, una scienza di corrispondenze tra macrocosmo e microcosmo, elementi, colori, suoni, numeri, segni zodiacali, dèi, simboli, ecc. Ne *Il simbolismo di Rol* scrivo nel 2007: «I Cinesi, come altri popoli antichi, fondarono e svilupparono una *scienza delle corrispondenze* che metteva in relazione i molteplici elementi della natura e del cosmo, e questi con l'uomo, per ottenerne una rappresentazione completa ed armonica. D'altronde, Rol nel commentare la poesia di Baudelaire *Correspondances*, dice alla Giordano: "L'immaginazione è la più scientifica delle facoltà, perché essa sola può comprendere l'analogia universale o quella che una religione mistica chiama 'correspondance', corrispondenza. (...). Questa analogia che si potrebbe definire una corrispondenza del cielo, ricorda la teoria di Swedenborg: 'Tutto, forma, movimento, numero, colore, profumo, nello spirituale come nel naturale, è significativo reciproco'. L'analogia universale è la grande legge della creazione". "L'analogia di ogni parte dell'universo con l'insieme è tale che la medesima idea si riflette costantemente in ogni parte del tutto"» (p. 452).

L'episodio può essersi verificato in questo modo o anche diversamente. Convalide sulla veridicità del racconto di Messing non sono sino ad oggi reperibili, a parte il fatto che Einstein era allora realmente a Vienna e il grande interesse che Freud aveva allora per gli esperimenti telepatici. Pertanto non sarebbe da attribuire particolare significato a questo aneddoto, se non si fossero verificati altri fatti analoghi.

Il 15 febbraio 1930 ha luogo a Berlino, in presenza di Einstein e consorte, un esperimento organizzato dalla "Società medica di Berlino per la ricerca parapsicologica" con il "metagrafologo" Otto Reiman (1903-?) di Praga: ne riferì ampiamente anche il *New York Times (NYT)* col titolo "Expert on Writing Amazes Einstein"[6]. In questa occasione Einstein consegna a Reimann un foglio con una frase scritta di suo pugno «Io non credo che alcune persone posseggano doti eccezionali di qualsiasi natura. Credo che esistano soltanto da un lato del talento e dall'altro doti sviluppate». Queste parole le aveva scritte Einstein a penna sul retro di un invito battuto a macchina e firmato, giuntagli da un noto regista di teatro berlinese. La lettera, piegata in modo tale che lo scritto di Einstein rimaneva all'interno, viene consegnata a Reiman (nell'ambito di altri esperimenti). Questi tocca la lettera nella tasca della giacca (dall'esterno) e dà una caratterizzazione dello scrittore che più tardi viene giudicata corrispondente al regista. Quando poi il foglio viene presentato aperto a Reiman, questi ritratta le precedenti affermazioni e, sulla base dello scritto a mano, caratterizza Einstein in maniera tale che questi «si dichiara completamente soddisfatto e riconosce il caso come ineccepibilmente positivo. Anche i suoi parenti dichiarano corrispondenti punto per punto tutte le particolarità menzionate; specialmente la signora Einstein conferma l'assoluta corrispondenza della vita intima familiare ed esprime il massimo stupore». Uno dei presenti obietta che Reiman non si è espresso su Einstein come grande fisico e matematico, ma Einstein l'interrompe con le parole: «Proprio questo rappresenta il dato più sorprendente. Esso dimostra la realtà delle doti di quest'uomo. La teoria della relatività, importante sotto l'aspetto scientifico, riveste invece solo un significato secondario per la parte umana del mio carattere di cui principalmente si è interessato il signor Reiman». E al termine dell'esperimento Einstein afferma: «Avrei preferito poter dire che tutto quello che abbiamo visto oggi è un trucco, ma non posso. Sono molto stupefatto». Egli invita poi Reiman a casa sua un paio di giorni dopo, per portare avanti ulteriori esperimenti da lui stesso preordinati *(NYT)*.

In base al suddetto rapporto del *NYT,* il 28 febbraio 1930 lo scrittore Upton Sinclair (1878-1968) si rivolge per la prima volta ad Einstein con

---

[6] Nell'articolo originale del 23 febbraio 1930, p. 53, il nome è Reiman, come qui nella versione italiana, ma nell'articolo di Kugel è Reimann. La cosa curiosa è che questo Cecoslovacco era un giovane impiegato di banca nato nel 1903, proprio come Rol a quell'epoca.

una lettera attraverso la casa editrice Malik di Berlino. Sinclair dichiara di nutrire da tre anni grande interesse per la telepatia e la chiaroveggenza e vuole inviare ad Einstein il suo libro *Mental Radio* (nel quale illustra esperimenti personali) con preghiera di una sua opinione. Eistein risponde in data 12 aprile 1930:

«La sua lettera mi ha creato un non lieve imbarazzo. Io ho avuto a che fare con due persone, cosiddette "metagrafologi". Il risultato è stato che, oltre a certe sorprendenti rivelazioni intuitive ricavate dal carattere della scrittura, non ho potuto constatare nient'altro di certo e queste persone grazie al mio nome si sono fatte una vergognosa pubblicità[7]. Poiché non desidero favorire questa attuale dilagante superstizione e brama di sensazioni da parte del pubblico e non disponendo di una competente capacità di giudizio, desidero non si faccia ulteriore uso del mio nome in pubblico in questo contesto[8]. Ma ciò non mi impedisce di raccomandare a una casa editrice il libro di un autore importante come Lei, purché mi si rassicuri che non venga fatto uso del mio nome in pubblico a questo riguardo. A queste condizioni io sono ben volentieri disponibile a venire incontro al Suo desiderio.
«Amichevolmente La saluto con la massima considerazione. Suo».

Questa risposta è molto singolare poiché Sinclair non aveva manifestato nel suo scritto il desiderio che Einstein, che fino ad allora non aveva conosciuto personalmente, raccomandasse il suo libro a una casa editrice. Questa proposta pertanto scaturisce dallo stesso Einstein, il che appare tanto più strano in quanto Einstein non aveva ancora letto il libro di Sinclair[9]. Nella sua lettera di risposta del 28 aprile 1930 Sinclair fa notare ad Einstein il "malinteso": egli non cercava nessuna casa editrice tedesca per il suo libro, in quanto l'aveva già (Universum Bucherei). Forse il libro era apparso in lingua tedesca ed egli desiderava soltanto l'opinione di Einstein.
La risposta di Einstein del 16 maggio 1930 continua nella catena dei malintesi significativi:

«Ho ricevuto l'edizione americana del suo libro e l'ho in parte letto. Trovo il suo lavoro altamente meritevole poiché nella sua persona ricorrono parecchi elementi che raramente si presentano insieme:

---

[7] Un "classico" che capita sovente con grandi personaggi (lo stesso è capitato con Rol, soprattutto dopo la sua morte, con gente soprattutto del genere femminile che regolarmente cerca di farsi pubblicità e di brillare di luce riflessa decantando amicizie personali che furono solo saltuarie frequentazioni).
[8] È quanto abbiamo visto anche nel capitolo precedente.
[9] Ciò che fa il paio con la significativa celerità e interesse che Einstein aveva dimostrato nel leggere il libro di Ehrenwald 16 anni dopo.

occasione di percepire da vicino simili fenomeni, senso critico, fervido interesse per il problema e grande capacità di esposizione. Vale più o meno anche per me ciò che Lei dice di se stesso: quando dico che ci credo, tuttavia non ci credo. Ma se uno degli uomini più autonomi e pieni di carattere e uno dei più alti osservatori del nostro tempo, pone una simile testimonianza bisogna prenderla seriamente[10]. In questo senso io scriverò volentieri una prefazione al suo libro. Con l'espressione di particolare considerazione e ammirazione. Suo».

Einstein propone qui dunque di sua iniziativa di scrivere una prefazione al libro di Sinclair nonostante egli ancora non l'abbia neanche letto per intero. Sinclair risponde il 2 giugno 1930 e dice di rallegrarsi molto per la proposta di Einstein. Dice che il libro apparso in USA da due mesi è ignorato dai locali mass-media, perché secondo lui avrebbero paura dell'argomento. La situazione è simile in Germania, la Universum vuole addirittura ritirarsi dal contratto stipulato. Egli pertanto aderisce alla proposta di Einstein e prega di inviare l'introduzione alla Casa Editrice Malik. Einstein soddisfa questa richiesta e ne informa Sinclair il 23 maggio 1930: «La ringrazio cordialmente per l'invio della traduzione tedesca di *Mental Radio* con la dedica. Ho spedito le righe allegate alla Malik sebbene mi ritenga assolutamente non competente. L'ho fatto per evitare che al mondo dei lettori tedeschi sfugga il pregevole e accurato lavoro suo e di sua moglie»[11].

Queste "righe" accluse come introduzione dicono:

«Ho letto con grande interesse il libro di Upton Sinclair[12] e sono convinto che esso meriti la più seria considerazione non solo da parte dei profani, ma anche dagli psicologi del ramo. I risultati degli esperimenti telepatici descritti accuratamente e chiaramente in questo libro sono sicuramente molto al di sopra di ciò che è credibile per un naturalista. D'altra parte nel caso di un osservatore scrupoloso come U. Sinclair è da escludere che volutamente miri a ingannare il mondo dei lettori: la sua *bona fides* e affidabilità non può essere messa in dubbio. Anche se i fatti descritti con grande chiarezza dovessero ascriversi non alla telepatia ma in parte a inconsapevoli influenze ipnotiche da persona a persona, anche in questo

---

[10] Questa frase potrebbe ben applicarsi a molti autorevoli testimoni di Rol.
[11] Avevamo visto anche con Ehrenwald che Einstein si schermiva dietro la sua presunta "incompetenza". E qui vediamo anche, di nuovo, il suo apprezzamento sincero per il libro di Sinclair «pregevole e accurato lavoro», una frase che certo non scriveva "per amicizia"...
[12] Avevo già riportato la presentazione di Einstein direttamente dalla traduzione italiana del libro di Sinclair (cfr. vol. VII, p. 442 nota 220). Questa è un'altra traduzione dello stesso scritto.

caso i fatti sarebbero comunque ugualmente di alto interesse psicologico. In nessun caso dunque gli ambienti che si interessano di psicologia dovrebbero ignorare questo libro».

La Casa Editrice Malik in difficoltà finanziarie (ma certamente anche per motivi politici) non pubblica però il libro. La prefazione di Einstein compare separatamente nella versione inglese del 1930. La prima edizione tedesca (nuovamente tradotta) con la prefazione viene pubblicata soltanto nel 1973 dalla Casa Editrice Scherz.
In viaggio verso gli USA Einstein scrive a Sinclair il 27 dicembre 1930 a bordo della "S. S. Belgenland": «Sono molto contento di venirla a trovare a casa sua senza alcuna apprensione per il bacillo telepatico che in tutti gli angoli è in agguato dell'ingenuo viandante».
Sicuramente Einstein non ha alcuna paura di questo bacillo perché ne è già infettato.
Il 19 febbraio 1931 Sinclair scrisse alla signora Einstein di aver telefonato al medium telecinetico Roman Ostoja[13]. La sera prima aveva avuto luogo un esperimento in casa di un personaggio importante di Los Angeles, in presenza tra gli altri dell'editore del *Los Angeles Examiner*. Ostoja si era posto in "trance catalettica", e subito dopo un tavolo di 16 libbre era volato in alto, fogli e libri si erano messi a girare vorticosamente per aria e a una signora che era seduta in circolo, addirittura era stata sottratta la sedia. Sinclair pregava la signora Einstein di convincere suo marito a partecipare ad una nuova dimostrazione di Ostoja.
Questa seduta ebbe luogo nel febbraio 1931[14] nell'abitazione di Sinclair. Tra le carte di Einstein ritrovate dopo la sua morte si rinvenne il seguente appunto della sua assistente: «Osservazione di Helen Dukas (presente alla prima seduta con il medium Ostoja). La seduta non diede alcun risultato. Erano presenti: il prof. R(ichard Chase) Tolman, il prof. P(aul) Epstein entrambi fisici dell'Istituto di tecnologia della California e le loro mogli, il dott. e la signora G. Segal, Los Angeles, il prof. Einstein fungeva da "controllo". Lo stesso Sinclair ricordò nel 1956: «Il medium disse che c'era un'influenza ostile[15]. Ma noi sapevamo bene che non era Einstein in quanto egli voleva assolutamente osservare il fenomeno[16]».

---

[13] Che è quello che nel libro di Sinclair compare con lo pseudonimo di Jan. Ostoja pare fosse, o diceva di essere, un «nobile polacco», le sue dimostrazioni erano basate sull'ipnosi ed erano spesso una riproposizione di quelle dei fakiri. Del poco materiale esistente su di lui, ho reperito in particolare l'articolo *Man of Miracles* pubblicato su *Fate Magazine* nel 1953, che riproduco tradotto a p. 345.
[14] Su *Luce e Ombra* è stato scritto erroneamente 1930, ma nell'originale tedesco così come dalla narazione si capisce essere il 1931, che ho già messo corretto.
[15] Tullio Regge sarebbe andato a nozze con questa affermazione. Si veda il suo sarcasmo contro l'«aura negativa», nel vol. X, p. 34 e fino a p. 67.
[16] Altro indizio del manifesto interesse di Einstein per questi fenomeni.

Denis Brian, che aveva intervistato Helen Dukas nel 1980 riguardo alla seduta, riferisce che Sinclair era molto deluso per la prova non riuscita e attribuiva la colpa alle "forze ostili" di partecipanti increduli. D'altronde il parapsicologo Walter Franklin Prince aveva successivamente sottoposto a un test Ostoja giudicandolo un impostore.

Nel 1946 lo psichiatra e psicoanalista Jan Ehrenwald (1900-1988) (che viveva a New York) inviò ad Einstein le prove di stampa dell'introduzione al suo libro *Telepathy and Medical Psychology* (...)[17].

Una copia della lettera del 13 maggio 1946, non pubblicata sino a tale data, finì nel 1977 in mano all'avversario della parapsicologia Martin Gardner, che la inoltrò a Gina B. Kolata, la quale commentò la lettera anonimamente sotto il titolo "Einstein Skeptical of ESP After All" nella rivista *Science*. Lo stesso Gardner pubblicò poi la lettera al completo nella rivista contraria all'occultismo *The Zetetic*. Dopo che Ehrenwald ebbe messo a disposizione di Gardner anche la seconda lettera di Einstein dell'8 luglio 1946, Gardner la pubblicò nella rivista *The Zetetic* che nel frattempo aveva cambiato nome ed era diventata *Skeptical Inquirer*.

Contemporaneamente anche Ehrenwald nel 1978 pubblicò ambedue le lettere con un più ampio commento. Nel 1981 Gardner di nuovo ampliò le sue valutazioni in un libro: *Science, Good, Bad and Bogus*. Gardner, contrariamente a Ehrenwald definisce Sinclair persona incredibilmente ingenua e osservatore e relatore inaffidabile. Il suo libro non dovrebbe essere preso sul serio. In particolare sottolinea il fatto che Einstein avrebbe scritto la prefazione "per personale amicizia", il che non è esatto. Einstein anzi si interessò al tema quando non conosceva ancora Sinclair. Il discorso nei confronti di Ehrenwald era rimasto aperto perché da un lato Einstein non era particolarmente convinto del libro di Ehrenwald[18], e dall'altro temeva una nuova indesiderata pubblicità in rapporto alla parapsicologia[19].

---

[17] Kugel riproduce le due lettere di Einstein che già abbiamo viste e che qui ometto.

[18] Non condivido questa valutazione, le affermazioni di Einstein *sul libro* le trovo invece nel complesso piuttosto chiare e positive, salvo poi nascondersi dietro una prudenza d'ufficio e, come già detto, soprattutto per evitare di essere strumentalizzato, come Kugel stesso sottolinea infatti subito dopo.

[19] *Nota originale*: Lo stesso atteggiamento schivo di Einstein verso il pubblico è dimostrato anche da parole dette nel 1920. «Io pertanto mi rifiuterei di partecipare a esperimenti di qualsiasi sorta basati sul desiderio di sensazione per il semplice fatto che sciuperei il mio tempo dato che ho di meglio da fare. Diversa è la situazione se occasionalmente un capriccio mi spinge ad andare al varietà, per divertirmi con cose leggere. Così io ieri sono stato in un teatro dove si esibiva una signora esperta nella lettura del pensiero. Costei in verità indovinò dei numeri da me pensati» (Con dei trucchi (n.d.r) come Einstein espressamente aggiunge alla fine - Moszkowski, A.: *Einstein - Eimblicke in seine* Gedaukenvclt, Hamburg, Hoffmann & Campe 1920 - vedi pag. 69 nota 35).

Anche la presunta «posizione decisamente negativa di Einstein verso tutta la problematica» era evidentemente solo un'esagerazione.

Tuttavia i punti critici espressi da Einstein nel 1946 sono ben degni di nota: i fenomeni qualitativi, così come si presentano, sono sempre più convincenti dei risultati degli esperimenti statistici[20], nei quali in realtà ancora oggi ricorrono a volte pesanti errori. Ma naturalmente questa situazione non è migliore in altre discipline scientifiche.

Di particolare interesse e importanza era per Einstein e lo è tuttora per l'odierna ricerca, l'indipendenza dei fenomeni Psi dalla distanza spaziale e temporale, dimostrata da numerosi esperimenti, che in effetti non dipende da errori di metodo ma da una sorta di rapporto sincronistico, cioè acausale, al quale Einstein già si interessava in modo speciale.

Ovviamente in un tale contesto non valgono nessi causali, come ad esempio la dipendenza dalla lontananza e dai campi fisici. È interessante il fatto che anche la teoria della relatività generale di Einstein presenta un analogo valore di dipendenza da tempo e spazio, cioè la cosiddetta costante cosmologica A^{21}, da lui introdotta nel 1917 nelle equazioni del campo gravitazionale.

La curva spazio-temporale indipendente dalla materia, espressa dal suddetto termine (e del tutto in contrasto con l'intenzione originaria della teoria), che si può anche interpretare come "forza di antigravità" o "energia latente" e dovrebbe garantire, secondo Einstein, la "chiusura spaziale del mondo", possiede carattere acausale. Il matematico Kurt Godel (1906-1978) nel 1949 trovò una soluzione delle equazioni di Einstein con ∧, da cui fra l'altro deriva la possibilità, in linea di principio, di lesioni causali, nel senso di sincronicità: ad esempio la possibilità di una "telegrafia nel proprio passato". L'esattezza dei calcoli di Godel venne confermata nel 1949 da Einstein e la giustificazione delle conclusioni così commentata: «Il problema di che cosa si tratti mi ha già turbato nella stesura della teoria generale della relatività (1908-1916) senza che fossi in grado di vederci chiaro (...) Data una serie di punti collegabili temporalmente, in modo tale che ogni punto preceda nel tempo il precedente e la serie sia chiusa in sé, viene eliminata la differenza prima-dopo per punti universali separati in senso cosmologico e si

---

[20] Precisamente, ed è anche la mia valutazione.

[21] *Nota originale*: Da questa componente delle sue equazioni in campo gravitazionale Einstein prese le distanze nel 1931 definendola «la più grande asineria della mia vita». Occasione di ritrattazione furono le ipotesi di un universo in espansione che dal 1929 ad oggi si è imposto come "modello standard" e la conseguente pressione psicologica. Peraltro la costante cosmologica non scompare affatto ed è oggi discussa di nuovo molto vivacemente, il che è in rapporto con una progressiva e fondamentale crisi della cosiddetta "teoria del Big-Bang".

verificano quei paradossi rispetto alla connessione causale regolata di cui ha parlato il signor Godel».

Del periodo di tempo che va dal 1949 al 1955 non si conoscono commenti di Einstein sulle conclusioni della parapsicologia.

Secondo l'opinione dell'autore del presente saggio l'indipendenza del fenomeno Psi da spazio e tempo non parla affatto contro la realtà del fenomeno Psi, ma piuttosto fa intendere che le basi della nostra scienza secondo Einstein sono «insicure e anche troppo incomplete». D'altra parte compito della scienza è descrivere natura e svolgimento delle esperienze, non crearne di nuove. I fenomeni da principio inspiegabili hanno poi sempre portato a una revisione delle possibilità di spiegazione: e ciò si è tradotto in ultimo in una modifica delle stesse premesse scientifiche.

Concludendo si può descrivere la posizione di Einstein riguardo alla parapsicologia da un lato come quella di un osservatore critico e per lungo tempo molto interessato; d'altra parte conosciamo molto poco delle sue attività di sperimentatore Psi. Comunque il fatto come tale è sufficientemente importante da giustificare e promuovere ulteriore interesse alle ricerche sui fenomeni Psi[22].

---

[22] L'argomento meriterebbe ulteriori approfondimenti, che saranno eventualmente fatti in altro studio. Oltre agli articoli di Ehrenwald e Kugel che ho riprodotto e commentato, si veda anche il più recente, complementare e con esauriente bibliografia, di Alexandra Nagel, *The Hands of Albert Einstein. Einstein's Involvement with Hand Readers and a Dutch Psychic*, Correspondences. Journal for the Study of Esotericism, Vol. 9, no. 1, 2021, pp. 49-87. *Post scriptum*: in chiusura del volume, sono entrato in contatto con Wilfried Kugel, che mi ha informato che un suo nuovo articolo aggiornato ed esteso sarà pubblicato nel 2024 sul n. 51 di *Zeitschrift für Parapsychologie* (pp. 89-121), col titolo *Beobachter und Experimentator: Albert Einstein und die Psi-Phänomene. Eine Dokumentation*. Riporto qui l'*abstract*, tradotto in italiano dalla versione in inglese: «L'articolo documenta l'interesse di Albert Einstein per i fenomeni Psi come osservatore e sperimentatore sulla base delle sue stesse dichiarazioni e di rapporti pubblicati da terzi, in parte con lettere inedite e fotografie poco conosciute. L'interesse di Einstein per i fenomeni psichici risale al 1901. Finora sono stati dimostrati i contatti di Einstein con sei cosiddetti "sensitivi" ("medium"/"paragnosti"), ma anche con quattro chirologi (lettori del palmo della mano). Tuttavia rifiutò sempre con veemenza le interpretazioni religiose e spiritistiche. Viene descritta la sua ambivalenza nei confronti dell'argomento così come la sua riluttanza a far conoscere questo interesse, che era maggiore di quanto fosse disposto ad ammettere pubblicamente. Apparentemente Einstein vide un parallelo tra i fenomeni Psi e la "correlazione quantistica" in termini di effetti remoti non locali, che egli definì con termini parapsicologici (ad esempio "telepatico") dal 1942. Dalla pubblicazione del mio primo articolo sull'argomento nel 1994, sono diventati noti molti altri dettagli, che vengono presentati qui. Non si vede ancora la fine di queste "rivelazioni", perché l'edizione completa di Einstein ("Collected Papers") oggi copre solo il periodo fino alla primavera del 1929».

MAN of MIRACLES

By Attila Von Sealay and Sophia Williams

Count Roman Ostoja is a Polish nobleman who is famed as a "White Yoga." One of his feats is being buried alive.

He placed himself in a trance and was buried in the center of the baseball field. Then the players began the game.

Uomo dei Miracoli

di Attila Von Sealay
e Sophia Williams

Dicembre 1953[1]

Occhiello
È entrato in *trance* ed è stato seppellito al centro del campo da baseball. Poi i giocatori hanno iniziato la partita.

Didascalia della fotografia
Il conte Roman Ostoja è un nobile polacco famoso come "Yogin Bianco"[2]. Una delle sue imprese è l'essere sepolto vivo.

Il 25 luglio 1932, in circostanze insolite, ebbe luogo una partita di baseball al Centinella Field di Inglewood, in California.

---

[1] *Man of Miracles,* Fate Magazine, vol. 6, n. 12, issue n. 45, December 1953, pp. 26-31.
[2] Questo "bianco" potrebbe riferirsi a una delle forme del *kuṇḍalinī yoga*.

L'attenzione dei tifosi non era rivolta alla partita, ma a un punto di terra appena smossa al centro del campo. Sotto di esso c'era una fossa appena scavata dove giaceva un uomo che era stato appena sepolto vivo.

Gli spettatori sedevano irrigiditi, in una tensione così grande che sembrava che l'aria stessa fosse carica di paura e di presentimento. Nella fossa giaceva il conte Roman Ostoja, un nobile polacco, famoso in tutto il mondo come "Yogin Bianco" dotato di straordinari poteri occulti. Aveva trascorso molti anni della sua vita studiando i fenomeni e la filosofia dello Yoga sotto la guida di Maestri orientali.

C'erano stati molti seppellimenti simili per il conte Ostoja, durati da tre ore a diversi giorni, la maggior parte dei quali erano stati effettuati alla presenza di scienziati in molte parti del mondo. Lo scopo di queste impressionanti esibizioni era dimostrare che l'uomo può sopravvivere per lunghi periodi di tempo in uno stato di animazione sospesa senza aria, cibo o acqua.

Per escludere ogni possibilità di frode in questa occasione, il luogo del seppellimento era stato scelto da un gruppo di cittadini illustri guidati dal sindaco, che avevano anche ingaggiato i becchini. Fu presa ogni possibile precauzione per accertarsi che non vi fossero tubi, bombole di ossigeno o qualsiasi altro mezzo attraverso il quale l'aria potesse entrare nella "tomba"[3].

La semplice cassa di legno di pino usata come bara era stata fornita dal gruppo e fu da loro ispezionata minuziosamente[4]. I funzionari hanno insistito affinché Ostoja firmasse un esonero che li liberasse da ogni responsabilità in caso di lesioni o morte. Accettò e, dopo aver firmato, rimase con le braccia lungo i fianchi, fissando con uno sguardo ipnotico qualche oggetto distante. Il suo corpo cominciò presto a irrigidirsi, poi divenne rigido e cadde in avanti tra le braccia di due uomini che erano pronti ad afferrarlo.

Era entrato in uno stato di "Samadhi". Durante il procedimento rivolse la lingua all'indietro e la ingoiò, in modo da non permettere all'aria di entrare o uscire dai suoi polmoni[5]. Diversi medici allora si fecero avanti, lo esaminarono attentamente e dichiararono di non aver trovato

---

[3] Nel mio libro *Resuscitazioni. Da Lazzaro a Rol* ho analizzato nel dettaglio il fondamentale caso di Haridas, fakiro indiano del XIX secolo noto per i suoi seppellimenti volontari prolungati. La dimostrazione qui descritta di Ostoja presenta precise corrispondenze sia di procedura di seppellimento che di tecnica psicofisica con quelle di Haridas.

[4] Come nel caso di Haridas, è chiaro che i controlli qui furono strettissimi e chi volesse ipotizzare ad ogni costo un qualche tipo di trucco mostrerebbe la tipica mentalità irrazionale, superficiale e presuntuosa propria della *ideologia scettico-negazionista*.

[5] È la tecnica conosciuta in India come *khecarī-mudrā*, cfr. *Resuscitazioni*, p. 280, nota 22.

assolutamente alcun polso, nessun battito cardiaco, né alcuna traccia di vapore appariva sullo specchio appoggiato alle labbra di Ostoja. Era sotto ogni aspetto un uomo morto, rigido, freddo, e la sua pelle aveva un pallore cinereo. Fu sollevato e deposto nella bara precisamente adattata alle sue dimensioni e sepolto in una fossa profonda quasi due metri[6] e ricoperta di terra.

Potrebbe essere interessante raccontare che in occasione di un precedente seppellimento del genere erano presenti tra gli spettatori il conte Lev Tolstoj, il famoso romanziere russo, e sua moglie[7]. Circa un'ora dopo la sepoltura di Ostoja, la contessa insistette agitata che fosse immediatamente dissotterrato perché era certa che stesse soffocando. Le pale si misero al lavoro e la terra volò rapidamente in aria. La bara, portata in superficie, fu aperta e Ostoja tirato fuori. All'esame si scoprì che la sua lingua si era allentata e stava cominciando a soffocare proprio come aveva visto in maniera chiaroveggente la contessa Tolstoj[8].

Ci sembra opportuno ripetere qui una delle affermazioni di Ostoja. Afferma che durante questi seppellimenti proietta il suo corpo astrale e spesso si confonde tra la folla come spettatore invisibile[9]. Quel giorno in particolare disse che la partita gli era piaciuta molto più di quanto fosse piaciuta ai tifosi.

Nonostante il loro disinteresse per il gioco, tutti gli spettatori rimasero fino alla fine e sembra molto improbabile che qualcuno di loro conoscesse il punteggio.

---

[6] «Six feet», sei piedi.
[7] Seppellimento che quindi avvenne decenni prima, dato che Tolstoj era morto nel 1910. La moglie era Sòf'ja Andrèevna Bers (nota come Sofia Tolstaja).
[8] Si può anche ipotizzare che Ostoja fosse riuscito ad inviare subconsciamente a lei, più sensibile di altri, degli "imput" per avvertirla, o che li avesse mandati senza indirizzarli a nessuno in particolare, e lei, più ricettiva, li avessi colti, come chi riuscisse a sentire il grido di qualcuno in lontananza.
[9] Riprendendo l'ipotesi di cui alla nota precedente, si potrebbe anche visualizzare Ostoja al fianco di Sofia Tolstaja che le dice di essere in pericolo. Dell'uscita fuori dal corpo sia del sepolto vivo che del Maestro che si assenta dal proprio corpo per periodi più o meno lunghi di tempo, ho parlato in *Resuscitazioni*, da cui riproduco per esempio la citazione seguente (p. 393 nota 63), tratta dal romanzo di Gustav Meyrink *La notte di valpurga*: «Un *ewli* è un fachiro mago. Un fachiro mago ha bisogno di una bocca, se no non può parlare. Così, quando vuol parlare, si sceglie la bocca di un morto. (...) Allora egli esce dal corpo insieme col respiro ed entra nel morto (...). Se il corpo del morto non è ancora decomposto, il morto si leva e torna vivente. Ma allora è l'*ewli* che vive in lui. (...) Per tutto il tempo che il suo spirito è in un altro, il corpo dell'*ewli* è come morto. Ho visto spesso fachiri e sciamani. Li ho visti sempre seduti, rigidi come morti: perché il loro spirito si trova altrove. Ciò vien chiamato *aweysha*. Ma un fachiro può fare *aweysha* anche con uomini vivi».

Quando cominciò a calare il crepuscolo, i becchini raccolsero i loro attrezzi e iniziarono il lavoro di dissotterramento, portando finalmente la bara in superficie[10]. La folla si avvicinò, osservando tesa il coperchio che veniva dissigillato e aperto. Il conte giaceva esattamente come quando era stato messo dentro, il suo corpo rigido e freddo e il suo viso grigio. Era un morto vivente quello che gli spettatori stavano guardando. I medici presenti effettuarono di nuovo dei test completi, nessuno dei quali presentò una qualunque reazione.

Dopo circa cinque minuti le palpebre di Ostoja cominciarono a sbattere; il suo corpo tremava violentemente. Il colore cominciò lentamente a ritornare sul suo viso mentre la vita rifluiva nel suo corpo. Gli furono messi tra le mani un bicchiere d'acqua dopo l'altro, che lui deglutì avidamente. Beve litri d'acqua al risveglio da questi stati di *trance*, che, spiega, rivitalizza il suo corpo. Circa cinque minuti dopo sembra essere nel suo normale stato di buona salute.

Chiamiamo il conte Ostoja l'"Uomo Miracolo"[11] a causa delle sue numerose e varie abilità lungo le linee occulte e psichiche. Non solo è sopravvissuto a molti seppellimenti come quelli descritti, ma possiede anche altri poteri apparentemente miracolosi.

Un medico può piantare un grosso spillo nella gola di Ostoja dopo che un enorme punta smussata gli è stata piantata nella lingua e uno spillone da coperta da sella di cavallo attraverso la sua guancia. Durante tali dimostrazioni non avverte assolutamente alcun dolore e non vi è alcun sanguinamento. Sia il dolore che il flusso sanguigno sono controllati, dice, dalla volontà e dall'anestesia autosuggestionata.

Ostoja è "Jan", il soggetto del libro *Mental Radio* di Upton Sinclair, ed è un telepate mentale con pochi eguali. Ha dimostrato questa capacità a gruppi di persone in tutto il mondo. È anche un ottimo medium a effetti fisici e Sinclair riferisce che in una seduta privata tenutasi a casa Sinclair, mentre Ostoja era tenuto sotto controllo nelle più rigide condizioni di prova, ha prodotto fenomeni telecinetici. Mentre un gruppo di noti scienziati sedeva in cerchio con Ostoja, Sinclair, in disparte, osservò una sedia con il suo occupante salire verso il soffitto, dei libri volarono fuori da una libreria a tre metri[12] di distanza e furono sparsi per la stanza, e numerosi oggetti furono trasferiti da altre stanze attraverso porte chiuse. Alcuni oggetti arrivarono nella stanza da luoghi distanti fuori dall'edificio, dimostrando il passaggio della materia attraverso la materia[13]. I

---

[10] Dal momento che una partita di baseball dura in media 2 ore e mezzo / 3 ore, è ragionevole ipotizzare che Ostoja rimase sepolto circa 4 ore, considerando anche i tempi di seppellimento e dissotterramento.

[11] «Miracle Man».

[12] «Ten feet», dieci piedi.

[13] Fenomeno che nel 2012 ho chiamato *tunnelling*, prendendolo a prestito dalla meccanica quantistica, con cui ho classificato la corrispondente *possibilità* di Rol.

partecipanti sono stati toccati, le loro facce schiaffeggiate e i capelli tirati da mani invisibili. Tutto ciò avvenne mentre Ostoja, trattenuto da due uomini, sedeva in una profonda *trance*.

Oltre a indurre l'autoipnosi, Ostoja può facilmente far cadere in trance una persona alla volta o indurre l'ipnosi collettiva.

Gli scriventi hanno assistito a quelle che sembravano guarigioni istantanee grazie alle sue suggestioni ipnotiche. In una manifestazione pubblica ha chiesto ai membri malati dell'uditorio di salire sul palco. Dopo aver fatto sedere coloro che hanno risposto, si è messo in piedi davanti a ciascuno a turno, ha alzato le braccia verso il soffitto, spiegando che così facendo stava caricando le sue mani di "energia creativa". Quindi unendo le punte delle dita, "per bloccarvi questa energia", le ha abbassate in direzione dell'addome per "scaricare la forza nel plesso solare, dove viene immagazzinata per scopi curativi". Dopo questo rituale ha posto le mani a turno sulle parti malate di ciascun paziente e imposto con la volontà che la forza curativa vi entrasse e le attraversasse.

Uno dei pazienti ha affermato di poter sentire solo da vicino e in maniera scarsa. Un orologio venne accostato a ciascun orecchio e apparentemente non riusciva a sentirlo. Tuttavia, dopo che Ostoja lo ebbe curato semplicemente mettendo una mano su ciascun orecchio, l'uomo sembrò acquisire un udito superiore al normale. Posizionando nuovamente l'orologio all'orecchio del paziente, Ostoja indietreggiò lentamente passo dopo passo, chiedendo continuamente se si potesse sentire l'orologio. Ad una distanza di circa un metro e mezzo[14] il ticchettio era completamente svanito.

Negli stati autoindotti irrigidisce il corpo e si sospende con il collo sulla lama di una spada rivolta verso l'alto e le caviglie appoggiate su un'altra, mentre una grossa roccia posta sul suo petto viene fatta a pezzi dai colpi di una mazza. Si mette anche su un letto di chiodi e invita uno o più spettatori a stare in piedi sul suo petto.

Tutte queste cose relativamente miracolose vengono compiute da un uomo snello e pallido, alto circa 1.68 cm[15], che sembra avere poca forza fisica o vitalità.

Molti scienziati, incluso il dottor Albert Einstein, hanno assistito alle sue dimostrazioni. È difficile sapere quali conclusioni finali abbiano tratto ma,

---

Qui tuttavia non viene specificato che gli oggetti sono stati visti effettivamente attraversare le pareti o le porte, come era nel caso di Rol, ma solo che «furono trasferiti» o «arrivarono nella stanza», il che collocherebbe il fenomeno più propriamente nella classe delle materializzazioni. Per quanto nella sostanza non ci sia poi molta differenza, la dinamica non è uguale: in un caso l'oggetto penetra direttamente la materia, nell'altro si smaterializza in un posto e si rimaterializza in un altro.

[14] «Five feet», cinque piedi.
[15] «5 feet, 6 inches», 5 piedi, 6 pollici.

per quanto noi autori ne sappiamo, Ostoja non è mai stato considerato un impostore. Continua ancora con le sue dimostrazioni con apparente successo. È stato ed è tuttora un insegnante di ipnotismo, avendo insegnato quella materia alcuni anni fa alla Columbia University.
I lettori potrebbero ben chiedersi: "A che servono tali capacità?"
Crediamo che ci siano numerose buone risposte. In primo luogo, ammettendo che tali dimostrazioni siano autentiche e che molti di noi possano sviluppare alcuni o tutti i cosiddetti "poteri supernormali", potremmo essere in grado di controllare il dolore e il flusso sanguigno in caso di incidente. In secondo luogo, in caso di sepolture accidentali, come accade nei disastri minerari o negli smottamenti del terreno, si potrebbe indurre uno stato di animazione sospesa fino a quando non fosse possibile il salvataggio[16]. La telepatia sarebbe certamente un vantaggio laddove fosse necessaria una comunicazione rapida[17]. E, ultimo ma non meno importante, lo sviluppo delle forze psichiche convincerebbe sicuramente le persone che la sopravvivenza della personalità dopo la morte è un dato di fatto[18].
Il conte Ostoja non è un mago o un uomo di spettacolo. Afferma che il corpo è completamente controllato dalla mente e ha trascorso molti anni a dimostrare e insegnare questo fatto.

*

Didascalie delle immagini riprodotte nella pagina seguente[19]:
Anche telepate, Ostoja legge nella mente del conte Lev Tolstoj, il famoso romanziere russo. Ostoja è "Jan" del libro *Mental Radio* di Upton Sinclair.

In uno stato catalettico autoindotto, Ostoja sta per essere posto in una bara per la sepoltura. Può entrare in *trance* in circa un minuto.

---

[16] Trovo questa osservazione così come la precedente acuta e pertinente.
[17] Infatti i popoli "primitivi" ne facevano largo uso, ancora Ernesto Bozzano è riuscito a raccogliere una valida collezione aneddotica nel suo fondamentale volume *Popoli primitivi e manifestazioni paranormali* (1941).
[18] In realtà nessuna delle *possibilità* di Ostoja dimostra in se stessa una eventuale sopravvivenza dopo la morte. La stessa "uscita fuori dal corpo" potrebbe essere espressione dei poteri psicofisici ancora incompresi del corpo stesso, fino ad alcuni giorni dopo quella che attualmente è considerata la morte clinica. Forse solo l'intervento *post mortem* intenzionale ed inequivocabile, senza intermediari (medium), di un Maestro o Santo possono davvero dimostrare la sopravvivenza oltre la morte. Questo come giudizio "dall'esterno", al netto delle affermazioni di Maestri che, dando dimostrazioni di *possibilità-vertice*, hanno anche sostenuto, come Rol stesso ha fatto, di avere la certezza di una vita oltre la morte (per i meritevoli), per aver potuto guardare oltre il velo che separa queste due dimensioni.
[19] Rispettivamente, dall'alto, alle pp. 27 e 29 dell'articolo.

Also a telepath, Ostoja reads the mind of Count Leo Tolstoy, the famed Russian novelist. Ostoja is "Jan" of Upton Sinclair's book *Mental Radio*.

In a self-induced cataleptic state, Ostoja is about to be placed in a coffin for burial. He can put himself into a trance in about one minute.

Gustavo Adolfo Rol
La resurrezione del corpo nell'Infinito[1]

"Con lo spirito ricostruirò il mio corpo"

23 maggio 1977

«Noi sappiamo che lo spirito non muore. Adesso salta fuori un'altra bella cosa: c'è scritto sui cimiteri cristiani una parola, nelle catacombe: "*Resurrecturis*", risorgeranno. Com'è possibile che risorgeranno dei corpi morti? Le scritture di tutte le religioni, compresa quella maomettana – perché io sono andato a mangiare al ristorante arabo, pochi giorni fa a Parigi, e ho visto un tizio che mi guardava e ha trovato modo, questo tizio, di scivolarmi, farmi dare un biglietto, e gli altri miei amici non se ne sono accorti; chiedendomi – sapeva chi ero io – chiedendomi di parlare. E io gli ho detto che venisse e l'ho ricevuto all'albergo. E questo mi ha detto: "Io sono maomettano, vorrei chiederle una cosa: perché…" – m'ha detto questo allora (premetto che Maometto ha studiato e nelle sinagoghe e la religione cristiana; premetto questo: Maometto le ha studiate queste religioni):
"Io vorrei sapere questo: Lei fa delle cose che non sono solite esser viste. Lei ammette la resurrezione?"
"Certo!"
"Noi, la nostra religione, sappiamo che c'è una vita, all'aldilà, molto bella per coloro che la meritano. Ma sappiamo anche che Maometto era un uomo politico, il fanatismo… valorosi soldati che alla morte avrebbero avuto delle magnifiche Hûri, dei bellissimi seni, cavalli, palazzi, ori, tutto quello che volevano. Lei pensa [che] voi avete una vita dall'altra parte, solo di spirito?"
Io ho detto: "No. Io credo che risorgeranno anche i corpi, ritroveremo dei corpi fisici, perché siccome ciò che anima questo corpo e ciò che mi fa parlare in questo momento con le labbra, con tutto, è il mio spirito… Cosa succede? Che questa stessa ragione che sopravvive alla morte fisica, dopo la morte fisica, quando potrò e dovrò farlo, io con lo spirito ricostruirò il mio corpo, come lo vorrò, perfetto. E altri corpi si ricostruiranno per riunirsi con me, che sono quelli delle persone che io ho amate. Naturalmente bisognerà esserne degni. E su questo punto, Platone, cinque secoli prima di Cristo, diceva: "Sì, c'è un'anima che è immortale", e per

---

[1] Trascrizione da due registrazioni di conversazioni con G. A. Rol (dal video *La resurrezione del corpo nell'Infinito* che ho pubblicato nel 2023: youtu.be/QPiZhaIj-Zc).

anima intendeva e diceva ai discepoli: "Ci troveremo" – gli parlava di queste cose – quindi implicitamente pensava a una resurezione del corpo. "Essere puri di cuore e morire".
Morire, condizione prima: togliersi dal fango di questa Terra.
Essere puri di cuore: perché il puro di cuore, *dopo* la morte, sarà talmente il suo spirito, grande, forte, nobile, illuminato, cosciente, che ricostruirà il proprio corpo. Perché? Perché noi sappiamo che tutta la nostra scienza ci ha insegnato un processo, una legge formidabile: "Nulla si crea e nulla si distrugge"[2]. Pigliamo la seconda parte: *nulla si distrugge*: ossia tutti gli elementi che formano il mio corpo, gli organi per vedere, per sentire, per udire, per toccare – certo, morendo si disfano – ma tanto carbonio, tanto alluminio, tanto sale, cloruro e tutte le cose, gli elementi chimici che lo compongono rimangono intatti. Vanno a finire più in là, più in là, più in là, eccetera. Ma ci sono, non sono perduti. Ecco com'è la storia della resurezione».

***

"La patria di questo corpo è nell'Infinito"

Data non pervenuta
(tra il 1975 e il 1977)

Dott. Alfredo Gaito: "...chiamiamolo 'spirito intelligente' [*sottinteso: come lo definisci tu Gustavo*], io non sono... per me lo spirito... è un'altra cosa lo "spirito" che interviene..."
Rol: "Io ho fatto..."
Gaito: "Per me è il nostro 'doppio', quindi..."
Rol: "Lo *spirito intelligente* è il nostro doppio?" [*tono a metà strada tra interrogativo e affermativo*]
Gaito: "Sì, il doppio, ma... il doppio... quello che io chiamo il 'doppio bioplasmatico', cioè quell'energia che noi abbiamo dentro di noi, che forma un altro corpo che è quello che si stacca al momento della morte ma che non muore e che rimane. Il tuo corpo muore, ma lo spirito..".
Rol: "Questo lo dico anch'io"
Gaito: "...questo doppio, questo doppio energetico che abbiamo..."
Rol: "Allora io ti dico qualcosa di più di quel doppio, che tu non sai. Dio ci credi no?"
Gaito: "Sì"
Rol: "Anche se sei arabo ci credi?"

---

[2] Frase estratta già pubblicata separatamente nel mio video del 2014 *"Nulla si crea e nulla si distrugge"* (youtu.be/FAoPUJHZvjw).

Gaito: "Sì, certo"
Rol: "Benissimo. Dio ti ha creato…"
Gaito: "Anzi, mi ha creato un paradiso formidabile…"
Rol: "…no ma, scusami, Dio ti ha creato volontariamente, la scintilla creatrice è il tuo spirito, che è stato unito al tuo corpo, il tuo spirito ha creato il corpo.
Nella morte, le stesse facoltà di questo spirito sono tali che rigenerano il proprio corpo. Cristo è risuscitato in virtù di questo spirito.
Quindi il corpo fisico, quello che tocco, si ricostituisce, viene a vivere di nuovo. Solo che la patria di questo corpo non è più limitata, è nell'Infinito, nell'Eternità. Eternità e Infinito è la stessa identica cosa"[3].

***

A complemento e riflessione, riproduco anche lo scritto seguente di Rol, senza data.

«La scienza ha rivelato all'uomo molti aspetti della verità, ma l'origine delle cose, intesa in senso assoluto e definitivo, è tuttora ignota alla scienza. Nel concetto della relatività si dilatano nell'infinito i limiti alla conoscenza, ma dove il pensiero non penetra, la parte più intuitiva dell'uomo, il suo spirito presente ciò che esiste al di là del possibile e non di rado perviene a percepirlo. Lo spirito è quindi già "portato" ad espletare una funzione che ha prerogative più alte ancora che non abbia il pensiero.
Il rapporto fra lo spirito e l'infinito è identico a quello corrente fra l'esistenza e l'eternità.
Entrambi sono comprensibili soltanto ed in nessun altro modo che con l'ammissione di un Dio Creatore onnipresente principio e ragione di tutto.
Dio è quindi presente in ogni nostra azione e pensiero. Ciò non significa che qualsiasi nostra azione o pensiero siano giustificati nei confronti di Dio in quanto tutto ciò che si trova in contrasto (disarmonia) con Dio stesso è condannato a perire, perché mentre

---

[3] Il prof. Pietro Zeglio ha riferito che il 31 gennaio 1970 a casa di Lorenzo Rappelli e Giuliana Ferreri, presente anche un «alto prelato», «era sorta una divergenza di interpretazione tra l'alto prelato e Rol sul significato della "Resurrezione" nel giorno del giudizio. Questo argomento è ritornato a galla nella seconda parte della serata, ed il dott. Rol ha detto: chiediamo la risposta allo Spirito Intelligente». Un primo esperimento aveva dato come risultato la scritta a matita su una carta: «"*fusione delle due*", intendendosi con questo la fusione delle due tesi contrastanti». In un secondo esperimento apparve la scritta «"*I corpi riprendono le sembianze*", volendosi con questo interpretare che i corpi riprendono le sembianze come quando erano viventi» (vol. V, p. 281).

il Bene si trova in stato di costante perfezionamento, il Male diviene fine a se stesso, poiché nel processo della propria involuzione, perisce e si estingue.

Dio è presente quindi anche nel Male nel senso, che Dio lasciando al Male di estinguersi, consente ed è testimone del suo annientamento, nella stessa guisa che egli esalta il Bene nel sopravvivere e nel perfezionarsi. Questo processo di continuo perfezionamento ci rivela che cosa debba intendersi per Eternità.

La fine dell'Eternità risulta concepibile solamente nell'ipotesi che tutto ciò che forma l'Universo in evoluzione (la creazione continua!) si arresti in un momento nel quale, la perfezione raggiunta, l'Universo stesso s'identificasse in Dio.

Non credo che questa ipotesi sia compatibile con l'esperienza della filosofia e l'etica delle religioni, né con la nostra stessa ansia di conoscere, di migliorare, e di sopravvivere alla morte fisica.

Per questo meraviglioso travaglio del pensiero possiamo comprendere ciò che forma il nostro spirito e per la stessa via, tramite lo spirito stesso, confortarci dell'esistenza di un'anima immortale.

Perché nell'immortalità l'anima si identifica immediatamente in Dio»[4].

---

[4] *"Io sono la grondaia"*, 2000, pp. 257-258.

Le bugie di Pierino

di Franco Rol

20/11/2017[1]

Il giornalista Piero Angela, noto ai più come divulgatore televisivo di tematiche scientifiche, è meno noto per essere stato il fondatore, alla fine del 1988[2], del CICAP, ovvero il Comitato Italiano per il Controllo delle Affermazioni sulle Pseudoscienze (precedentemente "sul Paranormale"), che si propone, almeno sulla carta, di verificare anche le affermazioni di coloro che affermano di possedere "poteri paranormali".
Tale associazione nel corso degli anni ha dimostrato assai poco spirito scientifico autentico e molta ideologia e pregiudizio. In passato alcuni suoi affiliati si sono "occupati" anche di Rol, in maniera molto superficiale e pregiudiziale, standosene bene alla larga da tutto ciò che poteva minare le loro speculazioni infondate.
Angela aveva incontrato Rol due volte intorno al 1976/1977[3], e ne aveva scritto in un suo libro del 1978, sostenendo che senza il controllo di un prestigiatore gli esperimenti cui aveva assistito avrebbero potuto essere nient'altro che giochi di prestigio. Tuttavia, a detta sia di Rol che dei testimoni presenti a quegli incontri, Angela non aveva riferito i fatti in maniera trasparente, ne aveva distorto la descrizione e ne aveva omessi di altri. (…)
Di fatto, negli anni successivi Rol lo accusò esplicitamente di avere mentito.
Qualche mese fa, in una intervista Angela tornava sul "caso Rol", negando che fosse vero quanto riferito dal giornalista de *La Stampa* Nevio Boni circa alcuni aneddoti che Rol gli aveva raccontato e che Angela aveva omesso nel suo libro (…).
A quanto pare negli ultimi tempi Rol però non lo lascia dormire, perché ora, a quasi 40 anni di distanza, in una intervista su *Il Messaggero* del 19 novembre scorso Pierino ha sentito l'esigenza di affermare, o meglio, si è forse inventato di sana pianta che Rol gli avrebbe «"augurato" di morire di cancro in due mesi», e concludendo trionfante che invece «poi ho vissuto altri 50 anni»[4].

---

[1] Post su *facebook* del 20/11/2017 (*bit.ly/bugie_Pierino_2017*). Tralascio i rimandi ai links specifici, mentre le fonti le sposto in nota.
[2] Più precisamente, il 9 ottobre 1988, anche se l'attività pubblica iniziò nel gennaio 1989.
[3] Come sappiamo, l'analisi successiva fatta in questo volume, p. 60 e sgg., è più incerta al riguardo.
[4] Si veda: ilmessaggero.it/pay/edicola/piero_angela_cosi_provai_andare_sulla_

Ecco una breve analisi della questione:

1) Se ipotizziamo per un momento che quanto afferma Angela sia vero, nonostante egli non fornisca, purtroppo, dei dettagli (e forse perché non li può fornire, trattandosi di una bugia), potremmo però ipotizzare che questo "augurio":
a) sia stato fatto successivamente alla pubblicazione del suo libro del 1978, da un Rol amareggiato e frustrato;
b) e gli sia stato riferito da una terza persona che conosceva entrambi, o gli sia arrivato sotto forma di pettegolezzo, con tutti i limiti di una fonte del genere.
Di certo, Rol non può averglielo detto direttamente, sia perché risulta che non si siano mai più parlati sia perché non risulta abbia mai fatto "auguri" di questo tipo, sicuramente non in faccia, di persona.
Comunque, anche mantenendo la buona fede del giornalista, non possiamo concedere alcuna validità a una fonte di seconda o terza mano e per di più anonima, e che non trova nessun caso analogo nella biografia di Rol.

2) Ma se si è trattato di un pettegolezzo con un qualche fondamento, allora come mai, dopo quasi 40 anni, solo ora Angela se ne è uscito con questa "rivelazione"? Avrebbe infatti potuto essere messa a profitto quantomeno già a partire dagli anni immediatamente successivi alla morte di Rol (1994) e diventare uno degli argomenti di punta degli scettici che nelle ultime due decadi si sono accaniti contro di lui.
Invece il giornalista non ne ha mai parlato, né lo ha mai riferito ai suoi accoliti del CICAP che pur lo hanno spesso intervistato e avuto ospite nei loro convegni.
Non troviamo pertanto alcuna giustificazione plausibile al fatto che abbia deciso di tenere per sé un fatto del genere per tanto tempo, e tutti gli elementi puntano ad indicare che si sia trattato invece o di una invenzione di sana pianta o della decisione di usare quello che all'epoca era forse appunto solo un pettegolezzo infondato (e che giustificherebbe il fatto che Angela non ne avesse mai parlato fino ad oggi) per cogliere l'occasione di tentare di screditare nuovamente Rol ora che le testimonianze che lo riguardano si sono moltiplicate, che di controcritiche agli scettici ne sono già state fatte in abbondanza da parte di chi scrive e che la sua fama positiva si sta diffondendo.

3) Ad ogni modo, esiste un altro elemento che gioca a sfavore della credibilità del giornalista, vale a dire il fatto che Rol aveva esplicitamente

dichiarato, a partire da una intervista concessa nel 1986 a Remo Lugli, che Piero Angela:

> «ha mentito su quanto mi ha veduto fare, nel modo che l'ha veduto fare e su quanto mi ha sentito dire. Io sono convinto che egli abbia agito col deliberato proposito di distruggere in me la dimostrazione di tutto ciò che lo spirito umano può compiere quando si ispira a Dio. Tale comportamento mi fa pensare che egli in Dio non creda affatto, ma io lo attendo per quel giorno quando mi incontrerà nell'Aldilà e gli punterò contro il mio dito indice, non tanto per il dispiacere che può avermi procurato, quanto per l'avere, con il suo comportamento, chiuso quella porta che io avevo socchiuso alla Scienza»[5].

La parte che qui soprattutto è rilevante, ai fini della recente affermazione di Angela, è quel «io lo attendo per quel giorno quando mi incontrerà nell'Aldilà e gli punterò contro il mio dito indice».
Questa idea verrà ripresa qualche anno più tardi da Giuditta Dembech, in un articolo del 1994:

> «Se è vero quanto racconta la scrittrice torinese Giuditta Dembech, nell'aldilà un uomo aspetta Piero Angela con il dito puntato, per dirgli – quando sarà il momento, e quindi il più tardi possibile, auguriamo ad Angela – "Io ti accuso!". Ti accuso di non avermi creduto, anzi di avermi offeso, insultato, trattato alla stregua di un illusionista da strapazzo. "Lo dirà, lo dirà ad Angela", assicura la Dembech: "Lo ha scritto nel suo testamento"»[6].

Vi farà cenno anche lo scrittore Elio Blancato citando Rol, col quale aveva avuto occasione di conversare telefonicamente nel 1994, nei mesi precedenti la sua morte. Riferendosi ad Angela, Rol gli aveva detto, tra le altre cose:

> «La sua arrogante piccineria non bloccherà il cammino dell'umanità verso lo spirito, ma certamente lo ritarderà di diversi anni. Aveva una porta aperta e l'ha chiusa a se stesso e al mondo intero. Ed è proprio questa la colpa che non gli perdonerò mai. Io andrò via da qui prima di lui e da lassù lo aspetterò col dito puntato per ricordargli il danno che ha causato con la sua vanitosa e cieca presunzione. Un giorno non lontano saremo tutti chiamati

---

[5] Si veda il vol. X, p. 190.
[6] Brambilla, M., *Rol il magico*, Sette – Settimanale del *Corriere della Sera*, 06/10/1994, p. 44.

a rispondere delle nostre azioni e lui dovrà rendere conto, tra le altre cose, anche di questo»[7].

Quindi, con questo terzo punto crediamo di aver messo in evidenza come Rol desse per acquisito il fatto che sarebbe morto prima di Angela e pertanto risulta insensato che potesse aver augurato a quest'ultimo di morire «in due mesi» (a qualunque anno sia riferibile questo ipotetico pettegolezzo, e comunque certamente non «50 anni» fa, come dice Angela).

Il testamento di cui parlava la Dembech non era l'ultimo di Rol, ma uno anteriore di cui la giornalista possiede una copia, come anche ne possiede copia la dott.ssa Catterina Ferrari. Quest'ultima ci ha riferito che al momento non ha la possibilità di reperirla nel suo archivio, pertanto sarebbe utile che la Dembech pubblichi in rete una immagine del documento, o almeno dello stralcio relativo a Piero Angela e la data esatta in cui fu redatto, per sapere se spostare a prima del 1986 il suo "j'accuse"[8].

In conclusione, visti tutti questi elementi, ci sentiamo di dichiarare che è probabilmente certo che l'affermazione di Piero Angela che Rol gli abbia «"augurato" di morire di cancro in due mesi» sia falsa, questo confermando una volta di piú la pessima reputazione che questo giornalista si è fatta in relazione al "caso Rol".

---

[7] Blancato, E., *Curare con le mani e con il cuore*, Armenia Editore, Milano, 2006, p. 149.

[8] Catterina Ferrari è morta nel 2019 e Giuditta Dembech nel 2023. Non è stata al momento (inizio 2024) trovata ancora copia di questo testamento nei documenti da loro lasciati, così come non ce l'aveva Aldo Provera, co-esecutore testamentario di Rol insieme a C. Ferrari. Esso non consta nemmeno all'Archivio Notarile di Torino e non è dato sapere chi fu il notaio che lo redasse. L'ultimo del 1993 (24 maggio), quello con valore legale, fu redatto dal notaio Guido Gili, ma non è quello dove si troverebbero i riferimenti a Piero Angela, che infatti non ci sono. E non consta che Gili abbia redatto anche il precedente, come confermatomi dal figlio notaio Gustavo Gili.

I miei primi 20 anni di CICAP

di Piero Angela

09/10/2009[1]

Occhiello
Piero Angela interviene al Convegno del ventennale e affiorano i ricordi: la trasmissione Rai sulla parapsicologia e il libro che ne seguì, l'incontro con James Randi, l'appello degli scienziati italiani sul paranormale, fino a quell'incontro a Torino da cui doveva prendere le mosse il Comitato...

Io sono sempre stato un po' scettico di natura, ma prima di occuparmi di parapsicologia per la televisione non sapevo neanche bene che cosa fosse. In quel periodo, era il maggio del '68, ero a Parigi come inviato per la televisione, e c'era un collega del giornale radio, Luca Liguori, che mi propose «Facciamo un giochetto, tu fai il complice, mettiamo dei bicchieri rovesciati, io mi giro, qualcuno li tocca e tu tieni la sigaretta nella mano destra, sinistra o al centro in modo da segnalarmi qual è il bicchiere che io devo indovinare, e così ci divertiamo un po'». Una sera mentre eravamo a tavola con altre persone lui comincia a dire «Eh certo, che io quando sono stato in India... » E allora io gli domando «Cosa hai fatto in India?», al che lui «Non posso dirlo, ma ho scoperto grazie a un guru che anch'io ho dei poteri». «Che poteri hai?» fingo di incalzarlo. «No, non voglio parlarne» risponde lui. Insomma andiamo avanti un bel po' e a quel punto tutti dicono «Racconta, dicci, forza!» Allora lui propone «Mettiamo dei bicchieri sul tavolo, io mi giro, uno di voi ne tocca uno e vediamo se io indovino qual è». Ovviamente col mio aiuto indovinava a ogni colpo. La sera dopo, i bicchieri erano diventati sette, quella dopo undici e per me diventava sempre più difficile riuscire a segnalargli quale era quello giusto. E le persone che erano con noi si scervellavano per capire come facesse. C'era chi diceva «Questa è la dimostrazione di un potere paranormale» e chi, più scettico, azzardava delle spiegazioni magari ipotizzando l'esistenza di uno specchio che lui guardava di nascosto. L'ultima sera qualcuno ha detto «Stasera dobbiamo metterlo alla prova in maniera assoluta, definitiva». E allora l'hanno chiuso in una stanza e uno ha proposto «Svitiamo una lampadina e la mettiamo in un vaso cinese, quando lui torna deve rifare la stessa cosa». A quel punto io non sapevo come comunicare con lui per suggerirgli cosa dovesse fare. Allora dico

---

[1] *Scienza & Paranormale*, n. 87-88, settembre-dicembre 2009, pp. 52-62. Testo raccolto da Barbara Colella. Tralascio alcune parti poco rilevanti in questa sede.

«Scusate un momento, vorrei andare in bagno». In bagno scrivo su un pezzo di carta quello che lui doveva fare, faccio una pallotta e entrando in salotto grido «Un momento ancora!» e intanto gli tiro questa pallottolina. Lui la legge, entra nella stanza e fa una scena straordinaria, prende questa lampadina, la mette nel vaso e a questo punto nessuno si dichiarò più scettico anche perché noi non abbiamo avuto il coraggio di dire la verità. Poi siamo ripartiti, e ancora oggi, so di persone che dicono «Piero Angela dice di non credere a questi fenomeni, ma quella sera c'era anche lui!». Racconto questo per dire che noi ci siamo divertiti molto ma lì ho anche capito che c'è molta ingenuità, perché prima di cercare una spiegazione paranormale io mi sarei aspettato che qualcuno dicesse «C'è qualche trucco, c'è qualche complice». Invece a nessuno venne in mente questa, che era peraltro la soluzione più semplice[2].

La mia inchiesta tv sul paranormale

Già nel 1970 avevo fatto una serie di dieci puntate sulle frontiere della scienza. Mi era venuto in mente di fare qualcosa sulla parapsicologia, perché in quel periodo erano usciti degli studi su questo tema. Quindi non ero certo uno prevenuto. Poi qualche anno dopo, vidi in televisione a *Rischiatutto* con Mike Bongiorno, Massimo Inardi, che era un simpaticissimo medico di Bologna, che veniva interrogato su Mozart e che vinse per varie settimane. Inardi parlava della parapsicologia e sembrava una cosa, come dire, assodata, normale. E allora pensai "Mah, a me sembra tutto un po' strano". Proposi alla RAI di fare una serie sulla parapsicologia in modo scientifico. C'era Zavoli allora, che disse «Secondo me sarà una grande inchiesta». Partii per gli Stati Uniti e

---

[2] Questo "antefatto" dello scetticismo (ed è il caso di dire, anche dell'"illusionismo", quindi della "strategia dell'inganno") di Piero Angela credo sia piuttosto illuminante sia per capire il percorso che lo avrebbe portato anni dopo al Cicap, sia per la superficialità e ingenuità che rappresenta. Se è vero che molta gente, *in un primo tempo*, può credere a quello che vede e non cercare una spiegazione normale, ciò che sarebbe sicuramente opportuno fare all'interno di un quadro di "buon senso", è anche vero che questo genere di *performance* ha dei paletti abbastanza precisi come il fatto che ci debba essere un complice e che non si possa ripetere troppe volte; l'ingenuità è quella di credere che, visto che molti possono cadere nella trappola di qualche mistificatore (come era Angela in quel caso), ne consegue – nella mente di Angela e soci – sia che ci si potrebbe prendere gioco di chiunque, sia che qualunque presunto detentore di poteri paranormali non possa che essere, *a priori*, un mistificatore, dato che il punto di partenza di Angela era la mistificazione messa in atto da lui e dal suo collega e non, come nel caso di chi spesso indaga seriamente questi fenomeni, inclusi grandi scienziati del passato, qualche evento o fenomeno strano, spesso spontaneo, di cui sia stato testimone diretto, e di cui cerca una spiegazione (faccio parte di questo gruppo).

incontrai subito Randi e da lì andai a Buffalo, da Paul Kurtz. Quindi prima andai dagli scettici, a capire il loro punto di vista, quando avevo imparato l'alfabeto dello scettico andai a vedere tutti i grandi parapsicologi[3], a cominciare da Rhine a Schmidt. Rhine era una persona molto perbene, un anziano signore convinto delle cose che faceva. Lui lavorava sulla statistica. Usava delle carte con dei segni sopra: onda, croce, cerchio, eccetera. L'esperimento prevedeva che ci fossero due persone separate da uno schermo, uno girava una carta, l'altro doveva indovinarla. La moglie di Rhine, Luisa, invece, si occupava di sogni premonitori. Parlai un po' con lei e venne fuori una cosa che mi colpì molto: lei diceva che «un sogno premonitore è tale quando si avvera». Ma questo per me non aveva senso. È come puntare sul rosso o sul nero giocando alla roulette: se viene rosso vuol dire che ho avuto una premonizione, se invece perdo vuol dire che non ce l'ho. Questa affermazione mi ha lasciato veramente molto perplesso[4].

Poi sono andato in Brasile, perché all'epoca in Brasile era esplosa la moda di questi riti umbanda, candomblè, dei riti religiosi, con varie divinità, c'era Buddha, Cristo, c'era un po' di tutto. Ai riti partecipavano dei medium, ognuno si auto-certificava come medium. Durante la cerimonia fumavano degli strani sigari e alla fine crollavano. A quel punto la gente li avvicinava per farsi curare con la pranoterapia, per farsi predire il futuro, eccetera. Solo a Rio de Janeiro c'erano 10 mila chiese di questi riti, chiese

---

[3] Anche in questo caso, Angela non parte da chi ha testimoniato e/o studiato in maniera razionale, magari per decenni, fenomeni probabilmente autentici e quindi ha una *competenza* in materia (avrebbe potuto per esempio iniziare proprio da Inardi, che non era solo «simpaticissimo», ma era anche «intelligentissimo» e forse proprio per questo che lo evitò, immaginando che Inardi "lo avrebbe messo sotto", e avrebbe visto il suo progetto che già era nelle intenzioni demolitore, messo in discussione in partenza da chi ne sapeva in materia infinitamente più di lui) ma parte da chi non ha mai testimoniato nulla – o al massimo sia incappato in qualche truffatore o falso medium – e crede a priori che sia tutto un trucco, una coincidenza, ecc.. Il risultato quindi diventa quasi scontato: gente scettica, che non ha visto nulla e che crede siano tutti trucchi, e che negli anni ha selezionato tutti i *casi negativi* possibili (medium colti sul fatto, ricercatori disonesti o ingenui, ecc.) e non, come fanno gli studiosi seri e non prevenuti, quelli *positivi*, vale a dire quelli che per molteplici ragioni escludono che ci possa essere qualche mistificazione (la casistica *spontanea* per esempio, raccolta soprattutto alla fine del XIX secolo, presenta esempi formidabili ed indiscutibili). Come se qualcuno volesse dimostrare che la scienza nel suo insieme non è attendibile selezionando *ad hoc* truffe, teorie sbagliate, scienziati che alterano i risultati, ecc. (se ne potrebbe fare un volume).

[4] Eppure c'è assai poco di cui rimanere perplessi, e l'affermazione di Louisa Rhine è persino lapalissiana. Ma Angela la intese ovviamente col suo filtro distorcente, ma sarebbe qui troppo lungo spiegare perché (se avrò occasione di occuparmi di sogni, lo farò nel dettaglio). Ha comunque a che vedere con la statistica.

che magari consistevano in una stanzina, anche se altre erano più grandi. La Chiesa cattolica aveva non pochi problemi e allora nacque un centro di salesiani vicino a San Paolo, i quali avevano l'incarico di dimostrare che in realtà questi presunti fenomeni paranormali non avevano fondamento, erano una forma di magia. I salesiani in effetti hanno sempre avuto una tradizione di prestigiatori. Don Bosco faceva i giochi di prestigio per attirare i giovanetti e spiegargli il catechismo. Uno di questi sacerdoti mi disse che lui aveva anche delle persone in cura, per esempio aveva avuto una ragazza alla quale avevano previsto una morte a breve scadenza perché sarebbe stata investita da un taxi. E questa ragazza ogni volta che vedeva un taxi aveva la tentazione di buttarsi sotto. Allora lui le aveva spiegato «Io sono un mago più potente di quello che ti ha fatto il maleficio, ti tolgo la magia e adesso sei guarita». Ma gli capitava anche di mostrare con dei giochi di prestigio che queste cose appartenevano al mondo normale e non paranormale, e in effetti mi fece vedere una strana macchina per fare la levitazione, che si era costruito da solo. Mi mostrò anche una fotografia, in cui c'era una bambina che veniva sollevata da questa macchinetta. La cosa che mi ha colpito è che lui mi disse di aver parlato con un giornalista, spiegandogli il trucco che aveva ideato e dandogli la fotografia. Poi però mi mostrò che sul giornale era apparso un articolo in cui c'era scritto "Il sacerdote ha dei poteri paranormali, riesce a fare la levitazione". Questo purtroppo accade molto spesso, i giornali hanno bisogno di raccontare delle storie meravigliose, e pur di farlo pubblicano anche storie del tutto diverse dalla realtà[5].

Il mio incontro con James Randi

Io devo molto a James Randi, perché mi ha illuminato su tante cose[6]. È di una simpatia travolgente e di un'intelligenza vivissima. Lui è prestigiatore di formazione, ma è un grande scienziato, perché la sa più lunga di tanti scienziati. Lo dimostra anche il fatto che ricevette un premio dalla McArthur Foundation, una ricchissima fondazione americana, che distribuisce ogni anno molti soldi attraverso dei premi a delle persone meritevoli. Una volta mi ha raccontato di quando c'era Uri Geller che piegava i cucchiai e vennero fuori dei ragazzini che si divertivano a imitarlo, i Mini Geller. Anche qui in Italia ci fu qualcuno che cominciò a studiarli. Negli USA uno dei proprietari della McDonald Douglas, un'enorme compagnia americana che produce motori di aerei, che forse

---

[5] Certamente vero, ma anche questo e quanto Angela dice in precedenza, rientra nella *selezione ad hoc dei casi negativi*, e non c'è alcun dubbio che siano la maggioranza, ragion per cui se la messe è abbondante potrà esserlo anche il raccolto. Per i demolitori del paranormale (anche religioso) non mancherà mai materiale da mostrare come "prova" che esso non esiste.
[6] Il che è tutto detto!

era un credente in questi fenomeni, mise a disposizione una somma all'epoca di 700 mila dollari per un fisico che volesse sperimentare questi ragazzini, per vedere se c'era qualcosa di vero. Ci fu un fisico dell'Ohio che disse «Sì, io sono disposto a fare questa sperimentazione». Quando venne fuori la notizia, Randi scrisse a questo fisico dicendo "Stia attento, perché ci sono dei trucchi possibili per piegare gli oggetti, io sono disposto a venire gratuitamente a farle da consulente". Il fisico gli rispose "La ringrazio, però non c'è bisogno perché io ho un protocollo molto stretto". Cominciarono le sperimentazioni e vennero fuori dei risultati molto interessanti: due giovani riuscivano non solo a piegare i cucchiai, ma a muovere anemometri, poligrafi, eccetera. E a un certo punto, sembrava che avessero veramente dimostrato di avere dei poteri. Allora James Randi convocò una conferenza stampa a New York, e io casualmente ero a New York e vidi questa conferenza stampa in televisione, alla CBN. Randi disse «Sapete chi sono questi due giovani che fanno cose straordinarie? Sono due miei allievi che io ho mandato là per dimostrare che questo scienziato non è in grado di controllare dei prestigiatori». Questo sollevò in America una tempesta perché Randi venne accusato di essere un provocatore, però Murray Gell-Mann che era un Premio Nobel per la Fisica, gli propose una laurea honoris causa in Fisica[7].

Il fatto è che all'epoca di Geller, Randi faceva meglio di lui, in condizioni più difficili. Un giorno apparve sui giornali una dichiarazione di un fisico, che si chiamava Sarfatti ed era un noto fisico delle particelle che viveva a San Francisco. Sarfatti disse «Io ho incontrato Uri Geller, mi ha fatto delle dimostrazioni, per esempio ha piegato dei cucchiai e questo non può che essere un fenomeno nuovo di cui noi ci dobbiamo occupare come fisici». Randi gli telefonò e gli disse «Vogliamo andare a colazione insieme?» Sarfatti accettò e, durante la colazione, Randi gli disse «Vede, se vuole io posso usare questo cucchiaio e farle vedere la stessa cosa che fa Uri Geller». Sarfatti replicò «No, questo cucchiaio no, prendiamo invece un cucchiaio di un altro tavolo». Presero un cucchiaio, che si ruppe semplicemente scuotendolo. Allora Sarfatti scrisse una seconda dichiarazione per la stampa in cui diceva che si era ricreduto rispetto a quanto aveva affermato circa la straordinarietà dei fenomeni mostrati da Geller. Io chiesi a Randi «Come hai fatto?» e lui mi rispose: «Sono andato un'ora prima al ristorante e ho piegato tutti i cucchiai, è così che si fanno queste cose!». Con lui siamo anche andati in Israele per fare un documentario su Uri Geller mostrando che in realtà in Israele Uri Geller faceva il prestigiatore, una cosa che non si sapeva. E andammo a trovare il manager di Geller, che ci raccontò che dietro le quinte facevano i trucchi insieme. Questa intervista era evidentemente esplosiva e io ricevetti tre

---

[7] Ancora *selezione ad hoc di casi negativi...*

lettere dagli avvocati di Uri Geller in cui mi minacciavano di querele per diffamazione se avessi mandato in onda l'inchiesta. Io non mi resi conto allora del pericolo che correvo, lo capii dopo, quando proprio James Randi fu querelato da Geller e non aveva i soldi a sufficienza per pagare tutte le spese per l'avvocato, in attesa di una sentenza, che poi venne e fu di assoluzione. All'epoca facemmo una colletta per mandargli dei soldi e se ripenso alla mia inchiesta su Geller mi dico "Ho corso davvero un gran rischio".

A casa di Rol[8]

Gustavo Rol era una persona molto stimata a Torino, corteggiata, anche temuta, perché si riteneva avesse dei poteri straordinari. E quando feci la mia inchiesta, o meglio quando scrissi il libro, andai a trovarlo, attraverso degli amici che lo conoscevano[9], perché l'accesso non era facile. Era un signore molto elegante, distinto, che ti riceveva a casa sua e si degnava di farti vedere delle cose. Io andai una prima volta dicendo «Io non sono un credente, sono qui aperto a registrare mentalmente quello che vedo»[10]. Quindi non mi son presentato in un modo criptico, ma ho detto «Faccia, io sono qui e ascolto»[11]. Tornai poi una seconda volta[12]. Il problema è che Rol non ha mai voluto che ci fossero dei prestigiatori che potessero controllarlo[13]. Silvan lo ha sfidato pubblicamente tante volte: «Faccia davanti a me questo fenomeno, io glielo rifaccio dopo». E lui non ha mai

---

[8] Si noti come Rol, che nel libro di Angela occupava poche pagine, qui è uno dei pochi casi riferiti, messo in evidenza. A dimostrazione che in questo ambito degli interessi di Angela era rimasto per lui un caso preminente (e una spina nel fianco).
[9] I Buffa di Perrero. Chissà perché l'"onesto" Angela non lo dice...
[10] Si ricorderà il suo superpotere della *vista a 360°*...
[11] Qui già si vede l'approccio sbagliato, come quello di chi vada a vedere la dimostrazione di un funambolo, di un fachiro o di un... illusionista, e si mette seduto in poltrona ad assistere, ma non per divertirsi, quanto per dare un giudizio critico. Si possono fare anche altri esempi: nello sport, nella danza, nella rappresentazione scenica, in tutte quelle situazioni dove c'è un giudice o una commissione giudicante che dà dei punteggi, che approva o disapprova una *performance*, ecc.
[12] Angela quindi ribadisce che da Rol ci sarebbe stato solo due volte.
[13] Questa affermazione era doppiamente falsa nel 2009. Se infatti nel 1978 Angela omise di riferire che i Buffa di Perrero, esperti in trucchi, lo conoscevano, ora, oltre a reiterare questa censura se ne infischiava delle testimonianze di Alexander e Binarelli, così come di quella di Giuseppe Vercelli, all'epoca ormai ben note; anche quella di Carlo Buffa di Perrero però, di cui forse nel 1978 non conosceva i particolari, col fondamentale episodio della sostituzione delle pagine all'interno del libro riferito nel 2003 alla GAM, conferenza da tutti gli scettici scansata scientemente.

voluto[14]. Allora è un po' come se trovi uno che ti offre un brillante straordinario e dice "Guardi, questo è l'ottava meraviglia, questa cosa qui vale tantissimo però a lei la do per pochi soldi". E tu dici "È bellissimo, però lo vorrei far vedere al mio gioielliere", al che lui risponde: "No, lei lo può far vedere al generale dei Carabinieri, al Premio Nobel in fisica, ma se va dal gioielliere no"[15]. Lui faceva dei giochi di carte straordinari, devo dire[16]. Dopo quella serata il mio amico, quello che mi aveva presentato[17], mi disse «Qui ci sono solo due possibilità: o quello che abbiamo visto è vero e allora dobbiamo cambiar vita, dobbiamo dedicarci a venerare questa persona, oppure c'è qualcosa che non va[18]. Per saperlo vorrei parlarne con una persona che conosco, un certo mago Arsenio che ormai è in pensione». Andammo in questo vecchio quartiere di Roma, dove abitava il mago e io gli spiegai quel che avevo visto, perché appena uscito mi ero annotato bene tutte le cose a cui avevo assistito, e lui mi disse «Beh glielo faccio anch'io» e mi fece le stesse cose. Poi ne parlai con altri prestigiatori, tra cui Randi che disse «Ma questo è il repertorio classico del prestigiatore!»[19]. Allora la seconda volta che tornai ero un po' più attrezzato. Rol mi portò in una stanza, dicendo «Venga a vedere, vede questo?» C'era un quadro, un po' nella penombra, un vaso con dei fiori, delle rose bianche. Io gli chiedo: «Che cos'è?» e lui risponde «È un quadro che ho dipinto, ma esisteva nel '600, è una copia di quel quadro». Ma io come faccio a sapere se c'era un mazzo di rose nel '600 che era uguale a quello? Insomma erano delle cose che lasciavano un po' perplesso[20]. Allora quella sera lui per due ore ha fatto quello che veniva

---

[14] Si vedano nel dettaglio i 5 capitoli che ho dedicato a Silvan nel vol. IX.

[15] Tutte queste chiacchiere evaporano sapendo che degli esperti in trucchi hanno visto Rol in azione, e con sua piena consapevolezza di chi erano.

[16] Anche se li chiama «giochi», quantomeno ammette che erano straordinari e non banali "giochetti", già qualcosa.

[17] Angela qui si riferisce a Gigi Marsico – che è quello cui corrisponde il profilo che segue – e non è chiaro esattamente in che modo fece a sua volta da tramite oltre ai (o con i) Buffa di Perrero (cfr. *supra,* p. 36 nota 2).

[18] Trovo che l'alternativa sia piuttosto significativa: e dato che Rol era autentico e verrà dimostrato, agli scettici non resterebbe se non «cambiar vita» e «dedicar[si] a venerare questa persona». Naturalmente, nessuno chiederebbe loro una tale idolatria, né avrebbe senso, né Rol l'avrebbe mai voluta. Però così come si ammirano altre grandi personalità della civiltà umana, così si potrà ammirare (e rispettare) Rol.

[19] I soliti *déjà-vu...*

[20] Indubbiamente Rol diceva spesso cose strane e "diverse", e le si potevano davvero capire solo con la frequentazione (o in seguito con lo studio attento del suo pensiero e in generale della sua biografia). Si veda ad esempio (nel vol. X, p. 355) una perplessità per qualcosa di più o meno simile riferita dall'illusionista Alexander in occasione del primo incontro con Rol a casa sua.

raccontato come pittura astrale[21]. Se tu leggevi i resoconti dei giornalisti sembrava che i pennelli corressero da soli e che i quadri si formassero senza un intervento da parte del pittore. Fece questo esperimento che in realtà era fatto in modo completamente diverso da come veniva raccontato[22]. Io mi sedetti vicino a lui al tavolo e lui mi disse «No, lei deve andare più in là, io devo avere spazio libero». Ci diede dei fogli che noi dovevamo piegare in un certo modo, prima in due, poi in quattro e anche lui fece la stessa cosa. E dovevamo farne dei bigliettini chiusi. Io capii che mentre ci dedicavamo a questo esercizio qualcosa era successo, però se tu non sai che cosa aspettarti non sai neppure dove guardare, è una cosa che capisci solo la seconda volta se hai già visto quel gioco[23]. E allora seguii quello che mi sembrava fosse il suo bigliettino. Lui mi chiese di mescolare tutti i biglietti, io lo feci, ma tenendo sempre d'occhio il suo. Poi volle che li impilassi e io misi il suo sopra. I biglietti furono poi sistemati sotto una specie di grande vaso che c'era al centro e lì rimasero. A quel punto lui disse: «Devo pensare, sarò tremendo, vi faccio perdere la ragione». Insomma con questo mio amico ci guardavamo e non sapevamo

---

[21] Rol non l'ha mai chiamata così, né i suoi frequentatori; l'aveva invece definita *pittura spiritualistica*, dove questo termine alludeva allo o implicava lo *spirito intelligente*.

[22] Perché infatti si tratta di due tipi di esperimenti diversi che io ho collocato in due classi diverse: la *telecinesi di pennelli*, talvolta associata alla *trasfigurazione*, che è quella dei «resoconti dei giornalisti» e probabilmente Angela aveva in mente soprattutto l'articolo a tutta pagina di Dino Buzzati del 1965 sul *Corriere della Sera* (*Un pittore morto da 70 anni ha dipinto un paesaggio a Torino*, si veda riproduzione e mia analisi nel vol. V, p. 80 e sgg.); a consolidare questo tipo di esperimento ci pensò Piero Femore su *Stampa Sera* il 13 marzo 1978, poche settimane prima dell'indagine sulla parapsicologia di Angela, riferendo però dello stesso incontro di cui aveva parlato Buzzati, e al quale Femore era presente (cfr. vol. V, p. 114 e sgg.). In questa classe, i pennelli sollevati in aria dipingono da soli, molti testimoni lo hanno confermato e in tutte le varianti di luce (dalla piena luce al buio, dove nel caso si sentono e non si vedono). Angela invece ha testimoniato una *materializzazione di acquerello* – un tipo di esperimento molto più frequente rispetto all'altro – che fa parte della classe che ho chiamato in generale *materializzazione e/o smaterializzazione di disegni o dipinti*, dove non c'è una tela che viene dipinta dai pennelli, ma un foglio di carta bianco A4 che i presenti si mettono in tasca/nello scollo del vestito e sul quale appare la materializzazione dopo una procedura abbastanza standardizzata alla quale partecipano tutti, come abbiamo visto bene nel volume precedente negli articoli di Luigi Bazzoli. Per un confronto preciso si vedano i capitoli relativi nei primi tre volumi.

[23] Ma davvero? Strano, perché la realtà è l'esatto contrario: chi ha *frequentato* Rol e quindi ha visto numerosi di questi esperimenti, è arrivato alla conclusione che non c'era alcun trucco. È invece quando uno assiste una sola volta – come Angela, e non si capisce bene cosa intenda quando parla di «seconda volta», dato che non era il suo caso – che possono esserci dei dubbi.

se ridere o essere preoccupati. Alla fine Rol mi disse «Adesso prenda il primo biglietto della serie» e io sapevo che era il suo[24]. Poi spiegò: «Lo metta nell'acqua». Dopo aprì questo biglietto su cui si vedevano dei colori. E c'era una specie di disegno che non si capiva bene cosa fosse. Lui prima mi aveva chiesto «Qual è la sua pittura preferita?», io avevo risposto che collezionavo icone russe e che mi piaceva molto questa pittura, poi il Trecento italiano ecc. Poi aveva chiesto al mio amico «E lei cosa preferisce?» «A me piace Burri» aveva detto lui. Nel guardare il biglietto Rol disse: «Burri? Allora Burri, sabbia, mare» e siccome sul foglietto c'era una parte gialla e una azzurra, lui disse «Marina con terra». Allora questo sarebbe un esempio di pittura astrale. Lascio a voi ogni commento[25].

Quando io uscii con il libro, raccontando esattamente quello che ho raccontato qua, ci fu una tempesta, perché a Torino Rol aveva grande seguito. Fellini era uno che andava da lui, mi dicono che anche l'avvocato Agnelli ci fosse passato. Io una volta incontrai Fellini e parlammo di Rol, gli spiegai il mio punto di vista scettico e lui si arrabbiò moltissimo[26]. So che non ha fatto un film perché Rol gli ha detto "guarda, quella roba lì non la devi fare"[27].

E allora mi sono messo contro non tanto lui, che non ha né risposto né attaccato, però ha detto a un giornalista che poi l'ha scritto, che io sono l'unico citato sul suo testamento: mi aspetta dall'aldilà[28]. In compenso

---

[24] Non commenterò di nuovo queste "convinzioni" di Angela.

[25] Basta leggere i resoconti *precisi* di numerosi testimoni attendibili per declassare a "inconsistente" il resoconto di Angela, il quale tra l'altro omette il non irrilevante dettaglio che quell'acquerello Rol lo donò a lui. Di nuovo mi chiedo: che fine ha fatto? Perché non lo ha mai mostrato o pubblicato?

[26] Angela si riferisce probabilmente allo stesso incontro cui accenna lo scrittore Andrea De Carlo, che una volta aveva accompagnato Fellini a Torino, da Rol: «Era un luglio caldissimo, Rol era glaciale: percepiva la mia diffidenza. Poggiò un quadro vuoto accanto a una lampada, che accese, e uscì dalla stanza. La tela iniziò a riempirsi di fiori. Sere dopo, a una cena, Fellini racconta del quadro e Piero Angela spiega che era dipinto con una vernice fotosensibile. Fellini andò via ripetendo: quel Piero Angela, che sia maledetto per sempre!» (Morvillo, C., *Andrea De Carlo: «Io, Fellini e le fattucchiere...»*, Corriere della Sera, 28/10/2019, p. 27). Di questo episodio conosciamo solo questa testimonianza di De Carlo. La presunta spiegazione di Angela rientra nello solita categoria dei *déjà-vu*, ma in ogni caso sono troppo pochi gli elementi per poter formulare un giudizio, e l'ipotesi che il calore o la luce della lampada possano aver favorito l'apparire dei fiori sulla tela è la più scontata che si possa fare quando si parta dall'assunto che *non può non essere un trucco*.

[27] Sono più di uno i film che Rol sconsigliò di fare a Fellini *nel modo in cui Fellini li voleva fare*, il più noto è *Il viaggio di G. Mastorna*, si veda il mio *Fellini & Rol*.

[28] Prendo atto che Angela fosse al corrente di questa postilla al testamento di Rol, della quale aveva riferito Remo Lugli su *La Stampa* nel 1986 (cfr. vol. X, p. 190).

questo libro scatenò a Torino un grande putiferio, e il Professor Carlo Arturo Jemolo, che era un grande intellettuale cattolico, una persona molto stimata che scriveva su *La Stampa*, pubblicò un appello al dottor Rol in prima pagina: convinciamo gli scettici, lei rifaccia questi esperimenti davanti a dei nastri cinematografici. Il Prof. Jemolo è un bravissimo letterato ma forse non sapeva che tu puoi filmare quello che vuoi, ma un prestigiatore te la fa sotto il naso come vuole[29]. Seguirono sette articoli di grandi personaggi, intellettuali, scienziati, ognuno diceva la sua e l'ultimo fu lui che scrisse un articolo di cui mi sfugge esattamente il titolo ma che era più o meno così: *La scienza non può indagare Dio*, punto e basta[30]. Poi so che Mariano Tomatis ha scritto un libro in cui spiega che ha confrontato tutte le testimonianze di coloro che partecipavano alle serate e ovviamente si vede che non sono concordi[31]. Del resto anche io a un certo punto ero in forse se inserire questo episodio di Rol nel libro perché era un po' come picconare una statua. Però sarebbe stato disonesto non dirlo.

Certo io la sera quando mettevo la macchina in garage mi guardavo alle spalle anche perché avevo saputo che c'erano dei matti che si riunivano per farmi riti magici con gli spilli. Il che peraltro la dice lunga su quanto poco funzionino questi sistemi![32]

(...)[33]

In tutta questa fenomenologia trovi un mondo molto diverso, trovi quelli che fanno i trucchi per spillare soldi, trovi delle persone come il Dott.

Mi chiedo allora ancora di più come potesse, otto anni dopo questa intervista, nel 2017, dichiarare a *Il Messaggero* che Rol gli avrebbe «"augurato" di morire di cancro in due mesi» (*supra*, p. 356 e sgg.).

[29] Lo prendiamo anche qui in parola: dal che ne consegue, oltre a quanto io avevo già scritto al riguardo della opportunità/validità di filmati degli esperimenti di Rol (si veda il vol. V, pp. 204, 294, 300) che essi sono davvero inutili e anche se ne esistessero e venissero scoperti chiunque potrebbe usare questa frase di Angela contro di essi.

[30] Nient'affatto, nessun «punto e basta»: il titolo scelto dalla redazione, *La Scienza non può ancora analizzare lo Spirito* (cfr. vol. IX, p. 49), riassumeva comunque bene il contenuto: non *punto e basta*, ma *non ancora*, due prospettive molto diverse.

[31] Citare Tomatis è davvero l'ultima spiaggia, illudendosi di rafforzare il proprio punto di vista, laddove in realtà viene ancora più indebolito, e basterebbe il solo "caso Soncin" per stendere, qui davvero, il famoso velo pietoso che Angela avrebbe preferito stendere su Rol nel lontano 1978.

[32] Non si capisce cosa c'entrino questi presunti matti con Rol, a conclusione del discorso su di lui. Pare il solito metodo per intorpidire le acque.

[33] Tralascio il paragrafo «Lamar Kleene e la mafia dei medium», qui poco rilevante.

Inardi, che è una persona molto perbene[34], come i circoli di parapsicologia, come *Luce e Ombra*, trovi gente che pensa di avere dei poteri, insomma è un universo dove ci sono tantissime persone. Il punto è sempre lo stesso, per chi ha la curiosità di capire: "Esiste qualche fenomeno?" Tante volte mi chiedono "Lei che ha fatto queste indagini, possibile che non si sia mai trovato di fronte a un fenomeno?" Devo dire no, sinceramente no[35]. Ho sempre trovato delle cose che, appena vengono controllate in un modo accurato, si dimostrano infondate, cioè manca il fenomeno[36]. È inutile dire: potrebbe essere la meccanica quantistica, le particelle, eccetera. Tutto in teoria va bene, ma se manca il fenomeno, se tu non osservi un fenomeno e quelli che osservi sono in realtà dei fenomeni sfuggenti che hanno un'altra spiegazione, allora è inutile elaborare spiegazioni complesse. Io ho molto rispetto per certe persone, a cominciare dal Prof. Rhine che era una persona veramente perbene[37], che credo abbia anche sofferto di tante cose che gli si ritorcevano contro. Però poi ricordiamoci che ci sono anche quelli che vanno in giro a mangiarsi le granite!

Luci e ombre

Quando uscì il mio libro sulla parapsicologia, c'era una rivista che si pubblicava a Verona, che si chiamava *Luci e Ombre,* che era una rivista di parapsicologia, molto seria. Per loro, come per la gran parte dei circoli di parapsicologia, quel programma e il libro furono un fulmine a ciel sereno. Anche Inardi fu traumatizzato e *Luci e Ombre* uscì con uno o due articoli di 40 pagine[38]. Io allora scrissi alla rivista: "Voi mi avete accusato per 40 pagine delle cose più turpi, io voglio rispondere, però voglio anch'io 40 pagine" e cominciai l'articolo così, se ricordo bene: "Finalmente una critica intelligente e documentata", perché era effettivamente una cosa fatta molto bene, di parte[39], della controparte, però fatta molto bene.

---

[34] Inardi quindi oltre ad essere «simpaticissimo» era anche «molto perbene». Insomma, un *brav om*, per dirla in piemontese, che però era tonto ed ingenuo... mica come Angela che la sapeva lunga!
[35] Come se fosse facile. Men che meno a ripetizione.
[36] In realtà è fuorviante dire che «ha sempre trovato», perché non sono cose che gli sono capitate per caso, ma che lui è andato a cercare di proposito *per selezione negativa*.
[37] Un altro *brav om*...
[38] Angela si stava confondendo: la rivista si chiamava *Luce e Ombra* e Inardi non scrisse nessun articolo, ma fu Gian Marco Rinaldi a farlo, come abbiamo visto nelle pagine precedenti. Inardi scriveva invece su *Gli Arcani*, ma non è a questi articoli a cui Angela si riferisce.
[39] E anche qui si confonde: un approccio oggettivo non può essere al tempo stesso di parte...

In questo ambiente dei cultori della parapsicologia solitamente si trovano delle persone normali, non come nel caso degli astrologi, dei veggenti, o dei guaritori. Erano degli studiosi, come Inardi, come Cassoli, come anche queste persone di *Luce e Ombra*. Alcuni di questi si sono arrabbiati giustamente dal loro punto di vista, ma altri hanno avuto un flash. Dopo un primo disorientamento, siccome il loro interesse era quello di capire questo strano mondo, hanno capito, attraverso tutta la documentazione portata, che effettivamente c'era qualcosa che non funzionava, e molti cambiarono opinione, e mi spiegarono che questi venivano chiamati *pierangelisti*, cioè erano diventati scettici[40].

Scienziati contro il paranormale[41]

Alla fine della mia inchiesta televisiva sulla parapsicologia, e dopo il libro *Viaggio nel mondo del paranormale*, chiesi a un certo numero di scienziati, con i quali ero in contatto anche per il mio lavoro, di sottoscrivere una dichiarazione, per spiegare che non esisteva un riscontro scientifico serio per nessuno dei fenomeni paranormali di cui in quegli anni si sentiva tanto parlare. La firmarono una ventina di scienziati di grandissimo livello, molti dei quali sono tuttora nel nostro comitato come Margherita Hack, Rita Levi Montalcini, Silvio Garattini, Toraldo di Francia, Aldo Visalberghi, che è morto da poco tempo. E poi molti altri, Amaldi in particolare. Queste persone erano tutte naturalmente schierate in favore di questo tipo di approccio, alcuni si diedero anche abbastanza da fare. Edoardo Amaldi, per esempio, che era una persona straordinaria anche come uomo, prese abbastanza a cuore questa cosa, e una volta mi disse che aveva scritto una lettera alla SIP, la TELECOM di allora, la quale aveva messo tra i suoi numeri speciali, oltre alla polizia, al pronto soccorso e ai pompieri, anche l'oroscopo. Amaldi scrisse al direttore generale per esprimergli la sua indignazione. Bisogna considerare che Amaldi aveva un grande prestigio come scienziato, era stato l'assistente di Fermi per tutto il periodo dei famosi ragazzi di via Panisperna. E il direttore generale gli rispose "Lei ha ragione ma questo è il numero più gettonato". Così si vede come l'interesse economico porta anche a mettere in secondo piano l'aspetto morale[42].

---

[40] Poveri loro... Forse alcuni hanno scoperto l'acqua calda dei trucchi dei falsi medium e sensitivi, ma a seguire il "metodo" di Angela si finisce inevitabilmente fuori strada, come sempre quando ci si allontana dal *fact checking*, quando si sia affetti da pregiudizio di conferma e quando non si sia completamente onesti.
[41] Il titolo giusto sarebbe: Scienziati *incompetenti* contro il paranormale.
[42] Su questo genere di cose non si può non dare ragione ad Angela, tuttavia vale nel suo caso proprio il classico detto di non fare di tutta l'erba un fascio. Non è perché c'è tanta superficialità e ciarlataneria che allora è tutto ciarlataneria. E il voler far passare questo tipo di messaggio è, esso stesso, ciarlataneria. Infatti

Un altro episodio riguarda Bovet, che era un premio Nobel in Biologia, una persona molto riservata, che però in certe situazioni si prendeva delle arrabbiature terribili. Io ricevetti un giorno una lettera del mago di Arcella, il quale mi scrisse "Io sono un pranoterapeuta, io guarisco con le mani e ho la certificazione del primario dell'ospedale di Bari. Sono andato là, ho fatto la sperimentazione e mi hanno certificato che i malati si sono sentiti bene". Io andai da Bovet e gli dissi «Professore ho ricevuto una lettera di questo tenore» e gliela mostrai. Andò su tutte le furie e mise di mezzo l'Istituto superiore di sanità per censurare questa cosa, visto che questo tizio andava in giro con la patente da guaritore, certificata addirittura. Naturalmente il medico era in buona fede, ma questa vicenda mi dimostrò ancora una volta che chi non ha familiarità con la sperimentazione o il doppio cieco tende a cadere in trappole di questo genere[43].

Mi ricordo anche del professor Palmeri del CNR di Genova col quale facemmo una cosa molto interessante. Allora andava molto di moda la famosa camera Kirlian, di cui adesso si parla molto meno. Erano delle fotografie in cui si vedeva la mano con delle specie di fiamme che secondo alcuni era l'aura di vari colori. Noi facemmo una mano finta, con un pezzo di lamiera ritagliata a forma di mano, e mostrammo che aveva anche lei queste aure vitali, spiegando che erano i gas intorno alle dita, stimolati dalla corrente elettrica, a produrre quegli effetti. Però mi resi conto che malgrado l'interesse che questi scienziati avevano, e nonostante a volte si attivassero su questioni specifiche, l'atteggiamento di molti altri era invece quello di chi dice "Non perdiamo tempo dietro a questa storia del paranormale, queste sono solo stupidaggini"[44]. Mi resi quindi conto che era necessario attivare un volontariato di base, e qui arriviamo alla nascita del CICAP.

La nascita del CICAP

Non era facile capire come trovare delle altre persone interessate e allora, insieme a Lorenzo Montali e a Massimo Polidoro che avevo già coinvolto nel progetto, ci venne l'idea di contattare i pochi italiani che erano

---

considero l'approccio di Angela & C. sia in generale che a Rol come "pseudoscientifico".

[43] Ancora una volta, *selezione negativa*: per casi di gente che «non ha familiarità con la sperimentazione o il doppio cieco» ce n'è altrettanti, anche se sicuramente in minoranza, in cui tale familiarità è ben presente.

[44] Affermazioni certo assai poco scientifiche, e infatti tutti gli scienziati che hanno davvero approfondito invece che limitarsi ad esprimere dei pregiudizi (sulla base naturalmente della molta ciarlataneria diffusa) sono arrivati ad opinioni ben diverse da «queste sono solo stupidaggini». Sono piuttosto «stupidaggini» proprio le opinioni di quelli come Palmeri.

abbonati alla rivista americana *Skeptical Inquirer* cioè, se ricordo bene, circa una trentina di persone.

Scrivemmo a queste persone per invitarle a un incontro a Torino e in una saletta riservata di questo piccolo ristorante in via Nizza, ci conoscemmo tutti quanti. Ricordo, oltre ovviamente a Massimo e Lorenzo, alcuni ufologi, Paolo Toselli e Edoardo Russo, c'era Steno Ferluga, che ho conosciuto in quella occasione, e che era astrofisico dell'Università di Trieste. Insieme a lui Aldo De Rosa, marito di Margherita Hack, poi c'erano Sergio della Sala, Franco Ramaccini, Angelo Marchetto che mi sembra si interessasse di prestigiazione. C'era anche Corrado Lamberti, che dirigeva una rivista di divulgazione scientifica, Cesare Baj, che aveva già provato a produrre una rivista italiana sul modello di *Skeptical Inquirer* in italiano e poi c'era anche un'astrologa.

Io mi posi subito un problema, e dissi «Se noi facciamo un'associazione normale, in cui c'è il presidente, il comitato esecutivo, il tesoriere, eccetera, al primo rinnovo delle cariche, si iscrivono un gruppo di maghi e la cosa si chiude». Steno Ferluga allora si occupò della cosa e riuscì con un notaio a ideare uno statuto che non prevedeva assemblee, in cui non c'erano soci come si intende classicamente, non si votava... una cosa stalinista praticamente. Perché io avevo un'altra preoccupazione, che l'interno fosse molto omogeneo, con persone concordi e capaci di agire tutte insieme. E la formula che abbiamo trovato secondo me ha salvaguardato l'unità del gruppo dei soci effettivi del CICAP, ha consentito di far nascere i gruppi locali e di organizzare tutte le attività, come le conferenze o il corso che facciamo.

Già in quel primo incontro ci ponemmo il problema del nome da dare a questo gruppo, e fummo tutti dell'idea di non usare la parola *scettico*, perché poteva comunicare l'idea che non fossimo aperti nel valutare questi fenomeni[45]. Fu così che nacque il nome CICAP, cioè Comitato Italiano per il Controllo delle Affermazioni sul Paranormale: tu affermi che c'è la telepatia, io mi propongo di controllare, dimmi che documenti hai per provare questo fenomeno, come lo dimostri. Esattamente quello che si fa nella scienza, un modo di procedere che tutti trovano corretto. Se vuoi pubblicare su una rivista seria una tua ricerca, devi dimostrare che quello che stai dicendo ha un fondamento e ha delle prove, non sono io che devo dimostrare se quello che tu hai detto è vero o no[46]. (...)[47]

---

[45] Un altro gioco di prestigio, per il Comitato Italiano CAmaleonti Pierangelisti.

[46] Ma infatti nessuno glielo aveva chiesto. Queste affermazioni sembrano quelle di maestrini d'asilo che spiegano ai bambini le basi del metodo scientifico. Ma le cose in questo ambito non sono così semplici e facili come ad Angela & C. faceva comodo dipingerle.

[47] Salto qui il paragrafo finale, «La storia della falsa profezia», poco rilevante in questa sede.

***

Qui di seguito riporto la parte iniziale di un articolo di Massimo Polidoro in occasione dei 10 anni del Cicap.

«Fondato dieci anni fa da un piccolo gruppo di persone curiose e scettiche circa i presunti fenomeni paranormali, il CICAP rappresenta oggi una realtà consolidata e riconosciuta del panorama scientifico e intellettuale italiano. Il ragionamento critico che il Comitato promuove è diventato oggi sempre più importante, in un'epoca in cui i mass media rappresentano per molti l'unica forma di informazione ed educazione e in cui la maggior parte delle persone fa ancora fatica ad apprezzare le virtù del metodo scientifico.

Breve storia del CICAP

Il Comitato Italiano per il Controllo delle Affermazioni sul Paranormale (CICAP) nacque, con questo nome, il 9 ottobre 1988 ma cominciò la sua attività pubblica solo nel gennaio 1989. L'incontro dell'88, che si svolse in un ristorante di Torino e a cui partecipammo in circa trenta persone, tutte accomunate da un abbonamento allo *Skeptical Inquirer* (la rivista dell'americano CSICOP - Comitato per l'Indagine Scientifica del Presunto Paranormale), rappresentò il concretizzarsi di un obbiettivo che Piero Angela perseguiva ormai da una decina d'anni.
Nel 1978, infatti, Angela aveva realizzato per conto della Rai un'approfondita inchiesta sulla parapsicologia (tradottasi poi in una serie televisiva e in un libro, *Viaggio nel mondo del paranormale*) e si era reso conto di quanta superficialità, disinformazione e malafede regnasse in questo campo. Preoccupato dai danni che l'irrazionalità e la superstizione, alimentate dall'atteggiamento troppo spesso acritico dei mass media, possono avere sulla società, raccolse un folto gruppo di scienziati e studiosi che la pensavano come lui. Il gruppo, che comprendeva fisici come Edoardo Amaldi e lo psicobiologo Premio Nobel Daniel Bovet, sottoscrisse un documento in cui si auspicava la nascita di un Comitato che verificasse, ed eventualmente confutasse, le notizie relative ai fenomeni paranormali e alle pseudoscienze.
Seguirono nel corso degli anni una serie di tentativi per concretizzare la nascita di questo Comitato, caldeggiata anche dal filosofo americano Paul Kurtz, presidente dello CSICOP. Fu solo nell'ottobre 1988, tuttavia, che il progetto prese finalmente forma

grazie, soprattutto, all'impegno di Lorenzo Montali che, l'estate prima, aveva trascorso alcuni mesi a Buffalo, negli Stati Uniti, presso la sede dello CSICOP, per capire direttamente dagli esperti come far partire un comitato di scettici anche in Italia. Fu in quell'incontro di Torino che il Comitato ebbe la fortuna di trovare da subito un presidente come l'astrofisico Steno Ferluga, dell'Università di Trieste, che in breve tempo si rivelò un eccellente comunicatore, al punto da diventare ospite fisso di numerose trasmissioni televisive. A lui si affiancò poco tempo dopo come vicepresidente il fisico Adalberto Piazzali, allora direttore del Dipartimento di fisica nucleare di Pavia, anch'egli abile e arguto "duellante" di numerosi dibattiti televisivi. Terzo componente accademico del Consiglio direttivo del CICAP, nel ruolo di direttore responsabile della rivista del Comitato, fu Riccardo Luccio, dell'Università di Trieste (oggi all'Università di Firenze), uno dei più autorevoli psicologi del nostro paese. Fu in particolare grazie alla loro autorevolezza e al loro zelo se il CICAP poté entrare ed essere apprezzato da subito in ambito universitario.

Dal punto di vista organizzativo, da quell'ottobre, e per circa un anno di seguito, Montali e io ci incontrammo quasi tutti i giorni a Milano per dare una struttura al Comitato e per renderlo funzionante. Per cominciare preparammo un "manifesto", aggiornando la dichiarazione preparata da Angela nel 1978 (...).

Rendemmo dunque pubblica questa dichiarazione e invitammo tutti coloro che si riconoscevano in essa a unirsi a noi. Immediatarnetne, accettarono di fungere da Garanti Scientifici del Comitato: Edoardo Amaldi, Silvio Garattini, Margherita Hack, Tullio Regge, Giuliano Toraldo di Francia e Aldo Visalberghi. In seguito, grazie anche al loro impegno per far conoscere il CICAP con interventi sui giornali e lettere ai loro colleghi, gli apprezzamenti di stima da parte della comunità scientifica e accademica, come anche da parte di numerosi giornalisti e studiosi indipendenti, si moltiplicarono; aderirono, infatti, tra gli altri: Sabino Acquaviva, Piero Bianucci, Carlo Bernardini, Antonio Borsellino, Daniel Bovet, Adriano Buzzati Traverso, Viviano Domenici, Cornelio Fazio, Giovanni Federspil, Ludovico Geymonat, Corrado Lamberti, Ida Magli, Danilo Mainardi, Rita Levi Montalcini, Indro Montanelli, Guido Palmeri, Beniamino Placido, Paolo Aldo Rossi, Carlo Rubbia, Roberto Satolli, Silvan, Vittorio Somenzi, Giorgio Tecce, Roberto Vacca e Salvatore Veca.

La notizia della nascita del CICAP, grazie all'appoggio di così tanti nomi prestigiosi, ricevette subito una buona copertura da parte dei giornali e della televisione e cominciarono ad arrivare anche le prime adesioni da parte del pubblico.

La nascita del Comitato rispondeva al bisogno, sentito da una parte della società, che dovesse esistere un organismo che, con obiettività scientifica[48], esaminasse i tanti presunti fenomeni paranormali e riuscisse, per ciascuno di essi, a dire finalmente una parola chiara, lontana da sensazionalismi e ingenuità. Per questo motivo, fu subito chiaro che il Comitato doveva essere un'organizzazione interdisciplinare: formata cioè da persone con competenze diverse e che potesse avvalersi della collaborazione di numerosi esperti anche esterni[49]. E particolarmente preziose si sono rivelate, nel corso degli anni, le competenze e l'ingegno di persone come Sergio Della Sala (neurologo, oggi all'Università di Aberdeen, in Inghilterra), Luigi Garlaschelli (chimico, Università di Pavia), Claudio Marciano (tecnologo, Università di Pavia), Marco Morocutti (progettista elettronico) e Franco Ramaccini: tutti entrati a far parte del Comitato in veste di soci effettivi.

Nel 1989 preparammo i primi due numeri di un Bollettino informativo da spedire a tutti coloro che avevano dato la propria adesione al Comitato – che, per quell'anno, furono circa 200 persone. Furono però addirittura 1.000 le persone che si raccolsero, il 30 marzo 1989, al Palazzetto dello sport di Còrmons (GO) per la prima uscita pubblica del CICAP, organizzata brillantemente da Patrizia Caneparo. In quell'anno il Comitato fece anche le sue prime, rare, comparse in televisione anche se, per i primi anni, scoprimmo che, se volevamo far sentire la nostra voce, senza essere costantemente interrotti dal mago di turno o tagliati dalla pubblicità, era meglio fare richiesta alla Rai di utilizzare la trasmissione *Spazio Libero*. Si rivelò una mossa particolarmente utile, che ci permise ogni volta di avere 15 minuti interi per noi, in cui, presentati da Piero Angela, potevamo illustrare le attività del Comitato. L'annuncio dell'indirizzo del CICAP, al termine di queste trasmissioni, veniva immancabilmente seguito nei giorni seguenti dall'arrivo di decine di lettere da parte di persone che chiedevano di poter aderire.

Naturalmente, non tutti furono contenti della nascita del CICAP. Da un lato ci furono i parapsicologi nostrani, che ci accusarono di impreparazione e arroganza (salvo poi ricredersi nel corso degli anni e instaurare spesso attive collaborazioni con noi[50]): la rivista

---

[48] Fosse vero.
[49] Nessuno però esperto dell'ambito fondamentale. Tutti esperti… *di altro*.
[50] Chi si è "ricreduto" lo ha fatto in ambiti specifici e in cerca di una collaborazione. Questo non toglie che *scripta manent*, vale a dire che, come nel caso Rol del quale io posso parlare con piena cognizione di causa, quanto è stato

Abstracta dedicò al CICAP addirittura un intero numero per definirci "La nuova Inquisizione"[51]. Dall'altra parte ci furono le reazioni più colorite di chi, come i maghi e gli occultisti, si rendeva conto che da allora in poi sarebbe stato più difficile prendere per il naso il prossimo. Un gruppo di questi personaggi si rivolse, inascoltato, al Presidente della Rai per chiedere che fosse impedito al CICAP di partecipare a trasmissioni televisive! Un pranoterapeuta bergamasco acquistò addirittura intere pagine su alcuni quotidiani nazionali per attaccare il CICAP. Altri annunciarono la costituzione del "CIACS: Comitato Internazionale Anti-CICAP e Simili", di cui già una settimana dopo la fondazione si persero le tracce. Ci fu anche chi minacciò azioni legali se ci fossimo azzardati a esaminare la veridicità delle sue affermazioni paranormali e chi, senza altri argomenti, ci mandò lettere anonime piene di insulti e minacce.

Il CICAP è passato indenne attraverso tutti i tentativi fatti per zittire la sua voce e rappresenta oggi una realtà consolidata e riconosciuta del panorama scientifico e intellettuale italiano.

All'inizio di questa avventura non sapevamo bene che tipo di evoluzione avremmo potuto avere e ritenevamo veramente arduo riuscire a far sentire la nostra esile voce critica in mezzo alle urla forsennate dei sostenitori del paranormale. Bisogna ricordare che, fino alla nascita del CICAP, l'unica voce che il pubblico poteva ascoltare in televisione, sui giornali, sugli scaffali delle librerie o in conferenze e incontri pubblici era quella di chi affermava che tutto, dai guaritori filippini al triangolo delle Bermuda, dai rapimenti degli alieni ai piegatori di cucchiai, dai bioritmi all'astrologia, era vero, dimostrato al di là di ogni dubbio e che solo chi era chiuso di mente poteva dubitarne.

Noi ritenevamo, allora come oggi, che un'affermazione non diventa vera solo perché viene presentata dalla televisione o dai giornali, o perché è pronunciata da qualche personaggio famoso o più o meno autorevole. Un'affermazione è vera solo se chi la fa può dimostrarla tale e se le prove che presenta sono all'altezza di quanto affermato: nel caso dei fenomeni paranormali, in particolare, affermazioni straordinarie richiedono prove altrettanto straordinarie. Se cioè dico di avere una capra in giardino, potrei anche essere creduto sulla parola: ma se dico di avere un

---

scritto contro di lui continua ad essere oggetto di critica e può essere contestato nel merito, tantopiù che non solo nessun passo indietro è stato fatto in tutti questi anni, ma si è perseverato in slogan privi di fondamento, falsi e soprattutto espressione dell'assenza di autentico metodo scientifico.
[51] Si veda l'articolo *Verso una nuova inquisizione?* nel vol. X, p. 468.

unicorno, allora la mia parola non basta più se voglio essere creduto e le prove dovranno essere particolarmente convincenti[52].

Con questa convinzione cominciammo il nostro lavoro di verifica e controllo di quelli che, all'epoca, sembravano a molti dei totem intoccabili. E in questi dieci anni i risultati che abbiamo raggiunto non sono affatto secondari. L'atteggiamento critico promosso dal CICAP ha fatto sì, per esempio, che le emanazioni più grottesche e becere del mondo del paranormale scomparissero o quasi: oggi, per esempio, ben pochi volerebbero nelle Filippine per farsi operare a mani nude da un guaritore locale, mentre fino a qualche tempo fa si organizzavano anche dall'Italia voli charter per trasportare migliaia di malati verso un'illusione; i "pesi massimi" del paranormale, i vari Uri Geller per intenderci, sono scomparsi dalla circolazione: consapevoli che le loro "esibizioni", che fino a qualche tempo fa lasciavano di stucco fior di scienziati, oggi non resisterebbero dieci minuti alla verifica degli esperti del CICAP; anche l'astrologia, per quanto sempre adorata dai mass media, ha ricevuto una botta d'arresto: a differenza di dieci anni fa, per esempio, il TG 1 ha finalmente eliminato l'oroscopo dalla sua edizione notturna e la credibilità di astrologi e veggenti è stata seriamente messa in crisi dalle verifiche annuali delle previsioni fatte dal CICAP.

Anche in televisione le cose sono cambiate. Quando il CICAP nacque la tv era infestata da programmi totalmente pro-paranormale, come: *Mistero* (Raidue), *L'Incredibile* (Raiuno), *Filò* (Raitre), *I misteri della notte* (Retequattro), *Fantasmi* (Raitre), *Segreti e misteri* (Tmc), *L'oroscopo* (Raiuno)... in cui la voce della scienza e della Ragione era del tutto inesistente. Da allora, il CICAP è riuscito a ritagliarsi uno spazio ed è quasi sempre presente ogniqualvolta si parla di paranormale. Negli ultimi tempi, anche la quantità di programmi sul paranormale è calata; l'unica serie tv di questo tipo degli ultimi anni, *Misteri*, andata in onda sulla Rai tra il 1994 e il 1997, ha visto la presenza di uno o più componenti del CICAP in ogni puntata.

Il CICAP ha avuto un effetto anche sul campo dell'editoria: se in quasi vent'anni, dal 1978 al 1995, di libri dal taglio scettico sul paranormale ne uscì solamente uno (quello di Piero Angela), in soli quattro anni, dal 1995 al 1999, grazie al CICAP e ai suoi collaboratori, non solo sono stati pubblicati circa 40 libri scettici

---

[52] Cose basiche quasi ovvie, su cui tutti gli studiosi seri – e parlo di quelli che hanno avuto la certezza dell'esistenza di questi fenomeni – concordano da oltre due secoli.

ma è nata anche Avverbi, la prima casa editrice italiana "in difesa della Ragione"[53]. (...)»[54].

---

[53] C'è ben poca *autentica* ragione nel libro di Tomatis su Rol pubbblicato nel 2003 da questa casa edtrice.
[54] Polidoro, M., *Cicap: 1989-1999*, Scienza & Paranormale, n. 27, settembre-ottobre 1999, pp. 4-6. Si veda anche, sul convegno per il decennale, il n. 29, gennaio-febbraio 2000, pp. 4-29.

Le polemiche su Rol

di Piero Angela e Massimo Polidoro

2022[1]

Polidoro: Una lezione che tanti non hanno voluto imparare[2]. Un po' come quelli che, nel nostro paese, ancora parlano di Gustavo Rol come di un fenomeno autentico.

Angela: Rol, il beniamino "paranormale" della Torino bene di quegli anni, lo avrei volentieri ignorato nella mia inchiesta, visto che comunque si trattava di un caso che al di fuori dell'Italia non conosceva nessuno, poiché aveva sempre rifiutato qualunque tipo di verifica o di controllo scientifico[3]. Si esibiva solo per la sua corte di adoratori e, per l'appunto,

---

[1] Tratto da: Angela, P., *La meraviglia del tutto*, conversazione con Massimo Polidoro, Mondadori, Milano, 2024, pp. 335-337. Il volume è uscito postumo all'inizio di febbraio 2024; Angela è morto il 13/08/2022, la conversazione con Polidoro è avvenuta nei mesi precedenti.

[2] Il paragrafo precedente terminava così:
«*P.*: In uno dei cartoni animati di Bruno Bozzetto facevi un paragone molto chiaro a proposito di quei sedicenti sensitivi e medium che accettavano di farsi vedere da tutti, scienziati, giornalisti, filosofi, premi Nobel, ma rifiutavano categoricamente la presenza dei prestigiatori.
A.: Sì, chiedevo agli spettatori: se qualcuno vi fermasse per strada offrendovi un brillante preziosissimo a un prezzo stracciato, voi che cosa fareste? Vi rivolgereste a un gioielliere di fiducia. Ma se il venditore vi dicesse: «No, potete farlo vedere a tutti: giornalisti, filosofi, fisici, biologi, premi Nobel, ma mai al vostro gioielliere di fiducia». Ebbene, che cosa dovreste pensare?». Che si accetti o meno questo esempio di Angela, non si applica comunque a Rol, avendo egli mostrato anche ad esperti di giochi di prestigio i suoi esperimenti.

[3] All'estero non lo conosceva nessuno (a livello popolare sicuramente, ma non al livello delle *élites*) perché aveva «rifiutato qualunque tipo di verifica» o perché semplicemente conduceva un vita riservata lontano dai riflettori? Geller per esempio lo conosceva il mondo intero per il fatto che fosse un uomo di spettacolo che aveva saputo vendersi molto bene dal punto di vista pubblicitario, e non certo perché si era sottoposto a verifiche. Per passare a un caso diverso, ma altrettanto mondialmente conosciuto, Sathya Sai Baba sapevano tutti chi fosse perché radunava folle oceaniche ed era il prototipo del santone popolare. Rol sta diventando "famoso" ora che non c'è più da trent'anni, e non per i riflettori su di sé quando era in vita, quanto per l'*ineluttabilità* dei semi che ha lasciato sul suo cammino, che giungono gradualmente a maturazione. E si può prevedere che il nome di Rol sarà mondialmente conosciuto, nel XXI secolo, molto più di quanto lo furono Geller e Baba nel XX.

rifiutava la presenza dei prestigiatori[4], come quella di Silvan, che in TV rifece le sue dimostrazioni più spettacolari in condizioni ancora più difficili[5]. Ma per tanti, anche per alcune persone di grande levatura, Rol era la "prova vivente" che il paranormale esisteva. Ricordo quell'imbarazzante appello accorato che Arturo Carlo Jemolo, l'eminente giurista e storico, rivolse a Rol dalle pagine della "Stampa"[6]. "Se osassi rivolgere una preghiera al dottor Rol" iniziava, rivolgendosi al "dottor" Rol, che nemmeno si era mai laureato[7]. E continuava: "la preghiera sarebbe quella di consentire l'uso di 'nastri cinematografici' in modo da convincere gli scettici, che sono poi i più infelici". E, naturalmente, tu ricordi la risposta, geniale, bisogna dirlo, di Rol...

Polidoro: Ma certo: "La Scienza non può ancora analizzare lo Spirito"[8]. In altre parole, professore caro, si scordi i "nastri cinematografici", e soprattutto, tenga alla larga i prestigiatori!

Angela: Quindi me ne sono dovuto occupare, salvo poi sentirmi accusare di tutto. In particolare, che avrei volutamente distorto le informazioni[9]. Pensa che c'è stato anche un giornalista il quale, senza nessuna prova, è arrivato a sostenere che Rol, per punirmi del mio scetticismo, mi avrebbe "cancellato gli assegni" a distanza, scrivendoci sopra la sua firma con la psicocinesi! Ti rendi conto? Un'assurdità totale[10]. Ma come si può anche solo pensare che io abbia di proposito voluto nascondere qualcosa su

---

[4] False entrambe le affermazioni, ed è sconcertante come nel 2022 Angela ripetesse questi *leitmotiv* ignorando o facendo finta di ignorare tutto quanto è emerso su Rol dopo la sua morte, a partire dal 1994.
[5] Altra falsità non suffragata dai fatti. Solo slogan.
[6] Si veda il vol. IX, p. 22. Di imbarazzante qui ci sono solo le bugie di Angela.
[7] Di nuovo falso. Rol si laureò in Giurisprudenza all'Università di Torino nel 1933, qualcosa che chiunque può verificare (ho pubblicato la sua tesi di laurea in appendice al vol. II, e i suoi voti universitari in appendice al vol. VI). Non sono per ora confermate le altre due lauree o diplomi, spesso citati da vari commentatori, in Scienze commerciali a Londra e biologia clinico-medica a Parigi (si veda su questo argomento il vol. VI, p. 139, nota 7). Nel dire che Rol non fosse laureato, Angela dimostra due cose in una: ignoranza e volontà di sminuirlo, per rafforzare l'immagine di ciarlatano che voleva dare di lui.
[8] Che fu il titolo dato da *La Stampa* alla lettera che Rol aveva inviato al quotidiano e che fu pubblicata il 3 settembre 1978, si veda il vol. IX, p. 49.
[9] Per carità, non sia mai, abbiamo ben visto come Angela fosse ligio alla verità...
[10] Il giornalista Nevio Boni si è limitato a riferire, a me nel 2002 che poi l'ho divulgato, quanto gli disse Rol, quindi eventualmente si può contestare la versione di Rol, ovvero il "messaggio", ma non il messaggero, sulla cui buona fede non ho avuto motivo di dubitare. Rimando all'analisi già fatta alle pp. 42 e sgg..

questi argomenti?[11] L'ho detto prima, chi si occupa di giornalismo scientifico ha una spinta dentro di sé che lo porta a cercare sempre cose nuove: che motivo ci sarebbe di ignorare o far passar sotto silenzio fenomeni capaci di aprire porte su nuove, straordinarie dimensioni?[12]

Polidoro: Alcuni ancora oggi domandano: "Ma che motivo avrebbe avuto Rol per imbrogliare? Intendo, non si faceva pagare!". Mi torna in mente il tuo amico finto "medium", a cui mandavi i segnali con la sigaretta: immagino non gli sia dispiaciuto poi tanto continuare a farsi credere... "speciale", anche se nessuno lo pagava.

Angela: In effetti, quella volta mi accorsi anche di un'altra cosa molto interessante: il collega di colpo aveva acquistato considerazione e prestigio. E questo mi fece capire che molti possono essere indotti a compiere trucchi non tanto per guadagnarci, ma perché agli occhi degli altri appaiono come esseri straordinari e acquisiscono un prestigio, a volte addirittura un potere, che può perfino essere più ambito del denaro[13]. Pensiamo all'ossequio di un'autorevole personalità come Jemolo![14] Ecco perché, per alcuni, comportarsi in questo modo può diventare come una seconda natura, che non si può più confessare.

Fellini degli spiriti

Polidoro: Anche Federico Fellini era incantato da Rol, o almeno questo era quello che gli piaceva raccontare[15].

---

[11] Tutto quanto ho pubblicato in questo e negli altri volumi dedicati al 1978 puntano proprio in questa direzione.
[12] Già, che motivo ci sarebbe...?
[13] La narrativa scettico-negazionista non può fare a meno di cercare *per forza* un interesse e tornaconto materiale nell'agire di Rol, in mancanza dei quali allo scettico viene a mancare il terreno sotto ai piedi, non potendo più aggrapparsi a nulla che giustifichi una presunta mistificazione durata oltre 60 anni. Se si escludesse anche il tornaconto del «prestigio» dopo aver eslcuso quello del denaro, l'ultima spiaggia sarebbe quella di considerare Rol un folle, né più né meno. L'ipotesi che Rol abbia fatto tutto quello che ha fatto *quasi solo per gli altri*, nell'orizzonte mentale degli scettici, semplicememte non esiste. E il «quasi» riguarda l'unico vero tornaconto che aveva: sentirsi utile e gratificato dalla opportunità di fare più bene possibile, "investendo" nell'evoluzione del proprio spirito.
[14] L'«ossequio» di Jemolo per Angela diventa la pistola fumante delle "colpe" di Rol. Il quale peraltro non aveva chiesto a Jemolo o a chiunque altro di parlare in suo favore.
[15] Si noti già la forma *illusionistica* della affermazione, che vuole insinuare il dubbio che magari a Fellini piacesse solo «raccontare» di essere incantato da Rol,

Angela: Lui però lo perdono, era un personaggio straordinario[16], io lo adoro. Certo, poi ho anche avuto un'accesa discussione con lui.

Polidoro: Davvero? E che cosa successe?

Angela: Una sera, a Fregene, ero stato invitato a casa del basso Nicola Rossi-Lemeni, un grande dell'epoca, di padre italiano e madre russa, nato a Istanbul, insieme a tanta gente, e c'era anche Fellini. Lui con me già aveva il dente avvelenato perché nel libro avevo scritto quelle pagine su Rol. Tu pensa che aveva rinunciato a girare un film, *Il viaggio di Mastorna,* perché Rol gli aveva detto che gli avrebbe portato male![17] Al che gli dico: «Ma Rol è solo un prestigiatore!».
E Fellini: «A me ha fatto delle cose inspiegabili. Pensi che una sera, in un albergo in cui entrambi alloggiavamo, smaterializzò il tacco della mia scarpa. Guardai la scarpa ed effettivamente non c'era più il tacco: lo teneva in mano lui! Come è possibile?».
Il fatto è che Fellini e Rol erano scesi in quel tipo di hotel in cui si lasciano le scarpe fuori dalla porta della stanza la sera perché vengano pulite, ma lui non poteva nemmeno prendere in considerazione l'idea che forse Rol, molto semplicemente, passando davanti alla sua camera avesse visto che il tacco si stava staccando e lo avesse preso per "materializzarlo" più tardi, al momento giusto. Fellini aveva una mente straordinariamente creativa[18], magica, ed era come quelli che credono alle fiabe e alle fate. In

---

poi in realtà forse non era così. Polidoro si legga il mio *Fellini & Rol* per rendersi conto quanto l'ammirazione di Fellini per lui fosse profonda e costante nel tempo.
[16] Non è strano quanti personaggi straordinari ammirassero Rol? Naturalmente, con Rol erano tutti degli allocchi, però al di là di questo erano straordinari...
[17] Le cose non stanno così, e detto in questi termini sembra uno stupido anatema superstizioso (di nuovo, occorre ammantare Rol della ciarlataneria più stereotipata, zingaresca, per rafforzare la narrativa). Come ho mostrato in *Fellini & Rol*, Rol aveva chiesto al regista di cambiare alcune cose di quel film, perché così come la storia era impostata aveva connotazioni negative sulle quali Rol discordava. Il soggetto riguardava un *viaggio* sui generis del protagonista dopo la sua morte, o apparente tale, in un incidente aereo. Rol era piuttosto competente sia sull'"oltretomba" che sul simbolismo del *viaggio iniziatico*, quindi le sue interferenze in quel progettato film di Fellini, come anche in altri film per altre ragioni (ad esempio *Il Casanova* e il progetto di un film sul mondo di Castaneda), aveva delle sue precise ragioni di essere e in ultima analisi Rol non voleva che Fellini desse una immagine distorta e negativa di ciò che ci aspetterebbe dopo la morte, o comunque che ci fosse spazio ad esiti eminentemente spirituali. Rol è stato consultato anche da altri grandi registi e produttori su argomenti in cui era ritenuto competente, come l'epoca napoleonica o le vicende bibliche.
[18] Angela in questo supera Fellini in mille lunghezze: però in termini negativi, perché quello che dice qui è al limite del farsesco, fantasia pura, con l'aggravante

effetti, aveva realizzato *Giulietta degli spiriti* con queste cose in mente... Quindi, davanti al mio scetticismo, si incavolò e se ne andò via brontolando.

***

della insinuazione calunniosa. L'episodio l'ho analizzato nel dettaglio sempre in *Fellini & Rol* (pp. 32-38) e l'ipotesi ridicola di Angela – che a quanto pare non si è mai dato la briga di verificare quanto raccontato da Fellini che pur è stato riferito più volte anche da altri sin dagli anni '60 – viene smentita dalla stessa descrizione dei fatti. Ecco cosa scrisse Leo Talamonti che fu testimone e cronista principale di quell'episodio, che avvenne come ho potuto stabilire il 26 maggio 1963 in occasione del primo incontro "ufficiale" tra Fellini e Rol, nella hall dell'Hotel Principi di Piemonte a Torino: «Il dottor Gustavo Adolfo Rol arrivò puntualissimo alle quindici e trenta, e sedette sulla poltrona di cuoio accanto a noi. Eravamo nella vasta sala a pianterreno di un albergo centrale di Torino. Vicino a lui, sul divano, c'era il regista Federico Fellini, e via via gli altri: il prof. P[iantanida], di Arco; il dottor M[ancusi], medico e primario di una clinica della stessa città. Io stavo sulla poltrona dirimpetto a quella di Rol. In mezzo, l'immancabile tavolino da salotto. Guardavamo tutti Rol che parlava con animazione trascinante del film *8 e mezzo*. Alla fine del discorso, cambiò improvvisamente tono e chiese a Fellini il permesso di fargli uno scherzo: a patto però – aggiunse – che avesse un paio di scarpe di ricambio. Per fortuna le aveva, altrimenti non sarebbe accaduto nulla ed io non potrei fare il resoconto semplice e fedele di un raro episodio di psicocinèsi, che è quanto dire di magia cosciente e senza rituali. Eravamo tutti attentissimi. A un certo punto, l'amico regista fu pregato dal dottor Rol di alzarsi e di fare qualche passo nella vasta sala; e obbedì senza chiedere spiegazioni. – Va tutto bene? – gli chiese il distinto signore di Torino. – Sì: perché? – rispose Fellini, disponendosi a tornare sul divano; ma proprio allora cominciò a camminare piuttosto male. Sedette, si sfilò il mocassino di destra e lo guardò: mancava un pezzetto di tacco, quello stesso che il dottor Rol reggeva, sorridendo, nella sua mano. – Una cosetta da niente, un asporto, – disse; e ne pareva convinto» (citato a p. 32). Pitigrilli riferì poi, nel 1965, la versione di Piantanida, leggermente diversa nei particolari (*ib.*, pp. 35-36) ma che comunque confermava le due cose fondamentali: l'ambiente dell'accadimento, ovvero la hall dell'albergo, e il fatto che parte del tacco di Fellini fosse stato rimosso in quella circostanza, seduta stante e di fronte a numerosi testimoni, e non eventualmente prima a insaputa di Fellini, il quale se anche solo se le fosse messe per scendere dalla camera alla hall, certo si sarebbe accorto di camminare male da subito (si noti la descrizione di Talamonti: «*proprio allora* cominciò a camminare piuttosto male», mentre prima camminava bene). Ed è possibile se non probabile che Fellini le avesse indossate tutta la giornata e ci fosse andato a pranzo, visto che si incontrarono alle 15:30 del pomeriggio (quindi Fellini poteva avere quelle scarpe da ore senza essersele tolte). Angela quindi, come suo solito per lo meno in questo campo, oltre a non verificare i fatti faceva una ipotesi inconsistente e pregiudiziale. Tutto il contrario di un corretto approccio scientifico, o anche solo investigativo di prima elementare.

Quali considerazioni si possono fare su questo ennesimo fango gettato su Rol da parte di un giornalista (e di un intervistatore) che pare non riuscire a fare a meno di parlare di lui...?
La cosa interessante è che a parte certi slogan e frasi fatte trite e ritrite, ogni volta che Angela ha parlato di Rol ha infilato nel discorso qualche nuova bugia, forse dimenticandosi delle bugie precedenti (come infatti accade a chi mente). In particolare brilla per la sua assenza la bugia forse più vergognosa, quella che Angela riferì nel 2017 nell'intervista a Il Messaggero che abbiamo visto nelle pagine precedenti, ovvero che Rol gli avesse «"augurato" di morire di cancro in due mesi». Una piccola dimostrazione di menzogna una tantum (mai riferita prima del 2017 e non più riferita dopo) che se fosse stata vera non si vede per quale ragione il giornalista non avrebbe dovuto ripeterla.
Mi chiedo comunque se qualcuno non gli abbia fatto leggere la mia stroncatura e non si sia reso conto che forse era meglio parlare di altro, e passare al gioco di prestigio successivo.

P.s. Prima di chiudere questo e gli altri tre volumi ruotanti intorno al 1978, sono venuto a conoscenza di un incontro avvenuto tra Piero Angela ed Alexander nel 1993 negli studi Dear di Roma dove hanno parlato anche di Rol. In quella occasione Angela avrebbe raccontato un dettaglio che non risulta abbia mai riferito da nessun'altra parte e che non è per niente credibile, e anzi appare come una palese forzatura e quindi una ennesima bugia, di quanto aveva raccontato in precedenza nel suo libro. Nel 1978 aveva scritto:

> «mentre piegavo i miei fogli avevo avuto l'impressione che "qualcosa" succedesse dalla parte di Rol (una possibile sostituzione di fogli? non gli sarebbe stato difficile, mentre tutti eravamo impegnati nell'operazione di piegatura, sostituire il suo foglio interno con un altro che conteneva già scritte e disegni, tanto più che la cartellina era rimasta sulle sue ginocchia)» (*supra*, p. 21).

Nel 1993 disse ad Alexander di aver visto Rol tenere un foglio sulle ginocchia e poi sostituirlo al momento opportuno (si veda il racconto nel vol. X, p. 340 nota 7). Alexander gli chiese anche se fosse davvero sicuro di quello che pensava di avere visto e Angela lo ribadì e confermò.
Ovvero: quella che nel 1978 era solo una ipotesi e insinuazione già gratuita, nel 1993 era diventata una certezza. Che si trattasse di bugia pienamente consapevole, o di una crescente autosuggestione inconscia costruita dalla sua mente nel corso dei 15 anni precedenti, non è così rilevante, dal momento che il quadro generale non depone in ogni caso a favore né della attendibilità come testimone né della buona fede.

Raccontare la scienza

di Piero Angela

Ottobre 1987[1]

Ogni ricercatore, quando fa un'affermazione, è tenuto a fornire degli elementi di prova per quello che dice, e a suggerire dei modi per poterlo smentire. In altri termini espone le sue teorie a un controllo esterno. Tutto questo è difficilmente trasferibile ad altri campi, come per esempio quelli delle decisioni politiche o delle questioni morali. Ma sarebbe già un enorme passo avanti se nelle discussioni di tutti i giorni si riuscisse a separare ciò che si crede da ciò che si sa per certo, tenendo distinti i fatti dalle opinioni. Purtroppo il mondo è pieno di gente che scambia le proprie idee per verità inconfutabili.
Anche la fermezza e la rigidità delle proprie convinzioni è oggi un atteggiamento insostenibile e anacronistico. Mentre la scienza è pronta in ogni momento ad abbandonare certezze e idee consolidate non appena qualcuno propone nuove teorie o risultati che si rivelano corretti, la disponibilità a rivedere i propri punti di vista è una virtù scarsamente diffusa. Ma una cosa è l'opportunismo, per cui si cambia opinione a seconda dell'interesse immediato, un'altra cosa è la flessibilità mentale, che consente di esporre le proprie idee alla verifica o alla smentita degli avvenimenti esterni.
Fa parte del costume scientifico l'abitudine a convivere con il dubbio e un atteggiamento critico nei confronti di ogni verità, che non è mai eterna e inamovibile, ma parziale e provvisoria. È una disposizione mentale nella quale non è facile porsi, perché è più semplice vivere con delle certezze, anche se sono illusorie.

D. Anni fa lei si è occupato a lungo di questa ricerca di certezze a buon mercato svolgendo un'inchiesta sui cosiddetti fenomeni paranormali, da cui poi ha pubblicato anche un libro. Complessivamente, che impressione ne ha tratto?

R. Tristissima. Ci sono purtroppo molte persone che ancora oggi credono all'esistenza di presenze misteriose e impalpabili capaci di influenzare il nostro destino; credono nella telepatia, nella percezione extrasensoriale, nella comunicazione con i morti e in altre cose più o meno assurde. Dietro tutto questo si avverte un bisogno molto forte di avere delle risposte certe.

---

[1] Estratto dal libro di Piero Angela *Raccontare la scienza*, intervista a cura di Giuseppe Ferrari, Pratiche Editrice, Parma, 1987, pp. 101-103.

Non importa su che cosa siano fondate, l'essenziale è che ci siano e che qualcuno, l'astrologo, il chiromante o chiunque altro dotato di poteri paranormali, sia in grado di darle. Ognuno vorrebbe sapere se vivrà a lungo, se diventerà ricco, se avrà amori felici ed è bello e gratificante credere a chi afferma con sicurezza di conoscere la risposta.

Ma l'imbroglio più grosso è che si cerca di spacciare tutte queste pratiche e queste credenze per qualcosa che ha a che fare con la scienza. Si sostiene che anche se oggi non si riescono bene a capire certi fenomeni «strani», non per ciò si può negare la loro esistenza. Ma l'onere della prova sta a chi ci crede ed è convinto che certe cose accadano davvero. Se poi si prendono in esame con un po' di attenzione le cosiddette prove, ci si accorge che contengono suggestioni, coincidenze, errori di metodo e anche volgari trucchi.

Forse la cosa più triste di cui mi sono reso conto è che si possono scrivere pagine e pagine per dimostrare l'infondatezza di tutte queste cose, ma si troveranno sempre persone che si rifiutano di mettersi a ragionare, perché *comunque* vogliono continuare a credere. Anni fa ho visto un'opera di Giancarlo Menotti[2], che fa capire bene un atteggiamento del genere. La protagonista è una medium che riceve a casa sua delle persone e le fa parlare con i morti. A un certo punto, per una serie di circostanze, svela ai suoi clienti che per anni ha continuato a ingannarli con dei trucchi: e fa vedere che il tavolo oscilla perché c'è sotto un congegno che lo fa muovere, che i fantasmi sono in realtà lenzuola agitate da sua figlia, e così via. Tutti quelli che assistono alla rivelazione rimangono sconcertati e non sanno più che cosa dire. Ma alla fine chiedono alla donna di far finta di niente e di metterli di nuovo in comunicazione con i loro morti, perché, in fin dei conti, preferiscono continuare a credere che sia possibile.

---

[2] *La Medium*, opera drammatica in due atti, 1946.

Er Pasticciaccio brutto...

di Brunilde Cassoli e Paola Righettini

1999[1]

Qualcuno lo chiamò, parafrasando un più celebre titolo, "Er pasticciaccio brutto di via... Teulada".
A distanza di venti anni avevamo dimenticato quanto scalpore suscitò quella "Indagine sulla parapsicologia" che la RAI offrì al pubblico italiano in cinque puntate, dal 1° al 29 aprile 1978, in prima serata. Ma abbiamo ritrovato un "dossier Angela", un pacco voluminoso di articoli, interviste di giornali, lettere, foto, etc. Abbiamo riletto pagine e pagine, dal Borghese a Paese Sera, Il Tempo, La Domenica del Corriere, Repubblica, vari giornali TV, Gente, Famiglia Cristiana. (…)
E tante lettere, tante, di conoscenti e soprattutto di sconosciuti, indignati, sconcertati, disorientati.
In sostanza fu un'inchiesta giornalistica, condotta in un lungo viaggio negli Stati Uniti e in Inghilterra, che ha portato il dottor Piero Angela ad incontrare e conversare con alcuni dei maggiori parapsicologi dell'epoca, quasi tutti ricercatori attivi in una delle diramazioni di questa disciplina. Aiutandosi con le loro indicazioni nelle trasmissioni e poi nel libro che ne è seguito Angela ha discusso alcuni dei casi più famosi di quel periodo, come quello di Uri Geller e dei Mini-Geller, le fotografie "psichiche" di Ted Serios, gli esperimenti di laboratorio con gli animali (topolini) e così via. Programmata ad ampio raggio, l'inchiesta è stata effettuata in numerosi laboratori e centri di ricerca, si è avvalsa soprattutto della formula dell'intervista e ha dato voce a moltissimi esponenti del settore. Il problema era, come si è visto fin dalle prime battute del programma, che sono state proposte soltanto raffigurazioni "in negativo" della ricerca parapsicologica, lasciando la maggior parte dello spazio ai critici e non ai diretti protagonisti e ai testimoni degli studi, e offrendo in definitiva una raffigurazione "a senso unico" di tutto il campo. Una raffigurazione che ha suscitato subito molte reazioni irritate, non solo nell'ambiente della parapsicologia italiana, ma anche presso molti di coloro che Angela aveva incontrato e intervistato, di cui non sempre erano stati riferiti con correttezza i lavori, gli studi e i giudizi.

---

[1] Brunilde Cassoli e Paola Righettini, *Un sole nascosto*, Phoenix Editrice, Roma, 1999. Il titolo è quello del paragrafo relativo, che riproduco in parte, da p. 211 a p. 214; segue altro estratto da p. 241 a p. 243. In un capitolo anteriore, p. 69, c'è questo commento: «La storia delle frodi perpetrate dai medium e sensitivi di tutto il mondo riempirebbe volumi: se ne potrebbe formare un'enciclopedia procurando incontenibile felicità a Piero Angela e ai suoi colleghi di scetticismo».

Insomma, si era trattato di un'*indagine* che proprio indagine non fu, in quanto un'inchiesta per avere una sua credibilità non può essere condotta a senso unico.

A distanza di venti anni, placate le amarezze e richiuse le ferite, con più pacatezza e serenità di giudizio, rimane principalmente un curioso interrogativo: quale sarà stata la motivazione che fece scivolare un bravo e intelligente divulgatore come Piero Angela in un errore professionale così plateale?

Il metodo che Angela seguì nell'inchiesta fu unanimamente riconosciuto "a senso unico" e nello sforzo di dimostrare una certa tesi – cioè l'inesistenza completa dei fenomeni paranormali – usò sistemi che francamente lasciarono per lo meno perplessi. Nel suo viaggio negli Stati Uniti e in Inghilterra il noto e stimato divulgatore intervistò praticamente solo illustri detrattori della parapsicologia, e illusionisti che sarebbero diventati poi famosi, dimenticando di consultare parapsicologi di fama internazionale come William Roll, John Pratt, Jan Ehrenwald, Ian Stevenson, Charles Tart, John Palmer, per non fare che pochi nomi. E in Europa, Hans Bender, dell'Istituto di parapsicologia di Friburgo, e John Beloff dell'Università di Edimburgo.

Ci si rammaricava, su *Parapsychology Review* (n. 5, 1978), che così pochi fossero stati i parapsicologi americani intervistati e che J.B. Rhine e Ramakrishna Rao avessero potuto parlare per così *"few moments"*, senza che nessuno dei loro lavori fosse presentato.

Angela è un italiano, che parlava agli italiani da una TV di Stato italiana. Prima (o dopo, è lo stesso!) di dare tanto spazio e importanza a insigni studiosi di altre discipline che così poco, almeno allora, avevano a che fare con la ricerca del paranormale, sarebbe stato corretto sentire anche il parere di qualche studioso italiano, per rendere almeno più obiettiva questa "indagine". È rimasta simpaticamente famosa una risposta che Piero Angela diede a un giornalista che gli chiedeva perché non intervistava i parapsicologi: "Non i parapsicologi, perché loro ci credono!".

Non si poterono giudicare "interviste" quei pochi minuti concessi a Emilio Servadio, Piero Cassoli e Giorgio Salvadori nel confronto e "dibattito fra parapsicologi e scettici", come recita un *Radiocorrere TV* del 31 maggio 1978, che costituì la chiusura di questa trasmissione esattamente un mese dopo la fine dell'"inchiesta". Quest'ultima puntata era titolata "Cosa c'è di vero nei fenomeni paranormali?". Tre in difesa e tre in accusa: professor F. Graziosi, Piero Angela e Cristopher Evans. Moderatore Maurizio Costanzo. Pochi minuti a testa (dieci, forse otto) per difendere appassionatamente gli studi di una vita e per tentare di correggere ciò che in cinque ore di incredibile parzialità era stato suggerito al pubblico italiano. Suggerito e offerto con un insistente contorno di sarcasmo e di

ironia. I famosi "sorrisini" di Angela furono oggetto anche di commenti giornalistici non proprio benevoli!
Chi si attendeva una *indagine* si trovò di fronte a un *processo*. Dove le "prove" presentate per la demolizione e la ridicolizzazione dei fenomeni paranormali erano inquinate da gravi omissioni. E da un'intrusione – spesso offensiva per il buon senso dell'ascoltatore italiano di media cultura – di prestigiatori e illusionisti di oltre oceano.
Ci fu anche chi si meravigliò, si domandò (e pubblicò) quali potevano essere i motivi che avevano spinto la RAI a realizzare una trasmissione del genere – lunga, dispendiosa e realizzata solo per demolire – in un momento così grave per il Paese. Il 16 marzo di quell'anno Aldo Moro era stato rapito da un *commando* delle Brigate Rosse e il 9 maggio fu ritrovato senza vita. La trasmissione fu mandata in onda proprio nell'arco di quelle terribili settimane.

Nacque il Comitato degli Scienziati per il Controllo delle Affermazioni sul Paranormale. (…)
…su *Paese Sera* l'11 marzo 1979 qualcuno definì la parapsicologia "diffusa forma di subreligione per autoemarginati intellettuali".
Dieci anni dopo, nel 1988, verrà fondato il "Comitato Italiano per il Controllo delle Affermazioni sul Paranormale": il CICAP. (…)
Alcuni anni più tardi – nel 1994 – una trasmissione televisiva di molte puntate, "Misteri", darà occasione a Cassoli e a Bersani di conoscere personalmente il professor Ferluga, il professor Garlaschelli, il dottor Polidoro e il professor Piazzoli. Pubblicamente la loro posizione scientifica rimane accanitamente negativa e demolitrice della fenomenologia paranormale. I "cicapisti" (come vengono scherzosamente chiamati) sono rimasti fedeli al modello ispiratore e vengono spesso individuati per il loro sarcasmo e i loro sorrisi ironici.

*

Il 1985 fu l'anno di "Mister O". La RAI-TV ripropose la parapsicologia in prima pagina, o per usare un linguaggio più tecnico, in prima serata. Erano trascorsi sette anni dalla famigerata indagine di Piero Angela e tutti noi desideravamo (e quanto lo desideravamo!) avere la possibilità di ristabilire l'equilibrio con quella trasmissione, modellata sull'esempio di una rigorosa, brillante, documentata divulgazione scientifica, ma amaramente infarcita di quanto più unilaterale, inesatto ed equivoco si potesse immaginare. Speravamo quindi in un programma dello stesso livello, questa volta, se non proprio *per* la Parapsicologia, almeno non *contro* di essa. La fiducia e la speranza erano riposte nell'organizzazione e nella presentazione degli argomenti che erano state affidate alla dottoressa

Paola Giovetti, nota studiosa del paranormale conosciuta in Italia e all'estero.
Il tipo di trasmissione purtroppo non portò quel riequilibrio in cui avevamo sperato. Non fu sufficiente la garbata e sempre ben documentata presentazione degli argomenti da parte di Paola Giovetti a togliere il carattere di "spettacolo" alla trasmissione, spettacolo che aveva come oggetto la Parapsicologia. Scrisse Ferdinando Bersani sul *Bollettino* n. 11, ottobre 1985: «I rappresentanti del mondo scientifico chiamati a partecipare per pochi minuti a ciascuna puntata non hanno espresso (salvo poche eccezioni) che vaghe opinioni personali, mostrando peraltro di non avere alcuna conoscenza specifica (come c'era da aspettarsi) della Parapsicologia. Bene ha fatto nella breve Tavola Rotonda dell'ultima puntata il nostro presidente, Piero Cassoli, ad alzare la voce, a dire ai rappresentanti presenti dell'*establishment* che prima di sputare giudizi si informino sulle pubblicazioni parapsicologiche ufficiali. Non poteva fare di più nei pochi minuti avaramente messi a disposizione dagli organizzatori, per i quali anche gli interventi dovevano costituire "spettacolo" e nulla più»[2].

---

[2] Nell'ottobre 1985 Brunilde Cassoli aveva anche scritto che «nel 1978 c'erano state in TV le trasmissioni critiche di Piero Angela che avevano minato dalle fondamenta i fenomeni parapsicologici. Che parte dell'ambiente accademico sembrava essersi ritirato dietro una barriera di critica e di ironia. Che il metodo sperimentale statistico-quantitativo sembrava mostrare la corda. Che il dopo-Piero Angela aveva violentemente evidenziato una categoria, un esercito di "mercanti dell'occulto" che senza più ritegni, servendosi anzi di ogni possibile mezzo d'informazione, mirava ad ufficializzare il proprio lavoro presentando addirittura in Parlamento varie proposte di legge, speculando senza limiti di decenza sulla credulità e spesso sulle disgrazie altrui. Un altro fatto stava accadendo. Gli studiosi e le associazioni ad impronta spiritista aumentavano di numero, si organizzavano in convegni, si servivano dei mass-media, uscivano – se così si può dire – più allo scoperto, qualche volta dietro un aspetto di pseudoscientificità» (ripubblicato in: Cassoli, B., *Piccola storia del «Centro Studi Parapsicologici» di Bologna*, Quaderni di parapsicologia, n. 2, 1990, p. 64).

Illusionismo e parapsicologia

di Emilio Servadio

Maggio 1987[1]

Il mio proposito è di dare, all'inizio, un ragguaglio sull'illusionismo, e particolarmente sulla psicologia che lo sottende, per quanto riguarda sia il pubblico che assiste, sia l'illusionista stesso nelle sue motivazioni e nelle sue reazioni. In un secondo tempo, vedrò di esaminare quali sono stati finora i rapporti fra illusionismo e parapsicologia, o, per meglio dire, tra gli illusionisti stessi e i fenomeni paranormali.

A ben guardare, molte persone sono attirate dai fenomeni parapsicologici per motivi non molto differenti da quelli per cui vengono attratti dagli spettacoli illusionistici. Il desiderio di poter assistere a qualche cosa di insolito, di meraviglioso, e – al limite – di sopranormale, se non addirittura di soprannaturale, è comune – io penso – all'uno e all'altro di tali interessi, ed è probabilmente insopprimibile a certi livelli dell'animo umano[2]. In vari periodi storici, si stabilirono accostamenti e confusioni tra illusionismo e magia, con grave pericolo non soltanto della verità, ma degli stessi illusionisti, che qualche volta furono accusati di aver patteggiato con il demonio e rischiarono la prigione e il rogo. Perciò già nel '500 Tommaso Garzoni, canonico lateranense e autore della celebre opera intitolata «Serraglio degli stupori del mondo», distingueva accuratamente, al pari di altri trattatisti, «come si discerna l'effetto prestigioso dal reale, ovvero il prestigio naturale dal diabolico». La quale assai savia precauzione non impedì però ad un sovrano, Giacomo II di Scozia, di ritenere o di scrivere, a proposito di prestigiatori e d'illusionisti, che «il demonio insegna loro svariati inganni di gioco con le carte, con i dadi e simili cose, per ingannare con essi i sensi degli uomini, e svariate altre false pratiche...».

Vien fatto di domandarsi se tale confusione tra illusionismo e magia, o – come si potrebbe dire oggi – tra illusionismo e parapsicologia, sia totalmente scomparsa ai nostri giorni. Direi di no, ricordando due episodi,

---

[1] in: *Quaderni di Parapsicologia*, Atti della 5ª "Giornata Parapsicologica Bolognese", 9-10 Maggio 1987, Vol. 19, 1988, pp. 57-63. Si tratta dello stesso numero che contiene la relazione critica di Cassoli su Rol (vol. X p. 233).

[2] Penso si adatti a questo quadro la critica che aveva fatto Rol nel 1975 ai suoi frequentatori: «Dopo tanto tempo non ho costruito nulla in voi; ho soltanto colmato molte ore della vostra noia, vi ho dato spettacolo. La vostra attenzione è altamente peculiare, così come se foste di fronte ad un palcoscenico ove il mio spirito o la mia anima o solamente il mio corpo assumono, per voi, il ruolo di una ridicola marionetta» (vol. IV, p. 93, nota 8).

l'uno di molti decenni fa, l'altro non troppo lontano nel passato. Al tempo in cui furoreggiavano in Inghilterra ed altrove due coniugi illusionisti, gli Zancig, alcuni esponenti della S.P.R., la Società inglese di ricerche psichiche, ritennero che essi avessero qualche «potere» paranormale, mentre gli Zancig asserivano il contrario; e avevano ragione loro, perchè il «codice» con cui producevano con straordinaria abilità fenomeni di pseudo-telepatia fu pubblicato dopo la loro morte, e apparve tale da confermare in pieno che si era trattato di due eccellenti illusionisti, e non di medium o di sensitivi. Il secondo episodio ebbe come protagonisti principali due coniugi argentini, i quali intrattenevano il pubblico di un teatro romano, producendo fenomeni apparentemente telepatici, molto simili a quelli dei coniugi menzionati. Un esponente della Società Italiana di Parapsicologia mi telefonò, in quell'occasione, e mi disse che qualcuno della Società avrebbe dovuto occuparsi del caso, il quale a suo avviso poteva avere aspetti tali da interessare la parapsicologia. E rimase piuttosto male quando gli dissi che io ero assolutamente sicuro del contrario: che cioè si trattava di una coppia di abilissimi illusionisti, ma che la parapsicologia, in ciò che mostravano, non c'entrava né punto né poco.

È chiaro dunque che tra illusionismo e magia, o tra illusionismo e manifestazioni paranormali, corre una certa «parentela» psicologica. Se si prescinde dagli scopi ultimi che certe pretese operazioni magiche vorrebbero raggiungere, o da ciò che praticamente ci si può attendere da un medium o da un sensitivo, appare chiaro che la comune premessa è il desiderio millenario di spezzare le ferree leggi che reggono i fenomeni naturali, a favore di un mondo in cui, come ho accennato, le leggi di natura possono apparire violate, e in cui sembrano realizzarsi molti antichissimi sogni dell'uomo. Se è vero che qualche residuo di «pensiero magico» sussiste anche nell'individuo più razionale (il che spiega una parte della fortuna dell'illusionismo), è vero altresì che la maturità psicologica consiste, tra l'altro, nel saper opporre difese ben salde contro ogni possibile regressione a quei livelli irrazionali, caratteristici di una fase pre-adulta dello sviluppo mentale. Qualsiasi persona *compos sui* presenta, infatti, ben note reazioni di incredulità e di allarme di fronte ad un fenomeno che le venga descritto come «veramente» magico o soprannaturale. Il pensiero moderno, la moderna scienza sperimentale, sono sorti, come ha scritto autorevolmente Ernesto de Martino, «in polemica... con quanto... è eredità più o meno scoperta della magia cerimoniale e della magia naturale».

Quanto detto sin qui si applica, beninteso, all'uomo medio, all'uomo della strada, al profano – rimanendo impregiudicato il problema di una Realtà ultra-sensibile, situata al dilà da quello che si suol chiamare il «velo di Maya». Ma a questa Realtà non accedono né gli illusionisti, né i profani: possono averne qualche sentore, o qualche presa di contatto, coloro che abbiano saputo elevarsi, e sia pure per poco, dal livello «orizzontale» di costoro, e ascendere – se non al Terzo Cielo come San Paolo – a stati di coscienza rivelatori, appunto di tale metafisica Realtà.

Ma torniamo al nostro mondo abituale, e ai problemi qui esaminati. Ebbene, dirò che l'illusionismo permette all'animo umano di superare brillantemente, e sia pure per poco, certe sue difficoltà. Presa tra lo Scilla delle «fantasie magiche» non completamente superate (anche se inconsapevoli) e il Cariddi delle esigenze del pensiero razionale, la psiche umana trova un compromesso in giochi e spettacoli che pur essendo, dichiaratamente, *non* dovuti ad alcunchè di occulto o di sovrumano, appaiono comunque tradurre in tangibili realtà i sogni millenari del dominio, o del superamento, relativi alle leggi fisiche e alla materia. Ho detto «sogni»: e non ritroviamo infatti anche nei sogni, oltre che nelle favole e nelle leggende, ciò che gli illusionisti ci presentano sulle tavole di un palcoscenico? E non li ritroviamo forse, in varie misure, anche in certe sedute medianiche, specialmente del tipo che tanta voga ebbe nel periodo che va dalla seconda metà del secolo scorso fino al primo ventennio di questo? Spostamenti incomprensibili di oggetti, levitazioni, corpi spezzati che si ricompongono, apparente penetrazione della materia entro la materia, comparsa improvvisa di liquidi, di fiori, di animali, di denari in recipienti vuoti...: tutto ciò corrisponde a ben noti, non sopiti desideri e fantasie conscie ed inconscie; e possiamo tranquillamente accettarlo e goderne perchè le nostre difese interne rimangono salde. Taluni illusionisti, specie di fronte a certi pubblici, sentono ancora oggi il bisogno di precisare, con una strizzatina d'occhio, che quello che stanno per fare è trucco e niente altro che trucco. Non si sa mai, altrimenti, come le cose potrebbero andare a finire...! Si stabilisce in tale modo, fra illusionista e pubblico, un rapporto assai ben definito dall'espressione «prestigio». Questa espressione, e il vocabolo di «prestigiatore», erano ancora assai vivi tempo addietro. E ben si spiega, perchè la parola «prestigio», nella sua origine latina, contraddistingue il rendere attoniti, e in sostanza il dominare. Il pubblico di uno spettacolo di illusionismo accetta di assumere una posizione poco o tanto supina, direi passiva; e l'accetta tanto più facilmente in quanto non si tratta di subire l'imperio di forze tenebrose e di individui realmente inquietanti, ma piuttosto di «giocare» a lasciarsi amabilmente soverchiare.

Sino a non molti anni fa, certi manifesti che annunciavano spettacoli illusionistici recavano immagini di manifestazioni e oggetti assolutamente «magici», come mani fantomatiche che sollevavano oggetti per aria, farfarelli o diavoletti che sembravano aiutare l'illusionista-mago a compiere i suoi prodigi, e via discorrendo. Beninteso, si trattava di «presentazioni» a cui nessuno credeva: ma la comune origine illusionismo-magia veniva così rievocata. Io penso che in fondo, l'illusionista stesso debba essere spinto da esigenze complementari, anch'esse più o meno temperate: desiderio di imporsi con mezzi sorprendenti, sentirsi oggetto di ammirazione e di curiosità, e, non ultimo, apparire depositario di preziosi segreti, noti solo a lui e a pochissimi altri privilegiati. Un illusionista mi disse una volta che la sua più grande soddisfazione era vedere, dopo ogni «numero» riuscito, l'espressione di incredulità e di meraviglia negli occhi degli spettatori.

Mi limiterò ora ad enunciare solo assai brevemente quelli che sono i principi specifici, psicologici e psicotecnici, che presiedono ai giochi illusionistici. Questi principi, d'altronde, sono stati ripetutamente descritti e illustrati nella vastissima letteratura sull'argomento. Essi si rifanno in genere ai 13 famosi «punti», fissati da un dilettante di genio. Henri Decremps, autore di un'opera del 1788, diventata oggi una rarità bibliografica. Ma troppo lungo sarebbe ricordarli e commentarli tutti e tredici. Basterà dire che contrariamente a quanto di solito si crede, la destrezza e la velocità delle operazioni illusionistiche, anche se potenziate da apparecchi e macchinari, non sono sempre sufficienti a trarre in inganno l'osservatore. È perfettamente vero che taluni movimenti o scambi di oggetti possono avvenire al di sotto di quella che in psicologia si chiama la soglia della percezione, e non essere perciò avvertiti dalla coscienza: ma questo può applicarsi solo limitatamente ai giochi di prestigio. Altrettanto, e vorrei dire ancora più importante, è il principio della «deviazione dell'attenzione»[3], per cui lo spettatore è tacitamente «invitato» a seguire un evento, o un gesto, o un oggetto, diversi da quelli realmente importanti. Quasi sempre lo sguardo è più veloce del gesto e non si può, pertanto, batterlo in velocità: occorre allora deviarne la direzione.

Veniamo ora più specificatamente ai rapporti fra illusionismo e parapsicologia.

Fin da quando gli uomini di scienza e di cultura cominciarono ad interessarsi un po' seriamente ai fenomeni cosiddetti parapsicologici o paranormali, il sospetto che in tutto o in parte potesse trattarsi di illusioni o di trucchi non mancò di affacciarsi alla mente di molti. Dopo tutto, gli illusionisti presentavano alle folle straordinari «fenomeni», che erano dovuti unicamente alla loro specifica abilità, e non certo a forze «paranormali» sconosciute e misteriose. E qualcuno di costoro era di tale bravura, da far pensare il contrario! Però tutti i grandi illusionisti del passato hanno sempre smentito tale supposizione, e hanno dichiarato più volte che ciò che mostravano al pubblico era trucco e nient'altro che trucco. Il problema incomincia dunque qui. Se un osservatore anche attento può essere tratto in inganno, e non capire il modo in cui un abile illusionista lo fa assistere – supponiamo – a una presunta «trasmissione del pensiero», o al sollevamento in aria di un oggetto senza alcuna ragione

---

[3] Nota anche col termine inglese *misdirection*, o «depistaggio» come piaceva ad Augias.

o contatto apparente, non potrebbe essere che *tutti* i fenomeni considerati dalla parapsicologia – da quelli delle sedute medianiche dell'Ottocento o del primo Novecento sino a quelli presentati dai moderni «sensitivi» o medium – fossero dovuti a trucchi o, tutt'alpiù, a imperfetta osservazione, a errori di metodo, e, soprattutto, a illusione? Ogni tanto, questo tipo di contestazione viene tirato fuori a proposito di questo o quel soggetto; e a coloro che lo hanno studiato è fatto intendere più o meno esplicitamente che essi hanno preso lucciole per lanterne, e che i tipi che hanno ritenuti degni di una seria ricerca parapsicologica li hanno portati bellamente per il naso!

Ben pochi soggetti, ben pochi ricercatori sono sfuggiti a simili obiezioni o insinuazioni. E occorre riconoscere che se si leggono con occhio critico certi resoconti dovuti ad alcuni studiosi del passato (e tra questi c'erano, come si sa, parecchi scienziati famosi), non si può non pensare che di quando in quando, se non proprio sempre, costoro avessero trascurato di prendere precauzioni e di instaurare controlli anche elementari, cosicchè i cosiddetti «fenomeni» talvolta straordinari, a cui riferivano di avere assistito, potevano benissimo – e qualche volta senza dubbio alcuno – essere stati truccati[4]. Si aggiunga che alcuni illusionisti non soltanto dichiararono che nulla, nei loro spettacoli, vi era di «paranormale», ma che tutti quanti i fenomeni cosiddetti paranormali erano dovuti a trucchi, che essi stessi riuscivano perfettamente a compiere; e ne davano, bene spesso, pubbliche dimostrazioni. Fu questo il caso, per esempio, del celebre Harry Houdini, nato nel 1874 e morto nel 1926. Come molti sanno, quello che egli portava era uno pseudonimo, desunto da un'altra grande illusionista dell'Ottocento, per il quale egli aveva una straordinaria ammirazione, e che si chiamava Robert-Houdin. Orbene, ancora in giovane età, Houdini passò dall'illusionismo – diciamo così – classico all'imitazione, apertamente annunziata, di un certo tipo di fenomeni medianici e di sedute spiritiche, che erano estremamente in voga nell'America di allora, e che costituivano una vera miniera d'oro per gli impostori. Si trattava, soprattutto, di individui senza scrupoli, che facevano passare per fenomeni soprannaturali e per comunicazioni di defunti certe apparizioni fantomatiche, levitazioni di suppellettili, parole scritte su ardesia da mani invisibili, luci misteriose, ecc., dovute in realtà a trucco e nient'altro. Houdini attaccò violentemente questi ciarlatani e

---

[4] Una importante differenza che occorre sempre tenere presente quando si compara il "caso Rol" con altri casi, è che *numerosi* testimoni, spesso separatamente e senza conoscersi, hanno potuto presenziare a *numerosi* esperimenti, ovvero molte volte; il mistificatore ha buon gioco ad ingannare soprattutto il testimone *una tantum* – ad esempio lo scienziato che abbia assistito ad una sola seduta – proprio come l'illusionista, che non può permettersi di ripetere molte volte lo stesso effetto, soprattutto se a distanza ravvicinata, in piena luce e con molti occhi su di lui, col rischio che il suo trucco venga scoperto.

questi pseudo-medium, facendo vedere come gli fosse possibile produrre a volontà e artificialmente gli stessi pretesi fenomeni, in condizioni di controllo e di osservazione pari – se non più rigorose – a quelle a cui pretendevano di sottoporsi i truffatori. La dichiarata imitazione di costoro, e il loro smascheramento, furono sempre motivi cari a Houdini, unitamente alle numerose smentite da lui date a coloro che, a varie riprese, attribuirono a lui stesso facoltà medianiche o soprannaturali.

A più riprese, i sostenitori del «trucco integrale» hanno invocato la partecipazione e il giudizio degli illusionisti. Accade ancora oggi di udire, di quando in quando, da parte di uno scienziato o di un uomo di cultura, la frase: «bisognerebbe far assistere a questi presunti fenomeni medianici un illusionista!». Costoro sembrano però in genere ignorare alcuni fatti: 1) che tale partecipazione c'è varie volte effettivamente stata, e che – come ho accennato – essa è valsa ad escludere dalla sperimentazione parapsicologica diversi mistificatori (vari presunti medium del passato sono scomparsi dalla scena appunto per l'efficace intervento di alcuni illusionisti che li hanno bellamente smascherati); 2) che il trucco occasionale perpetrato da un soggetto non è prova che *tutti* i fenomeni da lui presentati fossero truccati. Qui il discorso si farebbe piuttosto lungo, e dovrebbe implicare varie considerazioni sulla frode nelle manifestazioni parapsicologiche. Comunque diremo che l'essenziale è vedere bene se in certe occasioni il trucco era materialmente possibile o no; 3) che taluni parapsicologi sono stati e sono essi stessi esperti di illusionismo. Basterebbe citare, tra quelli del passato, Harry Price, autore fra l'altro, dell'articolo «ILLUSIONISMO» della Enciclopedia Italiana Treccani; e, tra i viventi, il Prof. Robert Tocquet, di Parigi; 4) che mentre alcuni illusionisti hanno preso una posizione irriducibilmente critica nei riguardi di ogni e qualsiasi fenomeno paranormale, altri, e non dei minori, hanno dichiarato che almeno taluni dei predetti fenomeni esorbitavano completamente dai limiti dell'arte illusionistica, e che dovevano pertanto essere considerati da un tutt'altro angolo visuale.

Quest'ultimo punto può essere esemplificato in base a due o tre casi famosi. Ho già citato il celebre Robert Houdin, che dominò per molti anni nel campo dell'illusionismo soprattutto in Francia, ma anche in altri paesi. Robert Houdin, nato nel 1805 e morto nel 1871, ebbe addirittura a Parigi un teatro dedicato a lui e ai suoi straordinari spettacoli. Orbene, in quell'epoca, vari studiosi si interessavano a un «sensitivo», Alexis Didier, che presentava eccezionali facoltà di percezione extra sensoriale o – come allora si diceva – di «seconda vista». È quasi superfluo dire che Robert Houdin volle indagare sui fenomeni di Alexis Didier, sicuro come era di poter scoprire il trucco, se trucco esisteva. Egli sfidò quindi il «timido» sensitivo a giocare con lui a carte, sicuro di poterne scoprire i trucchi e di poterlo mettere nel sacco. Ma quando, dopo alcune smazzate, dovette constatare che il giovane Didier conosceva le carte che lui, Robert

Houdin, teneva in mano o che erano ancora coperte sul tavolo, il grande illusionista alzò gli occhi al cielo e lasciò una dichiarazione scritta, divenuta classica, attestando che il Didier aveva manifestato fenomeni che esulavano completamente da quelli dell'arte illusionistica[5].

Dopo molti anni, attorno agli anni Trenta, nel Laboratorio Nazionale di Ricerche Psichiche di Londra, da lui fondato, il già menzionato Harry Price studiò in una lunga serie di sedute il medium austriaco Rudi Schneider, che produceva spostamenti di oggetti a distanza ed altri fenomeni che oggi vengono chiamati «parafisici». Il controllo che Price aveva istituito era ingegnoso e semplicissimo. Le mani e i piedi del medium venivano provvisti di calzari e guanti inamovibili, intessuti di filo metallico. In corrispondenza dei piedi e delle mani, vi erano placche anch'esse metalliche. Il contatto dei quattro arti con le placche chiudeva un circuito elettrico di debole voltaggio e manteneva accese quattro lampadine in un quadro attaccato al muro. Il medium poteva fare tutti i movimenti che voleva; ma se alzava una mano o un piede, si spegneva una lampadina delle quattro. E in tali condizioni Rudi Schneider produsse fenomeni paranormali di ordine fisico. Non contento, Price, che come ho ricordato era anche egli un esperto illusionista dilettante, convocò nel suo laboratorio uno dei più autorevoli tra i professionisti inglesi di illusionismo di allora, il famoso Will Goldston. Lo fece assistere ad una seduta con Rudi Schneider e ai fenomeni che il medium, in quelle condizioni, riusciva a produrre. Poi gli chiese se lui, Goldston, nelle stesse condizioni, avrebbe potuto fare altrettanto. Il decano degli illusionisti inglesi lo negò recisamente: nessun illusionista al mondo – dichiarò – avrebbe potuto produrre quei fenomeni con gli arti virtualmente immobilizzati in quel modo. Ai nostri giorni, le solite accuse, che tornano alla ribalta – si direbbe – con la periodicità di certi cicli naturali, hanno avuto ed hanno come bersaglio il «fenorneno» Uri Geller. Come certamente tutti voi sapete, si tratta di un giovane israeliano, che riusciva tra le altre cose ad operare modificazioni, distorsioni e rotture paranormali in oggetti metallici, come posate, chiavi, orologi ed altri. È altresì noto che i fenomeni prodotti da Uri Geller da alcun tempo a questa parte non sono più sua esclusiva specialità, ma sono stati prodotti da molti soggetti qua e là per il mondo, e in particolare da parecchi ragazzini o ragazzine in età variabile fra i sette o i dodici o i tredici anni; i cosidetti mini-Geller. Ora, malgrado tutto ciò, non è mancato un attacco in forza da parte dei molti critici contro Uri Geller e anche contro coloro che in qualche modo sono

---

[5] Infatti considero, soprattutto in relazione a Rol e agli esperimenti con le carte, il caso di Didier uno dei più interessanti del XIX secolo (insieme a D.D. Home e a pochi altri). Ne parlerò in un prossimo studio, intanto si veda: Méheust, B., *Un voyant prodigieux. Alexis Didier, 1826-1886*, Les Empêcheurs de penser en rond, Paris, 2003.

riusciti a ripetere i suoi fenomeni, e si è distinto in questo attacco specialmente un illusionista statunitense che ha assunto lo pseudonimo di Randi. Costui ha scritto un libro, uscito vari anni fa, in cui sostiene, come di consueto, che i fenomeni a cui abbiamo accennato, presentati sia da Uri Geller che da altri, sono *tutti* dovuti a trucco. È quasi superfluo dire che non sono mancate le risposte sia di scienziati, sia di competenti illusionisti che hanno potuto parlare di Randi con il suo stesso linguaggio. A prescindere dalla non truccabilità di parecchi di questi fenomeni, e dal fatto che decine di soggetti qua e là nel mondo, come abbiamo detto, ne hanno presentato di analoghi, vorrei ricordare il caso di un altro illusionista, il francese André Sanlaville, titolare di vari titoli professionali, il quale ha recentemente riconosciuto il fenomeno in termini non troppo dissimili da quelli che adoperò a suo tempo Robert Houdin a proposito di Alexis Didier. In una sua circolare, Sanlaville ha rivolto un appello ai suoi confratelli illusionisti, dichiarandosi convinto dell'esistenza di fenomeni non inimitabili al livello illusionistico[6].Tempo addietro, ho avuto anche occasione di leggere alcuni articoli sui fenomeni paranormali e la prestigiditazione, a cura del già citato Prof. Robert Tocquet, che oltre ad essere un notissimo studioso di parapsicologia, è anche un esperto illusionista dilettante. Questi articoli sono apparsi in una importante rivista francese dedicata alla parapsicologia, di cui sono usciti solo pochi numeri, e che si intitolava *PSI International*[7]. Si è trattato di articoli estremamente utili, e tali da far ancora una volta comprendere che la «parificazione», voluta da alcuni critici, tra fenomeni paranormali e trucchi illusionistici, trova ampie riserve, anche da parte di persone che, come il Prof. Tocquet, sono competenti sia dell'uno che dell'altro campo. Vorrei terminare dicendo che mentre si potrebbe credere che l'interesse per i fenomeni paranormali o per gli spettacoli illusionistici rischierebbe in parte di essere soppiantato dai continui «prodigi» che la scienza e la tecnica odierna continuamente ci offrono, a me pare che un certo spazio sia alla pura fantasia, sia alla continua e approfondita ricerca dell'ignoto in noi, possa essere alimentato sia dagli illusionisti, sia dai parapsicologi. E se da un lato dobbiamo vedere in questi ultimi dei disciplinati ricercatori di verità scientifiche e di indicazioni preziose circa l'esistenza di una Realtà metafisica, dall'altro credo che si possa senz'altro ravvisare negli illusionisti gli ultimi «dispensatori di irrealtà» per l'uomo medio di oggi, che sembra stia disimparando a sognare.

---

[6] Di Sanlaville Servadio aveva scritto anche nel 1979, riproduco un suo articolo in proposito nelle pagine sequenti così come due articoli dello stesso Sanlaville.
[7] Ne pubblico uno più avanti a pp. 429-434. Si vedano anche: Tocquet, R., *Les phénomènes paranormaux et la prestidigitation*, Psi International, n. 3, Janvier-Février 1978; n. 4, Mars-Avril 1978; n. 5, Mai-Juin 1978 ; e : Tocquet, R., *Métapsychique et prestigitation*, Revue Métapsychique, n.4, Oct-Déc.1948, pp. 213-230.

Illusionismo e parapsicologia: il parere di Sanlaville

di Emilio Servadio

Novembre 1979[1]

Moltissimo è stato scritto sul tema a margine, e anche recentemente, gli avversari della parapsicologia non hanno mancato sia di attribuire a trucco illusionistico molti «fenomeni», sia di predicare che a controllo e verifica di questi ultimi, sarebbe necessario «sentire il parere degli illusionisti». È stato più volte ribadito in proposito: primo, che la «imitabilità» mediante trucchi di certi fenomeni non significa che tutti quanti i fenomeni stessi siano dovuti a trucco; secondo, che sin dal secolo scorso, giù giù sino ai nostri giorni, non soltanto molti illusionisti hanno coadiuvato i parapsicologi nelle loro ricerche, ma parecchi di essi hanno pienamente convalidato la «paranormalità» di certi avvenimenti, dichiarando che essi non potevano in alcun modo essere dovuti ad artefizi illusionistici.

Ma naturalmente i detrattori non si arrendono. Che si poteva o si può fare, dinnanzi alle perentorie dichiarazioni, favorevoli alla parapsicologia, di tanti esperti di illusionismo? Ebbene: bisogna dire che costoro, come illusionisti, valevano poco o nulla. E così è stato puntualmente fatto sia dal notissimo Randi (colui che ha tanto zelantemente «fiancheggiato» Piero Angela nei suoi tentativi di demolizione della parapsicologia); e così ha fatto un certo Majax in un suo recente libro, che ci è stato dato di leggere nel testo intitolato *Il grande bluff*. Ma entrambi hanno trovato pane per i loro denti in un magistrale articolo dell'illusionista francese André Sanlaville, pubblicato nel numero 1, 1979, della rivista «Informazioni di parapsicologia». Essersi procurato un tale articolo, e averlo integralmente pubblicato in versione italiana, va senz'altro segnalato a lode della citata rivista[2]. In tale scritto, Sanlaville cita tutta una serie di illusionisti di primo piano, i quali hanno avallato l'autenticità di vari fenomeni studiati dalla parapsicologia, e riconosciuto quindi pienamente la legittimità scientifica della stessa. Impossibile, beninteso, enumerarli tutti. Ma è interessante notare, per chi non l'avesse presente, che taluni notissimi parapsicologi sono stati e sono anch'essi illusionisti esperti, anche se non professionisti dell'arte.

Come non ricordare, tra quelli più noti del passato, i nomi di Hereward Carrington, di Richard Hodgson o di Harry Price (quest'ultimo, è bene

---

[1] Dalla rubrica di E. Servadio, *Osservatorio*, in: *Gli Arcani*, n. 11, novembre 1979, p. 10.
[2] Diretta da Giorgio di Simone.

notare, ha firmato il grande articolo «Illusionismo» pubblicato nell'Enciclopedia Italiana Treccani)? Tra i viventi, chi non ha sentito parlare di John Hasted o di William Cox? Punto per punto, in vari passi del suo articolo, Sanlaville confuta, attraverso dati precisi, le calunnie e le denigrazioni di Majax e di Randi. Secondo Majax, Sanlaville «non sarebbe in ogni caso un elemento rappresentativo dell'arte francese della magia». Obietta Sanlaville: «Se ciò fosse vero, non sarei stato scelto per rappresentare la Francia, in qualità di membro della giuria, al Congresso Internazionale della Magia dì Liegi del 1961. Non sarei stato confermato alla direzione della filiale di Lione dell'Associazione francese fino a quando ho potuto occupare quel posto. *La storia della prestidigitazione,* scritta da Max Dif, non avrebbe pubblicato 18 pagine sulle mie attività di magia quando non ne dedica che mezza a Majax; l'Associazione Francese Artisti Prestidigitatori, Ordine degli Illusionisti, non mi avrebbe attribuito il grado di Maestro Mago... Da venticinque anni organizzo il Festival della Magia, che è conosciuto non solo a Parigi, ma in ogni parte del mondo. Majax ha dunque dimenticato che riconosceva implicitamente le mie qualità chiedendomi nel 1964, a Nizza, un'audizione?».

I limiti di spazio non ci consentono di citare più oltre. Ma esortiamo tutti coloro cui l'argomento interessa a leggere attentamente, in «Informazioni di Parapsicologia», l'articolo segnalato[3].

---

[3] Che riproduco nelle pagine seguenti.

Risposta di André Sanlaville a Majax e Randi

di André Sanlaville

Luglio 1978[1]

Presentazione di Giorgio di Simone
André Sanlaville, presidente dell'Istituto di Parapsicologia di Lione, ci ha cordialmente consentito di pubblicare su IP una sua risposta nell'ambito del polemico attacco da lui stesso subìto da parte degli illusionisti Majax et J. Randi, quest'ultimo ormai ben noto anche agli italiani per i suoi malevoli attacchi all'intero corpo disciplinare parapsicologico.

Secondo Majax e Randi i fenomeni psi (percezione extrasensoriale e psicocinesi) non esistono, tutti coloro che li producono sono degli scrocconi e gli scienziati parapsicologi che li hanno osservati sono degli ingenui che si possono facilmente turlupinare. Essi aggiungono a tali gratuite affermazioni, che tutti gli illusionisti che hanno dichiarato di avere constatato l'esistenza di tali fenomeni al di là di ogni possibile trucco, sono delle «nullità» oppure persone colpite da senilità che non possono assicurare uno stretto controllo a causa delle loro insufficienti conoscenze o della deficienza delle loro facoltà.

Se gli scritti e i propositi diffamatori di questi due uomini nutriti di preconcetti avessero riguardato soltanto la mia persona, e se essi non fossero stati calunniosi, non mi sarei curato di loro. Ma i parapsicologi, che hanno fatto appello al controllo di illusionisti che essi stimavano i più qualificati, danno per scontato che questi ultimi non lasceranno invalidare le loro testimonianze, subendo senza batter ciglio gli attacchi personali di cui sono fatti segno. Risponderò quindi a questi attacchi fatti in pubblico[2] anche se penso che con essi si cerchi di attizzare una polemico utile a for parlare di Majax, di Randi e dei loro libri.

Chi sono questi illusionisti colpevoli di avere «garantito la parapsicologia» e nei quali Majax vede – cito dal suo libro «Il grande bluff»[3] (pag. 7) – l'illusionista mediocre e sconosciuto, oppure il pretidigitatore di basso livello»? Sono essi veramente, me compreso, «non

---

[1] *Informazioni di parapsicologia*, n.1, gennaio 1979, pp. 53-59. Non ho trovato dove è stato pubblicato l'originale, né precisamente quando, ma lo collocherei a luglio 1978, sulla base della nota seguente dell'autore.
[2] *Nota dell'autore*: Conferenza del 16 giugno 1978 al cinema «La Cigale» a Lione.
[3] Gerard Majax, *Le grand bluff. Les escrocs de la parapsychologie*, Éditions Fernand Nathan, Paris, 1978 (pubblicato pare nel secondo trimestre dell'anno, quindi contemporaneo all'uscita del libro di Angela).

rappresentativi dell'arte magica» come Majax e Randi pretendono? Cito, per cominciare, i tre americani denigrati da Randi durante la sua conferenza pubblica del 16 giugno 1978 a Lione, e di cui si possono trovare le dettagliate testimonianze nel libro di Charles Panati, «Il fenomeno Geller» (pubblicato in Francia dalle edizioni Laffont[4]). Tutti e tre sono membri della «Society of American Magicians» e del comitato di investigazione degli illusionisti per l'esame dei fenomeni paranormali, detto «occult committee». Si tratta di William Cox, fondatore di tale comitato a New York, di Arthur Zorka, mago specializzato negli effetti psi truccati, presidente del comitato di Atlanta, e di Abb Dickson, altro membro del comitato. In quanto all'illusionista danese Leo Leslie, ugualmente citato nel libro di Panati e che ha autenticato anche lui degli effetti psi, si tratta del fondatore del «cerchio magico» di Danimarca e del redattore capo della rivista dei maghi professionisti di quel paese. L'illusionista tedesco Rolf Mayr, premiato per tre volte nei congressi di magia, è stato, come i suoi colleghi già citati, non soltanto uno scettico, ma un avversario dichiarato di Uri Geller. Ciò malgrado si è convinto dell'esistenza della psicocinesi dopo avere ripetutamente controllato vari soggetti dotati di tale facoltà, tra i quali dei bambini. Cito ancora i maghi svizzeri Brumrn-Antonioli di Zurigo e Albert Wetzel, Benedikr Strausak, Heinz Plattner, Albert Zen Gaffinen, rispettivamente presidente e membri del «cerchio magico» di Berna. Questi ultimi hanno osservato un soggetto eccezionale, «Silvio», che ha accettato i loro protocolli sperimentali[5]. Infine vi sono dei francesi che, come me, sono stati particolarmente attaccati da Majax. Si tratta di Ranky, presidente del Comitato Illusionista di «expertise» dei Fenomeni Paranormali, e del professore Robert Tocquet che è l'autore di libri che svelano i trucchi dei falsi medium. Ma a tale lista bisogna aggiungere i maghi[6] che hanno acquisito una loro convinzione in occasione di fatti di carattere personale. È il caso di Clodix con la sua nipotina e di Janette Karll per la psicocinesi. È anche il caso del telepata da «music hall» O'Shan e di Pierre Edernac per la telepatia.
Orbene, quest'ultimo è stato il presidente dell'Associazione Francese degli Artisti Prestidigitatori (A.F.A.P.) fino al 1976.
Se tutti gli illusionisti che, in passato hanno confermato l'utilità della parapsicologia o che si sono direttamente interessati allo studio dei fenomeni psi autenticandone alcuni, sono stati delle nullità, bisognerà detronizzare le personalità più rappresentative dell'illusionismo, cominciando dallo stesso Robert Houdin. In effetti egli è stato il primo a dare per certa l'esistenza della chiaroveggenza in seguito ai test cui egli

---

[4] *Nota di Di Simone*: In Italia il volume è stato pubblicato dall'editore Armenia.
[5] *Nota di Di Simone*: «Silvio» un sensitivo studiato anche dal Prof. H. Bender di Friburgo.
[6] *Nota di Di Simone*: Rammentiamo ai lettori che il termine «mago» è qui sempre adottato col significato di «illusionista».

sottopose il celebre sensitivo Alexis Didier. Soltanto coloro che se ne infischiano della verità storica, possono interpretare i suoi attestati come dei certificati rilasciati per compiacere altre persone. Dopo di lui, Houdini, Harry Kellar, Thurston, Will Goldston, il professor Hoffmann, cioè i più grandi professionisti americani dell'illusionismo, sono stati gli esperti titolari della «Society for Psychical Research». Altri maghi anglosassoni sono diventati essi stessi parapsicologi, e si possono citare Walter Franklin Prince, Hereward Carington, Richard Hodgson e Harry Price. Segnalo per inciso che, attualmente, in Inghilterra il controllo di giovani soggetti che «piegano» dei metalli, è stato affidato al mago Clifford Davis e che il professor Hasted che persegue delle ricerche in quest'ambito, non è soltanto un fisico nucleare, ma anche un mago dilettante. Ricordo anche che Harlan Tarbell, autore della enciclopedia dell'illusionismo, ha dichiarato nella sua lezione n. 45: «Credo alla autenticità di certe forme fenomeniche che vale la pena siano studiate da persone qualificate». In tal modo egli esprimeva la stessa opinione di Vaillant, segretario dell'associazione francese degli Artisti Prestidigitatori, come si può leggere nel «Giornale della Prestidigitazione» dell'aprile 1978.

Ritengo quindi che le citazioni fatte parlino da sole e che dimostrino chiaramente che tutti i prestidigitatori che hanno garantito la parapsicologia non sono degli sconosciuti di bassa lega, come hanno detto Majax e Randi. Il fatto stesso che Majax si dia tanto da fare per denigrarmi, citandomi più volte nel suo ultimo libro, smentisce l'altra sua affermazione secondo la quale non sarei in alcun caso un elemento rappresentativo dell'arte francese della magia (pag. 51).

Se ciò fosse vero non sarei stato scelto per rappresentare la Francia, in qualità di membro della giuria, al Congresso Internazionale della Magia di Liegi del 1961. Non sarei stato confermato alla direzione della filiale di Lione dell'associazione francese, fino a quando ho potuto occupare quel posto. «La storia del.la prestidigitazione», scritta da Max Dif non avrebbe pubblicato 18 pagine sulle mie attività di magia, quando non ne dedica che mezza a Majax; l'A.F.A.P., Ordine degli Illusionisti, non mi avrebbe attribuito il grado di «Maestro mago».

È vero che Majax giunge a contestare tale titolo, attribuito secondo la notorietà acquisita, con la pretesa che esso «non significa niente» (pag. 50 del suo libro). In realtà, sono stato illusionista professionista e non ho ottenuto il mio titolo «per anzianità», come pretende Majax. Da 25 anni organizzo il «Festival della Magia», che è conosciuto, non solo a Parigi, ma in ogni parte del mondo. Majax ha dunque dimenticato ch'egli riconosceva implicitamente le mie qualità chiedendomi nel 1964, a Nizza, un'audizione?

Majax pretende falsamente (pag. 49 del suo libro) che non ho esitato a qualificare come «parapsicologiche» le dimostrazioni truccate dell'illusionista tedesco Moretti effettuate durante un mio spettacolo.

Aspetto quindi che egli mostri le prove di tale accusa, cioè i manifesti e i comunicati o annunci stampa di cui egli parla. Se nella mia professione illudo il pubblico per divertirlo nel quadro di spettacoli ai quali partecipa cosciente dell'«inganno», non ho mai indotto in errore i ricercatori scientifici, ma, al contrario, ho sempre combattuto contro i cripto-illusionisti e li ho smascherati pubblicamente allorquando essi si esibivano nei circoli di studi psichici. Ho cominciato a farlo trent'anni fa, assieme al Dr. Locard, il celebre criminologo che combatteva i ciarlatani, pur credendo all'esistenza dei fenomeni psi autentici. È proprio a causa di questo mio rigore che dal 1954 la mia collaborazione come investigatore è stata richiesta dai parapsicologi e sono stato il primo illusionista francese a denunciare i famosi «chirurghi magici» delle Filippine, le cui soperchierie erano già state messe in luce da parapsicologi americani ed italiani. In quanto alla mia convinzione circa l'esistenza dei fenomeni psi, essa non deriva soltanto dalla osservazione degli effetti psicocinetici di Jean Pierre Girard[7], ma da tutte quelle che ho potuto fare indagando su dei casi di «poltergeist», e sottoponendo a dei test dei soggetti cui non interessava alcuna pubblicità.

Amerei sapere quando è che Majax esprime una sua opinione personale. In effetti, nel suo libro «I segreti dei bari» (1975), egli parla della psicocinesi (pagg. 129-130) e scrive testualmente: «I risultati (sperimentali) sono incontestabilmente probanti». Invito coloro che posseggono questo libro a verificare se tale passaggio possa essere interpretato altrimenti che come una conclusione personale. Allora, bisogna dunque credere, come ha detto il professore Hasted, che certi illusionisti hanno iniziato a demolire tutto ciò che concerne la parapsicologia o che la sostiene, soltanto perché essi si sentono frustrati dal fatto di non essere più l'unica élite in grado di stupire gli uomini? In effetti, essi hanno scatenato le ostilità soltanto quando Uri Geller ha acquisito una celebrità mondiale e folgorante, ponendosi essi stessi a torcere dei cucchiai. Coloro che combattono la parapsicologia perché credono che essa rappresenti una minaccia alla concezione materialistica del mondo alla quale essi sono legati non possono certo rallegrarsi dell'appoggio di certi illusionisti, ma bisogna ormai che essi sappiano *che non si tratta di tutti gli illusionisti*. I signori Majax e Randi hanno affermato di essere il solo comitato valido e rappresentativo degli illusionisti per l'investigazione dei presunti fenomeni paranormali. Non è questa l'opinione né degli scienziati anglosassoni che hanno dato le loro dimissioni da tale comitato al quale rimproverano di votarsi esclusivamente alla lotta contro la parapsicologia, né della rivista della confraternita internazionale degli illusionisti «Linking Ring». Syd

---

[7] *Nota di Di Simone*: Girard è il «geller» francese, in genere positivamente sperimentato.

Bergson, il cronista titolare del «mentalismo» di questa rivista scrive infatti (pag. 49 del n. di dicembre 1977) che il copresidente di quel comitato «ha decretato alla TV che tutti i fenomeni paranormali sono falsi. Abbiamo avuto l'impressione che una cosa era falsa quando essa non avveniva secondo i criteri di soddisfazione di quel comitato». Più oltre egli aggiunge: «Il comitato attacca i seri ricercatori parapsicologi con metodi ereditati dal tempo della caccia alle streghe». In ogni caso ho potuto rendermi conto che Randi non indietreggia nemmeno davanti alla calunnia nel tentativo di porre in ombra i colleghi che considera suoi avversari. In effetti, egli ha preteso, ed è il solo ad averlo fatto non soltanto contro ogni verosimiglianza, ma in contraddizione con tutti i testimoni e le registrazioni audiovisive, che il mio collega Ranky ed io stesso ci fossimo addormentati nel corso del controllo di una seduta sperimentale con Girard, nel giugno 1977. Non è forse deplorevole il fatto che coloro che combattono la parapsicologia riproducano senza verificarle simili affermazioni che hanno il solo scopo di lasciar credere che il mio collega ed io siamo incapaci di rimanere svegli nell'osservare un esperimento? Quando, nel 1975, ho indicato a Majax, per lettera, che egli poteva contattare per poi andare a controllarlo il soggetto bernese «Silvio», con la mediazione dell'illusionista Rolf Mayr, Maiax mi ha risposto (lettera del 9 giugno 1975) che egli non aveva il tempo di andare in quella città. Si contentava di dire – secondo il suo superbo apriorismo abituale – «Quella équipe svizzera si serve di qualche trucco chimico». Egli non ha neanche avuto la cura di assicurarsene direttamente, osando ancora affermare (16 giugno 1978) che non gli si comunica le occasioni di controllo e gli indirizzi relativi. Ora, giacché egli ha un comitato, esso dovrebbe cercare tali occasioni e, al caso, inviare degli investigatori anonimi per cogliere in flagrante coloro che non è sufficiente accusare senza prove. Ma Majax preferisce criticare coloro che fanno questo tipo di lavoro, come ad esempio il «Comitato Illusionista di Controllo dei Fenomeni Paranormali» . Egli preferisce fare un gran rumore e giocare al «croque-PSI»[8] al fine di spaventare gli eventuali soggetti da controllare. Egli mi fa irresistibilmente pensare a coloro che condannavano Galilei e che rifiutavano ostinatamente di guardare nel suo cannocchiale[9]. È facile accusare d'ingenuità gli scienziati parapsicologi e di nullità gli illusionisti qualificati che li assistono, ma bisogna fornire la prova che tali accuse corrispondono alla realtà dei fatti. Per questo è sufficiente che Majax realizzi davanti ai parapsicologi gli stessi esperimenti dei soggetti psi e

---

[8] *Nota di Di Simone*: È un'espressione pressoché intraducibile. «Croquer» significa, in francese, «mangiare, masticare, divorare».
[9] Si può dire che sia questo lo "sport" principale degli scettico-negazionisti.

nelle stesse condizioni[10]. Soltanto così facendo egli proverà che i protocolli sperimentali utilizzati sono difettosi e lasciano qualche possibilità di frode. Tutto questo gli insegnerà almeno che un esperimento da laboratorio *non ha niente a che vedere* con un'esperienza d'illusionismo, in cui il mago lavora a suo modo con del materiale proprio e sotto i soli controlli da lui richiesti. Egli non si arrischierà certamente a tanto, poiché egli sa quale piega abbia preso un tentativo simile per il suo collega Randi, quando dava per scontato d'ingannare il Professor Taylor presentandosi come soggetto psi.

Ammetto perfettamente che Majax, Randi e coloro che li appoggiano, possano avere convinzioni diverse da quelle di loro colleghi che hanno potuto fare delle costatazioni positive sulla parapsicologia. Sarebbe forse troppo chieder loro di essere più cortesi con i loro colleghi, senza considerarli «gente da abbattere»? Quando essi saranno disposti a lasciare la loro passione di parte in guardaroba, potranno essere considerati degli investigatori validi, a condizione che essi vogliano esaminare dei fatti precisi[11]. In ogni caso ritengo, unitamente a molti miei colleghi illusionisti di ieri e di oggi, che le ricerche parapsicologiche possano essere del più grande interesse per l'umanità. In effetti, esse possono permettere di sapere se gli esseri viventi non sono che delle macchine oppure se, al contrario, essi posseggono qualcosa che trascende la materia. Se gli illusionisti hanno il dovere di aiutare gli scienziati a scoprire le eventuali frodi, essi hanno anche quello di testimoniare quali fenomeni sono autentici affinché essi diano luogo a delle ricerche serie[12].

---

[10] Come si vede, Sanlaville usa la stessa epressione sulla quale io insisto da anni (e così altri prima di me), a dimostrazione di come sia un punto fondamentale e discriminante tra i fenomeni autentici e le simulazioni degli illusionisti.
[11] Il vero *fact-checking* non fa parte del bagaglio mentale di questi pseudo-investigatori scientisti.
[12] *Nota di Di Simone*: Vedere il lungo, interessante articolo del Sanlaville, intitolato «Verso una teoria generale dello psi», nel n. 2/1978 di questa rivista. [*lo pubblico nelle pagine seguenti*]

Verso una teoria generale della PSI

di André Sanlaville

Febbraio 1978[1]

Presentazione di Giorgio di Simone
Siamo grati al Dr André Dumas, Segretario Generale dell'Unione delle Società Francofone per l'Investigazione Psichica e lo studio della Sopravvivenza, e Direttore della Rivista «Renaître 2000», per averci consentito di pubblicare su IP la traduzione dell'ottimo lavoro che segue. Riteniamo utile pubblicare anche la sua introduzione a tale lavoro del Sanlaville.

*

«*L'autore di questo articolo fa parte di quei 'magicologi' che si dedicano alle perizie dei fenomeni psicocinetici. 'Maestro Mago' dell'Ordine degli Illusionisti, egli è uno specialista dell''arte di ingannare'. Con l'analisi delle esperienze di magia simulata egli ha potuto acquisire dei riflessi di osservazione che sono utili per scoprire le eventuali frodi del paranormale. Da più di vent'anni egli ha organizzato in tutto il mondo il famoso 'Festival Mondiale della Magia'. L'aver frequentato i più grandi illusionisti, oltre a ipnotizzatori, fachiri, calcolatori prodigio e veggenti da music-hall, gli ha permesso di conoscere la loro psicologia e i loro modi di azione. Nell'illusionismo si concepisce dapprima l'effetto da realizzare, quindi si selezionano le tecniche che fanno parte dei principi-base. Questa è la ragione per cui A. Sanlaville crede che la creazione immaginativa e l'intuizione possano permettere la formulazione di ipotesi,*

---

[1] *Informazioni di parapsicologia*, n. 2, ottobre 1978, pp. 7-31. L'articolo originale, la cui fonte precisa ho recuperato io perché Di Simone non la specifica, è: *Vers une Théorie générale du PSI*, pubblicato in due puntate su *Renaître 2000*, n. 7, Mars-Avril 1978, pp. 75-85 e n. 8, Mai-Juin-Juillet 1978, pp. 126-132. Ne ho collocato la redazione a febbraio. I titoli dei paragrafi in corsivo sono come nell'originale. Questo articolo di Sanlaville è molto ben scritto e coglie il segno in numerosi aspetti della questione "PSI". Era importante riprodurlo sia per i suoi contenuti che per far comprendere lo spessore intellettuale dell'autore – che come si è visto ha avuto apprezzamenti sia da Servadio che da Di Simone – e quindi di conseguenza fornire ulteriori elementi contro quei critici, passati e futuri, che volessero sminuire lo scritto delle pagine precedenti, che ha significativa rilevanza nel dibattito sulla realtà dei fenomeni cosiddetti paranormali; e in generale fornire elementi contro la frequente malafede di scettici e illusionisti che fanno affermazioni su questo argomento.

prima della verifica sperimentale. È in questo modo che egli ha cercato di studiare i problemi PSI».

È oggi necessaria una teoria generale psico-fisica

Se oggi la parapsicologia è ancora rifiutata da certi scienziati, è perché essi le rimproverano di non avere potuto dare una teoria generale che possa inserirsi nel quadro delle altre scienze. Credo che soltanto una tale teoria sia capace di dare il suo «secondo soffio» alla parapsicologia orientandola verso la verifica di nuove ipotesi. Tutte le teorie, essenzialmente transitorie, hanno questo scopo. A cosa serve ripetere gli stessi esperimenti, con poche varianti, se ci si astiene dal trarre tutte le possibili conclusioni da questo lavoro?

Nella sua prima tappa la parapsicologia ha dovuto giustificare l'oggetto della sua ricerca e il carattere scientifico dei suoi metodi. Ora, essa deve utilizzare il materiale accumulato per costruire qualcosa di coerente. La parapsicologia non può costituire una scienza a parte che studi soltanto le anomalie. Essa deve comparare queste anomalie con le caratteristiche dei fenomeni riconosciuti dalle altre scienze. Bisogna fare esplodere il quadro angusto delle scienze classiche per fare ammettere leggi naturali che non siano solo leggi fisiche.

Dimostriamo l'esistenza di una realtà psichica

Tutti i tentativi fatti per spiegare le manifestazioni PSI in senso fisicalista sono falliti e dobbiamo scoraggiare i nuovi ricercatori di proseguire in tale senso. Infatti, ciò può tutt'al più servire come giustificazione alle ricerche degli scienziati dei paesi che hanno una filosofia materialista[2]. Bisogna far capire che se abbiamo utilizzato dei termini presi in prestito dalla fisica e che favoriscono la confusione delle idee (radiazioni, onde, magnetismo), ciò è avvenuto per mancanza di termini più adeguati, come quando si vuole evocare immagini e colori a dei ciechi riferendoci a ciò che essi conoscono.

I materialisti sono incapaci di spiegare il pensiero e la vita, quanto i parapsicologi di spiegare la PSI. Ciò deve essere messo in evidenza per annullare tale argomento che i «razionalisti» non cessano di opporci per combattere la parapsicologia. Essi, del resto, possono ancora negare i fatti PSI semplicemente perché essi non sono così comunemente sperimentati od osservati quanto lo sono il pensiero e le sue manifestazioni. È facile mostrare che dalla fisica alla psicologia, passando dalla biologia, tutte le scienze che si limitano alla osservazione esteriore ed all'analisi fisico-chimica, non possono conoscere l'essenza delle cose, il loro «dentro»,

---

[2] Il riferimento è soprattutto ai Paesi comunisti, particolarmente all'allora Unione Sovietica.

senza una partecipazione. La partecipazione deriva dall'inferire qualcosa da ciò che sappiamo di noi stessi; significa dedurre che un organismo od anche una unità fisica è intelligente se si comporta in modo intelligente.
Ho un esempio che illustra la posizione di certi scienziati classici in rapporto a quella dei parapsicologi. Immaginiamo che due scienziati extraterrestri sorvolino alcune grandi città del nostro pianeta. Osservando il traffico automobilistico al telescopio essi scorgeranno delle auto che si muovono e che si fermano quando un fuoco rosso si accende, per poi ripartire quando esso diventa verde. Lo scienziato classico stabilirà un legame di causa ed effetto tra i fuochi di diverso colore e il movimento delle auto. Egli potrà ricavarne una legge generale di «fotodinamica». Il parapsicologo noterà certe anomalie nel costatare che alcune auto (ambulanze, polizia) continuano a muoversi malgrado l'emissione fotonica rossa. Egli formulerà l'ipotesi che l'auto comporta la presenza di un'intelligenza che ha inventato il sistema di comunicazione simbolica dei fuochi colorati, e ne interpreta soltanto il significato. Ogni tanto, a secondo delle circostanze, tale intelligenza infrange deliberatamente la legge generale. Ebbene, ci troviamo nella stessa posizione di questi due osservatori extraterrestri per tutto ciò che osserviamo dall'esterno. Chissà che la chimica non abbia un ruolo di avvertimento secondo un codice di significati conosciuti da certe unità psichiche. Non è la sveglia che produce il risveglio del dormiente, ma l'interpretazione della suoneria della sveglia.

Penso, dunque lo psichismo esiste

Non conosciamo la realtà dello psichismo che tramite l'introspezione dell'unità psico-fisica che siamo. Nessun apparecchio ci può permettere di rivelare la qualità dei pensieri o delle sensazioni che sperimentano delle unità a noi esterne e con le quali non possiamo comunicare.
Se tali unità hanno un comportamento intelligente dobbiamo presumere che esse posseggono uno psichismo simile al nostro. Se tali unità fisiche o biologiche non hanno né cervello, né sistema nervoso, ne dedurremo che lo psichismo esiste indipendentemente da tali sistemi. Se c'è uno psichismo extra-fisico potremo attribuirgli le manifestazioni di un ordine che contravviene alla legge del disordine (secondo principio della termodinamica) e ciò a partire dall'evoluzione chimica che prelude all'evoluzione degli organismi biologici. È questo stesso psichismo, con le sue proprie leggi, infine riconosciuto, che potrà essere accreditato di tutte le manifestazioni PSI. Se partendo da molecole complesse si creano in laboratorio delle cellule che si riproducono, non si tratterà di «generazione spontanea» ma di un intervento dello psichismo legato alla materia che attendeva condizioni favorevoli per manifestarsi.

Mi è sempre apparso assurdo che una materia bruta, cioè senza psichismo, diventi capace, soltanto in virtù di una struttura elaborata, di pensare e di sentire. Tutti gli organi, cervello compreso, essendo composti dello stesso tipo di particelle della materia minerale, bisogna che – in quanto materia – posseggano in partenza uno psichisrno o che esso penetri dall'esterno in un dato momento. Poiché il cervello è apparso soltanto ad un certo livello evolutivo, è logico pensare che è stato necessario l'intervento di uno psichismo per concepire tale «computer» al fine di utilizzarlo. Cercherò qui di dimostrare l'assurdità della dottrina degli scientisti «meccanicisti» caricandola un po'. Sono delle persone che credono che il disordine sia riuscito a creare l'ordine strutturando delle particelle fino a fare degli orologi che funzionano e che possono riprodursi. Invece di tornare al disordine, i piccoli orologi sono stati migliorati dai traumi successivi che essi hanno subìto a caso. Così essi si sono trasformati in robot. Questi robot, essendo stati dotati, ancora per caso, di «computer», sono adesso coscienti di esistere ed hanno persino un senso etico ed un senso estetico. Essi discutono tra di loro sul problema della loro origine e dei fenomeni PSI.
Notiamo di sfuggita che sono i gerenti del sistema «meccanicista», questi robot che si definiscono ora «razionalisti», e che con maggiore passionalità negano lo psichismo primordiale.
L'irrazionalità della loro teoria dell'evoluzione non è per essi una buona referenza. In effetti, anche se è stato il caso a produrre degli effetti positivi, è stata necessaria la presenza di uno psichismo per discernere tale positività e per conservarla.
Mi sembra più logico partire dalla conoscenza che abbiamo del nostro psichismo per vedere se quello che si manifesta nell'evoluzione e nelle nostre funzioni biologiche agisce in modo simile. Non vi è che una differenza di materia tra ciò che noi costruiamo con le nostre mani, per soddisfare i nostri bisogni vitali o i nostri desideri affettivi, e gli strumenti o gli «ornamenti» organici costruiti dallo psichismo degli esseri viventi che ci hanno preceduto. Le tecniche e gli apparecchi inventati dai pre-umani sono perfezionati quanto i nostri. Si trovano presso di essi ogni sorta di sistemi ottici, auditivi, olfattivi, tattili, riproduttori, luminosi, pile elettriche, pompe (cuore), pinze, ventose, apriscatole (becchi per aprire i gusci), bracci di leva, ali, paracadute, campane per immersione, frecce, laboratori chimici (veleni, anestetici, anticorpi), armature e abiti mimetici. Tutte queste strutture presuppongono l'esistenza di una intelligenza paragonabile alla nostra. Di fronte a tali fatti si è avanzata l'ipotesi che certe mutazioni fossero degli errori nefasti. Si può rispondere che in un «atelier» di meccanica od in quello di uno scultore si trovano ugualmente degli abbozzi mancati. Perché non accreditare lo psichismo costruttore di desideri che non hanno niente a che vedere con la sola efficienza e che possono addirittura esserle contrari (fantasie estetiche, forme ipertrofiche

nate da un desiderio di potenza)? Non faccio che riprendere degli esempi di Koestler, ai libri del quale rimando chi vorrebbe maggiori dettagli[3]. Egli mostra che ogni struttura che ha fatto le sue prove è conservata con certe modificazioni. È in tale senso che si ritrova la stessa struttura nel membro anteriore dell'uomo, del cane e dell'uccello.

Psichismo inventore e psichismo mnemonico sono i responsabili della strutturazione degli organismi viventi

Il meccanismo dell'evoluzione con le sue due tendenze: da un lato alla omogeneità (conservazione dell'acquisito), dall'altro alla eterogeneità (mutazioni) non si spiega che attraverso la complementarietà dei due psichismi. Lo psichismo-memoria registra le forme e le tecniche apprese per trasmetterle fedelmente; lo psichismo-inventore apporta dei correttivi e degli additivi al programma già registrato. Quando vi è una modificazione risultante da un qualunque effetto fisico, se essa viene giudicata vantaggiosa la si conserva. È il caso dell'ispessimento della pelle della pianta dei piedi negli umani, delle callosità nei cammelli, struzzi e facoceri. Questi caratteri acquisiti sono trasmessi ereditariamente, unitamente alle tecniche apprese che diventano degli istinti. È stato ben necessario che il primo uccello fosse intelligente perché inventasse la tecnica di costruzione del nido.

Non penso che si pretenda ancora che gli organismi viventi *subiscano passivamente le influenze esterne*. Non è *la materia che fabbrica lo spirito, ma è lo spirito che struttura la materia*. Se la selezione cosidetta «naturale» può favorire il «più idoneo», ciò avviene perché uno psichismo è riuscito a produrre questo «più idoneo». L'occhio non è un apparecchio nato dal caso per costruzione progressiva. Bisogna che sia stato dotato *subito* della visione.

La conservazione di una struttura incompleta, e quindi inutile, non avrebbe alcun senso. Vi è correlazione quando due mutazioni concomitanti si integrano reciprocamente. Per conquistare la terraferma il pesce deve, nello stesso tempo, trasformare le sue pinne in zampe e le sue vesciche natatorie in polmoni. La costruzione di organismi sempre più complessi e perfezionati, dalle molecole all'uomo, mostra un'intenzione di progresso. Delle unità cellulari si uniscono come se sentissero delle affinità o delle complementarità, come se esse volessero uscire dal loro isolamento per partecipare a qualcosa di grande. Una volta unite, esse si differenziano per dividersi i compiti.

---

[3] *Nota dell'autore*: ARTHUR KOESTLER, *Le cheval dans la locomotive* (Calmann-Levy).
[*Il fantasma dentro la macchina*, SEI, Torino, 1971; *i testi di Koestler sono molto validi*]

Ciò è valido per il pluri-cellulare, come per la società animale o umana. Un certo numero di formiche diventano operaie, altre soldati, mentre la gestazione è affidata ad altre ancora. Questa tendenza che chiamiamo «gregaria» va di pari passo con l'accettazione di una direzione unica. Ogni individuo abbandona la sua autonomia ed è cosciente di far parte di un nuovo insieme «personalizzato». Koestler cita il caso di un'ameba, incapace di spostarsi da sola, che si unisce alle sue congeneri quando in qualche posto c'è minaccia di carestia. Le amebe agglutinate formano un verme che striscia per esplorare l'ambiente fino a quando non troverà il cibo. Ciò mostra la esistenza di una comunicazione tra queste amebe che decidono di unirsi per raggiungere uno scopo (il cibo) che esse non possono raggiungere individualmente. La fusione non è soltanto una somma di individui. Si crea uno psichismo veramente personalizzato e specifico in rapporto a tutti gli altri insiemi simili[4]. Tutti i tessuti di un individuo complesso portano ormai il marchio della sua personalità e il fenomeno di rigetto osservato nei trapianti d'organo ne è la prova. Si tratta allora di un vero riflesso di xenofobia a livello cellulare.

Partecipare per conoscere i livelli della comunicazione

Il nostro organismo è una sovrapposizione di unità a diversi livelli: particelle, atomi, molecole, cellule differenziate. Non possiamo comunicare coscientemente con le unità inferiori, così come non possiamo farlo con le formiche o con un pezzo di metallo. Possiamo vedere che una tigre sta per attaccarci e sappiamo come difenderci. Soltanto l'unità cellulare sa come combattere il microbo, poiché essa ha dei rapporti continui con i microbi situati al suo livello. C'è una relazione tra due esseri monocellulari che hanno la stessa origine. È il laboratorio diretto dallo psichismo cellulare che inventa l'anticorpo quando il vaccino è somministrato ed è il sistema di ricostruzione interna che effettua il vero lavoro, solo abbozzato dal chirurgo. Vi è certamente un sistema di percezione-comunicazione al livello stesso delle molecole e dei monocellulari dato che i microbi possono percepire la natura dell'antibiotico con il quale li si combatte, in modo da produrre la necessaria mutazione. Se sapessimo utilizzare il nostro psichismo inconscio potremmo comunicare con gli elementi che compongono il nostro corpo, non soltanto per dar loro degli ordini, ma anche per trarne delle informazioni (autoscopìa). Tale comunicazione potrebbe giungere fino alle molecole di materia sulle quali noi agiremmo come fa il nostro psichismo cellulare quando costruisce anticorpi.

L'embriogenesi dimostra che in noi è conservata la memoria di tutte le successive forme del nostro passato animale, dall'ambiente acquatico che

---

[4] Tutto questo è pertinente sia col "caso Rol" che col suo analogo "di base" Poutet-Stasia.

fu la nostra culla, fino ad oggi. In effetti ripetiamo tali forme durante la gestazione[5]. Il codice genetico umano può essere paragonato ad un grosso volume che, pagina per pagina, descrive la costruzione di un «computer»[6]. Ma tale «computer» è accompagnato da istruzioni e da una programmazione che sono il risultato di tutto ciò che è stato vissuto dai nostri antenati. Alcune delle nostre reazioni fisiologiche e automatiche corrispondono a delle difese giudicate utili in passato. È così che il nostro psichismo inconscio scatena la secrezione dell'adrenalina, quando siamo in collera, come per prepararci al combattimento. Supponendo che nel libro genetico sia tutto scritto, materialmente, ciò implica che uno psichismo scrive, che un altro legge e che essi utilizzano lo stesso sistema simbolico per comunicare. Al nostro livello cosciente possiamo analizzare soltanto la carta, l'inchiostro di questo libro e osservare la forma delle lettere che compongono le parole. Il significato reale di essi ci sfugge.

Ogni cellula di ogni organo ha coscienza dell'insieme di cui è parte ed al quale si dedica con altruismo come un individuo alla sua famiglia, al suo partito od alla sua patria. Essa conosce a memoria la sua pagina del libro genetico. Ne abbiamo la prova, dato che se noi frantumiamo e filtriamo un organo embrionale, oppure una spugna, e se poniamo questa poltiglia in un liquido fisiologico, assistiamo ad una ricostruzione dell'organo. Certi animali detti «inferiori» sono perfino capaci di ricostruire un membro amputato (salamandra) o l'intero individuo (planaria).

Non capisco come certi scienziati si ostinino a rifiutare l'esistenza di uno psichismo intelligente presso gli organismi viventi non umani, mentre difendono la proposta di istinti *ciechi* il cui innatismo è veramente inesplicabile. Come può la natura mostrare un'intenzionalità se tale entità astratta è allo stesso tempo cieca? Voglio credere volentieri che è per istinto che degli insetti riconoscono subito la pianta commestibile, che essi si fingano morti o che si trasformino in rami d'albero per ingannare i loro predatori. Ma bisogna allora che mi si spieghi come tale istinto possa essere sorto senza intelligenza. Senza percezione lo spermatozoo non si orienterebbe con sicurezza verso l'ovulo, la vespa non saprebbe quale è il punto preciso in cui essa deve iniettare l'anestetico alla sua preda per paralizzarla e conservarla viva. Senza intenzionalità, il bernardo-eremita non metterebbe tanta cura nel trasferire sulla sua nuova conchiglia la stella di mare che lo protegge con le sue armi.

So che ho uno psichismo cosciente e, *al di sotto di questo,* uno psichismo che si definisce «inconscio» soltanto perché non abbiamo coscienza del suo funzionamento. Ciò non significa assolutamente che questo secondo psichismo, od altri inferiori, non abbiano coscienza. Forse ne hanno una

---

[5] *Nota di Di Simone*: È il classico processo dell'ontogenesi che riassume la filogenesi.
[6] *Nota di Di Simone*: L'A. parla in verità di «ordinateur» (ordinatore), ma ci è parso di dover tradurre meglio con il termine «computer».

più estesa, giacché percepiscono ciò che avviene nella coscienza superiore alla quale obbediscono. Credo che lo studio di questi psichismi ci farà capire i fenomeni PSI.

Parallelismo delle strutture psichiche e fisiche

Poiché la biologia ha stabilito che non esistono frontiere tra l'inanimato e il vivente, possiamo postulare che lo psichismo è presente in tutte le unità biologiche e fisiche, e che esso presiede alla loro strutturazione sempre più complessa ed alla loro animazione. Costruendo gli elementi organici ove può concentrarsi, lo psichismo struttura se stesso e diventa sempre più efficace. Un gruppo di scienziati riuniti nello stesso edificio e in grado di centralizzare tutte le informazioni, è certamente più efficace che non quando essi sono dispersi, senza possibilità di comunicare e senza apparecchiature. Si può dunque supporre che ad un aggregato più importante e elaborato di particelle materiali, corrisponda un aggregato equivalente di particelle psichiche che potremmo chiamare «psiconi» usando un termine già proposto[7]. Il «luogo funzionale» – il cervello – potrebbe essere nato dalle correlazioni della colonia degli psiconi cellulari, così come avviene per i loro organi sensoriali e per i loro elementi motori. Essendo lo psichismo e la materia distinti tra loro, è necessario che essi siano collegati da un «tertium Quid» che partecipi contemporaneamente dell'uno e dell'altra. Ciò si rifà all'ipotesi secondo cui la materia e lo psichismo sarebbero i poli estremi d'uno stesso continuum che si prolungherebbe al di là degli stati, solido, liquido, gassoso, secondo i modi di una sostanza più sottile. La «sostanza-Energia» che si manifesta in certi fenomeni PSI corrisponde perfettamente a tale «tertium Quid». Soltanto l'intelligenza che la caratterizza la differenzia dalla «materia-energia» riconosciuta dalla Fisica. I fenomeni di materializzazione (con il famoso «ectoplasma») e di psicocinesi, possono spiegarsi soltanto con l'esistenza di tale «sostanza-energia».

Sappiamo di avere un potere centrale, cosciente di esistere e capace di giudizio in funzione delle informazioni sensoriali e dei ricordi, ma le cui decisioni sono influenzate dai bisogni fisiologici dai desideri affettivi. Se abbiamo il sentimento della continuità della nostra personalità lo dobbiamo al nostro psichismo subconscio. Parliamo, camminiamo, guidiamo la nostra macchina pensando ad altro perché esso compie tali azioni per nostro conto. Si occupa dei nostri affari interni, cioè delle nostre funzioni organiche. Quando gli chiediamo di cercare il ricordo

---

[7] *Nota di Di Simone*: «Psiconi» è il termine usato da Whately Carington (1884-1947).
[*Ne scrive ad es. Leo Talamonti in* La mente senza frontiere, *SugarCo, 1974, pp. 176-178; si veda anche Eccles, J.,* Come l'io controlla il suo cervello, *Rizzoli, 1994*]

utile, il nome dimenticato, l'oggetto perduto, egli lo fa, se non l'inibiamo con degli sforzi coscienti. A volte lo personalizziamo sotto il nome di «sant'Antonio» o dell'«angelo custode»[8]. Poiché egli accede al deposito dei ricordi, raccorda certi fatti che presentano delle analogie e ci rivela di colpo la soluzione dei nostri problemi. Esso è il fiuto degli uomini d'affari, la creatività degli scienziati e l'ispirazione dei poeti o degli scrittori. È da esso che provengono i sentimenti di simpatia o di antipatia che proviamo spontaneamente verso certe persone.

È a tale sub-psichismo che attribuisco la direzione delle forme organiche, sia per conservarle che per modificarle (mutazioni, mimetismo). In effetti, bisogna che le strutture siano registrate nella memoria prima di essere realizzate. Secondo la frase di un umorista: «per costruire un cerchio di metallo bisogna prendere un buco rotondo e metterci del metallo intorno». L'attualizzazione delle strutture necessita dell'esistenza di un «Sistema Psico-Dinamico» (SPD).

Sistema psico-dinamico e «ideoplastia»

Vari animali assumono il colore dell'ambiente per mimetizzarsi e sfuggire ai loro predatori. Dei gamberetti si confondono così con delle alghe. Dei pesci riproducono un disegno di roccia, degli insetti imitano dei rami d'albero, delle foglie secche o pezzi di corteccia (fasmidi, farfalle, ecc.). Si tratta di vere ricostruzioni pittoriche di ciò che l'animale percepisce. Ma questo mimetismo esiste anche presso gli uomini, poiché si è notato che persone che vivono insieme non assumono soltanto un comportamento gestuale simile, ma giungono ad assomigliarsi fisicamente. Questa «ideoplastia» non è soltanto automatica, dato che a volte sembra corrispondere a delle intenzioni. È così che una pianta riesce a fabbricare l'esca della femmina di un insetto allo scopo di attirare il maschio. Altre piante si contentano di realizzare degli odori per attirare gli insetti, sia per ottenere la fecondazione, che per divorarli.

I fenomeni riconosciuti dalla medicina psicosomatica mostrano come funziona il sistema Psico-Dinamico (SPD) responsabile del mimetismo. Se una donna è persuasa di essere incinta, il suo SPD scatena i sintomi della gravidanza («gravidanza nervosa»). Se la coscienza crede nella virtù

---

[8] Precisamente. Nel mio scritto *Le presunte "comunicazioni" post mortem di Rol*, 2021, scrivo ad esempio che «anche se, poniamo, si sognasse Rol che ci rivela dove sono le chiavi della macchina che pensavamo di avere perso (o situazioni banali di questo tipo) state pur sicuri che non si tratta di Rol – ha cose più importanti da fare – ma del vostro "spirito intelligente" che, prendendo l'aspetto di Rol in sogno, vi rivela dove sono le chiavi» (vol. IV, p. 378). Lo *spirito intelligente* è il "fratello maggiore" dello «psichismo subconscio» di cui parla Sanlaville.

di un placebo[9], lo stesso SPD cerca di produrre l'effetto dato per scontato. Così la virtù chimica di una medicina è aumentata, se non sostituita, dalla sua virtù di suggestione. È la ragione per cui i laboratori farmaceutici verificano con cura il valore terapeutico intrinseco dei medicamenti con dei test-placebo. Se una persona è ipnotizzata, cosa che sopprime il ruolo critico della coscienza, la suggestione perviene direttamente al sub-psichismo che scatena, grazie al SPD, la reazione fisiologica di difesa. È così che una bruciatura immaginaria suggerita ad un soggetto ipnotizzato, può essere seguita da una vescica. La visualizzazione immaginaria delle stimmate del Cristo produrrà tali stimmate nel mistico secondo un processo identico, e sarà la stessa cosa per la dermografia. Si è potuto costatare che quest'ultimo fenomeno poteva essere addirittura provocato mediante suggestione telepatica (esperimento della Sig.ra Kahl all'Institut Métapsychique International di Parigi). Possiamo dunque concludere che *ogni struttura-pensiero che impressioni sufficientemente il sub-psichismo tende ad essere realizzata dal sistema psico-dinamico*. Con «struttura-pensiero» intendo sia un'immagine, un gesto, un suono, un odore percepiti, sia una forma o un'idea mitica. La visione di certi comportamenti è essenzialmente suggestiva, come si può costatare nel contagio dello sbadiglio o del riso. Il pappagallo che ripete il suono delle parole che ode e l'animale mimetico che riproduce delle immagini, utilizzano indubbiamente dei sistemi diversi (motori e SPD), ma le realizzazioni sono provocate dallo stesso sub-psichismo.

Manifestazioni PSI validate e fenomeni psico-fisiologici

Tutto ciò che ho fin qui esposto non ha altro scopo che di mostrare lo stretto parallelismo esistente tra i fenomeni psico-fisiologici e i fenomeni PSI. È evidente che bisogna tener conto soltanto delle manifestazioni PSI incontestabili o che abbiano una forte probabilità di autenticità. Non è più possibile oggi dubitare della percezione extrasensoriale e della psicocinesi, ora che esse sono state autenticate da illusionisti qualificati che collaborano con i parapsicologi. Poiché si tratta degli stessi illusionisti che hanno stabilito il carattere fraudolento di altre manifestazioni («chirurgia a mani nude») non gli si può rimproverare di essere parziali e di voler favorire la credulità della gente. Si può anche tener conto dei casi spontanei che siano stati osservati da persone degne di fede (scienziati, agenti di polizia) e che presentino delle caratteristiche costanti nel tempo e nello spazio. Mi riferisco in questo alle guarigioni cosidette «miracolose», ai «poltergeist» ed alle «apparizioni» (fantasmi, personaggi mistici, certi

---

[9] *Nota di Di Simone*: Il «placebo» è una finta medicina, senza alcun valore terapeutico, che si utilizza appunto per controllare od avere certe reazioni dovute alla pura suggestione.

OVNI)[10]. Passerò quindi in rassegna i vari fenomeni PSI per vedere se le loro caratteristiche concordano con le ipotesi che ho formulato.

Parallelismo delle manifestazioni organiche e PSI del sistema psico-dinamico

Abbiamo visto che c'è un sistema motorio per agire all'esterno ed un sistema psico-Dinamico per agire all'interno. Nel protozoo questi due sistemi sono fusi, giacché esso si fa crescere a volontà delle membra prensili per afferrare il cibo, una bocca per inghiottirlo e uno stomaco per digerirlo. Non faccio altro che seguire Geley e Sudre[11] nel supporre che *il sistema psico-dinamico che costruisce tutti gli organi immaginati dal sub-psichismo, è lo stesso che produce tutte le manifestazioni fisiche dette PSI.* Nel primo caso il materiale è la materia organica e nel secondo si tratta sia di materia esterna, sia della stessa «Sostanza-Energia».

Le guarigioni paranormali

Se si ammette quanto sopra, si può concludere che ogni suggestione (auto o etero) che impressioni il sub-psichismo potrà produrre una modificazione organica, e penso che non sia più necessario dimostrare che le emozioni negative possono provocare delle malattie. Le guarigioni dette «paranormali» possono essere il risultato di diversi processi che non si escludono a vicenda:
1) La suggestione impressiona il sub-psichismo del paziente dopo essere stata accettata dalla coscienza (fede nel guaritore, fede nel placebo);
2) La suggestione giunge direttamente al sub-psichismo per soppressione della barriera cosciente (ipnosi, autoipnosi);
3) La suggestione passa direttamente dal sub-psichismo del guaritore a quello del paziente senza percezione sensoriale (suggestione telepatica). Ciò può avvenire quando un placebo produce l'effetto che il medico prevede senza che egli lo dica al paziente;
4) Il sistema psico-dinamico del guaritore si sostituisce a quello deficiente del malato, per agire direttamente sui suoi organi.
Nei primi tre casi l'azione curativa deriva dal SPD del malato che obbedisce ad una programmazione del proprio sub-psichismo. Ma si può anche pensare all'unione tra suggestione e «magnetismo» (PK) del guaritore.

---

[10] *Nota di Di Simone*: OVNI è la sigla per UFO (oggetti volanti non identificati).
[11] *Nota di Di Simone*: RENÉ SUDRE, *Trattato di Parapsicologia*, Astrolabio, Roma.

La psicocinesi - «gellerismo» e «poltergeist»

I fenomeni psicocinetici, controllati da certi soggetti («gellerismo») o suscitati da una parte del sub-psichismo di una o più persone («poltergeist») sono della stessa natura. Come nella guarigione paranormale, abbiamo sia una suggestione telepatica del soggetto sull'elemento psicodinamico dell'oggetto, sia l'esteriorizzazione e l'azione della «sostanza» psicodinamica del soggetto.

Il SPD, che normalmente agisce sulla materia organica interna, nella psicocinesi si sostituisce al sistema motorio per agire su tutti gli elementi fisici esterni. Esso conserva le sue abituali proprietà e sa modellare tutte le membra o gli strumenti che gli sono necessari per compiere qualsiasi azione su qualsiasi oggetto. Ma per tale scopo esso utilizza la «sostanza-energia». È l'abbozzo della mano, pinza, filo «ectoplasmici».

Mi richiamo alla mia ipotesi secondo la quale ogni materia possiede una «Sostanza-Energia» che serve da legame tra materia e psichismo, e che è dunque sensibile alle influenze psichiche esterne. È così che io mi rappresento questa «anima» degli oggetti inanimati che Lamartine ha evocato con lirismo. Rigida e passiva, questa «Sostanza-Energia» aspetterebbe il «principe azzurro» che venisse a darle la vita. Se essa aderisce ad ogni particella di materia, sposa anche le forme degli esseri viventi e degli oggetti manufatti, come il «doppio eterico» del quale alcuni hanno parlato. Essa è la memoria che conserva le strutture, che invecchia e che assume le cicatrici del nostro corpo materiale. Si può immaginare che essa sia alla base delle modificazioni plastiche dell'effetto «Geller» che potrebbero spiegarsi come segue:

1) Il soggetto PK impressiona e «risveglia» la «Sostanza-Energia» (S. E.) della sbarra metallica che assume la forma desiderata. Questa «S. E.» trascina con sé la struttura materiale alla quale aderisce.

2) Il soggetto esteriorizza la propria «S. E.» che penetra il metallo e si lega ad ogni molecola per provocare la torsione.

I soggetti PK dichiarano che essi debbono visualizzare la sbarra metallica secondo la forma che essi desiderano, e che avvertono l'azione quando comincia a compiersi. Se dei casi di smaterializzazione e di rimaterializzazione fossero validati, vi si potrebbe vedere l'intervento di un principio psico-dinamico che decompone provvisoriamente la «S. E.» che poi si ricostruirebbe secondo la propria memoria. Ciò assomiglierebbe alla ricostruzione di organi ridotti allo stato di poltiglia.

Penso che la sorgente di energia dei fenomeni PK non ponga alcun problema se si suppone che la «S. E.» esiste in tutta la materia in sito e che è possibile estrarla da essa o attivarla nel luogo ove essa si trova (aria, armadio, muro, ecc.).

Psicologicamente collego i fenomeni di «poltergeist» ai casi di scissione della personalità studiati da Janet. Degli «psiconi» provenienti dal sub-psichismo di uno o più soggetti s'integrerebbero per costituire una personalità autonoma (il «fantasma»). Essi utilizzerebbero la parte del SPD normalmente legata al sub-psichismo, al fine di realizzare le azioni psicocinetiche. Tali azioni hanno dei significati simbolici. A volte esse perseguitano l'individuo come se una parte della sua personalità (l'opposizione), ridotta al silenzio da una maggioranza direttiva, si rivoltasse e cercasse di punirlo.

Certi sentimenti rifiutati dalla coscienza (aggressività, sessualità) possono ugualmente esteriorizzarsi. Ma l'entità può essere creata con la semplice immaginazione (esperienze del gruppo di Toronto con il «fantasma» Philip) oppure risultare dalla percezione extra-sensoriale di un «residuo» mnemonico. Tornerò su tale punto quando parlerò delle «infestazioni» legate a particolari luoghi.

Quando la coscienza non è forte abbastanza e quando il sub-psichismo non costituisce un insieme coerente ed armonico, delle personalità differenti ed opposte possono assumerne a turno la direzione. Il deficit abituale (isteria) o l'inibizione provocata (trance ipnotica) della coscienza esprimono una eccessiva suggestionabilità che può giungere fino alla «possessione», così come la medianità detta «ad incorporazione». Il sub-psichismo dell'isterico organizza le turbe fisiologiche (le stesse paralisi o la cecità) di cui l'individuo ha bisogno per proteggersi da sentimenti traumatici o per compensare delle frustazioni.

Il sistema psico-dinamico costruisce le apparizioni

Credo che il SPD che realizza con l'aiuto di sostanza organica delle riproduzioni di fondo marino, dei rami d'albero e altre esche, sia anche l'autore di quei miraggi che sono stati chiamati «apparizioni». Solo la sostanza è differente. Non vi è certamente che una differenza di grado tra l'apparizione percepita psichicamente e quella che è materialmente oggettivata grazie all'ipotetica «sostanza-energia».

Bisognerebbe studiare se questa «sostanza» perde una parte della sua energia nello sforzo di rendersi visibile.

L'apparizione non è che una imitazione del personaggio che essa rappresenta, così come la foglia secca che appare sulle ali di una farfalla non è una vera foglia. Il fatto che i «fantasmi» appaiano con i loro vestiti e altri accessori, prova che non si tratta del loro «doppio», ma di una costruzione che si riferisce a delle «forme mnemoniche»[12]. Ammettendo che l'agente costruttore sia lo stesso che appare (deceduto o vivente che

---

[12] E questo vale anche per l'età apparente del "fantasma" (se si tratta di qualcuno che abbiamo conosciuto, cosa determina che appaia vecchio o giovane se non un certo "filtro"? Se invece si tratta di uno sconosciuto, la spiegazione andrebbe cercata nell'ambiente in cui si mostra, che lo ha "fotografato" e cristallizzato in un determinato momento temporale).

sia), la costruzione sarà destinata soltanto a farsi riconoscere. Ma la costruzione potrà anche essere ugualmente un fatto dello psichismo del percipiente. Se si adotta quest'ultima ipotesi, le infestazioni ripetitive, legate a certi luoghi, implicherebbero l'esistenza di una memoria localizzata, di una sorta di residuo mnemonico simile ad un film o ad un nastro magnetico[13]. Il SPD di uno o più testimoni potrebbe essere l'origine della riproduzione delle immagini e dei suoni. Si giunge così alla supposizione che gli spiriti che si manifestano nelle sedute medianiche possono essere ricreati partendo dalla percezione di un residuo mnemonico[14].

Se si da credito al sub-psichismo di avere il potere di costruire delle apparizioni, queste potranno corrispondere a qualunque cosa. Ciò potrebbe riguardare ciò che esiste, ciò che è esistito od anche ciò che esisterà, che sia percepito sensorialmente od extra-sensorialmente. Questi personaggi mistici saranno riprodotti secondo la maniera con la quale sono conosciuti nell'immaginazione popolare. Ma potrà anche trattarsi di tutto ciò che il sub-psichismo è portato a credere[15].

La percezione extra-sensoriale

Si qualifica come percezione extra-sensoriale quella che avviene senza la mediazione dei sensi, dimenticando che lo psichismo, pur essendo di

---

[13] Per l'appunto, teoria ben nota su cui si basano le percezioni "psicometriche" e a cui è collegata la nozione di *spirito intelligente*.

[14] *Nota di Di Simone*: Ovviamente si tratta di una ipotesi alternativa, dato che essa non può spiegare l'intervento di «entità», se affermanti presenti e di natura «spirituale», la cui personalità si mantiene integra e coerente in tempi e luoghi diversi (quindi presumibilmente con eventuali «residui mnemonici» diversi, ove esistano) e con diversa composizione dell'uditorio (sperimentatori ed assistenti), per cui cadrebbe in tal caso anche l'ipotesi del «polipsichismo» ideata dal nostro William Mackenzie.

Mia nota: A Di Simone come si vede va un po' di traverso questa teoria, perché di fatto spazza via dalla Terra tutti i presunti defunti-spiriti... Io invece, con Sanlaville, Mackenzie ed altri, la sottoscrivo, ed essa è appropriata e pertinente anche per spiegare certe idee anti-spiritiste di Rol. Significativo il fatto che Di Simone ometta di fare collegamenti con lui – che pure aveva incontrato più volte e sul quale aveva già scritto proprio sul suo periodico – perché rafforzerebbero una teoria che non gli piace. Avevo già mostrato (vol. VI, p. 89 nota 17) come Di Simone avesse omesso nei suoi libri dove parla di Rol (1987, 1996) il riferimento al caso Poutet-Stasia (trattato proprio da Mackenzie) in associazione a lui, che aveva invece brevemente citato, seguendo soprattutto Jacopo Comin, in un articolo del 1975. Si veda anche, sempre nel vol. VI, la p. 91 («Gustavo A. Rol non ammette lo spiritismo. Egli ha una sua teoria, ma su tale punto siamo divisi») e nota relativa, n. 19.

[15] Qui termina la prima puntata dell'originale francese.

natura extra-fisica, possiede senza dubbio la «sensibilità». C'è d'altronde una sensibilità affettiva al di fuori della sensazione che concerne i contatti con la materia. Ma gli organi sensoriali differenziati sono stati certamente costruiti dallo psichismo perché la sensazione già esisteva. Lo psichismo si serve ormai del sistema sensoriale che esso ha inventato per meglio adattarsi al mondo materiale nel quale è incluso. Esso ha appreso a comunicare con i gesti, il linguaggio, la scrittura e, forse, anche con altri codici fisico-chimici a livello di micro-organismi. Ma possiamo supporre che esso abbia conservato la possibilità di una percezione diretta extra-organica.

La parapsicologia ha dimostrato che la comunicazione extra-sensoriale ha luogo a livello del sub-psichismo e non a quello dello psichismo cosciente che, ormai dotato di un sistema sensorio-motore, sarebbe perturbato dall'invasione di percezioni parassite. Il funzionamento dello psichismo cosciente inibisce quindi il sistema di percezione subconscio. Tuttavia le percezioni extra-sensoriali possono superare la barriera che lo protegge. Ciò può avvenire sotto forma di vaghe impressioni che sono state chiamate «intuizioni». Il «fiuto» degli uomini d'affari, le simpatie ed antipatie irragionevoli possono essere assimilati a delle intuizioni. In tutti i casi, quando le percezioni extra-sensoriali pervengono nettamente alla coscienza sono obbligate ad acquisire una forma sensoriale (visioni dette «clichés», audizioni di «voci») che corrisponde al repertorio mnemonico. Ciò spiega il simbolismo di certe manifestazioni.

La PES (percezione extra-sensoriale)[16] può dar luogo a degli impulsi incontrollati che fanno compiere certi atti benefici o malefici per gli individui, ma che corrispondono di fatto a ciò che essi cercano. Si dice allora che essi hanno «fortuna» o «sfortuna» quando le situazioni alle quali giungono differiscono notevolmente dalle leggi del caso. So per mia esperienza che certe persone collezionano le coincidenze più straordinarie. Le statistiche delle società di assicurazione hanno mostrato che certe persone sembrano andare verso gli incidenti come se fossero animate da un desiderio inconscio di autopunizione. Collego ugualmente all'intuizione i ripetuti fallimenti sentimentali di quegli uomini e di quelle donne che scelgono immancabilmente il partner «sognato» per procurarsi delle emozioni spiacevoli. Il «Psi-missing» è certamente un'altra forma di tale attitudine negativa.

Si può dunque essere veggente senza saperlo e lo si scopre, talvolta, utilizzando un mezzo motore come il pendolo, lo Oui-ja, il tavolino o la scrittura automatica. Tali oggetti non costituiscono in effetti che dei mezzi messi a disposizione del sub-psichismo per permettergli di esprimersi secondo un codice convenzionale. I movimenti del pendolo, del tavolino, del bicchierino o della «planchette» non hanno nulla di paranormale

---

[16] Meglio nota con l'acronimo inglese ESP, ExtraSensory Perception.

perché provengono dai gesti inconsci di coloro che li utilizzano. Se tali oggetti sono invece mossi psicocineticamente, tale azione paranormale sarà condotta dal sub-psichismo del o dei partecipanti e non si tratterà obbligatoriamente di uno «spirito». Soltanto le credenze degli sperimentatori condizionano la forma spiritica o non dei messaggi, e ciò è valido anche per la «parola automatica» dei medium detti «ad incorporazione». È così che se un orologio si ferma o se un quadro cade nell'istante del decesso di un essere caro, non si potrà sapere se l'azione PK è scatenata dal morente o dal percipiente che traduce a se stesso il «telepatema» in modo percettibile. Sarebbe tuttavia interessante fare dei tests sulla xenoglossìa e la pittura «ispirata» («medianica») con l'aiuto della chiaroveggenza (libri in lingua straniera, opere pittoriche di un artista sconosciuto), e fare dei paragoni con i risultati ottenuti con la suggestione telepatica per vedere se quest'ultima produce una super-PES. Al momento, le comunicazioni medianiche possono essere interpretate sia come percezione di un residuo mnemonico, sia come intervento di uno spirito. Nulla però vieta di assimilare il «residuo mnemonico» a tutto od a una parte del sub-psichismo di un disincarnato, ciò che non implica affatto la presenza effettiva e cosciente di esso sul posto.

I messaggi ottenuti con gli strumenti psico-motori che ho menzionato non possono essere considerati solamente come delle PES. Può trattarsi di fabulazioni immaginate dal nostro sub-psichismo che ha il meraviglioso potere di comporre dei versi o della musica se vi è stato condizionato[17]. Quelle dei calcolatori prodigio è capace di prodezze straordinarie.

Due esperimenti mostrano nettamente che il sub-psichismo tende a realizzare con gesti inconsci ogni pensiero-motore sostenuto per un tempo sufficiente lungo. Si disegna un cerchio, sbarrato con due tratti formanti una croce. Se si tiene un pendolo sospeso sul disegno e se ci si concentra sull'uno o l'altro di tali segni, immaginando che il pendolo girerà od oscillerà orizzontalmente oppure verticalmente, esso lo fa. Il «cumberlandismo» è basato sullo stesso principio. Il soggetto legge gli impulsi motori inconsci dell'agente che gli serra il polso. Ciò gli permette di compiere le azioni che tale agente crede soltanto di pensare.

Penso che la telepatia possa essere spiegata con un'emissione di «psiconi» da parte di un sub-psichismo che recano un'informazione ad un altro sub-psichismo. Vedo in ciò una certa similitudine con l'emissione di spermatozoi che si proiettano per raggiungere l'ovulo e che sono i portatori di informazioni genetiche. Immagino che per realizzare l'azione psicocinetica o l'apparizione a distanza, gli «psiconi» sensibili vadano a

---

[17] *Nota di Di Simone*: Sullo psichismo inconscio che produce versi o detta messaggi hanno parlato gli Occhipinti nel loro diffuso libro «Telescrittura» anche se con qualche differenza interpretativa, in verità non chiaramente precisata. [*Ecco ancora Di Simone che cita correttamente, ma secondo me col "freno a mano", ricercatori che hanno sostenuto teorie anti-spiritiste*]

cogliere l'informazione per ricollegarla al sub-psichismo emittente secondo un effetto radar. Nell'un caso come nell'altro (telepatia o chiaroveggenza) vi è una momentanea liberazione del sistema psico-fisico di cui tali «psiconi» fanno parte.

Gli oggetti evocatori

Sarebbe il caso di verificare se, al di fuori dei legami psichici che noi possiamo stabilire nello spazio e nel tempo con le persone e gli oggetti che evochiamo mentalmente, non vi sia anche un effetto dovuto alla prossimità. Forse noi contattiamo più facilmente ciò che conosciamo, ciò che è legato a noi da legami affettivi. I nostri veggenti non sembrano che raccolgano molte indicazioni su esseri viventi di pianeti appartenenti ad altri sistemi stellari. Tutt'al più possiamo assimilare gli «ovni» (ufo) a dei fenomeni psicocinetici di apparizione di ordigni o di esseri extra-terrestri, senza sapere se il sub-psichismo organizzatore proviene dalla nostra Terra o da un altro pianeta e se le apparizioni corrispondono ad una realtà oppure ad una rappresentazione mitica.

Il piano che il radioestesista utilizza per cercare dell'acqua o del petrolio non costituisce che una rappresentazione puramente mentale del terreno. Nell'esperienza di precognizione detta «a sedia vuota», la sedia non serve che come induttore, a meno di supporre che essa possieda un sub-psichismo capace di conoscere il proprio futuro. Per contro, sembra che la materia sia dotata di una memoria che, come tutte le memorie, registra in modo particolare gli eventi drammatici che accadono nel suo ambito. La veggenza tramite la palpazione di oggetti, impropriamente chiamata «psicometria», e le infestazioni localizzate, vanno nel senso di tale ipotesi. Rammento che ho già supposto che degli elementi puramente psichici possono unirsi alla materia per la mediazione di ciò che ho chiamato «sostanza-energia». Bisognerebbe sapere se c'è veramente una impregnazione dominante per contatto prolungato tra una persona ed un oggetto. Se abbandoniamo degli psiconi su tutto ciò che ci circonda, percependolo o non, e se tali psiconi rimangono legati al nostro sub-psichismo, l'oggetto potrà dare delle informazioni persino su ciò che potrà accaderci quando non sarà più in nostro possesso. Si potrebbe paragonare l'effetto di sola induzione a quello di impregnazione, verificando se un ritratto disegnato dà altrettante indicazioni sulla persona disegnata che sul disegnatore.

Si può anche fare un test d'impregnazione con la «psicocinesi ritardata» con dei liquidi (acqua «magnetizzata») o dei metalli (talismani, oggetti dinamici tipo «pavlita») per vedere se si possono «caricare» di proprietà immaginarie (potere benefico o distruttivo nei confronti di organismi viventi). Tali tests debbono essere condotti con metodo molto rigoroso per escludere ogni influenza diretta degli sperimentatori, come si fa per confrontare medicamenti e placebo.

Chiaroveggenza cosciente tramite «proiezione extra-corporea» (P.E.C.)

Le testimonianze di persone che dichiarano di essere «uscite» dal loro corpo, durante anestesia, incidenti o spontaneamente, sono così numerose e simili che non si può più dubitare dell'esistenza di tale fenomeno. Si è potuto verificare l'esattezza delle percezioni che queste persone avevano avuto lontano dal loro corpo. Infine, questi esperimenti sono stati eseguiti in laboratorio, ad esempio con il soggetto Ingo Swann, ed è dunque possibile confrontare le caratteristiche specifiche per trarne certe conclusioni.

I soggetti vedono il corpo che abbandonano e, se esso è sofferente, essi sfuggono a tale sofferenza come se il loro sistema sensoriale fosse esteriorizzato. Essi si spostano soprattutto nei luoghi che essi evocano, dove vedono persone e cose con i loro «occhi» secondo le leggi della prospettiva. Tuttavia, essi percepiscono altrettanto bene i pensieri delle persone che visitano. Infine succede che essi appaiano a queste persone «contattate» nel momento in cui hanno la sensazione di essere loro presenti.

Nella proiezione extra-sensoriale vi è dunque una esteriorizzazione molto più completa delle componenti psichiche, che nella chiaroveggenza. La stessa coscienza si esteriorizza e non soltanto un certo numero di psiconi derivanti dal sub-psichismo nel quale essi rientrano. Vi è esteriorizzazione della «sostanza-energia» che è il legame tra psichismo e materia. È questa «sostanza» che, organizzata dal sub-psichismo, riproduce la forma del soggetto in modo sensorialmente percettibile. Rammento che, in altri casi, tali apparizioni possono aver luogo senza che l'autore ne sia cosciente. Similmente, nei casi di «poltergeist» la persona non sa che è una parte del suo sub-psichismo che ha determinato una secessione che trascina con sé sufficiente «sostanza-energia» per produrre gli effetti PK. La proiezione extra-corporea dimostra che lo spirito[18] può funzionare al di fuori del cervello, e ciò è accettabile nel senso di una possibile sopravvivenza cosciente extra-corporea. Si può tuttavia supporre che ciò che sopravvive abbandona forse la «sostanza-energia» che lo collega al mondo fisico, dopo un certo tempo.

Sarebbe interessante sapere se dei ciechi possono avere delle percezioni visuali durante le proiezioni extra-corporee. Si potrebbe anche verificare se esistono dei legami psichici con i propri organi «lontani» e comunque visibili. Sarebbe ugualmente utile costatare se il sangue contenuto in una provetta reagisce quando si intacca il sangue estratto allo stesso individuo

---

[18] In questo caso avrei tradotto «esprit» con «mente».

e contenuto in un'altra provetta. Penso, ad esempio, ad una aggressione microbica. Si può anche sperimentare su culture di bacilli isolate.

La fede condiziona. Credere per potere

Le emissioni televisive trasmesse *in differita* riguardanti gli esperimenti di Uri Geller hanno scatenato delle facoltà PK presso dei soggetti che l'ignoravano. Si può supporre che se qualche milione di persone desiderano qualcosa nello stesso tempo, esse liberano una forza o, semplicemente, che il fatto di credere ad un potere esterno condiziona il sub-psichismo di certuni e che questo sub-psichismo agisce allora psicocineticamente nel senso suggerito. Ho già proposto di ricercare dei soggetti dotati, con l'aiuto di emissioni radiotelevisive, presentando degli esperimenti suggestivi, magari truccati. Ritengo che i gruppi impregnati di misticismo sono i più idonei all'accadimento di fenomeni PSI che corrispondano alla loro forma di credenza. Ciò assomiglia all'effetto psicosomatico detto «placebo» e credo che si potrebbe tentare di dare delle pillole pseudo-ipnogene o che fingano di favorire la chiaroveggenza per poi costatarne gli effetti. L'ipnotizzatore ha in parte il ruolo del placebo perché si crede ch'egli ipnotizzi e perché si accetta di essere da lui ipnotizzati. Ma ci si può porre personalmente in stato di ipnosi e ciò corrisponde ad una inibizione della coscienza. Questo stato permette l'accesso del sub-psichismo a tutte le suggestioni, che si tratti di quelle orali o telepatiche dell'ipnotizzatore, o di credenze preconcette. È il sub-psichismo personale che produce l'allucinazione e la reazione fisiologica.
In tutti gli esperimenti che implicano una guida e un soggetto guidato, può entrare una parte di suggestione telepatica, a seconda che il soggetto provi o meno della simpatia per la sua guida. Tutti gli agenti di esperimenti PSI esercitano necessariamente un'influenza sulla riuscita dei soggetti. Lo studio della placebo-terapia ha mostrato che i soggetti placebo-sensibili reagivano positivamente (miglioramento) o negativamente (effetto secondario nocivo) al placebo od al rimedio. Queste reazioni dipendono dalla stima o dall'antagonismo che essi hanno nei confronti del medico che rappresenta il padre o il «buon stregone». Lo «Psi-missing» rappresenta un'attitudine generale nei confronti dell'agente dell'esperimento o nei confronti della parapsicologia. Ho sempre pensato che la pratica delle cure prescritte dai medici costituiva un vero rito magico che prolunga la suggestione del medico indipendentemente dal valore intrinseco delle medicine.

Chiaroveggenza applicata alla ricerca parapsicologica

Ritengo che la chiaroveggenza potrebbe essere utilizzata per trovare delle soluzioni ai diversi problemi della parapsicologia. È ciò che ha cominciato a fare il Dr. Milan Ryzl per ciò che concerne le componenti psichiche dell'uomo. Si potrebbe dunque stabilire una serie di quesiti da porre concorrenzialmente a diversi soggetti PSI. Malgrado il fatto che la chiaroveggenza non possa dare affidamento a causa dell'influenza delle idee preconcette degli sperimentatori e dei soggetti, si potrà tuttavia verificare se le risposte concordano, tenendone almeno conto a titolo d'ipotesi. Rammento che Bergson ha dichiarato che soltanto l'istinto che io chiamo «sub-psichismo» potrebbe scoprire certe verità. Molte scoperte sono state soprattutto un fatto dovuto all'ispirazione, piuttosto che ai ragionamenti logici. Non si può ignorare il fatto che gli occultisti hanno creduto all'unità della materia prima che essa fosse dimostrata e alla psicocinesi prima che i parapsicologi l'accettassero.

Psichismi collettivi extra-corporei

Non ho parlato fino ad ora che di psichismi legati agli esseri viventi: lo psichismo cosciente che governa e il sub-psichismo che agisce in maniera parzialmente indipendente, come a volte lo fanno i servizi segreti all'insaputa dei governi che essi servono (informazione e azione occulta). Tuttavia si può immaginare che degli psiconi si raggruppino per affinità per formare degli psichismi extra-corporei. Il funzionamento di certe colonie di animali sembra dipendere da uno psichismo collettivo che determinerebbe anche le azioni di massa come le migrazioni o i suicidi collettivi osservati presso i lemming. Si potrebbe attribuire il parallelismo dell'evoluzione dei mammiferi continentali e australiani ad un sub-psichismo delle specie che continua ad agire anche quando esse sono separate. In tal caso bisognerebbe imputare la particolarità della tasca marsupiale degli animali australiani a un secondo sub-psichismo, nato dalla coabitazione su di uno stesso territorio.

I sub-psichismi collettivi possono essere rappresentati come una certa quantità di piccole nubi collegate fino a formare un sub-psichismo universale attraverso la mediazione di sub-psichismi planetari. Sul nostro pianeta la vita assomiglia in effetti ad un gigantesco organismo che si nutre da solo e che mantiene l'equilibrio tra coloro che mangiano e coloro che sono mangiati[19]. Le piante assimilano i minerali del suolo, l'aria e l'energia solare: gli animali le mangiano per essere a loro volta mangiati da altri animali più grandi o minuscoli. Per questo «organismo», la morte degli individui non ha maggiore importanza di quella che hanno le cellule per l'uomo. La stessa sostanza circola incessantemente nell'alambicco dell'alchimista planetario che riesce ad ottenere degli esseri viventi sempre più complessi.

---

[19] Nel 1979, successivamente a questo articolo, venne pubblicato il libro di James Lovelock *Gaia. A New Look at Life on Earth* e l'idea della Terra come "organismo" divenne popolare.

Ammettendo che i sub-psichismi collettivi non siano che un'emanazione degli psichismi individuali, essi sarebbero tuttavia più capaci di concezione e di realizzazione di quest'ultimi, per la messa in comune di un accumulo di conoscenze. Non possiamo ancora realizzare degli organi altrettanto perfezionati quanto il cervello o l'occhio. Colui che li ha creati non è certamente il Dio onnipotente che certuni si rappresentano, giacché un tale Dio avrebbe fatto l'uomo di primo acchito saggio, senza dover andare a tentoni durante miliardi d'anni per giungere all'uomo che conosciamo[20]. Tuttavia, il senso di ciò che è morale o estetico sembra esserci ispirato da un principio superiore del quale saremmo particelle. La tendenza all'integrazione può essere interpretata come la ricerca di una unità perduta. L'unione delle particelle prefigura la sessualità, questa attrazione verso l'altro se stesso complementare. L'amore dei genitori per la loro progenie, il comportamento di mutuo soccorso di certi animali, sembrano essere di natura affettiva. Coloro che in tutto ciò non vogliono vedere altro che dei riflessi automatici messi in moto da secrezioni chimiche, non possono sfuggire al problema dello psichismo che ha programmato questi comportamenti a buon fine. Ci si può dunque chiedere se non esista una coscienza esterna, responsabile degli istinti, che utilizzi anche il richiamo dei piaceri sessuali per raggiungere i suoi fini (la riproduzione, per esempio).

Conclusione
Spero che dei parapsicologi più qualificati di me completeranno certune delle ipotesi precedenti, o che ne formuleranno altre, basandosi su dei fatti che non ho studiato, quali la precognizione.
Credo che presto i «ben pensanti» della scienza materialista riconosceranno essi stessi i fatti PSI, anche se si contenteranno di metter loro un'etichetta. Parlando dei «poltergeist» diranno: «Si tratta di PK» invece di dire: «Si tratta d'isteria». Se si desidera accelerare tale riconoscimento è necessario eliminare le scorie date dalle imitazioni dei fenomeni PSI sfruttate dai ciarlatani.
La paraspicologia conduce all'evidenza di una realtà psichica parallela alla realtà materiale e non si possono ignorare le implicazioni filosofiche che ciò comporta. Credo che sia per questa ragione che i seguaci dell'antispiritualismo la combattono così violentemente. Essa rischia di spazzare via la filosofia materialista ancor prima che essa muoia a causa delle sue stesse contraddizioni. Mi sembra, in effetti, che votandosi al miglioramento della condizione umana in nome di un ideale di giustizia, i materialisti riconoscano implicitamente che l'uomo non è una macchina nata dal caso. Come potrebbero delle macchine senz'anima, pensare di poter gratificare altre macchine?

---

[20] Trovo questa frase formidabile e molto appropriata.

I prestigiatori e la medianità

di Robert Tocquet

Dicembre 1978[1]

Al giorno d'oggi un certo numero di illusionisti parla con sufficienza della parapsicologia, affermando che tutto è errore e trucco e offrendo al pubblico stupefatto una paccottiglia di giochetti che non hanno niente a che vedere con gli autentici fenomeni paranormali. Grazie a conferenze e a interventi radiofonici e televisivi, costoro hanno trovato il modo di raggiungere una relativa, e certamente effimera, notorietà. A sentir loro, essi sarebbero degli innovatori, mentre in realtà non sono niente. Io ho conosciuto personalmente uno dei loro colleghi, il «professor» Dicksson, che per certi aspetti si è comportato allo stesso modo; con la differenza però che Dicksson, che in realtà si chiamava conte Paul-Alfred de Saint-Genois de Grand Breucq, era un uomo di ottima compagnia, cortese, amabile, distinto, un autentico gentiluomo per nascita e per temperamento. Parlando dei metapsichisti e dei medium, non usava che parole rispettose – cosa che purtroppo oggi non sempre avviene!

Detto questo, vorrei mostrare che, diversamente da tali mediocri illusionisti che in effetti cercano soprattutto di far parlare di se stessi, i grandi prestigiatori di un tempo – e anche di oggi – hanno un atteggiamento molto diverso, o addirittura opposto, nei confronti dei fenomeni paranormali.

---

[1] *Luce e Ombra*, n.4, 1989, pp. 354-359. L'originale era stato pubblicato sul periodico *Surnaturel face à la science* (titolo che faceva seguito a quello di *PSI International*) n. 8, gennaio-marzo 1979, pp. 135-138 col titolo *Les prestidigitateurs et la médiumnité*. Ho collocato la redazione nel dicembre 1978 (anche se potrebbe essere prima). Paola Giovetti, che ne aveva curato la traduzione, aveva introdotto così l'autore: «Il projessor Robert Tocquet, nato nel 1898, è chimico, membro da moltissimi anni del comitato direttivo dell'Istituto Metapsichico Internazionale di Parigi e della Società Astronomica di Francia, ha svolto la sua attività di docente presso la Scuola di Antropologia di Parigi. Nel campo del paranormale si è dedicato in particolare allo studio dei fenomeni fisici, studiando molti grandi medium del passato ed essendo testimone di molti aspetti della grande medianità. Esperto prestigiatore, il professor Tocquet ha sempre usato la massima precauzione nello studiare i medium, mettendo in atto tutte le possibili misure per evitare i trucchi. Oltre a numerose opere nel campo della chimica, della storia naturale e dell'astronomia, il professor Tocquet (...) è autore di molti scritti parapsicologici. La sua ultima opera, *Les Pouvoirs Secrets de l'Homme dévoilés*, in due volumi, è appena uscita, e altri libri sono in preparazione» (p. 354). Di Tocquet aveva parlato Servadio, cfr. *supra*, pp. 397 e 399.

Cominciamo con Robert-Houdin: è stato il più grande e gli spetta l'onore di essere citato per primo. È noto che i suoi convincimenti favorevoli ai fenomeni paranormali sono stati la conseguenza delle esperienze fatte con Alexis Didier. Dopo una prima seduta, in seguito alla quale il celebre prestigiatore dichiarò: «Più rifletto, più mi è impossibile collocare i fatti presentati da Alexis Didier tra quelli che sono oggetto della mia arte e del mio lavoro», assistette a una seconda seduta, per la quale ebbe dire: «Presi delle precauzioni molto maggiori che per la prima, perché non fidandomi di me stesso mi feci accompagnare da uno dei miei amici il cui carattere calmo poteva garantire un'osservazione serena, in grado di equilibrare il mio giudizio».

Robert-Houdin mise allora alla prova la capacità di Alexis Didier di indovinare le carte da gioco, e in seguito dichiarò:
«Ecco quello che è successo, e si vedrà se delle sofisticherie sono mai state in grado di produrre effetti simili a quelli che sto per citare. Aprii un mazzo che avevo portato io stesso e di cui avevo contrassegnato la busta affinché non lo si potesse sostituire. Mescolo... tocca a me dare le carte.. Le dò con tutte le precauzioni di un uomo esercitato alle finezze della sua arte. Precauzioni inutili! Alexis mi ferma e mi dice indicando una delle carte che avevo appena posato davanti a lui sul tavolo: 'È il re!'. 'Ma lei non può ancora saperlo, perché la briscola non è ancora uscita ...'. 'Vedrà', rispose lui; 'continui'. In effetti come briscola uscì l'otto di quadri, e la sua carta era il re di quadri. La partita continuò in maniera alquanto strana, perché lui mi diceva le carte che dovevo giocare sebbene *tenessi il mazzo nascosto sotto la tavola e chiuso tra le mie mani.* Ad ognuna delle carte giocate, lui rispondeva con una delle sue *senza voltarla,* e tutte le volte risultava che questa era perfettamente in rapporto con quella che avevo giocato io stesso. Sono dunque tornato da questa seduta stupefatto al massimo e convinto che sia *impossibile che il caso o l'abilità possano produrre effetti tanto meravigliosi».*

Robert-Houdin fece in seguito a de Mirville questa dichiarazione che non smentì mai: «Signore, se al mondo esistesse un prestigiatore capace di operare simili meraviglie, mi stupirebbe mille volte di più dell'agente misterioso che mi è stato mostrato».

Quando nel 1893 Eusapia Palladino andò a Varsavia, la commissione di esperti che la studiò comprendeva un prestigiatore molto noto in Polonia, Rybka, che seguì le sedute e redasse in seguito un attestato da cui traggo un passaggio: «Malgrado il controllo più rigoroso, non ho potuto scoprire nella medium alcuna traccia di artificio e di inganno. Ho visto fenomeni veramente meravigliosi, che considero nettamente medianici». *(Kurjer Warszawski* del 16 dicembre 1893).

Ugualmente, quando Eusapia tenne in seguito delle sedute negli Stati Uniti (1910), il più famoso degli illusionisti americani del tempo, Howard Thurston, soprannominato «il Re delle Carte», firmò il seguente documento: «Ho osservato di persona i sollevamenti del tavolo della signora Eusapia Palladino, in compagnia del mio assistente e del signor Carrington, e sono assolutamente convinto che non esistesse alcun contatto materiale tra il corpo della Palladino e il tavolo: i piedi di lei erano sotto il mio piede destro, le sue ginocchia erano tenute ben strette da me e le mani erano lontane dal tavolo e ben visibili. Il mio assistente ed io l'abbiamo controllata, e i fenomeni si producevano in piena luce. Sono tanto convinto che questa medium possa produrre delle autentiche levitazioni del tavolo, che mi impegno a dare una somma di mille dollari a una fondazione caritativa se si riesce a provare che la signora Palladino non è capace di sollevare un tavolo senza l'aiuto di trucchi e frodi».

Questo Hereward Carrington di cui si parla nel documento ora citato era un prestigiatore americano molto abile, pur non essendo un professionista. Era un uomo di lettere e uno studioso di valore, che si era dedicato in particolare alla letteratura relativa all'illusionismo. La sua storia è molto curiosa. Egli si era specializzato nello smascherare i medium e si vantava «di avere scoperto e rivelato più trucchi medianici di qualunque altra persona al mondo». Tuttavia i fenomeni che ebbe modo di osservare con Eusapia non tardarono a convincerlo. Da allora divenne uno dei metapsichisti più stimati degli Stati Uniti.

La stessa cosa avvenne a due prestigiatori molto apprezzati, E.J. Dingwall e Price, che la Società per la Ricerca Psichica di Londra aveva incaricato di seguire la sezione dei fenomeni fisici medianici. Dopo aver messo in dubbio o negato un gran numero di fenomeni presunti paranormali, essi riconobbero che le formazioni ectoplasmatiche che poterono osservare col medium Willy Schneider «erano prodotte realmente da agenti sopranormali la cui natura è per ora sconosciuta».

Uno dei migliori e più popolari illusionisti degli Stati Uniti, molto legato al Presidente Roosevelt, Harry Kellar (alias Harry Keller), dopo aver assistito alle sedute del medium Eglinton a Calcutta, scrisse all'*Indian Daily News* alcune lettere di cui riporto un passaggio: «Dopo un esame molto severo di queste meravigliose esperienze, non posso trarre altra conclusione che questa: non c'è la minima traccia di trucco di alcun genere; nella stanza non esisteva alcun meccanismo, alcun trucco con cui si potessero produrre i fenomeni che hanno avuto luogo. Il modo abituale con cui Maskelyne e altri prestigiatori imitano i sollevamenti e i trasporti di differenti oggetti non era assolutamente possibile in quella stanza nella quale ci trovavamo tutti riuniti».

Il Maskelyne al quale Kellar fa allusione è il celebre Nevil Maskelyne padre, che non contestava affatto la realtà di certi fenomeni paranormali: «Dato che da parecchi anni» , scrisse nel *Daily Telegraph,* «sono conosciuto dal pubblico come anti-spiritualista, capace di smascherare le frodi dei medium, i lettori saranno senza dubbio sorpresi di sapere che credo alle apparizioni. Parecchi fatti simili a quelli descritti dai vostri corrispondenti si sono prodotti nella mia stessa famiglia e in quelle dei miei parenti e dei miei amici; così che mi sono dovuto arrendere all'evidenza»².

Potremmo continuare citando le dichiarazioni di William Jeffrey, presidente della Società degli Illusionisti di Glasgow, che in una lettera al *Light* descrisse «i meravigliosi fenomeni» ai quali aveva assistito nonostante le minuziose precauzioni che aveva preso per eliminare ogni possibilità di frode; si potrebbero citare inoltre le parole di un altro illusionista inglese, Carlton, che pur denunciando gli imbrogli dei falsi medium nella sua opera *Twenty Years of Spoof and Bluff,* parla di fenomeni medianici che aveva avuto modo di osservare e che riteneva impossibile spiegare in termini normali; e le dichiarazioni del professor Hoffmann (alias Angelo Lewis), dell'università di Oxford, e altro ancora.

Si può però far di meglio che allungare questa lista monotona: parlare cioè dei prestigiatori medium, e dei prestigiatori medium contro la propria volontà.

A questo proposito un illusionista professionista francese molto stimato Dizier, ha dichiarato a Méliès, presidente del sindacato dei prestigiatori: «Da ragazzo ho fatto alzare una tavola senza contatto e senza trucco». Interrogato da Montorgueil, confermò le sue parole e aggiunse: «Medianità e prestidigitazione sono due cose diverse».

Dal canto suo, Stuart Cumberland, di cui parlo nel mio libro *Les Pouvoirs Mystérieux*¹ *de l'Homme,* ha riconosciuto di essere stato capace improvvisamente di individuare l'oggetto da cercare e dove era nascosto, prima ancora di toccare l'«agente».

A questo proposito, il grande prestigiatore inglese David Devant (alias Wighton) scrive nel suo libro *I miei segreti d'illusionista*: «Sono desolato, ma non posso riconoscere l'impossibilità assoluta della telepatia senza trucco; infatti mia sorella che lavorava con me spesso ha capito quello che volevo senza che io ricorressi al nostro codice».

Il già citato Howard Thurston ha ammesso pubblicamente che a volte era aiutato nei suoi giochi dagli «invisibili». Una parte delle sue esperienze consisteva di una seduta pseudo-spiritica. Tuttavia, egli dice, «a volte si sono prodotti effetti sorprendenti e inspiegabili, che non potevano che essere opera di un'entità intelligente, invisibile e sopranormale».

---

² L'espressione «arrendere all'evidenza» la si trova piuttosto di frequente nelle testimonianze della *ricerca psichica* sin dai tempi del mesmerismo (fine XVIII sec.). Essa è importante perché inquadra precisamente il quadro psicologico del testimone, che viene convinto anche suo malgrado dopo ripetute dimostrazioni che non lasciano più spazio a dubbi. Anche nel caso di Rol sono molti i testimoni che hanno finito per arrendersi all'evidenza, mentre quei pochi che non lo hanno fatto sono quelli che, oltre ad essere molto prevenuti in partenza, hanno visto troppe poche dimostrazioni, insufficienti per superare la soglia del dubbio.

Il celebre Harry Houdini (alias Erich Weiss), che si era specializzato nel liberarsi da tutti i tipi di legamenti e aprire tutte le serrature, ha raccontato a Harry Price che gli erano capitati fatti inspiegabili sebbene non fosse medium. Mi limito qui a citarne uno solo che mi è stato riferito da Cesare Vesme.

Una grande società bancaria con sede a New York aveva appena installato una camera blindata chiusa da nuovi meccanismi perfezionati. Qualche giorno dopo, nel corso di una seduta del Consiglio d'Amministrazione, il direttore notò che era bene assicurarsi perfettamente dei meccanismi in questione sfidando Houdini ad aprire la camera blindata.

Non era che una boutade detta scherzando, ma il Presidente, scherzando solo a metà, disse che sarebbe stato curioso di tentare questa prova, così Houdini fu invitato a usare la sua ingegnosità tentando di aprire la misteriosa serratura.

Sarebbe troppo lungo spiegare minuziosamente il complicato meccanismo in questione, come ha fatto Harry Price. Basterà dire che quattro cronometri, collocati all'interno della stanza blindata, facevano cadere automaticamente il chiavistello della serratura all'ora fissata – ora che cambiava tutti i giorni e che era nota soltanto al Presidente e al cassiere capo.

Houdini accettò, a suo proprio rischio, senza neppure conoscere il tipo di serratura di cui si trattava; fu deciso che sarebbe venuto alla banca un pomeriggio, alle due e mezzo, e che gli sarebbe stata concessa un'ora per fare il suo tentativo. Un gruppo di spettatori fu persino invitato ad assistere all'esperienza.

Il prestigiatore si presentò all'ora convenuta e si mise subito ad esaminare la porta, la cui superficie consisteva soltanto di una placca massiccia d'acciaio senza serratura apparente. Non fece fatica a capire che si trovava davanti a un compito difficile: riflettè e cercò, ma senza risultati.

Più di tre quarti d'ora passarono così, e Houdini cominciava a disperare del successo quando, improvvisamente, vide disegnarsi davanti a sé, a caratteri luminosi, le cifre «4, 3, 7», come se fossero state sulla placca d'acciaio. Nessun dubbio sul fatto che questi caratteri fossero «soggettivi», visto che soltanto lui li aveva percepiti. Dopo un istante le cifre sparirono alla sua vista[3].

---

[3] Il fenomeno pare analogo a quello sperimentato da Magda Olivetti quando, presente anche Tullio Regge al primo incontro tra lui e Rol negli anni '60, aveva indovinato una carta da gioco dopo che ne aveva vista l'immagine: «Questa signora aveva tirato su delle carte, ne aveva presa una in mano, io non le vedevo. (...) vidi come davanti agli occhi una certa carta, in una forma ingrandita, un po' più evanescente, come una figura sott'acqua. La dissi ed era quella. (...) la vidi confusa, sfumata (...) Come un'immagine sott'acqua, tremolante ...» (1-X-10 e anche vol. X, p. 15).

Houdini consultò allora l'orologio e dichiarò che sarebbe uscito per rientrare alle 4,36 in punto. Notò subito il piccolo sussulto di sorpresa del Presidente e del cassiere capo, e lo sguardo eloquente che i due non poterono impedirsi di scambiarsi di nascosto. Alle 4 e 36 Houdini rientrò e dichiarò ai presenti: «Tra un minuto esatto sarò dentro la camera blindata!».

Stupore generale e incredulità. Houdini restò fermo e passivo, con una mano appoggiata sulla porta di ferro. Alle 4 e 37 si sentì un rumore all'interno della stanza chiusa, la porta ruotò lentamente sui suoi cardini e Houdinì entrò maestosamente nella fortezza conquistata.

È evidente che, perché un illusionista sia favorito in questo modo, bisogna che sia dotato di facoltà paranormali.

La maggior parte dei prestigiatori che abbiamo appena citato appartiene al passato, però esistono anche numerosi illusionisti contemporanei di gran classe che ammettono la realtà dei fenomeni paranormali e si diversificano così dai loro colleghi contestatori, presuntuosi, settari e pretenziosi.

In primo luogo troviamo André Sanlaville, che conosce perfettamente la parapsicologia e ha avuto modo di verificare l'autenticità della chiaroveggenza e di altri fenomeni insoliti; c'è poi il suo collega Ranky, presidente del *Comité Illusioniste d'Expertise des Phénomènes Paranormaux* (CIEPP); e gli americani William Cox, Arthur Zock, Abb Dickson, membri della *Society of American Magicians* e del comitato di investigazione degli illusionisti per l'esame dei fenomeni paranormali, detto *Occult Commitee*.

Sanlaville mi ha informato anche di altri illusionisti che credono nei fenomeni paranormali: il danese Leo Leslie, che è redattore capo della rivista dei maghi professionisti di Danimarca, che ha autenticato gli effetti psi; il tedesco Rolf Mayer, tre volte vincitore a congressi di magia, e che inizialmente scettico sulle dimostrazioni di Uri Geller si è convinto della psicocinesi dopo aver controllato ripetutamente parecchi soggetti dotati di questa facoltà, tra cui alcuni bambini; il francese Clodix, che ha sperimentato con la propria figlia; inoltre Janette Karll, O' Shan, Pierre Edernac e altri illusionisti di primo piano.

Riassumendo, è stata stabilita una serie di cose del più grande interesse: 1°, che contrariamente a quanto alcuni affermano, un gran numero di illusionisti di un tempo e di oggi hanno ammesso e ammettono l'autenticità dei fenomeni medianici; 2°, che alcuni prestigiatori hanno addirittura riconosciuto di avere a volte prodotto, attraverso la propria medianità, alcuni di questi fenomeni; 3°, che esistono anche dei prestigiatori che hanno confessato di essere medium contro la propria volontà.

I tre volti della parapsicologia

di Emilio Servadio

Marzo 1977[1]

Diversi anni fa venne pubblicato in America, e poi anche in Italia, un libro intitolato «Le tre facce di Eva». Si trattava di un caso assai interessante di «personalità multipla». La protagonista, infatti, aveva tre personalità differenti, e costituì oggetto prolungato di esame e di cura da parte dei due studiosi che se ne occuparono.

A somiglianza della predetta donna americana, anche la parapsicologia ha tre volti. Ma proprio al pari di Eva, uno solo di questi volti è quello autentico e legittimo. Uno degli altri due è né più né meno che una contraffazione. L'altro potrebbe considerarsi come un riflesso, come una strana luce, che dal volto di Eva talvolta s'irradia, e che ci fa intravedere molti misteri di là dalla sua superficie, non meno dell'enigmatico e celebre sorriso della Gioconda.

Il primo volto, quello della contraffazione, è largamente noto a molti dei presenti. Voglio alludere al *mare magnum* di confusione e di pressapochismo, che contraddistingue molto di ciò che oggi si vuol far passare per parapsicologia, e che tantissimi, spesso in buona fede, confondono con la stessa. Alludo all'attuale sfrenato interesse per l'occultismo, per la magia, per le sedute spiritiche, per tutto ciò che a prima vista sembra strano o misterioso. È un impressione dilagare, che per le sue caratteristiche e per la sua ampiezza va molto al di là di quello che potrebbe chiamarsi un pericoloso «ritorno indietro», ossia una regressione verso un epoca in cui i primi venuti potevano sostenere di «fare» della parapsicologia semplicemente perché organizzavano sedute medianiche, credevano senza discutere, e scambiavano per verità assodate le loro illusioni o le loro fantasie. Abbondano i libri, le riviste, i circoli, i film cosiddetti «parapsicologici». Anche da noi, sul cattivo esempio degli Stati Uniti d'America, si sono aperti negozi «specializzati» in articoli per cerimonie e pratiche magiche. Tra i libri sedicenti di parapsicologia, di cui

---

[1] *Atti della tavola rotonda del 12 e 13 marzo 1977. AISM-CSP-SIP*, Metapsichica n. 1-2, gennaio-giugno 1977, pp. 47-54, anche in: *Rassegna italiana di ricerca psichica*, Società Italiana di Parapsicologia, Roma, 1977, pp. 69-81. Questa relazione di Servadio è piuttosto importante per la panoramica e prospettiva seria e razionale che propone, senza essere materialistica. E mostra come, un anno prima dell'indagine di Piero Angela, c'era chi aveva le idee chiare e poteva essere interpellato. Invece Angela ha voluto fare credere che prima di lui c'erano solo allocchi e creduloni, e nessuno con un approccio rigoroso (ed onesto) all'argomento.

sono piene le vetrine dei librai, otto su dieci sono densi di sciocchezze e di nozioni fasulle o mal digerite[2]. Sono stati rispolverati e pubblicati *ex novo* vecchi testi di netta impostazione spiritica, che sarebbe stato assai meglio lasciare nel dimenticatoio. Mentre le riviste serie di parapsicologia hanno poche centinaia di lettori, e si trovano in serie difficoltà economiche, o debbono addirittura cessare le pubblicazioni per mancanza di mezzi, vi sono in Italia diversi periodici in cui articoli che vorrebbero essere di parapsicologia si alternano a scritti sulle streghe, su una presunta archeologia «non umana», sull'arrivo passato o futuro di extraterrestri, sulle «fatture» di morte o d'amore, e cose del genere. Si sono svolti, nel nostro Paese, convegni sbandierati come «congressi internazionali» di parapsicologia, in cui si è discettato di spiriti, di reincarnazione, di chirurghi defunti che operano sui vivi, di piante o medicine misteriose atte a guarire il cancro, e via discorrendo.

Sarebbe molto facile fare dei nomi, citare luoghi e date, titoli di periodici, insegne di case editrici, elenchi di libri. In passati articoli, usciti su varie riviste italiane, io ho avuto occasione di denunciare questa o quella iniziativa, che ritenevo particolarmente «estrema» o pericolosa. È quasi inutile dire che i risultati sono stati scoraggianti. Non solo, ma chi vi parla si è sentito o si è visto a sua volta attaccato da orecchianti semianalfabeti e senza scrupoli, ai quali beninteso non era minimamente il caso di replicare. I fatti e gli aspetti più salienti del pauroso maremoto di cui vi sto parlando si sono svolti e si svolgono nelle principali città italiane: a Milano come a Torino, a Roma come a Genova, a Firenze come a Napoli. Anche recentemente, mi sono trovato dinnanzi a episodi ridicoli o incresciosi. E siccome si tratta di cose di pochissimo tempo fa, approfitterò dell'occasione per parlarne un po' più esplicitamente.

Mi è giunta ai primi di febbraio da una città dell'Alta Italia, una lettera in cui mi si chiedeva un'indicazione bibliografica. Alla lettera era accluso il programma di una «Scuola per guaritori». Il cosiddetto «corso», di cui non è indicata la durata, costa 50.000 lire. Il testo dice che una volta iscritto e pagata la tassa, ciascun allievo è indirizzato «verso quelle dottrine che gli sono più utili per la sua personale preparazione», e che «alla fine dell'apprendimento», gli viene rilasciato un particolare simbolo d'argento e «l'attestato di "maestro guaritore"». Questo attestato «riconosce le qualità raggiunte che permettono di esercitare l'arte e scienza della guarigione in Italia e all'estero». In una lettera successiva, piuttosto sgrammaticata, il principale responsabile della «scuola» mi precisava che l'«essere guaritore non è un dono dell'inconosciuto, ma una meta che si realizza con la pratica e che chiunque vuole aiutarsi ed aiutare, conoscersi e conoscere, può facilmente mettere in atto».

---

[2] Proprio così.

Se questa che vi ho comunicato è cosa ridicola, non può certo chiamarsi ridicola, o essere minimizzata, l'iniziativa presa alcuni mesi or sono da un diffusissimo periodico rivolto ai fanciulli. In diversi numeri, la rivista ha offerto alle menti delicate e impreparate di innumerevoli giovanissimi tutta una serie di nozioni false, distorte o assurde, e varie indicazioni tecniche assai pericolose. Fra le nozioni erronee, vale la pena di ricordare quella secondo cui «i più eminenti studiosi, fisici e neurologi ritengono che la telepatia sia dovuta a vibrazioni cerebrali», ovvero «a onde simili a quelle della radio e della televisione» – mentre tutti sanno che la stragrande maggioranza degli studiosi è ormai contraria a questa interpretazione della telepatia come radio mentale. In un numero speciale del periodico si è potuto leggere un lunghissimo articolo, con varie illustrazioni, relativo alla radiestesia. Anche qui, le assurdità e le affermazioni distorte e cervellotiche si sono sprecate. Basti dire che secondo gli autori dell'articolo, dopo ogni esperienza di radiestesia il pendolino andrebbe «scaricato», «soffiandoci sopra», o «servendosi di un pezzetto di zolfo». Tra gli... intelligenti consigli dati ai bambini, c'è stato quello su come «fare il vuoto mentale» prima di certi esperimenti; sono stati consigliati esercizi yoga di respirazione; è stato indicato come usare il pendolino radiestesico per vedere se un compagno di scuola è un vero amico o no, se un cibo preparato in casa può far bene o male ecc. – In proposito, io non ho potuto fare a meno di scrivere lettere circostanziate e sdegnate al direttore della rivista – coadiuvato in ciò da un altro esponente della Società Italiana di Parapsicologia; e finalmente ho avuto assicurazione che la rubrica era stata soppressa.
Ancora recentemente, ho potuto leggere in una rivista che in una città dell'Italia centrale, «opera da due anni un Centro di studi e di esperimenti nel campo delle scienze occulte, articolato sulle seguenti attività: scuole di alta magia, esoterismo, sviluppo dell'ego spirituale, ricognizione, parapsicologia, sedute medianiche, ipnosi, trance ipnotica». In tale avviso si informano i lettori che «in seno al Centro, è anche sorta la Loggia Viola dell'Ordine del Tempio Essenzialista Salomonico», ecc. ecc.
Ma basta con questi, che in fondo non sono che episodi singoli, di una triste aneddotica. Chiediamoci ora: come si può valutare questa incredibile ondata che non si sa se considerare più confusa, più stolta, o più pericolosa? Sbaglierebbe gravemente chi credesse di poter mettere in un solo mazzo tutti i fenomeni qui considerati e raggrupparli sotto una unica etichetta. Certo, esiste in primo luogo una vera e propria speculazione commerciale su vasta scala. Molti sedicenti occultisti, cartomanti, veggenti o astrologi, nonché imprenditori editoriali o alimentatori di periodici o promotori di strani circoli o convegni, non sono che sfruttatori

dell'interesse diffuso e crescente di moltissime persone, alle quali si rivolgono senza credere a un bel nulla, e per soli fini di lucro[3].
Nella stragrande maggioranza di coloro che dicono di interessarsi in qualche modo ai fenomeni parapsicologici, all'extranormale, eccetera, vige un atteggiamento quanto mai superficiale e dilettantistico. Essi stanno sistematicamente lontani da qualsiasi impostazione rigorosa e seria di studio, e perciò costituiscono facile preda degli imbroglioni e semi-imbroglioni del ramo.

Tra gli «amatori» dell'occulto, e che dicono di occuparsi di parapsicologia, occorre a mio avviso distinguere due categorie, le quali tuttavia hanno in comune la tendenza a «proiettare» fuori di sé certe più o meno illusorie speranze, o aspettative, anziché, casomai, ricercarne le origini in se stessi. Moltissimi, cioè, e come chiunque può notare, fanno in genere appello a «mezzi esterni» e non già a una qualsiasi forma di indagine o disciplina interiore.
La prima categoria è caratterizzata da un atteggiamento che si potrebbe chiamare di protesta o di evasione. Sono i cultori della stregoneria, delle messe nere o sataniche, dell'utilizzazione orgiastica (a fini, essi dicono, magici) del sesso, dell'impiego più o meno sistematico di stupefacenti e di allucinogeni, ecc.
Diverso intendimento è senza dubbio quello di coloro che, sebbene in modi approssimativi e con ben scarso metodo, coltivano forme di occultismo che potremmo chiamare «bianco». La più gran parte fa sedute medianiche, comunica con presunti «spiriti» e ne ottiene e registra messaggi. Altri cercano esperienze psichedeliche, altri praticano a modo loro lo yoga, tentano di ottenere «dilatazioni della coscienza», superamenti dell'individualità, ecc.; ma anch'essi, nella maggior parte dei casi, si perdono nel *mare magnum* delle proiezioni, non combinano nulla di buono, e corrono – non meno di quelli della prima categoria or ora menzionata – rischi abbastanza gravi.
È chiaro che nella loro stragrande maggioranza, costoro tentano di sottrarsi in qualche modo a realtà sociali diventate in quasi tutto il pianeta vieppiù criticablii e meno tollerabili; di cercare strade per superare la «condizione umana», sentita come passiva, meschina, tormentosa e tormentata; di trovare in riti, riunioni e sedute più o meno strambi – dai più semplici ai più complicati, e spesso malvisti ufficialmente – un po' di quel lievito che le religioni e le filosofie non sembrano, a molti, ormai più capaci di fornire..
Che cosa si può fare per fronteggiare una simile situazione? Ancora una volta, qui bisogna distinguere. Per una parte, il nostro intervento non potrebb'essere se non estremamente deciso, fermo, e se occorre polemico.

---

[3] Tutto esatto, e nel 2023 le cose non sono molto diverse, anzi la rete amplifica ulteriormente tutte queste cose.

Non è il caso di far complimenti nei riguardi di coloro, che, ultimi arrivati e veri e propri «guastatori» nel nostro campo, vorrebbero far passare per «attività parapsicologica» nient'altro che infinite manifestazioni – qualche volta in perfetta mala fede, qualche volta per congenita stupidità – della loro arroganza e della loro presunzione.

Con costoro non ci può essere dialogo, così come non ci potrebb'essere fra un letterato e un analfabeta, fra un vero chirurgo e un tale che pretendesse di esserlo, fra un ricercatore che si è macerato nello studio e un Tizio soltanto capace di ornarsi di penne di pavone, di mettersi a capo di ridicoli istituti o accademie, e via discorrendo. Molti anni fa, in una rivista di parapsicologia, era stata istituita una rubrica che s'intitolava «Guardia nella nebbia». Essa aveva il preciso compito di denunciare e mettere alla berlina coloro a cui ho testé accennato.

Io ritengo oggi che questo principio della «Guardia nella nebbia» debba essere adottato sistematicamente da tutti i parapsicologi degni di questo nome.

Non ci possono essere concessioni, non si può stabilire un dialogo tra un'impostazione seria e scientifica e quella del primo venuto che si sente autorizzato a consigliare in una rivista destinata ai bambini l'uso dei vapori di zolfo per «scaricare» i pendoli radiestesici. Chi accettasse un dialogo con costoro sarebbe da condannare, non meno di un fisico che accettasse di discutere della sua materia con un ciabattino, o di uno psicologo che pensasse di poter intavolare una seria disàmina sull'ipnosi mettendosi allo stesso tavolo con un ipnotizzatore da fiera di paese.

Tutt'altro atteggiamento va assunto, a mio avviso, verso coloro che sono semplicemente fuorviati sia dalla loro impreparazione o ingenuità, sia dall'azione sistematica e ingannatrice di questo o quello fra gli «imbonitori» di cui ho parlato poc'anzi. Parecchi movimenti o tentativi confusi e vaghi, specie tra i giovani, intesi a cercare una qualsiasi soluzione ai loro conflitti, problemi, incertezze, ecc., potrebbero paragonarsi a quelli, tentennanti e traballanti, di un bambino che volesse ad ogni costo camminare, e che si arrabattasse malamente a tal fine, andando inevitabilmente incontro a insuccessi e a incidenti. A costoro occorre indicare le vie della parapsicologia seria e rigorosa, anche se queste vie sono meno attraenti e iridescenti di quelle che tanti falsi profeti hanno loro additato. Buoni articoli divulgativi, corsi, conferenze, libri, seminari, ecc., possono essere utilissimi a tal fine. Ma occorre ricondurre costoro su una «Piattaforma parapsicologica» seria e austera; dalla quale, una volta che essi abbiano veramente «integrato» ciò che la parapsicologia è e dev'essere, potranno eventualmente muoversi verso più ampi orizzonti. Solo attenendosi a questi principi, io credo, si potrà poco a poco ridurre, e alla fine eliminare, il volto contraffatto della prima «Eva parapsicogica», a tutto vantaggio del secondo.

Descrivere, in un Convegno come questo, tale secondo volto, quello autentico della parapsicologia, potrebbe sembrare superfluo. Ci sono qui studiosi di primo piano, autori di libri e di saggi, e d'altronde, chi voglia sapere esattamente che cos'è, oggi, la parapsicologia, può rivolgersi agli editori più seri, agli autori più qualificati, ai periodici più accreditati e rigorosi. Le indicazioni – bibliografiche o altre – non sono difficili da ottenere. Basta prendere seriamente l'iniziativa, non confondere le carte, e non farsele confondere da altri. In ogni modo, cercherò di dire molto brevemente quali sono secondo me i tratti caratteristici di questo vero aspetto della parapsicologia.

Essa ha ormai ambizioni molto maggiori che non quella della semplice verifica, sia pure rigorosa e accuratissima, di questo o quel tipo di fenomeno ritenuto paranormale. Essa intende giungere poco a poco a una definizione dei meccanismi sottogiacenti, delle motivazioni, e delle condizioni stesse dei fenomeni.

Perciò, già da un certo numero di anni, negli esperimenti quantitativi della scuola americana – per esempio – si studiano i rapporti che corrono tra i gradi di emergenza dei fenomeni, e tutta una serie di altri fattori, come il sesso dei partecipanti, la loro età, il loro tipo psicologico essenziale, le condizioni fisiologiche in cui essi si trovano, le loro disposizioni d'animo, le condizioni di ora, di luogo, di tempo, l'uso eventuale di farmaci psicotropici, e – fattore particolarmente importante – il tipo di rapporti interpersonali che corrono fra i soggetti, e tra essi e gli sperimentatori.

Proprio a questo proposito, cioè a proposito dei rapporti interpersonali nel quadro delle manifestazioni parapsicologiche, è da sottolineare l'altra via d'approccio, certo non meno inportante di quella degli studi e dei metodi statistico-matematici. Si tratta non soltanto di continuare nello studio «qualitativo» dei fenomeni – approccio, questo, che ha avuto ed ha tutta la mia comprensione e partecipazione, anche se qualcuno, contro ogni evidenza, ha voluto vedere in me un esclusivo difensore del metodo quantitativo. Si tratta, appunto, di indagare psicologicamente in profondità su quello che succede nelle latèbre principali delle nostre investigazioni. In uno studio moderno dei fenomeni parapsicologici, non si può non chiedersi quale parte i meccanismi inconsci dei soggetti e dei partecipanti abbiano nella determinazione e nelle caratteristiche specifiche dei fenomeni stessi.

I parapsicologi ben sanno che già parecchi anni fa, alcuni studiosi, per esempio l'inglese W. Carington, avevano cercato di applicare ai sensitivi o ai *medium* certi reattivi psicologici – i cosiddetti *tests* – per determinare i loro profili di personalità e le eventuali variazioni di tali profili nel corso di certe esperienze. Sono altresì largamente noti gli studi della Schmeidler, volti a definire i tipi psicologici di persone a cui corrispondono certi esiti, volta a volta positivi o negativi. Tuttavia i risultati più brillanti sono stati ottenuti dall'investigazione psicoanalitica e

psicodinamica di taluni eventi, come ad esempio i sogni cosiddetti paranormali: e ciò sia nell'ambito del rapporto vero e proprio fra analista e paziente, sia anche al difuori di una vera e propria situazione di analisi. Le caratteristiche particolari di questa situazione hanno permesso a diversi psicoanalisti di indicare con sempre maggior precisione quali siano le condizioni e le motivazioni interpersonali che sembrano favorire, se non addirittura provocare, per esempio, certe comunicazioni di tipo telepatico.
Dopo molti anni in cui le ricerche di parapsicologia si erano rivolte soprattutto ai fenomeni cosiddetti soggettivi o mentali, oggi – come è noto – c'è una nuova interessantissima ripresa di studi per quanto riguarda gli effetti psicocinetici; e ciò, soprattutto grazie alla comparsa sull'orizzonte parapsicologico di soggetti sul tipo di Uri Geller o di Nina Kulagina, e di tutto l'assieme di manifestazioni similari e adiacenti, che hanno per così dire corredato tale apparire. Hanno segnato una notevole ripresa anche gli studi sui fenomeni cosiddetti di *Poltergeist,* con relativo approfondimento – ancora una volta – delle condizioni psicologiche e ambientali che sembrano favorirli o provocarli. Più «ai margini» – salvo avviso contrario – della parapsicologia mi sembrano invece le manifestazioni tipo «effetto Kirlian», o quelle delle «voci» che alcuni frettolosamente hanno attribuito senz'altro a «spiriti» di trapassati e che – anche questo è noto – da vari anni a questa parte vengono sistematicamente incise sui nastri di innumerevoli registratori.
Ripeto: entrare più nel merito di quello che oggi mi appare come il vero, autentico «volto» della parapsicologia, mi sembrerebbe, in queste circostanze, piuttosto ozioso. Potrei concludere questa seconda parte del mio dire con le parole finali di una mia recente conferenza.
«È opportuno osservare che tanto l'avvicinamento quantitativo, quanto quello qualitativo, animato e potenziato dai nuovi apporti della psicologia del profondo, mostrano un progressivo inserimento della "dimensione" parapsicologica nella personalità generale dell'uomo come specie, dell'uomo totale».
Vediamo ora, da ultimo, quale è, o potrebbe essere, il «terzo volto» della parapsicologia: quello che, più che un «volto», ho preferito, all'inizio di questo discorso, chiamare una luce, un'irradiazione, e che potrebb'essere considerato un po' come un richiamo indicativo, verso direzioni affascinanti, anche se prevalentemente speculative, del nostro pensiero.
In una recente conferenza, tenuta a Roma per la Società Italiana di Parapsicologia, io ho cercato di rivendicare alla parapsicologia un'autonomia e libertà di inferenze e ipotesi, maggiore di quanta non vorrebbe accordarle un certo recente indirizzo, che poco o tanto s'identifica con quella che viene oggi chiamata «psicotronica», e su cui si sono già svolti due Congressi internazionali (il terzo si terrà a Tokyo in Giappone, nell'ottobre di quest'anno). Manifestai in tale occasione l'avviso che oggi, l'oggetto delle nostre ricerche viene considerato

secondo due angolazioni filosofiche diverse e, al limite, opposte: una non è «esclusivistica», ma ammette uno sfondo non materialistico; l'altra è un'angolazione in base alla quale qualsiasi veduta non materialistica su qualsiasi cosa – compreso il nostro campo di ricerca – sarebbe non scientifica, e da condannarsi. A me pare che in parapsicologia, come in altri rami dello scibile, dovrebb'essere completamente compatibile la presenza e la collaborazione di persone serie e preparate che abbiano in comune una certa rigorosa metodologia (questo è il punto essenziale), anche se differiscono nelle loro credenze filosofiche o religiose, e se sono indotte a trarre conseguenze speculative diverse da ciò che cade sotto il loro raggio d'osservazione. Un esempio che citai in proposito è quello del «Bureau Médical» di Lourdes, dove medici aventi credi religiosi diversi (e anche medici atei o agnostici) possono esaminare e discutere lo stesso caso di un presunto processo di malattia e di guarigione.

Per essere più chiaro, vorrei fare un esempio riferibile alle nostre ricerche. Come tutti sanno, uno dei fenomeni più a lungo e meglio studiati in parapsicologia è quello della telepatia. È superfluo ricordare che molti tentativi sono stati fatti per «spiegare» i fenomeni telepatici, e che molte ipotesi al riguardo sono state proposte. Qui però vorrei considerare soltanto due «modelli» fondamentali. Uno si potrebbe chiamare il modello della «comunicazione», implicante la trasmissione di «qualche cosa» (onde, particelle, neutrini, radiazioni bioenergetiche, o altro) da un «trasmittente» A a un «percipiente» B. L'altro si potrebbe chiamare il modello della «comunione»: il quale implicherebbe che in telepatia, nulla di «fisico» viene «trasmesso»; che esiste un campo non fisico o un comune denominatore (corrispondente più o meno all'«inconscio collettivo» secondo la definizione di Jung) che unisce tutti gli esseri umani, e forse tutto ciò che vive; e che in quei casi in cui questa unione, anche per un attimo, viene attivata, gli «individui» A e B possono cessare di sentire come se fossero realmente separati, e «fondersi» a livelli psichici profondi l'uno nell'altro, salvo a ritornare immediatamente dopo alla loro separazione empirica, che è quella che abitualmente percepiamo nella nostra esperienza quotidiana.

Ora, nel mondo occidentale è largamente scaduto il primo degli anzidetti due approcci ai fenomeni telepatici (cioè l'ipotesi della «comunicazione»): ma se qualche studioso seguita a proporlo e a caldeggiarlo, nessuno glielo impedisce. L'altra ipotesi: quella della «comunione», ha pieno diritto di cittadinanza in parapsicologia, anche se ad alcuni essa può sembrare alquanto astratta e difficile da concettualizzare. Nulla di definitivo è stato detto a questo proposito. Gli studiosi sono sopratutto d'accordo nel ritenere, per molti motivi, non seriamente difendibile l'ipotesi della «comunicazione», senza tuttavia – almeno così mi pare – poter contrapporre ad essa qualche cosa che possa considerarsi scientificamente accettabile o dimostrabile.

Ma qui vien fatto di domandarsi: potrebbe uno studioso, nel mondo della parapsicologia – *pardon*, della psicotronica – così come essa viene perseguita e considerata, supponiamo, nell'Unione Sovietica, presentare e difendere il «modello» della telepatia come «comunione»? Certamente no: dato che il presupposto delle ricerche in tale Paese, così come in altri del cosiddetto «blocco orientale», parte da una premessa materialistica, per cui un approccio del genere sarebbe considerato non scientifico, idealistico, e tale quindi da dover essere respinto.

Più in genere, io rivendico alla parapsicologia seria, e ai parapsicologi consapevoli, il diritto di «speculare» secondo linee che non verrebbero ammesse in certi circoli, ma che a mio avviso sono assolutamente difendibili, *purché – beninteso – non venga fatta passare la speculazione, anche se motivata, austera e altamente filosofica, cioè ben distante ad es. dalle banali vedute degli spiritisti, per accertamento scientifico*. Ed ecco, molto brevemente, come io personalmente vedo questo «terzo volto» della parapsicologia nei suoi lineamenti essenziali. Esso – lo sottolineo ancora una volta – non ha nulla a che vedere con il primo, e si differenzia dal secondo non già in dignità (perché degni sono entrambi), ma per il fatto di non appartenere, come tale, al mondo della osservazione empirica e della scienza rigorosa. Vorrei anzitutto ricordare, come ho fatto recentemente a Roma, qualche cosa che dovrebbe dar molto da pensare a coloro che vorrebbero confinare la parapsicologia (chiamiamola «psicotronica», o altrimenti) nei confini di una scienza rigorosamente materialistica: che cioè anche nel mondo scientifico ufficiale, anche presso coloro che si occupano poco o punto di parapsicologia, le premesse – continuiamo pure a chiamarle così – «materialistiche» di certi fenomeni si rivelano sempre più inconsistenti e insufficienti. In particolare, l'annoso dibattito circa le relazioni psiche-cervello sta volgendo nettamente in favore di una priorità della «dimensione» psichica su quella cerebrale. In un recente libro del celebre neuro-chirurgo canadese Wilder Penfield si afferma che «sarà sempre del tutto impossibile spiegare la mente sulla base di un'azione elettrochimica nel cervello e nel sistema nervoso». Io stesso ho ascoltato l'anno scorso una magnifica allocuzione di quello che potrebbe forse chiamarsi il «numero uno» della neurologia inglese, Sir John Eccles. Ancora una volta, Eccles ribadì una convinzione da lui espressa più volte nei suoi lavori: che la mente, cioè, è un *prius*, e che dev'essere risolutamente abbandonato il concetto per cui essa sarebbe una estrema manifestazione di moti neuro-chimici e neuro-elettrici cerebrali.

E potrei continuare con altre e simili citazioni.

Ma torniamo alla parapsicologia. Tutto ben considerato, io ritengo che la parapsicologia ci abbia dato molte indicazioni nei riguardi di certe vedute fondamentali circa l'uomo e la realtà, che sono state proposte per secoli dal pensiero speculativo – religioso o filosofico – ma che naturalmente non possono essere «dimostrate». La parapsicologia mi sembra avere indicato che l'abituale, empirica, quotidiana realtà, così come essa appare ai nostri organi di senso o ai nostri strumenti di osservazione, è soltanto una faccia, o aspetto, di una realtà totale, e che alcune persone possono ogni tanto e per differenti lassi di tempo, vivere, sentire e agire di là dai limiti di tale limitata faccia. Sono queste più o meno le vedute che sono state esposte e predicate da quelle tradizioni, specie orientali, secondo cui il mondo in cui viviamo è un mondo esclusivamente fenomenico, illusorio, è un mondo di *Maya,* che di là da questo mondo di apparenze e di necessità, c'è un mondo di Verità, c'è un mondo di Potere; e che procedendo oltre l'apparente molteplicità, si può raggiungere e realizzare l'unità.

Ma queste illazioni filosofiche che vengono in qualche modo rafforzate, secondo me, dai reperti parapsicologici, non dovrebbero in alcun modo ridurre o invalidare l'importanza della nostra ricerca e della nostra sperimentazione, o addirittura quella dall'approccio scientifico alla realtà empirica! La parapsicologia ci può dare molte informazioni sui meccanismi della mente umana, sui processi che operano nelle relazioni interpersonali, sur modi abituali con cui abbiamo a che fare con gli «oggetti».

Non dimentichiamo inoltre che anche quelle persone che possono farci intravedere l'esistenza di una realtà trascendentale sono esseri umani, anche se si chiamano Milarepa o San Francesco o Aurobindo. Ognuno di essi possiede un corpo, ha processi di pensiero, è capace di emozioni. Parecchi anni fa, a una Conferenza internazionale promossa dalla Parapsychology Foundation, qualcuno chiese a un padre domenicano se Dio non avrebbe potuto provocare uno stato di estasi in un santo mediante la temporanea modifica delle condizioni biochimiche delle sue cellule celebrali. Il domenicano replicò senza batter ciglio: «Ma certamente!». Io non so se un parapsicologo potrà mai di fatto compiere l'analisi del sangue di un santo durante un'estasi mistica: ma sostengo che questo sarebbe un esperimento legittimo, assai interessante, e molto informativo. Come tutti sanno, alcuni yogi o persone sulla via dell'autorealizzazione sono state sottoposte a esami elettroencefalografici mentre stavano meditando o pregando. E qui ancora io ritengo che questo sia un approccio legittimo, scientifico, autenticamente parapsicologico. Ancor più, quindi, penso che noi possiamo e dobbiamo andare avanti tranquillamente sulla nostra via parapsicologica quando studiamo i *medium,* gli psicometri, i sensitivi, o anche persone qualsiasi! La parapsicologia pretende di essere, *deve* essere una disciplina scientifica, anche se libera e aperta nei riguardi di ogni possibile, seria illazione o speculazione. È questo il suo vero «volto». Perciò, come ho cercato di dimostrare, essa può darci molte «frecce indicative» nel senso della necessità di ammettere una diversa e superiore Realtà di là dalla nostra realtà limitata e quotidiana; e, a differenza di quanto accade da parte di certuni che non appartengono alla nostra area di cultura, ci consente pienamente di poterlo fare: ma non può darci alcuna *prova* di tale realtà, e non potrà mai darcela, perché ciò sarebbe contraddittorio con le sue basilari premesse.

Il resto – piaccia o non piaccia agli assertori di un approccio puramente materialistico ai nostri studi, della psicotronica come erede legittima e sola di una parapsicologia morta o moritura – è oggetto di esperienze interiori personali, è dialogo intimo con l'ineffabile e l'incomunicabile, è visione delle come sotto la specie dell'eternità, è un individuale, più che accettabile e legittimo, cercar di seguire – come avrebbe detto Dante – «Virtute e Conoscenza».